Cloetta Arnold

Lehrbuch der Arzneimittellehre und Arzneiverordnungslehre

Cloetta Arnold

Lehrbuch der Arzneimittellehre und Arzneiverordnungslehre

ISBN/EAN: 9783744696982

Hergestellt in Europa, USA, Kanada, Australien, Japan

Cover: Foto ©ninafisch / pixelio.de

Weitere Bücher finden Sie auf **www.hansebooks.com**

Dr. A. Cloetta's

LEHRBUCH
DER
ARZNEIMITTELLEHRE
UND
ARZNEIVERORDNUNGSLEHRE.

SIEBENTE
UNTER BERÜCKSICHTIGUNG DER DRITTEN AUSGABE DES ARZNEI-
BUCHS FÜR DAS DEUTSCHE REICH UMGEARBEITETE AUFLAGE

HERAUSGEGEBEN

VON

Dr. WILHELM FILEHNE,
ORD. PROFESSOR DER PHARMAKOLOGIE ETC. UND DIRECTOR DES PHARMAKOLOGISCHEN
INSTITUTS DER UNIVERSITÄT BRESLAU.

FREIBURG I. B. 1892.
AKADEMISCHE VERLAGSBUCHHANDLUNG VON J. C. B. MOHR
(PAUL SIEBECK).

Das Recht der Uebersetzung in fremde Sprachen bleibt vorbehalten.

Vorwort zur vierten Auflage.

Herr Cloetta hat, wegen Ueberhäufung mit Berufsgeschäften, die weitere Herausgabe seines Lehrbuchs abgelehnt; ich bin an seine Stelle getreten.

Bei einem Buche, das sich in den sechs Jahren seines Bestehens einen festen Kreis von Freunden erworben hat, erschien es mir selbstverständlich, eine Aenderung seiner Tendenz in keiner Weise eintreten zu lassen. So steht denn auch auf den ersten Seiten dieser vierten Auflage, als Capitel I der diesmaligen Einleitung, ohne wesentliche Aenderungen die ursprüngliche Einleitung, welche gewissermassen das Programm des Herrn Collegen Cloetta enthält. Innerhalb des Buches ist im Einzelnen Vieles umgearbeitet; ich will mir wünschen, dass die alten Freunde des Buches mit dem, was ich neu bringe, nicht weniger zufrieden seien, als mit dem, was ich ungeändert liess.

Dies Buch will dem Lernenden das Lernen möglichst erleichtern. Es ist bestrebt, Wesentliches darzubieten, Nebensächliches beiseite zu lassen. Streitige Dinge sind möglichst umgangen, und nur wenn es sich um Hauptpunkte handelt, ist die Verschiedenheit der Meinungen und der Befunde entwickelt; wo es anging, wurde hierbei die unserer Meinung nach stichhaltigste Auffassung bevorzugt und der Darstellung zu Grunde gelegt. Der Lernende fordert von einem Lehrbuche, wie ich glaube mit Recht, dass es ihn zunächst schnell auf einen festen Standpunkt erhebe, von dem aus er das Wissensmaterial überschauen könne. Hier ist ihm Bestimmtheit — und oft selbst einige Einseitigkeit — lieber, als eine verwirrende Masse von widersprechenden Meinungen und Angaben. Ist der Lernende nur erst irgendwie orientirt, wird er sich schon selber weiter zurecht finden. Die Widersprüche der Thatsachen und Meinungen allenthalben kritisch gesichtet vorzuführen, fehlt einem kurzen Lehrbuche überdies der Raum.

Möge diese vierte Auflage eine freundliche und wohlwollende Aufnahme finden.

Breslau, den 10. Juni 1887.

Wilh. Filehne.

Vorwort zur fünften und sechsten Auflage.

Die zahlreichen in dieser Auflage vorgenommenen Aenderungen werden hoffentlich als Verbesserungen anerkannt werden können. Dieser neuen Auflage gebe ich den Wunsch mit auf den Weg, dass sie ebenso freundliche und wohlwollende Aufnahme finden möge, wie die vorhergehenden.

Breslau, den 10. Januar 1889.

Wilh. Filehne.

Vorwort zur siebenten Auflage.

Mein verehrter Herr College Cloetta ist inzwischen aus dem Leben geschieden. Seinem Gedächtnisse seien die wenigen Worte gewidmet, mit denen ich diese neue Auflage in die Oeffentlichkeit geleite.

Breslau, den 10. Juli 1891.

Wilh. Filehne.

Inhalt.

	Seite
Vorwort	III

Arzneimittellehre.

Einleitung	1
I. Gruppe.	
Narcotica	22
Opium	29
Morphin	30
Opium	44
Lactucarium	46
Cannabis indica	46
Chloralhydrat	47
Chloralum formamidatum, Chloralamid	49
Paraldehyd	49
Amylenhydrat	50
Urethan	50
Sulfonal	50
Chloroformium	50
Aether	54
Methylenchlorid	55
Stickstoffoxydulgas	55
Kalium bromatum	56
Natrium bromatum	57
Ammonium bromatum	57
Die Belladonnagruppe	58
Folia Belladonnae	59
Folia (Herba et Semen) Stramonii	64
Herba Hyoscyami	64
Duboisia myoporoïdes	65
Folia Coca. Cocaïn	65
Piper methysticum	68
Die Calabargruppe	68
Faba Calabarica (Semen Physostigmatis)	69
Radix s. Tubera Aconiti	70
Gelsemium sempervirens	72
Semen Strychni; Nux vomica	72
Curare, Urari, Woorara u. s. w.	75
Herba Conii	76
Folia Nicotianae	76
Herba Lobeliae inflatae	77
Radix Veratri albi	77
Radix Hellebori albi	77
Radix Veratri viridis	77
Semen Sabadillae	77
Semen Colchici	78
Ephedrinum, Pseudoephedrinum	79
Secale cornutum; Ergota	79
Agaricinum	81

VI   Inhalt.

	Seite
Amylum nitrosum, Amylnitrit	81
Nitroglycerin (Trinitrin)	82
Amygdalae amarae. Aqua Amygdalarum amararum	82

II. Gruppe.
    Antipyretica 83
        Cortex Chinae (Cortex Cinchonae) 89
        Acidum salicylicum 95
        Natrium benzoïcum 97
        Salol 97
        Antipyrin 97
        Kaïrin 99
        Thallin 99
        Acetanilid, Antifebrin 99
        Phenacetin 100
        Eucalyptus globulus 100

III. Gruppe.
    Antifermentativa. Antiseptica. Desinficientia 100
        Acidum carbolicum s. phenylicum. Phenol 106
        Thymol 110
        Menthol 110
        Resorcin 110
        Pyrogallol 111
        Kreosotum 111
        Guajacol 111
        Pix liquida 111
        Acetum pyrolignosum 111
        Naphthalinum, Naphthalin 111
        β-Naphthol 112
        Ichthyol. Ichthyolsulfonsaures Kalium. Thiol 112
        Sozojodol 112
        Kreolin 112
        Acidum benzoïcum, Benzoësäure 112
        Natrium benzoïcum 113
        Acidum salicylicum 113
        Aseptol 113
        Chrysarobin 113
        Anthrarobin 113
        Jodoform 114
        Jodol 116
        Sublimat 116
        Calomel 117
        Chlorzink 117
        Chlor, Brom, Jod 117
        Aqua chlorata 118
        Calcaria chlorata 118
        Acidum boricum 118
        Borax (Natriumborat) 118
        Aluminium aceticum s. Alumina acetica s. Argilla acetica . 119
        Holzkohle 119

	Seite
Kalium chloricum, Kaliumchlorat	119
Kalium permanganicum crystallisatum	121
Anhang: Tuberculinum	121

IV. Gruppe.

Alterantia (Resolventia, Resorbentia, Antidyscrasica)	121
Hydrargyrum. Mercurialia, Quecksilber-Präparate	121
Jod-Präparate	129
Acidum arsenicosum, Arsenik	133
Phosphorus	137
Argentum	139
Auro-natrium chloratum	139
Die alkalischen und die nicht abführenden neutralen Salze der Alkalien	139
Natrium carbonicum	142
Natrium bicarbonicum	142
Kalium carbonicum	143
Kalium bicarbonicum	143
Lithium carbonicum	143
Kalium nitricum	144
Natrium nitricum	145
Natrium chloratum	145
Acida	148
Acidum sulfuricum	150
Acidum sulfurosum	151
Acidum nitricum	151
Acidum hydrochloricum s. muriaticum	151
Acidum hydrochloricum dilutum	151
Acidum phosphoricum	151
Acidum chromicum	151
Acidum citricum	151
Acidum tartaricum	151
Acidum aceticum	151
Acidum carbonicum	152
Die Holztränke	152
Radix Sarsaparillae	153
Lignum Guajaci, Lignum sanctum	154
Radix Ononidis	154
Lignum Sassafras	154

V. Gruppe.

Tonica	154
Martialia, Eisen-Präparate	155
Amara	159
Amara pura	160
1. Lignum Quassiae	160
2. Radix Gentianae	160
3. Herba Centaurii minoris	161
4. Herba Trifolii fibrini	161
5. Folia Cardui benedicti	161
Amara aromatica	161
1. Cordex fructus Aurantii	161

	Seite
2. Herba Absinthii	161
3. Folia Millefolii	161
4. Cortex Cascarillae	161
5. Rhizoma Calami aromatici	161
Amara mucilaginosa	161
1. Radix Colombo	161
2. Cetraria Islandica	161
Cortex Coto	162
Cortex Condurango	163
Oleum Jecoris Aselli, Leberthran	163
Lipanin	165
Calcium phosphoricum (Calcaria phosphorica)	165
Cortex Quebracho	166
Pepsinum	166
Papaïn, Papayatin	166
Orexin	167

VI. Gruppe.

Cardio- et Angiotonica	167
Folia Digitalis	167
Strophanthus hispidus	179
Kombé	179
Bulbus Scillae (Radix Squillae)	180

VII. Gruppe.

Adstringentia	180
A. Gerbsäuren	182
Tanninum. Acidum tannicum	183
Gallae	184
Cortex Quercus	184
Glandes Quercus tostae	184
Radix Ratanhiae	185
Kino. Gummi Kino	185
Folia Uvae ursi	185
Folia Juglandis	185
Folia Salviae	185
B. Metallische Adstringentien	185
Argentum nitricum, Silbernitrat	185
Plumbum	187
Zincum	191
Cuprum	192
Liquor Ferri sesquichlorati	192
Bismutum	192
Dermatolum	193
Alumen, Alaun	193

VIII. Gruppe.

Rubefacientia. Vesicantia. Cauteria	194
A. Rubefacientia	195
Semen Sinapis nigrae	195
Terebinthina. Oleum Terebinthinae	196
Galbanum	197

Inhalt.

	Seite
Ammoniacum	198
Balsamum peruvianum (Balsamum indicum nigrum)	198
Styrax liquidus (Balsamum Styracis), Storax	198
Liquor Ammonii caustici	199
Anhang.	
B. Vesicantia	200
Cantharides	200
C. Cauteria	201
Acida concentrata	202
Kali causticum fusum	202
Natron causticum fusum	203
Calcaria usta, Aetzkalk	203
Acidum arsenicosum	203
Argentum nitricum	203
Cuprum sulfuricum	203
Aqua phagedaenica flava	203
Liquor Stibii chlorati	203
Kalium sulfuratum	203

IX. Gruppe.

Evacuantia	204
A. Darmentleerung befördernde Mittel. Abführmittel	204
Manna	212
Pulpa Tamarindorum	212
Weinsteinsaure Salze	213
Natrium sulfuricum, Glaubersalz	213
Natrium phosphoricum	214
Magnesium sulfuricum, Bittersalz	214
Magnesium citricum	214
Magnesium carbonicum	214
Magnesia usta	215
Sulfur	215
Calomel	**217**
Oleum Ricini	218
Radix Rhei	218
Folia Sennae	220
Cortex Rhamni Purshianae	221
Cortex Frangulae	221
Fructus Rhamni catharticae	221
Tubera Jalapae, Radix Jalapae	222
Podophyllinum	222
Aloë	222
Fructus Colocynthidis	224
Gutti (Gummi Cambogia), Gummigutt	224
Scammonium	224
Oleum Crotonis	224
B. Emetica. Brechmittel	225
Tartarus stibiatus s. emeticus	229
Radix Ipecacuanhae	230
Apomorphinum hydrochloricum	232

X   Inhalt.

	Seite
Cuprum sulfuricum crystallisatum	233
Zincum sulfuricum	233
C. Diuretica (Spiraea ulmaria u. s. w.)	233
Balsamum Copaïvae	237
Cubebae. (Fructus s. Baccae Cubebae)	238
Kalium aceticum	239
Tartarus boraxatus	239
Blatta orientalis	239
D. Expectorantia	239
Ammoniakpräparate	240
Stibium sulfuratum aurantiacum. (Sulfur auratum Antimonii)	241
Radix Senegae	241
Cortex Quillajae	242
Acidum benzoïcum	242
E. Diaphoretica	242
Folia Jaborandi. Pilocarpinum hydrochloricum	244
Flores Sambuci	246
Flores Tiliae	246
Liquor Ammonii acetici	246

X. Gruppe.

Excitantia. Analeptica	246
Spiritus, Alkohol. Aethylalkohol	246
Aether (Schwefeläther)	253
Essigäther	254
Coffeïnum. Semina Coffeae tosta	254
1. Caffeïn	255
2. Der geröstete Kaffee	256
Thee	257
Cacao	257
Camphora	258
Gewürze	259
Cortex Cinnamomi	260
Crocus (Stigmata Croci)	261
Radix Valerianae	261
Folia Menthae piperitae	261
Herba Rosmarini	262
Flores Lavandulae	262
Flores Arnicae	262
Flores Chamomillae	262
Moschus, Bisam	262
Castoreum	263
Asa foetida	263

XI. Gruppe.

Anthelminthica. Vermifuga	263
Flores Cinae (Semen Cinae)	264
Rhizoma Filicis (Radix Filicis maris)	265
Flores Koso (Flores Brayerae)	266
Cortex Granati	267

	Seite
Kamala. Glandulae Rottlerae	267
Nuces Arecae	267

XII. Gruppe.
Emollientia	268
1. Mucilaginosa	268
Gummi arabicum	268
Gummi Tragacanthae	269
Tubera Salep	269
Semen Lini	269
Radix Althaeae	269
2. Oleosa	270
Oleum olivarum	270
Oleum amygdalarum (dulcium)	270
Lycopodium	270
Lanolin	270
3. Saccharina et Dulcia	270
Saccharum album	270
Saccharum lactis	271
Mel	271
Glycerinum	271
Radix Liquiritiae	271
Saccharinum	272

Anhang.
Uebersicht der wichtigsten Heilquellen u. s. w.	272

Arzneiverordnungslehre.
Allgemeiner Theil.

Die Arzneiformel (Recept)	274
Arzneivorrath	276
Arzneigewicht	277
Benennung der Recepttheile	278

Specieller Theil.

A. Trockene Arzneiformen	280
1. Für den innerlichen Gebrauch	280
a) Species, Thee, Kräuter	280
b) Pulvis, Pulver	281
c) Pilulae, Pillen	283
d) Boli, Bissen	288
e) Granula, Körner	288
f) Capsulae gelatinosae, Gallertkapseln	289
g) Gelatinae medicatae in lamellis, Gallerttafeln	289
h) Trochisci, Zeltchen	289
i) Pastilli, Pastillen	290
2. Für den äusserlichen Gebrauch	291
a) Species, Kräuter	291
b) Pulver	291
c) Emplastra, Pflaster	292
d) Pastae, Pasten	293

	Seite
e) Styli s. Bacilli, Stäbchen, Stängelchen, Stifte	293
f) Suppositoria, Stuhlzäpfchen	294
B. Flüssige und halbflüssige Arzneiformen	295
1. Für den innerlichen Gebrauch	295
a) Mixturae incl. Solutiones, Mixturen einschl. Lösungen	295
b) Guttae, Tropfen	298
c) Saturatio, Saturation	298
d) Emulsio, Emulsion	300
e) Extractionsformen	302
α) Maceration	302
β) Digestion	303
γ) Infusum, Aufguss	303
δ) Decoctum, Abkochung	304
ε) Macerations-Decocto-Infus und Aehnliches	305
f) Succus herbarum recenter expressus. Kräutersäfte	306
g) Electuarium, Latwerge	306
h) Gallerte, Gelée, Gelatina	307
2. Für den äusserlichen Gebrauch	308
a) Clysma (Enema), Klystier	308
b) Fomentationes, nasse Umschläge, Fomente	311
c) Lotiones, Waschungen	312
d) Balnea, Bäder	313
e) Linimenta, Flüssige Salben	314
f) Unguenta, Salben	315
Specielle Anwendung von Arzneimitteln	317
a) Auf die Haut	317
b) Unter die Haut	318
c) Auf die Nasenschleimhaut	320
d) Auf Mund und Rachen	321
e) Auf die Ohren	321
f) Auf die Augen	322
g) Auf die Schleimhaut der Respirationsorgane und der feinsten Endigungen der Bronchien	322
Arzneimittel, welche in Form zerstäubter Lösung inhalirt werden	323
h) Auf die Schleimhaut der Harnblase und der Harnröhre	325
i) Auf die Schleimhaut der weiblichen Sexualorgane	327

Maximaldosentabellen

I. des Arzneibuchs f. d. D. R., dritte Ausgabe	330
II. der Pharmacopoea Helvetica	334
A. Für Erwachsene	334
B. Für Kinder	337
Solutionstabelle nach Ph. Germ. II	339
Alphabetisches Register	341
Therapeutisches Register	355

Einleitung.

I. Entwickelungsweise der Arzneimittellehre; Eintheilung des Lehrstoffes nach den therapeutischen Indicationen.

Das Bedürfniss nach Beseitigung krankhafter Zustände durch innere oder äussere Mittel ist so alt als das Menschengeschlecht, oder wenigstens auf den Zeitpunkt zurückzuführen, als Menschen sich unwohl, d. h. durch innere oder äussere Ursachen in abnorme Zustände versetzt fühlten. Dieser instinctive Trieb hat sich im Menschen forterhalten trotz allem, was berechtigt und unberechtigt gegen die heilende Wirkung der Arzneien von jeher bis in die Gegenwart ins Feld geführt wurde; er war in den früheren Zeiten (und zum Theil heute noch) immer wieder die Veranlassung, dass geschulte und ungeschulte Heilkünstler auftraten und nach Mitteln griffen, welche Wunderglaube, Zufall, rohe Empirie, doctrinäre systematische Auffassung u. s. w. zu Tage förderten.

Auf diesem primitiven Standpunkte steht allerdings die gegenwärtige „Arzneimittellehre" nicht mehr; sie will auch nicht mehr der Spielball einzelner doctrinärer Anschauungen sein. Um nun den Standpunkt der Gegenwart, oder wenigstens denjenigen, welchen wir einzunehmen beabsichtigen, klarzulegen, müssen wir hier der Vergangenheit gedenken; und wenn wir auch in dieser kurzen Einleitung keine Geschichte der Arzneimittellehre geben können, so soll doch der Anfänger, für den dieses Buch zunächst geschrieben ist, etwelche Aufklärung bekommen, wie unser Arzneimittelvorrath entstanden ist, und wenn möglich auch erfahren, was er von der Arzneimittellehre billigerweise erwarten kann. Uns scheinen einige einleitende Bemerkungen in dieser Richtung um so nothwendiger, als der junge Mediciner, welcher Arzt werden will, je nach dem Studien- und Schulgange, den er durchgemacht hat, sich gar häufig anfangs in allzu grossen Illusionen bewegt, welche dann gern in das Gegentheil rasch umschlagen, oder in einem Skepticismus befangen ist, welcher nur dann Berechtigung hat, wenn er aus einer selbständigen Kritik hervorgeht, die aus eigener, auf fester wissenschaftlicher Grundlage ruhenden Erfahrung entstanden ist. Wiederholt kommt es vor, dass junge Mediciner, welche die Universität verlassen, vertrauensvoll auf die Therapie, welche sie erlernt, sich in ihre praktische Thätigkeit begeben, und nach vielfachen Misserfolgen, wenn die Sachen nicht so verlaufen, wie sie es auf der Klinik sahen und hörten, deprimirt und enttäuscht über die interne Therapie den Stab brechen, oder dann kritiklos das Erlernte verwenden und so immer mehr in einen therapeutischen Schlendrian gerathen. Gegen solche Eventualitäten schützen als wirksames Correctiv nur eine solide wissenschaftliche Grundlage und darauf fussend eine möglichst unbefangene Beobachtung über die Erfolge der Behandlungsmethoden. Aber auch das Lehrmittel soll das Seinige dazu beitragen, indem es dem Anfänger eine durchgesiebte Arzneimittellehre vorlegt, in welcher das für die praktischen Aufgaben Erreichbare vorgeführt wird.

In erster Linie müssen wir betonen, dass von jeher die Arzneimittel ihre Existenz und Verwendung hauptsächlich der Empirie, dem häufigen Versuchen am kranken Menschen zu verdanken haben, ohne dass dasselbe ursprünglich durch streng wissenschaftliche Methoden geleitet wurde. Dies können wir von den Zeiten an, wo die Heilkunst von den Asklepiospriestern, bis auf die Gegenwart, wo sie von den geschulten Aerzten ausgeübt wird, verfolgen. Das „post hoc ergo propter hoc" spielte bei Annahme und Verwendung der Arzneimittel stets eine grosse Rolle, in früheren Zeiten begreiflicherweise noch mehr als jetzt, weil Controlle und Kritik bei Beurtheilung der Wirkung eines Mittels sich auf noch unsicherer Basis bewegten. Daher dürfen wir uns nicht wundern, dass der Umfang des Arzneischatzes, wie die Geschichte lehrt, zu den Zeiten am meisten anschwoll, wo der kritiklose Empirismus unumschränkt herrschte, und zu jenen Zeiten wieder zusammenschmolz, als Beobachtung und Kritik wieder zu erwachen begannen und sich auf die Uebersättigung ein gewisser Grad von Nüchternheit als heilsame Reaction einstellte, — wobei dann freilich häufig das Kind mit dem Bade ausgeschüttet wurde.

Diese Schwankungen, das theilweise Verschwinden schon bestehender, das Hinzukommen neuer Mittel, wurde ausserdem wesentlich bedingt durch die zu gewissen Zeiten herrschenden „Systeme", welche in der Medicin im Allgemeinen, in der Pathologie und Therapie insbesondere, zu beengten einseitigen Ansichten führten. Derartige Systeme kannte man zwar weder im Alterthum, noch zu den Zeiten, als die arabischen Aerzte die Medicin beherrschten, auch nicht im Mittelalter, welches überhaupt für unsere Wissenschaft sehr unproductiv war; dagegen treffen wir vielfach Spuren solcher Einflüsse vom sechzehnten Jahrhundert an bis auf die neuere Zeit. Betrachten wir die Pathologie und Therapie des Paracelsus, diejenige der iatrochemischen und iatrophysischen Schule, werfen wir einen Blick auf die Ausbeutung der Haller'schen Irritabilitätslehre für die Zwecke der Therapie, einerseits durch Cullen und Brown, andererseits durch das contrastimulistische System von Rasori, so tritt uns immer wieder dieselbe Erfahrung entgegen, dass die Begründer und Anhänger dieser medicinischen Systeme die Arzneimittel ihren pathologischen Theorien anpassend auswählten. Irgend eine physikalische oder chemische Eigenschaft eines Stoffes, eine zufällig beobachtete physiologische oder toxische Wirkung einer Substanz wurden benutzt, um dieselbe als Heilmittel für bestimmte Vorgänge krankhafter Natur zu erklären, nicht weil die therapeutische Wirkung des betreffenden Mittels als Erfahrungssache dastand, sondern weil es zur systematischen Auffassung passte. Wenn die Chemiater bei der Construction ihrer pathologischen Theorien eine Reihe von krankhaften Vorgängen auf die Existenz einer saueren oder alkalischen Schärfe (Acrimonia) im Blute zurückführten, so wählten sie eine Reihe von Mitteln, welche die Neutralisation dieser Grundzustände bewirken sollten, wobei sie sich den Vorgang grob chemisch vorstellten, oder sie griffen zu den von ihnen aufgestellten Alterantia, welche nach Sylvius die flüssige Beschaffenheit des Blutes oder die sinnlich wahrnehmbaren Eigenschaften desselben zu ändern im Stande sein sollten. Cullen und Brown ferner haben die „Asthenie" (verminderte Reizbarkeit, Schwäche) als allgemeine pathologische Basis einer Reihe von speciellen Krankheitsvorgängen zu Grunde gelegt: demnach forderten sie zur Heilung derselben Mittel, welche eine erregende Wirkung auf den Körper, speciell auf das Nervensystem ausüben können. Wenn auch die fortschreitende Erkenntniss die Haltlosigkeit solcher Theorien nachwies, so blieben doch traditionell viele solche Mittel an der Medicin haften. Man fragte später nicht, warum hat man diese Mittel gegeben? sondern es wurde fort und fort versichert, sie haben sich in diesem oder jenem Krankheitsfalle bewährt. Auf diese Weise hat sich eine grosse Zahl von Arzneimitteln in der Medicin eingebürgert.

Neben diesen, von den Tageslaunen der Pathologie dictirten Arzneimitteln hat sich aber nach und nach durch die gewöhnliche Empirie eine kleine Gruppe von Drogen angesammelt, welche von unbefangenen und gut beobachtenden Praktikern — und solche hat es ja zu allen Zeiten gegeben — als constante therapeutische Wirkungen hervorbringend richtig erkannt und gewürdigt wurden, und über diese wollen wir auch heute noch froh und derselben eingedenk sein, wenn der Skepticismus mit seiner destruirenden Gewalt uns entgegentritt, oder wenn einseitige Auffassungen über pathologische Vorgänge die ganze Arzneimittellehre für nur wenige Mittel zu pachten suchen, wie es in der neuesten Zeit von den mykotischen Theorien her eine Zeit lang fast drohte.

Im Gegensatze zu der oben erwähnten Empirie, welche das Auftauchen der Arzneimittel gleichsam dem Zufall zu verdanken hat, wurde später mehr und mehr die Forderung gestellt, dass die Arzneimittellehre auf exacter Basis aufgebaut werde, und es war dies nicht nur vollkommen berechtigt, sondern man darf auch sagen, dass dieser Weg die Hauptquelle ist, aus welcher wir wissenschaftliche Aufklärung über die physiologischen Wirkungen der Arzneimittel auf den menschlichen Körper erhalten haben. Dieses Postulat konnte aber für die praktische Medicin lange Zeit überhaupt nicht (und kann selbst heute noch nicht ganz) stricte durchgeführt werden.

Nachdem nämlich die Einseitigkeiten in der Auffassung physiologischer und pathologischer Vorgänge, welche noch in die ersten Decennien unseres Jahrhunderts hineinragten, überwunden waren, und die sich Bahn brechende experimentelle Richtung nach und nach auf dem Gebiete der Physiologie und Pathologie festen Boden fasste, da kam ähnlich, wie in früheren Zeiten, ein Augenblick grosser Noth für unsere Disciplin. An ernsten und gut motivirten Angriffen, aber auch an Spott hat es nicht gefehlt, um die Existenz derselben in Frage zu stellen; und in der That, die Angreifer hatten leichteres Spiel als die Vertheidiger. Was konnte man antworten, wenn den Heilkünstlern gegenüber der Vorwurf erhoben wurde, dass letztere nicht im Stande seien, genaue, wissenschaftlich verwerthbare Beobachtungen am kranken Menschen zu machen, da ja in den meisten Fällen nicht einmal die physiologische Wirkung der Stoffe bekannt sei; wie sollten sie denn die Wirkungen derselben beim Durchgehen durch den kranken Organismus prüfen können? Bei den vielseitigen Aeusserungen des kranken Organismus könne unmöglich auseinander gehalten werden, was einerseits Effect der Krankheitsursache, Symptom des Krankheitsprocesses, andrerseits Arzneiwirkung sei — von dem Gesammtresultat gar nicht zu reden, indem der Krankheitsausgang von so vielen Bedingungen abhängig sei, welche zu controlliren unmöglich in der Hand des Arztes liegen könne. Diese Anschauungen wurden auch von hervorragenden Klinikern unterstützt, welche es sich bei ihrer Spitalthätigkeit gleichsam zur Aufgabe machten, den Beweis zu liefern, dass die acuten Processe wenigstens ungefähr in derselben Zeit und mit demselben Resultate verlaufen, ob man therapeutisch dagegen operire oder nicht.

Derartige Ansichten pflegen sich, namentlich wenn sie von Persönlichkeiten ausgehen, welche wissenschaftliche Verdienste besitzen oder sonst eine hervorragende Stellung einnehmen, epidemienartig zu verbreiten und finden vorzugsweise bei der strebsamen, für alles Neuere empfänglichen Jugend einen günstigen Boden. In solchen Zeiten berücksichtigt man das Historische nicht mehr und wird undankbar gegenüber der Vergangenheit. So ist es mit der Arzneimittellehre wiederholt im Laufe der Jahrhunderte ergangen, und speciell wiederum in den letzten Decennien.

So entwickelte sich ein Nihilismus, ein Unglauben, der bis über die Mitte dieses Jahrhunderts herrschend blieb, und alle pharmako-dynamische Forscherarbeit hatte im Grunde nur entweder rein physiologisches oder toxikologisches oder experimentell-pathologisches Interesse. Dieser Nihilismus brachte aber andrerseits den Vortheil, dass nun endlich Krankheitsbilder sichtbar wurden, die nicht durch eingreifende sog. Heilverfahren (Aderlässe, Brechweinstein u. s. w.) getrübt und verzerrt waren; er lieferte die moralische Berechtigung, die exspectative Methode anzuwenden — d. h. die Kranken und Krankheiten zunächst, ohne Behandlung, einfach abwartend zu beobachten, und er gewährte die Möglichkeit, die Resultate bestimmter positiver curativer Methoden mit denen der exspectativen zu vergleichen. So gewann die Empirie einen neuen thatsächlichen Untergrund. Sie hat auf diesem das reiche, zum Theil wirre Material von Arzneimitteln alter Zeiten, — sie hat die grosse Zahl der neuerdings theils empirisch, theils auf Grund exacter Untersuchungen in Vorschlag gebrachten Substanzen geprüft; sie hatte nunmehr den Vorzug vorgeschrittenen physiologischen und pathologischen Wissens und der Schulung in naturwissenschaftlicher Beobachtung und Schlussweise; und unter rationeller Ausnutzung dieser Mittel und unter Benutzung der statistischen Methode bei der Frage nach etwaigen Kurerfolgen hat die Therapie in neuerer Zeit Schönes geleistet. Freilich hat sie hierbei ungemein viel den exacten Wissenschaften, besonders der experimentellen Pharmakologie zu danken — sowohl in

Bezug auf das innere Verständniss der von ihr selbst in der Praxis beobachteten Arzneiwirkungen, als auch für das Angebot neuer Substanzen.

Aber gleichviel wie und wo der Gedanke zur Entwickelung gebracht werden mag, eine bestimmte Droge, einen chemischen Stoff oder eine Gruppe von Körpern als Arzneimittel zu empfehlen, — die Entscheidung, ob und unter welchen Umständen ein Mittel Arzneimittel, Heilmittel ist, gebührt ausschliesslich der ärztlichen Empirie, den Versuchen und Erfahrungen am Kranken. Nicht die frühere rohe Empirie, aber eine rationelle Empirie, basirt auf einer rationell geübten Therapie, wird für die Arzneimittellehre maassgebend bleiben.

Die Betrachtungen führen uns auch sogleich zur Frage, welches Eintheilungsprincip bei der Bearbeitung der Materie walten soll, wenn es sich um ein Lehrbuch der Arzneimittellehre handelt. Es kommt hierbei wesentlich darauf an, für wen das Buch geschrieben wird. Wir wollen, dass das unsrige ein praktisches Lehrbuch für den die Klinik besuchenden Mediciner, für den angehenden Arzt sein soll. Hierfür hat es sich als zweckmässig herausgestellt, die Arzneimittel nach den Indicationen einzutheilen, welche nach gestellter Diagnose erfüllt werden sollen. Wenn der Kliniker sagt, in diesem oder in jenem Falle wollen wir diuretisch, abführend, antipyretisch, tonisirend u. s. w. verfahren, so muss der junge Mediciner ein Buch haben, in dem er nachschlagen kann, welche Mittel und unter welchen Verhältnissen dieselben erfahrungsgemäss zulässig sind. Dabei soll er soweit als nöthig auch erfahren, welche sonstige therapeutischen und welche physiologischen oder toxischen Wirkungen die betreffende Substanz auf den Körper ausüben kann. In einzelnen Fällen wird er sich überzeugen können, dass die physiologischen und toxischen Wirkungen, welche nur graduell verschieden sind, mit der therapeutischen zusammenfallen, in andern Fällen wird er diesen Zusammenhang wegen Unzulänglichkeit unsres Wissens noch vermissen.

Wissenschaftlich richtiger wäre es vielleicht, wenn man die Materie nach den physiologischen Wirkungen oder nach rein pharmakologischen Gesichtspunkten eintheilen würde; allein dieses Eintheilungsprincip ist für die praktischen Zwecke vorläufig unausführbar. Es sind zwar anerkennenswerthe Versuche in dieser Richtung gemacht worden, aber nur eine beschränkte Zahl von Mitteln lässt sich nach einem solchen Principe rubriciren, alle andern müssen zwangsweise untergebracht werden, abgesehen davon, dass bei gar vielen noch sehr divergente

Meinungen in dieser Beziehung bestehen, welche den Anfänger verwirren oder ihm vorgefasste, häufig irrthümliche Anschauungen beibringen.

Einige Autoren haben auch die Arzneimittel nach ihrer chemischen, physikalischen, naturhistorischen Bedeutung und Abstammung zusammengestellt, andere dieselben in einfach alphabetischer Reihenfolge abgehandelt. Ein solches Verfahren ist für gewisse Zwecke ganz passend, für unser Lehrbuch aber halten wir am therapeutischen Eintheilungsprincip fest; hierbei sind freilich manche kleine Wiederholungen und Zurückweisungen unvermeidlich, da sehr viele Mittel mehreren therapeutischen Indicationen genügen — (von widersprechenden Auffassungen der Autoren ganz zu schweigen, die die Unterbringung einer Substanz hier wie bei jedem biologischen Eintheilungsprincip oft willkürlich werden erscheinen lassen).

II. Die Verwerthung der Arzneimittel und die verschiedenen Arten der Arzneiwirkungen.

Manche Substanzen werden nur ihrer physikalischen Eigenschaften wegen verwerthet: das Heftpflaster, weil es klebt; Penghawar Yambi, weil es wegen seiner filzigen Beschaffenheit Blut zur Gerinnung und so Blutungen zum Stehen bringt. Hier wirken nicht eigentlich die Substanzen als solche auf den Patienten, und eine tiefere Beziehung zwischen der angewandten Substanz und dem Leibe des Kranken findet nicht statt.

Eine andere Kategorie wird z. B. durch Mittel repräsentirt, welche auf die Haut aufgetragen die Krätze zu heilen vermögen. Hier ist es nicht sowohl die Wirkung des Mittels auf den krätzkranken Menschen, als vielmehr die tödtende Einwirkung auf die Krätzmilben, welche diese Stoffe zu Heilmitteln macht. Ebenso ist die Wirkung der gegen die Eingeweidewürmer gerichteten Mittel, obwohl sie den Patienten heilen, doch keine auf den Patienten selber ausgeübte; und wenn gelegentlich doch das körperliche Befinden des Kranken durch solch ein innerlich gereichtes, wurmwidriges Mittel direct beeinflusst wird, so sehen wir darin eine überflüssige und unerwünschte Dreingabe.

Sollte es sich thatsächlich herausstellen, dass die Heilwirkung des Chinins bei Sumpffiebern nur darauf beruhe, dass dasselbe den Malaria-Mikroorganismus im Menschen schwächt oder unfähig zur Fortpflanzung macht, so wäre hierbei für das Chinin ebenfalls nur eine mittelbare Wirkung auf den Menschen zu statuiren — und nur das Ohrensausen und der Chininrausch wären die unmittelbaren aber unerwünschten

Wirkungen. Falls dagegen der Mechanismus jener Heilwirkung dahin aufgeklärt werden sollte, dass das Chinin zunächst das menschliche Protoplasma selber, als einen bis dahin günstigen Nährboden des Malariapilzes, verändert und aus demselben einen für den Parasiten ungünstigen Nährboden macht, — so würde diese Wirkung als eine direct auf den Menschen gerichtete zu bezeichnen sein.

Dagegen giebt es eine grosse Zahl von Arzneiwirkungen, bei denen eine directe Wechselbeziehung zwischen dem Mittel und dem menschlichen Organismus sicher gestellt ist.

Diese „Wirkungen" im engeren Sinne müssen nun streng geschieden werden erstens: in örtliche, d. h. solche, welche nur am Orte der Anwendung, nur an dem Körpertheile zu Stande kommen, auf welchen die Substanz applicirt worden ist, — und in resorptive Wirkungen, d. h. solche, welche sich erst entwickeln, nachdem die betreffende Substanz in die circulirenden Säfte unseres Organismus aufgenommen ist.

Die örtlichen (localen) Wirkungen sind entweder grobchemische Veränderungen der mit der betreffenden Substanz in Berührung gebrachten Gewebe, wie Maceration, Aetzung u. s. w. durch Laugen, Säuren, Metallsalze, d. h. Veränderungen, welche an den betreffenden Theilen zunächst ganz ebenso auftreten würden, gleichviel ob sie todt sind oder leben (die im Falle des Lebens sich anschliessenden Entzündungs- und Demarcationserscheinungen gehören als reactive, secundäre Vorgänge natürlich nicht hierher); oder die örtlichen Wirkungen bestehen in Aenderungen der örtlichen Lebensfunctionen, in Aenderungen des Lebens der Zellen in Nervenendigungen, in Aenderungen der Blutströmung oder der Secretionen an Ort und Stelle der Einwirkung, wobei keineswegs eine chemische Einwirkung — aber jedenfalls jede gröbere chemische Verletzung ausgeschlossen ist. Derartige Wirkungen, in Aenderung der Lebensfunctionen ohne gröbere chemische Verletzung bestehend, — gleichviel ob nur local oder allgemein nach Resorption — werden auch als „specifisch-physiologische Wirkungen" bezeichnet. Als Beispiele von localen specifisch-physiologischen Wirkungen können dienen: die Wirkungen von Atropin, Eserin u. s. w. auf Pupille oder Accommodation bei Einträuflung auf das Auge; die örtliche Gefühllosigkeit nach Einwirkung von Cocaïnlösungen; die Röthung nach Application von scharfen Stoffen; die starke Speichelsecretion nach dem Kauen von Gewürzen u. s. w. Solche locale Wirkungen sind zuweilen — wie das zuletzt erwähnte Speicheln — reflectorisch, in anderen Fällen — wie die Pupillenerweiterung nach Atropin — direct bedingt:

im ersteren Falle bleiben — im Thierversuche — die Erscheinungen nach Durchschneidung der centripetalen Nerven der betreffenden Stelle aus; im zweiten Falle treten sie auch dann ein.

Die resorptiven Wirkungen (auch Allgemeinwirkungen genannt) werden sämmtlich als specifisch-physiologische bezeichnet, da es hier sich nie um gröbere chemische Processe handelt[1]).

Wie entstehen die sog. specifisch-physiologischen Wirkungen — gleichviel ob resorptiv oder nach localer Application?

Hier muss zwischen primärer und secundärer Wirkung (auch wohl „directe" und „indirecte" genannt) unterschieden werden.

So kann eine Verstärkung der Athembewegungen oder das Auftreten von Krämpfen in dem einen Falle primäre, im andern Falle secundäre Wirkung sein. Ebenso nämlich wie beim Warmblüter jede Erstickung und jede Verblutung oder sonstige plötzliche Arretirung der Blutcirculation Athemnoth und Krämpfe verursacht, — ebenso muss selbstverständlich jeder Stoff, welcher den innern Gaswechsel stört oder die Circulation irgendwie, z. B. durch Herzlähmung, zum Stillstande bringt, ebenfalls — aber indirect — Athemnoth und Krämpfe veranlassen: secundäre Wirkung des Stoffs. Dagegen giebt es Substanzen (wie Strychnin u. a.), welche unabhängig von jeder Beeinträchtigung der Circulation und des Gaswechsels Krämpfe erzeugen, sobald sie z. B. das Rückenmark oder andere Theile des Nervensystems treffen: primäre Wirkung. Diese primäre Wirkung sieht man bei den meisten, aber nicht allen Stoffen an vielen physiologischen Apparaten qualitativ gleichartig auftreten, gleichviel ob man das betreffende Mittel durch Resorption, mit dem Blute, zur Wirkungsstelle gelangen lässt, oder local ebenda applicirt: Strychnin verursacht die gleichen Krämpfe bei localer Application auf das freigelegte Rückenmark des entbluteten Frosches, wie nach subcutaner Injection am intacten Thiere; bei innerlicher Atropinvergiftung erweitern sich die Pupillen ebenso, wie nach Einträuflung einer Atropinlösung ins Auge u. s. w. Aber doch zeigen sich hierbei einige Besonderheiten: so bleibt bei localer Anwendung die Wirkung

---

[1]) Eine Mittelstellung nehmen einige Veränderungen ein, die der Blutfarbstoff durch manche Substanzen (meist nur bei Vergiftungen) erfährt; obschon hier keine gröbere chemische Verletzung vorliegt, so handelt es sich (auch bei resorptiver Einwirkung) immerhin um einen chemischen Process, der ausserhalb des Organismus zwischen „todtem" Blutfarbstoff und der betreffenden Substanz ganz ebenso ablaufen würde. Jedoch auch diese Aenderungen werden „physiologische Wirkung" genannt, wenn sie innerhalb des lebenden Organismus resorptiv zu Stande kommen.

auf den Ort der Anwendung beschränkt: dies versteht sich von selber, so lange am Orte der Application keine Resorption oder Weiterverbreitung statthat: nun bleibt ja aber freilich ein Stoff — z. B. Atropin im Auge oder Cocaïn an der behandelten Schleimhautstelle — nicht am Applicationsorte liegen; vielmehr diffundirt er, wird allmählich resorbirt (und hierauf beruht das schliessliche Verschwinden derartiger localer Wirkungen) und gelangt, durch das Gesammtblut verdünnt, zu allen Körpertheilen und Geweben, aber für gewöhnlich in so minimaler Concentration und für jede einzelne Körperstelle, Zelle, Nervenfaser u. s. w. in so verschwindenden Quantitäten, dass keine Wirkung statthat. Nur bei übermässig reichlicher localer Application kann es auch zu starken resorptiven Erscheinungen kommen. Eine andere Besonderheit der localen Einwirkung ist die relative Stärke der Wirkungen kleiner Mengen gegenüber den Symptomen der resorptiven Einwirkung anscheinend grosser Gaben: Ein Tropfen Wasser, welcher ein halbes Milligramm Atropinsalz gelöst enthält, erzeugt, ins Auge geträufelt, eine Wirkung, wie sie an diesem Auge nach resorptiver Einführung von Atropin in den Gesammtorganismus kaum zu erzielen ist, wenn man das Leben des betreffenden Menschen nicht gefährden will; begreiflicherweise: rechnen wir das Auge als z. B. $1/6000$ des ganzen Körpergewichts; soll bei einer resorptiven Vergiftung $1/2$ Milligramm in jedes Auge gelangen, so müsste sich im ganzen Körper das 6000fache, d. h. 3 Gramm Atropin bewegen; — aber schon $1/10$ Gramm ist als tödtliche Gabe zu bezeichnen.

Bezüglich der physiologischen Wirkung vieler Mittel leuchtet es ohne weiteres ein, dass sie ihrer inneren Natur nach — d. h. in ihrer letzten, innersten Angriffsweise — eine chemische sei: die nützliche Wirkung des doppeltkohlensauren Natrons bei überschüssiger, die Wirkung einer verdünnten HCl-Lösung bei mangelnder Magensäure sind evident chemischer Art; das Gleiche gilt von der styptischen (blutstillenden) Wirkung des Eisenchlorids und ebenso betreffs einer Reihe von Stoffwechseländerungen, die durch Arzneimittel (und Gifte) zu erzielen sind. Aber nicht bloss bei derartigen, durchsichtigen Vorgängen, sondern auch bei allen physiologischen Wirkungen sind wir durch die vorliegenden wissenschaftlichen Thatsachen genöthigt, als letzte Angriffsweise der Mittel und als Wesen der Giftwirkungen chemische Vorgänge einschliesslich solcher molecularen Vorgänge zu beschuldigen, welche das Grenzgebiet der Chemie und der Physik ausmachen, wie Quellung, Diffusion, Gerinnung u. s. w. Danach beruhen jene Wirkungen auf der

Aenderung eben jener feinsten — chemischen und molecularen — Vorgänge, auf welchen das beruht, was wir „das Leben" nennen.

Meistens — aber nicht immer — ist an den Gewebselementen, selbst bei tödtlich gewordener Vergiftung, die ändernde Einwirkung weder makroskopisch noch mikroskopisch irgendwie zu erkennen; ja, wenn wir von dem chemischen Nachweise der in den Organen etwa noch auffindbaren Mengen des Mittels absehen, ist meistens auch in chemischer Beziehung für unsere Methoden eine Veränderung nicht nachweisbar; sollen wir uns dadurch abhalten lassen, moleculare, chemische Aenderungen in jener Zelle, Faser u. s. w. anzunehmen? Haben wir doch oft auch sonst ausser dem Fehlen der Lebensäusserungen (Bewegung, Vermehrung u. s. w.) keine Hilfsmittel, um an einer Zelle u. s. w. erkennen zu können, ob sie todt ist oder lebt; — und welch fundamentale moleculare, chemische Aenderung muss beim Uebergange vom Leben zum Tode stattgefunden haben!

In der Pharmakologie sind wir daher häufig, ja sogar meistentheils darauf beschränkt, die Wirkungen der Mittel ausschliesslich aus den Aenderungen der Lebensäusserungen zu erkennen, und dies hat zu der nicht ganz unzweideutigen Ausdrucksweise der pharmakologischen Literatur geführt, nach welcher dem Lernenden die Aenderung dieser Lebensäusserungen als das innere Wesen der Wirkungen erscheinen könnte. Wenn irgend eine Function unter dem Einflusse eines Mittels zunimmt, wird z. B. gemeiniglich von „Erregung" oder „Steigerung der Erregbarkeit" gesprochen, und bei Verminderung einer Function von „Lähmung" oder „Schwächung". So lange von physiologischen Elementarapparaten (einzelnen Zellen, Nervenendigungen u. s. w.) die Rede ist, wird kaum ein Missverständniss entstehen, „Das Curare lähmt die motorischen Endigungen" oder „Physostigmin erregt die motorischen Nervenendigungen im Sphincter iridis" darf man gelten lassen. Ein Missverständniss ist für den Lernenden aber fast unvermeidlich, wenn diese Ausdrücke auf complicirtere physiologische Apparate des Organismus und unerforschte physiologische Functionen angewandt werden. Einige Beispiele mögen dies zeigen und zur Verhütung unrichtiger schematischer Auffassungen das ihrige beitragen:

Atropin lässt beim Menschen die Frequenz des Herzschlages auf das Doppelte gehen; so lange man die hemmende Wirkung des Vagus auf das Herz noch nicht kannte und auch nicht wusste, dass nach Atropineinwirkung der hemmende Einfluss des Vagus auf den Herzschlag zunächst erloschen ist, bezeichnete man die Wirkung des Atropins auf das

Herz als eine „erregende". Jetzt sagen wir: Atropin „lähmt" die Vagusendigungen, und deshalb folge als secundäre Wirkung (wegen Fortfalls des Vagustonus) eine ebensolche Beschleunigung des Herzschlages wie nach beiderseitiger Vagusdurchschneidung.

Bei der inneren Complicirtheit der Function, selbst der einfachsten Centralapparate mit ihren Hemmungen, physiologischen Widerständen, Regulatoren, Cumulatoren, Acceleratoren u. s. w., und zumal bei der Unzulänglichkeit der Kenntniss von den elementarsten Vorgängen im Centralnervensysteme, werden wir bei Zunahme irgend einer Function nicht ohne weiteres übersehen können, ob die Quelle jener Function reichlicher fliesst, oder ob nicht etwa neben spärlicher gewordenem Quellsprudel doch die Hemmungen und Schleusen noch um so viel mehr geschwächt sind, dass nach aussen hin die Function reichlicher in die Erscheinung tritt.

Wer den Schlaf als ein durch Ermüdung bedingtes einfaches Aufhören von Erregungen betrachtet, wird bei Schlafmitteln von rein lähmender Wirkung auf die Hirnrinde sprechen mögen; wem dagegen der Schlaf als Folge des siegreichen Ueberwiegens einer z. B. im Mittel- oder Hinterhirn gelegenen activen Sperrvorrichtung erscheint, wird die Worte anders wählen.

Ganz besonders glauben wir an dieser Stelle die Auffassung als willkürlich zurückweisen zu sollen, als ob eine physiologische Function, zumal im Nervensysteme, nur vermehrt oder vermindert, nicht aber qualitativ verändert werden könnte. Die physiologischen Verrichtungen unseres Organismus sind der Qualität nach so mannichfach, dass die Möglichkeiten ihrer Veränderung der Qualität nach ebenfalls sehr zahlreich sein dürften. Vom Kaffee, Alkohol, Opium u. s. w., in bestimmten Gabengrössen, wird — der Lehre nach — das Grosshirn „erregt". Aber wie verschieden sind diese Wirkungen! Sicherlich werden nicht nur andere Abschnitte und Zellen von dem einen Mittel im Vergleich zum andern getroffen, sondern höchstwahrscheinlicherweise ist auch die Wirkung qualitativ eine andere.

„Lähmung" und „Erregung" dürfen selbst an physiologischen Elementarapparaten nicht in dem Verhältniss von plus oder minus aufgefasst werden. Jenes bedeutet Abnahme der Erregbarkeit, dieses bezeichnet stärkere Ausnutzung einer vorhandenen, aber vielleicht schon der Null sehr nahen Erregbarkeit.

Wir sahen, dass wir in vielen Fällen nicht im Stande sind, das chemische Substrat der beobachteten physiologischen Wirkungen anzugeben, und dass man sich dann darauf beschränken müsse, die Aenderung der Lebensäusserungen als Wirkung des Mittels vorzuführen. In der Auffassung, dass es sich auch hier um eine chemische und moleculare Beeinflussung des thierischen (resp. menschlichen) Protoplasmas handelt, wird man durch die gröberen Protoplasmawirkungen einiger Substanzen bestärkt, die neben diesen auch noch physiologische Wirkungen ohne nachweisbare chemische Aenderungen der betroffenen Gewebselemente entfalten. So erzeugen mittlere Gaben von Caffeïn an Thieren neben gewissen Wirkungen auf das Nervensystem, für welche palpable chemische Veränderungen als Ursache nicht ermittelt sind, eine Erstarrung der Musculatur, eine echte Todtenstarre des sonst weiterlebenden Thieres. Eine minder starke, nach einiger Zeit unter vollständiger Lösung rückbildbare Erstarrung zeigt sich bei kleineren Gaben. Geringe Mengen von Caffeïn also, die mit dem Blute (oder auch direct) zum Muskel gelangen, wirken hier wie ein gerinnungerregendes Ferment; und vielleicht möchten die bei Caffeïneinwirkung auftretenden Erregungs- und Lähmungserscheinungen des Centralnervensystems auf einer ähnlichen, obschon nicht sichtbaren chemischen Beeinflussung der Nervenzellensubstanz beruhen.

Die chemische Bindung zwischen dem Molecüle der einwirkenden Substanz und dem des Protoplasmas ist offenbar meistens nur eine sehr lockere, und die molecularen Aenderungen sind leicht ausgleichbare. Hierfür spricht das allmähliche — verschieden schnelle — Verklingen, Verschwinden der Wirkung (nicht-tödtlicher Gaben) und der Umstand, dass gleichen Schrittes mit diesem Verklingen der Organismus sich der eingeführten Substanz entledigt, sei es, dass er sie irgendwie ausscheidet, sei es, dass er sie in seinen eigenen Geweben zerstört (oxydirt) oder in unwirksame Substanzen umwandelt.

Aber in Momente des Austritts des Molecüls der betreffenden Substanz aus seiner Verbindung mit dem Protoplasma ist an diesem zunächst der status quo ante nicht wieder hergestellt, so geringfügig und so schnell reparabel auch die zurückbleibende Lücke ist. Bei sehr intensiver, einmaliger, besonders aber bei lange fortgesetzter häufiger Medication kann es auch zu länger dauernden oder sogar zu bleibenden Veränderungen (Nach- oder Folgewirkungen — gegenüber den eigentlichen oder ursprünglichen Wirkungen) kommen, welche man **Kurerfolge** nennt, wenn sie erwünscht — und **chronische Intoxication**, wenn sie eine unerwünschte Zugabe zum Heilerfolge sind.

Solche stärkere Ueberbleibsel arzneilicher oder giftiger Einwirkung liefern oft sehr deutliche pathologisch-anatomische Zeichen theils primärer, theils secundärer Natur.

Wie bei anderen chemischen Vorgängen besteht auch bei den physiologischen Wirkungen der Mittel eine Proportionalität zwischen der eingeführten Menge (der „Gabe" oder „Dosis") und der Intensität der Wirkung. Selbst die heftigsten sogenannten „Gifte" darf man ungestraft in sich einführen, sofern die Mengen nur klein genug sind — (was in diesem Maasse von den organisirten und sich innerhalb des menschlichen Organismus vermehrenden sogenannten „Krankheitsgiften" bekanntlich nicht gilt). Erst bei einer gewissen Gewichtsmenge beginnt die Wirkung und nimmt bei steigender Gabe an Intensität und Dauer zu. Jedoch handelt es sich hierbei nicht um eine einfache Multiplication; nicht einmal entspricht einem Mehrfachen der Dosis eine stärkere Wirkung von sonst gleicher Qualität. Vielmehr zeigen sich bei Versuchen mit steigenden Gaben qualitativ neue, oft sogar anscheinend den früheren entgegengesetzte Wirkungen. So kann beispielsweise eine Substanz in kleinen Gaben belebend, in grösseren Mengen betäubend wirken. Deshalb sieht man sich genöthigt, für jede Substanz mehrere Wirkungsbilder je nach der Grösse der Dosis zu entwerfen und dabei die Ausdrücke „kleine", „mittlere" und „grosse" Gaben zu gebrauchen, mit welchen Ausdrücken selbstverständlich nicht irgend welche absolute, sondern nur relative Gabengrössen gemeint sind: 30 Milligramm sind vom Morphin eine sehr grosse, vom Chinin dagegen eine winzig kleine Gabe; 3 Milligramm wieder bedeuten vom Morphin für einen Erwachsenen so gut wie nichts, während 3 Milligramm Atropin eine sehr grosse Gabe sind. Von jeder Substanz gelten diejenigen Gaben uns noch als „klein", welche nur eben deutlich ausgesprochene Wirkungen zeigen u. s. w. Aber nicht bloss von der Natur der Substanz hängt es ab, was als „kleine" u. s. w. Gabe zu bezeichnen ist, sondern auch von dem Objecte der Einwirkung: Patient, Versuchsperson, Versuchsthier, Species, Rasse, Alter, Geschlecht, physiologische Zustände (Gravidität u. s. w.), Ernährungs- und Gesundheitszustand, Gewohnheiten und Lebensweise, Art und Stadium etwaiger Krankheit, Heredität und Idiosynkrasie modificiren die Empfänglichkeit und das Wirkungsbild mannichfach.

Die Wirkung einer einzelnen (nichttödtlichen) Gabe ist, wie wir sahen, mehr oder weniger vorübergehend; sie nimmt zuerst zu, hält sich eine Zeit lang auf ihrer Höhe und nimmt dann ab. Auf der Höhe kann ihre Dauer verlängert werden, wenn rechtzeitig, d. h. einige Zeit vor dem Nachlassen der Wirkung, eine neue Dosis gereicht wird. Wird dagegen die neue Dosis so früh gereicht, dass ihre Wirkung sich schon zu einer Zeit voll entwickelt, da die frühere Gabe sich noch in starker Wirksamkeit befand, so kommt eine Summation der Wirkung zweier und mehr Gaben zu Stande, — es entsteht die Wirkung einer grösseren, eventuell einer doppelten, dreifachen u. s. w. Gabe. Je grösser die erste Dosis relativ war, um so grösser darf die Zwischenzeit bis zur zweiten Gabe sein, ohne die Summation zu unterbrechen. Fasst man für alle Substanzen beispielsweise „mittlere" Gaben ins Auge, so sind diese Intervalle (wie eben auch sonst die Wirkungsdauer der einzelnen Gaben) für die verschiedenen Substanzen ungemein verschieden. Bei Stoffen, deren Wirkung sehr flüchtig ist (z. B. beim Amylnitrit) addiren sich die ursprünglichen Wirkungen zweier Gaben nur, wenn das Intervall nicht grösser als 5—10 Minuten ist — bei andern darf es ein bis zwei oder drei Tage (Strychnin) oder noch länger (Digitalis) sein. Aehnliches gilt für die Summation der „Nachwirkungen". Diese letztere Summation stellt die bereits erwähnte sog. chronische Wirkung (resp. chronische Vergiftung) dar.

Während man aus den Erfahrungen des täglichen Lebens und der ärztlichen Praxis eine derartige Summation der ursprünglichen Wirkungen von verschiedenen Mitteln und vom Alkohol-, Opium-, Tabaksgenusse her kannte und sich daran gewöhnt hatte, das tagtäglich sich einschiebende Intervall einer 7—8stündigen Nachtruhe von diesen Wirkungen nicht überdauert zu sehen, — während man also eine Summation von einem Tage zum nächsten sonst nirgend zu sehen bekam, so imponirte, im Gegensatze hierzu, bei dem Strychnin und der Digitalis die über einige resp. viele Tage hinweg sich erstreckende Summation so sehr, dass man für diese Summation — aber nur für diese — den Ausdruck „Cumulirung", „Cumulation" oder „cumulative Wirkung" (d. i. Anhäufung) einführte. Ein Irrthum war es, wenn man einen principiellen Unterschied zwischen der „Cumulirung" und der „Summirung" aufgestellt hat — es ist nur ein gradueller Unterschied. Aber für die Praxis ist es wichtig, daran festzuhalten, dass man nach einer 8stündigen (Nacht-)Pause bei den meisten Substanzen die Berechnung der zulässigen Dosen von Neuem beginnen darf, ohne mehr die vor jener Pause dargereichten Arzneimengen in die Rechnung einzustellen, während dieses bei den „cumulirenden" Stoffen — Digitalis, Strychnin — ein grosser Fehler wäre.

Bei Morphin, Alkohol und Tabak, deren ursprüngliche, acute Wirkungen nur kurze Summationsintervalle haben, kommt es dagegen im

Falle chronischen Missbrauchs auch zu einer Summation (der Nachwirkungen) über grosse Zeiträume hinweg — Monate, Jahre — also ebenfalls zu einer „Cumulirung". (Chronische Intoxication.)

Eine mit Unrecht oft als das Gegentheil der Cumulation angesehene Erscheinung ist die Gewöhnung an ein bestimmtes Arzneimittel (Gift, betäubendes Genussmittel). Bis zu einer gewissen, ziemlich hohen, aber unüberschreitbaren Grenze findet eine ziemlich schnelle Anpassung des Organismus an (zumal betäubende) Substanzen statt. Dieselbe Gabe, welche in der ersten Zeit sehr stark wirkte, entfaltet später eine geringe Wirkung, — zur Erzielung gleich starker Wirkung muss zu grösseren Gaben gegriffen werden. Diese Anpassung geht mit der Zeit noch weiter, und indem sich im Organismus — zumal im Centralnervensysteme — eine bleibende physiologische Veränderung als Folgewirkung herausbildet, wird der ehemals fremde und selbst feindliche Stoff allmählich zum Lebenselemente, zum Bedürfnisse, zum physiologischen Reize: Gewohnheit wird zur andern Natur. Diese letztere Verwöhnung und die zuerst erwähnte Gewöhnung zeigen sich zwar besonders auffallend bei Morphin, Alkohol und Nicotin — sie finden aber auch mehr oder weniger bei wenn nicht allen Substanzen, so jedenfalls auch bei Strychnin und Digitalis statt. Wenn sie hier früher übersehen wurden, so lag dies an Folgendem: um eine Gewöhnung an irgend einen Stoff zu statuiren, muss man beobachtet haben, dass ein Individuum auf eine bestimmte Dosis weniger stark reagirt als in früherer Zeit; selbstverständlich muss man aber nur diese Dosis — und nicht zu gleicher Zeit durch Summation auch noch reichliche Gaben der vorhergegangenen Zeit mit einwirken lassen. Wer sich daher davon überzeugen will, dass eine Gewöhnung an die Digitalis stattfindet, wird die zweite (entscheidende) Prüfung erst nach einem Intervalle von mindestens einer oder zweier Wochen vornehmen, so dass die Wirkung früherer Gaben sich zur beobachteten Wirkung nicht mehr addiren kann. Prüft man dagegen von einem Tage zum andern, so überwiegt bei der Digitalis die Summation — die sog. Cumulirung über die Gewöhnung, und die Wirkung nimmt von einem Tage zum andern zu — während bei den gewöhnbaren Substanzen mit kürzeren Summationsintervallen die Wirkung von einem Tage zum andern abnimmt. Dieser für die Praxis so in die Augen springende Gegensatz der beiden Kategorien hat nun zu dem bereits erwähnten Irrthume geführt, den inneren physiologischen Mechanismus der Cumulirung zu dem der Gewöhnung in ein Verhältniss wie plus und minus zu setzen — das eine das Gegentheil des andern sein zu lassen —, während in Wahrheit die beiden Vorgänge an sich in gar keiner Beziehung zu einander stehen.

III. Indicationen; Beibringung der Arzneistoffe.

Wir setzen in unserer Darstellung die allgemeine Kenntniss der Indicationen und Contraindicationen voraus.

Indicirt (angezeigt) sind alle diejenigen Vorgänge und Mittel, welche geeignet sind, entweder die Ursache einer Krankheit von einem Menschen fernzuhalten, oder von und aus ihm zu entfernen; sodann solche, die eine etablirte Krankheit und zwar gerade diese Krankheit („specifisch") heilen können, oder gefahrdrohende resp. mindestens schädliche Symptome oder Beschwerden, Schmerzen und Belästigungen zu beseitigen vermögen — welche also irgendwie für die Genesung und das Befinden des Patienten als nützlich erscheinen. Bei der Besprechung der einzelnen Mittel wird sich die Gelegenheit bieten, die Einzelindicationen schärfer zu kennzeichnen.

Das Gegentheil der Indication ist die Contraindication. Alle diejenigen Substanzen, Wirkungen, Maassnahmen und Vorgänge, welche dem zu Bekämpfenden Vorschub leisten oder neue bekämpfenswerthe Erscheinungen erzeugen können, sind contraindicirt.

Ein und dasselbe Mittel kann an einem Kranken gleichzeitig indicirt und contraindicirt sein: wenn nämlich seine Wirkung in Bezug auf den Zustand des Patienten in einer Beziehung zwar erwünscht, in einer anderen Beziehung dagegen bedenklich erscheint; oder: wenn von zweien seiner Wirkungen die eine nützlich, die andere schädlich wäre. In solchen Fällen wägt der Arzt Nutzen und Schaden gegen einander ab.

Ein fundamentaler Fehler ist es, aus dem Vorhandensein einer pathologischen Erscheinung (Husten, Athemnoth, Durchfall, Fieber u. s. w.) ohne weiteres die symptomatische Indication ihrer Beseitigung zu stellen, ohne die Contraindicationen in Erwägung zu ziehen: vielmehr hat man sich hier die Frage vorzulegen, ob diese pathologische Erscheinung nicht etwa für den Patienten nützlich oder gar nothwendig ist. Wenn z. B. schädliche Stoffe sich im Darme befinden, darf ein etwa vorhandener oder durch sie erzeugter Durchfall nicht beseitigt, sondern muss unterstützt werden u. s. w. **Viele pathologische Erscheinungen sind Vertheidigungsmaassregeln des Organismus, die der wissenschaftliche Arzt leiten, zuweilen dämpfen, aber nicht systematisch bekämpfen wird.**

Die Indicationen bestimmen auch die Wahl des Ortes für die Application der Mittel und zum Theil auch die Form der Arznei. Handelt es sich um die Herbeiführung localer Wirkungen, so ist der Ort von selbst gegeben und durch diesen, namentlich aber durch die Natur (Aggregatzustand, Löslichkeit u. s. w.) des indicirten Arzneistoffes oft auch die Arzneiform geboten. So können wir in die Trachea nur Gase, Dämpfe, zerstäubte Flüssigkeiten oder in geringen Mengen auch verstäubte feinst gepulverte feste Körper bringen u. s. w.

Wenn dagegen eine Allgemeinwirkung erzielt werden soll, so haben wir mehrere Anwendungsstätten; der directeste Weg, das Mittel in die Blutcirculation zu bringen, wäre ja die Einspritzung einer Lösung dieses Mittels in ein Blutgefäss, z. B. eine Vene: dieser Weg, von einigen französischen Klinikern betreten, ist seiner relativen Gefährlichkeit wegen mit Recht nicht allgemein geworden, jedoch dürfte immerhin in einzelnen besonderen Fällen momentaner Lebensgefahr, wo die Gefahr im Verzuge läge, oder bei etwaigem Versagen jeglicher Resorption wegen Darniederliegens der Circulation, die Indication für die intravenöse Injection wohl gegeben sein können. Hierbei könnten natürlich nur neutrale Flüssigkeiten und Lösungen zu benutzen sein, welche nachweislich keine Blutgerinnung oder sonstige schädliche Blutveränderung direct verursachen.

Für gewöhnlich bieten sich zur Herbeiführung von Allgemeinwirkungen alle jene Stellen des menschlichen Körpers, an welchen die Arzneistoffe leicht in Diffusionsverkehr mit den Capillaren des Blut-, Lymph- oder Chylusgefässsystems treten können: die Application auf die Haut (mit oder ohne Entfernung der Epidermis)[1], unter die Haut (in das Unterhautzellgewebe), in die Lungenalveolen (Einathmung von Gasen und Dämpfen mit Luft gemischt), die Einführung per os (Resorption vom Magen und Darm aus), per anum (rectum, flexura sigmoidea) führen zu diesem Ziele. Welcher dieser Wege zu wählen sei, wird oft in das Belieben des Arztes gestellt sein, theils aber von dem Zustande des Kranken und seiner Organe abhängen (bei einem Bewusstlosen z. B. oder schweren Schluckhindernissen werden wir meist auf die Einführung per os verzichten — desgleichen gelegentlich um einen empfind-

---

[1] Die Bedingungen zur Resorption von der Hautoberfläche her sind bei intacter Epidermis ziemlich beschränkte, worüber im speciellen Theile besonders zu handeln sein wird. Nach Ablösung der Epidermis, z. B. durch ein Blasenpflaster, werden alle wasserlöslichen Substanzen ziemlich leicht resorbirt, doch ist diese Applicationsweise (epidermatische Methode) ausser Gebrauch.

lichen Magen zu schonen u. s. w.), zumal wird die Natur der darzureichenden Substanz. z. B. ihr Aggregatzustand, eventuell ihre Unlöslichkeit in Wasser u. s. w. die Wahl einengen.

Diese Wahl der Resorptionsstätte ist von maassgebendem Einflusse auf die Geschwindigkeit und Vollständigkeit der Resorption, beziehungsweise des Eintritts (und Ablaufs) der Wirkung.

Am schnellsten und vollständigsten kommt die Wirkung zu Stande, wenn — absichtlich oder unabsichtlich — die Resorption übersprungen wird, d. h. wenn die betreffende Substanz gelöst direct in die Blutbahn gelangt: bei subcutaner Anwendung z. B. einer Morphinlösung trifft zuweilen die spitze Canüle der Spritze zufällig eine Vene derart, dass die ganze Dosis in diese und damit sofort in den Kreislauf eintritt. In solchen Fällen beginnt erstens die Wirkung viel schneller als sonst bei subcutaner Injection: hier nach knapp einer Minute, sonst erst nach etwa sieben Minuten; zweitens entwickelt sich hier diese Wirkung unglaublich schnell zu ihrem Maximum, so dass bei einer Dosis, die man sonst als „mittlere" bezeichnen würde, hier ein recht beängstigend plötzliches und durch eben diese Plötzlichkeit auch qualitativ gegen sonst geändertes Wirkungsbild (Zusammenstürzen) sich entwickelt, und indem endlich der Aufmarsch und die Attaque seitens sämmtlicher zur Action bestimmten Moleküle (z. B. der betr. Morphingabe) sofort und im gleichen Augenblicke statthat, während das resorptive Eindringen einer per os eingenommenen gleichgrossen Gabe einen ganz allmählichen Ein- und Vormarsch darstellt, bei welchem die ersten Plänkler schon längst aus dem Organismus eliminirt sein können, wenn die Nachzügler (die letztresorbirten Antheile der Dosis) zum Angriffe gelangen, — so begreift sich die Erfahrungsthatsache, dass die Wirkung um so stärker ist. resp. dass zur Erzielung gleicher Wirkung die Gabe um so kleiner sein darf, je schneller der Eintritt des Mittels in die Säfteströmung erfolgt.

Nächst der intravenösen Beibringung bietet die Einathmung von Gasen und Dämpfen die Möglichkeit eines schnellen Eintritts von Stoffen in die Blutbahn. Vorausgesetzt, dass diese an sich leicht resorbirbar sind, d. h. die thierische Membran gut durchdringen und vom Blute unschwer aufgenommen werden können — wie Chloroform, Stickstoffoxydul (unter den Giften: Kohlenoxyd) — bietet ihnen das Lungencapillarsystem eine colossal grosse Resorptionsfläche. Dagegen ist hier — wofern man die Athmung nicht behindern will — die Resorption der dargereichten Menge keine vollständige; denn ein Theil des eingeathmeten Gases (Dampfes) wird unresorbirt wieder ausgeathmet — und dementsprechend hat die Dosirung hier ihre Besonderheiten, resp. eine gewisse Ungenauigkeit.

In Bezug auf die **Vollständigkeit** der Resorption ist die subcutane Anwendung der Einathmungsmethode überlegen, während die **Schnelligkeit** der Resorption bei der subcutanen Einspritzung eine geringere ist: die Abgeschlossenheit des Raumes verhindert bei dieser auf der einen Seite jegliches Entweichen, so dass die ganze Dosis zur Resorption gelangt; auf der andern Seite ist aber doch wieder die Resorptionsfläche, die Summe der Capillargefässoberflächen hier viel kleiner als in den Lungen, und endlich möchte vielleicht oft Aërodiffusion in den Lungen z. B. bei chemischer Affinität des betreffenden Gases zum Hämoglobin physikalisch ein schnellerer Vorgang sein als die Hydrodiffusion einer unter die Haut gespritzten Lösung.

In Bezug auf Vollständigkeit sowohl als auch Schnelligkeit der Resorption ist dagegen die subcutane Methode wesentlich prompter als die Anwendung per os (daher denn auch bei subcutaner Application kleinere Dosen genügen, als innerlich); passirt doch bei innerlicher Darreichung oft ein nennenswerther Bruchtheil der Dosis den Magen und den Darm, ohne resorbirt zu werden, während ein anderer Theil theils durch die Magensäure, theils durch die Verdauungsfermente, theils durch Fäulnissvorgänge im Darm u. s. w. chemisch zersetzt und somit ausser Spiel gesetzt wird. Hierzu kommt, dass auch noch ein gewisser Bruchtheil des so (innerlich) resorbirten Quantums nicht in den grossen Kreislauf gelangt, sondern mit dem Pfortaderblute zur Leber fliessend — dort theils (wie z. B. Eisenverbindungen) fixirt oder zerstört wird, theils mit der Galle abgeschieden — jedenfalls zunächst dem Gesammtkörper vorenthalten wird, um im letzteren Falle dann je nachdem mit den Fäces den Körper zu verlassen, oder zum Theile immer wieder den Cirkel: Pfortader — Leber — Galle — Darm — Pfortader zu durchlaufen ohne je beispielsweise mit dem Herzen, dem Gehirne oder sonstigen Angriffspunkten seiner Wirksamkeit in Berührung zu kommen. Alles dieses macht, dass bei innerlicher Anwendung einer bestimmten Dosis weniger Substanz in Wirksamkeit tritt, als bei subcutaner.

Die **Geschwindigkeit** der Resorption ferner ist im Unterhautzellgewebe erfahrungsgemäss viel grösser als im Magen, in welch letzterem die resorbirenden Moleküle sich ja auch in grösserer Entfernung von der Resorptionsfläche als dort befinden, indem sie einerseits hier in dem natürlichen Hohlraume des Mageninnern eine freie Bewegung haben und andrerseits erst eine Epithelschicht zu durchsetzen haben, ehe sie an die Capillaren herankommen.

Wie schon angedeutet, hängt die Geschwindigkeit der Resorption (und hierdurch die Schnelligkeit des Eintrittes der Wirkung) auch von der Natur der dargereichten Substanz ab (Löslichkeit, Diffusibilität; ferner ob z. B. in Lösung gereicht oder noch im Naturzustande, etwa in einer derbgefügten Baumrinde unaufgeschlossen enthalten u. s. w.). Aber auch nach bereits eingetretener Resorption verstreicht bei manchen Stoffen (und hier sei unter „Stoff" und „Substanz" stets eine chemische Einheit, ein chemisches Individuum verstanden) längere Zeit, ehe die „Wirkung" sich zeigt. Je länger das Intervall z. B. zwischen der intravenösen Einspritzung einer reichlich mittleren Gabe der Substanz und dem ersten Beginne einer Allgemeinwirkung ist, um so wahrscheinlicher wird es stets, dass nicht die angewandte Substanz als solche diese Wirkung bedingt; vielmehr darf man alsdann vermuthen, dass entweder in jener Zwischenzeit die Substanz im Organismus gespalten, reducirt, oxydirt oder sonstwie chemisch verändert worden ist, und dass sich so erst nachträglich eine wirksame Substanz neu gebildet hat; oder aber die beobachtete „Wirkung" ist keine directe, sondern es handelt sich um secundäre Vorgänge, um reactive Erscheinungen am Organismus zu einer Zeit, zu welcher vielleicht schon längst sämmtliche Moleküle des Stoffes aus dem Organismus ausgeschieden sind.

Bei Patienten ist im Vergleiche zu den Erfahrungen am Gesunden der Eintritt der Wirkung zuweilen auffallend verzögert: dies zeigt sich zumal in solchen Krankheitsfällen, in denen die Blutcirculation schwer darniederliegt, wodurch denn begreiflicherweise die Resorption, d. h. die Fortführung des Arzneistoffes, sich verzögert.

Auch krankhafte Veränderungen der Resorptionsstätte, z. B. ein Magenkatarrh bei innerlicher, ein Anasarca bei subcutaner Medication, kann zu erheblicher Verlangsamung, selbst zum Unterbleiben der Resorption führen.

I. Gruppe.

NARCOTICA[1].

Anodyna, Hypnotica, Anaesthetica, Sedativa, Neuroparalytica, Tetanica, Mydriatica, Myotica[2] u. s. w.)

Ursprünglich wurden nur solche Mittel als Narcotica bezeichnet, durch welche man z. B. behufs Schmerzlinderung in ungefährlicher Weise eine Veränderung des Bewusstseins erzeugen konnte. Der Sprachgebrauch hat jedoch diesen Begriff nicht unbedeutend verschoben und zieht z. B. das Cocaïn — schon insofern es als locales Anästheticum die sensiblen Nervenendigungen unerregbar macht — ebenfalls hierher und nennt analog auch das Curare, welches ohne Störung des Bewusstseins und der Sensibilität nur die motorische Sphäre lähmt, ein „Narcoticum".

Im Wesentlichen belegt man jetzt wohl mit diesem Namen solche Substanzen, welche praktisch-therapeutisch verwerthet werden können, wo es in erster Linie gilt, direct auf das Nervensystem — central oder peripherisch (einschliesslich der Muskeln) — im Sinne einer Beruhigung oder Depression der Nervenfunctionen einzuwirken. Jedoch kann es dabei (s. Einleitung S. 11 u. 12) sehr wohl zu gesteigerten Bewegungserscheinungen nach aussen kommen, wenn — was oft geschieht — hemmende oder ordnende Einflüsse oder Vorrichtungen geschwächt oder gelähmt werden.

Viele Narcotica haben nebenbei auch noch eine direct erregende Wirkung auf manche, namentlich peripherische Nervenapparate. So ist das pupillenverengernde Mittel (Myoticum) Eserin anderweitig „narkotisch", bedingt aber die Pupillenverengerung durch eine directe Erregung; auch für solche directe Erregung durch ein Narcoticum wenden Viele den Ausdruck „narkotische Wirkung" an.

---

[1] Betäubende Mittel.
[2] Schmerzstillende, schlafmachende, Gefühllosigkeit erzeugende, beruhigende, nervenlähmende, Tetanus (in giftigen Gaben) erzeugende, pupillenerweiternde, pupillenverengernde Mittel.

Eigentlich wären hierher (zu den Narcoticis) wegen ihrer schmerzstillenden und nervenberuhigenden Wirkung einige Körper zu rechnen, welche wir indess mit Rücksicht auf ihre sonstigen Wirkungen in andern Gruppen besprechen: Salicylsäure, Chinin, Antipyrin, Antifebrin, Phenacetin (s. diese).

Die Narcotica wirken d i r e c t auf das Nervensystem. Obwohl dies schon oftmals strengstens bewiesen und hervorgehoben worden ist, so zeigen sich doch immer wieder von Zeit zu Zeit Versuche, z. B. den durch Morphin oder Chloralhydrat erzeugten Schlaf, die durch das Chloroform erzeugte Gefühl- und Bewusstlosigkeit als i n d i r e c t e Wirkungen und als direct abhängig von einer Aenderung der Blutversorgung des Gehirns darzustellen. Das ist irrig. Man bringe einen Frosch in eine mit Chloroformdämpfen gesättigte Luft: in etwa 10 Minuten wird er vollständig gelähmt daliegen und auf die gröbsten Insulte nicht mehr reagiren, während sein Herz gut schlägt, ferner in Arterien, Capillaren und Venen eine zufriedenstellende Circulation nachweisbar ist — und weder spektroskopisch, noch sonstwie eine Veränderung des Blutfarbstoffes sich ermitteln lässt. Wer trotzdem eine directe betäubende Wirkung des Chloroforms leugnen will und die Betäubung des Frosches auf eine Schwächung der Blutcirculation oder auf einen Verlust von Leistungen des Hämoglobins zurückzuführen unternimmt, ist leicht zu widerlegen: man nehme einen andern Frosch und füge ihm, wie folgt, eine viel schwerere Circulationsstörung und eine viel gründlichere Hämoglobinberaubung zu — und das Thier wird nach Ablauf der gleichen Zeit nicht betäubt sein: man lasse nämlich den Frosch z. B. aus der Aorta verbluten, schneide ihm das Herz aus und reinige das Gefässsystem vom letzten Reste Blut, indem man eine 0,6%ige Kochsalzlösung durchleitet. Und da dieses Thier nach 10 Minuten n i c h t betäubt ist, so lag auch beim ersten chloroformirten Thiere die wirkliche Ursache der Betäubung nicht in irgend einer Schädigung der Blutversorgung — wenn solche wirklich auch vorläge.

Sobald aber für das Froschhirn eine d i r e c t e Betäubung durch Chloroform (und ebenso Chloralhydrat, Morphin u. s. w.) nachgewiesen ist, wird für das so fein organisirte Gehirn der Säugethiere und des Menschen eine gleichfalls directe Wirkung des Chloroforms u. s. w. selbstverständlich.

Diejenigen Experimentatoren, welche in der Narkose das Hirn relativ anämisch fanden und diese Anämie als Ursache der Unthätigkeit der Hirnrinde ansprachen, dürften die Folgen der Unthätigkeit für deren Ursache genommen haben. Wenn die Muskeln, die Drüsen, die Magenschleimhaut des Warmblüters ruhen, sind sie — zu Gunsten anderer inzwischen arbeitender Organe — blutarm; sobald sie zu arbeiten beginnen, werden sie blutreich. Dass der Grad der Blutzufuhr hier die Folge und nicht die Ursache der Leistung oder Ruhe ist, liegt klar: weder erzeugt eine anderweitig erzeugte Gefässerweiterung der Organe Tetanus des Muskels, Secretion der Drüsen u. s. w., noch hindert — so lange das in den Zellen, Fasern u. s. w. aufgespeicherte Material reicht — eine absolute Anämisirung der betreffenden Organe sie, auf Reizung ihrer Nerven in Action zu verfallen. —

Unter den „Narcoticis" sind mehrere chemische Gruppen vertreten.

Aus der anorganischen Chemie treffen wir als Sedativa die Bromsalze, innerhalb deren Molekül des Atom Brom der Träger der beruhigenden Wirkung ist. Auch einige Zinkpräparate gelten als Sedativa. Das Stickstoffoxydulgas ist je nach der Anwendung ein Narcoticum im ursprünglichen Sinne des Worts oder ein allgemeines Anästheticum.

Aus der organischen Chemie sind zunächst Körper aus der Methan- (Fettsäuren-, Alkohol-) Reihe zu nennen; die Kohlenwasserstoffe, zumal die Aldehyde, Alkohole und Aether, sowie namentlich ihre Chlor- und Bromderivate haben brauchbare mehr oder weniger betäubend oder allgemein-anästhesirend wirkende Mittel geliefert, während die Säuren hierin meist ganz wirkungslos sind.

Manche dieser Stoffe, wie der Alkohol, haben zunächst eine so ausgesprochen „excitirende" Wirkung, dass sie unter den Excitantien abgehandelt werden müssen; übrigens wurde der Alkohol in alten Zeiten, als man noch kein Chloroform oder Aether hierfür zur Verfügung hatte, als Betäubungsmittel bei chirurgischen Operationen vielfach benutzt.

Von einigen Nitriten und Nitrokörpern dieser Methan- und anderer näherstehender Gruppen, wie dem Amylnitrit und dem Nitroglycerin, wird zuerst ausschliesslich des vasomotorischen Centrums Action geschwächt, so dass sie als Betäubungsmittel dieses Centrums benutzt werden können, während sie als allgemeine Betäubungsmittel, wie wir sehen werden, nicht in Anwendung gezogen werden dürfen.

Ein grosses Contingent stellen die „Alkaloïde [1]). Seit SERTÜRNER (Apotheker in Eimbeck und Hameln) und fast gleichzeitig unabhängig von ihm der französische Chemiker DE ROSNE im Anfang dieses Jahrhunderts als die ersten aus einer pflanzlichen Droge — dem Opium — wirksame Substanzen gewonnen hatten, die keine Säuren waren, sondern wie Alkalien mit Säuren Salze bildeten — verstand man unter „Alkaloïden" ursprünglich nur: organische aus Pflanzen gewonnene Basen und verband anfangs damit noch den Nebengedanken, dass sie eine ausgesprochene physiologische Wirkung haben müssten.

Nun hat man freilich seitdem auch aus thierischem (Leichen-)

---

[1]) Alkaliähnliche.

Materiale Alkaloïde gewonnen, während manche wirksame, in ihrer chemischen Constitution ganz oder einigermaassen erkannte organische Base, wie das in der organischen Natur vorkommende Trimethylamin, niemals „Alkaloïd" genannt wurde. Die Basen wie Coffeïn, welche der Harnstoffgruppe näher stehen, sind nur von wenigen Pharmakologen, aber nicht von den Chemikern als Alkaloïde bezeichnet worden. Eine Zeitlang konnte man Alkaloïde als „organische Basen gänzlich unbekannter chemischer Constitution" definiren. Seitdem aber die chemische Constitution des Coniins, Atropins, Cocaïns, Chinins mehr und mehr aufgedeckt ist, und manches schon künstlich — Coniin sogar aus den Elementen — hergestellt werden kann, gilt diese Definition nicht mehr. Als sich herausgestellt hatte, dass in den Molekülen der natürlich vorkommenden Alkaloïde ein ringförmig geschlossener Pyridinkern, Chinolinkern u. s. w. enthalten sei, konnte die Definition gegeben werden, dass die Alkaloïde und deren Derivate Körper seien, welche sich ebenso vom Pyridin, Chinolin u. s. w. ableiten lassen, wie die Körper der aromatischen Chemie vom Benzol, Naphthalin u. s. w.

$$
\begin{array}{cccc}
\text{H} & \text{H H} & \text{H} & \text{H H} \\
\text{C} & \text{C C} & \text{C} & \text{C C} \\
\text{HC} \quad \text{CH} & \text{HC C CH} & \text{HC} \quad \text{CH} & \text{HC C CH} \\
\text{HC} \quad \text{CH} & \text{HC C CH} & \text{HC} \quad \text{CH} & \text{HC C CH} \\
\text{C} & \text{C C} & \text{N} & \text{C N} \\
\text{H} & \text{H H} & & \text{H} \\
\text{Benzol} & \text{Naphthalin} & \text{Pyridin} & \text{Chinolin}
\end{array}
$$

Wie man in dem obigen Schema sieht, hat man im Benzol u. s. w. nur eine CH-Gruppe durch ein Atom Stickstoff (der dem Molekül den Basencharakter giebt) zu ersetzen, um das Pyridin u. s. w. zu erhalten. Es unterscheiden sich diese Basen also von den Basen der aromatischen Chemie (wie Anilin, welches Amidobenzol $C_6H_5.NH_2$ ist) dadurch, dass bei dem Pyridin u. s. w. der Stickstoff mit in die Ringbildung eingetreten ist, bei den Basen der aromatischen Reihe aber sich in Seitenketten befindet. Nachdem indess die synthetische Chemie seit einigen Jahren angefangen, allerlei Stickstoffkohlenstoffringe zu formen, welche sich nicht vom Pyridin, Chinolin u. s. w. ableiten lassen, und daraus „Alkaloïde" zum Theil recht wirksamer Natur herzustellen, dürfte der Ausdruck Alkaloïd allmählich auf den Aussterbeetat kommen und kaum noch lange eine Definition nöthig machen, die vorläufig mit einigem Vorbehalte den Stickstoffkohlenstoffring als das Characteristicum dieser Basen wohl hinzustellen haben wird.

Bemerkenswerth ist, dass gerade von den narkotischen Alkaloïden — entsprechend der höchst ungleichen Angreifbarkeit der verschiedenen Nervenelemente durch diese Stoffe — durchgehends sehr kleine, zuweilen erstaunlich winzige Mengen bereits wirksam sind, während Chloroform, Aether, Alkohol, Chloralhydrat u. s. w. im Vergleich zu jenen in ganz ungeheuren Gaben erst betäubend sind — dafür aber die Ganglienzellen viel allgemeiner und ohne eigentliche Auswahl, sondern ihrer sonstigen Widerstandsfähigkeit entsprechend, lähmen; die neutralen Salze der Alkaloïde, im Allgemeinen chemisch sehr indifferent und wenig reactionsfähig, passiren überall ungehindert und gelangen so gerade zu denjenigen Punkten des Centralnervensystems, an denen sie chemische Verwandtschaft vorfinden; bei der Feinheit der Substanz dieser feinsten Apparate des Körpers genügen hier dann wohl geringe chemische und moleculare Aenderungen, um grosse Aenderungen der Function zu bewirken. —

Oft findet man nun, dass eine solche Function, soweit sie sich äusserlich zu erkennen gibt, unter dem Einflusse des einen Mittels zunimmt, unter dem Einflusse einer andern Substanz dagegen vermindert erscheint. Man hat dieses Verhältniss häufig mit dem Worte „Antagonismus" ausgedrückt und ein Myoticum (pupillenverengendes Mittel) als Antagonisten eines Mydriaticum (erweiterndes Mittel) bezeichnet. Andere nahmen diese Benennungen strenger und sahen in zwei Stoffen nur dann Antagonisten, wenn sie die entgegengesetzte Functionsänderung durch Beeinflussung ein und desselben physiologischen Elementargebildes herbeiführten, wenn beide also z. B. die Pupillenänderung durch Einwirkung auf die intramusculären Nerven des Sphincter iridis (der eine erregend, der andere lähmend), nicht aber wenn der eine etwa die Muskelsubstanz des Sphincters direct erregte, der andere die Nervenendigungen lähmte, oder wenn gar der eine am Dilatator, der andere am Sphincter angriff. Oft beschränkt sich ein solcher Antagonismus im engeren Sinne nicht auf eine einzelne Function, sondern erstreckt sich auf sehr viele, und manchmal scheint einer jeden Wirkung des einen Mittels eine genau entgegengesetzte Wirkung des anderen zu entsprechen: „Gift" und „Gegengift".

Im Volke ist — zum Theil aus etymologischem Missverständnisse („Gegengift" bedeutet hier nur „Gegengabe") die Vorstellung altverbreitet, dass für jedes Gift ein anderes entgegengesetzt wirkendes Gift existire, von welchem man nur die richtige Menge zu nehmen brauche, um die Wirkung des ersten Giftes völlig aufzuheben. Und während vom ersten z. B. die dreifach tödtliche Menge durch die ebenfalls dreifach tödtliche Menge des Gegengiftes besiegt werde, spiele das erstere hierbei auch gleichzeitig den Bezwinger dieser dreifach tödtlichen Gabe des Gegengiftes — die Rechnung hebe sich mit plus und minus zu Null auf.

In wissenschaftlicher Form ist noch neuerdings dieser Gedanke und zwar auf Grund von Thatsachen vertreten worden, welche allerdings die Richtigkeit desselben zu beweisen schienen. Physostigmin oder Pilocarpin sind echte Antagonisten des Atropins; während dieses die Secretion der Speicheldrüsen und den Tonus des Pupillensphincters vermindert und aufhebt, verstärken jene diese beiden Functionen. Lassen wir nun zuerst das eine der beiden erregenden Mittel auf diese Functionen einwirken, so zeigt sich die Verstärkung; jetzt appliciren wir den Antagonisten (das Atropin): die Function nimmt bis unter die Norm ab; neue Einwirkung des ersten Mittels: Zunahme der Function über die Norm hinaus; der Antagonist wird wieder zugefügt: die Function nimmt wieder ab — und so geht das antagonistische Spiel fort. Ist das nicht in der That Gift und Gegengift? Heben sich nicht thatsächlich die einzelnen Gaben gegenseitig auf? Nein! Weder liegt hier dem Begriffe nach ein „Einander-aufheben" vor, noch erschöpft die gegebene Schilderung des antagonistischen Spiels den Ring der Thatsachen. Weitere Thatsachen nämlich sind: bei consequenter Fortführung dieses antagonistischen Schaukelspiels wird man bald gewahr, dass zwar das functionsvermindernde Mittel (Atropin) in derselben Dosis weitergegeben werden kann, dass aber der die Function steigernde Stoff (Pilocarpin) von Mal zu Mal in immer grösserer Gabe gereicht werden muss, wenn man den gleichen relativen Erfolg erzielen will, wie bei den früheren Malen: mit andern Worten also: die Erregbarkeit nimmt während des Schaukelspiels progressiv ab! Keineswegs hebt demnach im innern Wesen der Sache das erregende Gift die Wirkung des lähmenden auf. Ferner: wenn man die „lähmende" Substanz von vornherein in einer gewissen Gabenhöhe applicirt, oder im Laufe des Wechselspiels schliesslich an den Punkt gelangt, in Summa dieses Quantum verbraucht zu haben, so wird die „Erregbarkeit" des betreffenden physiologischen Elementarapparats gleich Null und die stärksten Gaben des erregenden Antagonisten bleiben ohne jeden Erfolg: das antagonistische Spiel hat demnach eine obere Grenze — und das angebliche Schaukelspiel ist eine Wiederholung jenes Wettlaufs, in welchem Achill die Schnecke nicht einholt. (Man vergleiche S. 12 über „Lähmung und Erregung".)

Bei jedem antagonistischen Spiele behält also das lähmende Mittel schliesslich die Oberhand.

Das erregende Mittel steigert nicht die Erregbarkeit (im Gegentheil), sondern erzeugt Erregungswellen; und der sogenannte Antagonist veranlasst nicht etwa active Erregungswellen umgekehrter Phase oder Richtung, welche diejenigen des ersten Mittels aufheben (compensiren), sondern er vermindert nur die Anspruchsfähigkeit des physiologischen Apparats für jene Erregungen. So ist daher die Wirkung des einen Mittels gar nicht das conträre Gegentheil von der des andern. Bei der speciellen Besprechung der in Rede stehenden Stoffe werden wir vielmehr Thatsachen kennen lernen, welche zu der Vorstellung drängen, dass der **innere Mechanismus** der Atropinwirkung und der Pilocarpin- (resp. Physostigmin-) Wirkung auf die erwähnten Functionen qualitativ der **gleiche** ist, und dass nur Unterschiede des zeitlichen Ablaufes und des Grades vorliegen: Atropin und Pilocarpin wirken z. B. auf die Endigungen der Speichelnerven im Wesentlichen ganz gleichartig: beide vermindern und vernichten schliesslich die Erregbarkeit jener Apparate, aber Atropin viel schneller und stärker als Pilocarpin. Beide erregen während ihres Einmarsches diese Nervenendigungen. Dies ist für Atropin nur bei sehr kleinen Dosen nachweisbar, da bei grossen Gaben das Sinken der Erregbarkeit (bei sehr grossen Gaben deren Vernichtung) den Reiz des Einmarsches wirkungslos werden lässt, ebenso wie vorgängige Atropinisirung die Wirkung des nachfolgenden Pilocarpins vermindert oder schliesslich ganz aufhebt. Das Ende des antagonistischen Spieles wird dadurch noch beschleunigt, dass auch die erregenden Substanzen nebenher die Erregbarkeit herabsetzen.

Hiernach wäre es ein wenig rationeller ärztlicher Versuch, durch **äquivalente Menge** eines selber giftigen „Antagonisten" die Wirkung tödtlicher Gaben eines Giftes einfach auf Null zurückführen zu wollen.

Rationell dagegen ist die Frage, ob man nicht bei Vergifteten durch grössere **medicinale Dosen** des Antagonisten oder eines ähnlich wirkenden Stoffes im concreten Falle **einzelnen symptomatischen Indicationen** gerecht werden und dadurch vielleicht sogar lebensrettend wirken könne. Diese Frage ist zu bejahen: die Ueberfüllung der Luftwege mit Secreten bei aufgehobenem Hustenreize steigert bei Morphinvergiftung durch Athembehinderung die Venosität des Blutes, welches ohnedies in Folge der Betäubung des Respirationscentrums vielleicht kaum noch 50°/₀ des normalen Sauerstoffgehaltes besitzt. Kann Atropin schon die Entleerung dieser Massen nicht bewirken, so ist es doch im Stande, die Secretion weiterer Schleimmengen durch Lähmung der Secretionsnerven zu verhüten. Desgleichen ist umgekehrt bei Atropinvergiftung (z. B. gegen die Jactation und Tobsucht) Morphin — aber ebenso gut auch Chloralhydrat und manches andere beruhigende Mittel — in **medicinaler Gabe** indicirt, und allerdings wird man hier entsprechend der Grösse der Aufgabe verhältnissmässig recht grosse, ja selbst colossale Gaben zu nehmen haben — jedoch nimmer mehr **äquivalente Mengen**.

Opium, Opium.

Die Kenntnisse der einschläfernden Wirkung des unreifen Mohns (*Papaver somniferum*, Linné, Familie der *Papaveraceae*) bestand schon vor Hippokrates. Das Opium, der eingedickte Saft der unreifen Samenkapseln des Mohns war auch schon im Alterthume bekannt. Theophrastus im 3. Jahrhundert v. Chr. erwähnt desselben unter der Bezeichnung Μηκώνιον, und im 1. Jahrhundert n. Chr. gewann man es schon durch Einschnitte in die Fruchtkapseln, und zwar galt Kleinasien als die Gegend, in welcher die Pflanze am besten cultivirt werde. Unter den Römern figurirte es unter dem Namen Opion oder Lacrima papaveris, und später tauchte für diesen Stoff die Bezeichnung Theriaka auf. Mischungen und Verfälschungen mit andern Substanzen kamen schon damals vor. Durch die arabischen Aerzte wurde sein medicinaler Gebrauch dem Abendlande übermittelt. Die Opiumproduction nahm mit der Zeit immer grössere Dimensionen an. In Persien, Indien, China, Egypten, Europa (auch Deutschland), Nordamerika und Australien wurden Culturen der Pflanze angelegt.

Die beste Sorte, und am beständigsten in ihrem Gehalte an Morphin, ist immer noch das Opium von Kleinasien, auch bekannt unter dem Namen Smyrnaer und Türkisch Opium. Die Kapseln des noch auf dem Felde stehenden unreifen Mohns werden eingeritzt; der ausfliessende milchähnliche weisse Saft trocknet nach einigen Tagen unter Bräunung verharzend zu sog. Thränen ein, welche gesammelt, in Form von verschieden grossen Kuchen zusammengeknetet dem namentlich von England aus im Grossen betriebenen Handel übergeben werden. Diese flachen Kuchen, in Mohnblättern verpackt, oft auch mit Rumexfrüchtchen bedeckt, im Gewichte von 100 bis 600 Gr., sind im Innern braun bis schwarzbraun, je nach der Feuchtigkeit, haben einen eigenthümlichen narkotischen Geruch und einen bittern Geschmack, welcher vorzugsweise dem Gehalte an Alkaloiden zuzuschreiben ist. Selbstverständlich nutzt die orientalische Methode der Opium-Gewinnung das Pflanzenmaterial nicht aus. Der gesammte milchige Saft der Pflanze enthält die wirksamen Alkaloide; die europäische Fabrication verwendet die ganzen Pflanzen.

Zusammensetzung. Die Analyse des türkischen Opiums als der officiellen Qualität ergibt einen nach der Lagerungszeit variirenden Wassergehalt von etwa 12—15°/₀. In der wasserfreien Masse kommt mindestens die Hälfte des Gewichtes auf Schleim und Pflanzenweiss, dann finden sich etwas Zucker, Wachs, kautschukartige Substanz, ein Farbstoff und unbekannte flüchtige Körper. Stärke fehlt und ist vorkommenden Falls ein Zeichen der Verfälschung. Fälschungen sind überhaupt häufig. Unorganische Salze (Kalk-, Magnesium- und Kaliumsalze) wechselnd zwischen 4 und 8°/₀.

Die wichtigsten, seine Wirksamkeit bedingenden Bestandtheile des Opiums aber sind krystallisirbare Alkaloide, sämmtlich O-haltig. Die bemerkenswerthesten von ihnen sind:

Morphin $C_{17}H_{19}NO_3$, 1803 von Sertürner, Apotheker in Eimbeck, entdeckt, in Wasser sehr schwer löslich, bildet mit Schwefel- und Salzsäure sehr gut lösliche Salze. (Derosne in seiner Abhandlung über Narcotin im Jahre 1803 hatte ein Gemenge von Morphin und Narcotin vor sich.) Quantität 10—14°/₀. Im Morphin-Moleküle befindet sich ein — hydrirtes und phenolartig hydroxylirtes — Phenanthren ($C_6H_4.CH.CH.C_6H_4$) im Zusammenhange mit einem — hydrirten und am N-Atom methylirten — Oxazinringe, d. i. einem aus 4 Atomen C und je einem Atom O und N bestehenden Ringe (letztere beiden in Para-Stellung); das Molekül trägt ausserdem noch an einem der C-Atome eine Hydroxyl-Gruppe (statt eines der H-Atome).

Narcotin $C_{22}H_{23}NO_7$ von Derosne entdeckt, unbeständige Salze bildend. Sein Gehalt schwankt in grossen Verhältnissen, 1,5 bis 10 %, und übertrifft zuweilen bei einzelnen Opiumsorten, z. B. dem ostindischen, den Morphingehalt.

Codeïn $C_{18}H_{21}NO_3$, löslich in Wasser; Quantität 0,3 %.

Thebaïn $C_{19}H_{21}NO_3$, Quantität 1 %.

Narceïn $C_{23}H_{29}NO_9$, wenig löslich in Wasser; Quantität 0,1 % (so gut wie unwirksam).

Papaverin $C_{21}H_{21}NO_4$, Quantität 1 %. — Daneben noch viele andere weniger wichtige Alkaloïde.

Im Opium sind diese Alkaloïde besonders an Mekonsäure gebunden.

Die Mekonsäure $C_7H_4O_7$, von Sertürner im Jahre 1806 entdeckt, krystallisirbar, in 4 Theilen heissen Wassers löslich, gibt mit Eisensalzen eine rothe Farbenreaction; Quantität 3—4 %.

1) Morphinum, Morphin.

PHYSIOLOGISCHE UND TOXISCHE WIRKUNG. Bei gesunden Erwachsenen, welche noch nicht an Morphin gewöhnt sind und sich auch nicht gegen Alcoholica allzu sehr abgestumpft haben, sind Gaben von über 0,03 innerlich oder 0,02 subcutan als sehr grosse zu bezeichnen. Von (0,05—) 0,1 an ist eine tödtliche Wirkung möglich, von 0,2 an wahrscheinlich und jenseits von 0,3 oder 0,5 fast sicher. Aber dennoch sind Gaben von über einem Gramm gelegentlich genommen und vollständig resorbirt worden, ohne den Tod herbeizuführen.

Gaben unter 5 Mgr. sind für einen Erwachsenen als unwirksam, von 5—10 Mgr. als kleine, von 10—30 innerlich (bis 20 subcutan) als mittlere bis grössere zu betrachten.

Bei Kindern, die, so lange sie an Morphin nicht gewöhnt sind, ungemein empfindlich gegen Morphin (und Opium) reagiren, müssen im ersten Lebensjahre schon Bruchtheile eines Milligramms als gefährlich bezeichnet werden.

Kinder wie Erwachsene gewöhnen sich sehr schnell an das Morphin (s. S. 16), so dass echte Morphin-Habitués es bis zu 3 und 4,0 *pro die* gebracht haben.

Nach kleinen Gaben sieht man an Nichtgewöhnten eine leicht rauschartige Erregung der Seele entstehen; Herzschlag und Athmung sind wohl etwas beschleunigt; die Haut, namentlich das Gesicht, wird unter Gefühl von Wärme etwas röther, leichter Schweiss, zuweilen Empfindung von Prickeln. Diese Wirkungen verschwinden je nach der Gabengrösse nach einiger Zeit. Bei mittleren Gaben treten diese zuerst ebenfalls auf, bald aber wird die Haut wieder blasser, Puls und Athemfrequenz gehen unter die Norm; Müdigkeit und Schlafbedürfniss zeigen sich. Manchmal — aber nur selten — wird Uebelkeit und Erbrechen beobachtet. Die Pupillen verengern sich stets; die Hautempfindlichkeit — mit dem **Tasterzirkel** gemessen — nimmt erheblich ab, ebenso die psychische Empfänglichkeit für sonstige Eindrücke; es war ein Irrthum, wenn man früher glaubte, dass beispielsweise an dem einen Arme die Sensibilität stärker als am andern vermindert würde, sobald das Morphin gerade an jenem subcutan applicirt werde. Schliesslich tritt unwiderstehlich Schlaf ein, der je nach Dosis, Individualität und ursprünglichem Schlafbedürfnisse bis zu zehn Stunden und darüber dauern kann. Meist erwacht der Betreffende nicht mit dem vollen Gefühle normaler Munterkeit, zuweilen sind erheblichere Nachwehen — Kopfschmerz, Uebelkeit—, meistens Appetitverminderung, regelmässig Stuhlverstopfung zu constatiren.

Einzelne Individuen zeigen Abweichungen von diesen Bildern: z. B. anfängliche starke psychische Aufregung mit Verwirrtheit, Hautjucken, Urticariaausschlag, Erytheme, Harnzwang mit Schwierigkeit bei der Entleerung. Je grösser die Gaben werden, um so mehr treten bei allen Menschen die anfänglichen Erregungszustände zeitlich und dem Grade nach zurück, so dass sehr schnell der Schlaf eintritt, ein Schlaf, der sich äusserlich in nichts vom normalen unterscheidet.

Bei grossen toxischen Gaben steigern sich sämmtliche Erscheinungen; indess beobachtet man oft nicht Schlaf, sondern zunächst halbwachsoporösen und später comatösen Zustand, wo dann der Mensch gar nicht mehr zu erwecken ist: er ist bewusstlos; Reflexe bleiben aus, die Pupillenverengung ist maximal, die Haut auffallend blass, cyanotisch, oft mit kaltem Schweiss bedeckt, die Körpertemperatur vermindert, die Augenlider halb geschlossen, die Bulbi aufwärts gerollt, das Gesicht eingesunken, Puls- und Athembewegung nehmen ab, erstere bis zu 40, letztere auf 6—8 in der Minute; man beobachtet an der Respiration, namentlich gegen das tödtliche Ende hin, Unregelmässigkeiten, oft auch — namentlich bei Hirnkrankheiten und Fettherz — regelmässige periodische Aenderungen mit theils schwächeren, theils dyspnoischen Athemzügen und längeren Athempausen, zuweilen ausgebildetes Cheyne-Stokes'sches Respirations-Phänomen; bei fehlendem Hustenreize und Expectoration tritt eine reichliche Schleimabsonderung in den Luftwegen mit Trachealrasseln und Athembehinderung resp. Dyspnoe auf; Harnabsonderung und Darmbewegung stocken beinahe gänzlich; die Därme sind zuweilen meteoristisch aufgetrieben. Diese Scene wird manchmal durch convulsivische Zuckungen unterbrochen, die namentlich mit den dyspnoischen Athemzügen und dem Ansteigen der periodischen Athmung zusammenfallen. In einigen wenigen Fällen hatten die Krämpfe den Charakter der Reflexkrämpfe, fast wie bei Strychnin.

Die Temperatur sinkt oft erheblich; — dies gilt für alle betäubenden Substanzen und zwar in dem Sinne, dass der Widerstand gegen die

Abkühlung durch das für gewöhnlich unter Blutwärme temperirte umgebende Medium abnimmt und dass bei einem bestimmten Vergiftungsgrade die Körperwärme um so mehr heruntergeht, je niedriger die Aussentemperatur ist. Morphinbetäubte und Alkoholberauschte sind dem Erfrieren, ebenso aber auch der passiven Ueberhitzung (Hitzschlag) mehr ausgesetzt als normale Menschen.

Die Vergiftung läuft, wenn sie mit Genesung endet, meistens nach 2—4 Tagen ab. Wird sie letal, so endet sie meist schon nach 12 bis 36 Stunden. In beiden Fällen aber kann sich der Verlauf etwas hinziehen, indem in einigen seltenen Fällen die Vergiftung Remissionen und Recidive zeigt, ohne dass neues Gift eingebracht wird. (Vermuthlich handelt es sich dann um Resorptionsnachschübe vom Darm aus, nachdem während der ersten Vergiftung die Resorption darniedergelegen.)

Der Tod tritt unter Nachlass der Athmung und unter Zunahme der Cyanose meist allmählich ein, nachdem auch der Puls immer elender geworden ist; meist erlischt die Athmung vor dem letzten Herzschlage.

Die Section ergiebt ausser einiger Pupillenenge, venösen Stauungen, mässigen serösen Ergüssen und Hirnhyperämie kaum etwas Positives.

Der Eintritt der ersten Wirkungen (s. S. 20) variirt: Bei subcutaner Injection nach 5—10, bei innerlicher Einnahme nach 15—25 Minuten; wenn in Form von festem Opium, von Pillen u. s. w. genommen, oft noch später.

Ausser der Gewöhnung an Morphin — und ebenso auch schon an Alkohol — als Ursache der Toleranz grosser Gaben sind hierfür auch noch gewisse Excitationszustände des Nervensystems zu nennen: Delirium tremens (wobei die Alkoholgewöhnung mitwirkt), Strychnintetanus, andere Tetanusformen, Tollwuth, manche Geisteskrankheiten u. s. w.

Dagegen sollen (abgesehen vom empfindlichen Kindesalter) Nierenleiden zuweilen die Empfindlichkeit gegen Morphin steigern, wie man vermuthet wegen behinderter Ausscheidung des Mittels aus dem Blute.

Nur der allergeringste Theil des Morphins wird als solches durch die Nieren wieder ausgeschieden. Ein anderer kleiner Theil erscheint im dehydrirten Zustande, ein dritter vielleicht — übrigens bestritten — als Oxydimorphin. Zu einem kleinen Bruchtheile geht es als solches bei nährenden Frauen in die Milch über, was zur Vorsicht mahnt. Etwa die Hälfte des z. B. subcutan eingeführten Morphins wird sehr bald im Magen- und Darmkanale als solches abgeschieden und kann von hier aus — mit den Faeces, eventuell durch Erbrechen — den Körper verlassen (oder theilweise wieder zur Resorption gelangen).

Ein directer Einfluss des Morphins auf den Stoffwechsel ist im Allgemeinen nicht zu constatiren. Indirect (z. B. durch ein ruhigeres oder unruhigeres Verhalten) kann dieser modificirt werden.

Der chronische Morphinmissbrauch. Die Veranlassung, sich den Genuss des Morphins in steigenden Dosen anzugewöhnen, war bei den meisten Morphiomanen irgend welche vorübergehende schmerzhafte Affection, bei welcher die Wohlthat des Morphins sich erprobt und als an und für sich angenehm so sehr eingeschmeichelt hatte, dass diese Patienten auch nach Beseitigung des ursprünglichen Uebels von dem Morphin nicht mehr lassen mochten. Die einen bleiben in mässigen Schranken, andere jedoch steigern den Genuss bis zum Excess. Das betäubende Opiumrauchen, wie es bei den Chinesen üblich ist (REVEIL hat gezeigt, dass in dem Rauche die meisten Alkaloïde sich nachweisen lassen), hat bis jetzt bei uns noch keine Nachahmer gefunden. Bei einem gewissen Punkte der Morphingewöhnung angelangt, erstrebt man nicht mehr die sedative, sondern die excitirende Wirkung; wir haben es hier mit ähnlichen Verhältnissen wie bei der Trunksucht zu thun, und bei diesen Leuten ist der BROWN'sche Ausspruch: „Minime, Hercule, opium sedat" ganz zutreffend. Es bildet sich, wie beim Alkoholisten, ein neuer, an den Genuss gewisser Quantitäten gebundener Normalzustand heraus (s. S. 16). So giebt es Leute, welche sich bei einem täglichen Verbrauche von einigen Decigrammen wohl befinden, denen die excitirende Wirkung ein Bedürfniss geworden ist, welche, falls ihnen dies abgeht, in einem apathischen, schläfrigen, ängstlichen oder reizbaren Zustand gerathen. Bei anderen, namentlich solchen, die mit dem Verbrauche höher gehen, bis auf 1,0 täglich, giebt sich eine verringerte körperliche und geistige Widerstandskraft kund, die Persönlichkeit wird allmählich eine fremdartige, ein gewisser Grad von Gemüthsreizbarkeit, abwechselnd mit Abstumpfung, macht sich geltend; für alle unangenehmen Zwischenfälle des Lebensganges suchen sie ihren Trost einzig in der Morphinspritze. Bei einer dritten Kategorie von Morphinsüchtigen machen sich die üblen Folgen hoher Dosen namentlich in Form fortdauernder Katarrhe der Magen- und Darm-Schleimhaut mit allen ihren Consequenzen geltend, Appetitlosigkeit, Abmagerung, Anämie, grosse Gemüthsreizbarkeit, Herzklopfen und Herzhypertrophie, Eiweiss- oder Zuckergehalt des Harns, unruhiger Schlaf und manchmal ausgesprochene Neigung zum Genuss spirituöser Getränke. Wie intensiv der Morphingenuss bei einzelnen Individuen die Functionen des Organismus beherrscht, sehen wir namentlich, wenn die bisher gebrauchten hohen Dosen plötzlich sistirt werden. Es entwickelt sich hierbei ein Zustand (die sogenannten „Abstinenzerscheinungen"), welcher sehr verschiedenartig ablaufen kann, je nach der Grösse der bisher angewendeten Dosen und der eigenthümlichen Reactionsweise der Betreffenden. Aengstliche, verzweifelte Stimmung, gepaart mit Hyperästhesien aller Art und aller Orten, Schlaflosigkeit, Mangel an Appetit, Neigung zu Diarrhöen, Erweiterung der Pupillen, Herzklopfen sind die gewöhnlichen Erscheinungen. Darüber hinaus kann aber die Morphiuminanition delirirende Zustände verschiedener Intensität, Tobsuchtsanfälle bedingen und bei schwächlichen Individuen ernste Erscheinungen des Collapses hervorrufen. Die zuletzt erwähnten Umstände machen es häufig nicht möglich, die Entziehungskur consequent durchzuführen; kann sie ohne Lebensgefahr fortgesetzt werden, so bessert sich nach einigen Tagen der Zustand, der Sturm legt sich und die normalen Lebensfunctionen kehren allmählich zurück. Uebrigens ist zu erwähnen, dass die Entziehungskur durchaus nicht immer von so schweren Erscheinungen begleitet ist. — Der Leichenbefund ergiebt bei Morphiophagen wenig Charakteristisches: Enge Pupillen, schlechte Ernährung, allgemeine Anämie, Herzhypertrophie sind ziemlich regelmässig.

Die Versuche an Thieren haben mancherlei Aufklärendes gebracht. Es ist schon beachtenswerth, wie unverhältnissmässig viel grössere Gaben — auf gleiches Körpergewicht bezogen — bei sämmtlichen Thieren nöthig sind, um Wirkungen zu erzielen, die den am Menschen geschilderten analog sind. So bedarf ein Frosch (30 Gr. Körpergewicht), um nur einigermassen betäubt zu werden, mehr als ein erwachsener Mensch — obschon doch dieser 2000mal schwerer ist als jener. Kaninchen und Hunde vertragen Dosen von 100 Mgr. und darüber. Hühner und Tauben sind den Opiumalkaloïden gegenüber noch unempfindlicher. Das Gehirn des Menschen — demnach ausgezeichnet durch unverhältnissmässig grosse Empfindlichkeit gegen Morphin — erscheint auch von dieser Seite betrachtet als das feinst organisirte.

Bei allen Thieren sehen wir nach Morphin „Betäubung" auftreten: es hört die normale Lebhaftigkeit auf; später bewegt sich das Thier — wenn man es nicht stört, überhaupt nicht mehr, rührt sich nur, wenn es gereizt wird, und derartigen Reizungen gegenüber nimmt zunächst seine Empfindlichkeit ab. Bei sehr grossen Gaben zeigen die Thiere — Hunde, Kaninchen, ebenso der Frosch, — ohne dass in den Aeusserungen ihres psychischen Verhaltens etwas Anderes als Zunahme der Betäubung erkennbar wäre, ein Wiederansteigen der zuerst ungemein stark gesunkenen Reflexerregbarkeit mit weit ausgebreiteter Irradiation der Reflexe. Auf die leiseste Berührung zuckt der ganze Körper zusammen. Und indem sich dieses in Intensität und Zeitdauer weiter ausbildet, entstehen reflectorisch erzeugbare, vorherrschend tonische Krämpfe, welche vom Rückenmarke ausgehen. Unter Zunahme des paralytischen Habitus, Schwächerwerden der Krämpfe entwickelt sich bei Fröschen dann die definitive, zuweilen reparable allgemeine Paralyse — bei Säugethieren ein schneller Tod. Bei Fröschen sind diese Steigerung der Reflexerregbarkeit und diese Krämpfe nach Morphin nicht immer deutlich ausgesprochen. Es kann also vorkommen, dass Frösche, ohne die Steigerung der Reflexerregbarkeit zu erleben, an der lähmendbetäubenden Wirkung des Morphins zu Grunde gehen. Wie oben bemerkt, sterben bei Morphinvergiftung auch die Menschen meistens, ohne dass Steigerung der Reflexe u. s. w. eingetreten wäre — in verschwindend seltenen Ausnahmen kommt es zu Reflexkrämpfen, die wohl jedenfalls auf Beseitigung (Lähmung) einschränkender physiologischer Widerstände zurückzuführen sind (s. b. Strychnin).

An Fröschen lässt sich verfolgen, dass zwar von vornherein das ganze Centralnervensystem unter Morphin leidet, dass aber zuerst die Functionen der Grosshirnhemisphären, dann die des Athmungscentrums und ferner die der Vierhügel, erst später die übrigen Functionen der Medulla oblongata und zuletzt die Leistungsfähigkeit des Rückenmarks in absteigender Richtung gänzlich erlischt. Wenn dann vom Centralnervensystem keinerlei Reaction mehr zu erzielen ist und auch eine vollständige vasomotorische Lähmung vorzuliegen scheint, so schlägt das Herz noch.

Die Zeichen abnehmender Bewegungsenergie und Reaction gegen die Einwirkungen von aussen sind als thatsächlich central und nicht peripherisch bedingt, leicht zu erweisen; das Gleiche gilt von den Reflexkrämpfen: an einem Frosche sei das eine Hinterbein exclusive Plexus ischiadicus so mit einem Faden unterbunden, dass die Blutcirculation und Lymphcommunication mit dem übrigen Körper aufgehoben, die Innervation dagegen normal ist; das Thier wird mit Morphin vergiftet; die gegen den Eintritt des Giftes geschützte Extremität nimmt genau in demselben Maasse an der Lähmung und an den Reflexkrämpfen Theil, wie die andere vom Gifte durchströmte. Prüft man in irgend einem Stadium der Betäubung oder Lähmung an einem solchen Thiere die Erregbarkeit der beiden Nervi ischiadici gegen faradische Ströme, so findet man beide unverändert, normal.

Hat man einem sonst intacten Frosche den einen Plexus ischiadicus durchschnitten, so bleibt das zugehörige Bein im Verlaufe einer Morphinvergiftung gleichmässig wie bei einem unvergifteten in Ruhe, auch wenn das übrige Thier reflectorische Krämpfe zeigt. Sind nur die hinteren Wurzeln durchschnitten, so nimmt dieses Bein an den allgemeinen Streckkrämpfen dennoch Theil (nur ist natürlich durch Berührung dieses

Beines keinerlei Reaction zu erzielen), während die Durchschneidung der vorderen Wurzeln dieses Bein von den Krämpfen ausschliesst.

Schon Seite 23 ist für alle betäubend wirkenden Substanzen der Beweis geliefert worden, dass sie d i r e c t und nicht etwa mittels Aenderungen der Circulation oder Beschaffenheit des Blutes auf das Nervensystem wirken; — dieses gilt also auch für das Morphin.

Aber es finden derartige Aenderungen statt. Zwar die Blutbewegung leidet zunächst sehr wenig. Kleine, minder wichtige indirecte Veränderungen übergehend, haben wir für Herz und Vasomotion bei kleinen, mittleren und selbst grösseren Gaben keine nennenswerthen d i r e c t e n Aenderungen zu erwähnen. Erst bei schweren Vergiftungen sinken die Triebkräfte der Blutbewegung in einer das Leben bedrohenden Weise — wie wir sofort sehen werden, auch hier zum Theil indirect: Eine schwere wichtige Aenderung nämlich erfährt der Sauerstoffgehalt des Blutes im Säugethiere. Er fällt und kann um mehr als 50 % vermindert sein, während die CO_2 entsprechend zunimmt. In Folge dessen ist das Blut schon in den Arterien und noch mehr in den Venen dunkel. Aber mit Luft geschüttelt röthet es sich normal. Ferner: wir veranstalten bei einem solchen morphinbetäubten Thiere reichliche künstliche Athmung, und sofort röthen sich die bis dahin bläulichen Arterien, und das Blut hat wieder maximalen Sauerstoffgehalt. Wir halten mit den Einblasungen inne; das Thier athmet nicht — ist apnoïsch —; das Blut nimmt schliesslich wieder die dunkle Nuance von vorhin an; dann erst beginnt die Athmung und wird in ruhiger Folge unterhalten. Also erst bei diesem schlechten Arterialisationsgrade des Organismus entsteht im Athmungscentrum die Erregung. Nun bemessen wir überhaupt den im respiratorischen Centrum sich entwickelnden Reiz nach dem Maassstabe des allgemeinen Arterialisationszustandes des Organismus (so lange andre, centrale und directe, z. B. thermische Erregungen oder reflectorische Erregungen und Hemmungen der Athembewegungen nicht mit ins Spiel kommen); das Athmungsb e d ü r f n i s s ist der normale Reiz; je grösser objectiv das Athmungsbedürfniss des ganzen Körpers sein muss, bei welchem das respiratorische Centrum eben in Action versetzt wird, je grösser also der e r f o r d e r l i c h e Reiz ist, desto geringer ist, wie man sich auch ausdrückt, die „Erregbarkeit": das Morphin vermindert also in ganz hervorragend einseitiger Weise die Erregbarkeit des Athmungscentrums.

Die Athmung wird dabei weniger frequent. Obschon übrigens die Tiefe des einzelnen Athemzugs beim Menschen und Säugethier hierbei zunimmt, verringert sich doch die Athmungsg r ö s s e — die Menge hin und her bewegter Luft. Aber es wäre unrichtig, h i e r a u s irgend einen Schluss auf die „Erregbarkeit" des Athmungscentrums zu ziehen. Die

Athmungsgrösse ist hauptsächlich — so zu sagen — ein Gradmesser des Umsatzes; die Erregbarkeit dagegen wird — wirthschaftlich gesprochen — am Kassenbestande oder am bleibenden O-Gehalte des Blutes gemessen; es kann aber bei geringerem Kassenbestande sowohl vermehrter als verminderter Umsatz statthaben; und es könnte verminderter Umsatz (Abnahme der Athmungsgrösse bedingend) auch bei normalem Kassenbestande (Erregbarkeit des Athmungscentrums) vorliegen.

Endlich sei nebenbei bemerkt, dass gleiche Athemgrösse in der Zeiteinheit das eine Mal bei häufigerer oberflächlicher, das andere Mal bei seltenerer aber tiefer Athmung sehr verschieden grosse Sauerstoffmengen ins Blut bringt.

Dass die Athmung nach Morphin seltener wird, hat übrigens zum Theil dieselben Gründe wie die analoge Aenderung der Athmung im Schlafe. Die Ruhe, die Muskelerschlaffung und die hierdurch bedingte Verminderung des beschleunigenden Einflusses, welchen die Thätigkeit der Muskeln auf die Athmung ausübt, auf der einen Seite, auf der andern der Fortfall des beschleunigenden Einflusses, welcher vom wachen Hirn auf das Athmungscentrum ausgeübt wird, ist beiden Zuständen gemeinsam.

Die Periodicität der Athmung, die sich bei Morphinvergiftung, wie übrigens auch mitunter theilweise im normalen Schlafe — besonders leicht aber auch ohne Morphin (um so leichter bei gleichzeitiger Einwirkung des Morphins) bei Herz- und Hirnleiden, vorfindet, nimmt, wie bemerkt, in typischen Fällen das Bild des Cheyne-Stockes'schen Phänomens an: nach einer apnoïschen Pause beginnt die Athmung ganz schwach; die Inspirationen werden ganz allmählich tiefer, schliesslich wohl auch stürmisch dyspnoïsch, dann wieder nach und nach flacher, — neue Pause u. s. w. Die Ursache dieser Erscheinung wird theils in einer schon normal in den Functionen aller centralen Nervenapparate gelegenen und — z. B. durch das Morphin — schärfer zur Ausprägung gelangten Periodicität der Function als solcher gesucht; von Andern wird dem Morphin u. s. w. eine periodische Aenderung der Erregbarkeit zugeschrieben; von anderer Seite wieder wird eine periodische Aenderung des Reizes in der Weise statuirt, dass periodisch eine Anämie des Athmungscentrums entstehe, welche — wie bei Verblutung — dieses Centrum errege. Diese Anämie soll durch Krampf der Hirnarterien entstehen, und dieser Krampf wieder von einer Erstickungserregung des vasomotorischen Centrums herrühren: weil das in Folge der Morphinwirkung schwer erregbare Athmungscentrum am Schlusse einer Pause noch ruhig bliebe, geriethe das vasomotorische Centrum, welches weniger gelitten habe, aus O-Mangel in Erregung; die dann erst crescendo eintretende Athmung befreie allmählich das vasomotorische Centrum aus seiner Noth; Gefässkrampf und Anämie verlieren sich und das reichlich mit besser arterialisirtem Blute versorgte Respirationscentrum verfalle wieder in seine Lethargie. Die anderweitigen Symptome des Phänomens (Periodicitäten des Sensoriums, der Pupillenweite, des Herzschlags und der Arterienspannung) wären dann als indirecte Folgen von diesen Erregbarkeitsunterschieden abzuleiten, während die beiden erstgenannten Auffassungen sämmtliche Erscheinungen als zunächst coordinirt (wenn auch einander beeinflussend) in Anspruch nehmen.

Sobald sich an einem Warmblüter bei fortschreitender Vergiftung das Stadium wieder zunehmender Reflexerregbarkeit und der reflectorischen Krämpfe entwickelt, steigt auch die Erregbarkeit des respiratorischen Centrums, d. h. die Arterialisation des Körperarterienblutes nimmt wieder zu.

Die Pupillenverengerung ist central bedingt, und zwar beruht sie wohl zweifellos nur auf einer Zunahme des Tonus in dem vom Oculomotorius innervirten Sphincter iridis. Sie bleibt aus, wenn der Oculomotoriusstamm in seinem Verlauf durch einen pathologischen Process leistungsunfähig geworden ist. Ebenso bewirkt das Morphin an centraler Stätte eine Zunahme des Tonus der Sphincteren der Blase und des Anus. Ersterer führt — vielleicht unterstützt durch eine Schwächung der centralen Detrusorinnervation — zu den erwähnten Schwierigkeiten der Blasenentleerung. Es ist beachtenswerth, dass dieselben Verstärkungen des Sphincteren-Tonus beim einschläfernden Morphin schon im wachen Zustande sich zeigen, welche während des natürlichen Schlafes physiologisch auftreten. Durch Verstärkung des Sphincteren-Tonus schliesst sich im Schlafe der Organismus gegen die Aussenwelt ab: — er schützt sich gegen Lichtreiz durch Schluss der Lidspalte und Verengerung der Pupille u. s. w. Und das Morphin, gleichzeitig die Empfänglichkeit gegen alle Sinneseindrücke vermindernd und dadurch dem Sensorium die Reize entziehend, welche zum vollen wachen Zustande nöthig sind, lässt ebenfalls jene niederen mechanischen, gegen das Wachsein stets ankämpfenden, und periodisch die Oberhand gewinnenden Gewalten siegen, welche so zu sagen die Vorhänge der seelischen Schaubühne zuzuziehen und das Seelenspiel zu hemmen bestrebt sind, welche aber im voll wachen Zustande ihrerseits vom Grosshirn aus gehemmt werden.

Aehnlich steigert Morphin auch bei wachem Zustande den die Darmbewegungen regulirenden Splanchnicus-Tonus, der ebenfalls im natürlichen Schlaf bekanntlich zunimmt, so dass im Interesse der schlafbegünstigenden Stille in beiden Fällen die Därme zur Ruhe gebracht sind, — was bei Morphin zu längerer Stuhlverstopfung führt. (Der entgegengesetzte

Einfluss psychischer Aufregungen und namentlich der Angst auf die Darmbewegungen und den Tonus der Sphincteren des Anus und der Blase sei nebenbei erwähnt.)

Beim Thier fällt die Verlangsamung und Abschwächung der Darmperistaltik wesentlich geringer aus, wenn die Splanchnici vorher durchschnitten oder gelähmt sind. Aber neben der soeben erwähnten Verstärkung der cerebrospinalen Hemmung entfaltet das Morphin und ebenso das Opium noch besondere directe resorptive Wirkungen auf die im Darme gelegenen Ganglien. So vermindern sie deren Empfänglichkeit gegen Peristaltik erzeugende Reize und führen bei grösseren Dosen zu deren völligen Lähmung. Auf das Stadium verstärkter cerebrospinaler Hemmung folgt übrigens bei grösseren Gaben später ein Zustand centraler Schwächung (Lähmung) dieser Hemmung neben einer Zunahme der cerebrospinalen darmbewegenden Impulse — analog der oben genannten Steigerung der cerebrospinalen Reflexerregbarkeit. Bei manchen Thierspecies, welche nach Morphin gerade auch diese Zunahme der Reflexe am übrigen Körper und allgemeine Reflexkrämpfe zeigen (z. B. Kaninchen), ist zu dieser Zeit die directe Darmlähmung noch wenig ausgebildet, wodurch jetzt ein wilder peristaltischer Sturm mit Diarrhö resultirt, während beim Menschen sich die directe Darmlähmung (eventuell mit Meteorismus) sehr früh zeigt, so dass selbst bei den grössten Dosen nie Diarrhö auftritt.

Von besonderem Interesse ist die durch (z. B. subcutan applicirtes) Morphin und Opium erzeugte Verminderung der Empfindlichkeit des Thieres gegen schmerzhafte Darmreize. Zwar erniedrigen grössere Gaben die Schmerzempfindlichkeit des Thieres allgemein; aber selbst so kleine Gaben, welche auf die übrige Empfindlichkeit, z. B. der Extremitäten noch gar keine Wirkung haben, vermindern die Empfindlichkeit des Thieres (Frosch) gegen Darmschmerz ungemein, und dies selbst dann, wenn man das Thier durch kleine Strychningaben überempfindlich gemacht hat. Sehr lehrreich ist folgendes Experiment: man lässt kleine Mengen Opiums (nicht Morphin, welches zu schnell in die Circulation übergeht [s. unten]) nur in einem Theile des Darms zur Aufsaugung gelangen; nur hier ist die Schmerzempfindlichkeit verringert. Von einer eigentlich localen anästhesirenden Wirkung auf die sensiblen Fasern (etwa wie bei Cocaïn) hat Opium an andern Stellen (Schleimhäuten u. s. w.) nichts an sich; sonach muss jene Unempfindlichkeit auf eine Betäubung der Darmganglien als Durchgangsstation für Schmerzleitung bezogen werden.

THERAPIE DER ACUTEN VERGIFTUNG. Vor allem — und dies möge hier, um Wiederholungen zu vermeiden, für alle Vergiftungen geltend ausgesprochen werden — ist das Gift, welches noch nicht resorbirt sich an einer Resorptionsstätte befindet, stets und so bald als möglich zu entfernen, z. B. wenn innerlich genommen: durch Brechmittel (notabene bei Morphin wegen Betäubung des Kranken oft versagend!); Magenausspülung (zuverlässiger, gründlicher als Brechmittel); Abführmittel (notabene wegen Darmwirkung des Opiums, Morphins u. s. w. energischer als sonst zu wählen) u. s. w. — In jedem Falle aber, zumal wenn man im Augenblicke keine Hilfsmittel zur Entleerung u. s. w. des Giftes hat, gebe man Substanzen zu dem noch nicht resorbirten Gifte, welche es entweder chemisch neutralisiren und ungiftig machen, oder doch die Resorption verzögern, indem sie schwerlösliche Verbindungen mit ihm eingehen. Bei Morphin (Opium), wie bei allen Alkaloiden wird dies z. B. durch Tannin (Gerbsäure) erreicht, welches mit Alkaloiden schwerlösliche Niederschläge bildet; im Hause ist Tannin am ehesten in Form von Kaffee und Rothwein zur Hand. Gegen die Wirkungen des resorbirten Morphins (Opiums) ist eine excitirende Therapie einzuleiten: Kaffee, Kampfer, kalte Begiessungen im warmen Bade; Champagner; vielen Symptomen der Vergiftung gegenüber ist Atropin (s. dieses) indicirt. Künstliche Athmung kann ebenfalls nützlich sein.

THERAPIE DER CHRONISCHEN VERGIFTUNG. Erstens Abgewöhnung; zur Abgewöhnung muss der Patient in eine Anstalt gehen und auf seine Freiheit verzichten; ohne äusseren Zwang kann kein Morphinsüchtiger die Abstinenz durchführen. Entweder allmähliche Abgewöhnung; dabei Uebergang von der subcutanen Methode zur inneren Anwendung. Oder: schnelle Entziehung und Behandeln der Abstinenzerscheinungen mit Morphin, Chloralhydrat oder Cocaïn. Zweitens tonisirende Behandlung (kalte Bäder u. s. w.).

THERAPEUTISCHE ANWENDUNG. Bei der Anwendung des Morphins, zumal bei wiederholtem Gebrauche, muss der Arzt die Gefahren der Morphinsucht nicht vergessen. — Es scheint empfehlenswerth, in manchen Fällen durch gleichzeitige Anwendung von Bromkalium und Aehnl. (zuweilen auch durch alkoholische Getränke [s. diese]) sich die Möglichkeit zu eröffnen, mit $1/4$ bis $1/2$ der sonstigen Morphingaben auszureichen, was die Morphinanwendung wesentlich ungefährlicher zu machen geeignet ist.

In erster Linie findet das Morphin seine Verwendung, wo es gilt, die sensible, sensuelle und psychische Empfänglichkeit und Empfindlichkeit zu vermindern — sei es, weil heftige unangenehme oder schmerzhafte peripherische Erregungen vorliegen, die an sich nicht beseitigt werden können und deren Wahrnehmung man abschwächen oder beseitigen will; sei es, dass eine krankhafte Uebererregbarkeit der sensiblen centralen Sphäre den Patienten auf normale Erregungen mit Schmerz und sonstigen unangenehmen Empfindungen reagiren lässt. So sind es denn namentlich Schmerzen aller Art — Neuralgien, Gastralgien, Koliken, Zahn- und Kopfschmerzen u. s. w. —, gegen welche Morphin mit Erfolg ins Feld geführt wird. Hierbei ist jedoch ganz besonders davor zu warnen, Hysterischen auf ihre analogen Klagen dieses Mittel zu verordnen, da erfahrungsgemäss einerseits Morphin bei diesen nicht wirkt, andererseits eine psychisch-diätetische und allgemein körperlich-diätetische Behandlung die richtige Therapie darstellt.

Morphin ist auch nützlich bei Zuständen von Angina pectoris und ähnlichen mit körperlichem Angstgefühle verbundenen Affectionen.

Wo Schmerzen, abnorme Sensationen, Beklemmungen und Derartiges die Ursache einer einmaligen oder habituellen Schlaflosigkeit (Insomnie, Agrypnie) sind, leistet Morphin mehr als irgend ein anderes Mittel — und wird nur zuweilen vom Opium hierin übertroffen. Opium ist aber auch überlegen, wo es sich um Schmerzen in den Därmen handelt, und bei Diarrhöen (s. unter Opium). Bei essentieller Schlaflosigkeit (ohne Schmerzen u. s. w.) sind dagegen Chloralhydrat, Sulfonal und Paraldehyd zu bevorzugen, zumal auch ihre längere Zeit fortgesetzte Anwendung weniger bedenklich als die des Morphins ist und der Patient bei ihrem Gebrauche mit freierem Kopfe erwacht als nach Morphin.

Morphin wird auch von manchen Chirurgen vor dem Beginne einer Chloroformirung applicirt, um den Chloroformbedarf zu verkleinern und so die Chloroformnarkose weniger gefährlich zu machen (s. unter Chloroform).

Morphin ist das wirksamste Mittel gegen einen lästigen und zwecklosen Hustenreiz. Wo aber massenhaftes Secret in den Luftwegen sich befindet, dessen Expectoration nothwendig ist, dessen Verbleiben vielleicht gar Athmungsbehinderung, putride Zersetzung u. s. w. droht, da darf der Hustenreiz, so quälend er sein mag, nicht bekämpft werden. Wo Derartiges nicht vorliegt, ist die Linderung des Hustenreizes erlaubt und kann in frühen Stadien einer secretlosen Entzündung durch Ruhigstellung der entzündeten Stimmbänder u. s. w. sehr vortheilhaft sein, da die vor unnützen Erschütterungen geschützten entzündeten Organe leichter und schneller genesen.

Ebenso haben wir uns bei der Bekämpfung der ja ungemein quälenden Dyspnöen verschiedener Art die Frage vorzulegen, ob sie als zwecklos durch Morphin zu bekämpfen oder als unerlässlich zu respectiren seien.

Setzen wir den Fall, dass ein Patient aus irgend einem Grunde, z. B. in Folge eines Mitralfehlers, eine schwere allgemeine Circulationsstörung hätte, durch welche wesentlich zu wenig Blut vom linken Ventrikel in die Aorta geworfen würde: da in Folge dessen auch zu wenig Blut in die Medulla oblongata fliesst — und also mit diesem Blute zu wenig Sauerstoff anlangt, — so tritt Dyspnö auf. Diese Dyspnö ist so zu sagen überflüssig. Das in den Lungencapillaren wegen der Circulationsstörung überlangsam strömende Blut würde sich dort auch bei ruhiger Athmung vollständig mit Sauerstoff sättigen — und mehr erreicht die vorliegende Dyspnö auch nicht. Ein sonstiger Nutzen der Dyspnö liegt aber nicht vor; denn wenn man geneigt ist, den dyspnoischen Inspirationen einen die Blutcirculation — durch Verstärkung der Thoraxaspiration — unterstützenden Einfluss zuzuschreiben, so darf man doch nicht übersehen, dass bei derartigen, in der Praxis vorkommenden Circulationsstörungen stets venöse Stauung vorliegt — d. h. dem rechten Ventrikel fliesst aus den Hohlvenen immer schon mehr Blut zu, als er bewältigen kann — eine vermehrte Aspiration wäre überflüssig. Hier darf man die Athemnoth bekämpfen — und bei diesen „circulatorischen" Dyspnöen gelingt es auch, sie — durch Morphin — zu beseitigen. Diese Beseitigung ist nicht nur erlaubt und möglich, sondern auch wünschenswerth. Denn jene Dyspnö mit ihren unnützen psychischen und sonstigen Aufregungen, mit ihren unnützen, schliesslich das Athembedürfniss noch steigernden Muskelactionen, zu beheben, heisst Abnutzung und Schädigung des Organismus vermeiden.

Morphin, hier dargereicht, vermindert die Erregbarkeit des Athmungscentrums (einschliesslich des bewussten Athmungsbedürfnisses; denn man kann sagen: ein Theil des Athmungscentrums liegt im Bewusstsein). Das minder erregbare Athmungscentrum reagirt auf den Reiz der ungenügenden (Blut- und) Sauerstoffzufuhr weniger stark als vorher — die Athmung wird normal. Und da nun durch dieses Ruhigerwerden der Athmung, wie wir oben sahen, die Sauerstoffzufuhr nicht kleiner wird (der Reiz nicht zunimmt) — denn die Dyspnö war ja überflüssig, — so ist die Dyspnö ohne jeden Nachtheil beseitigt.

Anders liegt die Sache bei den sogenannten „respiratorischen" Dyspnöen. Wir wollen uns den Fall eines Oedema glottidis oder einer Stenose der Bronchien durch Narben oder Pseudomembranen denken. Während im vorigen Falle die Athemnoth dadurch entstand, dass zu wenig Blut, obschon in absolut sauerstoffgesättigtem Zustande zur Medulla oblongata strömte, tritt hier die Athemnoth auf, weil die Verengerung der Luftwege das Blut zu wenig arterialisirt, obschon in reichlich ungeminderter (sogar vermehrter) Menge zum Athmungscentrum gelangen lässt. Hier ist die Dyspnö eine Wohlthat für den Kranken: nur durch die verstärkten Athemzüge kann der Patient die zum Leben nöthige Menge (Umsatz-) Sauerstoff erhalten; könnten wir ihn zwingen, ruhig zu athmen, so müsste er unfehlbar ersticken; deshalb wäre es unzulässig, diese Dyspnö zu beseitigen, so lange deren Ursache bestehen bleibt; aber es gelingt in Wirklichkeit gar nicht; und die Darreichung von Morphin ist für diesen Kranken schädlich. Wenn wir ihm Morphin geben, so sinkt die Erregbarkeit seines Respirationscentrums, und in Folge dessen nimmt hier, analog der Wirkung beim Gesunden, der Arterialisationsgrad des Aortenbluts noch weiter ab, während bei den circulatorischen Dyspnöen der Arterialisationsgrad ungeändert blieb. Wenn sich aber hier, bei respiratorischen Dyspnöen, das durch Morphin minder erregbar gewordene Respirationscentrum einen geringeren Arterialisationsgrad gefallen lässt, so verschwindet darum die Dyspnö doch nicht; denn sobald es ruhig zu athmen anfangen wollte, würde zu wenig Sauerstoff für den Umsatz aufgenommen, und das Deficit würde progressiv, tödtlich. Aber hierdurch stiege der Reiz (Verschlechterung der Arterialisation), und so bleibt die Dyspnö bei nur noch weiter verschlechtertem „Kassenbestande" des Bluts an Sauerstoff bestehen.

Selbstverständlich aber kann man durch Betäubung des Bewusstseins mittels Morphin hier die Empfindung der Athemnoth beseitigen, und es kann wohl gelegentlich die Frage entstehen, ob die Menschlichkeit nicht die Leidensempfindung im concreten Falle um den Preis der objectiven Verschlechterung des augenblicklichen Körperzustands loskaufen dürfe, was bei ohnedies nahendem unvermeidlichen Tode gewiss zu bejahen ist; denn die „Euthanasie", die Erleichterung des Sterbens ist überhaupt Indication für Morphin.

Es giebt einen Fall, in welchem Morphin bei einer respiratorischen Dyspnö indicirt ist, aber nur deshalb, weil es deren Ursache beseitigen kann: Es ist dies das „krampfhafte Bronchial-Asthma", bei welchem die exspiratorischen sibilirenden Rhonchi das Bestehen einer Stenose der feinsten Luftwege beweisen, welche bei der Plötzlichkeit des Entstehens und Vergehens und mit Rücksicht auf das oftmalige Fehlen jeglichen Katarrhs u. s. w. nur von einem Krampfe der Circulärmuskeln der Bronchien herrühren dürfte. Hier lässt Morphin oft überraschend schnell den Anfall enden, aber hier wirkt es causal, nicht symptomatisch, daher die Ausnahme.

Beim Lungen-Emphysem liegen meist gemischte Dyspnöformen vor, halb circulatorisch wegen der Verödung von Capillaren in der Lunge, halb respiratorisch wegen der Erschwerung resp. Unzulänglichkeit der Ventilationsbewegungen des Thorax und der emphysematösen Lunge: hier kann Morphin mehr oder weniger als palliatives Mittel benutzt werden.

Man giebt M. gegen Aufregungszustände des Nervensystems, wie Delirium tremens, Krampfformen verschiedener Art, zumal solche, welche mit gesteigerter Sensibilität einhergehen oder reflectorischer Natur sind, gegen die Tobsucht und Krämpfe der Tollwuth (Hundswuth), endlich bei psychischen Aufregungszuständen in Folge von Intoxicationen, z. B. durch Atropin, wie denn (s. S. 28) Morphin und Atropin in mehrfacher Beziehung therapeutisch Antagonisten sind.

Manche Melancholieformen scheinen trotz der äussern unheimlichen Ruhe der Patienten innerlich wilde psychische Stürme zu bergen, die das Interesse an der Aussenwelt ertödten; oft ist hier Morphin sehr nützlich.

(*Morphinum*. *Morphium*. Das reine Alkaloid, welches in Wasser sehr schwer, in Weingeist leichter löslich ist, ist nicht officinell und wird nicht gebraucht.) *Morphinum hydrochloricum*, salzsaures Morphin. Weiss, krystallinisch. in 25 Thl. Wasser löslich. Zu 0,005—0,02, ad 0,03 pro dosi! ad 0,1 pro die! (Ph. Helv. ad 0,02 pro dosi! ad 0,06 pro die! Kinder: ad 0,001! resp. 0,005!). Ebenso (Ph. H.: *Morphinum sulfuricum*, schwefelsaures Morphin. Leichter löslich in Wasser als das vorige [1 : 14,5]).

Wenn man unangenehme Folgen der Morphineinspritzungen an Ort und Stelle vermeiden will, wie z. B. knotenartige Entzündungen oder gar Abscesse der Haut, so müssen nicht nur die Spritzen und Canülen stets rein, sondern auch die Morphinlösungen klar und womöglich sterilisirt sein.

2) Opium, Opium.

Die Wirkung des Opiums setzt sich aus der Wirkung des Morphins und der der andern im Opium enthaltenen Alkaloïde zusammen, welche sich alle in eine Reihe ordnen lassen, in der — vom Morphin angefangen — die sensibilitätsvermindernde Wirkung mehr und mehr zurücktritt und die, im Morphin am schwächsten ausgesprochene, reflexsteigernde Wirkung in den Vordergrund tritt. Ans Ende dieser Reihe käme das Thebaïn, welches kaum noch nennenswerth die Sensibilität vermindert und auch als Schlafmittel nicht zu verwerthen ist. Es wirkt in Thierversuchen fast so energisch die Reflexbarkeit erhöhend, und daher tetanisch, wie Strychnin. (Das Narceïn ist ganz unwirksam.)

Der Gehalt des Opiums an derartig mehr oder weniger tetanisch wirkenden Alkaloïden ist zwar nicht sehr gross, bedingt aber doch einige Unterschiede seiner Wirkung im Vergleich zum Morphin. So reagiren Frösche auf Morphin nicht immer, auf Opium stets mit heftigen Reflex-Streckkrämpfen (neben der Betäubung). Ferner ist die stuhlverstopfende Wirkung des Opiums etwas zuverlässiger, als die des Morphins und wird, im Gegensatze zum Morphin, vom Opium z. B. in Form der Opiumtincturen bei Dosen erhalten, die das Bewusstsein und die sonstige Sensibilität gar nicht tangiren. Dieser Unterschied hängt (da diese Wirkung auch bei vollständigen Lösungen wie den Tincturen sich zeigt) nicht von Lösungsschwierigkeiten wie bei Opium in Substanz ab, sondern ist ein specifischer. Wie es scheint, bedingen die übrigen Opiumbestandtheile, dass das in ihm enthaltene Morphin bei innerlicher Darreichung nach der Resorption länger in der Darmwand (resp. deren Ganglien) liegen bleibt, als bei innerlicher Einnahme von reinem Morphin gleicher Dosis; nur so erklärt sich auch die grosse allgemein-narkotische Wirkung (Schläfrigkeit, Uebelkeit u. s. w.) des subcutan applicirten Opiums in Dosen, die, innerlich gereicht, nur Darmwirkung und keine cerebralen Symptome veranlassen. Im Gegensatz hierzu erzeugt Morphin sowohl bei innerlicher als bei subcutaner Application beide Gruppen von Wirkungen in gleichem Verhältnisse.

Der Unterschied zwischen Opium und Morphin zeigt sich auch darin, dass das Opium — zum Theil auch wegen seines Aromas zum Genussmittel ganzer Nationen geworden — durch Morphin thatsächlich nicht verdrängt worden ist. Auch die Wirkung auf das Bewusstsein ist etwas anders, so dass manche Menschen auf Opium Schlaf bekommen, die auf Morphin nicht schlafen können. Offenbar ist die Schwächung gewisser Hemmungen im Hirn durch Opium besser zu erreichen.

Therapeutische Verwendung. Zum Theil wie Morphin. Zuweilen als Hypnoticum wesentlich weniger, zuweilen mehr leistend, was auszuprobiren ist. Besonders nützlich, wenn es gilt, auf den Darm zu wirken, ihn ruhig zu stellen, Krampf desselben (und Koliken) zu beseitigen; die möglichste Ruhe des Darms ist erwünscht bei drohender Darmperforation (um die entzündliche Verklebung des zugehörigen Peritonealüberzuges mit dem eines anliegenden Darmstückes zu ermöglichen und hierdurch den Austritt von Darminhalt in die Peritonealhöhle zu verhüten): ein Bedenken besteht hierbei für Opium und ebenso für das Morphin (als Anodynon): die Gefahr des Erbrechens, welches durch die mechanische Erschütterung tödtlich wirken kann; dieses Erbrechen scheint durch gleichzeitige oder vorgängige Darreichung von Atropin (s. dieses) verhütet werden zu können. — Man giebt Opium zur Ruhigstellung des Darms bei allen schwereren Entzündungen des Darms und Peritoneums; bei Durchfällen nur dann, wenn keine schädlichen Stoffe, Parasiten (Trichinen) oder sonstige Gegenstände (Cybala) Entleerungen gerade erwünscht sein lassen. Nützlich ist das Opium bei den prämonitorischen Durchfällen in einer Cholera-Epidemie; getheilt sind die Meinungen über seinen Werth im Choleraanfalle selber: im Stadium der Reaction ist Opiumvergiftung zu befürchten, wenn die vorher andauernd gegebenen, aber nicht resorbirten und im Darm verbliebenen grossen Dosen plötzlich zur Resorption gelangen. Bei Dysenterie ist Opium erprobt. Die Kolik und Verstopfung bei chronischer Bleivergiftung (Bleikolik), welche beide auf einem Krampfe der circulären Darmmusculatur beruhen, weichen beide dem hier causal eingreifenden Opium welches also hier förmlich als Abführmittel wirkt.

1) *Opium*. Ein bräunliches Pulver von bitterem Geschmacke und narkotischem eigenthümlichem Geruche, in Wasser theilweise löslich. Bei Erwachsenen 0,015—0,15; ad 0,15 pro dosi! ad 0,5 pro die! (Ph. Helv. 0,1! resp. 0,5! Kinder: 0,005! resp. 0,02!)

2) *Extractum Opii* (nach Ph. Helv. „Extr. Op. aquosum"). Trockene rothbraune Masse, in Wasser trübe löslich. Dosen wie beim vorigen.

3) *Tinctura Opii simplex. Tinctura Thebaica.* Maceration von 1 Thl.

Opium, 5 Thl. verdünntem Weingeist und 5 Thl. Wasser; 10 Theile enthalten also die wirksamen Bestandtheile von 1 Theil Opium. Eine dunkelbraune Flüssigkeit. Bei Erwachsenen 10—15 Tropfen, bei Kindern 1—3 Tropfen p. dos. Ad 1,5 pro dosi! ad 5,0 pro die! (Ph. Helv. bei Kindern ad 0,1! resp. ad 0,5!)

4) *Tinctura Opii crocata*. *Laudanum liquidum Sydenhami*. Ph. G.: Maceration von 15 Thl. Opium, 1 Thl. Caryophylli, 1 Thl. Cortex Cinnamomi, 5 Thl. Crocus, 75 Thl. Wasser, 75 Thl. Spiritus dilut. Eine dunkelbraune, stark färbende Flüssigkeit; der Geruch des Crocus ist vorherrschend. Auch diese Tinctur enthält also auf 10 Thl. das Lösliche von 1 Thl. Opium. Dosen wie bei der vorigen. (Wenn auch die Bereitungsweise der Ph. Helv. von der der Germ. etwas abweicht, so ist der Gehalt beider Tincturen an Opium derselbe.)

5) *Tinctura Opii benzoïca*. *Elixir paregorium*. Digestion von 1 Thl. Opium, 4 Thl. Acid. benzoïcum, 2 Thl. Camphora, 1 Thl. Ol. anisi, 192 Thl. Spirit. dil. (200 Thl. enthalten das Lösliche von 1 Thl. Opium). Bei Erwachsenen in Dosen von 30—60 Tropfen, bei Kindern 5—15 Tropfen.

6) *Pulvis Ipecacuanhae opiatus*. *Pulvis Doweri*. Bereitet aus 1 Thl. Opium, 1 Thl. Ipecacuanha und 8 Thl. Saccharum lactis (nach den früheren Pharmakopöen 8 Thl. Kalium sulfuricum). Bei Erwachsenen in Dosen von 0,1—0,5 (ad 1,5 pro dosi; ad 5,0 pro die!). (Ph. Helv. bei Kindern ad 0,05! resp. ad 0,2!)

7) *Sirupus Papaveris*, Mohnsirup; 100 Theile enthalten das Extract von 5 Theilen Mohnköpfe.

(*Syrupus Opii*. *Syrupus diacodion*. Nach Ph. Helv. 1 Thl. Extr. Opii aq. in 500 Thln. Syrupus simplex. Die Ph. Germ. II. u. III. haben diesen Syrup nicht mehr aufgenommen, er enthielt nach der Edit. I. 1 Thl. auf 1000 Thl. [NB. Das Arzneibuch f. d. D. R. schreibt jetzt: „Sirupus", „Sirup" —, die früheren Ausgaben und die Ph. Helv. schreiben: „Syrupus".])

(*Emplastrum opiatum*. *Emplastrum cephalicum*. Ph. Helv. Eine Pflastermasse, bereitet aus 1 Thl. Opium, 3 Thl. Elemi, 2 Thl. Terpentin, 1 Thl. Wachs, 3 Thl. Olibanum, 3 Thl. Mastix, 2 Thl. Benzoëharz.)

(Die früher gebräuchlichen Aq. Opii, Unguentum Opii und Electuarium Theriaca sind nicht mehr officinell).

Von Salzen der anderen Opium-Basen ist officinell nur

*) das *Codeinum phosphoricum*. Feine weisse Nadeln, leicht löslich in Wasser; wird zuweilen statt Morphin, wo letzteres nicht vertragen wird, und zur Vermeidung des chronischen Morphinismus bei Phthisikern u. s. w., und zwar mit Erfolg angewendet, in Dosen von 0,025—0,05, ad 0,1 pro dosi! ad 0,4 pro die! (Helv. 0,05! resp. 0,25!); in Lösungen (auch subcutan), Pillen, Pulvern u. s. w.

Lactucarium. Der eingetrocknete Milchsaft der Lactuca virosa (Fam. Compositae. In Deutschland nicht mehr officinell). Eine graubraune trockene Substanz von unangenehmem Geruche und bitterem Geschmacke, in Wasser nur theilweise löslich. Die Pflanze wurde zuerst gegen Ende des vorigen Jahrhunderts in Amerika, dann in Schottland und in Deutschland im Gebiete der Mosel kultivirt. Man unterscheidet deshalb ein Lactucarium anglicum und germanicum, bei uns ist das L. germanicum officinell.

Die chemische Untersuchung hat mehrere Substanzen, Lactucin, Lactucerin Lactucasäure ergeben, welche aber therapeutisch nicht verwerthet werden.

Die Wirkungen des Lactucarium sind sehr schwache narkotische. Man verwendet es nur dann, wenn stärkere Narcotica nicht ertragen werden. Zu 0,1—0,5 bei Erwachsenen, bei Kindern zwischen 0,05 und 0,1.

Cannabis indica, Indischer Hanf. (Fam. Urticaceae. In Deutschland nicht mehr officinell.) Die weibliche Pflanze von Cannabis sativa (L.) hat, wenn sie in den warmen Gegenden Asiens und Afrikas gewachsen ist, reichlichere harzige und ölige Bestandtheile als die bei uns wachsende und ist im Gegensatze zur unsrigen, die botanisch mit ihr sonst identisch ist, stark narkotisch. Diese narkotischen Eigenschaften waren schon im Alterthume bekannt. Es werden aus ihr durch Vermengung mit anderen Zugaben in jenen Ländern mehrere Präparate bereitet, die unter verschiedenen Namen cursiren, wie Bhang, Haschisch, Ginnab, Guaza, Churrus. Diese Präparate werden als narkotische, aufheiternde Genussmittel theils innerlich, theils durch Rauchen verwendet. In unsern Klimaten ist die Wirkung grösserer Dosen dieser Präparate nicht immer eine aufheiternde, sondern besteht öfters in Angstgefühlen, Schwäche, Herzklopfen; auch Convulsionen wurden namentlich nach Gebrauch des „Cannabinon", eines aus dem Extracte gewonnenen Harzes, gesehen, was zur Vorsicht mahnt. Das Cannabinon scheint im Wesentlichen der wirksame Bestandtheil zu sein oder ihn zu enthalten. Die andern zum Theil alkaloidischen, zum Theil glykosidischen aus der Droge gewonnenen Stoffe, Cannabinin, Tetanocannabin, Cannabin, sind theils unwirksam, theils anderswirkend (z. B. tetanisch), theils unzuverlässig.

a) *Extractum Cannabis indicae*. Ein dunkelgrünes Extract, als Sedativum zu 0,1—0,2 (Ph. Helv. 0,2 pro dosi! resp. 0,8 pro die!).
b) *Tinctura Cannabis indicae*, nach Ph. Germ. II. aus 1:19, Ph. Helv. 1:20 Weingeist bereitet, von grünlich-brauner Farbe, zu 20—40 Tropfen.

Beide Präparate zeigen einen auffallenden Hanfgeruch.

Von Amerika aus ist ein dem Opium ähnlich wirkendes (übrigens mit Pupillenerweiterung) neues Narcoticum und Hypnoticum empfohlen worden: das „fluid extract" von Piscidia erythrina (Leguminose), „Jamaica Dogwood" genannt, ein aus der Wurzelrinde mit Alkohol bereitetes flüssiges Extract. Zu 2,0—8,0. Das trockene Extract zu 0,5 pro dos.

Chloralum hydratum. Chloralhydrat $CCl_3.CHO + H_2O$.
(Trichloraldehyd.)

Diese Verbindung, welche durch anhaltendes Einleiten von trockenem Chlorgas in absoluten Alkohol erhalten wird, wurde im Jahre 1832 von Liebig entdeckt. Seine therapeutische Verwendung verdanken wir O. Liebreich (1869). Der Umstand, dass sich das Chloral durch Behandlung mit Kalihydrat in ameisensaures Kalium und Chloroform verwandelt, veranlasste Liebreich, es auf seine Eigenschaft als Narcoticum zu prüfen, und seine Erwartungen haben sich in dieser Beziehung bestätigt.

Das Chloralhydrat ist eine farblose krystallinische Substanz, soll neutral reagiren und in gleichen Theilen Wassers ohne Trübung leicht löslich sein, bei 58° schmelzen, bei 96—98° sieden. Es hat einen eigenthümlichen Geruch, bitteren Geschmack, erzeugt im Rachen eine kratzende Empfindung.

PHYSIOLOGISCHE WIRKUNG. Sie ist eine zunächst ausschliesslich hypnotische (schlafmachende); eine Wirkung auf die Sensibilität und Reflexerregbarkeit kommt erst bei Vergiftungen zu Stande. Empfindsame Personen können Reizung des Schlundes, Kehldeckels, Kehlkopfes mit Heiserkeit, Magenschmerzen und Brechreiz bekommen. Nach toxischen Dosen beobachtet man tiefen soporösen Zustand, und der Tod tritt in Folge allmählichen Erlöschens der Blutcirculation ein. Bei chronischem Gebrauche hoher Dosen hat man aknöse, pustulöse u. a. Exantheme der Haut, chronischen Magenkatarrh, Lähmungen, allgemeine Hyperästhesie und Gedächtnissschwäche beobachtet. Diese Erscheinungen bilden sich nach Einstellung der Medication meist in kurzer Zeit zurück.

Da die meisten, zumal die gechlorten, niederen Kohlenwasserstoffe Aldehyde, Alkohole und Aether der Fettsäurenreihe, zu welcher das Chloralhydrat gehört, betäubende Wirkungen haben, dürfte auch das Chloralhydrat als solches schon — und nicht erst durch etwa abgespaltenes Chloroform — wirksam sein. Der grösste Theil des Mittels gelangt nicht zum Hirne, da er in den Geweben des Körpers ziemlich schnell in Urochloralsäure $C_8H_{11}Cl_3O_7$ umgewandelt und durch den Harn ausgeschieden wird. Ob auch derjenige kleine Bruchtheil, welcher mit dem Hirn in Berührung kommt, ebenfalls zu Urochloralsäure wird, ist fraglich. Ein Bruchtheil der eingeführten Menge ist in keiner Form wieder aufzufinden und ist vielleicht gerade derjenige Antheil, welcher das Hirn betäubte, und vielleicht wird gerade dieser kleine aber wichtigste Antheil, wie LIEBREICH es annahm, durch den Einfluss des alkalischen Blutes an der Ganglienzelle gespalten, so dass eine Einwirkung minimaler Mengen nascirenden Chloroforms stattfindet. — Die Urochloralsäure spaltet sich übrigens beim Kochen mit Säuren in Glykuronsäure und Trichloräthylalkohol $C_8H_{11}Cl_3O_7 + H_2O = C_6H_{10}O_7 + C_2H_3Cl_3O$. (Die Glykuronsäure [eine syrupöse Substanz] ist ein Zucker-, resp. Glykogen-Abkömmling, welcher sich im Organismus mit verschiedenen Arzneistoffen bei deren Durchgange paart; sie giebt alle auf Reduction beruhenden sogenannten Zuckerproben.)

Im Thierexperimente zeigt sich, dass in sehr grossen Gaben das Chloralhydrat eine ungemein tiefe Betäubung des vasomotorischen und auch des Athmungscentrums erzeugt. Der Blutdruck wird mehr und mehr erniedrigt und ist, entgegen der Norm, durch sensible Reizung nicht in die Höhe zu bringen. Schliesslich wird auch das Herz gelähmt, welches durch Einbringung sehr grosser Gaben auch eine schnelle Lähmung (mit secundärer Dyspnö und Krämpfen) erfahren kann. Die allgemeine Blutdruckerniedrigung ist vielleicht die Ursache, dass bei chloralisirten Thieren die Piqûre keine Mellituria erzeugt (auch der Glykuronsäure-Verbrauch könnte mit in Betracht kommen).

THERAPEUTISCHE ANWENDUNG. Wo nicht abnorme Sensationen die Ursache einer bestehenden Schlaflosigkeit sind, verdient Chloralhydrat als Hypnoticum den Vorzug vor Morphin, indem es, offenbar nur die Organe der psychischen Functionen betäubend, direct den Eintritt des Schlafs begünstigt. Schon der Umstand ist von grossem Werthe, dass man in der Regel mit den Dosen nicht zu steigen braucht und dass mittlere Dosen ohne Nachtheil lange Zeit hindurch ertragen werden.

Als Hypnoticum giebt man es bei Erwachsenen zu 1—2,0, *ad* 3,0 *pro dosi*! 6,0 *pro die*! (Helv. 2,0! resp. 8,0! Kinder 0,5! resp. 1,5!) in Solutionen, Pillen (Dragées), in Klystieren. In Pulverform lässt es sich nicht geben, da es aus den Papierkapseln sich verflüchtigt. Subcutane Application ist zu verwerfen, namentlich die Methode directer Einbringung in die Venen.

Als die Psyche beruhigendes Mittel hat es sich bewährt im **Aufregungsstadium des Deliriums der Alkoholiker**; man muss aber hier die Dosen etwas höher nehmen; in diesen Fällen besitzt es entschieden Vorzug gegenüber den Opiaten.

Gegen verschiedene Formen von **Asthma**, sowie gegen **Convulsionen**, welche durch einzelne Gifte, wie Strychnin, erzeugt werden, ist es ebenfalls empfohlen worden.

Das Chloral wird auch örtlich therapeutisch verwendet, als leichtes Aetzmittel bei Geschwüren der Haut und chronischen Exanthemen, in Form von Waschungen und Umschlägen in 2—5%iger Lösung oder in Salbenform; man hat auch ein reizendes Pflaster von Chloralhydrat gemischt mit Kampfer und Harz empfohlen, wo derartige Eingriffe indicirt erscheinen.

Therapie der Vergiftung. Reizmittel, Begiessungen; subcutan Strychnin.

Als dem Chloral in der Wirkung nahestehend hat man ein Nebenproduct, welches bei der Chloralbereitung gewonnen wird, verwendet, das **Butylchloralhydrat** $C_4Cl_3H_5O + H_2O$, früher Crotonchloral genannt. Eine weisse krystallinische Substanz, in Wasser bedeutend schwerer löslich. Es ist namentlich bei Neuralgien des Trigeminus empfohlen, in ähnlichen Dosen wie Chloral.

Ersatzmittel des Chlorals:

Chloralum formamidatum, Chloralamid, Additionsproduct von Chloral und Formamid ($CCl_3.CHO + CHO.NH_2 = CCl_3.CHOH.NH.CHO$), weisse Krystalle, in 20 Thln. Wasser löslich, Schmelzpunkt 114—115°; wirkt im Wesentlichen wie Chloralhydrat, ist aber in $1^1/_2$mal so grossen Dosen zu geben. *Ad* 4,0 *pro dosi*! *ad* 8,0 *pro die*!

Paraldehydum, Paraldehyd, $C_6H_{12}O_3$, polymere Modification des gewöhnlichen Aldehyds C_2H_4O, farblose Flüssigkeit von eigenthümlich süsslichem Geruche, siedet bei 124° C., erstarrt krystallinisch bei niederer Temperatur und schmilzt wieder bei 10,5° C.; spec. Gew. 0,998 bei 15° C., löst sich in 8,5 Thln. Wasser. *Ad* 4,0 *pro dosi*! *ad* 8,0 *pro die*!

Es wirkt ähnlich dem Chloral, doch setzt es den Blutdruck weniger herab; in hohen Gaben bewirkt es Lähmung der Medulla oblongata und damit der Athmung, während die Innervation des Herzens fortbesteht. Thiere können durch künstliche Athmung ins Leben zurückgerufen werden.

Beim Menschen bewirken 4,0 in Wasser gelöstes Paraldehyd festen Schlaf, ohne Puls und Athmung wesentlich zu ändern oder Kopfschmerzen zu hinterlassen.

Das Paraldehyd wird wohl kaum das Chloral in der Praxis ersetzen können, denn es hat einen unangenehmen Geschmack, die schlafmachende Wirkung tritt später ein und hält nicht so lange an, und offenbar reizt es die Magenschleimhaut mehr als das Chloral (daher der Vorschlag, das Paraldehyd in Schleim, Oel oder Emulsion eingehüllt zu geben).

Wahrscheinlich wird es theilweise durch die Lungen ungeändert ausgeschieden;

die Patienten verbreiten nach dessen Einnahme während längerer Zeit den eigenthümlich süssen Geruch.

Amylenum hydratum, Amylenhydrat $(CH_3)_2 \cdot C(C_2H_5) \cdot OH$ (Dimethylaethylcarbinol). Farblose Flüssigkeit von scharfem aber nicht unangenehmem Geruche und Geschmacke. Siedepunkt 100°, spec. Gew. 0,8, in Wasser 1:8 löslich, beliebig in Alkohol (cave zu starken Zuckerzusatz). Zu 2,0—3,0 innerlich (am besten in Kapseln oder in viel Wasser) oder im Klystier. Tadelloses Hypnoticum, 6—8 Stunden Schlaf ohne eigentlich betäubende Nebenwirkung. Paart sich im Organismus des Kaninchens mit Glykuronsäure, wird beim Menschen und Fleischfresser zum grössten Theile oxydirt. *Ad 4,0 pro dosi! ad 8,0 pro die!*

Urethanum, Urethan $CO\begin{smallmatrix}NH_2\\OC_2H_5\end{smallmatrix}$. Carbaminsäure-Aethyläther oder Urethan entsteht durch Einwirkung von NH_3 auf Kohlensäure-Aethyläther oder auf Chlorkohlensäure-Aethyläther, ferner auch durch Einleiten von Cyanchlorid in Alkohol, durch Einwirkung von Alkohol auf Harnstoff bei höherer Temperatur oder durch Vereinigung von Cyansäure mit Alkohol. Krystallinischer Körper, gut löslich in Wasser und Alkohol. Beim Menschen erzeugt es in Dosen von 1—2,0 meist Schlaf, mildert angeblich auch den Hustenreiz, vermehrt die Diurese. Gaben über 2,0 wirken oft weniger hypnotisch als die kleineren. Das Mittel wird von Patienten, da es Geruch und Geschmack nicht stört, gern genommen.

Bei Thieren entwickelt sich nach grossen Gaben ein kataleptiformer Zustand. Die Blutcirculation (Druck u. s. w.) wird gar nicht geschwächt.

Sulfonalum, Sulfonal $\begin{smallmatrix}CH_3\\CH_3\end{smallmatrix}>C<\begin{smallmatrix}SO_2 \cdot C_2H_5\\SO_2 \cdot C_2H_5\end{smallmatrix}$ krystallinisches Pulver, in Wasser fast unlöslich, Schmelzpunkt 125—126°, geschmacklos. Entsteht durch Oxydation des Reactionsproductes, welches (neben H_2O) aus Aceton $CH_3 \cdot CO \cdot CH_3 + 2$ Aethylmercaptan $HS \cdot C_2H_5$ gewonnen wird. Ein vorzügliches, angenehmes und bequemes Schlafmittel, das soweit sich bisher in der kurzen Zeit seit der Entdeckung seiner Wirkung erkennen liess, ohne besondere schädliche oder unangenehme Nebenwirkung ist, jedoch ist seine „cumulirende" (auf den nächsten Tag übergreifende) Wirkung bei Wiederholungen zu beachten. Bei allzu langem Gebrauche tritt Muskelschwäche, besonders in den Beinen auf. — *Ad 4,0 pro dosi! ad 8,0 pro die!* Wird bei Erwachsenen am besten in Pulverform zu 2—4,0 gegeben.

Chloroforminum, Chloroform $CHCl_3$.

Das Chloroform wurde fast gleichzeitig von Soubeiran (1831) und Liebig (1832) entdeckt. Seine eigentliche therapeutische Verwendung als Anästheticum am Menschen verdanken wir Simpson, welcher im Jahre 1847 seine ersten Beobachtungen darüber veröffentlichte. — Es wird auf verschiedene Weise durch Einwirkung von Chlorverbindungen auf reinen Weingeist erhalten. — Eine farblose Flüssigkeit von 1,485—1,489 spec. Gew., flüchtig, bei 61° siedend, besitzt einen eigenthümlich süsslichen Geruch. Reines Chloroform soll ohne Rückstand verdunsten, Lakmuspapier nicht röthen, und mit ihm geschütteltes Wasser soll keine Chlorreaction mit salpetersaurem Silberoxyd geben. Wird eine wässerige Jodzink-Stärkelösung mit Chloroform geschüttelt, so darf sie nicht gebläut und das Chloroform nicht gefärbt werden. Ebenso soll reine concentrirte Schwefelsäure beim Schütteln mit Chloroform keine deutliche Färbung des Gemisches der beiden farblosen Flüssigkeiten veranlassen. Es löst sich wenig (0,75%) in Wasser, leicht in Weingeist, Aether und fetten Oelen. Aeusserst wichtig ist, dass man zu Narkosen nur reines Chloroform wähle. Wegen des umsetzenden Einflusses des Lichtes sollte das Chloroform stets in dunklem Glase aufbewahrt werden.

Wirkung beim Menschen. Inhalation: Die ersten reichlicheren Dämpfe reizen die Schleimhaut der Augen, des Mundes, Rachens, erregen Husten. Bald treten in Folge von Resorption Erscheinungen auf, welche man als „Erregungsstadium" bezeichnet hat: der Puls wird frequenter, die Athmung unregelmässig, die Conjunctiva injicirt, die Gesichtshaut röthet sich, und diese Röthung kann sich in Form von Flecken auch auf Hals, Brust und weiter ausdehnen; es kommen die Symptome der beginnenden Narkose, leichte Delirien, welche sich als heitere fröhliche Stimmung oder als ängstliche Vorstellung mit abwehrenden Bewegungen äussern. Dieses „Erregungsstadium" ist in Bezug auf Dauer und Symptome sehr ungleich: bei Kindern ist es meistens sehr kurz; bei weiblichen Erwachsenen äussert es sich sehr verschiedenartig, je nach der Individualität und der Gemüthsstimmung; bei Männern lässt der Eintritt der ersten Erscheinungen häufig lange auf sich warten (10 Minuten), namentlich bei solchen, die dem Alkoholgenuss ergeben sind; dann äussern sich die Symptome häufig tumultuarisch, so dass eine Art tobsüchtiger Erregung sich einstellt. Allmählich wird die Narkose intensiver; es sinkt die Frequenz des Pulses auf 80, 60 und noch tiefer, er wird zuerst voller, die Athemzüge werden regelmässig, seltener, tiefer; die vorher gerötheten Hautstellen blassen ab, die Schmerzempfindlichkeit verschwindet, die Reflexe fangen an zu erlöschen, die gesammte willkürliche Musculatur erschlafft; es stellt sich vollständige Bewusstlosigkeit ein. In diesem Zustande kann der Mensch durch vorsichtig fortgesetzte Chloroformirung mehrere Stunden erhalten werden. Im Beginne der Narkose, sowie bei ihrem Verklingen tritt zuweilen Erbrechen auf. Begünstigend für den Eintritt sowohl als auch für die Dauer der Narkose wirkt eine vorher applicirte subcutane Injection eines Morphinsalzes (10—15 Mgr.). Geht die Chloroform-Intoxication zu weit, so wird meist die Haut schnell auffallend blass, bedeckt sich oft mit kaltem Schweiss, zeigt Symptome der Cyanose; der Puls elend, von wechselnder Frequenz; noch einige schnappende Athemzüge treten auf, oder unvermittelt plötzlich hört die Athmung auf — und der Tod droht: in diesem kritischen Momente kommt es vor allem darauf an, die Blutcirculation und die Respirationsbewegungen wieder anzuregen, was oft dadurch gelingt, dass man in regelmässigen kurzen Intervallen den Unterleib gegen das Zwerchfell presst, ferner durch Reiben der Haut der Brust und des Gesichtes mit einem kaltfeuchten Tuche oder Peitschen der zugänglichen Hautpartien mit einem solchen u. s. w., eventuell gelingt es durch Anwendung künstlicher Athmung. Der Erfolg zeigt sich in Röthung der Haut des Gesichtes und der Brust und sich wieder einstellenden Athemzügen und Fühlbarwerden des Pulses. Ferner können Erstickungsfälle auch indirect durch Chloroform dadurch entstehen, dass die Zunge des Narkotisirten mit der Zungenwurzel nach hinten fällt und den Luftzutritt versperrt oder dass Erbrochenes in Folge der Anästhesie in den Larynx geräth, was verhütet werden muss. Auch ist stets bei Unfällen für frische Luft im Zimmer durch Oeffnen der Fenster zu sorgen.

Der (ohne Zwischenfall) Chloroformirte erwacht gewöhnlich bald aus seinem Zustande mit vollständiger Amnesie des Vorgefallenen. Ein sehr häufig sich einstellender Folgezustand ist ein mehr oder weniger lang dauernder Brechreiz.

Von Cautelen bei vorzunehmenden tieferen Narkosen ist namentlich hervorzuheben: dass man — zur Vermeidung des Erbrechens — dem Patienten mehrere Stunden vor der Narkose keine feste Nahrung verabfolgen lässt; dass während der Narkose alle beengenden Kleidungsstücke um Hals und Brust entfernt werden; dass Masken und Apparate angewendet werden, welche nur geringe Befeuchtung mit Chloroform verlangen; dass neben den Chloroformdämpfen auch Raum zur Einathmung atmosphärischer Luft gelassen wird und dass derjenige, welcher die Narkose leitet, n u r dieser seine Aufmerksamkeit zuwendet, und stets Athmung und Puls scharf im Auge behält.

G e f ä h r l i c h ist das Chloroformiren bei acuten und chronischen Affectionen des Herzens und der Lunge, bei hochgradig blutarmen Individuen und bei vorgerücktem senilen Zustande. — Potatoren bedürfen zur Narkose gewöhnlich grösserer Mengen von Chloroform. Ebenso beobachtet man, dass bei Kindern innerhalb der ersten Lebensmonate verhältnissmässig viel Chloroform und Zeit verbraucht werden muss, bis eine tiefe Narkose sich einstellt. Es rührt dies wohl daher, dass diese einerseits ein geringes Athmungsbedürfniss haben, andererseits der Athem bei ihnen theils reflectorisch, theils instinctiv angehalten wird.

Das Chloroform, welches vom Blute der Lungencapillaren aufgenommen worden ist, verlässt es wegen seiner Flüchtigkeit theils bald wieder durch Verdunstung aus der Lungenoberfläche, theils wird es im Harne, und zwar einerseits in Spuren unverändert, andererseits in Form einer noch nicht ganz sicher erkannten organischen chlorhaltigen Verbindung (vermuthlich mit Glykuronsäure gepaart [s. bei Chloral]) ausgeschieden, wobei diese dem Urin reducirende Eigenschaften verleiht (Zucker vortäuschend); zu einem Theile wird das Chloroform zersetzt und zu Wasser und Chloriden oxydirt.

Zuweilen beobachtet man, zumal nach länger dauernden Chloroform-Narkosen, trotz völliger Wiederherstellung des Bewusstseins, einen tödtlichen Ausgang innerhalb eines oder weniger Tage. Die Erklärung für diese „Nachwirkung" dürfte die in solchen Fällen aufgefundene fettige Degeneration des Herzmuskels, der Nierenepithelien u. s. w.

(vielleicht auch nachträgliche intravitale Blutgerinnung?) abzugeben haben.

Durch häufig wiederholte und lange Zeit fortgesetzte Inhalationen dieses Mittels kann ein chronischer toxischer Zustand entstehen, welcher sich durch Functionsstörungen des Grosshirns, namentlich Schwächezustände, kennzeichnet.

Unmittelbar — ausserhalb des Körpers — dem Blute zugesetzt zerstört Chl. die rothen Blutkörperchen, während es mit dem Blutfarbstoff eine chemische Verbindung eingeht; im lebenden Chloroformirten ist Derartiges nicht zu constatiren, — wohl aber deutet das Auftreten von Gallenfarbstoff im Urin (besonders bei Hunden) und Icterus auf eine schwerere Schädigung der Erythrocyten (was Ursache zu Thrombosirungen unter Umständen werden könnte).

Aus Thierversuchen: Die betäubende Wirkung ist eine directe (s. S. 23). Ferner: Wenn am Frosche die obere Hälfte des Rückenmarks für Blut und Chloroform zugänglich ist, die untere Hälfte vor der Vergiftung geschützt bleibt, so erhält man in der ersten Zeit auf Reizung der Haut des Hinterbeins Bewegungen der Arme, aber auf Reizung der Armhaut treten keine Bewegungen der hinteren Extremitäten auf: es ist also im Hals- und Brustmarke die motorische Bahn noch wegsam, die sensible bereits verlegt, gelähmt. Am Säugethiere lässt sich durch vorsichtige Chloroformirung der Blutdruck in Folge Beseitigung des Gefässtonus allmählich bis zu Null herunterbringen, ohne dass die Athmung erlischt. Beim Aethyläther dagegen erlischt die Athmung früher. Beim Chloroform wird der Gefässtonus erst bedeutend geschwächt, nachdem Betäubung des Grosshirns, Verminderung der Reflexe besteht, Amylnitrit und Nitroglycerin lassen diese vasomotorische Wirkung **vor** der Betäubung schon erscheinen.

Wenn bei Chloroform oder sonst in Folge allgemeiner **Gefässerweiterung** der Blutdruck **tief** sinkt, so verblutet sich das Thier in sein Venensystem hinein. Die Arterien werden **leer**, also **eng**, in Folge allgemeiner **Erweiterung**.

Die vasomotorischen Centren sind in schwerer Chloroform-Narkose wie bei Chloralhydrat reflectorisch unerregbar.

Je **allmählicher** die Thiere mehr und mehr chloroformirt werden, desto gewisser sieht man — wenn auch allmählich ebenfalls erlahmend — Herzschlag und, wie erwähnt, Athmung fortbestehen, während der Blutdruck auf ein Minimum sinkt; je massiger der Einathmungsluft Chloroformdämpfe beigemengt werden, um so leichter kommt es zu schneller Herzlähmung — mit Dyspnö und eventuell Krämpfen. Im **ersteren** Falle wirkt künstliche Athmung (chloroformfreier Luft) selbst noch in **extremis** sicher lebensrettend, indem es aus den Alveolen und so indirect aus dem Lungenblute das Chloroform herausschafft.

Zu (therapeutischer) Einbringung in den Magen, in das Rectum oder subcutan, eignet sich das Chloroform wegen seiner reizenden Eigenschaften nicht.

Bei interner Vergiftung kann es zum Absterben der Magenschleimhaut, zu localen, ausgedehnten Thrombosen, Blutungen u. s. w. kommen. Hierbei ist zu beachten, dass wegen dieser localen Circulationsstörungen die Resorption sehr verzögert werden kann, und es kann die betäubende Wirkung selbst grösserer Mengen um so eher geringfügig bleiben, als hier nur ein Bruchtheil des Gesammtblutes mit dem Gifte in Berührung tritt, während in der Lunge ein capillarer Gesammtquerschnitt des Blutes dem Chloroform zugänglich wird.

Es kann als symptomatisches Heilmittel auf dem Wege der Inhalation in refracta dosi verwendet werden: gegen Keuchhusten, hartnäckigen Hustenreiz, asthmatische Anfälle und gegen convulsivische (z. B. toxische) Zustände, bei übergrosser Reflexreizbarkeit, auch als palliatives Mittel bei heftigen Neuralgien.

Ueber die Dosen lässt sich begreiflicherweise bei einer so flüchtigen Substanz, und da sie nur auf dem Wege der Inhalation verwendet wird, nichts Bestimmtes sagen. Man braucht, je nachdem, 5—50,0 für eine vollständige Narkose.

Oertlich bewirkt das Chloroform zunächt eine weissliche Entfärbung der Epidermis mit darauffolgenden Reizerscheinungen, wie Gefühl von Wärme und Brennen mit bald eintretender Hyperämie und Entzündung. Dass die Erleichterung mancher schmerzhafter Affectionen tieferer Theile, welche nach Application von Chloroform auf die bedeckende Haut manchmal aufzutreten scheint, eine andere sei als bei den „Derivantien" (siehe Rubefacientia), ist wohl sicher zu verneinen. — Das Chloroform löst sich, wie bemerkt, wenn auch wenig, doch etwas — circa 0,75°/₀ — in Wasser; Wasser mit Chloroform (durch Schütteln) gesättigt („aqua chloroformata") ist ziemlich stark antiseptisch (aber nicht ein allgemein anwendbares Desinficiens) und wird deshalb als Constituens für subcutane Injectionen, auch zu Magenausspülungen (āā mit Wasser) empfohlen. Gegenüber Typhus- und Cholera-Bakterien ist Chloroform ein sehr wirksames Desinficiens — z. B. in der Wäsche, im Trinkwasser — und hat vor andern Mitteln hier einen Vorzug, insofern es durch Verflüchtigung hinterher leicht und völlig entfernt werden kann.

Man wendet örtlich das Chloroform an, indem man Watte, Flanell u. dgl. mit ihm befeuchtet auflegt oder es zu Einreibungen benutzt, gemischt mit Weingeist, fetten Oelen, Terpentinöl in Mischungen von 5—10°/₀.

Bevor das Chloroform als anästhesirendes Mittel in Anwendung kam, bediente man sich des Aethers. Er wurde als für diesen Zweck geeignet zuerst von Jackson und Morton in Boston im Jahre 1846 in die Praxis eingeführt. Bald darauf kam die Entdeckung Simpsons und verdrängte den Aether, weil letzterer grössere Quantitäten erforderte und die Anästhesie langsamer eintrat und schneller verging; dabei zeigte sich das Aufregungsstadium beim Chloroform kürzer und das Einathmen für den

Patienten angenehmer. In neuerer Zeit gewinnt der Aether wieder mehr Anerkennung, zumal auch in Mischung mit Chloroform.

Von England aus, namentlich durch Richardson, wurde statt des Chloroforms das Methylenchlorid CH_2Cl_2 zur anästhesierenden Inhalation empfohlen. Diese Substanz ist flüchtiger und viel theurer als Chloroform; es soll gewisse Vorzüge gegenüber dem Chloroform besitzen, so namentlich weniger reizend wirken und auch die nachträglichen Erscheinungen vom Magen her, wie Erbrechen, sollen viel seltener eintreten. Tödtliche Wirkungen lassen sich bei keiner dieser Substanzen vermeiden; bei grosser Vorsicht kann in dieser Beziehung zur Verhütung (s. oben) Vieles geschehen, aber absolute Sicherheit hat man nie.

Aus der grossen Zahl der im Laufe der Jahre empfohlenen Anästhetica mögen hier noch genannt werden:

1) Das Acetyltrichlorid s. Methylchloroform CH_3CCl_3.
2) Das Monochloräthylenchlorid $CH_2Cl.CHCl_2$, welche beide in schwächeren Dosen als Chloroform zur Wirkung gelangen und keine üblen secundären Folgen äussern sollen. — Ebenso Aethylidenchlorid $CH_3.CHCl_2$.
3) Aether bromatus, Aethylbromid (officinell) C_2H_5Br, in England und Amerika unter der Bezeichnung „hydrobromic ether" bekannt. Dieses Anästheticum, welches in absolut reinem Zustande Vorzüge vor Aether und Chloroform zu besitzen scheint, wurde früher vielfach in ungenügend gereinigtem Zustande, d. h. vermengt mit giftig wirkenden Bromirungsproducten und Kohlenwasserstoffen angewendet und war eine Zeit lang wegen schwerer unglücklicher Zufälle fast gänzlich verlassen. Immerhin dürfte einem tadellosen Präparate eine Zukunft gesichert sein; es scheint oft schon vor Eintritt der Bewusstlosigkeit eine Analgesie zu erzeugen.

Nitrogenium oxydulatum, Stickstoffoxydul N_2O.

Es ist ein farbloses Gas von süsslichem Geschmack, condensirbar.

Athmet man reines, d. h. unvermischtes N_2O ein, so bemerkt man Benommenheit und starkes Trommeln vor den Ohren, dann folgt ein angenehmer Rausch; sehr bald tritt Bewusstlosigkeit ein, während die Versuchsperson für den Beobachter das Bild der Erstickung bietet: Cyanose u. s. w. Wird die Narkose unterbrochen, so geht die Erholung rasch vor sich und ohne Zurücklassung von Nachempfindungen.

Wird N_2O gemischt mit O (4 Vol. N_2O und 1 Vol. O) (aus einem geeigneten Apparate eingeathmet, so zeigt sich ebenfalls der rauschartige Zustand, dem sich ein angenehmes Wärmegefühl im ganzen Körper anschliesst; eine rieselnde Empfindung durchzieht namentlich die Extremitäten, der ein Gefühl von ausserordentlicher Leichtigkeit der Glieder nachfolgt. Die Bewegungen werden maasslos, die Haltung des Körpers schwankend. Die Empfindlichkeit wird herabgesetzt, und zwar nach der Richtung der Analgesie, weniger nach der der Anästhesie. Das Bewusstsein erhält sich theilweise, der Ideengang wird schwunghaft, bilderreich. Fast bei Jedem, der das Gas einathmet, zeigen sich Aeusserungen von Heiterkeit. Die Erscheinungen von Dyspnö stellen sich nur ein, wenn kein genügender Vorrath von O mehr vorhanden ist.

Mit Luft gemischt (Lachgas) eingeathmet, erzeugt das N_2O nur einen meist fröhlichen Rausch ohne Analgesie. Dagegen ist auch durch dieses Gemisch völlige und zwar ungefährliche Narkose zu erreichen, wenn die Einathmung in einem Raume vorgenommen wird, in welchem der Luftdruck gesteigert ist, und zwar um 14—18 Cm. Hg. Die Narkose kann beliebig lange fortgesetzt werden und unangenehme Nachempfindungen fehlen. Dazu bedarf es eines eigens construirten eisernen Cabinets.

Das Stickoxydul wird vom Blute gelöst, erleidet in ihm, soviel bekannt, keine Zersetzung und wird ziemlich schnell zunächst durch die Lungen, vielleicht aber auch auf anderen Wegen wieder ausgeschieden.

THERAPEUTISCHE ANWENDUNG. Das Einathmen des unvermischten Gases, um Analgesie hervorzubringen, wird fast ausschliesslich nur in der Zahnheilkunde angewendet, um während der kurzen Zeit der Zahnextraction Unempfindlichkeit zu bewirken. Gefahrlos ist dies nicht. Gewöhnlich lässt man das Gas aus einem Gasometer mit passendem Mundstücke einathmen. Zu einer 2—3 Minuten dauernden Narkose ist je nach Umständen ein Quantum von 3—15 Liter erforderlich. Sobald sich Cyanose einstellt, muss mit dem Einathmen ausgesetzt werden. Jedenfalls ist die Anwendung der Mischung von N_2O mit O (oder mit Luft in comprimirtem Raume) empfehlenswerth. Erstere Methode wird neuerdings vielfach in der Geburtshilfe verwerthet.

Von einzelnen Beobachtern ist ein Gemenge von z. B. 19 Liter N_2O, $8/4$ Liter Luft und den Dämpfen von 9,0 Chloroform als sicher wirkend empfohlen worden. Auch die Mischung von N_2O mit Aether oder Aethylenchlorid hat man als angeblich sicher wirkendes Anästheticum in Anwendung gezogen.

Diese Einathmungen in ihren verschiedenen Gemengen sind ebenfalls mit Erfolg versucht worden gegen Asthma, Dyspnö, Stenokardie, Schlaflosigkeit.

Einzelne Beobachter wollen auch Erfolg gesehen haben (?), wenn anstatt der Einathmungen Wasser, mit N_2O gesättigt, getrunken wurde, und zwar als palliatives Mittel bei den genannten krankhaften Zuständen. Dabei soll ein solches Getränk stark diuretisch wirken.

Kalium bromatum, Bromkalium KBr.

Krystallisirt in Würfeln, ist farblos, lichtbeständig, ohne auffallenden Geruch, von scharfem salzigen Geschmack, in Wasser leicht löslich.

PHYSIOLOGISCH-TOXISCHE WIRKUNGEN. In Dosen von 1—2,0 täglich bewirkt es keine auffallenden Erscheinungen.

Grosse Dosen, z. B. 15,0 innerhalb 12 Stunden genommen, ergeben beim Menschen: Vergrösserung der Empfindungskreise der Haut (Abnahme des Raumsinnes der Haut), Neigung zur Ruhe, vermehrte Speichelabsonderung; bei noch grösseren Gaben: Gefühl von Schwindel, Kopfschmerz, Stupor, ataxieähnliche Zustände; die Reflexbewegungen allgemein abgeschwächt, Abnahme der Puls- und Respirationsfrequenz und der Temperatur. Diese Symptome, durch grosse Dosen mehr oder weniger acut erzeugt, schwinden bald nachdem das Mittel ausgesetzt worden ist.

Es giebt aber einen hartnäckigeren, chronischen Zustand von Bromismus, welcher durch längere Zeit genommene mittelgrosse Gaben (2—4,0 täglich) hervorgebracht werden kann: akneartige Exantheme auf der Haut (man hat dieses auf Verunreinigung des Präparates, namentlich durch Jodkalium[?] bezogen), Abnahme des Ernährungsstandes, motorische Schwäche, Zittern, verminderte Reflexreizbarkeit, Herabsetzung der psychischen Functionen.

Bromnatrium hat eine ähnliche Wirkung. Im Thierexperimente vermindern Bromnatrium und Bromkalium die Reflexerregbarkeit schon in Dosen, in denen die Chloride noch wirkungslos sind. Es ist strittig, ob hierbei die Bromsalze als solche wirken, was wohl das Wahrscheinlichere ist), oder ob aus ihnen die Bromwasserstoffsäure abgespalten und aus dieser wieder durch Zersetzung Brom frei gemacht wird (s. Jod). Die Pulswirkung und wohl noch manche andere Erscheinung der acuten Bromkalium-Intoxication hängt vom Kalium, nicht vom Brom ab (s. Kaliumsalze).

Man hat das Bromkalium angewendet bei Epilepsie. Jedenfalls ist es ein Palliativmittel, um die Heftigkeit des Paroxysmus und die Zahl der Anfälle zu vermindern. Je nach dem individuellen Falle giebt man es in hohen Dosen kurz vor dem muthmaasslich bald eintretenden Anfalle oder in refracta dosi längere Zeit hindurch. Ferner bei Chorea mit wechselndem Erfolge; ferner als sedatives Mittel bei habitueller Schlaflosigkeit. Als palliatives Mittel bei Neuralgien verschiedener Art. — Bei Neurosen, deren Sitz und Ausgangspunkt in die Genitalapparate beiderlei Geschlechts verlegt wird, hat man es auch mit Erfolg angewendet. So auch beim Erbrechen Schwangerer, wo es manchmal überraschend gute Dienste leistet.

Dosen. Das Bromkalium wird gewöhnlich vom Magen gut ertragen; man kann bei Erwachsenen 1—10,0 in 24 Stunden geben, in Solution oder Pulverform. Man rechnet gewöhnlich als *dos. max. sing.* bei Erwachsenen 4,0, *dos. max. pro die* 10,0.

Natrium bromatum NaBr. Weisses krystallinisches Pulver, in 1,8 Thl. Wassers löslich: Dos. 1—10,0 *pro die*. Da bei dem Gebrauche der Bromalkalimetalle die sedative Wirkung hauptsächlich dem Brom zugeschrieben wird, so giebt man dem Natriumsalz den Vorzug, um die Nebenwirkungen des Kalium zu vermeiden, und in der That hat die Erfahrung gezeigt, dass das Bromnatrium besser ertragen wird und auch ohne Beeinträchtigung der Wirkung längere Zeit fortgenommen werden kann, ehe unangenehme Wirkungen auftreten.

Ammonium bromatum NH$_4$Br. Weisses krystallinisches Pulver, in Wasser und Weingeist leicht löslich. Dos. 1—5,0 *pro die*.

Die Belladonnagruppe.

Aus der Familie der Solaneae sind als ähnlich wirkende neben Atropa Belladonna noch Hyoscyamus niger, Datura Stramonium und Duboisia myoporoides zu nennen. Aus der Wurzel der ersteren ist 1831 von Mein das Alkaloid Atropin, 1833 dasselbe von Geiger und Hesse aus den übrigen Theilen der Pflanze dargestellt worden. Neben ihm kommt in der Belladonna noch ein anderes, ihm isomeres Alkaloid in geringerer Menge vor, das zuerst im Hyoscyamus niger gefunden wurde und deshalb Hyoscyamin heisst. Hyoscyamin und Atropin sind auch in der Datura Stramonium das Wirksame.

Atropin sowohl als Hyoscyamin zerfallen unter H_2O-Aufnahme, wenn Barytwasser oder concentrirte HCl auf sie in der Hitze einwirken, in ein neues unwirksames Alkaloid Tropin und in Tropasäure: $NC_{17}H_{23}O_3 + H_2O = NC_8H_{15}O + C_6H_5CH\begin{smallmatrix}CH_2OH\\COOH\end{smallmatrix}$. Tropasäure ist, wie die Formel aussagt, Phenylhydracrylsäure. Tropin ist wohl

$C_5H_8\begin{smallmatrix}-CH.OH\\ \\-CH_2\end{smallmatrix}$ (die Stellung der beiden Seitenketten ist noch unbekannt). Tropin

stellt demnach ein Piperidinderivat dar (Piperidin ist hydrirtes, d. h. mit Wasserstoff überladenes Pyridin [s. S. 25]). Aus Tropin und Tropasäure entsteht beim gelinden Erwärmen in sehr verdünnter Salzsäure — unter H_2O-Abgabe (seitens der COOH-Gruppe der Säure und der OH-Gruppe des Tropins) und ätherartigem Anschluss — wieder Atropin, so dass man Hyoscyamin in Atropin, nicht aber umgekehrt dieses in jenes überführen kann. Nimmt man hierbei statt der Tropasäure die Mandelsäure (Phenylglycolsäure $C_6H_5.CH\begin{smallmatrix}OH\\COOH\end{smallmatrix}$), so entsteht das in der Natur, so viel bekannt, nicht vorkommende Homatropin, welches dem Atropin ähnlich, aber flüchtiger wirkt. Im Hyoscyamus findet sich ausser dem Hyoscyamin auch noch ein ihm ebenfalls isomeres Alkaloid Hyoscin, welches sich analog in Tropasäure und ein dem Tropin isomeres (nicht identisches) unwirksames Alkaloid Pseudotropin spalten lässt.

ALLGEMEINES ÜBER DIE PHYSIOLOGISCHE WIRKUNG. Die Pflanzenfresser sind gegen diese Gifte sehr widerstandsfähig. Blattläuse, Raupen und Schnecken gedeihen auf diesen Pflanzen und können ebenso wie pflanzenfressende Säugethiere, die mit Belladonnablättern u. s. w. gefüttert sind, für den Fleischfresser und Omnivoren, der sie verzehrt, giftig werden.

Auf den Menschen wirken alle genannten (und verwandten, aus andern aromatischen Säureradicalen und Tropin künstlich gebildeten) Alkaloïde (sogenannte „Tropeïne") einerseits narkotisch auf das Hirn: das Hyoscin mehr schlafmachend, — das Atropin dagegen, und fast ebenso sehr das Hyoscyamin, zunächst mehr Verwirrung und Delirien erzeugend, erst später comatösen Zustand bewirkend. Sodann besitzen alle eine Einwirkung auf 1) die Vagusendigungen im Herzen (Hemmungsapparate des Herzens) und ebenso auf die hemmende Splanchnicus-Peripherie; 2) die Endigungen der cerebrospinalen secretorischen Nerven; 3) auf die Endigungen des Oculomotorius im Sphincter iridis und

Ciliarmuskel, sowie anderer ebenfalls in glatten Muskeln sich ausbreitenden Cerebrospinalnerven.

Bei ihrem Einmarsche in die unter 1)—3) genannten Elementarapparate erregen mehr oder weniger diese Gifte sie schnell vorübergehend. Am flüchtigsten und nur nach kleinen Gaben und bei einiger Aufmerksamkeit des Beobachters deutlich ist diese erregende Wirkung am Atropin, — etwas länger und deutlicher beim Homatropin, — am deutlichsten und länger dauernd beim Hyosciu. So haben z. B. Katzen nach Einträuflung von Atropin ins Auge Speichelfluss; es zeigt sich beim Menschen im Beginne einer Atropinvergiftung Pulsverlangsamung, die aber bei Homatropin und Hyoscin andauernder, bei Atropin sehr bald ins Gegentheil umschlägt. Denn in einigermassen grösseren Gaben (s. Seite 27) lähmt Atropin und ebenso Homatropin und Hyoscin die genannten Apparate, und die betreffenden physiologischen Functionen sind dann erloschen: die Herzhemmung ist vorüber (enorme Pulsbeschleunigung), die Secretionen versiegen (Trockenheit der Haut, des Mundes, des Schlundes, Unmöglichkeit zu schlucken u. s. w.), Accommodation für die Nähe ist unmöglich, die Pupille erweitert (wegen Lähmung der äussersten Oculomotorius-Peripherie) u. s. w. Diese Lähmung ist nicht sofort eine absolute: im Anfange können sehr starke Reize (elektrische, Pilocarpin, Physostigmin) die Function noch hervorrufen (s. S. 27) — später — bei grösseren Gaben ist auch dieses erfolglos. Athmungsbedürfniss und Blutdruck werden (und zwar letzterer nicht bloss mittels der Beschleunigung des Herzschlages in Folge Vaguslähmung) von den Tropeïnen gesteigert.

Folia Belladonnae, Tollkirschenblätter.

Blätter von Atropa Belladonna L. (Solanee) Tollkirsche, Tollkraut, im 16. Jahrhundert als Solatrum furiale und Solatrum mortale bekannt.

Sämmtliche Theile der Pflanze enthalten Atropin; der Gehalt variirt nach der Jahreszeit: im Juli ist die Pflanze am reichsten an Atropin; die Wurzel enthält dann bis zu 0.6 %; junge holzarme Wurzeln sind giftiger als alte holzige; getrocknete unreife Früchte 0,9 %, getrocknete Blätter 0,9 % Atropin.

Atropin $C_{17}H_{23}NO_3$, krystallisirbar, etwas flüchtig, von bitterem, unangenehmem Geschmacke, löslich in 200 Thl. kaltem und 50 Thl. warmem Wasser, in 20 Thl. Aether und in $1^1/_2$ Thl. Alkohol. Es bildet mit Säuren krystallisirbare Salze, welche in Wasser sehr leicht löslich sind.

Physiologisch-toxische Wirkungen des Atropins. Atropin wird leicht resorbirt. Es erzeugt: Trockenheit des Mundes und Schlundes, Schlingbeschwerden, Schwierigkeit zu sprechen und Aphonie (wegen des Austrocknens der Stimmbänder). Trockenheit und erythemartige Röthung der Haut; Sehstörungen: Amblyopie, Pupillenerweiterung, Accommodationslähmung; zuerst Pulsverlangsamung (bis zu etwa 40 in der

Minute), dann bald enorme Pulsbeschleunigung (bis zu 150 in der Minute); Gefühl von Spannung im Kopfe, sich steigernd zu Schmerz, Schwindel, Gesichtshallucinationen, Delirien, heitere, ängstliche, mit motorischem Drange, oft Tobsucht; dabei der Gang unsicher, Sensibilität im Allgemeinen abgeschwächt. Der Puls zeigt sich anfangs stärker gespannt als normal, die Athmung beschleunigt. Damit können sich verbinden: Brechreiz, Meteorismus, Dysurie, zuweilen Convulsionen, welche wie bei Hundswuth im Anschluss an den Versuch, etwas zu schlucken, auftreten: das Schlingen wird unmöglich.

Schliesslich entwickelt sich unter Kleinerwerden des Pulses, Bleichwerden der Haut ein comatöser Zustand, der binnen 24 Stunden tödtlich enden kann (Dosen von etwa 0,1 und darüber), meistens aber ziemlich schnell heilt. (Ausscheidung des grössten Theils des Giftes durch den — giftigen — Harn binnen 24 Stunden.) Nur im Auge, im Herzvagus und in den secretorischen Nerven scheint das Atropin lange zu haften, da die Störung am Auge, die Pulsbeschleunigung und die Trockenheit noch selbst über eine Woche vorhanden bleiben. Die Sectionsresultate nach Atropinvergiftung haben ausser venöser Hyperämie der innern Theile und etwas erweiterten Pupillen nichts Bemerkenswerthes ergeben. Das Atropin kann nach Vergiftungen im Harne nachgewiesen werden.

Wird ein Tropfen einer $1^0/_{00}-1^0/_0$ igen Lösung von Atropin in den Conjunctivalsack gebracht, so erfolgt nach 40—10 Minuten eine Erweiterung der Pupille nur in diesem Auge.

Bei noch wesentlich schwächeren Lösungen tritt nur diese Mydriasis auf, — sonst schliesst sich nach einiger Zeit (5—20 Minuten später) auch eine Accommodationslähmung an (Unfähigkeit das Auge für die Nähe einzustellen, passive Einstellung für den Fernpunkt) — und auch dieses nur auf dem behandelten Auge. (Das andere Auge zeigt in Folge des vermehrten Lichteinfalls, welchen das atropinisirte Auge erfährt, reflectorisch eine Verengerung der Pupille.) Die Accommodationslähmung und die Pupillenerweiterung schwinden am atropinisirten Auge nach einem bis mehreren Tagen. Der intraoculare Druck, der im Thierexperimente zunächst durch Atropin sich verringert zeigt, steigt sehr bald über die Norm in Folge der Reffung der Iris durch das Atropin. Jede Mydriasis als solche führt zu Steigerung, jede Myosis (Pupillenverengerung) als solche zu Verminderung des Drucks. Dabei kann das Mittel für sich den entgegengesetzten Einfluss auf den intraocularen Druck ausüben, — wie z. B. Atropin als solches den Druck vermindert; Cocaïn erniedrigt als solches den Druck so enorm, dass die gleichzeitig bestehende Mydriasis mit ihrem drucksteigernden Einflusse dagegen gar nicht aufkommt. Beim Atropin dagegen überwiegt die steigernde Wirkung der Mydriasis, — was praktisch wichtig ist, da deshalb Atropineinträuflungen bei pathologisch gesteigertem Drucke, bei Neigung zu Glaukomanfällen (in welchen der intraoculare Druck sich eben erhöht) zu vermeiden sind.

THIERVERSUCHE UND THEORIE DER ATROPINWIRKUNG. Dem oben (Seite 58) Gesagten ist noch Einiges hinzuzufügen. Die Centralapparate des mechanischen animalen Lebens, das Athmungscentrum, das vasomotorische Centrum zeigen nach aussen gesteigerte Leistungen, ebenso wie das Herz: Ein morphinbetäubtes Thier, dessen Blut nur 50°/o des normalen O-Gehaltes hat, nimmt normale Arterialisation an, wenn Atropin gereicht wird; auch am bereits vom Vagustonus (durch Vagotomie) befreiten Thiere sieht man nach Atropin eine **weitere Steigerung des Blutdrucks**: da wir vom respiratorischen und vasomotorischen Centrum den Fortfall von Hemmungen nicht wie für das Herz nachweisen können, so sagen wir: Atropin „erregt" jene Centren. Die Delirien, die Jactation dagegen als Folge von directer „Erregung" der den psychischen Functionen dienenden Ganglienzellen zu bezeichnen, ist willkürlich; hier genügen die gesicherten Thatsachen der Psychologie, um zu sagen: Atropin lähmt die hemmenden und ordnenden Einflüsse und betäubt direct und von vornherein die der Seele dienenden Ganglienzellen.

Grössere Dosen lähmen nicht nur die Endigungen des Vagus (wo dann faradische Reizung des peripherischen Vagusstumpfes keine Pulsverlangsamung oder Herzstillstand giebt), sondern beseitigen auch die Splanchnicushemmung, in Folge wovon verstärkte Peristaltik auftritt; daher denn auch Atropin dort stuhlbefördernd wirken kann, wo bei einem Patienten etwa abnorm starke Hemmung der Peristaltik vorliegt. Ebenso werden (nach ev. kurzer Erregung [s. oben]) durch Atropin die Endigungen des secretorischen Nerven gelähmt. Reizung des peripherischen Endes der Chorda tympani, die am normalen Thiere eine starke Speichelsecretion erzeugte, wird sofort unwirksam, wenn wir dem Thiere Atropin beigebracht haben. Dass es die Chorda-Endigungen und nicht etwa die Drüsenzellen sind, welche vom Atropin gelitten haben, geht aus Folgendem hervor: wenn man den Sympathicus reizt, **secernirt die Drüse wieder.** Ebenso wie die Speichelnerven, werden auch die der Schweiss- und Schleimsecretion vorstehenden Nerven gelähmt, was die Erscheinungen der Trockenheit von Mund, Schlund und Haut, die Schlingbeschwerden und Stimmlosigkeit erklärt. Die Unfähigkeit zu schlingen wird auch durch Lähmung der zu den **glatten** Muskeln des Oesophagus gehenden Nervenfasern mitbedingt. **Glatte** Muskeln sind es auch, die im Auge eine (indirecte) Lähmung erfahren. Bei den Vögeln, deren Sphincter iridis **quergestreifte** Fasern enthält, fehlt die Mydriasis. Nach Einträuflung von Atropinlösung auf ein Säugethierauge tritt bei faradischer Reizung des Oculomotorius k e i n e Contraction des Sphincters oder des Ciliarmuskels auf; die Muskeln selbst aber sind normal reizbar: es sind die Nervenendigungen gelähmt. Das Gift durch die Cornea diffundirt — nach einiger Zeit im Humor aqueus nachweisbar — hat also unmittelbar die Endigungen erreicht und gelähmt. Aber doch ist mehr geschehen, als dass nur der Oculomotorius depossedirt wäre. Wenn wir den Oculomotorius durchschneiden, erweitert sich eine Pupille auch, aber wenn wir dann Atropin einbringen, nimmt die Mydriasis n o c h m e h r zu. Manche glaubten in Folge dessen nicht bloss Oculomotorius-Lähmung, sondern nebenbei noch Dilatator-(Sympathicus-)Reizung statuiren zu sollen. Das ist aber nicht richtig: wenn man bei einem Thiere durch Atropin an einem Auge maximale Mydriasis erzeugt hat und dann den Halssympathicus derselben Seite durchschneidet — wonach die Mydriasis ein klein wenig abnimmt, weil der Sympathicustonus fortfällt —, so sieht man, dass zwar faradische Reizung des Sympathicus den Dilatator noch erregen, die Pupille noch mehr erweitern kann, mit anderen Worten: dass die Sympathicusenden und der Dilatator für eine stärkere Erregung noch zu haben sind; aber Atropin kann man so viel man will weiter einträufeln, o h n e dass diese stärkere Erregung eintritt; die Pupille wird nicht weiter: hieraus folgt, dass Atropin die Sympathicusenden und den Dilatator zu erregen nicht im Stande ist. Da aber das Atropin, wie wir sahen, nach Oculomotorius-Durchschneidung die Pupille noch mehr erweitert, so muss schlechterdings entweder ein activ erweiternder Einfluss (Dilatator) zu-, oder ein verengernder Einfluss abgenommen haben. Dass ersteres nicht statthatt, bewiesen wir soeben. Also muss der Sphincter, der Verengerer, vorher trotz Oculomotorius - Durchschneidung noch einen „Tonus" gehabt haben, den wir durch Atropin beseitigt haben. In der That spricht vieles dafür, dass die Pupille z. B. nach Durchschneidung des Oculomotorius und des Sympathicus nicht in Cadaverstellung ist, sondern noch einem selbständigen Tonus folge, etwa wie Arterien, deren Nn. constrictores und dilatatores man durchschnitten, nach einiger Zeit eine gewisse Selbstverwaltung, einen Tonus entfalten, der die (übrigens entbehrliche) Hypothese eigener gangliöser Zellen innerhalb der Gefässwände entstehen liess. So muss man wohl eine in den Nervenendigungen des Sphincter pupillae auch noch nach Durchschneidung des Oculomotorius-Stammes fortbestehende Erregung voraussetzen, welche erst durch Atropin völlig zum Schweigen gebracht wird.

Oertlich auf Schleimhäute, Cornea u. s. w. angewendet, hat Atropin eine schwache local-anästhesirende, d. h. die sensiblen Fasern lähmende Wirkung (s. bei Cocaïn) neben leichter Hyperämisirung (sehr schwache

z. B. 0,1 % Lösungen steigern zuerst vorübergehend die Sensibilität um etwas).

Wie an der Pupille eine bloss lähmende Action des Mittels zur Erklärung der Wirkungen zunächst nicht ausreichend erschien, so glaubten einige Autoren, auch am Herzen neben der Vaguslähmung noch eine directe Erregung der bewegenden intracardialen Ganglien oder Fasern annehmen zu müssen. Doch kann man jedes Mal, wenn ein sehr geschwächtes, diastolisch ruhendes Herz nach Atropin wieder zu schlagen beginnt, die Behauptung wagen, dass letzte Erregungszustände in den intracardialen Hemmungsapparaten durch das Atropin jetzt erst beseitigt seien und dass diese Erregungsreste, so schwach sie auch waren, bei einem in casu concreto so sehr geschwächten Zustande der bewegenden Ganglien bis hierher die Hemmung, Schleuse, Sperrung geliefert hätten, nach deren Beseitigung die Erregung sich wieder ergiesse, so elend sie auch ist.

THERAPIE DER VERGIFTUNGEN MIT BELLADONNA U. S. W.: Elimination des Giftes; Antidote: Tannin, Jod, Thierkohle (?). Gegen die resorptiven Wirkungen: Morphin, Opium, symptomatisch; Pilocarpin desgl.; spirituöse Getränke.

THERAPEUTISCHE VERWERTHUNG. 1) Als locales Narcoticum (jetzt durch Cocaïn fast ganz verdrängt), z. B. an der Cornea, bei Rhagaden ad anum; — bei Cardialgien innerlich. 2) Als allgemeines Narcoticum: hier lieber Hyoscyamus, besonders das Hyoscin; bei Asthma, Keuchhusten. 3) Bei habitueller Stuhlverstopfung, zur Beseitigung der Splanchnicushemmung, in kleinen Dosen. 4) Gegen manche Formen von profusen hartnäckigen Diarrhöen — empirisch —, durch Verminderung der Secretionen, in grösseren Dosen. 5) Zu zeitweiliger Antreibung der Blutcirculation, z. B. bei Intoxicationen. 6) Zur Bekämpfung pathologisch verstärkter Schweisssecretion, z. B. bei Phthisikern (neben Agaricin), gegen Ptyalismus, Bronchorrhöen und suffocativer Schleimabsonderung in den Bronchien, zumal bei fehlendem Hustenreiz. 7) Wegen der unter 5 und 6 genannten Wirkungen bei Morphinvergiftungen zuweilen sehr nützlich. 8) Empirisch gegen Hämoptysis empfohlen. 9) In der Ophthalmiatrik (Einträuflung von Atropin u. s. w.) in Lösungen: a) für Untersuchungszwecke, z. B. Erleichterung des Einblicks ins Innere des Auges durch Pupillenerweiterung; Sichtbarmachen der Linsenperipherie; ferner zur Ausschliessung der Accommodation bei Untersuchung der Brechungsverhältnisse des Auges u. ähnl.; b) therapeutisch z. B. prophylaktisch zur Verhütung von Iris-Prolaps und -Einklemmungen (weil die Iris sozusagen gerefft wird); zur Entspannung der Iris bei Iritis u. s. w.; zur Verhütung und (unterstützend) zur Lösung von Verklebungen des Irisrandes mit der Linsenkapsel (hinteren Synechien); bei lästigen Myosen und Accommodationskrämpfen

(z. B. wenn zufällig eine Lösung von Eserin ins Auge gerathen ist u. s. w.); dagegen heilt man den Accommodationskrampf, welcher sich bei Kurzsichtigen (als Mitbewegung) in Folge überstarker Convergenzstellung entwickelt, besser durch Beseitigung der starken Convergenz, d. h. durch Anwendung von passenden Concavgläsern und Annahme eines normalen Abstands vom Arbeitsobject u. s. w.; diejenigen, welche auch hier Atropin empfehlen, sehen, wohl irrigerweise, den Ciliariskrampf für das Primäre der progressiven Myopie an.

Präparate und Dosen. 1) *Fol. Belladonnae* zu 0,05—0,2 (!), *ad* 1,0 *pro die!*) (Ph. Helv.: Herba Bell. *ad* 0,1 *pro dosi! ad* 0,5 *pro die!*) (Ph. Helv.: a) *Radix Belladonnae*, die gleichen Dosen. b) *Tinctura Belladonnae*, aus den getrockneten Blättern bereitet, zu 10—15 Tropfen *p. dos. die Dos. max. s.* bei Erwachsenen 5 Decigr., *d. max. p. die* 2—3 Gr. (Sind nach Ph. Germ. II. u. III. nicht mehr officinell.)

2) *Extractum Belladonnae*, aus den Blättern durch spirituösen Auszug bereitet. Dick, dunkelbraun; in Wasser fast löslich; besitzt eigenthümlichen Geruch. Mittlere Dosis bei Erwachsenen 0,1—0,2, *ad* 0,05! (*pro die* 0,2!) (Ph. Helv. 0,15! Kinder 0,002! resp. 0,02!)

3) *Atropinum sulfuricum*. In Wasser und Alkohol sehr leicht löslich. Innerlich bei Erwachsenen in Pulver, Pillen oder Solution zu ⅛—½ Mgr. *ad* 0,001! (*pro die ad* 0,003!) Subcutan zu 1/10—½ Mgr., allmählich steigend. Für die Kinderpraxis eignet sich der Gebrauch des Atropins innerlich nicht. Zu Einträuflungen in den Conjunctivalsack je nach dem Zwecke, den man erreichen will, in Lösungen von 1—5 ⁰/₀₀.

In neuerer Zeit ist an Stelle des Sulfates das Salicylat des Atropins als angeblich weniger reizend empfohlen worden und scheint Verwendung zu finden.

4) *Homatropinum hydrobromicum*, officinell; diffusibler als Atropin, deshalb von flüchtigerer Wirkung; local weniger reizend und ausgesprochener anästhesirend als jenes, aber viel weniger als Cocain; wirkt auf die Accomodation schwächer. Dosen wie bei Atropin (*ad* 0,001! resp. *ad* 0,003 *pro die!*).

Folia (Herba et Semen) Stramonii, Stechapfel.

Datura Stramonium L. (Solanee) wächst in mittleren Breitengraden. Die Blätter und Samen enthalten Hyoscyamin und Atropin.

Therapeutische Anwendung. Man hat besonders früher die Präparate der Datura gegen Asthma empfohlen, namentlich in Form des Rauchens der Blätter.

Präparate und Dosen. *Folia Stramonii; ad* 0,2! (*pro die* 1,0!) (Ph. Helv. *Extractum Str.; dos. max. s.* 1 Decigr., *pro die* 4 Decigr. *Tinctura Str.; dos. m. s.* 1 Gr., *pro die* 5 Gr.)

Herba Hyoscyami, Bilsenkraut.

Die Blätter von Hyoscyamus niger L. (Solanee) waren schon im Alterthum in Gebrauch; in ihnen, sowie in den Samen findet sich Hyoscyamin und Hyoscin.

Wirkung und Therapeutische Anwendung. Wie die Belladonna,

aber mehr dem Opium analog (ohne dessen stuhlverstopfende Wirkung). Namentlich gilt dies vom (kräftig mydriatischen) Hyoscin.

PRÄPARATE UND DOSEN. 1) *Herba Hyoscyami*; ad 0,5! (pro die 1,5!) (Ph. Helv. dos. max. spl. bei Erwachs. 2 Decigr., p. die 1 Gr.). 2) *Extractum Hyoscyami*; aus den zerquetschten Blättern durch wässrigen Weingeistauszug dargestellt, ad 0,2! (pro die 1,0!) (nach Ph. Helv. dos. m. s. 2 Decigr., d. m. p. die 8 Decigr.). — *Unguentum*, *Emplastrum*, *Oleum H. infusum*, nicht officinell, selten angewendet. Letzteres Oelpräparat, welches dargestellt wird, indem der weingeistige Auszug der Blätter mit Oel in der Wärme bis zur Verflüchtigung des Weingeistes digerirt wird, besitzt eine grüne Farbe, ist von unangenehmem Geruche und wird als populäres Mittel zu Einreibungen gegen Schmerzen noch häufig gebraucht.

Die Blätter dieser Pflanze bilden mit denjenigen der Atropa Belladonna u. a. die „Species narcoticae" der Ph. Helv. — Das Hyoscyamin ist nicht officinell, auch nicht das Hyoscinum hydrojodatum, wohl aber Hyoscinum hydrobromicum: innerlich zu ½ Mgr., subcutan ⅛ Mgr. höchstens; bei Gallensteinkolik und spasmodischem Asthma (ad 0,0005! ad 0,002 pro die!).

Duboisia myoporoides. Eine baumartige Pflanze Australiens und Neucaledoniens, Solanee; erreicht eine Höhe von 10 Meter, hat kleine Beeren. Sie enthält *Duboisin*, welches chemisch mit Hyoscin identisch sein soll, es wirkt aber rascher und stärker mydriatisch und accommodationslähmend als Hyoscin und Atropin; die Wirkung verschwindet ferner rascher; nicht officinell.

Folia Coca, Cocablätter. Cocaïnum, Cocaïn.

Die (nicht officinellen) Blätter von Erythroxylon Coca (Erythroxylee). Eigenthümlich aromatisch; werden von den Indianern als Reiz- und Sparmittel gekaut. Erzeugen hierbei ein Gefühl von Taubheit, d. h. eine Gefühllosigkeit auf der Zunge. Enthalten zu $2-7^0/_{00}$ als wirksamen Bestandtheil das officinelle Alkaloïd Cocaïn $C_{17}H_{21}NO_4$, daneben Hygrin u. m. a. Das Cocaïn spaltet sich durch dieselben Agentien, welche z. B. Atropin in Tropin und Tropasäure zerlegen, und bildet dabei das ganz indifferente Alkaloïd Ecgonin und Benzoësäure, ausserdem Methylalkohol. Durch dieselben Agentien, welche aus Tropasäure und Tropin das Atropin zurückbilden, lässt sich aus Benzoësäure und Ecgonin und durch Einwirkung von Jodmethyl das Cocaïn wieder herstellen.

Die Constitution des Ecgonins und so auch des Cocaïns ist in den wesentlichsten Punkten aufgeklärt; ersteres ist dem Tropin sehr ähnlich (s. dieses).

$$\begin{array}{l} \text{—CH(OH)} \\ \text{C}_5\text{H}_8 | \\ \text{—CH.—COOH} \\ \text{N} \\ \text{CH}_3 \end{array}$$; (das Carboxyl könnte vielleicht auch in der andern Seiten-

kette sich befinden. Im Cocaïn gestalten sich die Seitenketten dann etwa folgendermassen:
$$\begin{array}{l} \text{—CH.O.COC}_6\text{H}_5 \\ | \\ \text{—CH.COOCH}_3 \end{array}$$

PHYSIOLOGISCHE WIRKUNG. Das Cocaïn steht demnach chemisch dem Atropin u. s. w. sehr nahe. Auch die physiologischen Wirkungen sind principiell die gleichen, aber graduell ungemein verschieden. Die Veränderung des psychischen Verhaltens geht hier zunächst nur nach der Richtung der Behaglichkeit der Euphorie. Die Beeinflussung der Secretion und Accommodation ist geringfügig: es fehlt die fatale Trockenheit der Atropinwirkung und die Sehstörung. Die Herzvaguswirkung ist fast Null; das Nahrungsbedürfniss stark vermindert; die local-anästhesirende Wirkung ungemein stark ausgesprochen. 2—20% oige Lösungen des salzsauren Salzes auf Schleimhäute, Cornea u. s. w. gebracht, erzeugen nach 5 Minuten eine 15—25 Minuten anhaltende und durch erneute Cocaïnapplication beliebig zu verlängernde Anästhesie. (Durch die intacte Epidermis hindurch findet bei einfacher Benetzung keine solche Wirkung statt, wohl aber bei gleichzeitiger Benutzung der kataphorischen [fortführenden] Action eines galvanischen Stromes, was aber praktisch noch nicht zu verwerthen ist.) Subcutane Injection, Benetzung von sensiblen oder gemischten Nervenstämmen macht die vom Cocaïn getroffenen Nervenfasern unterempfindlich und erzeugt Anästhesie in ihrem peripherischen Ausstrahlungsgebiete. Bei Benetzung eines gemischten Nerven erfahren zwar die motorischen Fasern eine ebensolche Erschwerung ihrer Leitung; da aber die vom Centralnervensystem ausgehenden motorischen Impulse viel gröber, stärker sind, als die heftigsten (selbst schmerzhaften) von den sensiblen Endapparaten den sensiblen Fasern übergebenen Erregungen, so erscheint die sensible Sphäre besonders betheiligt. Sobald indess an einem gemischten Nerven die Cocaïnwirkung allmählich so weit gesteigert wird, dass die sensiblen Fasern eine maximale Erregung eben nicht mehr durchlassen, welche durch directe faradische Erregung der sensiblen Fasern (nicht des Endapparates) erzeugt wird, so sind auch die motorischen Fasern absolut gelähmt. In eine Muskelarterie gespritzt, lähmt eine 2% oige Lösung die motorischen Nervenendigungen wie Curare, oder gerade so wie Atropin die Nervenendigungen des Sphincter iridis lähmt.

Auch Cocaïn macht Mydriasis zum Theil wohl aus gleichem Grunde wie Atropin, aber milder, flüchtiger. Es wird angegeben, dass an einem maximal atropinisirten Auge Cocaïn die Mydriasis verstärke, was ausserdem noch eine dem sogleich zu erwähnenden Gefässkrampfe analoge Erregung des Dilatators erweisen würde. Die Accommodationslähmung ist bei Cocaïn nur spurweise angedeutet. Der intraoculare Druck wird trotz der Mydriasis stark erniedrigt (s. S. 60).

Auf Schleimhäute u. s. w. local applicirt, erzeugt Cocaïn eine locale Ischämie, einen Krampf der kleinsten Arterien und hierdurch am Auge eine objective Abkühlung und subjectives Kältegefühl. Aber die Anästhesie ist nicht Folge der Ischämie: ein absolut entbluteter Frosch ist nicht anästhetisch; cocaïnisirt man jetzt aber an ihm das eine Bein, so wird nur dieses, und zwar auch in der Tiefe anästhetisch: Cocaïn lähmt also direct, sei es die sensiblen Endapparate und den Anfang der sensiblen Leitung, sei es letztere allein. — Die Lidspalte des cocaïnisirten Auges klafft stärker als normal, sei es, dass die glatten Lidmuskeln sich ebenso contrahiren, wie die Gefässmusculatur der ischämischen Partien, sei es, dass der Fortfall der Sensibilität einen Reflextonus beseitigt hat, der auf Verengerung der Lidspalte zielt, gleichsam den Anfang des Lidschlags darstellt.

Die grosse Diffusibilität des Cocaïns erklärt die Vergänglichkeit der Cocaïnwirkung; jedoch begünstigt die Ischämie, welche das Cocaïn erzeugt, sein Verbleiben am Orte und die Dauer der Wirkung. Combination Esmarch'scher Blutleere und subcutaner Cocaïn-Injection verlängert dementsprechend die Wirkung ungemein. Dagegen wird die Dauer verkürzt, ja sogar oft gänzlich das Entstehen der Cocaïnwirkung verhindert, wenn ein bedeutender Grad von Gefässinjection oder entzündlicher Hyperämie an der zu behandelnden Stelle vorhanden ist: die Auslaugung und Fortschwemmung des eindringenden Cocaïns ist wegen des Blutreichthums alsdann zu lebhaft.

Bei Einspritzung in die Gewebe, z. B. die Tenon'sche Kapsel u. s. w. lassen sich selbst eingreifende Operationen, z. B. Enucleatio bulbi, schmerzlos machen.

Schwächste Concentrationen (0,1 °/₀) erhöhen deutlich die Sensibilität. Mit Quantitäten von über 0.05 (sogar bei 0.025) sind beim Menschen schon recht unangenehme Intoxicationen vorgekommen: Collapszustände, Ohnmachten, Convulsionen, Kopfschmerzen, Taumeln, Rausch, psychische Verwirrung, Tobsucht, Loquacitas, Zittern, Appetitlosigkeit, Ohrensausen in allen Abstufungen.

THERAPIE DER ACUTEN VERGIFTUNG: Symptomatisch; Einathmen der Dämpfe einiger Tropfen Amylnitrit soll angeblich nutzlich sein.

Chronischer Missbrauch kommt vor und führt zu Gewöhnung an grössere Dosen. (THERAPIE: s. unter chron. Morphinvergiftung.)

THERAPEUTISCHE VERWERTHUNG. Resorptiv: als Reizmittel und Analepticum wie Kaffee zulässig. Empfehlenswerth bei melancholischer und hypochondrischer Verstimmung als Palliativum (daher bei Sexualhypochondern oft Aphrodisiacum). Empfohlen bei unstillbarem Erbrechen der Schwangern, bei Seekrankheit (auch zur Verhütung). Oertlich: als locales Anästheticum bei Schmerzen freiliegender oder leicht erreichbarer Nervenverbreitungen (Schleimhäute, Verbrennungen, cariöse Zähne, Tenon'sche Kapsel, Zahnfleisch, subcutan bei Neuralgien u. s. w.); zur vorgängigen Erzeugung von Gefühllosigkeit zum Zwecke peinlicher oder schmerzhafter Untersuchungen oder Operationen und Aehnliches mehr.

DOSEN: Cocaïnum hydrochloricum (theuer), innerlich zu 0,005—0,05, ad 0,05! (pro die ad 0,15!) äusserlich und zu subcutanen Injectionen in 2—20 °/₀ Lösungen. (Die Blätter haben zu ungleichen Gehalt an Cocaïn, sind nicht zu verwenden.)

Piper methysticum, eine Piperacee; die Wurzel wird von den Südsee-Insulanern als Genussmittel in Getränkform benutzt. Die wirksamen Harze sind zunächst scharf, anästhesiren dann wie Cocain; sie geben beim Nitriren Nitrobenzoësäure und Benzoësäure und dürften ebenfalls ein Benzoylderivat sein oder enthalten. Nicht officinell. Praktisch wenig verwerthet; zu innerlichem Gebrauch das Extract empfohlen als mildes Narcoticum zu 0,02 *pro dosi*, auch als Diureticum, gegen Blasenkatarrh, Gonorrhoe angeblich nützlich.

Die Calabargruppe.

Calabarbohne und Jaborandiblätter, resp. ihre Alkaloïde Physostigmin und Pilocarpin sind die sogenannten Antagonisten der letztbesprochenen Körper: während Atropin die secretorischen Fasern lähmt, erregen diese sie und erzeugen z. B. Speichelfluss; sie können local angewendet, die sensiblen Fasern überempfindlich machen u. s. w. Schon Seite 27 und ff. und so auch Seite 59 ist aber darauf hingewiesen, dass die beiden Gruppen eigentlich principiell gleiche, nur in Zeitvertheilung und Graden verschiedene Wirkungen haben. Und nur so wird jene scheinbare Spielerei der Natur verständlich, dass zwei Gruppen von Körpern existiren, die auf ganz absonderliche physiologische Apparate die einen erregend — die andern lähmend wirken. Einerseits erregen die Körper der Atropingruppe anfangs und zumal bei kleinen Gaben z. B. die secretorischen Nerven (Speichelfluss der Katzen) und steigern die Sensibilität genau so wie Calabarbohne und Jaborandiblätter, ehe sie sie lähmen, und einige der typisch von Atropin gelähmten Functionen sind bei seinen Verwandten, bei Hyoscin, Homatropin, sehr lange im Zustande der Erregung, — andererseits lähmen Physostigmin und Eserin schliesslich die Secretionen und die Sensibilität auch.

Obwohl wir von der chemischen Constitution des Pilocarpins noch nichts genügend Sicheres (es ist ein Derivat des Pyridins C_5H_5N und soll $C_5H_4N \cdot \overset{CH_3}{\underset{CO-O}{C}} - N(CH_3)_3$ sein) und von der des Physostigmins bis jetzt noch nichts wissen, so kann mit allergrösster Wahrscheinlichkeit vorausgesetzt werden, dass diese Körper eine den Tropeïnen (z. B. Atropin) irgendwie analoge Constitution besitzen.

So erklärt sich auch, dass das Jaborin, in welches sich das Pilocarpin sehr leicht umwandelt, ganz atropinartig wirkt.

Das Pilocarpin wirkt auf das Centralnervensystem fast gar nicht „narkotisch" und wird, weil hervorragend schweisstreibend, bei den Diaphoreticis abgehandelt werden.

Faba Calabarica; Semen Physostigmatis, Calabarbohne.

Die über mandelgrossen braunen Bohnen von Physostigma venenosum, Esere-Pflanze, n'Chogo, Gottesurteils-Bohne (Leguminose); Stämme bis zu 50' hoch; in Alt-Calabar (Guineaküste); wird in ihrer Heimath zum Zwecke eines „Gottesurteils" dem Angeklagten gereicht, der nach dem Verschlucken von einer oder mehreren Bohnen entweder (in Folge einer scharfen, in der braunen Schale enthaltenen, oft durch Kochen der Bohne seitens des Priesters wirkungsvoller, lockerer gemachten Substanz) die Bohnen erbricht und für unschuldig gilt, oder an dem Physostigmin (auch Eserin genannt), welches in dem weissen Bohnenfleische enthalten ist, schuldig zu Grunde geht. Angst, Athemnoth, Schwindel, undeutliches Sehen, enge Pupillen, Speicheln und Schweiss, Muskelschwäche, Zusammensinken, stürmisch verstärkte Herzthätigkeit, fibrilläre Muskelzuckungen, unwillkürlicher Abgang von Koth und Urin sind die typischen Symptome. Unter Elendwerden des Pulses und bei halberhaltenem Bewusstsein tritt der Tod ein.

Faba calabarica wurde zuerst im Jahre 1840 durch den Missionar DANIELL in England bekannt und von CHRISTISON, SHARPEY und FRASER (Edinburg) auf ihre Wirkungen studirt. Vielleicht schon in der Bohne in kleinen Mengen vorgebildet, jedenfalls in den aus ihr gewonnenen Extracten ist ausser dem Physostigmin (Eserin) noch ein aus diesem erst entstehendes und auch künstlich aus ihm herstellbares anderes Alkaloid, Calabarin, welches sich durch seine strychninartigen Wirkungen auszeichnet.

Das Eserin $C_{15}H_{21}N_3O_2$ ist eine amorphe zersetzliche Substanz. Auch die Salze zersetzen sich leicht; ihre Lösungen werden dabei roth. Das einzige gut krystallisirende und im trockenen Zustande gut, in gelöstem Zustande leidlich haltbare Salz ist das Salicylat, farblose Krystalle, in 150 Thln. Wassers löslich.

PHYSIOLOGISCH-TOXISCHE WIRKUNG. (Siehe zunächst oben die Wirkungen im „Gottesgericht".) Die Calabarwirkung ist nur vom Eserin abhängig, nicht von den (zweifelhaften) kleinen Calabarinmengen. Das Aufhören der Reflexe beruht auf Lähmung des Rückenmarks, die Schwäche auf Hirnbetäubung. Speichelfluss und Schweisssecretion auf Erregung der äussersten Endigungen der cerebrospinalen Secretionsnerven (s. bei Atropin); die Wirkung des Physostigmins kann schliesslich durch Atropin — nach antagonistischem Wechselspiel — zum Schweigen gebracht werden (s. Seite 27). Ist die Chorda tympani so weit durch Atropin vergiftet, dass die stärkste sie treffende elektrische Reizung keine Secretion erzeugt, so lässt Einspritzung von Eserin in die Arterie der Speicheldrüse die Secretion wieder erscheinen: ein Zeichen, wie gross der Eserinreiz ist; spritzt man vorher aber entsprechende Atropinmengen in die Drüsenarterie, so bleibt Eserin ohne Wirkung. Die fibrillären Muskelzuckungen beruhen auf Erregung derselben Apparate, welche Curare lähmt — nämlich der Enden der motorischen Fasern; daher bleiben (kurzes antagonistisches Spiel) bei voller Curaresirung die Zuckungen gänzlich aus. — Es steigert local applicirt die Sensibilität; stärkere Concentrationen wirken sehr bald, sehr starke sofort anästhesirend (wegen Resorption dieses heftigen Giftes praktisch unbrauchbar).

Gelöst zu etwa 1/2 pro mille ins Auge gebracht, erzeugt Eserin in 5—15 Minuten Myosis (Pupillenverengerung) und hierdurch Erniedrigung des intraocularen Drucks. Die Myose ist viel stärker als bei resorptiver Wirkung; gleichzeitig oder etwas später zeigt sich Accommodationskrampf: beide Erscheinungen beruhen auf Erregung derjenigen Abschnitte, welche Atropin lähmt (siehe dieses) und nicht des Sphincters selbst. Beweis: Ich nehme ein Thier, dessen eines Auge schwach atropinisirt ist; durch ein geeignetes Hilfsmittel (siehe weiter unten) mache ich diese atropinisirte Pupille genau so gross, wie die der andern (normalen) Seite; jetzt werden beide gleichgrossen Pupillen mit gleichen Mengen einer schwachen Eserinlösung bedacht. Wäre der Sphincter der Angriffspunkt des Eserins, so wären, da Atropin in diesen Dosen den Muskel selbst nicht schädigt, beide Pupillen in gleicher Lage und müssten sich, von gleicher Anfangsgrösse ausgehend, auch gleichmässig verengern: aber die atropinisirte Pupille bleibt zurück. Folglich war der Angriffspunkt des Eserins auf der atropinisirten Seite geschwächt, folglich packen Eserin und Atropin an denselben Stellen an: den Nervenendigungen im Sphincter und Ciliarmuskel. Gleichgross gemacht wurden die Pupillen mittels Durchschneidung des Halssympathicus der atropinisirten Seite (Verengerung dieser Pupille) und durch schwache Belichtung (Erweiterung der andern Pupille).

Die verstärkte Herzaction und die zu unwillkürlichen Kothentleerungen führende zuerst geordnet verstärkte, erst später starr tetanisch erfolgende Darmaction, welche ganz ebenso auch bei durchschnittenen Splanchnicis vom Eserin bewirkt wird, sind auf Erregung der im Herzen und Darm gelegenen bewegenden Ganglien zu beziehen. Aehnlich scheint eine vasomotorische Action provocirt zu werden.

THERAPEUTISCHE ANWENDUNG. Innerlich: bei Meteorismus bewährt; bei Tetanus zur Verminderung der Reflexerregbarkeit empfohlen, haben sich die Calabarpräparate nicht bewährt. Ophthalmiatrisch besonders zur Verminderung des intraocularen Drucks, namentlich bei Glaukom, sehr nützlich. Benutzt zur gymnastischen Stärkung des Accommodationsapparates und des Sphincter iridis. Combinirt, abwechselnd, mit Atropin zum Hin- und Herziehen der Iris behufs Lösung von Verklebungen derselben (Synechien). Zur Verhütung der Iriseinheilung in die Staarextractionswunde von Einzelnen benutzt.

PRÄPARAT UND DOSEN. Physostigminum salicylicum. Zu Einträuflungen in den Conjunctivalsack in Lösungen von $1/10$ bis $1/4$ %. Innerlich ad 0,001! (pro die ad 0,003!).

Radix s. Tubera Aconiti. Die Wurzelknollen von Aconitum Napellus (L.), Sturm- oder Eisenhut, einer namentlich in gebirgigen Gegenden vorkommenden Ranunculacee, sind 5—10 Centim. lang und 1—2,5 Centim. dick, getrocknet von dunkelbrauner Oberfläche und mehliger, hellbrauner oder grauer Bruchfläche: frisch haben sie einen starken Geruch und einen scharfbitteren Geschmack. Die Knollen enthalten mehrere Alkaloide: das Aconitin, Pseudoaconitin, Picroaconitin u. a. m. Die Ausbeute der Wurzel an Alkaloiden ist gering, sie beträgt ca. 0,07 °/o, wovon ca. 0,04 Aconitin. Die Blätter enthalten noch weniger, dagegen mehr Aconitsäure.

Neben der europäischen Radix Aconiti existirt eine Radix Aconiti indica, welche in England als Nepal Aconit bekannt ist und in Indien als Bish oder Bis cursirt. Diese Wurzel stammt von Aconitum ferox (Wallich), welches in Japan durch noch giftigere Aconitarten ersetzt ist und sich namentlich durch seinen grösseren Gehalt an Pseudoaconitin unterscheidet. Pseudoaconitin ist aber heftiger wirkend als Aconitin. Das englische Aconitin ist Pseudoaconitin, aus Radix Aconiti indica dargestellt.

Jede Aconitart scheint ihr eigenes Aconitin und vielleicht wie Aconitum Napellus daneben ein amorphes lösliches Napellin zu enthalten. Das krystallinische Aconitin ist in Wasser fast ganz unlöslich, in Alkohol besser; es dreht die Polarisationsebene nach links. Die Alkaloide schwinden allmählich beim Trocknen der Wurzel.

Bei der Ungleichheit der im Handel vorkommenden Aconitinarten ist es begreiflich, dass die Ph. Germ. II. und III. das Aconitin nicht mehr als officinelles Präparat aufgenommen haben. Zum Theil lässt sich die Verschiedenheit der Wirkung der Aconitinpräparate darauf zurückführen, dass bei unvorsichtiger Behandlung das Aconitin sich in Benzoësäure und wenig wirksames Aconin spaltet (eine Zersetzung, welche die chemische Beziehung des Aconitins zur Cocain-Atropin-Gruppe anzeigt).

Physiologisch-toxische Wirkungen des Aconitin: Es stellt sich zunächst ein eigenthümliches Gefühl von Schwellung der Zunge und der Lippen ein, verbunden mit einer Empfindung von Prickeln und Brennen in diesen Theilen, welcher eine Verminderung der Sensibilität nachfolgt, ferner vermehrte Speichelsecretion, Neigung zu Erbrechen, Druckempfindung im Kopfe, in einzelnen Fällen vermehrte Diurese. Die weiteren Erscheinungen, welche sich zeigen können, sind Gefühl von Formication in den untern Extremitäten, combinirt mit allgemeiner motorischer Schwäche, Kältegefühl ohne Temperaturerniedrigung; amblyopische Erscheinungen und abnorme Gehörsempfindungen; die Pupille wird dilatirt. In den höhern Graden der Intoxication steigern sich die paretischen und anästhetischen Symptome. Puls und Respiration wechseln in Bezug auf Häufigkeit, in der Regel sinkt aber die Zahl der Pulsschläge und der Athembewegungen auf 60—50 und 12. Der Tod erfolgt unter Erscheinungen der Asphyxie, nachdem auffallende Arrhythmie in Puls- und Athembewegung vorausgegangen ist. Die eigenthümlichen Empfindungen in der Haut mit nachfolgender Sensibilitätsverminderung sollen auch local bei Einreibungen auftreten.

Aus Thierversuchen ist (mit Uebergehung vieler, zumal centraler, zwar sehr interessanten, aber theils strittigen, theils wechselnden, theils inkonstanten Erscheinungen) hervorzuheben, dass das Aconitin verschiedene nervöse Endapparate (Herzvagus, sensible Endigungen u. s. w.), welche von den Stoffen der Atropin-Cocaingruppe angegriffen werden, zuerst stark erregt und dann lähmt (vergl. oben die Abspaltung von Benzoësäure und Aconin aus Aconitin). Vom reinen krystallisirten Aconitin genügt schon $^1/_{50}$ Milligramm zur Tödtung eines Frosches; zulässige Arzneigabe für einen Menschen wäre etwa $^1/_{20}$—$^1/_{10}$ Milligramm.

Therapeutische Anwendung. Die Aconitpräparate sind kaum noch in Gebrauch; sie wurden früher besonders bei Rheumatismus und Neuralgie, vornehmlich des Nervus trigeminus, viel angewendet, werden zuweilen auch jetzt noch empfohlen. (Von den Homoeopathen viel bei Katarrhen u. s. w. benutzt.)

Präparate und Dosen:

1) *Tubera Aconiti*. Ad 0,1 pro dosi! ad 0,5 pro die! In Pillen, Pulvern.

(Ph. Helv. hat hieraus: *Extractum Aconiti*, gelbbraun, halb trocken, *pro dosi* 0,2! *pro die* 0,6!)

2) *Tinctura Aconiti*, hellbraun. *Ad 0,5 pro dosi! ad 2,0 pro die* (Ph. Helv. ad 1,0! resp. 5,0! Die Differenz rührt daher, dass die Tinctur nach der Ph. Germ. aus den Knollen, nach der Helv. aus den Blättern dargestellt wird).

Gelsemium sempervirens (nicht officinell). Die Wurzel enthält neben dem fluorescirenden Aesculin (früher als Gelseminsäure beschrieben) aconitähnlich narkotisch wirkende Substanzen. Eine solche ist das Alkaloïd Gelseminin, auch Gelsemin genannt. Mit dem letzteren Namen wird übrigens auch eine harzartige Substanz bezeichnet, die aus einem concentrirten alkoholischen Extracte der Wurzel präcipitirt wird; daneben wird die Tinctura Gelsemii und ein concentrirtes Präparat, das Fluidextract, gebraucht.

Tinctura Gelsemii wird empirisch empfohlen gegen Neuralgien, speciell des Trigeminus, zu 15—30 Tropfen täglich. Die Gabe des Fluidextractes ist 5 bis 25 Tropfen. Das obenerwähnte harzige Gelsemin wird in Dosen von 0,01—0,07 verabreicht, wogegen das neue Alkaloïd Gelseminin bis jetzt nicht zur medicinischen Anwendung gelangte.

Semen Strychni: Nux vomica, Brechnuss.

Die Samen von Strychnos nux vomica L. (Loganiaceae), einer kleinen Baumart, ursprünglich in Indien, Cochinchina und Nordaustralien. Die Früchte, von der Grösse einer kleinen Orange, enthalten in einer sulzigen Masse 1—5 Kerne von platter Form und 1—1½ Ctm. Durchmesser, mit gewulstetem Rande und nabelartig vorspringendem Centrum; sie sind mit weichen Haaren besetzt; durchschnitten zeigen sie im Innern eine spaltförmige Höhlung. Der intensiv bittere Geschmack und die Giftigkeit der Samen sind auf zwei in ihnen vorkommende Alkaloïde zu beziehen, das Strychnin zu 0,2—2—4 % und in geringerer Menge das ihm chemisch sehr nahestehende, aber mehr als 20mal schwächer wirkende Brucin (= Dimethyloxy-Strychnin), welche beide 1819 und 1824 von Caventou und Pelletier sowohl in der früher officinellen St. Ignatius-Bohne, als auch in den Brechnüssen und der Rinde von Strychnos nux vomica entdeckt worden sind. Diese Alkaloïde sind in der Pflanze an Igasursäure gebunden. Wenn auch die Samen die Hauptmenge enthalten, so sind doch die anderen Bestandtheile derselben, wie z. B. das Holz, nicht frei von ihnen. — Strychnin kommt übrigens in verschiedenen Strychnos-Arten und besonders in dem aus ihnen bereiteten Pfeilgift Upas Tieuté vor. — Strychnin, $C_{21}H_{22}N_2O_2$, krystallinisch, sehr wenig in Wasser löslich, die Lösung alkalisch, schmeckt äusserst bitter, leichter löslich in Weingeist, Chloroform, Amylalkohol. Mit Säuren bildet es krystallisirbare, in Wasser lösliche Salze.

Physiologisch-toxische Wirkungen. Kleine Bruchteile ($\frac{1}{100}$ bis $\frac{1}{50}$) eines Milligramms erzeugen bei Fröschen zunächst erhöhte Reflexerregbarkeit, aber nur gegen tactile und elektrische, nicht gegen thermische Reize, und Irradation der Reflexe; bald werden die Reflexzuckungen länger an Dauer als normal und gehen so allmählich in reflectorische Streckkrämpfe über. Alle diese Erscheinungen rühren von einer Einwirkung auf die centralen Reflexapparate speciell denen des Rückenmarkes her (s. S. 35 flg.)

Aus Experimenten an curaresirten Thieren ist zu ersehen, dass das Strychnin an und für sich in kleineren Gaben zunächst das Vasomotionscentrum in gesteigerte Action versetzt (Erhöhung des Blutdrucks) und namentlich reflectorisch übererregbar macht (auf leise Berührung steigt dieser erhöhte Blutdruck schnell noch weiter); sind die Thiere vorher nicht curaresirt worden, so ist der grösste Theil dieser Blutdrucksteigerungen von den Krämpfen (also nur indirect durch das Strychnin) verursacht: bei heftigen Muskelactionen wird wie das respiratorische Centrum auch das vasomotorische erregt. Bei fortgesetzter Darreichung grösserer Dosen sinkt dann der Druck, — sehr grosse Gaben lassen ihn fast von vornherein schnell fallen: directe Lähmung. — Der anfängliche allgemeine Gefässkrampf macht sich auch in der Niere geltend; trotz der gesteigerten Triebkraft, welche zwar durch Gesammtquerschnitt des Gefässsystems zuvörderst mehr Blut als in der Norm treibt (s. unter Digitalis), treten hier in der Niere wegen der doppelten Verzweigung der Nierenarterie, sofort so grosse locale Widerstände auf, dass die Blutdruckströmung der Niere, und in Folge dessen auch die Harnabsonderung erheblich verringert oder selbst völlig aufgehoben wird. — Künstliche Respiration schwächt beim Warmblüter die Krämpfe und kann lebensrettend wirken.

Es unterliegt keinem Zweifel, dass die Wirkung des Strychnins keine die Centralapparate etwa stärkende, spannkraftvermehrende ist, vielmehr handelt es sich um eine Verkleinerung der sog. physiologischen Widerstände (vgl. S. 35). Die directe elektrische Erregbarkeit der Grosshirnrinde soll durch Strychnin verringert werden. Die motorischen Nervenendigungen werden durch Strychnin, wenn auch weniger stark und nicht so frühzeitig, so doch qualitativ in gleicher Weise wie durch Curarin gelähmt (s. dies.).

Bei Fröschen tritt unabhängig von den Krämpfen Melliturie auf; sehr grosse Dosen geben keine Krämpfe, sondern sofort central und peripherisch (curareartig) bedingte Lähmung, erzeugen aber auch Melliturie. Auch von der Blutcirculation ist diese unabhängig. Nach Leberexstirpation fehlt sie, — die Leber ist ihr Entstehungsort, proportional schwindet deren Glykogengehalt.

Der Mensch zeigt einige Gewöhnung an das Gift; daneben aber findet Summation (Cumulirung) von Dosen statt, die um weniger als 2 bis 3 Tage auseinander liegen (s. S. 15).

Kleinere medicamentöse Gaben, z. B. 0,005, erhöhen beim Menschen die Empfänglichkeit für alle Sinneseindrücke: das Gesichtsfeld für (excentrische) Farbenwahrnehmung erweitert sich; im Centrum erscheinen die Farben leuchtender, gesättigter u. s. w. Bei manchen Menschen bessert sich die Gemüthsstimmung unter dieser grösseren Lebhaftigkeit der Sinnlichkeit; auch Zunahme des Appetits sah ich nach subcutanen

Injectionen bei Einzelnen. Angegeben wird auch, dass die Fähigkeit einzuschlafen durch Strychnin zuweilen wesentlich gesteigert werde.

Bei grösseren Dosen (von 0,01 an) entwickelt sich am Menschen meist bald (nach subcutaner Injection nach 5–10 Minuten) — zuerst ein Gefühl von Beengung, der Puls hart, das Athmen erschwert, eigenthümliche Steifigkeit in den Gliedmassen und Kaumuskeln; bei toxischen Dosen bricht Tetanus aus mit vorwiegender Streckung des Körpers. Ein solcher Anfall tritt spontan ein oder wird selbst durch unbedeutende sensible Reize hervorgerufen; während des Paroxysmus besteht Cyanose; derselbe währt etwa $^1/_2$–2 Minuten. Solcher Anfälle können innerhalb kurzer Zeit mehrere auf einander folgen; in den ersten Anfällen und den Zwischenzeiten ist das Bewusstsein ungetrübt. Der Tod tritt zuweilen schon in einem der ersten heftigen Anfälle ein und muss dann wohl als Erstickungstod aufgefasst werden. Oft tritt der Tod erst einige Zeit nach einem Anfalle, z. B. 1—6 Stunden nach der Vergiftung ein; der Patient macht nach Puls und Arterialisationsgrade seines Blutes (Hautfarbe, Schleimhäute) den Eindruck, dass er an Lähmung und Erschöpfung des Athmungs- und namentlich des Vasomotions-Centrums zu Grunde gehe, welches letztere einerseits (s. oben) nicht bloss unmittelbar in heftige Erregung versetzt, sondern namentlich indirect in Folge der Körpermuskelkrämpfe überangestrengt und erschöpft, andererseits direct gelähmt wird.

Die Obduction ergiebt venöse Blutüberfüllung der inneren Organe, speciell Gehirn, Rückenmark und deren Häute. Erholt sich der Vergiftete, so werden die Anfälle schwächer und hören allmählich auf. Die Vergiftungsscéne mit abwechselnd auftretenden stärkeren und schwächeren Paroxysmen kann sich in dieser Weise auf einen Zeitraum von einem und selbst mehreren Tagen ausdehnen.

Therapie der Vergiftung: Entfernung des noch nicht resorbirten Giftes; Antidot gegen dieses: Tannin, verdünnte Jodtinctur (?); gegen die resorptiven Erscheinungen: das ambulatory treatment (fortwährendes Herumführen, der Patient soll nicht ruhen); künstliche Athmung (?); Narcotica, besonders: Chloralhydrat und Chloroform; vielleicht auch Morphin; Galvanisiren des Rückenmarks (??); Curare und Coniin zur Abschwächung der Krämpfe, vorsichtig!

Therapeutische Anwendung. Nux-vomica-Präparate werden angewendet: 1) bei motorischen Lähmungen aller Art, sofern die Leistungsfähigkeit der Nerven und die Irritabilität der Muskelsubstanz noch erhalten sind; 2) gegen Lähmungen sensorischer Nerven, speciell bei Amblyopien; 3) als Antrieb für die Circulation; vorübergehende Wirkung, — oft aber, z. B. bei Chloralvergiftung und Aehnlichem, sehr wichtig; — für 1—3 stets das Alkaloïdsalz; 4) Extract und Tinctur dagegen bei chronischen (und manchen acuten, z. B. Cholera asiatica) Störungen des Verdauungsapparates, welche namentlich mit Atonie der Darmmusculatur verbunden sind, daher gegen Meteorismus, Magenerweiterung, chronische Diarrhöe oder habituelle Verstopfung.

PRÄPARATE UND DOSEN.

1) *Strychninum nitricum* (und [Ph. Helv.] *sulfuricum*). Innerlich in Pillen, Pulver oder Solution, bei Erwachsenen zu 0,001—0,01! *pro dosi* (*pro die ad* 0,02*!*) (Ph. Helv.: *ad* inject. subc. 0,001 *pro dosi!* *pro die* 0,005!) Bei Kindern 2—3fach geringere Dosen.

2) *Extractum Strychni* (Ph. Helv. *Extr. nucis vomicae spirituosum*). Braun, trocken (nach Ph. Helv. dick-flüssig). Zu 0,01—0,05! (*ad* 0,15 *pro die*!) (Ph. Helv.: *pro die* 0,2!)

(Ph. Helv.: *Extractum nucis vomicae aquosum*. Sollte eigentlich nicht in Anwendung kommen, denn der mit heissem Wasser vollzogene Auszug ist zu unsicher in seinem Gehalte an Strychnin. Das Extract ist von brauner Farbe und kann zu 5 Centigr. pro dos. gegeben werden, *d. max. sing.* 2 Decigr., *d. max. pro die* 6 Decigr.)

3) *Tinctura Strychni* (Ph. Helv.: T. nucis vomicae). Eine gelbbraune Flüssigkeit aus 1 : 10 Weingeist bereitet. *Ad* 1,0 *pro dosi!* 2,0 *pro die!* (Ph. Helv. *ad* 5,0 *pro die!*)

Das Brucin wird therapeutisch nicht verwendet.

Curare, Urari, Woorara u. s. w.

Das Pfeilgift der südamerikanischen Indianerstämme; die braune harzige Masse durch Abkochungen der Rinde verschiedener Lianen der Familie Strychneen gewonnen, wobei jedoch noch einzelne Pflanzen anderer Familien beigezogen werden.

Das Curare, wirksamer Bestandtheil das amorphe Alkaloïd Curarin (gut wasserlöslich, bildet keine Salze; auch ein unwirksames Alkaloïd „Curin" ist extrahirt worden), ist eine für physiologische und pharmakologische Untersuchungen wichtige Substanz, indem sie subcutan oder intravenös beigebracht die Enden der motorischen Nerven lähmt und somit die Thiere unbeweglich macht. Bei Fröschen bleiben Extremitäten, deren Arterie unterbunden ist, zur Verfügung des sonst gelähmten Thieres und zeigen Bewegungen, wenn die Haut anderer gelähmter Theile gereizt wird, — die Sensibilität der gelähmten Glieder bleibt also (ziemlich) unversehrt. Die Lähmung, von centraler Innervation unabhängig, trifft auch die Muskeln der Athmung; curaresirte warmblütige Thiere können daher nur durch künstliche Respiration am Leben erhalten werden. (Das Curarin wird bei internem Gebrauche verhältnissmässig langsam resorbirt und zu rasch durch den Harn wieder ausgeschieden, so dass dann keine Wirkung zu Stande kommt, es sei denn, dass vorher die Nierenarterien unterbunden wurden.) Bei grossen Dosen kommt es auch zu Lähmung zuerst der Vagusendigungen, dann der vasomotorischen Sphäre und des Herzens. Vorher zeigt sich bei Warm- und Kaltblütern Melliturie. Wie Curare wirken noch lähmend auf die genannten Nerven (ausser Strychnin): Coniin, viele Ptomaïne

(Leichengifte), alle Ammoniumbasen, Cotarnin (ein Derivat des Narcotins), und viele in der Pflanzenwelt vorkommende Stoffe. Auf das Central-Nervensystem wirkt Curare — entsprechend seiner Herkunft aus einer Strychnea: nach einer kurzen (ca. 1 Stunde) Periode einer durch „Erregungs"-Zustände des Grosshirns (bei abgetrenntem Hirne fehlenden) veranlassten Reflexhemmung; an dem durch Gefässunterbindung vor Lähmung bewahrten Froschbeine zeigt sich eine deutliche Reflexübererregbarkeit mit Irradiation der Reflexe auf die eine Paralyse folgt. (Bei subcutaner Injection ist meist die „Reflexübererregbarkeit nicht zu sehen", weil die Circulationsstörung — s. oben — schwächend wirkt und nicht genug Curare zum Rückenmark gelangen lässt; — Einspritzung in die Aorta oder directe Aufträuflung auf das Mark ist meist zur Demonstration nothwendig.)

THERAPEUTISCH kann von dieser Substanz noch kein rechter Gebrauch gemacht werden, da für deren Anwendung bestimmte Indicationen fehlen. Muskelkrämpfe, welche von pathologisch gesteigerter Erregung motorischer Nervenenden herrühren, sind kaum je zu bekämpfen. Andere Krämpfe (Strychninvergiftung, Wasserscheu u.s.w.) schweigen zwar äusserlich bei Curarevergiftung wegen der Lähmung; jedoch ist Curaresirung hier nur ein palliatives, und wegen der drohenden Vasomotionslähmung und der Nothwendigkeit künstlicher Respiration ein doch zu gefährliches Mittel.

DOSIRUNG. Curare (nicht officinell) in 1—5°/oiger Lösung (notabene: filtra diligenter!), von 0,03 beginnend in vorsichtig steigender Gabe; subcutan.

Herba Conii, Schierling. Die Blätter von Conium maculatum L. (Umbellifere). Ein Extract dieser Pflanze war im alten Griechenland der Hauptbestandtheil einer Giftmischung, welche als Hinrichtungsmittel benutzt wurde. Wirksamer Bestandtheil (GEIGER 1831, WERTHEIM 1856) ist ein Alkaloid Coniin ($C_8H_{17}N$) (Normalpropylorthopiperidin), daneben Conhydrin und Methylconiin; Coniin wurde in neuester Zeit von LADENBURG synthetisch dargestellt. Es ist eine ölartige helle Flüssigkeit, leichter als Wasser, von durchdringendem widerlichem Geruche, welche sich bei Aufbewahren bräunt, zersetzt und stark ammoniakalisch wird. Die Blätter enthalten sehr wenig von ihm, die Samen ungefähr 1/2 %.

Die physiologischen Wirkungen sind so ziemlich die des Curare, ausserdem wird — neben einiger narkotischen Wirkung auf die Psyche (Schläfrigkeit, Denkunfähigkeit, Schwerhörigkeit) — die Reflexerregbarkeit vermindert. (Therapeutisches s. unter „Curare".) Als Coniinsalz ist das (nicht officinelle, krystallisirte) Coniinhydrobromat zu nennen, das milligrammweise versucht werden könnte. Officinell: Herba Conii, ad 0,5! (pro die ad 2,0!).

Folia Nicotianae, Tabak. Die getrockneten Blätter von Nicotiana Tabaccum L. (Solanee) sind in Europa seit der Landung der Spanier auf Cuba im Jahre 1492 als Genussmittel benutzt und vielfach medicinisch gebraucht. Der Geruch der frischen Tabaksblätter ist narkotisch, der Geschmack scharf und bitter.

Der wirksame Bestandtheil, das Nicotin ($C_{10}H_{14}N_2$), ist im Jahre 1828 zuerst von POSSEL und REIMANN dargestellt worden. Es ist eine farblose ölartige Flüssigkeit von 1,027 spec. Gew., reagirt alkalisch, hat einen unangenehmen stechenden Geruch und scharfen Geschmack. An der Luft dunkelt es und zersetzt sich theilweise. Die getrockneten Blätter enthalten durchschnittlich angeblich 1—8%. Im Rauche der Blätter wurden theils Nicotin, theils Zersetzungsproducte, Pyridinbasen u. s. w. nachgewiesen. Bekanntlich enthalten die Blätter viel anorganische Substanz (Asche).

Physiologisch-toxische Wirkungen. Das Nicotin gehört zu den starken gewöhnbaren Giften. Es erregt Reizungserscheinungen im Munde, Schlunde, Magen und Gedärmen, Uebelkeit und Erbrechen, Kühle und Blässe der Haut, Benommenheit des Sensoriums. Der Puls, anfangs verlangsamt, wird später beschleunigt und klein; tonische und klonische Krämpfe stellen sich bei starker Intoxication zuweilen ein, und der Tod tritt in Folge der Lähmung der Nervencentren ein.

So viel bis jetzt aus den Versuchen an Thieren und Beobachtungen am Menschen ermittelt werden konnte, erzeugt Nicotin in toxischer Dosis 1) Krämpfe (bei Fröschen eine Zeit lang eigenartige tetanische Beinhaltung: die Fersen übers Becken angezogen) in Folge von Erregung motorischer Centren; 2) depressorische Wirkung auf die Empfindungscentren; 3) erst heftige Erregung, dann Lähmung der Peripherie des Vagus, Splanchnicus (die Vaguslähmung gleicht nicht der durch Atropin bedingten: Muscarin oder Sinusreizung bleiben beim Frosche nach Atropin wirkungslos, während sie nach Nicotin noch Herzstillstand erzeugen; Nicotin greift also weniger peripherisch ein als Atropin); 4) heftige Erregung der Darmganglien und der die Darmbewegung antreibenden Abschnitte des Centralnervensystems; 5) Lähmung der motorischen Endigungen der Nerven in den animalen Muskeln nach kurzer Erregung (fibrillären Zuckungen). Schliesslich lähmt es Herz und Vasomotion, welche letztere vorher wie der Darm krampfhafte Erregung zeigte. Als Folgen chronischer Nicotinvergiftung sieht man nervöse Herzschwäche, paracentrische und centrische Skotome, auch namentlich Unempfindlichkeit für Farben.

Therapeutische Anwendung. Bei Incarcerationen des Darmes ein Infusum der Blätter in Form von Klystieren in der Stärke von 0,5—1,0 auf 100,0 Colatur.

Herba Lobeliae inflatae L. (Fam. Lobeliaceae.) Die Ureinwohner Nordamerikas, welche zuerst davon Gebrauch machten, nannten die Pflanze Indischen Tabak. Die reifen Blätter haben einen scharfen säuerlichen Geschmack, erregen in grösseren Dosen Nausea und Erbrechen und etwas Betäubung. Sie wird als sedatives Mittel gegen asthmatische Beschwerden verwendet. Sie enthält als wirksamen Bestandtheil das Lobelin, ein glykosidisches Alkaloid, welches schon in kleinen Dosen Vaguslähmung (wie Nicotin) verursacht. Den motorischen Einfluss des Vagus auf die Bronchialmusculatur sah man nach Lobelin beseitigt, was die nützliche Wirkung des Mittels bei Bronchialasthma erklären würde.

Officinell ist:

Tinctura Lobeliae aus 1 : 10 (Ph. Helv. 1 : 5) Alkohol bereitet. Dosis 15—30 Tropfen mehrmals täglich. *Ad* 1,0 *pro dosi!* ad 5,0 pro die.

1) Radix Veratri albi s. Rad. Hellebori albi, *Weisse Niesswurz*. **2) Radix Veratri viridis. 3) Semen Sabadillae,** *Sabadill- oder Läusesamen* (von Veratrum officinale s. Sabadill. off.). Diese Droguen gehören zusammen, da sie theils identische, theils analog wirksame Stoffe enthalten: Veratrin, Cevadin, Veratroidin, Sabatrin, Sabadillin, Jervin; ausserdem Harze und mehrere eigenthümliche Pflanzensäuren. Officinell ist nur das Veratrinum, welches aus den Sabadillsamen dargestellt wird und je nach der Gewinnungsmethode ein Gemenge zweier (des krystallisirten „Veratrin", auch Cevadin genannt, und des amorphen Veratridin) oder mehrerer Substanzen ist. Die Sabadillsamen enthalten ungefähr 3%₀ eigentliches Veratrin. Das in dem pharmaceutischen Handel cursirende Veratrinum ist ein weisses amorphes Pulver von bitterem und scharfem Geschmack, unlöslich in Wasser, löslich in Weingeist und Aether. Es erzeugt, örtlich angewendet, stark reizende Wirkungen, auf der Nasenschleimhaut starkes Niesen mit Absonderung, im Munde starken Speichelfluss und einen scharfen brennenden Geschmack; es dringt durch die Epidermis (bemerkenswerthe Ausnahme) und veranlasst ein Gefühl von Prickeln, Wärme und Brennen; bei subcutaner Anwendung steigern sich die örtlichen Erscheinungen in hohem Grade. Innerlich in kleineren Dosen genommen reizt es die Magenschleimhaut, erzeugt Brennen und Wärme in der Magengegend, Brechreiz, vermehrte Darmentleerungen. Nach Resorption sehen wir Motilitäts- und Sensibilitätsstörungen (Muskelzuckungen und partielle Gefühllosigkeit der Haut), vermehrte Schweiss- und Harnabsonderung, jedoch letztere Erscheinungen nicht constant, auftreten. Nach toxischen Dosen (0,01—0,05) beobachtet man ausser Erbrechen und Durchfall Seltnerwerden der Herzbewegungen (Puls sinkt auf 40—36) und der Athembewegungen, profusen kalten Schweiss, Kältegefühl und Eingeschlafensein der Extremitäten, tetanische Zustände, Tod und Erscheinungen von Collaps und Herzlähmung. Die animalen Muskeln (und ähnlich das Herz) werden direct sehr eigenthümlich beeinflusst: die sonst schnell ablaufende Contraction auf einmaligen Reiz wird träge, langsam sich abgleichend.

Therapeutische Anwendung. Man hat das Veratrin zu gewissen Zeiten als Antipyreticum empfohlen, speciell bei Pneumonie und Rheum. artic. acut., wobei man sogar an eine specifisch günstige Wirkung bei diesen pathologischen Vorgängen dachte; man ist jedoch von ihm, wie von allen durch Collaps die Fiebertemperatur erniedrigenden Mitteln, zurückgekommen.

Präparate und Dosen. 1) *Veratrinum*. Innerlich in Dosen von 1 Mgr. an, ad 0.005! (pro die 0,02!) am besten in Pillenform. Aeusserlich in Salbenform zu Einreibungen bei Neuralgien in wechselnden Verhältnissen, 1—5 : 100. 2) *Tinctura Veratri*, oder *Tinctura Sabadillae*, zu Einreibungen, namentlich gegen Hautparasiten benutzt, aus 1 Thl. Rad. auf 10 Thl. Weingeist (nach Ph. Helv. aus 1 : 5) bereitet.

Semen Colchici. Besonders die Samen der Herbstzeitlose. Colchicum autumnale (Colchicaceae), aber auch die anderen Theile der Pflanze enthalten zwei Colchicine, $C_{21}H_{21}NO_5.OCH_3$ und das andere um CH_2O reicher, welche beide einen Körper Colchicein abspalten lassen; beide schmecken intensiv bitter, lösen sich in Alkohol und Chloroform, ebenso in Wasser, besser in warmem. Sie wirken giftig, am meisten bei Fleischfressern, am schwächsten bei Kaltblütern. Im Warmblüter findet sich nach Darreichung von Colchicin ein Oxydicolchicin, welches für sich dargereicht auf Kaltblüter und Warmblüter gleich giftig und ebenso wie Colchicin wirkt. In toxischen Dosen lähmen sie das Centralnervensystem (Empfindung und Bewusstsein) und schliesslich das Athmungscentrum; bei Fröschen gehen dem Krämpfe voraus. Eine sehr entschiedene Wirkung übt Colchicin auf den Verdauungsapparat aus, indem es Erbrechen und Diarrhöen hervorruft, mit Schwellung der Schleimhäute des Magens und Dünndarms, und beim Menschen heftige Koliken mit, wohl secundärem, Collaps. Wenn Herbivore grössere Quantitäten von Colchicum in dem Futter bekommen, kann ihre Milch, von Menschen genossen, Vergiftungserscheinungen verursachen.

Therapeutische Anwendung. Gegen Gicht und Rheumatismus. Wirkung zweifelhaft. Als Diureticum (?).

Präparate und Dosen. 1) *Tinctura Colchici*, im Verhältniss von 1:10 (nach Ph. Helv. von 1:5) Weingeist bereitet; zu 10—15 Tropfen *p. dos.* ad 2,0! (pro die 5,0!) (Ph. Helv. 1,0! resp. 5,0!) — 2) *Vinum Colchici*, ebenso (Ph. Helv. gleichfalls).

Ephedrinum und *Pseudoephedrinum* (hydrochloricum) (nicht officinell), aus der Ephedra vulgaris und andern Ephedra-Arten. $C_6H_5.CH(OH).C-H\genfrac{}{}{0pt}{}{\diagup N\diagdown\genfrac{}{}{0pt}{}{H_2}{H}}{\diagdown CH_3}$, führt wie fast alle in β-Stellung die Gruppe $C\genfrac{}{}{0pt}{}{\diagup H}{\diagdown N=}$ führenden aromatischen Körper sowohl resorptiv als local (instillirt) Mydriasis herbei, welche auf einer Erregung der Dilatationsvorrichtung beruht und nicht wie bei Atropin auf Nachlass des Sphincter-Tonus.

Secale cornutum: Ergota, Mutterkorn.

Auf verschiedenen Gramineen namentlich auf Secale cereale (Roggen) zeigt sich öfters krankhafter Auswuchs des Samens durch eine Pilzart, Claviceps purpurea. Im ausgewachsenen Zustande bildet dieses Secale cornutum, das Dauermycelium jener Pyrenomycete, ca. 2 Ctm. lange stenglige, hornartige Körper, äusserlich von braun bis schwarzer Farbe, inwendig hell. In der Medicin, und zwar speciell in der Geburtshilfe war der Gebrauch dieser Droge schon seit Langem bekannt. A. Lonicerus von Frankfurt thut deren in der Mitte des 16. Jahrhunderts schon Erwähnung; Thalius im 16. Jahrhundert benutzte sie „ad sistendum sanguinem" nach Geburten, und im 17. und 18. Jahrhundert wurde sie namentlich als wehentreibendes Mittel schon gebraucht. Ebenso war schon im 16. Jahrhundert bekannt, dass durch fortwährenden Genuss von Brot, welches secale cornutum enthält, ein epidemienartig sich ausbreitender Krankheitszustand entstehen kann, welcher verschiedene Namen erhalten hat: Ergotismus, Morbus spasmodicus malignus cerealis, Kriebelkrankheit: Gefühl von Kriebeln in den Extremitäten, Anästhesien, krampfhafte Contracturen, Stupor, Geisteskrankheit und epileptiforme Anfälle; — Störungen des Sehens u. s. w., — Lähmungen; mumificirende Gangrän der Zehen, Finger, Nasenspitze u. s. w.

Ausser unwirksamen, resp. wenig wirksamen Alkaloiden und andern Basen, Ergotin, Ergotinin, Cholin, ferner dem aus dem Cholin sich abspaltenden Trimethylamin u. s. w. ist aus Secale cornutum nur ein wirksames Alkaloid erhalten worden: Cornutin, leicht löslich in Alkohol und Essigäther, unlöslich im Wasser; ausserdem als wirksame Stoffe zwei sehr zersetzbare Säuren: Sphacelinsäure, stickstofffrei, unlöslich in Wasser, löslich in Alkohol, und Ergotinsäure (letztere im weniger reinen Zustande auch Sclerotinsäure genannt), glykosidisch, stickstoffhaltig, sehr leicht z. B. durch Magensaft zersetzlich, hygroskopisch.

Physiologische Wirkung. Das Cornutin erzeugt bei Kalt- und Warmblütern Krämpfe und Muskelsteifigkeit; Blutdruck, auch direct (unabhängig von den Krämpfen, an curaresirten Thieren) gesteigert, anscheinend durch Reizung des vasomotorischen Centrums; der Uterus, gravid und nichtgravid, verfällt zuletzt in Contracturen, so lange er mit dem Rückenmarke in Nervenverbindung. — Die Sphacelinsäure erzeugt ebenfalls central bedingte Blutdrucksteigerung, und bei Hähnen und Schweinen Gangränescenzen; man findet hyaline Thromben in den Arterien. Bei Hunden, Katzen und Kaninchen zeigen sich, z. B. im Darm, allerlei Blutungen nach Art der hämorrhagischen Infarcte. Es scheint also das Blut (vergl. Kalium chloricum, Sublimat, Arsenik) durch Mutterkorn verändert und zu Gerinnungen geneigt zu sein, was auch die blutungsstillende Wirkung des Secale cornutum ausschliesslich erklären dürfte. Die Sphacelinsäure ist zusammen mit dem Cornutin vermutblich dasjenige, was dem Mutterkorn die Wehen erzeugende Wirkung verleiht. Die Ergotinsäure ist das das Centralnervensystem lähmende, anästhesirende, blutdruckerniedrigende Princip des Mutterkorns: der Uterus wird durch sie nicht beeinflusst.

Für den praktischen Gebrauch kommen nur das Secale cornutum selber (nur gut bis etwa 3 Monate nach der Ernte) und gewisse Extracte in Betracht, die gegen einander erst noch auf ihre Brauchbarkeit zu prüfen sind; das Extractum Secalis cornuti, das Extr. Sec. cornut. fluidum des Arzneib. f. d. D. R. und die nichtoffic. Extr. Sec. corn. DENZEL, Extr. Sec. corn. cornutino-sphacelinicum, Extr. Sec. corn. WIGGERS u. s. w.

THERAPEUTISCHE ANWENDUNG. Das Mutterkorn und seine wirksamen Präparate werden 1) als Uteruscontractionen erregende Mittel gebraucht; doch ist das Mittel nur dann zur Geburtsbeschleunigung anzuwenden, wenn der Muttermund vollständig erweitert ist, die Lage des Kindes keine Aenderung fordert und nur noch kräftige Wehen fehlen; doch auch hier erkennen viele Geburtshelfer den Nutzen nicht nur nicht an, sondern halten Mutterkorn, — weil angeblich Krampf, nicht periodisch Wehen erzeugend, — für schädlich. In der Nachgeburtsperiode, zumal gegen Blutverlust, gilt dieser „krampfhafte Tonus" allgemein für nützlich. Ebenso bei andern uterinen Blutungen. 2) Bei Blutungen nicht nur des Uterus, sondern auch überhaupt bei allen aus pathologischen Ursachen hervorgehenden mehr innerlichen Hämorrhagien (s. oben). 3) Zur Verkleinerung und Atrophirung von Fibromyomen des Uterus, besonders in Form subcutaner Einspritzung der hierfür passenden Präparate. 4) Gegen Harnincontinenz. 5) Bei vasculären Strumen, in das Gewebe eingespritzt. 6) Gegen Polyure. 7) Bei Aneurysmen.

PRÄPARATE UND DOSEN.

1) *Secale cornutum.* Innerlich in Pulverform, zu 0,3—1,0! (*pro die* 5,0!) (Ph. Helv. desgleichen, dazu aber: ad infusum: d. m. s. 2 Gr., d. m. p. d. 10 Gr.)

2) *Extractum Secalis*, durch wässrigen Auszug dargestellt, rothbraun, dick, in Wasser leicht löslich. 0,1—0,5 innerlich, subcutan.

3) *Extractum Secalis cornuti fluidum.* Mit Wasser, Salzsäure und Alkohol extrahirt, 100 Theile Extract entsprechen, wie bei allen Fluid-Extracten, 100 Theilen Droguen; dieses Präparat ist daher in denselben Dosen wie Sec. cornut. zu geben; es erscheint als das zweckmässigste von allen Secale-cornut.-Präparaten.

Acidum sclerotinicum, nicht officinell. Graues Pulver, im trockenen Zustande leicht haltbar, in Wasser leicht löslich, sehr zersetzlich in wässeriger Lösung. Innerlich 0,05—0,2, subcutan 0,03—0,1. Gute Präparate bewirken in der Regel nur geringe örtliche Reaction an der Stichstelle.

Im Anschlusse an Secale cornutum wollen wir einiger neuen Drogen Erwähnung thun, welche von Amerika aus zuerst empfohlen wurden: das fluid extract der frischen Wurzelrinde von Gossypium herbaceum (L.) (Baumwollenstaude), zu 5,0—15,0; ferner: Hydrastis canadensis (Ranunculacee) (enthaltend Hydrastin und Berberin); benutzt wird ein (officinelles) Extractum fluidum. Es scheint als Wehenmittel unbrauchbar, aber als „Tonicum" für den Uterus bei mässigen Hämorrhagien, Endometritis chronica u. s. w. recht nützlich zu sein (4 mal täglich 20 Tropfen).

Agaricinum, *Agaricin*, richtiger Agaricinsäure, $C_{14}H_{27}OH\genfrac{}{}{0pt}{}{COOH}{COOH}$, aus dem Boletus laricis, dem Lärchenschwamm; höheres Homologon der Aepfelsäure, amorph; schwer löslich in Wasser, ist als ein die Schweisssecretion lähmendes Mittel in Gebrauch. Am besten innerlich in Pulverform zu 5—10 Milligr. mehrmals täglich (ad 0,1!). Subcutan als Natronsalz zu stark reizend, nicht anwendbar; lähmt nur die Schweisssecretion, nicht Speichelabsonderung u. s. w. Die Wirkung ist eine periphere, vielleicht direct die Drüsenzellen treffend. Herz und Pupille (im Gegensatz zu Atropin) werden nicht beeinflusst.

Amylium nitrosum, Salpetrigsäure-Amylester. Amylnitrit $C_5H_{11}O.NO$.

Dieser Aether, welcher durch gemeinsame Destillation von Amylalkohol und salpetriger Säure erhalten wird, ist eine blassgelbe, eigenthümlich fruchtartig riechende und scharf schmeckende Flüssigkeit von neutraler Reaction, siedet bei 96°, verduustet also ziemlich leicht.

PHYSIOLOGISCH-TOXISCHE WIRKUNG. Athmet ein Mensch die Dämpfe von 2—5 Tropfen dieser Substanz ein, so tritt sehr bald unter Hitzegefühl eine wenige Minuten dauernde auffallende Röthung der Gesichtshaut ein mit starker Pulsation der Carotiden und Beschleunigung des Pulses. Im Thierexperimente, sowie in sphygmographischen Curven des Menschen zeigt sich in dieser Zeit eine enorme Erniedrigung des Blutdruck, der eine ganz flüchtige, wohl nur von sensibler Reizung der Nasen- und Luftröhrenschleimhaut durch die Dämpfe herrührende Druckhebung vorangeht. Die eigentliche Wirkung, nämlich die Drucksenkung, rührt von einer Erschlaffung der Arterien des Gesichtes und des Schädelinnern, sowie — nach unten allmählich abnehmend — der oberen Körperhälfte her. Diese Erschlaffung ist die Folge vorübergehender Lähmung des betreffenden Abschnittes des vasoconstrictorischen Centrums und nicht der Peripherie. Beweis: Bei normalen Kaninchen erweitern sich 8 Secunden nach 1—3 Athemzügen Amylnitrit-haltiger Luft die Ohrlöffelarterien maximal; hält man durch Arterienklemmung das Amylnitrit führende Blut vom Eintritt zum Hirn ab, lässt es aber durch die Ohrlöffelgefässe fliessen, so tritt selbst nach 20 Secunden die Wirkung nicht ein, obwohl das Gift die Gefässe berührt. Löst man dann die Klemmung, so ist in 8 Secunden die Ohrarterienlähmung wieder da, also wieder 8 Secunden nach Vergiftung des Centrums.

Die Pulsfrequenzsteigerung ist nur indirecte Wirkung des Mittels, ist die directe Folge des Absturzens des Blutdrucks; man comprimire während der Wirkung die Bauchaorta und treibe den Druck in den Hirnarterien zur normalen Höhe, und die Pulsfrequenz ist (sogar etwas unter die Norm) vermindert. Der mechanische Druck auf das Vaguscentrum war vorher fortgefallen, während jetzt die (erweiterten) Hirnarterien bei normalem Drucke wieder (sogar stärker) das Centrum drücken und reizen; nach Vagusdurchschneidung beiderseits ändert Amylnitrit die Frequenz nicht mehr.

Aus gleichem Grunde tritt auch Athmungsbeschleunigung und Mellituric auf, später auch Krämpfe: Aortencompression beseitigt zunächst auch diese. Bei grösseren, vergiftenden Gaben zeigt sich, wie nach Nitriten und Nitrokörpern überhaupt, sowie nach sehr vielen oxydirenden und reducirenden Chemikalien, eine Umwandlung des Oxyhämoglobins zu Methämoglobin, welches unfähig ist, den Sauerstofftransport im Blute zu vermitteln, was wiederum zu Dyspnö und Krämpfen führt. Die schliesslich vollständiger werdende allgemeine vasoconstrictorische Lähmung lässt (s. S. 53) allgemeines (passives) Engerwerden der Arterien entstehen. — Die Vasodilatatoren sind bei dem nach Amylnitrit sich zeigenden Erröthen nicht betheiligt.

THERAPEUTISCHE ANWENDUNG. Gegen Anfälle von Asthma, Angina pectoris. Gegen solche Hemikranie, welche von spastischer Gehirnanämie herrührt. Zur Coupirung epileptischer Insulte: kurz überall, wo Gefässspasmus, namentlich am Kopfe, im Hirn, in der Brust, als causales Moment beargwöhnt wird. Ferner bei Syncope nach Chloroform, Cocaïn u. s. w. zur Hervorrufung vorübergehender (relativer) Hirnhyperämie. Das Mittel beseitigt auch in Anfällen von Bleikolik vorübergehend die Schmerzen, aber nicht durch Gefässerweiterung (im Splanchnicusgebiet findet nach meinen Versuchen keine solche statt), sondern wegen der Wirkung auf die Darmmusculatur, welche verminderte Circulärcontraction bei sogar begünstigter Longitudinal-Peristaltik zeigt (s. auch d. Opiumwirkung S. 45).

Dosirung: s. oben.

Nitroglycerinum $C_3H_5(O.NO_2)_3$. zu $1/10$—1 Mgr.; von $1°/_{00}$ alkoholischer Lösung 1—10 Tropfen in Wasser mehrm. tgl.; wirkt ebenso aber nachhaltiger, als das vorige.

Amygdalae amarae und **Aqua Amygdalarum amararum**. Bittere Mandeln und Bittermandelwasser.

Die bitteren Mandeln enthalten u. A. Amygdalin und Emulsin, welch letzteres bei Anwesenheit von Wasser — also auch schon in dem feuchten Samen — aus dem Amygdalin Bittermandelöl — Benzaldehyd C_6H_5CHO, Blausäure CNH und Zucker abspaltet. Das Bittermandelwasser enthält $1/10°/_0$ Blausäure. Als gewürziges Corrigens und als Parfüm entbehrlich, als Mittel unbrauchbar. Ad 2,0! (ad 8,0 pro die!) (Ph. Helv. ad 10,0 pro die! Ph. Helv. hat auch die gleichfalls CNH enthaltende, ebenso zu dosirende Aqua Laurocerasi, Kirschlorbeerwasser). Als Gift wirkt Blausäure in erster Linie den inneren Gaswechsel lähmend (der chemische Mechanismus ist nicht aufgeklärt), also erstickend; obwohl das Blut Sauerstoff genügend reichlich in Folge der Dyspnö enthält, sind entweder die Gewebe unfähig, diesen aufzunehmen, oder das Blut (oder die Capillaren) haben die Fähigkeit, verloren den O an die Gewebe zu übertragen; ausserdem wirkt die CNH auch etwas (direct) betäubend; 0,05 wasserfreie CNH ist eine tödtliche Gabe für den Menschen.

Therapie der Vergiftung. Symptomatisch; wahrscheinlich (abgesehen von der causalen Indication der Prophylaxe und der Entfernung des noch nicht resorbirten Giftes aus dem Magen) entweder erfolglos oder unnöthig.

II. Gruppe.
ANTIPYRETICA[1].

Die Antipyretica sind im Stande, die fieberhaft erhöhte Körpertemperatur zu erniedrigen. Sie scheinen auch jede nicht fieberhafte Steigerung der Eigenwärme, wie sie z. B. nach heissen Bädern, bei Sommermärschen der Infanterie, bei starkem Tetanus u. s. w. vorkommt, schneller zum Ausgleich zu bringen. Die normale Körpertemperatur wird erst durch enorm grosse Gaben erniedrigt.

Die Antipyretica, indem sie die Körperwärme des Fiebernden verringern, beseitigen indirect auch diejenigen Fiebererscheinungen, welche, und soweit sie directe Folgen der Körperüberhitzung sind: die Pulsbeschleunigung, die Respirationsbeschleunigung u. s. w. Sind diese theilweise von andern Umständen abhängig, z. B. die Athemnoth von pneumonischer Infiltration, die grosse Pulsfrequenz von Blutverlusten, Circulationsstörungen u. dergl. m., so bleibt dieser Antheil bestehen. Desgleichen schwindet oft die Pulsbeschleunigung nicht oder nicht ganz, wenn das Mittel an und für sich pulsbeschleunigend wirkt, was in den Kauf genommen werden darf, wenn die sonstige Qualität des Pulses, insbesondere die Spannung, durch dasselbe an sich nicht schlechter, sondern besser wird.

Die Temperaturerhöhung ist aber nicht das innere Wesen des Fiebers. Das „Fieber" beginnt mit dem Eindringen eines den Stoffwechsel fermentartig beeinflussenden Krankheitsstoffes. Meistens ist dies Ferment ein organisirtes (Mikroorganismen); zuweilen, so beim „aseptischen" Fieber, dürfte, ebenso wie es in einigen experimentell — z. B. durch sterilisirte Heujauche, Fermente — erzeugten Temperatursteigerungen der Fall ist, ein nicht fermentartiger chemischer Körper (z. B. Stoffwechselproducte von Mikroorganismen) oder ein ungeformtes Ferment die Fieberursache sein. Es bleibe übrigens unerörtert, ob im

---

[1] Fieberbekämpfende Mittel.

ersteren Falle die Bacterien als solche oder die von ihnen producirten (ungeformten) Stoffe das chemisch Wirkende sind. Mit dem Eindringen des „Ferments", „Krankheitsstoffes", oder wie man es auch nennen will, beginnt ein neuer Chemismus, eine qualitative Aenderung des Stoffwechsels, die in einem gesteigerten Zugrundegehen von Organeiweiss und rothen Blutkörperchen sich äusserlich manifestirt; in Folge hiervon: Harnstoffausscheidung grösser als sie derselbe Mensch im gleichen Ernährungs- (resp. Hunger-)Zustande ohne Fieber gehabt haben würde; dunklerer, rother Urin (umgewandelter Blutfarbstoff), Abmagerung der Muskeln u. s. w., Bleicherwerden der Hautfarbe u. s. w. In welcher Weise diese qualitative Aenderung des Stoffumsatzes zu einer Erhöhung der Körperwärme führt, ist nicht klar; Folgendes dürfte in dieser Beziehung zu sagen sein:

Im gesunden Zustande haben wir Menschen innerhalb der Grenzen der von uns innegehaltenen Lebensbedingungen eine Eigenwärme, die sich zähe ungefähr zwischen 37,0—37,5° C. erhält, wie immer die Nahrungsweise, die äussern Bedingungen der Wärmeabgabe, die Production der Wärme in mässiger Arbeit oder in der Ruhe sei: wir nennen dies die „Regulirung" — wir sagen wohl auch „die Regulirung" sei „auf 37,5° C. eingestellt". Alle Thatsachen sprechen dafür, dass es das zum kleinsten Theile bewusste, grösstentheils gänzlich unbewusste Behagen der Ganglienzellen ist, welche diese „Einstellung der Regulirung" veranlasst.

Wie aber die Norm consequent eine fast horizontal laufende zwischen 37 und 37,5° C. sich bewegende Curve zeigt, so halten mit fast gleich zähem Eigensinne die einzelnen Krankheiten, wie Pneumonie, Abdominaltyphus u. s. w. ihre besonderen Curven fest, gleichviel ob im Sommer oder Winter, im Norden oder Süden, bei bester oder minder guter Ernährung —, kurz, gleichviel wie die Wärmeproduction und Wärmeabgabe — innerhalb gewisser Grenzen — sind. Dies scheint eine neue Regulirungsweise, eine neue „Einstellung" zu bedeuten. Indess könnte es erstens auch an übergrosser, periodisch wechselnder Wärmeproduction bei relativer Insufficienz der Wärmeabgabe liegen; hier wäre dann das Bestreben, zu reguliren, das gleiche geblieben, — aber der Körper könnte die überreichen Wärmemengen nicht expediren. Zweitens könnte ohne Aenderung der „Einstellung" — gleichviel, ob bei vermehrter oder verminderter Wärmeproduction — der Wärmeabgabemechanismus durch die Krankheit geschwächt sein. Auch hier wäre das Regulirungsbestreben normal geblieben, aber insufficient. Nun ist nachgewiesenermaassen die Wärmeproduction des hungernden Fiebernden vermehrt im Vergleich zu dem ebenfalls hungernden Gesunden. Aber sie ist doch lange nicht so gross wie die Wärmeproduction des normal ernährten und mässig arbeitenden Gesunden. Da dieser trotzdem nur 37,5° C. hat, trotz beispielsweise doppelter Wärmeerzeugung, so muss es an den Wärmeabgabeapparaten oder an der „Einstellung" liegen, dass der Fiebernde z. B. 40° C. hat. Bei manchen Fiebernden ist thatsächlich die Wärmeabgabe insufficient geworden — es bleibe unerörtert, ob absolut oder relativ: solche Patienten streben nach Abkühlung, dulden die Bettdecke nicht u. s. w.; in ein abkühlendes Bad gebracht, giebt der Körper schnell und ohne Gegenregulirung grosse Wärmemengen ab und kühlt z. B. von 41° C. auf 40° ab. Dann aber beginnt — also noch bei erhöhter Temperatur — die Gegenregulirung: die Haut wird blass, die Hautarterien verengern sich; der Patient fängt zu zittern an, klappert mit den Zähnen — mit andern Worten: er spart und producirt Wärme: er regulirt auf 40°. Die Einstellung hat sich thatsächlich geändert. Und bei den meisten continuirlich Fiebernden und immer bei steigendem Fieber regulirt der Organismus von vornherein — allerdings weniger kräftig und erfolgreich als ein gesunder — gegen die Abkühlung, während er gegen Erwärmung erst bei einer höheren Temperatur als ein normaler in der bekannten Weise ankämpft (beides ist auch in Thierversuchen sichergestellt). Die Regulirung ist also auf einen höheren Grad eingestellt. Da dies bei jeder Mikroorganismen-Invasion, d. h. bei allen Infectionskrankheiten auftritt, so liegt es nahe (ist aber nicht bewiesen), dass diese spontane Erhöhung der Temperatur eine ererbte Abwehrmaassregel des Organismus sei, der demnach diejenige Brüttemperatur verlässt, aufgiebt, welche der Ansiedlung der pathogenen Bacterien so günstig und einladend war, und dafür Temperaturen erstrebt und annimmt, die der Schmarotzer nicht verträgt. Wer dieser Vorstellung zuneigt, wird das „Fieber" an sich nie bekämpfen mögen. In der That scheint die Empirie zu ergeben, dass die systematische, consequente Bekämpfung der Temperaturerhöhung nicht zuträglich für die Kranken ist — zum mindesten meistens nicht. Doch aber giebt es viele Fälle und fast bei jedem Fiebernden Zeitmomente, in denen ein antipyretischer Eingriff erwünscht, nützlich oder unerlässlich nothwendig ist. Temperaturen von weit über 41° (sogenannte Hyperpyrexien) sind mit dem Leben für die Dauer unvereinbar — und müssen als selbstmörderisches Beginnen des Organismus unterdrückt werden. Bei langdauernden fieberhaften Krankheiten kann Consumption dadurch eintreten, dass Appetit, Secretionen, Verdauung, Assimilation, in Folge des Fiebers an sich, darnieder liegen. Giebt man ein Antipyreticum, so zeigt sich relative Euphorie, Appetit und Assimilation des Genossenen. Hier kann es nützlich sein, täglich auf einige Stunden antipyretisch vorzugehen. Auch zur Ermöglichung des Schlafes und zur Verhütung nervöser Erschöpfung kann ein antipyretischer Eingriff nützlich und nöthig sein: in der Apyrexie schlafen die Patienten vortrefflich. Schon die Euphorie — nicht immer, aber oft sich zeigendes Gefühl scheinbarer Gesundheit — ist für Patienten und Angehörige eine erfreuliche Abwechslung.

Zum antipyretischen Eingreifen eignen sich in erster Linie abkühlende Bäder, nasse Einwicklungen u. Aehnl. Obschon der Organismus sich regulirend hiergegen wehrt, so gelingt es doch, die Abkühlung zu erzwingen, gerade wie ein Gesunder, z. B. in eine Gletscherspalte eingeklemmt, trotz aller Gegenregulirung seine Eigenwärme nicht auf 37° C. erhalten kann. Der Fiebernde ist aber lange nicht so widerstandskräftig wie ein Gesunder und ist daher ziemlich leicht abzukühlen. Die abkühlenden Bäder sind um so mehr nützlich, als sie nicht bloss die Temperatur erniedrigen, sondern als kräftige Reizmittel für das ganze Nervensystem, einschliesslich des Sensoriums, dem nervösen Verfalle entgegenwirken: insbesondere auch der Blutcirculation und dem Herzen eine heilsame Auffrischung geben; als inspiratorischer Reiz verbessern sie die Arterialisation des Blutes und wirken drohenden Hypostasen in den Lungen und Aehnlichem entgegen; durch Bethätigung der Hautcirculation verhüten sie Decubitus und Derartiges mehr. — Ausser den Bädern und dergleichen (nasse Einwicklungen u. s w.) haben wir — bequemer in der Anwendung und länger in der Wirkung als diese, eine Reihe von antipyretischen Arzneimitteln, theils der Alkaloïdsphäre, theils der aromatischen Chemie (im engeren Sinne) angehörig. Der Ablauf der Wirkung ist principiell bei allen der gleiche, nur die Zeitverhältnisse, Dauer und namentlich die Geschwindigkeit der Entwicklung und des Verschwindens der Wirkung ist sehr verschieden. Gerade diejenigen Substanzen, welche wie die drei Dihydroxybenzole (Brenzcatechin, Resorcin und Hydrochinon) oder wie das ebenfalls als Antipyreticum nicht mehr angewandte Kaïrin ungemein brüsk die Wirkung sowohl entstehen als verklingen liessen, haben sich eben deshalb als praktisch unbrauchbar bewiesen, aber sie haben die Erkenntniss des Mechanismus der antipyretischen Wirkung gefördert: Beim Chinin sieht man kaum, wo die Wärmemengen bleiben, wenn die Temperatur sinkt; und ganz allmählich steigt sie später, ohne dass man merkt, ob und wo Wärme erspart oder producirt wird; rapide dagegen stürzt die Temperatur beim Kaïrin, und rapide steigt sie beim Nachlass der Wirkung: hier erkennt man deshalb auch leicht den Mechanismus zuerst der Wärmeentäusserung und dann der Wiedergewinnung der zum Temperaturanstieg nöthigen Wärmemengen.

Sobald am Fiebernden die Wirkung des Kaïrins beginnt (und in weniger schroffer Weise findet dies bei allen Antipyreticis statt), öffnet der Organismus alle Schleusen der Wärmeabgabe und entlässt ungeheure Wärmemengen: **starke Schweisssecretion, noch weiter beschleunigter Puls mit zunehmender arterieller Spannung und Erweiterung der Hautarterien** und hierdurch reichlich blutdurchströmte, **heisse, rothe Haut** u. s. w. Dabei hat der Patient auch subjectives Hitzegefühl (trotz sinkender Temperatur). Im Thierversuche erweist sich die Wärmeabgabe in dieser Zeit als colossal vermehrt, die Wärmeproduction als nur wenig vermindert im Vergleich zu der unbehandelten Fieberzeit.

Diese Mittel **erniedrigen** also die Temperatur **durch Steigerung der Wärmeabgabe**. Aber ein Irrthum ist es, zu glauben, dass sie antipyretisch sind, **weil** sie die Hautgefässe erweitern, Schweiss erzeugen u. s. w. Denn wenn die Wirkung ihren Höhepunkt und der Patient z. B. 38⁰ oder 36⁰ erreicht hat, so hört die grosse Wärmeabgabe ganz auf, und man kann von jetzt an durch richtige Dosirung diese Wirkung ganz beliebig verlängern, Stunden, Tage, selbst Wochen lang, und der Patient oder das Versuchsthier geben nicht mehr, sondern im Gegentheile weniger Wärme ab, als in der Norm: die Haut ist kühl, blutarm, keine stärkere Schweisssecretion findet statt. Nur um die Temperatur von ihrer Höhe **herunterzubringen**, setzte der Wärmeabgabeapparat so hitzig ein —; zur **Festhaltung** der Apyrexie bedarf es seiner Thätigkeit nicht mehr. Und da der Körper diese niedrigere Temperatur ohne jede sichtbare Gegenregulation sich gefallen lässt, da er ferner nachgewiesenermaassen beim Versuche seine Temperatur künstlich zu erhöhen (oder zu erniedrigen), wie ein normaler regulirt, so ist dargethan, dass bei ihm die Regulation auf diesen neuen Grad sich eingestellt hat; und so erklärt sich die hitzige Wärmeabgabe von vorher: der z. B. bis dahin mit 40⁰ C. fiebernde und plötzlich auf 37⁰ „eingestellte" Organismus war sich zu warm, empfand sich selbst als überhitzt: daher das rothe Gesicht, der noch mehr beschleunigte Puls, der Schweiss u. s. w. — jetzt, wo er seine erstrebten 37⁰ endlich erreicht hat, ist gar kein Grund zu besonderen Maassnahmen; und so lange wir durch unsere Medication diese neue Einstellung der Regulirung aufrecht erhalten, regulirt er wie ein normaler. Wenn wir aber das Hydrochinon oder das Kairin ihm nicht weiter reichen, so kommt eine Zeit, da dessen Wirkung in etwa $\frac{1}{2}$—1 Stunde von ihrer Höhe zu Null absinkt; hier zeigt sich Folgendes: ein Frösteln, Krampf der Hautarterien, bleiche Farbe des Gesichts, Gänsehaut, Schüttelfrost: kurz alle Zeichen des Sparens und der Production von Wärme. Calorimetrisch findet sich im Vergleich zu vorher in diesem Stadium (bei Versuchsthieren) wesentliche Verminderung der Wärmeabgabe bei erheblicher Steigerung der

Wärmeproduction. Und hierbei steigt die Innentemperatur denn auch schnell zur fieberhaften Höhe; die Regulirung kehrte zu ihrer fieberhaften Einstellung zurück, und deshalb empfand der auf 40° eingestellte aber nur 37° warme Körper sich als kalt und fror, sparte und heizte so lange, bis er die erstrebte Temperatur von 40° factisch erreicht hatte.

Diese Schüttelfröste beim Aufhören der Wirkung waren es besonders, was die hastig wirkenden Körper schnell ausser Gebrauch brachte. Bei den andern Substanzen schwindet die Wirkung ohne Frost ganz allmählich. Das mildeste Mittel ist in dieser Beziehung das Chinin, dann kommt Salicylsäure, Antipyrin, Phenacetin und Antifebrin. Ziemlich brüsk ist schon das Thallin, ferner die (nicht mehr hierfür benutzte) Carbolsäure; dann kommen zum Schlusse die erwähnten Körper: Kairin und die Dihydroxybenzole.

Was am Centralnervensysteme chemisch oder molecular vorgeht, wenn es beim Erkranken die Regulirung höher einstellt, und was die genannten Mittel an diesen chemischen oder molecularen Aenderungen ihrerseits zurückändern, wenn sie die Regulirung wieder niedriger einstellen: — darüber weiss man nichts.

Was man sonst als Ursache der antipyretischen Wirkung dieser Stoffe glaubte beargwöhnen zu sollen, wie: Verminderung der Oxydationen, der Wärmebildung und des Stoffwechsels in den Geweben überhaupt, Verminderung der O-Uebertragung durch das Hämoglobin, — kann nicht in Betracht kommen, denn es sind Wirkungen, die am Gesunden constatirt sind, und bei diesem sinkt ja die Eigenwärme nach Darreichung antipyretischer Gaben nicht; offenbar regulirt er hier, bei Verminderung der Wärmeproduction ebenso, wie er z. B. auch bei Verdoppelung seiner Wärmeproduction durch Nahrung und Arbeit regulirend doch Normaltemperatur behält; würde beim Fiebernden die Regulirung nicht geändert, so würden jene geringen Aenderungen seiner Wärmeproduction die Körperwärme auch bei ihm nicht erniedrigen. Ob dagegen nicht die antifermentativen und antiseptischen Eigenschaften, welche sämmtlichen antipyretischen Körpern oder doch ihren möglichen Zersetzungsproducten zukommen, auch dasjenige ausmachen, was die Aenderung der Regulirung bewirkt — also z. B. durch Beschränkung von Processen, die den fermentativen analog sind, verdient als Frage aufgeworfen zu werden. Dabei ist aber keineswegs an directe Tödtung oder Lähmung der pathogonen Bacterien selber gleich zu denken (denn auch der gesunde Regulationsapparat ist, wenn auch weniger, diesen Mitteln zugänglich). Diese antibacterielle Wirkung kommt erst bei den specifischen Heilkräften in Betracht, wie solche einigen dieser Mittel eigen sind: diejenige des Chinins gegen die Malariakrankheiten, der Salicylsäure, des Antipyrius und des Antifebrins gegen Gelenkrheumatismus.

Bemerkenswerth ist übrigens, dass Salicylsäure u. s. w. am Nichtfiebernden zuweilen, allerdings verschwindend selten, unter Schüttelfrost ansteigende und mit kritischem Schweisse endende Fieberanfälle erzeugt, — was wohl als ein weiteres Zeichen dafür gelten darf, dass diese Mittel (in freilich nicht ganz einfacher und einsinniger Weise) die Regulationsmechanismen auch des Gesunden angreifen.

Die Beeinflussung des Stoffwechsels (Gesunder und Fiebernder) ist nicht bei allen Antipyreticis dieselbe. Sofern die Temperatur erniedrigt wird, wird hiervon abhängig wohl von allen eine gleichartige, übrigens noch nicht sicher genug erforschte Stoffwechseländerung bedingt (vermuthlich eine geringe Verminderung des Zerfalls von Organeiweiss und einige Steigerung des Umsatzes von circulirendem Eiweiss); sofern die Entfieberung Appetit, Nahrungsaufnahme und Assimilation herbeiführt, zeigen sich allenthalben die entsprechenden Stoffwechseländerungen in gleicher Weise. Unabhängig aber von diesen Aenderungen bedingen die verschiedenen sogenannten Antipyretica, gewissermaassen als directe Giftwirkung, verschiedenartige Stoffwechseländerungen: so vermindern Chinin und Antipyrin die N-Ausfuhr (vermuthlich durch paralytische Verminderung des Umsatzes an circulirendem Eiweiss), während fast alle übrigen (welche sämmtlich im Gegensatze zu jenen in toxischen Gaben sich als Blutgifte erweisen) die N-Ausfuhr (vermuthlich wegen vermehrten Zerfalles von Organeiweiss) steigern.

Cortex Chinae. Cortex Cinchonae.

Die als Chinarinde bezeichnete Droge stammt ursprünglich von verschiedenen Species der den Rubiaceen angehörenden Cinchona-Gattung her, welche in gebirgigen Gegenden der westlichen Küste Südamerikas, in Venezuela, Ecuador, Peru und Bolivia gefunden wurden. Es sind namentlich die Cinchona officinalis Hooker, C. Calisaya Wedell, C. succirubra Pavon. Ob die heilbringende Kraft der Rinde dieser Bäume im Lande schon bekannt war, als Peru im Jahre 1513 durch die Spanier entdeckt wurde, ist zweifelhaft. Die Angaben darüber sind widersprechend. Joseph de Jussieu, welcher Loxa im Jahre 1739 bereiste, bemerkt, dass zuerst ein jesuitischer Missionar im Jahre 1630 durch die Rinde vom Sumpffieber geheilt wurde. Acht Jahre später soll die Gemahlin des Vicekönigs von Peru, die Gräfin Anna Cinchon, durch sie von der Tertiana geheilt worden sein. Daher stammt die Namengebung der Bäume, und von jener Zeit an wurde das Polvo de la Condesa als Febrifugum nach Spanien gebracht. Ziemlich rasch verbreitete sich der Gebrauch der gepulverten Rinde durch Geistliche und Fürsten — und anfangs gegen den Widerspruch der Aerzte — in Europa. Diese Pulver wurden gleichsam als Geheimmittel unter verschiedenen Namen und zu sehr hohen Preisen verkauft: Pulvis peruvianus, P. febrigus, P. Chinae oder Quinae (Quina ist Rinde). Die Aerzte, welche ihr in der zweiten Hälfte des 17. Jahrhunderts in Europa Eingang verschafften, waren namentlich CHIFFLET, der Arzt Leopolds von Oesterreich in Brüssel, WILLIS, TALBOR und SYDENHAM in England.

Die Kultur dieser Bäume wurde in der zweiten Hälfte unseres Jahrhunderts mit Erfolg von den Holländern und Engländern in ihren indischen Besitzungen betrieben. Sie gedeihen in gebirgigen Gegenden (1500—2500 Meter über dem Meere) heisser Klimate am besten. Seit einigen Jahren finden sich auch die Rinden einer verwandten Gattung: Remijia, in Columbien und Brasilien einheimisch, im Handel vor und dienen mit andern älteren Rinden zur Bereitung des Chinins, welches in diesen Rinden (unter dem commerciellen Namen China cuprea bekannt) zu 1—2% vorkommt. Diese Facta widerlegen die bisher streng festgehaltene Ansicht, dass nur Rinden des Genus Cinchona das Chinin und seine nächst verwandten Alkaloide führen.

Die frischen Rinden sind blassgelblich und erhalten eine dunklere Färbung durch Trocknung und Lagerung. Die bisher im pharmaceutischen Handel gebräuchlichen sind: 1) Cortex regius oder Cortex Chinae Calisayae. Die erste dieser Bezeichnungen stammt daher, dass sie als die beste erkannte Species für den spanischen Hof bestimmt war. Sie hat eine intensiv gelbe Farbe, besteht aus flachen korkfreien Stücken, ist 2—5 Mm dick, auf der innern Fläche eng gestreift, schmeckt beim Kauen sehr bitter, nachher adstringirend. 2) Cortex Chinae fuscus (auch wohl Cort. chin. gris. peruvianus genannt), hauptsächlich von C. officinalis und peruvianus stammend, in röhrigen Stücken, aussen von graubrauner, innen von gelbgrüner Farbe. 3) Cortex ruber, von C. succirubra von röthlicher Farbe mit graubräunlichem Korke. 4) Cortex flavus, aus Rinden verschiedener Abkunft, namentlich von C. lancifolia, C. pitayensis u. A. bestehend, früher neben China regia gebräuchlich, jetzt Fabrikrinde zur Alkaloidbereitung.

In dem jetzigen Arzneib. f. d. D. R. ist nicht mehr amerikanische Chinarinde, sondern solche aus den asiatischen Kulturen, insbesondere diejenige der Cinchona succirubra, vorgeschrieben.

CHEMISCHE BESTANDTHEILE. GOMEZ von Lissabon stellte zuerst im Jahre 1810 aus den Rinden eine amorphe Masse dar, in welcher PELLETIER und CAVENTOU im Jahre 1827 die zwei Alkaloide Chinin und Cinchonin nachwiesen. Seit dieser Zeit wurden aus den Chinarinden verschiedene andere Substanzen dargestellt, theils Alkaloide, wie Cinchonidin, Chinidin, theils Säuren, wie Chinasäure $C_7H_{12}O_6$ und Chinagerbsäure.

Der wesentliche Bestandtheil ist das Alkaloid Chinin $C_{20}H_{24}N_2O_2$. Diese Substanz kann krystallinisch und amorph erhalten werden, löst sich in 400 Thln. kalten, 250 Thln. heissen Wassers auf, ist leichter löslich in Alkohol und Aether, schmeckt intensiv bitter und bildet mit Säuren wasserlösliche krystallinische Salze.

Die Menge Chinin, welche aus guten Rinden erhalten werden kann, ist sehr wechselnd, je nach Species der Cinchonabäume, Standort (Boden, Klima), dem Alter der Bäume und Zeit der Abschälung; im Durchschnitt 2%; doch giebt es Rinden, welche eine weit höhere Ausbeute liefern, so insbesondere einzelne auf asiatischem Gebiete kultivirte Rinden (Cort. Cinchon. Calisayae Ledgerianae).

PHYSIOLOGISCHE WIRKUNGEN. Das Chinin ist, auch in Form neutraler Salze, ein ziemlich energisches Antisepticum und ein Gift für geformte Fermente und alle niedern Organismen, nicht nur Bacterien, sondern auch Infusorien (wie Paramaecium, Actinophrys u. s. w.) 0,05 —0,5%ige Lösungen sind stark wirksam. Chininsalze wirken örtlich in geringem Grade reizend. Chinin, namentlich die löslichen Salze schmecken intensiv bitter. Einzelne besonders empfindliche Menschen bekommen nach Chinin Urticaria (was nach vielen Arzneistoffen beobachtet wird).

Mittlere Gaben (0,5—1,0) erzeugen Ohrensausen und Schwerhörigkeit, dabei leichte Benommenheit des Kopfes. Puls um ein wenig verlangsamt, Temperatur nicht erniedrigt aber ohne die sonstigen Tagesschwankungen; erst bei grösseren Gaben leichte Temperatursenkungen.

Stärkere Dosen (1—2,0) ergeben oft schon eine Art Vergiftung; es tritt Kopfschmerz ein, Schwindel, Gesichtsverdunklung, Erweiterung der Pupillen, vermehrte Schwerhörigkeit, Verkleinerung der Milz, Cardialgie, Erbrechen. Noch stärkere Dosen (2—6,0) können Delirien, Muskelschwäche, Zittern, Coma, Convulsionen und sogar einen schnell tödtlich endenden Collaps erzeugen, ein Ausgang, welcher beim Menschen übrigens selten vorkommt. Der Tod ist offenbar hauptsächlich durch das Erlöschen der Circulation bedingt. Im Collapse, auch wenn er nicht tödtlich endet, ist hier wie überall, wo die Blutcirculation schwer geschädigt ist, ein Sinken der Temperatur zu sehen; dies hat aber nichts mit der antipyretischen Wirkung zu thun, denn unter antipyretisch wirksamen Gaben des Chinins und ebenso der andern echten Antipyretica bessert sich die Arterienspannung und die Circulation des Patienten.

Grössere Gaben machen zuweilen transitorische Amaurose oder auch bleibende Schwerhörigkeit.

Die Ausscheidung des eingeführten Chinins findet zu einem Theile durch den Harn statt, indess wohl nur zum geringsten Theile unverändert; das Auftreten einer amorphen Modification und eines doppelthydroxylirten Derivats wird behauptet. Ein grosser Theil scheint gänzlich zerstört zu werden. Die Ausscheidung beginnt nach 15 Minuten und ist in 1 bis höchstens 3 Tagen beendet.

Während das Chinin bei Thieren fast nur Lähmungserscheinungen (am Hirn, Rückenmark, Herz, Vasomotion) hervorruft, ist das Cinchonin (= Chinin minus einer Methoxylgruppe, die in Para-Stellung zum N-Atom) exquisit krampferzeugend, und ein Theil der übrigen Chinaalkaloïde reiht sich hierin dem Chinin, die anderen dem Cinchonin an.

Das Chinin setzt die absolute Zahl der weissen Blutkörperchen herab, lähmt ihre Fähigkeit, amöboïde Bewegungen auszuführen, und vermindert ihre Diapedesis aus den Gefässen entzündeter Gewebe. Die Milz verkleinert sich unter seinem Gebrauche. In frisch entleertem Blute vermindert es die Tendenz zur Säurebildung; die Blutkörperchen binden den Sauerstoff fester an das Hämoglobin, und frischer Eiter, welcher sonst mit Guajaktinktur die Reaction des nascirenden Sauerstoffs darbietet, verliert durch Chinin die Fähigkeit dazu.

Therapie der Chinin-Vergiftung: Symptomatisch; eventuell alkoholische Excitantien.

Therapeutische Anwendung. I. Chinin und seine Salze:

1) Als Antipyreticum: Diese Anwendung ist neueren Datums; 1863 von Wachsmuth, 1867 methodisch durch Liebermeister eingeführt; der günstige Einfluss des Chinins auf Wechselfieber veranlasste den Versuch, das Symptom „Fieber" durch Chinin angreifen zu lassen. Am meisten bei Typhus, zumal von der zweiten Woche an recht wirksam; am besten, wenn gegen Abend gereicht (beim Absteigen des Fiebers), wo alsdann die Wirkung sich nach grösseren Gaben über etwa 18 Stunden hin erstreckt; häufig jetzt durch Antipyrin, Phenacetin, Thallin, u. s. w. ersetzt.

2) Specifisch gegen die Fieberformen, welche auf Malaria beruhen. speciell das Wechselfieber, hierin noch von keinem anderen Stoffe erreicht. Bei ausgebildeter Intermittens wirkt das Mittel (1,0) nur dann heilend, wenn wenigstens 3 Stunden und nicht mehr als 24 Stunden (womöglich 4—8 Stunden) vor dem Eintritt des Anfalls gereicht. Es lässt dies einen naheliegenden Schluss zu bezüglich der biologischen Verhältnisse des Malaria-Mikroorganismus und seiner Empfindlichkeit in seinen verschiedenen Entwicklungsstadien gegen die lähmende, tödtende Wirkung des Chinins. Ob das Chinin — wie ausserhalb unsers Körpers auf andere niedere Organismen so auch hier direct vergiftend wirkt, (was das Wahrscheinlichste), oder nur den Nährboden verändernd, ist noch nicht zu entscheiden (s. S. 7 u. 8). — Am wirksamsten bei Tertiana, heilt Chinin auch jede andere Form von Malariafieber, ja, jeden von Malaria abhängigen Krankheitszustand (sog. Larven), auch wenn er, wie Neuralgien, Magencatarrhe u. s. w. fieberlos ist. — Auch prophylaktisch scheint das Mittel etwas zu leisten. — Bemerkenswerth ist, dass das Chinin mitten im Malaria-Fieberanfalle gereicht hier viel weniger (symptomatisch) antipyretisch wirksam ist, als das specifisch gegen die Malaria ganz unwirksame Antipyrin; man ersieht hieraus, dass symptomatisch-antipyretische und specifische Antimalaria-Wirkung nicht identisch sind.

3) Gegen Neurosen. Man hatte schon lange gewusst, dass das Chinin Neuralgien heilen kann, welche bei Malaria-Kranken auftreten; später überzeugte man sich, dass es auch ein vortreffliches Mittel ist gegen solche Neuralgien, die unabhängig von dieser speciellen Ursache einigermaassen periodisch wiederkehren, diese Erfahrungen ermuthigten dazu, es bei Neuralgien überhaupt anzuwenden, wobei sich mittlere Dosen als ausreichend erwiesen. Offenbar handelt es sich hier um die reine Nervenwirkung des Mittels (s. S. 23).

4) Bei Milztumoren, namentlich solchen, welche nach Malariainfectionen zurückbleiben; aber auch bei denjenigen, welche aus anderen Ursachen, z. B. Leukämie, entstehen, zeigen sich nach Chiningebrauch, meistens geringe, Reductionen des Volums.

5) Beim Keuchhusten hat man wechselnde Erfolge von der Anwendung des Chinins gehabt. Bis jetzt hat sich bei dieser Krankheit noch kein Mittel sicher bewährt. Es ist theils innerlich, namentlich in Form von Einblasungen (in die Luftwege) empfohlen worden. Ebenso bei Heufieber, innerlich und local (Nasenhöhle).

6) Als Palliativmittel gegen Glaukomanfälle, — vielleicht durch vasomotorischen Einfluss.

Chinidin (nicht offic.) ist ebenso wirksam und zuverlässig wie Chinin; Cinchonin und Cinchonidin lassen dagegen sehr oft im Stich.

II. Cortex Chinae. Die Rinde wird als Tonicum bei heruntergekommenen oder anämischen, auch chlorotischen Kranken benutzt; man combinirt in solchen Fällen die Chinapräparate gewöhnlich noch mit anderen Mitteln, wie Eisen, Amara u. s. w. Ob der Gerbsäuregehalt der Rinde, oder ihre Eigenschaft als Amarum, Antifermentativum u. s. w. als erklärendes Moment in die Wagschale fällt, wollen wir unentschieden lassen. Gern wählt man für diese Indicationen die wässerigen und weingeistigen Auszüge der Rinde.

Präparate und Dosen.

1) *Chininum sulfuricum.* Schwefels. Chinin. Weisse (lichtempfindliche) Krystallnadeln von bitterem Geschmack, welche sich in 6 Thln. siedenden Weingeistes und in 25 Thln. siedenden Wassers lösen, in der Kälte sind 800 Tbl. erforderlich. Will man dieses Salz in Lösung geben, so muss man etwas verdünnte Schwefelsäure zusetzen lassen, wodurch es ins Ch. bisulfuricum übergeht. Als Fiebermittel; in Pulverform — am besten in Oblate gehüllt — bei Erwachsenen *pro dos.* 1—2,0; man kann innerhalb 6 Stunden 2—3,0 geben. Bei Kindern von 2—6 Jahren 0,1—0,5. Als Tonicum (?) 0,05—0,1.

(*Chininum bisulfuricum.* Saures schwefels. Chinin. Weisse Prismen von bitterem Geschmacke, mit 11 Thln. Wasser und 32 Thln. Weingeist blau fluorescirende saure Lösungen gebend. Dosen wie vom Chin. sulf. Nicht mehr officinell.)

2) *Chininum hydrochloricum. Salzsaures Chinin.* Weisse Krystallnadeln von bitterem Geschmacke, in 3 Thln. Weingeist und 34 Thln. Wasser neutrale Lösungen gebend. Dieselben Dosen (etwas theurer).

3) *Chininum tannicum, Chinintannat.* Amorphes gelbliches Pulver, sehr wenig in Wasser löslich, enthält nur circa 31% Chinin.

4) *Chininum ferro-citricum,* Eisenchininitrat, durchscheinende, dunkelrothe Blättchen von bitterem, etwas tintenartigem Geschmacke, in Wasser langsam, aber in jedem Verhältnisse löslich; — als Tonicum in Lösung, Pulver- oder Pillenform zu 0,05—0,1 *pro dosi.*

(*Chinioidinum.* Braune harzartige Masse, leicht zerbrechlich, mit muscheligem, glänzendem Bruche, bitter, in Wasser wenig löslich, leicht löslich in angesäuertem Wasser oder Weingeist; Abfall von der Chininfabrikation; ist ein Gemenge von etwas Chinin, Cinchonin u. s w. (billig); 2—4mal so grosse Dosen wie vom Chinin. Nicht mehr officinell.)

5) *Cortex Chinae. Chinarinde.* Zweig- oder Stammrinden kultivirter Cinchonen, vorzugsweise solche der Cinch. succirubra, welche häufig in Röhren oder Halbröhren von ungefähr 6 Ctm. Länge und 1—4 Ctm. Durchmesser und 2—4 Millim. Dicke vorkommen. Diese tragen einen dünnen graubräunlichen Kork mit groben Längsrunzeln und kurzen Querrissen und besitzen eine braunrothe faserige Innenfläche. — Die Chinarinde giebt ein braunrothes Pulver, welches mindestens 0,5 % Alkaloide enthalten muss. Man gebraucht sie zum Infus oder Decoct (3—6,0 auf 150,0 Colatur), zu Macerationen, oder den Pulv. cort. chin. zu 0,1—0,5 *pro dos.* als Tonicum.

6) *Extractum Chinae aquosum*, früher und in anderen Pharmakop. auch als Extr. Chin. frigide paratum bezeichnet; Chinarinde mit Wasser macerirt, verdampft; dünnflüssig, rothbraun und in Wasser löslich. Als Zusatz zu tonisirenden Mixturen zu 4 bis 8,0 *pro die*.

7) *Extr. Chinae spirituosum.* Chinarinde mit Weingeist macerirt, zu einem trockenen Extracte eingedampft; in Pulver- oder Pillenform zu 0,1—0,2 *pr. dos.* als Tonicum.

8) *Tinctura Chinae.* 1 Thl. Chinarinde mit 5 Thln. Weingeist digerirt. Rothbraun, stark bitter. 4—6,0 *pro die*, für sich oder als Zusatz zu tonisirenden Arzneien.

9) *Tinctura Chinae composita*, früher Elixir roborans Whytti genannt. 6 Thle. Chinarinde, 2 Thle. Pomeranzenschale, 2 Thle. Enzianwurzel, 1 Thl. Zimmt. 50 Thle. verdünnten Weingeistes zusammen digerirt; rothbraune Flüssigkeit, stark bitter, Geruch gewürzhaft; wie die vorige.

(*Tinctura Chinioïdini.* 10 Thle. Chinioïdin, 85 Thle. Weingeist, 5 Thle. Salzsäure werden gemischt. Aehnlich gebraucht wie die anderen Chinatincturen. Nicht mehr officinell.)

(*Vinum Chinae.* Chinawein. 100 Thle. Tinct. Chinae, 100 Thle. Glycerin und 300 Thle. Xereswein werden gemischt und filtrirt. Eine klare, braunrothe, etwas bittere und wenig schmeckende Flüssigkeit. 1—3 Esslöffel täglich als Stomachicum tonicum. Nicht mehr officinell.)

Neben diesen officinellen und officinell gewesenen Präparaten sind noch einige andere zu erwähnen, welche unter Umständen ganz gute Dienste leisten können; namentlich führen wir in erster Linie die zu subcutanen Injectionen und in Klystierform sich eignenden Chininsalze an:

a) *Chininum lacticum.* Milchsaures Chinin, weisses krystallinisches Pulver, in 2—3 Thln. kalten Wassers löslich. Bei subcutaner Anwendung bringt es sehr geringe örtliche Reizung hervor; es ist für diesen Zweck besser als

b) *Chininum bromatum.* Dieses Salz, frisch bereitet, ist in Wasser leicht löslich; eine Zeit lang gelagertes büsst von seiner Löslichkeit viel ein, zudem wirkt es örtlich entschieden mehr reizend.

c) *Chininum hydrochloricum amorphum.* Ein amorphes, gelblichweisses Pulver, an der Luft sich bräunend, hygroskopisch, ein Gemenge von salzsauren Chinin, Chinidin, Chinicin u. a.; löslich in 2 bis 3 Thln. Wasser; eignet sich ebenfalls zu subcutaner Anwendung, bedingt aber gewöhnlich stärkere örtliche Reizung als das Chinin. lact.

d) *Chininum bimuriatico-carbamidatum* (saurer salzsaurer Chinin-Harnstoff), gut löslich, in 5—50 %iger Lösung besonders als reizlos und zu subcutaner Injection sich eignend empfohlen.

e) *Quinetum.* Es wird dargestellt, indem die gepulverte Rinde mit salzsäurehaltigem Wasser ausgezogen wird; aus diesem wässerigen Extract werden sämmtliche China-Alkaloide durch Natronlauge gefällt; sie bilden ein Gemenge, welches getrocknet ein dunkelbraunes Pulver darstellt. Durch weitere Reinigung erhält man ein haltbares Pulver, welches sich in einem mit Säure versetzten Wasser löst. Es enthält 46 % Cinchonidin, 26 % Cinchonin, 14 % Chinin, 6 % amorphes Alkaloid, 8 % Farbstoff und Wasser (nach Andern: 9 % Chinin, 30 % Cinchonidin, 4 % amorphes Alkaloid). Grössere Gaben als vom Chinin.

Acidum salicylicum. Salicylsäure $C_6H_4\genfrac{}{}{0pt}{}{OH}{COOH}$.

Diese, ursprünglich aus dem Salicin[1]) der Weiden- und Pappelrinden, aus den Blüthen der Spiraea ulmaria und dem ätherischen Oele der Gaultheria procumbens dargestellte aromatische Säure kann (KOLBE) durch Erhitzung von Natriumphenol unter Zuleitung von Kohlensäure synthetisch (als Natronsalz) gewonnen werden. Die gereinigte Salicylsäure ist weiss, krystallinisch, in 538 Thln. kaltem, leicht in heissem Wasser, sehr leicht in Alkohol und Aether löslich; durch starkes Erhitzen zerfällt sie in Phenol und Kohlensäure. Salicylsäure ist Ortho-Oxybenzoësäure. Die Meta- und Parasäuren sind viel schwächer wirksam, praktisch unbrauchbar.

Es ist das Verdienst des Chemikers KOLBE, zuerst auf diese Säure als Vernichterin der Fäulniss- und Gährungsvorgänge aufmerksam gemacht zu haben; da sie ihm beim Selbstversuch — im Vergleich zu Carbolsäure — als relativ ungiftig erschien, so empfahl er (1874), sie als inneres (Stoffwechsel-) Antisepticum bei Infections- und contagiösen Krankheiten zu versuchen. Die Frucht dieser Aufforderung ist die Entdeckung BUSS's (1875), dass dies Mittel ein promptes Antipyreticum und fast von specifischer Wirkung auf den acuten Gelenkrheumatismus ist.

PHYSIOLOGISCHE WIRKUNGEN. Salicylsäure als solche, nicht in Form eines salicylsauren Salzes, ist in Lösungen von $1 - 2 \%$ gut antiseptisch und antifermentativ, die Salicylate dagegen erst zu $1/2 - 1 \%$. Meistens trifft die freie Salicylsäure in den zu conservirenden Flüssigkeiten basische oder neutrale Alkalisalze an, mit denen sie (neutrale oder saure) Salicylate bildet, und büsst so ihre starke Wirksamkeit ein, falls von ihr nicht grosse Mengen in Substanz zugefügt werden können. So ergiebt sich daher für äusserliche antiseptische Anwendung u. s. w. ein wichtiger Unterschied zwischen der freien Säure und ihren Salzen. Dagegen sind die resorptiven Wirkungen dieselben, gleichviel ob freie Salicylsäure oder das Natriumsalicylat gegeben wird; denn beim Uebertritt der freien Säure in die Säfteströmung bildet sie zunächst mit dem Natron der Blutsalze Natriumsalicylat, um, gleichviel ob frei oder schon an Natron gebunden eingeführt, mit Blutsalzen Doppelsalze zu bilden. Bevor sie ausgeschieden werden, scheinen sie unter dem Einflusse des lebenden Protoplasmas und der CO_2 Umsetzungen zu erleiden. Während für gewöhnlich die Salicylsäure die CO_2 aus den Carbonaten austreibt, ist bei Ansturm grosser CO_2-Massen die Salicylsäure bereit,

---

[1]) Das Salicin zerfällt durch Einwirkung z. B. des Speichels, des Emulsins u. s. w. in Glucose und Saligenin $C_6H_4.OH.CH_2OH$ d. i. der Alkohol der Salicylsäure.

von dem Natrium sich scheiden zu lassen, wenn ihr eine Zufluchtstätte geboten wird; so bleibt z. B. beim Schütteln einer CO_2-imprägnirten wässrigen Natriumsalicylatlösung mit Aether im Wasser kohlensaures Natron zurück und in den Aether geht freie Salicylsäure; Aehnliches dürfte sich bei der günstigen Temperatur in unserem Organismus unter gewissen Umständen in der Weise vollziehen, dass hier lebendes Protoplasma oder gewisse Stoffe die Rolle des Aethers übernehmen und der freigemachten Salicylsäure Gelegenheit geben, „antifermentativ" zu wirken, während ausserhalb des Körpers in zumal kalten Fäulniss- und Gährungsflüssigkeiten die an Natron gebundene Salicylsäure geringere Wirkung entfaltet.

Die freie Säure (nicht ihre Salze) wirkt auf Schleimhäute u. s. w. reizend (Niesen, Husten u. s. w.); sie hat einen herben, kratzenden Geschmack; im Magen kann sie in grossen Dosen Druck, Empfindlichkeit, und in noch grösseren Dosen, 1—2,0 auf einmal genommen, Nausea und Erbrechen hervorrufen; dieses Erbrechen kann aber auch resorptive Wirkung sein, kommt insoweit also auch nach den Salzen vor. Resorbirt erzeugt die Salicylsäure (gleichviel ob in Salzform oder frei eingeführt) beim normalen Menschen in Dosen von 2—3,0 Ohrensausen, Schwerhörigkeit, zuweilen Erbrechen, Urticaria, (ähnlich wie Chinin), ferner leichten Kopfschmerz, Abnahme der Frequenz der Athemzüge und des Pulses, keine auffallende Verminderung der Körpertemperatur, sehr häufig stärkere Schweisssecretion. Bei noch grösseren Dosen oder besonderer Empfindlichkeit der Individuen: intensive Gehörshallucinationen, namentlich bei Kindern zu ängstlicher Aufregung führend, Ohrensausen und Schwerhörigkeit Tage lang fortdauernd, starker Kopfschmerz, Gesichtsstörungen, schwerfällige Sprache; bei einzelnen Menschen heftige dyspnoische Anfälle mit cyanotischer Färbung und profuser Schweisssecretion; maniakalische Anfälle, Bewusstlosigkeit, elender frequenter Puls u. s. w., und so kann bei Dosen über 15—20,0 der Tod eintreten. Bei genesenden Fällen findet man wie zuweilen nach hohen Dosen von Chininsalzen Amaurose. Die Salicylsäure wird verhältnissmässig rasch durch alle Secrete, namentlich Harn, wieder ausgeschieden, zum Theile als Salicylat, zum Theile als Salicylurat (analog dem Hippurat nach Benzoësäure, siehe diese). Zuweilen findet sich, wie nach vielen aromatischen Oxykörpern (Phenolen), etwas grünlicher Farbstoff im Urin. Im Harn ist die (angeblich diuretisch wirkende) Salicylsäure daran zu erkennen, dass er nach Zusatz von Eisenchloridlösung dunkel-violettroth wird. In Thierversuchen (Kalt- und Warmblüter) zeigen sich zuerst Stupor, dann Steigerung der Reflexerregbarkeit, Irradiation der Reflexe und Krämpfe; Blutdruck und Blutströmung nehmen zuerst zu, später ab.

Die Salicylsäure (und ihr Natronsalz) vermehren die Gallenabscheidung wesentlich.

Die antipyretische Wirkung grösserer Gaben beginnt in etwa 2 bis 3 Stunden, ist in 6 Stunden auf der Höhe und vergeht, wenn nicht eine neue Gabe rechtzeitig gereicht wird, in weiteren 3—4 Stunden.

THERAPIE DER SALICYLSÄURE-VERGIFTUNG: Symptomatisch; Analeptica.

THERAPEUTISCHE ANWENDUNG. 1) Antipyreticum. 2) Gegen acuten Gelenkrheumatismus, fast specifisch. 3) Gegen subacut oder chronisch verlaufende Arthritis, Muskelrheumatismen, Urarthrits (Gicht, Podagra) in kleinern Dosen. 4) Gegen Neuralgien, zumal gegen sogenannte rheumatische Neuralgien. 5) Bei allen Entzündungen in und am Auge (incl. Iritis syphilitica) (causale und specifische Behandlung daneben nicht zu vernachlässigen); palliativ bei Glaukom. 6) Bei Cystitis. 7) Gegen Diabetes mellitus in hohen Dosen vorübergehend wirksam. 8) Sehr empfohlen bei Gallensteinkolik (s. oben die cholagoge Wirkung; zumal als Natronsalz; aber auch im Vergleich zu andern Natronsalzen soll das salicylsaure besonders im Stande sein, die Galle zu verflüssigen). 9) Aeusserlich in verschiedenen Formen als desinfectorisches Mittel (s. unter „Antiseptica").

PRÄPARATE UND DOSEN.

1) *Acidum salicylium.* Innerlich als Pulver nicht gern verordnet; häufig in Form improvisirter Salzlösungen, z. B. mit Natr. carbon. q. s. ad solut. (satur.), Borax oder Aehnlichem, pro die bis zu 8,0. Aeusserlich (s. Desinficientien) als Streupulver; officinell: pulvis salicylicus cum talco (ac. salicyl. 3, Weizenstärke 10, Talk 87); ferner Sebum salicylatum, 2% Salicylsäure haltigen Hammeltalg.

2) *Natrium salicylicum.* Es ist im Wasser leicht löslich, geruchlos, weiss, von süsslichem Geschmacke. Die einzelne Dosis beim Erwachsenen als Antipyreticum und bei acutem Gelenkrheumatismus ist 1,0. stündlich wiederholt bis auf 6—8,0 pro die; bei Kindern von 2—6 Jahren pro dos. 0,05—0,5. Man kann dieses Salz als Pulver, in Solution, in Troschisken oder Pillenform geben.

Neben der Salicylsäure ist die **Kresotinsäure** als Antipyreticum empfohlen; doch hat dieses Präparat keine Vorzüge vor der bewährten Salicylsäure.

Natrium benzoïcum. Kann als Antipyreticum zwar benutzt werden, ist aber nicht recht zuverlässig. Als Antisepticum wird es später zu nennen sein.

Salol, der Phenoläther der Salicylsäure; unlöslich in Wasser und Säuren passirt bei innerlicher Darreichung den Magen unverändert und wird im Duodenum durch Pankreassaft und Alkali in seine Componenten Phenol und Salicylsäure gespalten. — wirkt so der Salicylsäure analog und kann in Dosen von 3mal täglich 2—3,0 statt der Salicylsäure gegeben werden; hat sich bewährt.

Antipyrinum, Antipyrin. $C_6H_5-N\begin{smallmatrix}CO-CH\\|\quad\;\;\|\\N--C\\CH_3\;\;CH_3\end{smallmatrix}$

Phenylhydrazin $C_6H_5.NH.NH_2$, mit Acetessigester $CH_3.CO.CH_2COO.C_2H_5$ zusammengebracht und auf 100° C. einige Zeit erwärmt, lässt einen Körper entstehen, der hierauf (am N) methylirt wird und dann Antipyrin heisst, welcher chemisch (s. d.

ob. Formel) sich als Phenyldimethylpyrazolon darstellt. Diese Base farblos (weiss), krystallinisch, ist leicht in Wasser löslich, 3 : 2 Wasser.

Physiologische Wirkung. Es wird leicht resorbirt und nach einmaliger Dosis in etwa 12—15 Stunden, nach längerer Darreichung in 24 Stunden ausgeschieden. Der Harn, zuweilen etwas roth gefärbt; wird durch Eisenchlorid tief roth, durch salpetrige Säuren grün gefärbt, Jod-Jodkaliumlösungen geben einen reichlichen rothen Niederschlag. — Nichtfiebernde zeigen nach selbst sehr grossen Gaben (bis 10,0) keine Intoxicationserscheinungen; der Puls wird gespannter und frequenter; etwas Schweiss. Fiebernde dagegen reagiren auf allzu grosse Gaben mit Collaps, während bei Gaben bis zu 5 und 6,0 *pro die* neben der Apyrexie eine Zunahme der Arterienspannung und wegen der Temperaturabnahme auch meistens eine Abnahme der Pulsfrequenz sich zeigt, zuweilen wird dagegen der Puls trotz Temperaturabfall wegen der specifisch beschleunigenden Wirkung des Mittels nicht seltener (oder gar häufiger). — In Thierversuchen ergiebt sich eine der Salicylsäurewirkung (s. d.) ähnliche Beeinflussung der Functionen; die Blutdrucksteigerung ist sehr ausgesprochen; Pulsfrequenz nimmt an Warmblütern (wie beim Menschen) zu. Die Sensibilität wird vermindert (centrale Wirkung). Antipyrin ist etwas antiseptisch.

Therapeutische Wirkung. In einigen Fällen erbrechen die fiebernden Patienten das Antipyrin sofort, wo dann keine antipyretische Wirkung zu Stande kommt; zuweilen tritt Erbrechen erst nach Eintritt der Wirkung auf. Meistens wird das Mittel in Gaben von 2,0 *pro dosi* und 6,0 *pro die* (für Erwachsene) gut vertragen (s. oben). (Kinder $^1/_{10}$—$^1/_2$ dieser Gaben.) Einige wenige Patienten bekommen vorübergehende aber durch Jucken recht lästige Exantheme (bald wie Masern, bald Erytheme u. a.).

15 Minuten nach mittleren Gaben (für den Erwachsenen 0,75 bis 2,0) beginnt die fieberhafte Temperatur allmählich zu sinken. In einer Stunde ist sie oft schon um 1—2° C. gefallen. Eine Verstärkung und Verlängerung dieser sonst wenig nachhaltigen Wirkung lässt sich erreichen, wenn nach einer Stunde eine zweite gleich grosse Gabe und nach Ablauf einer weiteren Stunde eine letzte, dritte (halbe oder ganze) Dosis gereicht wird. (Die Höhe der Dosis wird am besten in jedem Falle unter Benutzung des Thermometers zunächst einmal ausprobirt, da die Empfänglichkeit für dieses Mittel nicht bei allen Patienten gleich ist.) Alsdann pflegt diese Medication auf 15 Stunden (oft für 24 Stunden) auszureichen und die Temperatur geht zeitweilig bis zur Norm, oder selbst unter die Norm (z. B. 35° C.). Meistens — aber nicht immer — besteht während der Apyrexie ausgesprochenes Wohlbefinden.

Der Krankheitsprocess des acuten Gelenkrheumatismus wird vom Antipyrin wie von der Salicylsäure fast specifisch beeinflusst; oft wirkt Salicylsäure noch, wo Antipyrin im Stiche lässt, — zuweilen gilt das Umgekehrte. — Kopfschmerzen, Hemikranien werden durch Antipyrin oft beseitigt; ebenso Neuralgien. Bei Chorea, ganz besonders bei Keuchhusten, ferner auch bei Polyurie empfohlen. — Granulationen. alte Unterschenkelgeschwüre mit Antipyrinlösungen als Verbandwasser, oder Antipyrinpulver im Trockenverbande behandelt sollen günstig beeinflusst werden.

Doses. Als Antipyreticum am besten innerlich (auch per clysma) in Lösungen z. B. 6,0 auf 120,0 oder als Pulver verordnet, in Wasser gelöst zu nehmen; 2—3 grössere (mit einstündigem Intervalle) Gaben sind zweckmässiger als Verzettelung kleinerer Gaben über den ganzen Tag. *Pro die* nicht gern mehr als 5—6,0 für den Erwachsenen und 0.75 für ein Kind im ersten Lebensjahre; bei ältern Kindern 1—4,0 *pro die*. Bei Phthisikern, Heruntergekommen u. s. w. sind kleine Dosen zu nehmen. — Als Anodynon innerlich 1,0 oder subcutan (in Lösung 1 : 2—1 : 1) zu 0,25—0,5.

Kairin, Oxychinolinäthylhydrür ($C_{11}H_{13}NO$), hat nur ein historisches Interesse.

Thallin, (para-)Methoxychinolinhydrür (auch Tetrahydro-Parachinanisol genannt) $C_9H_{11}N.OCH_3$ (die 4 addirten H-Atome befinden sich auf der N-führenden Seite des Chinolins, das eine am N), ist als schwefelsaures, salzsaures, weinsaures, citronensaures und gerbsaures Salz im Handel; officinell ist das erstere Salz; Th. sulf. (lichtempfindlich) lösl. 1 : 7 Wasser: wirkt in Dosen von 0,25 *pro dosi* antipyretisch ; nach 2 Stunden muss die Gabe immer wieder erneuert werden; wird schnell im Harn ausgeschieden (als Aetherschwefelsäure; Harn wird auf Eisenchloridzusatz roth) und zerstört; macht zuweilen beim Verklingen der Wirkung Schüttelfrost; *ad* 0,5 *pro dosi!* ad 1,5 *pro die!* Local wirkt es antiseptisch, wird gegen Gonorrhöe in späteren Stadien in Form von Bougies, Anthrophoren, Lösungen (1—2°/o) u.s.w. angewendet.

Acetanilidum, Acetanilid, Antifebrin.

Das Acetanilid $C_6H_5.NH.C_2H_3O$ entsteht durch mehrstündiges Erhitzen von Anilin mit Eisessig; blätterig-krystallinische weisse Substanz; in kaltem Wasser sehr wenig löslich, ohne Geschmack, hat den Namen „Antifebrin" erhalten.

In seiner physiologischen Wirkung sonst den Anilinsalzen ähnlich, wirkt es als Antipyreticum (und gegen Gelenkrheumatismus) etwa wie das Antipyrin; es genügen aber schon einmalige Gaben von 0,5 — in Wiederholungen wie Antipyrin gegeben. Die Wirkung scheint etwas kürzer anzuhalten, als bei diesem, — was sich durch die Dosirung compensiren lässt. Es treten indess leicht Intoxications-Erscheinungen auf: Stupor und Cyanose, letztere in Folge von Methämoglobinämie, — ähnlich wie nach Anilin: wie dieses ist es als „Nervinum" gegen Epilepsie u. s. w. angewendet worden und empfohlen, namentlich aber hat es sich analog den Antipyrin als Anodynon bei Neuralgien u. s. w. bewährt. Es geht in den Harn mit Schwefelsäure und wohl auch Glykuronsäure gepaart, zum Theil als Acetylparaamidophenol, zum grössten Theile wie

Anilin in Form einer mit Paraamidophenol gepaarten Aetherschwefelsäure über, — verliert also zum grossen Theil die Acetylgruppe.

Dos. Am besten in Pulverform, *pro dosi* zu 0,25—0,5. Bei Kindern im ersten Lebensjahre vorsichtig mit 0,01 beginnen. Notabene: Antifebrin hat etwas cumulirende Nerven- und namentlich Blutwirkung. *Ad 0,5! ad 4,0 pro die!*

Phenacetinum, *Phenacetin*, $C_2H_5O.C_6H_4.NH.C_2H_3O$. Es ist dies die (para-)Aethoxy-Verbindung des Antifebrins, in Wasser beinahe unlöslich, geschmacklos; wirkt im wesentlichen wie Antifebrin, bedingt aber auch bei grösseren Gaben kaum Intoxicationen; ist in etwas grösseren Dosen als Antifebrin zu geben, bis zu 1,0 und darüber; *pro die* dürfte 5,0 nur mit Vorsicht zu überschreiten sein; hat sich als Nervinum und gegen Gelenkrheumatismus seit seiner Einführung sehr bewährt. Es verliert beim Durchgange durch den Organismus die Acetylgruppe und geht theils als Phenetidin (Aethyläther des Anilins) theils als mit Schwefelsäure und Glykuronsäure gepaartes Paraamidophenol in den Harn über. *Ad 1,0! Ad 5,0 pro die!*

Eucalyptus globulus (Labill.). In Europa ist man zuerst im Jahre 1864 durch LABILLARDIÈRE auf diese in Vandiemensland vorgefundene Myrtacee aufmerksam gemacht worden. Die Kultur dieses rasch bis zu 20 Meter Höhe wachsenden Baumes hat sich im südlichen Europa sehr entwickelt. Die Blüthen und namentlich die Blätter enthalten ätherische Stoffe besonders das Eucalyptol, welchem man eine febrifuge Wirkung zugeschrieben hat. Das Eucalyptol soll im Thierexperimente Herabsetzung der Körpertemperatur, Verlangsamung der Herzaction und Verkleinerung der Milz hervorbringen. Ein Antipyreticum ist Eucalyptus nicht; ob das Eucalyptol, wie behauptet wird, die Malariakrankheiten heilen kann, ist auch noch nicht sicher.

Wenn die Gegenden, in welchen dieser Baum wachst, als mehr oder weniger fieberfrei befunden wurden, so muss dieser Einfluss wohl dadurch erklärt werden, dass diese Bäume einen sehr grossen Wasserverbrauch haben (auch schnell wachsen) und ihren Standort so entwässern und also auch in etwas entsumpfen.

Am meisten gebraucht wurde die (nicht offic.) *Tinctura Eucalypti* (1 Thl. Folia auf 5 Thl. Spirit. concentratus), eine braungrüne Flüssigkeit von aromatischem Geruche. Man giebt sie in Dosen von 2—3 kleinen Esslöffeln täglich.

Ueber die anderen Präparate von Eucalyptus liegen keine genügenden Erfahrungen vor. Das ätherische Oel wird vielfach als antiseptisches und desinficirendes Mittel sowie für stimulirende Inhalationen empfohlen.

III. Gruppe.

ANTIFERMENTATIVA. ANTISEPTICA. DESINFICIENTIA[1].

Die rationelle Antisepsis und Desinfection ist neu; unter den Augen des heutigen Geschlechts entstand sie. Ihre Entwicklung war erst mög-

---

[1] Gährungswidrige, fäulnisswidrige und Bacterien in ihrer Entwicklung hemmende, desinficirende, d. i. Infectionsstoffe und Bacterien überhaupt vernichtende, tödtende Mittel.

lich, seitdem man die Infectionserreger und ihre Biologie kennen gelernt. Noch vor einem Vierteljahrhundert begnügte man sich oft damit, einen üblen Geruch zu beseitigen und vermeinte, hierdurch schon das „Miasma" vernichtet zu haben; die Frage, ob zu erfolgreicher Desinfection es nicht eines bestimmten Massenverhältnisses zwischen Desinficiens und der zu bekämpfenden Schädlichkeit bedürfe, war noch nicht aufgeworfen. In allen diesen Dingen sehen wir jetzt klarer. Wir wissen, dass bei der Bekämpfung jener Vorgänge es sich um die Bekämpfung verschiedener Specien niedrer Organismen handelt; wir sind im Stande, den Grad des Erfolges in diesem Kampfe an diesen Mikroorganismen zu beobachten und zu controlliren. Wir wissen zahlenmässig, dass es zu ihrer Bekämpfung einer richtigen Dosirung des Desinficiens bedarf, und dass insbesondre die Concentration, in welcher das Mittel einwirkt, von entscheidender Bedeutung ist. Es ist nunmehr ferner festgestellt, dass die verschiedenen Bacterienarten denselben Mitteln gegenüber eine sehr verschiedene Widerstandsfähigkeit besitzen, und dass die eine Substanz mehr auf die eine, eine andre Substanz mehr auf eine andre Mikroorganismen-Art schädlich einwirkt. Das gleiche Mittel schädigt die gleiche Bacterienart sehr verschieden, je nach der Natur des benutzten (oder in Frage stehenden) Nährbodens (z. B. ob er reich an Eiweiss ist, welches z. B. das Desinficiens seinerseits in Beschlag zu nehmen vermag, oder nicht). Sodann hat sich ein sehr grosser Unterschied ergeben, je nachdem neben den Bacterien noch Keime, endogene Dauersporen resp. Arthrosporen, vorhanden sind oder nicht: letztere sind wesentlich widerstandskräftiger. Es hat sich gezeigt, dass ein stärkeres Gift, resp. von diesem eine stärkere Dosis (resp. Concentration) nöthig ist, um bereits entwickelte Bacterien zu tödten, als um deren Entwicklung resp. Vermehrung zu verhindern. So kann es also vorkommen, dass ein Stoff oder eine Concentration zwar auf einer Wunde die Entwicklung pathogener Bacterien verhindern kann — also „antiseptisch" ist —, aber weder die dort befindlichen Bacterien, geschweige denn deren Keime (Sporen) zu tödten vermag. — also nicht „desinficirt". Oft wird man sich mit der antiseptischen Wirkung begnügen dürfen und auf die Anwendung desinficirender Substanzen (oder Concentrationen) aus bald zu besprechenden Gründen verzichten müssen. Schon die bis hierher angeführten Verschiedenheiten der therapeutischen Aufgaben und der Widerstandsfähigkeit der zu bekämpfenden Schädlichkeit u. s. w. lassen erkennen, dass wir je nach der Sachlage sehr mannigfacher antiseptischen Maassregeln und Arzneien bedürfen und dass an eine Beschränkung etwa auf ein einziges Universal-Mittel nicht zu denken ist. Folgende Gesichtspunkte und Erfahrungen werden diese Erkenntniss befestigen: Verschieden ist in den verschiedenen Fällen die Oertlichkeit, an welcher zu desinficiren ist (ob am Patienten oder Todten, ob auf Wunden — grossen, kleinen, Peritoneum, — oder im Magen-Darmkanal, ob an Metallgegenständen, Wäsche, Betten u. s. w.); verschieden ist auch im einzelnen Falle die Gunst der Lebensbedingungen für eine bestimmte Bacterien-Species und daher auch deren Widerstandsfähigkeit; verschieden sind in dieser Beziehung die Lebenserfordernisse der einzelnen Specien und oft daher am selben Orte eine sonst weniger widerstandsfähige Species schwerer vertilgbar als eine sonst resistentere. Verschieden ist auch die Zeit, welche z. B. für die Desinfection im gegebenen Falle zur Verfügung steht; — und gerade die Zeit spielt bei Antisepsis und Desinfection eine wichtige Rolle. Gleichwie man mit dem Finger durch die Flamme fahren kann, ohne sich zu versengen, so erfordert manches sehr wirksame Mittel — je nach Concentration längere oder kürzere — Zeit. Wo längere Zeit zur Verfügung steht, können die schwächsten noch wirksamen Concentrationen gewählt werden; — und sie müssen in solchen Fällen gewählt werden, wenn die Oertlichkeit gegen stärkere Concentrationen empfindlich ist. Bei manchen Stoffen ist von einer gewissen stärkeren Concentration an, z. B. bei einer concentrirten Sublimat-Lösung, die erforderliche Zeit so kurz, dass wir von einer sofortigen Tödtung sprechen dürfen. Aber als Universal-Antisepticum und -Desinficiens ist eine solche Lösung deshalb doch nicht verwerthbar: denn auf grosse Wundflächen applicirt, würde sie local schwere Schädigungen veranlassen und überdiess wegen ihrer Verbindung mit dem Eiweiss des Wundgrundes unwirksam werden, und endlich durch Resorption zu gefährlichen allgemeinen Intoxicationen führen; aber auch bei kleinen Wunden ist sie nicht universell ausreichend, nicht dauernd schützend, — denn eben die Resorption (und ihre Bindung durch das Organeiweiss) würde die schützende Substanz sehr bald vom Platze verschwinden lassen, und für neu ankommende Keime von Infectionsstoffen wäre die Bahn wieder frei, wenn nicht fortwährend neue Lösung zugeführt werden kann. Unbrauchbar ist eine solche Sublimatlösung auch zur Desinfection von Metallgegenständen (Instrumenten etc.), da hier, zumal bei Silber, durch sofortige Amalgambildung — abgesehen vom Ruiniren der Gegenstände — die desinficirende Wirksamkeit vermindert oder gar aufgehoben wird. Und umgekehrt kann am und im Organismus durch materielle Veränderung eine Substanz ihre antiseptische Kraft gewinnen (Jodoform).

Mehr nebenbei sei darauf hingewiesen, dass die Zwecke der Desinfection oft erreicht werden können, ohne dass die betreffenden Mikroben direct geschädigt werden: nämlich überall da, wo es sich darum handelt, die Verbreitung (Verstäubung u. s. w.) eines Infectionsstoffes zu verhindern, z. B. beim Sputum der Phthisiker, bei Transporten von Leichen, inficirter Wäsche u. s. w.

Viele der Methoden der Desinfection und Antisepsis liegen ausserhalb der Arzneimittellehre: Filtriren des Trinkwassers; Kälte gegen Fäulniss; Wärmestarre (30—70° je nach der Species), antiseptisch, nicht desinficirend; desinficirend dagegen: trockne Luft von 160°, oder strömender Wasserdampf (von 100°), bei manchen Species genügt schon einfaches Austrocknen z. B. bei asiatischer Cholera. Entwicklungshemmend wirkt von nicht arzneilichen Agentien noch: starke Belichtung, Ozon — letzteres ist arzneilich bis jetzt nicht verwerthbar —, und ebenso Wasserstoffsuperoxyd. Auch die Methoden, welche benutzt werden, um die mechanische Verbreitung, z. B. Verstäubung, der Infectionsstoffe zu verhindern, berühren meistens die Arzneimittellehre nicht: geeignetes Auffangen und Feuchterhalten der infectiösen Excrete; Einhüllen von Objecten in feuchte Tücher, um das Verstäuben zu verhüten, Einfetten der Haut eines Scharlachkranken zu gleichem Zwecke; werden contagiöse Leichen in Tücher gehüllt, welche mit Sublimat- oder Phenol-Lösungen befeuchtet sind, so ist hauptsächlich die Verstäubung mechanisch gehindert und das Desinficiens stellt sozusagen nur den Grenzcordon vor. —

Kurz mögen hier noch zwei Methoden der Bacteriologie erwähnt werden, welche für die Zukunft namentlich prophylactisch etwas versprechen: die Abschwächung der Virulenz pathogener Mikroben (z. B. durch Aufzucht in zu hoher Temperatur mit oder ohne Erhöhung des atmosphärischen Drucks, ferner durch starke Belichtung, oder zeitweiliges Austrocknen — z. B. bei Lyssa —, oder durch langdauernde Fortsetzung der Cultur ausserhalb des Organismus, oder durch Einwirkung von Desinficientien in unzureichender Dosis resp. Concentration u. s. w.), — und namentlich die künstliche Erzeugung von Immunität des Organismus, z. B. durch vorsichtige Einbringung der betreffenden Ptomaïne, wodurch der Organismus gegen eben diese giftigen Ptomaïne abgestumpft (gewöhnt) wird u. s. w. Hierher gehört auch das sogenannte Tuberculinum Robert Koch's. Die Einbringung des Materials einer sterilisirten Cultur des Tuberkelbacillus verursacht einerseits Immunität gegen spätere Impfung, andererseits erzeugt die Einbringung bei einem mit Tuberkelbacillen inficirten Körper eine Reaction, ein Absterben des mit Tuberkelbacillen durchsetzten lebenden Gewebes und Abgestossenwerden durch Reaction des umgebenden lebenden Gewebes, wodurch vorübergehende Besserung und dauernde Heilung eintreten kann, sofern die Verbreitung der Bacillen genügend örtlich begrenzt ist. Hauptsächlich hat es die Arzneimittellehre mit den chemischen Bacteriengiften zu thun. Die Zahl der bereits als Bacteriengifte erkannten Substanzen ist eine ziemlich grosse. Erstens eine Reihe von Metallsalzen, nämlich Salze des Quecksilbers, Silbers, Zinks, Kupfers und Eisens; ferner die ätzenden Alkalien, einschliesslich des Ammoniaks (und der Kaliseife), und die ätzende alkalische Erde: der Aetzkalk; Jod, Chlor (resp. Aqua chlorata und Chlorkalk) und Brom; die Mineralsäuren (Schwefel-, Salz-, Salpetersäure); schweflige Säure; Schwefelwasserstoff; Schwefelkohlenstoff; Kohlensäure; Borsäure; arsenige Säure; Kaliumpermanganat. Aus der organischen Chemie: Ameisen-, Essig- und Milchsäure; Alkohol, Aether, Chloroform; Jodoform und (?) Jodol; Blausäure; Senföl: viele Körper der aromatischen Reihe: Phenol, die Dihydroxybenzole u. s. w.; Benzoësäure, Salicylsäure; Guajacol (resp. Kreosot); Thymol, Kampfer; Naphthalin, Naphthole u. s. w.; „Creolin", Aseptol; Anilin; Terpentinöl, Myrtol, Pfefferminzöl, Nelkenöl u. a. ätherische Oele; Chinin, Chinolin, Thalliu: Antipyrin u. s. w.

Bezüglich der im einzelnen einzuhaltenden Desinfectionsmethoden sei zur Orientirung Folgendes (einschliesslich nicht-arzneilicher Methoden) skizzirt:

Bei Krankheiten mit flüchtigem Contagium, wie Pocken, Scharlach, Masern, Flecktyphus, ist die ganze Umgebung des Kranken zu desinficiren, beim Abdominaltyphus, asiatischer Cholera, Dysenterie nur die Dejectionen und die mit diesen in Berührung gekommenen Gegenstände; gleichermassen bei Diphtherie die mit Sputum und expectorirtem Materiale verunreinigten Gegenstände und besonders auch Ess- und Trinkgeschirre; bei Phthisis das Sputum und was damit verunreinigt ist (Wäsche, Spucknapf, Fussboden); bei Wundinfectionskrankheiten ist das Verbandzeug nach dem Gebrauch zu vernichten oder gleichwie Instrumente und alles, was sonst mit der betreffenden Wunde in Berührung gekommen ist, zu desinficiren; dies letztere gilt insbesondere auch für die Person der Aerzte, deren Hände, Kleider, und ebenso für die Wärter u. s. w. Am Kranken selbst ist die betreffende kranke Stelle (z. B. Wunde u. s. w.) zu desinficiren oder doch wenigstens antiseptisch zu behandeln.

Die Hände des Arztes können ziemlich sicher folgendermassen desinficirt werden: zuerst mechanische Reinigung (Seife, Nagelbürste), sodann Kaliseife, hiernach Waschen mit Alkohol und dann mit 1°/₀₀ Sublimat-Lösung. Als Kleidung empfiehlt sich für die Aerzte und Wärter ein abwaschbarer Kittel, der eventuell auch mit Sublimat zu desinficiren ist. Desgleichen ist für alle nicht-metallischen Apparate und Instrumente 1°/₀₀ Sublimat, für die metallischen im allgemeinen

5⁰/₀ Carbolsäure-Lösung und Alkohol (bei Milzbrand nicht ausreichend), bei silbernen auch wohl Gluthhitze anzuwenden.

Kleider und Betten werden am besten im Dampfofen, Wäsche entweder desgleichen oder durch mindestens einstündiges Kochen in Wasser desinficirt. — Trink- und Essgeschirre und ähnliche Gebrauchsgegenstände können entweder ebenfalls im Dampfofen oder durch Kochen mit Soda-Lösung unschädlich gemacht werden.

Dejectionen der Kranken werden entweder mit roher Salzsäure oder Aetzkalk oder Carbolsäure behandelt; Sputum ist mit Carbolsäure zu versetzen und längere Zeit mit ihr in Contact zu lassen, — jedenfalls gegen Eintrocknen zu schützen. Wohnräume: hier ist bei flüchtigen Contagien einerseits die Luft, andrerseits sind stets die Wände, der Fussboden, die Möbel u. s. w. zu desinficiren. Zur Desinfection der Luft reichen schweflige Säure, Chlor und Brom nicht aus; werden aber (nach Versiegen der Contagium-Entwicklung) die Wände u. s. w. richtig desinficirt, so genügt meist schon die Lüftung; zum Schutz der Nachbarschaft vor Ansteckung wäre vorher in jenen Räumen Wasserdampf bis zur Condensation in der Luft zu entwickeln, wodurch aller Infectionsstoff auf die Wände, Fussboden, Möbel u. s. w. niedergerissen wird und dort abgetödtet werden kann. Die Wände u. s. w. können entweder z. B. mit (nachher zu verbrennender) Brodkrume abgerieben werden oder direct mit Sublimat-Lösung, getünchte Wände mit Kalkmilch gewaschen werden. — Aborte, Gruben, kleinere Kanäle können durch Phenol, durch starke Salzsäure, durch Aetzkalk desinficirt werden, sofern energische Durchmischung ausführbar ist; wo dieses unausführbar ist, resp. bei sehr grossen Kanälen ist eine Desinfection unmöglich — das Hinzuthun von „Desinficientien" illusorisch — aber von beruhigender Wirkung auf das Publicum. — Nahrungsmittel, so auch Milch, während wenigstens 5 Minuten gekocht, Trinkwasser durch — neue — Filter filtrirt, werden von Infectionsstoffen frei. —

Zur Beseitigung übler Gerüche wird entweder ein stärkerer weniger unangenehmer oder gar angenehmer Geruch erzeugt, oder es wird übelriechendes Gas chemisch gebunden, oder organische Substanz, aus welcher derartiges Gas sich entwickelt, wird so verändert resp. zerstört, dass jene Gasentwickelung aufhört, — oder viertens die Fäulnisserreger werden abgetödtet (es findet also echte Desinfection statt) und so ist dann die weitere Entwicklung von übelriechenden Fäulnissproducten unmöglich gemacht. Kaliumpermanganat zerstört durch Oxydation sowohl die riechenden Gase (Schwefelwasserstoff u. s. w.) als auch theilweise die faulende Substanz, und überdies wirkt es in gewissem Grade (unvollständig) desinficirend. Eisenvitriol bindet hauptsächlich die riechenden Gase, Ammoniak und Schwefelwasserstoff, wirkt aber auch fällend (also vor weiterer Zersetzung schützend) auf die faulende Substanz und zum Theil auch antifermentativ. Aetzkalk bindet die Säuren, präcipitirt und tödtet die Bacterien. Thonerdesalze und Magnesiumsalze wirken hauptsächlich präcipitirend. —

Zur Conservirung (gegen Fäulniss, Gährung u. s. w.) von Nahrungsmitteln werden eine Reihe von Mitteln und Methoden angewendet, die sich zum Theil mit den bereits besprochenen decken: Erhitzen und Aufbewahren unter pilzdichtem Verschlusse; Wasserentziehung theils durch Trocknen, Einkochen, Eindampfen u. s. w., theils durch chemische Stoffe; im wesentlichen gleichartig mit jenem wirkt der Zusatz von Salz (Pökeln u. s. w.) und Zucker (Einmachen) in stärkerer Concentration; von mehr „chemisch" den saprophytischen Organismen entgegenwirkenden Stoffen kommen in Betracht: Essigsäure (sauer einmachen, mariniren u. s. w.), ferner der Rauch (räuchern) durch seinen Gehalt an Guajacol (Kreosot) u. s. w., ferner Salicylsäure, Borsäure, welche beide in geringem aber doch ausreichendem Maasse den Nahrungs- und Genussmitteln zugesetzt, gesundheitlich unbedenklich sind.

Die meisten Antiseptica u. s. w. haben hervorragende sonstige Wirkungen und sind an andern Stellen dieses Buches aufzusuchen; nur über einige sei im Folgenden berichtet.

Acidum carbolicum, Phenol $C_6H_5.OH$.

Das Phenol entsteht aus Benzol (C_6H_6), wenn ein Atom H durch die Hydroxylgruppe (HO) ersetzt wird; im reinen Zustande weisse Krystalle, welche leicht zerfliessen und an der Luft eine röthliche Farbe annehmen. Die „rohe Carbolsäure", eine schwarzbraune dickliche Flüssigkeit, von dem starken eigenthümlichen Geruche der meisten Destillationsproducte des Theers, enthält neben anderen aromatischen Stoffen (und Wasser) etwa 50 % Phenol. Die reine Carbolsäure ist in 20 Thln. Wasser löslich, sehr leicht löslich in Alkohol und fetten Oelen; sie schmilzt bei 40—42° C., ist flüchtig, siedet etwa bei 180°. Der Name „Carbolsäure" ist nicht ganz zutreffend: weil die Phenole — in einigem Gegensatze zu den Hydroxyl-Derivaten der Kohlenwasserstoffe der Methaureihe (den sogenannten Alkoholen), das H-Atom der Hydroxylgruppe sehr leicht durch ein Atom Alkalimetall zu ersetzen erlauben und z. B. Phenolkalium, Phenolnatrium bilden, imponirten sie als Säuren.

PHYSIOLOGISCHE UND TOXISCHE WIRKUNGEN. Stärkere Lösungen bewirken auf der äusseren Haut eine weissliche Färbung der Epidermis mit Schrumpfung. Das Phenol gehört zu der nicht grossen Zahl von Substanzen, welche in wässriger Lösung von der unverletzten Epidermis leicht durchgelassen werden; es tritt danach einerseits an die Blutcapillaren des Rete Malpighii und gelangt leicht zur Resorption, — andrerseits trifft es die Anfangsstücke der sensiblen Fasern, welche es ähnlich wie Cocaïn — aber nach vorgängiger Erregung (Gefühl von Brennen) — lähmt, und so erzeugt es Anästhesie. Werden grössere Dosen, pur, oder in stärkerer Concentration gelöst, verschluckt, so zeigen sich zunächst locale Aetzwirkungen: weisse Schorfe, Brennen im Munde, Schlunde, Speiseröhre, Magen, verbunden mit Brechreiz u. s. w. In **stärkerer Verdünnung** innerlich genommen bringt **Phenol** bei Erwachsenen zu 0,1—1,0 innerhalb 24 Stunden ausser anfänglichem Hitzegefühl und Schweiss meist keine auffallenden Erscheinungen hervor; leichte Störungen der Verdauungsthätigkeit, Eingenommensein des Kopfes mit Schwindel können sich einstellen. Bei grösseren Dosen dagegen, z. B. durch Resorption von sehr grossen Wundflächen aus, treten Vergiftungserscheinungen auf, welche sogar den Tod zur Folge haben können: der Puls wird klein, frequent, die Extremitäten kühl, der Urin grünlich, eiweisshaltig, Unsicherheit in der Bewegung, der Sprache, Benommensein des Sensoriums, Bewusstlosigkeit, Delirien; unter den Erscheinungen des Collapses, dem stets Cyanose und zuweilen Dyspnö vorausgehen, stirbt der Vergiftete. Der Tod, welcher durch Athmungs- oder Herzlähmung erfolgt, kann schon nach einer Stunde eintreten, in anderen Fällen hat man diesen Ausgang nach 6—12—24 Stunden beobachtet. Bei den Sectionen findet man eventuell die erwähnten Aetzungserscheinungen im Magen und Dünndarm, sonst keine nennenswerthen Veränderungen; das Blut zeigt sich in hochgradigen Fällen dunkel, theerartig, und es lässt sich Phenol in ihm nachweisen.

Bei Thieren sieht man Stupor, Betäubung, centrale Lähmung neben anfänglicher Reflexirradiation und Reflexübererregbarkeit (aber bei ausgesprochener Erschöpfbarkeit) eventuell auch Reflexkrämpfe. In grossen Dosen ist Phenol auch ein Blutgift, welches zu intravitalen Gerinnungen Anlass geben kann. — Ausserdem wirkt es antipyretisch (s. Antipyretica) (praktisch nicht in Gebrauch). Es verursacht wie alle „Antipyretica" **central** Schweissbildung und Hautgefässerweiterung.

Nachdem STAEDELER (1850) nachgewiesen hatte, dass die Carbolsäure ein regelmässiger Bestandtheil des Harns der Herbivoren, namentlich der Rinder und Pferde ist, fand man sie auch im Harne des Menschen, wenn auch in viel geringerer Menge. Bei gemischter Kost schwankt die in 24 Stunden abgesonderte Quantität zwischen 25 und 30 Mgr., bei vegetabilischer steigt sie auf das 3—8fache; immerhin ist diese Menge verschwindend klein gegenüber derjenigen, welche im Pferdeharn vorkommt. Sie entsteht bei der Dünndarmverdauung, unter dem Einflusse des Pankreasfermentes; die Carbolsäure bildet ein Glied in der Kette der Umsetzungsproducte des Eiweisses. In pathologischen Zuständen, in denen die Entleerungen des Dünndarmes behindert sind, wie dieses namentlich bei inneren Incarcerationen der Fall ist, steigt die Menge des im Harne vorhandenen Phenols beträchtlich.

In allen diesen Fällen erscheint das Phenol im Harne nicht in freiem Zustande, sondern gepaart, als eine Aetherschwefelsäure $C_6H_5O.SO_2OH$

(an Alkalimetall gebunden). Aus dieser kann es durch Mineralsäuren frei gemacht und bei der Destillation als freies Phenol gewonnen werden. Zusatz frisch bereiteten Bromwassers scheidet es als Tribromphenol ($C_6H_2Br_3.HO$) in Form eines weisslichen krystallinischen Niederschlags aus dem Destillate ab. Diese Methode erlaubt, Phenol 1:100 000 im Harne zu erkennen.

Wird dem Organismus irgendwie Carbolsäure zugeführt, so können mit ihr (und Aehnliches gilt für viele Körper der Benzol-, Chinolin- u. s. w. Gruppen) folgende Vorgänge stattfinden: ein Theil verschwindet gänzlich, und man kann annehmen, dass er zu Kohlensäure und Wasser oxydirt wird. Ein zweiter Theil paart sich zu Phenolschwefelsäure. In dem Maasse, als die Aetherschwefelsäuren im Harne auftreten, nimmt die Menge der ausgeschiedenen **freien SO_4H_2** ab. Die Aetherschwefelsäuren sind **ungiftig**; der Organismus entgiftet sich also, schützt sich gegen das Gift vermittels jener Paarung: das gänzliche **Verschwinden** freier SO_4H_2 im Harne ist also bei Phenolzufuhr das Signal drohender Gefahr: **Darreichung von SO_4H_2-Salzen oder verdünnter SO_4H_2 scheint hier eine nützliche Medication** zu sein. Ein dritter Theil des Phenols oxydirt sich zu Dihydroxybenzol $C_6H_4{<}{}^{OH}_{OH}$, und zwar zum kleinsten Theile zum Ortho-Körper (Brenzkatechin), zum grössten Theile zum Para-Körper, dem sog. Hydrochinon, resp. Hydrochinon-Schwefelsäure; von dem Gehalte des Harns an (Zersetzungsproducten des) Hydrochinon hängt die dunkelgrüne Farbe ab, welche so häufig bei dem Einführen des Phenols in den Organismus beobachtet wird. Ein Theil des Phenols paart sich mit Glykuronsäure im Organismus (s. S. 48). Ein letzter Theil des Phenol erscheint im Harne als freies Phenol, dieser ist offenbar der kleinste und kann nur in Frage kommen, wenn grosse Mengen von Carbolsäure in kurzer Zeit in den Organismus gelangen. Die Ausscheidung geht ziemlich schnell (innerhalb eines Tages) vor sich; cumulirende Wirkung kommt nicht vor.

Während Phenol in selbst 5% Lösungen den **Milzbrandsporen** gegenüber noch kein Desinficiens ist, sind die meisten geformten Fermente schon in $1/2$—2, und sicher alle bekannten sonstigen pathogenen Bacterien und Keime von einer 3% Phenollösung getödtet. Bis zu $2\frac{1}{2}\%$ — eine Concentration, die ausreicht, um die **Entwicklung** von etwa anwesenden, noch nicht getödteten Keimen zu verhüten — ist Phenollösung ohne schädliche örtliche Reizung auf Gewebe (Schleimhäute, Wunde) —, von 5% an entstehen Eiweissgerinnungen (weisse Schorfe, s. oben); — zwischen $2\frac{1}{2}$—5% reizen die Lösungen örtlich. Als **antiseptisches Verbandsmittel** dürfte daher eine $2\frac{1}{2}$—3% Lösung, zu gewöhnlicher **Desinfection** von Instrumenten u. s. w.

eine 5 % zu wählen sein, während bei Milzbrand Phenol überhaupt nicht genügt.

Auf Wunden entfaltet Phenol und ebenso die meisten andern Antiseptica eine entzündungswidrige (antiphlogistische) Wirkung; zum Theil ist diese Wirkung nur die Folge der antiseptischen; ausserdem beschränken diese Stoffe aber, ebenso wie die „Adstringentien" auch direct durch Veränderung der Gefässwand die Auswanderung der weissen Blutkörper.

Eine Lösung von Phenol in Oel giebt an wässrig-feuchte Materien so wenig Phenol ab, dass sie weder desinficirt, noch antiseptisch ist.

Phenol-imprägnirte Verbandstoffe verlieren allmählich durch Verdunstung ihren Phenol-Gehalt.

THERAPEUTISCHE ANWENDUNG. Für die interne Verwendung der Carbolsäure liegen noch keine bestimmten Indicationen vor.

Dagegen wird vom Phenol äusserlich ein sehr umfangreicher Gebrauch gemacht; weniger als Mittel gegen parasitäre Hautkrankheiten, weil die Erfahrung gezeigt hat, dass bei unvorsichtiger Anwendung starker Dosen leicht Carbolismus entsteht, sondern mehr als Heil- und aseptisches Mittel in der Chirurgie und localen Therapie. Es ist das Verdienst LISTER's, die praktische Verwerthung der Carbolsäure in die chirurgische Praxis eingeführt zu haben (1867). LISTER ging von der Idee aus, dass, wenn man von einer Wunde jede Reizung abhalten könne, sie ohne Entzündung, Eiterung u. s. w. heilen könne; für ihn kam als Reiz wesentlich die Anwesenheit und Entwicklung von geformten Fermenten in Frage, und da die Carbolsäure sich als ein passendes Mittel zur Vernichtung und Entwicklungshemmung solcher erwiesen hat, so hatte er sich eine Operations- und Verbandsmethode construirt, welche den angegebenen Zweck grösstentheils erfüllt. Wenn auch die Ausgangsidee LISTER's eine nicht ganz richtige oder doch eine die Sache nicht erschöpfend erfassende war, und obgleich seine Methode seitdem vielfach modificirt, und obschon von vielen das Phenol durch andere Antiseptica ersetzt worden ist, so spielt doch einerseits diese Substanz noch heute eine wichtige praktische Rolle, andererseits ist unsere ganze heutige Wundbehandlung — selbst die nicht medicamentös-aseptische mit eingeschlossen — von LISTER zu datiren.

Seit jener Zeit ist die Heilung per primam intentionem mit ziemlicher Sicherheit zu erzwingen, Eiterungen und Wundkrankheiten zu verhüten; erst seit jener Zeit sind Eröffnungen der Bauchhöhle u. s. w. zulässige Unternehmungen u. s. w.

Als Heilmittel ist Phenol local gegen Diphtheritis (zu Aetzungen), in Form von Inhalationen bei putrider Bronchitis, Lungengangrän und bei Phthisis empfohlen.

PRÄPARATE UND DOSEN.

1) *Acidum carbolicum.* Innerlich, in Solution (stark verdünnt!), *ad* 0,1 *pro dosi!* 0.5 *pro die!* (Kann — verdünnt — wesentlich höher gegeben werden).

2) *Acidum carbolicum crudum.* Eine braunrothe Flüssigkeit, welche nur zur Desinfection von Latrinen u. s. w. benutzt wird.

3) *Acidum carbolicum liquefactum.* Eine Mischung von 100 Thln. reiner Carbolsäure und 10 Thln. Wasser, klare, farblose, nach Carbol riechende Flüssigkeit, welche sich in 18 Thln. Wasser klar löst. Wie acidum carbolicum.

[4) Ph. Helv.: *Liquor natrii carbolici.* Eine Mischung von 5 Thln. Phenol, 1 Thl. Liquor natrii caustici und 4 Thln. aq. destill. Wird zuweilen als Verbandsflüssigkeit benutzt.]

[5) *Natrium sulfo-carbolicum* (nicht off.). Ein Doppelsalz von röthlicher Farbe, welches innerlich zu 1—3,0 *pro die* gegeben wurde.]

[6) *Zincum sulfo-carbolicum* (nicht mehr offic.). Farblose, leicht verwitternde, in Wasser lösliche Krystalle ohne Geruch. 1°/o Verbandmittel und zu Injectionen.]

Die vielgebräuchliche Carbolwatte enthält gewöhnlich 5°/o Carbolsäure.

Thymolum, *Thymol,* $C_{10}H_{14}O$. (Methyl-Isopropyl-Phenol.) Ein kampherartiger Körper von weisser Farbe und eigenthümlichem (Thymian-) Geruche, welcher aus Thymus vulgaris (L.) gewonnen werden kann. Leicht löslich in Alkohol, schwer in Wasser (1:1000). Kann statt der Carbolsäure zu Spray u. s. w. verwendet werden; ist zu 1°/oo antiseptisch; von manchem seines Geruches wegen dem Phenol vorgezogen. Wenig in Gebrauch.

Das sog. „Aristol" = Thymoljodid, in Wasser unlöslich, scheint nur geringen Werth zu haben.

Mentholum, *Menthol.* Aus der Pfefferminze. Als Antisepticum nicht benutzt. (Siehe bei Mentha piperita.)

Resorcinum, *Resorcin,* Meta-Dihydroxybenzol $C_6H_4(OH)_2$. Kann aus verschiedenen Harzen, namentlich Galbanum, durch Einwirkung schmelzender Alkalien bereitet, kann aber auch synthetisch, z. B. durch Schmelzen von Chlorphenol mit Aetzkali, dargestellt werden. Im reinen Zustande ist es krystallinisch, weisslich, lichtempfindlich, leicht löslich in Wasser (85:100). Es besitzt, wenn nicht chemisch rein, einen phenolartigen Geruch, sein Geschmack ist ein süsslicher. Wie bei den meisten Stoffen dieser Gruppe bringt Eisenchlorid auch in Resorcinlösungen eine (dunkelviolette) Färbung hervor. In concentrirter Lösung besitzt es ebenfalls die Eigenschaft, Eiweisslösungen zu coaguliren.

(Seine antipyretische Action siehe oben unter Antipyretica.)

Zu 1—2,0 täglich genommen indifferent, macht es bei leerem Magen einige Belästigung; bei längerem Gebrauche nimmt der Harn eine dunkelbraune Farbe an.

THERAPEUTISCHE VERWENDUNG. Als Antisepticum kann es in Form von Spray u. s. w. in 2—4°/o Lösungen gebraucht werden, ferner zu Inhalationen bei Keuchhusten; hat vor anderen Stoffen dieser Gruppe den Vortheil, dass es nicht reizend wirkt und dass schwere Intoxicationsphänomene bei seinem Gebrauche nicht leicht zu befürchten sind. Es wird auch als örtliches Mittel bei Diphtheritis gerühmt; antiparasitär bei Hautkrankheiten empfohlen: Erysipel, Epithelioma (?), Alopecia pityrodes, Sykosis, Seborrhoe, Psoriasis u. s. w. Innerlich soll es bei abnormen Umsetzungen im Magen, bei unstillbarem Erbrechen, Dyspepsien u. s. w. Nützliches leisten.

Pyrogallolum, *Pyrogallol,* Trihydroxybenzol, Acidum pyrogallicum. Weisse, leicht lösliche Krystalle. Sehr leicht zersetzlich, lichtempfindlich; die alkalische Lösung absorbirt energisch, unter Bräunung und Zersetzung, Sauerstoff; ausser der den Phenolen, Dihydroxybenzolen, Salicylsäure gleichermassen zukommenden Nervenwirkung: Stupor, Reflexerregbarkeitssteigerung, Reflexkrämpfe, ist hier noch Methämoglobinbildung und Zerstörung der rothen Blutkörperchen, schwere hämorrhagische Nephritis und Hämoglobinurie zu fürchten. Wird wie Chrysarobin (dieses wird vorgezogen) gegen Psoriasis und andere Hautkrankheiten local benutzt; ist antiseptisch und styptisch.

Kreosotum, Kreosot.

Das Kreosot ist ein Destillat des Buchenholztheers, eine gelbliche Flüssigkeit von starkem Rauchgeruch, aus verschiedenen Verbindungen der sogenannten aromatischen Reihe (Benzolderivaten), besonders Kreosol, Kresol und hauptsächlich (ca. 75%) Guajacol bestehend. Es löst sich nur schwer in Wasser, leicht in Alkohol. 1834 von Reichenbach als der beim Räuchern des Fleisches wirksame Bestandtheil ($\kappa\rho\epsilon\alpha\varsigma$, $\sigma\omega\zeta\omega$) dargestellt und als Fäulniss-verhindernd erkannt.

In ganz verdünnten Lösungen von zusammenziehendem Geschmacke, in stärkeren wirkt es ätzend durch Coagulation der Eiweissstoffe. Dasselbe beobachtet man auch auf der äusseren Haut: es färbt die Epidermis zunächst weisslich (resp. gelb) und bringt sodann die im Corium befindlichen Proteinstoffe zur Gerinnung.

THERAPEUTISCHE ANWENDUNG. Früher war die Aq. Binelli (1 Thl. Kreosot auf 100—200 Thle. Wasser) als Verbandmittel gebräuchlich. Das Kreosot wird benutzt als Aetzmittel und zur Zerstörung fauliger Vorgänge in cariösen Zähnen. Innerlich gebraucht man es (stets sehr verdünnt!) als gährungshemmendes Mittel bei chronischen Magen- und Darmcatarrhen. Es wird neuerdings als innerliches Heilmittel bei Phthise gegeben. Am besten in Pillenform (oder Capsules mit Tolubalsam 1 : 4) zu 0,1—0,5 *pro dosi* 3mal täglich. (Die offic. Maximaldosen, 0,1 *pro dosi!* 0,6 *pro die!* sind zu niedrig gegriffen.)

Statt Kreosot ist mit Recht empfohlen: Das zuverlässig rein zu erzielende **Guajacolum,** *Guajacol,* $C_6H_4{<}^{OH}_{OCH_3}$, Methyläther des Brenzkatechins, nicht offic., Hauptbestandtheil des Kreosots. Stark verdünnen! (1,0—2,0: 200,0 [incl. 20,0 Spirit. vin.], in vitro nigro, mehrmals tägl. ½—1 Essl. in 1 Glase Wasser.)

Pix liquida, *Theer,* aus der trockenen Destillation, zumal von Coniferenholz (enthält Kreosot, Essigsäure, Paraffine und viel anderes); antiseptisch, scharf; äusserlich bei parasitären Hautkrankheiten zu Salben, Seifen; innerlich etwa wie Kreosot. resp. Aqua Binelli (s. oben). Bei zu starker äusserer Einwirkung ist Resorption (Nephritis) zu fürchten.

Acetum pyrolignosum, *Holzessig* (crudum und rectificatum, aus Holz-Schwelung gewonnen), enthält Essigsäure und theerartige Bestandtheile; officinell; überflüssig.

Naphthalinum, *Naphthalin,* $C_{10}H_8$, entsteht durch Einwirkung sehr hoher Temperaturen auf viele Kohlenstoffverbindungen; ist im Steinkohlentheer enthalten. In Wasser unlösliche, in kaltem Alkohol schwer lösliche, grosse blätterförmige weisse Krystalle, bei ca. 80° C. schmelzend, bei 218° siedend, mit Wasserdämpfen überdestillirend, von charakteristischem Geruche. Als antiseptisches Trockenverbandmaterial eine Zeit lang im Gebrauche gewesen; innerlich zu 0,1—0,5 mehrmals täglich gegen Cystitis, namentlich aber gegen verschiedenartige hartnäckige Diarrhoen (auch Typhus) empfohlen; macht zuweilen Harnzwang; erzeugt bei Thieren Katarakt, Glaskörpertrübungen, Netzhautablösungen, Opticus-Atrophie u. s. w.; nach grossen Dosen wie nach vielen aromatischen Körpern, zeigt der Urin Eiweiss u. s. w. Naphthalin geht theils in α-Naphthol, theils in Dioxynaphthalin über, die einerseits als Aetherschwefelsäuren, andrerseits als Glykuronsäuren ausgeschieden werden. In concentr. Salz- oder Schwefelsäure eingetragen giebt der Harn grüne Färbung.

Naphtholum, β-*Naphthol*, $C_9H_9.OH$, entsteht beim Schmelzen von β-Naphthalinsulfosäure mit Kalihydrat; es verhält sich zum Naphthalin wie das Phenol zum Benzol; krystallisirt in rhombischen Tafeln, lichtempfindlich, schmilzt bei 122° und siedet bei etwa 286°, sublimirt; in Alkohol leicht, in kaltem Wasser gar nicht löslich, in heissem wenig. Ist in Salbenform bei Psoriasis und parasitären Hautkrankheiten empfohlen; soll, wenn ganz rein, den Nieren ungefährlich (?) sein, hat aber oft bei Anwendung auf die Haut resorptiv Nephritis veranlasst — angeblich wegen der Verunreinigungen. Führt, neben directer parasiticider Wirkung, bei parasitären Hautkrankheiten zu schnellerer Verhornung und Desquamation (Abstossung) der vom Parasiten occupirten Schichten; das Gleiche gilt vom folgenden. Andrerseits beseitigen diese Substanzen bestehende Desquamationen, welche die Folge parasitärer Ansiedlung sind.

Ichthyol und **ichthyolsulfonsaures Kalium, Ammonium** u. s. w. (nicht off.). Ichthyol ist ein aus einem bituminösen, oft Fischabdrücke zeigenden (daher der Name Ichthyol) Kalkschiefer dargestelltes schwefelhaltiges Mineralöl, nicht angenehm aromatisch riechend, aus welchem die genannte Sulfonsäure und deren in Wasser gut lösliche Salze gewonnen werden, sie wirken analog dem Napthtol, aber milde, ungefährlich u. s. w. Besonders 2—3mal täglich in Lösung bei Acne rosacea, Ekzemen u. a. sehr empfohlen; auch innerlich (0,1—0,5). Aeusserlich (10—50%) in Pasten, Salben, Seifen u. s. w. — Auch hier lässt sich bei vorsichtiger Dosirung die direct parasiticide Wirkung zeigen, indem ohne primäre Hautveränderung und ohne Desquamation die Affection heilt; bei stärkeren Dosen wird die Abstossung der Parasiten durch die alsdann auftretende Desquamation unterstützt; höhere Dosen reizen.

Ganz ähnlich das sogen. „Thiol", das handlicher und frei von dem Geruche des vorigen ist.

Sozojodol $C_6H_2\diagup^{HO[1]}_{\diagdown J_2}\!\!-SO_3Na+2H_2O[4]$, sog. „Sozojodol leichtlöslich", das Natronsalz der Dijodparaphenolsulfosäure; „Sozojodol schwerlöslich" ist das saure Kaliumsalz derselben Säure; letzteres zu 5—10% in Streupulvern, Pasten u. s. w. bei Hautkrankheiten wie das vorige. (Ob das Jod hierbei [s. unter Jodoform] in Betracht kommt, ist sehr fraglich) (nicht offic.).

Kreolin (Creolinum) (nicht offic.). Destillat aus dem Steinkohlentheer syruposes Gemisch verschiedener höher siedender aromatischer Kohlenwasserstoffe, u. a. Naphthalin, Kresolen u. s. w., Pyridinen u. s. w.; es hat Theergeruch; in Wasser fast unlöslich, bildet es mit ihm eine Emulsion, löslich in Alkohol und Aether; sehr wenig giftig; gut desodorisirend; steht in eiweissreichen Flüssigkeiten dem Phenol als Antisepticum an Wirksamkeit nach, ist aber viel weniger giftig; hat sich in 2—5% Emulsionen praktisch gut bewährt. (Die „Kreoline" der verschiedenen Bezugsquellen sind ungleich; das ursprüngliche ist als „Creolinum Pearson" zu bezeichnen.)

Acidum benzoicum, *Benzoësäure*, $C_6H_5.COOH$. Aus der Resina Benzoë, dem

Harze eines ostindischen Baumes, durch Sublimation gewonnen; die so erhaltenen **Flores Benzoës** bestehen grösstentheils aus Benzoësäure, einer weissen krystallinischen, aromatisch riechenden Masse, welche sich in 200 Thln. kalten Wassers löst, leicht löslich ist in Alkohol und Aether. Erregt beim Einathmen Hustenreiz. Man imprägnirt mit ihr Verbandsstoffe (3,5—10%). Wird auch als Expectorans und Excitans gebraucht (s. dort).

Natrium benzoicum. Wenig mehr gebraucht; innerlich bei Cystitis, 1—15,0 *pro die* in Lösungen, Pillen, Pulvern; zu Inhalationen.

Acidum salicylicum. *Salicylsäure*, $C_6H_4\genfrac{}{}{0pt}{}{OH[1]}{COOH[2]}$ (s. S. 95). Technisch als conservirendes Mittel (cave Salzgehalt); in der Chirurgie als trockenes, schwer lösliches Material zu Dauerverbänden, etwa wie Jodoform und Naphthalin benutzt; gegen übelriechende Fussschweisse (Pulvis salicylicus cum Talco, offcin.) und Aehnliches benutzt; Sebum salicylatum, Hammeltalg mit 2% Salicylsäure.

Aseptol, chemisch: Orthophenolsulfosäure, d. i. eine Salicylsäure, in welcher die Gruppe COOH durch SO_3OH ersetzt ist: $C_6H_4\genfrac{}{}{0pt}{}{OH}{SO_3OH}$ eine syrupöse, bräunliche, phenolartig riechende, in Wasser, Alkohol und Glycerin in jedem Verhältnisse lösliche (in Oel unlösliche) Substanz; bis zu 10° iger Lösung nicht ätzend (verträgt das Erwärmen nicht; geht dabei in den unbrauchbaren Parakörper über); wirkt zu 8% auf Milzbrandsporen wie 5% Phenollösung; bei andern pathogenen Keimen sind 3—5%ige Lösungen sicher tödtend.

Chrysarobinum. Zu 80% Bestandtheil des Goapulvers, Polvo di Bahia oder Araroba, welches man in den Lücken (Canälen) des Holzes eines Baumes, Andira Araroba (Fam. der Caesalpineen), in der Provinz Bahia (Brasilien) (von dort nach Goa in Vorderindien exportirt) findet, der von den Eingeborenen Angelim amargozo genannt wird.

Man hat irrigerweise diese Substanz für identisch mit der Chrysophansäure (dem gelben Farbstoffe der Rhabarberwurzel und der Senna-Blätter) gehalten. Sie kann aber durch Oxydation in Chrysophansäure übergeführt werden; sie ist, wie diese, ein Derivat des Anthracens $C_{14}H_{10}$ welches im Steinkohlentheer enthalten ist.

Das Chrysarobin ist ein gelbes krystallinisches Pulver, welches bei 178° C. schmilzt. Es löst sich leicht in Benzol und Chloroform, schwieriger in Alkohol, und ist fast unlöslich in kaltem und heissem Wasser.

Das Goapulver ist zuerst in Indien gegen parasitäre Hautkrankheiten, namentlich ring worm, angewendet worden. In Europa ist es jetzt ebenfalls gegen Hautkrankheiten äusserlich im Gebrauche, namentlich gegen Psoriasis. Es ist sehr scharf, erzeugt leicht Conjunctivitis und Schwellung der Gesichtshaut.

Chrysarobin Kaninchen in die Haut eingerieben, wird theilweise resorbirt und wandelt sich theils in Chrysophansäure um, theils geht es unverändert mit Erscheinungen von Nierenreizung durch den Harn ab.

THERAPEUTISCHE ANWENDUNG. Gegen chronische Hautkrankheiten parasitären Charakters, in Form von Salben, 1 : 5—10. Man lässt die Salbe einige Tage einmal täglich in die kranken Hautstellen einreiben; es erfolgt Brennen und Röthung, worauf man das Einreiben zeitweilig sistirt; mit dieser Procedur wird fortgefahren, bis die Haut rein wird. Die Resultate dieser Behandlung sind im Ganzen befriedigend; viele Patienten ertragen aber dieses Mittel nicht, weil es zu starke Reizungen der Haut, namentlich des Gesichtes und der Conjunctiva hervorbringt. (Notabene: macht bleibende Flecke in der Wäsche!)

Anthrarobinum, *Anthrarobin,* das Reductionsproduct des Alizarins. Gelblichweisses Pulver, in verdünnten Alkalien, in erwärmtem Alkohol und Glycerin leicht löslich; an der Luft sich oxydirend, nach einander grün, blau, violett werdend. Wie das vorige in 10—20% Salben und besonders in spirituöser Lösung.

Jodoformium, Jodoform CHJ_3.

Kleine, glänzende, hexagonale, fettig anzufühlende Blättchen oder Tafeln von citronengelber Farbe, von durchdringendem safranähnlichem Geruche. Sie schmelzen bei nahezu 120°, sind fast unlöslich in Wasser, dagegen mit den Dämpfen des siedenden Wassers zusammen flüchtig, löslich in 50 Thln. kalten und ungefähr 10 Thln. siedenden Weingeistes, und in 5,2 Thln. Aether, ferner in Fetten und ätherischen Oelen. Es entsteht beim Erhitzen von Alkohol, Wasser und Alkalilaugen unter allmählichem Zufügen von Jod. — Jodoform enthält 96,7% Jod ($C = 12$, $H = 1$, $J_3 = 127 \times 3 = 381$).

Physiologische und toxische Wirkung. Bei internem Gebrauche wird Jodoform sehr wahrscheinlich nur durch die im Darmcanale vorhandenen Fette gelöst und dadurch zur Aufnahme befähigt, welche durch die Chylusgefässe erfolgt; es circulirt in den Geweben zunächst als Jodoform und wirkt als solches narkotisch auf das Nervensystem; allmählich wird es zersetzt, und sein Jod theils in Form von Jodalkalimetall theils als jodsaures Salz ausgeschieden; ein Theil des Jodoforms scheint in (unbekannter) organischer Form den Körper mit dem Harne zu verlassen. Sonnenlicht spaltet aus Jodoform Jod ab; bei Lichtabschluss wird Jodoform zersetzt, wenn es in gelöster Form (z. B. in Fett) oder als Dampf mit Stoffen in Berührung kommt, die Jod aufzunehmen vermögen (z. B. Stärke, Protoplasma u. s. w.). Der Gang dieser Zersetzung ist nicht sicher ermittelt; vielleicht bildet sich hierbei zunächst HJ und dann erst andere Jod-Verbindungen, vielleicht wird aber Jod, wenn auch nur vorübergehend, frei und wirkt in statu nascendi (s. „Jod" bei den Resolventien). Jod ist zumal in statu nascendi stark antiseptisch. Auch manche Bakterien, resp. die von ihnen gebildeten Ptomaïne spalten in Culturen Jod aus gelöstem Jodoform ab. Jodoform tödtet direct nur den Bacillus der asiatischen Cholera, die anderen pathogenen Bacterien aber nicht; dagegen hemmt es ihre Entwicklung in Culturen nicht unbeträchtlich; die volle antiseptische Wirkung aber entfaltet es auf Wunden offenbar erst in Folge seiner (Lösung im Wundsecrete und) Zersetzung durch das lebende Protoplasma; ein Theil des irgendwie abgespaltenen Jods verbindet sich jedenfalls mit der Leibessubstanz der Bacterien, ein anderer mit dem Protoplasma des Wundgrundes, ein andrer mit den Alkalimetallen des Gewebssaftes. Die Beeinflussung des Wundgrundes ist wichtig: es entsteht so eine entzündungsfreie, trockene und gegen Infection vermuthlich resistentere Wundfläche (s. das analoge bei Phenol); vielleicht ist die noch nicht genügend studirte locale Wirkung auf die Leucocyten von besonderer Bedeutung.

Von Wunden und Wundhöhlen aus wird im Allgemeinen das Jodoform als solches nur sehr wenig resorbirt; am ehesten treten resorptive Intoxicationen vom Peritoneum her auf; darnach am gefährlichsten ist die interne Application (Magen, Darm); auch von den weiblichen Geschlechtstheilen aus ist Jodoformvergiftung mehrfach beobachtet worden (fein gepulvert scheint es gefährlicher zu sein als in gröberen Krystallen).

Bei solcher sind es Symptome seitens des Centralnervensystems, welche sich in den Vordergrund drängen: Benommenheit des Sensoriums, Schläfrigkeit und Schlaflosigkeit, Amblyopien, Stupor, Psychosen, Hallucinationen mit Tobsucht und Aehnliches. Der Puls wird klein, frequent und unregelmässig, die Körperwärme sinkt, und eine auffallend rasche Abmagerung stellt sich ein. (Zuweilen zeigt sich Fieber.) Der Tod erfolgt durch Lähmung vom Gehirn aus oder durch Herzschwäche. Wenn die Zuführung des Jodoforms noch rechtzeitig unterbrochen wird, bilden sich diese Störungen oft sehr schnell zurück, können sich aber auch durch Wochen hinziehen. Während dieser Jodoformvergiftung zeigt sich eine Verzögerung der Jodelimination: auch nach Cessiren der Zufuhr dauert es offenbar lange, ehe die Gewebe das Jodoform eliminirbar gemacht, umgewandelt haben; und hier scheint ein grosser Theil in organischer Form eliminirt zu werden, jedoch nicht als Jodoform. Bei den Sectionen findet man fettige Degenerationen des Herzens, der drüsigen Organe.

Die Haut mancher Menschen ist gegen Berührung mit Jodoform sehr empfindlich; man sieht erythemartige Entzündung mit Bläschenbildung, was dafür spricht, dass die Epidermis für Jodoform durchlässig ist und dass also bei cutaner Application auch einige Resorption stattfinden müsse. Bei interner Darreichung tritt zuweilen Urticaria auf.

THERAPIE DER JODOFORMVERGIFTUNG: Entfernung des Jodoforms von den Orten der Anwendung; sonst exspectativ-symptomatisch und diätetisch-roborirend.

THERAPEUTISCHE VERWENDUNG. Bezüglich der inneren Anwendung sind die Ansichten sehr getheilt. Von vielen ganz verworfen, ist Jodoform bei folgenden Zuständen von Einzelnen empfohlen worden, wobei zu betonen, dass bei innerlicher Darreichung weitaus vorwiegend Jodoform, und nur zum allerkleinsten Bruchtheile (wenn überhaupt) Jodwirkung (siehe unter Jod) zu Stande kommt: Diabetes, Spinalirritation, tuberculöse Vorgänge, als Heilmittel gegen Meningitis tuberculosa, als resorptionbeförderndes Mittel bei Drüsentumoren, Struma und Residuen von entzündlichen Vorgängen.

Dosis: 0,02—0,1; ad 0,2 pro dosi! ad 1,0 pro die! (Ist eher etwas zu hoch gegriffen, darf jedenfalls nicht lange Zeit in maximalen Gaben gereicht werden.)

Aeusserlich: 1) Als Streupulver bei frischen Operationswunden und im Trocken-(Pulver-)Verbande; zu Tampons; in Form von Jodoformgaze, Stiften u. s. w. 2) Als Heilmittel und Anodynon bei Geschwüren, zumal weichen Schankern, eiternden Bubonen und Aehnlichem (als Streupulver u. s. w.). 3) Als resorptionbeförderndes Mittel in Salbenform im Verhältniss von 1 : 30—50 oder aufgelöst in Collodium (Jodoform löst sich in Aether leicht), das Jodoform-Collodium wird auf die betreffenden Stellen aufgepinselt. 4) Besonders empfohlen bei scrophulösen und tuberculösen Drüsenvereiterungen, Knocheneiterungen und Aehnlichem, wo es fast specifisch zu wirken scheine; desgleichen bei Lupus.

Um den Geruch des Jodoforms zu verdecken, ist es zweckmässig, es mit ätherischen Oelen oder mit Cumarin, resp. dem Pulver der Tonkabohne oder mit 50 % Pulver von geröstetem Kaffee (der übrigens selbst antiseptisch ist) zu vermischen. (Abwaschen mit Terpentinöl entfernt von Gegenständen den Jodoform-Geruch.)

Jodol, C_4J_4HN, die Jodverbindung des Pyrrols (C_4H_5N) hat vor dem Jodoform den Vorzug, geruchlos zu sein; dass es dem Jodoform — wie behauptet wird — Ebenbürtiges als Antisepticum leistet, ist mehr als fraglich; in Wasser ebenfalls unlöslich, — ebenfalls wie Jodoform anzuwenden.

Hydrargyrum bichloratum, Quecksilber-Chlorid, Sublimat $HgCl_2$.

Farblose harte Krystalle, rhombische Prismen, in 16 Thl. kalten, in 3 Thl. siedenden Wassers, in 3 Thl. Alkohol, in 4 Thl. Aether löslich.

Das officinelle Präparat löst sich meist nicht vollständig in Wasser und hinterlässt das Chlorür (Calomel) oder scheidet dieses bald in kleinen Quantitäten ab; Hydrargyr. bichlor. ex aqua recrystallisatum ist auf lange Zeit frei von diesem Fehler. Die wässerigen Lösungen reagiren sauer; es finden fortwährend Dissociationen statt, bei denen HCl und vermuthlich Quecksilberoxyd frei werden: Zusatz von dem doppelten Gewicht Chlornatrium oder Salmiak lässt eine nicht dissociirbare und daher nicht saure und weniger reizende Doppelverbindung entstehen. In Brunnenwasser (überhaupt in nicht destillirtem Wasser) gelöst, bildet der Sublimat mit den Kalksalzen sehr bald Niederschläge, wodurch die Desinfectionskraft der Lösung geschwächt und selbst aufgehoben wird); Zusatz von Kochsalz verzögert diesen Vorgang, während Aufbewahren im Dunkeln ihn gänzlich verhindert.

Im Princip wirkt Sublimat local auf die Gewebe vollständig analog den sogenannten „adstringirenden" Metallsalzen (s. diese); gleich jenen z. B. verengt er local in schwächsten Concentrationen (Sublimat schon von $1/200 \%$ an) die Gefässe, in etwas stärkeren, (etwa bis zu $1/2 \%$) folgt der Verengerung eine Erweiterung; innerhalb dieser Grenzen, namentlich zwischen $1/100$ und $1/10 \%$, wirkt er direct entzündungswidrig, indem er (offenbar durch Veränderung der Gefässwand) die Diapedesis der Leucocyten verhindert u. s. w.; in stärkeren Concentrationen wirkt er fast sofort gefässerweiternd und überhaupt stärker „reizend" und erzeugt, übrigens schon von $1.10^0/_{00}$ an, secundäre Entzündung, — ganz wie die Adstringentien, welche (s. oben) alle ebenfalls mehr oder weniger antiseptisch und desinficirend sind. Seiner energischeren Wirkung und seiner praktischen Bedeutung entspricht es indess, den Sublimat hier und besonders zu besprechen. — Zarteres Protoplasma wird bereits von einer $1^0/_{00}$ Sublimat-Lösung abgetödtet. Die Epidermis wird von ihm durchdrungen.

Seine sonstigen physiologischen und toxischen Wirkungen siehe unter „Mercurialia". Er ist das energischste Antisepticum: Lösungen von $1:20000$ sind schon wirksam, $1:1000$ zuverlässig.

Seine Anwendung hierfür erfährt jedoch Einschränkungen: 1) durch seine Giftigkeit für den Menschen; 2) durch seine Löslichkeit, und in Folge hiervon durch die Geschwindigkeit, mit der es aus Wunden u. s. w. verschwindet (d. h. resorbirt wird) und also den Kampfplatz verlässt; 3) dadurch, dass es von dem Eiweiss des Wundgrundes, des Wundsecretes u. s. w. zersetzt wird; 4) durch die grosse Neigung, sich mit Metallen zu amalgiren, wodurch er einerseits die Metallgegenstände (Instrumente, Gefässe u. s. w.) verdirbt, andererseits hierbei für die Antisepsis verloren geht. Bei Benutzung von Sublimatlösungen hat man Irrigatoren, Gefässe, Becken u. s. w. von Glas, Porzellan u. s. w. zu benutzen. Metallgegenstände sind nicht mit Sublimat zu desinficiren.

Die Pulververbände (Jodoform u. s. w.) können durch Sublimat nicht ersetzt werden. Wegen der Details der Anwendung des Sublimats in der Chirurgie und Gynäkologie ist auf die Kliniken zu verweisen.

Die Behandlung der Sublimatvergiftungen s. bei den Resolventien unter „Quecksilber-Präparate".

Hydrargyrum chloratum, *Calomel*, Quecksilberchlorür Hg_2Cl_2, ist — weil allmählich Sublimat bildend (s. Resolventia) — ebenfalls prompt antibacteriell und kann mit Vorsicht gelegentlich benutzt werden.

Zincum chloratum, *Chlorzink*, Zinkchlorid $ZnCl_2$; weich, zerfliesslich (hygroskopisch); in bis zu 9%iger Lösung nicht schmerzhaft; in 15%iger und stärkerer Lösung schmerzhaft, und in concentrirter Lösung stark ätzend und sehr schmerzhaft; ist als nicht genügend sicher antiseptisch nicht recht [in der allgemeinen Gunst geblieben. In 1% Lösung zu Einspritzungen (zweimal tägl.) bei gonorrhoischer Vaginitis empfohlen.

Auch Zincum oxydatum (s. unter Adstringentien) ist als antiseptisches Material benutzt worden.

Chlor, Brom, Jod, — das erstere ein Gas, Brom eine Flüssigkeit (in Wasser 1:30, in Alkohol sehr leicht löslich), das letztere, Jod, fest (in Alkohol und in wässrigen Jodsalzlösungen leicht, in reinem Wasser fast nicht löslich). Alle drei haben eine grosse Neigung, sich mit den im Molecüle der organischen Substanzen enthaltenen Wasserstoff-Atomen zu verbinden und wirken so oxydirend und zerstörend auf alles Organische, so auch auf das Protoplasma und sind — Feuchtigkeit und Zugänglichkeit der Mikroorganismen vorausgesetzt — hierdurch auch antiseptisch. Chlor (s. unter Chlorkalk) wird daher zu desinfectorischen Räucherungen benutzt (oft meist wegen ungenügender Feuchtigkeit in praxi nicht wirksam); Brom ist zu desinficirenden Aetzungen in Lösungen (1:5—10 Alkohol z. B.) versucht und für Diphtherie empfohlen worden. Jod ist ebenfalls (s. Jodoform) in statu nascendi sehr gut antiseptisch, sonst erst in Lösungen von 1°/₀ aufwärts, und — unter Berücksichtigung seiner Flüchtigkeit und der übergrossen Leichtigkeit seiner Resorption, die (s. Sublimat) einerseits zu Vergiftungen führen könnte, anderseits das Jod für Dauerverbände unbrauchbar macht —, konnte das Jod noch eine Rolle zu spielen berufen sein; vorläufig ist es nur in Form von Jodoform antiseptisch verwerthet.

Aqua chlorata. 4°/₀₀ Chlor in Aq. destill. Darf weissem Tageslicht nicht ausgesetzt werden. Vorzügliches Desinficiens, wenn frisch bereitet. Innerlich pur, esslöffelweise, gegen Cholera asiatica (?) empfohlen. Für chirurgische Zwecke und zur Desinfection wegen Zersetzlichkeit nicht brauchbar.

Calcaria chlorata, Chlorkalk $CaCl_2O_2 + CaCl_2 + Ca(OH)_2$.

Weissliches Pulver, nach Chlor riechend, ist wohl ein Gemenge von unterchlorigsaurem Kalk und Chlorcalcium nebst Beimengung von Aetzkalk. An der Luft entwickelt sich durch Einwirkung der Kohlensäure die unterchlorige Säure; sobald man eine stärkere Säure, wie Salpetersäure, Salzsäure u. s. w. zusetzt, wird alles Chlor daraus frei gemacht und entweicht, und nur insofern Chlor daraus entwickelt wird, wird Chlorkalk als Desinficiens für Wohnräume benutzt (meist unzureichend, siehe oben). Als desinficirende Waschflüssigkeit eignet sich eine wässrige Lösung von Chlorkalk nur dann, wenn sie frisch bereitet wird, da später aus ihr sehr bald die unterchlorige Säure und das Chlor entweicht. — Zur internen Verwendung eignet sich dieser Stoff nicht, da der Magen ihn nicht ertragen würde.

Liquor natrii hypochlorosi, Bleichwasser, Liqueur de Labarraque. Wird bereitet, indem eine Lösung von 20 Thln. unterchlorigsaurem Kalk in 100 Thln. Wasser mit einer Lösung von 25 Thln. Soda in 500 Thln. Wasser zusammengemischt wird. Man gebraucht diese Mischung zur Befeuchtung von Verbandstoffen oder als Waschwasser, bei übelriechenden Wunden und Geschwüren, oder als Injectionsmittel bei ähnlichen Vorgängen.

Acidum boricum, *Borsäure*, BO_3H_3. Farblose lamellenartige Krystalle von saurem Geschmack, in 25 Thln. kalten, in 3 Thln. siedenden Wassers und in 15 Thln. Weingeist löslich. Auch diese Substanz kann als Antifermentativum benutzt werden. Die Borsäure ist grösstenteils nur äusserlich verwendet worden. In Lösungen von 2—4°/₀ gebraucht man sie als Mund- und Gurgelwasser, als Befeuchtungsmittel für Verbandstoffe und in Salbenform. Sie wirkt örtlich wenig reizend, sie ist ein nicht ganz zuverlässiges Gift für Bakterien.

Neuere Beobachtungen zeigen, dass man, mit der Borsäure zumal beim innerlichen Gebrauche, sehr vorsichtig sein muss; denn wenn grössere Mengen dieser Säure zur Resorption gelangen (z. B. auch bei Blasenausspülungen, Clysma), so kann sie toxische Erscheinungen hervorbringen: oft fieberhafte gastrische Erscheinungen, Collaps, erythematöses, papulöses und petechiales Exanthem, das sich, im Gesichte und Halse beginnend, auf die ganze Haut des Körpers und besonders auf die Streckseiten ausbreiten kann. Tödtlicher Ausgang trat in einzelnen Fällen ein.

Unguentum acidi borici, Borsalbe. Acid. boric. 1, Paraffinsalbe 9.

Borax, *Natriumborat*, $B_4O_7Na_2 + 10H_2O$. Harte, weisse Krystalle, welche sich in 17 Thln. kalten, in der Hälfte ihres Gewichtes siedenden Wassers und reichlich in Glycerin lösen, in Weingeist aber unlöslich sind. — Aehnlich wie die Borsäure hat man Borax als Antisepticum verwendet; er wirkt jedoch viel schwächer. Er findet zuweilen seine Verwendung als Mund- und Gurgelwasser, überhaupt als leichtes Adstringens. Sehr empfohlen bei folliculärem Bindehautkatarrh in 4% Lösung zum (sorgfältigen!) Ausspülen des Bindesacks, 3mal tägl. Früher gab man es innerlich empirisch als Emmenagogon zu 2—4,0 *pro die*.

Aluminum aceticum s. **Alumina acetica** s. **Argilla acetica**, *Essigsaure Thonerde*. Da sie sich nicht gut hält, so ist sie ex tempore zu bereiten. Ihre Verwendung findet sie als Zusatz zu Verbandmitteln, Injectionsflüssigkeit u. s. w. Dazu werden Auflösungen von 2—8% benutzt. Das Arzneib. f. d. D. R. hat einen Liquor Aluminii acetici: 30 Thl. Aluminiumsulfat, 36 Thl. verdünnte Essigsäure, 13 Thl. Calciumcarbonat und 100 Thl. Wasser gemischt. Die von dem Niederschlag abgepresste und filtrirte Flüssigkeit ist klar und farblos, hat ein spec. Gewicht von 1,044—1,046, reagirt schwach sauer, riecht nach Essig und besitzt einen zusammenziehenden Geschmack. Die Lösung hat einen Gehalt von 7—8% (basischen) Aluminiumacetats und wird als antiseptisches Mittel benutzt. Dieser Liquor Alum. acet. wird mit Wasser gemischt im Verhältniss von 1:2—5 als Adstringens verordnet.

Carbo ligni pulveratus, *gepulverte Holzkohle*. Käufliche Meilerkohle wird in geschlossenen Gefässen erhitzt, bis sie keine Dämpfe mehr giebt, und nach dem Erkalten sofort gepulvert. Diese ist officinell; Carbo animalis, Thierkohle, ist nicht officinell. Das Holzkohlenpulver ist (unter dem Mikroskope gesehen) aus splitterartigen, zackigspitzigen Stücken bestehend. Trockene Kohle absorbirt Gase, desodorisirt u. s. w., als Filter ist sie auch von antiseptischem Werthe; aber die erstere Wirkung (Gasabsorption) ist im und am Organismus deshalb meist nicht benutzbar, weil dort die Kohle nicht trocken bleiben kann, und nass absorbirt sie keine Gase; letztere ist technisch wohl für Wasserfiltration, nicht aber an Wunden u. s. w. anwendbar, so dass sowohl die innere Verordnung der Kohle bei Meteorismus, als auch ihre Anwendung als Verbandpulver von fraglichem Werthe ist. — Als Zahnpulver ist die Holzkohle, wenn nicht sehr fein gepulvert, weil spitzig und splitterartig, mechanisch nicht ganz indifferent, bleibt zuweilen im Zahnfleisch haften und täuscht Bleirand vor. (Innerlich 0,5—5,0.)

Kalium chloricum, Chlorsaures Kalium, Kaliumchlorat[1]) ClO_3K.

Farblose, luftbeständige Krystalle (Tafeln des monoklinischen Systems), in 16 Thln. Wasser löslich (6%), von kühlendem, herbem Geschmack. Explodiren, wenn sie mit Schwefel, Schwefelmetallen, Phosphor, Kohle oder trockener organischer Substanz gepulvert, gerieben oder erschüttert werden (ist neben Schwefelantimon oder Aehnlichem in den Köpfen der sogenannten schwedischen Streichhölzer enthalten, welche an den mit amorphem Phosphor präparirten Flächen sich entzünden). Im trockenen Zustande leicht Sauerstoff hergebend, ist K. chl. in Lösungen widerstandsfähiger, wird aber von putriden Substanzen zu Chlorkalium reducirt, ist also antiputrid.

PHYSIOLOGISCHE WIRKUNG. Bei leerem Magen sehr schnell, bei gefülltem langsamer resorbirt, geht fast das ganze eingeführte K. chl. unverändert durch den Organismus. In Gaben bis zu 3,0 *pro die* gut vertragen, in grösseren zuweilen Magenstörungen verursachend, kann bei Erwachsenen K. chl. in Gaben über 10 und 15,0, zumal wenn bei leerem Magen genommen und besonders bei kranken Nieren (wegen erschwerter Ausscheidung), schwere Intoxicationen erzeugen (Kinder sind noch empfindlicher!); starker CO_2-Gehalt des Blutes (verminderte Alkalescenz) leisten der Vergiftung Vorschub. Die Hauptsymptome

---

1) Nicht zu verwechseln mit Kalium chloratum = Chlorkalium.

sind: livide Blässe, Collaps und Herzschwäche, Methämoglobinämie. Auflösung, Auslaugung einer gewissen Zahl von Blutkörperchen („Schatten"-Bildung), hierdurch Thrombosenbildung und davon secundär abhängig: Nephritis (Capillar-Thrombosen in der Grenzschicht): Blutkörperchen und Blutkörperchen-Trümmer, Methämoglobin und Hämatin im Harn; Milzschwellung in Folge von Anhäufung der Blutkörperchen-Reste, Icterus. Direkt dem Blute zugefügt, lässt K. chl. aus dem Blutfarbstoff das zum O-Transport fernerhin unbrauchbare Methämoglobin entstehen.

Der Blutkörperchen-Zerfall, die Umwandlung des Hämoglobins (resp. Oxy-H.) in Methämoglobin berauben den Körper der Möglichkeit, genügend O zu erhalten; der Zerfall der Blutkörperchen wirkt aber besonders auch blutgerinnungerzeugend und gefährdet die Circulation in lebenswichtigen Organen (Herzhöhlen, Lungenkreislauf, Nieren u. s. w.) In der Leiche sieht man sonst noch: diffuse Braunfärbung (Methämoglobin-Diffussion) der hellen Gewebe, Anämie; zerstreute Blutungen, zumal in der Magenschleimhaut, Lungen u. a.; sepiabraunes Blut, das theils in Thromben geronnen, theils schwer gerinnbar ist.

Das Natrium chloricum wirkt ebenso giftig wie das Kaliumsalz. — Im Anfange einer Chloratvergiftung wird ein sehr diluirter Harn sehr reichlich gelassen (vergl. Kochsalz und Kaliumsalze). — Welche der aufgeführten durch die Chlorate bedingten Schädigungen das schliesslich lebenvernichtende Moment abgeben, lässt sich einerseits noch nicht völlig übersehen und dürfte andrerseits in den einzelnen Fällen je nach Geschwindigkeit des tödtlichen Ablaufs u. s. w. verschieden zu statuiren sein: die Thrombosen würden allenthalben zur Erklärung ausreichen; jedenfalls aber dürfte daneben die Ruinirung des Blutfarbstoffs und die hierdurch bedingte schwere Herabsetzung des inneren Gaswechsels von hervorragender Bedeutung sein; wo der Tod früh z. B. im Stadium des noch diluirten Harns auftritt, sind die Nieren am letalen Ausgange unschuldig; in Fällen schwerer Verlegung der Strombahn in der Niere oder bei consecutiver Nephritis mag diese Störung vielleicht oft schon für sich allein den Tod bedingen u. s. w.

Behandlung der Vergiftung: Prophylaxe: nicht bei leerem Magen, nur bei gesunden Nieren, stets vorsichtige Darreichung. Alkalisiren d. h. Darreichung von Natrium bicarbonicum bei eingetretener Intoxication.

THERAPEUTISCHE ANWENDUNG. Innerlich wird Kaliumchlorat namentlich bei Diphtherie angewendet. Seine Wirkung hat man hier durch seine oxydirenden Eigenschaften zu erklären gesucht. Man rechnet 1—3,0 *p. die*. Auch bei Blasenaffectionen, zumal putriden, ist Kaliumchlorat sehr empfohlen. — Aeusserlich wendet man Kaliumchlorat als Mund- und Gurgelwasser an bei Stomatitis mercurialis, überhaupt bei Mund- und Rachenaffectionen, in Lösungen von 1—5%. Gegen Ozaena und cariöse Zähne wird es vielfach gebraucht. Bei Krebsgeschwüren in Pulverform aufgestreut, mildert es die Schmerzen und verbessert die Absonderung, namentlich wird der üble Geruch vermindert.

Kalium permanganicum crystallisatum, übermangansaures Kalium MnO_4K. Rhombisch-prismatische dunkelviolette, fast schwarze Krystalle mit stahlblauem Glanze, in 20,5 Thln. Wasser löslich, geben eine dunkelviolette Lösung. Diese gibt bei Berührung mit organischen Substanzen leicht ihren Sauerstoff ab, indem das Salz zu Manganoxydulsalz (in Lösung fast farblos) reducirt wird, während sich das braune Mangansuperoxyd (eventuell Haut, Wäsche u. s. w. färbend) abscheidet. Daher können Lösungen dieses Salzes, sogenannte Chamäleonlösungen, zum Nachweis organischer Substanzen in Flüssigkeiten verwendet werden. Auf dieser oxydirenden Eigenschaft beruht auch sein Gebrauch als Desodorans und Desinficiens.

Innerlich hat es noch keine Verwendung erhalten. Dagegen wird es äusserlich vielfach gebraucht als Mundwasser in Lösungen von $\frac{1}{2}$—1%, zu Waschungen, Einspritzungen und Befeuchtung von Verbandstoffen in Lösungen von 1—5%. Ein Uebelstand bei seinem Gebrauche besteht darin, dafs es die thierischen und pflanzlichen Gewebe (Verbandmittel u. s. w.) intensiv braun färbt, und dass diese Farbung schwer wieder zu beseitigen ist.

Anhang.

Tuberculinum (die Wirkung siehe S. 103), aus sterilisirten Tuberkelbacillen-Culturen durch Fällung mit Alkohol und Extraction mit Glycerin hergestelltes Material unbekannter chemischer Constitution, bräunliche Flüssigkeit, welche Siedehitze verträgt; zu $\frac{1}{2}$ bis 2 Milligramm bei Tuberculösen die beschriebene fieberhafte Reaction erzeugt, nicht aber bei Gesunden. Ist zuerst vorsichtig und stark verdünnt in den genannten Dosen, bei fehlender oder in Folge Gewöhnung abnehmender Reaction in steigenden Dosen bis 0,01 (und bis selbst 0,1 gegeben) darzureichen. (Wegen der sonst hier in Betracht kommenden Thatsachen muss vorläufig noch auf die Kliniken verwiesen werden.)

IV. Gruppe.
ALTERANTIA[1].
(Resolventia, Resorbentia. Antidyscrasica[2].)

Unter der Bezeichnung „Alterantia" fassen wir, einem älteren Sprachgebrauche folgend, diejenigen Stoffe zusammen, durch welche man eine Aenderung des Stoffwechsels veranlassen kann: Jodpräparate. Arsenik, die alkalischen und neutralen Salze der Alkalien und einiges andere.

Mercurialia[3], Quecksilber-Präparate.

Metallisches Quecksilber muss, um zu wirken, im oder am Kör-

---

[1] Verändernde Mittel. — 2) Auflösende, resorptionsbefördernde, Dyscrasien bekämpfende Mittel.

[3] Die Metalle sind als Attribute römischer Gottheiten benannt: Quecksilber dem Mercur, Eisen dem Mars, Blei dem Saturn zugetheilt u. s. w.

per erst umgewandelt, löslich gemacht werden; es kann in metallischem Zustande auf verschiedenen Wegen und in verschiedenen Formen in den Organismus gelangen: z. B. als Dampf inspirirt, dringt es in die Alveolen und schlägt sich dort in Form feinster Kügelchen nieder, welche bei ihrer relativ grossen Oberfläche der umgebenden, Chlornatrium und Eiweiss enthaltenden Flüssigkeit Gelegenheit bieten, ein lösliches und alsdann zur Resorption kommendes (s. unten) Quecksilberpräparat entstehen zu lassen. Aehnlich liegen bei Anwendung der (fein zertheiltes Quecksilber enthaltenden) grauen Salbe die Dinge auf der Haut (Inunctionen). Dass hierbei das Quecksilber in metallischem Zustande ins Innere gehe, ist unmöglich. In fein vertheiltem Zustande wird das Hg auch vom Verdauungstractus zu einem Theile gelöst und gelangt so zu Resorption und localer Wirkung; hierfür ist nicht die Masse, sondern die Grösse der — chemisch angreifbaren — Oberfläche entscheidend; in nicht vertheiltem Zustande verschluckt, kann eine tausendfach grössere Menge ohne specifisch-physiologische Wirkung den Darm passiren.

Die meisten andern Quecksilberpräparate können sowohl vom Magen-Darm-Canal als auch (am leichtesten wenn sie wasserlöslich sind) vom Unterhautzellgewebe u. s. w. aus resorbirt werden; nur der Zinnober (Quecksilbersulfid) ist unauflöslich für den Körper. Die in Wasser löslichen Quecksilbersalze bilden, unter Freiwerden der betreffenden Säure des Hg-Salzes, mit Eiweiss zunächst Verbindungen; diese sind theils im Ueberschuss von Eiweiss, theils durch Hinzutreten anderer Substanzen, wie Chlornatrium, Salzsäure u. s. w., löslich, so dass der Uebergang dieser Verbindungen in das Blut als lösliche Albuminate wohl verständlich ist. Die in Wasser unlöslichen Verbindungen, Calomel und Jodür, gehen unter dem Einflusse von (zumal lebendem) Eiweiss bei Anwesenheit von Chlornatrium (und zumal von Salzsäure und Chlornatrium, wie im Magen) wohl zunächst in Sublimat über und bilden jedenfalls dann wie dieser mit dem Eiweiss (salzsäurefreie und chlorfreie) Quecksilberalbuminate; Analoges gilt von den Oxyden; das Jodid hat zum Uebergange in Sublimat und von da in Quecksilber-Albuminate alle Gelegenheit.

Den Hauptantheil des Quecksilbers scheidet der Organismus innerhalb weniger Tage aus (ein kleiner Theil scheint zeitweilig liegen zu bleiben und gelegentlich schubweise zur Elimination zu gelangen); die Ausscheidung erfolgt — offenbar unter Abspaltung vom „Protoplasma" — als Chlorid-Doppelverbindung (mit Natrium oder Kalium) im Harn, in der Galle und den Darmsäften, im Speichel u. s. w.

TOXISCHE WIRKUNG. (Die localen Wirkungen des Sublimats s. S. 116 und weiter unten). Werden von Sublimat grössere Mengen in stärkeren Concentrationen verschluckt, so entsteht local bedingte Gastritis, eventuell auch Enteritis mit ihren Folgen; daneben entwickelt sich aber auch die resorptive Wirkung, für welche übrigens die verschiedenen Menschen sehr verschieden empfindlich sind. Gleichviel welches Hg-Präparat zur Resorption gelangt, so ist im Wesentlichen die Wirkung die gleiche, — woraus sich schliessen lässt, dass das Schicksal des Hg im Körper stets das gleiche ist, gleichviel in welcher Form es gereicht wird. Die erste resorptive Wirkung ist zuweilen Durchfall (letzteres natürlich namentlich bei gleichzeitiger Local-Wirkung), besonders häufig aber eine Mundaffection, welche mit Epithelmaceration am freien Zahnfleischrande, üblem Geruche aus dem Munde und Schmerzhaftigkeit des nach und nach anschwellenden Zahnfleisches beginnt und zu schwerer Geschwürbildung zunächst hier, später an verschiedenen Stellen der Mundschleimhaut, dann zur Lockerung der Zähne und nekrotischer Periostitis, namentlich des Unterkiefers, und gelegentlich durch Fortschreiten auf die basis cranii und durch Complicationen zum Tode führen kann. Oft tritt Speichelfluss ein. Durch Reinlichkeit lässt sich bei kunstgerechter Mercurialisirung die Mundaffection ganz oder doch fast ganz verhüten. — Zuweilen in den Knochen auftretende Schmerzen dürften der im Thierexperimente constatirten Reizung des Knochenmarks entsprechen. Auf letztere ist wohl zum Theil die Schwächung der Blutbildung und das Bleichwerden der Mercurialisirten zu beziehen, da das Knochenmark ja blutbildendes Gewebe ist. (Wo Lues zu Anämie geführt hat, bessert sich dagegen zuweilen unter Hg die Blutbildung).

Die constitutionellen Wirkungen äussern sich ausser der Anämie im Sinken der Ernährung und kachektischem Aussehen. — Wenn sehr grosse Mengen Quecksilbers auf ein Mal resorbirt werden, — was fast ausschliesslich nur bei Anwendung von Sublimat, namentlich von Wunden oder vom puerperalen Uterus aus, vorkommt, — zeigt sich meist zuerst heftiger Durchfall mit Tenesmus; oft sind die Stühle blutig, aashaft stinkend, enthalten faulige Schleimhautfetzen; daneben besteht Collaps, kleiner sehr häufiger Puls, Erbrechen (wo die Vergiftung intern erfolgte, kann es schwer sein, locale und resorptive Wirkung diagnostisch zu unterscheiden); der Urin, meist vermindert, enthält Eiweiss, oft Cylinder, Epithelien, Blut. Der Tod tritt meist zwischen 3 und 14 Tagen ein.

Aus Thierversuchen (mit Sublimat) ist die Steigerung der Gerinnbarkeit und Gerinnungstendenz des Blutes zu melden, sodass die Vergiftung sich fast wie eine Gerinnungsferment-Intoxication darstellt: weit verbreitete Thrombosen (auch capilläre) u. s. w. (vergl. unter Kalium chloricum und Arsen).

Bei tödtlichen acuten Quecksilbervergiftungen (auch von Wunden aus) findet man besonders beim Menschen pathologisch-anatomische Veränderungen, Geschwüre namentlich im Coecum und Colon vom Charakter der „Diphtheritis". Es liegt nahe, sie mit der Stomatitis in Analogie zu setzen; und da diese durch Reinlichkeit verhütet werden kann, und gerade am freien Zahnfleischrande am leichtesten beginnt, d. h. dort, wo Zersetzungen, Fäulniss am leichtesten entstehen: da endlich im Darm gerade dort die Erkrankung auftritt, wo (im Coecum und Colon) die Fäulnissprocesse sich entwickeln, so scheint es, dass Quecksilber die Zellen gegen Fäulniss empfindlicher, für Fäulniss empfänglicher macht (vergl. die Darmaffectionen bei Wismuth); ob sich in den diphtheritischen Gebieten stets die oben erwähnten Thrombosen vorfinden und aetiologisch wesentlich oder gar hauptsächlich für die Entstehung der Geschwüre in Betracht kommen, ist zunächst noch nicht sicher zu entscheiden. Die analoge, epithelial beginnende Zahnfleisch-Affection, welche oft schon nach minimalen Hg-Mengen (und proportional der Unreinlichkeit auftretend) sich zeigt, ist selbstverständlich auf Thrombosen nicht zurückzuführen.

Acute Intoxicationen durch lösliche Quecksilbersalze wie Sublimat und salpetersaures Quecksilberoxyd bringen bei einzelnen Thieren und oft auch beim Menschen eine vermehrte Kalkausscheidung durch den Harn und Kalksalzinfracte in den Nieren unter entsprechender Verminderung der Kalksalze in den Knochen hervor; jedoch mögen sehr oft jene Kalkeinlagerungen ohne Decalcinirung der Knochen entstehen, und bloss Folge vorangegangener Coagulationsnekrose sein. Besonders beachtenswerth ist, dass die Hg-Präparate in medicinalen Dosen bei ihrem Durchgange die Nieren zu verstärkter Harnabsonderung reizen (s. Diuretica). Diese diuretische und die sogleich zu besprechende abführende Wirkung erzeugt eine Entwässerung des Organismus, welche bei Hydropsien (s. unten) wichtige Dienste leisten kann.

In den Magendarmcanal eingeführt, wirken die Mercurialien reizend (sogar oft entzündungerregend) und deshalb mehr oder weniger stark abführend. Bei den löslichen ist diese Wirkung zu schwer benutzbar, weil oft zu heftig: überdies wird von diesen zu viel schon im Magen resorbirt, so dass entweder nicht genug in den Darm gelangt, oder die abführende Wirkung nur um den Preis reichlicher Resorption zu haben ist, was vermieden werden muss. Das ganz allmählich in lösliche Verbindung übergehende und deshalb allmählich wirksame Calomel kann dagegen methodisch als Abführmittel benutzt werden, ebenso das Metall in feinst vertheiltem Zustande (s. unten).

Eine besondere Erwähnung verdienen die Erscheinungen der chronischen Intoxication: häufig bildet sich der sog. Erethismus mercurialis aus, welcher in Kopfschmerz, Hyperästhesien aller Art, Herzklopfen, psychischer Befangenheit, Neigung verlegen zu werden, zu erröthen u. s. w. und Schlaflosigkeit besteht. Damit kann sich Zittern der Glieder verbinden, welches den Charakter der Paralysis agitans annehmen und sich bis zu heftigen Schleuderkrämpfen steigern kann, neben welchen sich oft Paresen zeigen. Oppressionsgefühl, asthmatische und epileptiforme Anfälle kommen abwechslungsweise auch vor. Als terminale Processe bei chronischer Intoxication sind zu erwähnen Phthisis, Nephritis und hydropische Zustände. — Die schweren Formen der Intoxicationen können durch rechtzeitiges Einstellen des Quecksilbergebrauches und passende diätetische Massregeln verbütet werden. Als therapeutisches Mittel gegen sie ist das Jodkalium zu empfehlen.

THERAPEUTISCHE ANWENDUNG. Obschon wohl alle Mercurialien zur gleichen Intoxication und so auch therapeutischen Wirkung führen, so ist doch auf den innern Unterschied hinzuweisen, einerseits zwischen der gewissermaassen stossweise erfolgenden Quecksilberdurchströmung des Organismus bei Anwendung von Sublimat (z. B. subcutan), und andrerseits der gleichförmigen Mercurialisirung durch Quecksilberpräparate, welche ganz allmählich, nach und nach löslich gemacht und resorbirt werden — wie bei Einreibungen mit grauer Salbe oder bei innerlicher oder subcutaner Anwendung von Calomel. Von den vielen Indicationen, welche früher für die Anwendung der Quecksilberpräparate aufgestellt wurden, sind die meisten gefallen: die Ideen der antiplastischen, revulsiven und verschiedener anderen Wirkungen können gegenwärtig nicht mehr in dem Umfange, wie früher, geltend gemacht werden. Als „Antiphlogisticum" leistet Quecksilber (in Form von Inunctionen und in Gestalt von Calomel innerlich) entschieden Brauchbares. Besonders bei allen Entzündungen des Auges, seiner Theile und der Adnexa, und als Resorbens gegen alle möglichen Residuen von Entzündungen dieses Organs sind die Mercurialien unersetzbar. Das Bedeutendste leisten die Mercurialien zweifellos gegen die syphilitische Infection, jedenfalls gegen deren Manifestationen. Es bedarf hierzu einer wenigstens 4—5 Wochen fortgesetzten Hg-Einwirkung. Wie das therapeutische Resultat zu Stande kommt, können wir allerdings noch nicht sicher verfolgen, indess liegt es bei dieser specifischen Wirkung (analog dem bei der Wirkung des Chinins auf die Malariakrankheit Besprochenen) nahe, sie mit der antiseptisch-desinficirenden Wirksamkeit der Quecksilberpräparate in Zusammenhang zu denken, und sich den der Lues zu Grunde liegenden Mikroorganismus als besonders empfindlich gegen die desinficirende Kraft des Quecksilbers vorzustellen. Als Abführmittel kommt Calomel, als Diureticum ebenfalls dieses und Sublimat, in Betracht, und in beiden Wirkungen ist Calomel in neuer Zeit als Antihydropicum wichtig geworden. Sublimat als Antisepticum und Desinficiens ist anderwärts besprochen; die Anwendung der antiphlogistischen und reizenden Wirkung werden wir bei den einzelnen Präparaten besprechen.

Präparate und Dosen.

1) *Hydrargyrum depuratum. Mercurius vivus.* Das metallische Quecksilber hat man zuweilen bei inneren Darmincarcerationen, Volvulus u. dergl. angewendet, um die mechanische Störung durch das „Gewicht des Metalls" zu heben. Es sind jedoch wenig günstige Erfolge bekannt. Man lässt die Kranken 100,0 und mehr in einzelnen Portionen auf einmal schlucken. Die *Blue pills* (Pilulae coeruleae) der Engländer enthalten fein vertheiltes Quecksilber, 0,06 p. d., Conserva rosarum und Pulv. rad. Liquiritiae; sie wirken abführend und mercurialisirend.

2) *Unguentum Hydrargyri cinereum.* Graue Quecksilbersalbe. Durch anhaltendes Verreiben des Quecksilbers mit 13 Thln. Schweineschmalz, 7 Thln. Hammeltalg und 10 Thln. Quecksilber dargestellt; 3,0 der Salbe sollen nach Entfernung des Fettes mittels Aether nahezu 1,0 Quecksilber aufweisen. Verwendung: 1) in der Schmierkur bei constitutioneller Syphilis. Es werden täglich 1(—2)mal einige (2—5, Gramm der Salbe in die Haut der inneren Fläche der oberen und unteren Extremitäten, der Brust, des Bauchs, abwechselnd eingerieben, und so wird 4—5 Wochen unter Umständen noch länger, fortgefahren. Damit keine Stomatitis erfolge, muss der Patient die Zähne sorgfältig putzen und mehrmals täglich den Mund mit einem aromatischen Infus oder einer verdünnten Lösung von Kalium chloricum (1%) ausspülen, wie auch, um die Haut resorptionskräftiger zu machen und um das häufig auf der Haut sich bildende Eczema mercuriale zu verhindern, fleissig lauwarme Bäder nehmen. Manche verbinden damit, um die Wirkung zu unterstützen, den internen Gebrauch eines modificirten Zittmann'schen Decoctes. Die Schmierkur ist eine der zuverlässigsten Methoden, die constitutionelle Syphilis zu behandeln, und liefert oft selbst bei tiefgehenden tertiären Affectionen die besten Resultate. — 2) Als Einreibung gegen entzündliche Vorgänge, namentlich bei Peritonitis, Meningitis u. s. w. Gegenwärtig nicht mehr so häufig in Gebrauch. Man verdünnt in diesen Fällen das Präparat auch mit Schweinefett oder anderen indifferenten Salben. — 3) Gegen thierische und pflanzliche Parasiten der Haut. (Morpionen u. s. w.; Sublimatlösung ist reinlicher.) — Nicht officinell sind einige dem Unguentum cinereum analog zubereitete Olea cinerea, z. B. Ol. ciner. benzoatum, welche zu subcutanen Injectionen empfohlen sind.

3) *Emplastrum Hydrargyri s. mercuriale.* Eine Mischung von metallischem Quecksilber mit Terpentin, Wachs und Empl. Plumbi simplex. Wird auf chronisch entzündliche Schwellungen der Weichtheile, zumal bei luetischen, als zertheilendes Mittel aufgelegt. Durch das längere Liegen des Pflasters auf der Haut wird die Epidermis macerirt, und es dringen die Quecksilberverbindungen durch.

4) *Hydrargyrum oxydatum* (rubrum), rothes Quecksilberoxyd (via sicca paratum). Salpetersaures Quecksilberoxyd wird erhitzt bis zur Verflüchtigung der Salpetersäure; es bleibt rothes Oxyd zurück.

5) *Hydrargyrum oxydatum* (via humida paratum), gelbes Quecksilberoxyd. Aus einer Lösung von Quecksilberchlorid wird das Oxyd als gelbrothes Pulver durch Natronlauge gefällt (lichtempfindlich).

6) *Hydrargyrum praecipitatum album*, weisser Quecksilberpräcipitat; NH_2HgCl, Mercurammoniumchlorid. Dieses Präparat wird durch Ammoniak aus einer Lösung von Quecksilberchlorid als weisses Pulver gefällt.

Diese Oxyde und Präcipitate, wie man sie gewöhnlich nennt, finden innerlich gegenwärtig keine Verwendung; dagegen werden sie äusserlich in Salbenform gebraucht hauptsächlich in der Augenheilkunde und bei Hautaffectionen als Reizmittel u. s. w. In Mischungen, 1:9, :40, :80, :100. Das (in der Pharm. Germ. nicht mehr offic.) „Unguentum ophthalmicum" bestand aus 20 Thln. Mandelöl, 19 Thln. weissen Wachs und 1 Thle. Hydrarg. oxyd. rubr. Das H. ox. v. h. par. wird von Manchen auch zu subcutaner Injection in Aufschwemmung wie Calomel benutzt (s. dies.).

7) *Hydrargyrum chloratum (mite). Calomel s. Calomelas. Mercurius dulcis,* Quecksilberchlorür Hg_2Cl_2. Durch Sublimation des Quecksilberchlorids mit metallischem Quecksilber erhalten. Das „Hydrarg. chlor. (mite) vapore paratum" wird durch zugeführte Wasserdämpfe oder durch einen Luftstrom als feines Pulver bei der Sublimation niedergeschlagen, ist feinkörniger als das gewöhnliche. Calomel bildet ein weisses, lichtempfindliches Pulver, welches in Wasser, Weingeist und Aether unlöslich ist. Es wird angewendet: 1) als **Laxans**, bei Erwachsenen in Dosen von 0,1—0,5, bei Kindern 0,05—0,1 *p. d.* (Ph. Helv.: pro infantibus dos. max. simpl. ad us. laxat. 0,1! et pro die 0,5!) — 2) Als **antidiarrhoisches Mittel** namentlich bei Kindern zu 0,02—0,03 *p. d.*; besonders bei Sommerdiarrhöen; Calomel entfernt die Fäulnissproducte und hemmt wohl auch in etwas die Fäulnissvorgänge im Darme; wenn hierbei einige, im Darme sonst normal sich bildende, zur Resorption gelangende und im Harne normaliter ausgeschiedene Fäulnissproducte (Indol, Phenol u. s. w.) im Harne völlig verschwinden, so mag dies zu einem kleinen Theile auf diese fäulnisshemmende Wirkung zu beziehen sein, aber den Hauptantheil hieran hat die abführende Wirkung des Mittels, welche jene Stoffe der Resorption entzieht, — andererseits bleibt das sonst der Zersetzung anheimfallende Biliverdin (grüner Gallenfarbstoff) erhalten, und die Fäces sind zum Theil hierdurch grüngefärbt; ausserdem und hauptsächlich oxydirt Calomel — übrigens nur in alkalischer Lösung — das Bilirubin (der Faeces) zu Biliverdin; und endlich rührt ein Theil dieser Grünfärbung der „Calomelstühle" auch von Schwefelquecksilber her: es wird bei grösseren Gaben nur ein Bruchtheil des dargereichten Calomels resorbirt, der grösste Theil vom Schwefelwasserstoff des Dickdarms mit Beschlag belegt. — 3) Gegen constitutionelle Syphilis in refracta dosi zu 0,1—0,2 täglich. — 4) In grösseren Dosen (0,2—1,0 *p. d.*) als Absortivmittel bei infectiösen Magen- und Darmkatarrhen, sowie bei Typhus. — 5) Als Diureticum und Antihydropicum, besonders bei allgemeinen Circulationsstörungen, neuerdings, zu 0,2 täglich 3mal, empfohlen.

Aeusserlich wird Calomel als Reizmittel angewendet, in der Augenheilkunde namentlich das feine H. chl. vap. par. als Streupulver bei Corneatrübungen (Cave: Jodkaliumkur, wo dann Jodid entsteht und Aetzung erfolgt). Auch als desinficirendes und antiseptisches Streupulver bei breiten Condylomen, besonders nach vorgängiger Anfeuchtung mit conc. Kochsalzlösung wird Calomel (als Sublimatbildner) verwendet. Auch wird es zuweilen zu subcutaner Injection (1:30 in Aufschwemmung in Wasser oder Oel) benutzt; hier genügen etwa fünf Einspritzungen von 0,02—0,05, welche mit etwa 5—8 tägigen Intervallen vorzunehmen sind. In ähnlicher Weise sind Aufschwemmungen von Hydrarg. salicylicum und Thymol-Quecksilber (beide nicht officinell) mit Erfolg in Anwendung gezogen worden.

8) *Hydrargyrum bichloratum corrosivum, Mercurius sublimatus corrosivus,* Quecksilberchlorid $HgCl_2$. (Das Chemische und Pharmaceutische über diese Substanz s. S. 116). Dieses Präparat ist neben der grauen Salbe das beliebteste bei der Behandlung der Syphilis. Seine ätzende resp. örtlich reizende Wirkung ist indess dabei zu berücksichtigen, und deshalb giebt man es innerlich am besten in Pillen; in Dosen von 3—5 Mgr., *ad 0,02 pro dosi! ad 0,1 pro die!* (Ph. Helv. 0,02 resp. 0,05), oder subcutan in Lösung oder mit Chlornatrium in 1 °/₀ Lösung.

Aeusserlich wird Sublimat u. A. in Form von Waschungen in 1‰—3% Lösung benutzt; 2—3% Lösungen mittels Compressen auf die Haut gebracht, lassen den Sublimat durch die Epidermis dringen und führen bald Entzündung und schnelle Abschuppung herbei, was — vorsichtig — zur Beseitigung von Sommersprossen und ähnlichem benutzt werden kann; cave: die Augen! Mit Lösungen bis zu 1% ist bei häufigerer Waschung eine allmähliche Abschilferung zu erzeugen. — Zu Bädern, 5—10,0 auf ein Bad (Vorsicht!) (Cave: Metallwanne!) In Salbenform 1:40. Die früher gebrauchte Solutio Plencki war eine Mischung von Sublimat, Weingeist, Alaun und Kampfer; die Aqua phagedaenica eine Mischung von Sublimat und Kalkwasser. — In neuerer Zeit wird Sublimat auch als Antizymoticum äusserlich und innerlich angewendet (s. Antiseptica).

Gegen Parasiten in beschränkten und intacten Hautbezirken (Pityriasis, Morpionen) ist Sublimat in $^{1}/_{4}$—1% Lösungen sehr zu empfehlen, zumal unter Beifügung von etwas ($^{1}/_{10}$) Spiritus vini (wegen des Hautfettes und des Fettes der Parasiten, das die Benetzung durch rein wässerige Lösung erschwert); bei Scabies dagegen und Aehnlichem wäre die Anwendung schmerzhaft und höchst gefährlich (wegen Resorption).

Der Umstand, dass sich Quecksilberchloridalbuminat im Ueberschuss von Eiweiss und durch Zusatz von Chlornatrium löst, führte dazu, es subcutan dem Organismus zuzuführen; in neuester Zeit wendet man auch statt Eiweiss Peptonlösung an (z. B. eine Mischung von 15,0 trockenem Pepton, 10.0 Hydrarg. bichlor. und 15,0 Ammon. muriat., dazu soviel Wasser und Glycerin $\overline{aa}$, dass 1 Cctm. der Lösung 2 bis 4 Mgr. Sublimat enthalte). Die Ansichten über diese Art der Medication lauten noch verschieden; jedenfalls ertragen Viele diese Injectionen nicht, da durch sie Schmerzen und Entzündung an der Injectionsstelle verursacht werden. An Stelle des Sublimates ist neuerdings, namentlich zu subcutanen Injectionen, das Quecksilberformamid (Hydrargyr. formamidatum solut.) empfohlen worden. Die Lösung entspricht 1% Quecksilberoxyd und muss in geschwärzten Gläsern aufbewahrt werden. Charakteristisch ist dieses Präparat ähnlich wie das vor Jahren vorgeschlagene, aber stark giftige Hydrargyr. aethylochloratum besonders dadurch, dass seine Lösung Eiweiss nicht coagulirt, was ihm vor dem Sublimat unbedingt den Vorzug giebt. Analoges gilt für das Glycocoll-Quecksilber und das Succinimid-Qu., welche beide, in Wasser gut löslich, sich zu subcutaner Anwendung bei Lues eignen; ersteres ist theuer, örtlich stärker reizend, zersetzlich, aber energischer wirkend als letzteres, das aber billig, weniger reizend und beständig ist (beide in 2% Lösung zu benutzen).

9) *Hydrargyrum cyanatum*, Quecksilbercyanid. Farblose Krystalle, löslich 1:12,8 kalten Wassers. *Ad 0,02 pro dosi! ad 0,1 pro die!*

[*Hydrargyrum jodatum (flavum)*, Quecksilberjodür HgJ. (In Deutschland nicht mehr offic.) Ein graulich-gelbes Pulver, in Wasser und Weingeist unlöslich, färbt sich bei Licht und Luft rasch dunkel; *ad 0,05 pro dosi! ad 0,2 pro die!* Gegen Lues].

10) *Hydrargyrum bijodatum (rubrum)*, Quecksilberjodid HgJ_2. Ein rothes Pulver, in Wasser unlöslich, einigermaassen löslich in wässerigen Salzlösungen, besonders aber in Jodkaliumlösungen; merklich löslich in sehr starkem Weingeist; die Dosen sind wie vom Sublimat.

Die Jodquecksilberpräparate wurden namentlich durch Ricord in die Praxis bei Syphilis eingeführt. Ricord gab z. B.: Decoct. Sarsaparillae 15:150,0, Hydrargyr. bijodat. 0,15, Kalii jodati 5,0 D.S. 3mal täglich 1 Esslöffel. Eine empfehlenswerthe Formel. Auch in Pillenform kann Hydrarg. bijod. gut gegeben werden. (S. auch unter „Jodpräparate".)

11) **Hydrargyrum tannicum**, nicht officinell, wird vom Magen und Darm verhältnissmässig sehr gut vertragen und ganz allmählich — also gleichförmig — resorbirt. 3mal täglich 0,1 in Pulvern.

Jod-Präparate.

Jodum. *Jod.* Feste grauschwarze metallglänzende Blättchen, von unangenehmem stechenden Geruche, scharfem Geschmacke. In kleinen Mengen verflüchtigt es sich schon bei gewöhnlicher Temperatur, viel leichter und mit violetten Dämpfen bei der Erwärmung. Im Wasser ist es fast unlöslich, leicht in Jodsalzlösungen (s. S. 117); die Lösung besitzt eine gelbbraune Farbe; es löst sich sehr leicht in Weingeist, Aether und Chloroform.

Kalium jodatum, *Jodkalium.* Kaliumjodid KJ.
Weiss krystallinisch, in 0,75 Thln. Wasser löslich; zieht an der Luft etwas Wasser an und färbt sich durch ausgeschiedenes Jod gelblich.

Natrium jodatum, *Jodnatrium.* Natriumjodid NaJ. Ebenso. Löslich 1 : 0,9 Wasser.

Ferrum jodatum, *Eisenjodur* FeJ$_2$. Sehr zersetzlich; wird stets erst auf Verordnung durch Zusammenbringen von gepulvertem Eisen, Jod und Wasser bereitet. Enthält 82% Jod.

PHYSIOLOGISCH-TOXISCHE WIRKUNG. Jod und Jodide sind sehr leicht resorbirbar und schon nach wenigen Minuten im Speichel, im Harne und anderen Secreten nachweisbar. Wenn freies Jod z. B. in Lugol'scher Lösung subcutan gegeben wird, so wird es vermuthlich bei der Resorption zum grösseren Theile mit dem Eiweiss des Blutes Verbindung eingehen, ein Theil wohl auch mit den Alkalien, um allmählich oxydirt als jodsaures Salz und später Jodid zu kreisen und dann ausgeschieden zu werden. (In alkalischer Eiweisslösung — wenigstens ausserhalb des Organismus — geht Jod schnell und zum grössten Theile an das Albumin und nur langsam an das Alkalimetall.) Und drittens wird wohl ein Theil der auf die eine oder andere Weise entstandenen Jodide dasjenige Schicksal haben, welches für dargereichtes Jodid (z. B. Jodkalium) höchst wahrscheinlich ist. An manchen Stellen des Organismus, speciell wohl besonders an secernirenden Organen, Schleimhäuten u. s. w., findet eine fortwährende Zersetzung des Jodkaliums in folgender Weise statt: zu Gunsten sich darbietender, anderweitiger, starker und namentlich massenhafter Affinitäten, z. B. am lebenden Eiweiss, Kohlensäure und salpetriger Säure, spalten sich theilweise die Jodide, und es wird einerseits Alkali frei, um von der CO_2, Natriumphosphaten u. s. w. in Beschlag genommen zu werden, andrerseits bildet sich die sehr leicht zersetzliche HJ und giebt sofort Veranlassung zur Entstehung von Jodverbindungen der organischen Substanz (Eiweiss u. s. w.). Chlorophyll-führendes Pflanzenprotoplasma spaltet sogar freies Jod ab und bläut ein Jodkalium-Stärkekleistergemisch. Im Gegensatze zu den Jodiden und Bromiden (s.

S. 57) sind die Chloride, entsprechend der stärkeren Affinität des Chlors zu den Basen, viel schwerer trennbar und im Organismus weniger einer manifesten Dissociation unterworfen. Trotzdem erfahren doch auch die Chloride (z. B. zur Production der HCl des Magensaftes, der übrigens nach z. B. subcutaner Beibringung von Jodiden oder Bromiden HJ resp. HBr enthält) gelegentlich (wenn nicht gar in geringem Grade auch allgemeiner) eine Zerlegung, wobei die Natriumphosphate (welche unter passenden Bedingungen auch ausserhalb des Organismus aus den Chloriden die HCl auszutreiben vermögen) und wohl auch besonders das lebende Protoplasma und die Kohlensäure ihr Spiel haben, welch letztere zum freiwerdenden Alkalimetall hinstrebt. — Das Jod verlässt den Körper durch alle (zumal Eiweiss führenden) Secrete und kann, soweit es durch die Mund-, Magen- und Darmsecrete ausgeschieden wird, wieder resorbirt und mehrfach ausgeschieden und resorbirt, zu einem kleinen Theile lange kreisen. Die Nieren befreien den Körper definitiv von Jod, das im Allgemeinen als Jodid, zum Theil aber, nach grösserer directer Jodzufuhr, in organischer Form (wohl von Jodeiweiss stammend) in dem Urine enthalten ist. Zuweilen zeigen sich die letzten Spuren in Form von Jodkalium eingeführten Jods nicht im Harne, sondern im (bekanntlich eiweisshaltigen) Speichel, — was dafür spricht, dass das anwesende Eiweiss das mit ihm irgendwie verbundene Jod hinausgeleitet.

Werden grosse Mengen freien Jods einverleibt, so tritt Auflösung der Blutkörperchen, hierdurch Thrombosen, Hämaturie, Nephritis u. s. w. auf (s. unter Kalium chloricum). In weniger intensiver Weise geschieht dies — im Thierexperimente — auch durch Jodate und Natriumjodid. — In stärkerer Concentration einwirkend, lähmt freies Jod die Leucocyten. Auf Wunden local applicirt oder resorptiv zur Wirkung gelangend, treibt Jodkalium die Leucocyten zu sehr lebhafter Thätigkeit an: Diapedesis und eventuell Transport eingebrachter fremder Partikel nehmen energisch zu.

In Concentrationen von 1 : 50,000—20,000 wirkt freies Jod (in Lugol'scher Lösung) (und Joddämpfe) namentlich vom Frosche deutlich local anästhesirend, — was indirect zu motorischer Unbehülflichkeit führt und unrichtigerweise als centrale Betäubung gedeutet worden ist (stärkere Lösungen wirken reizend, schwächere als 1 : 50,000 sind unwirksam).

Bei manchen Menschen zeigen sich schon nach minimalen, bei andern erst nach sehr grossen Dosen entzündliche Erscheinungen in gewissen secretorischen Apparaten, wie: Nasenschleimhaut, Luftröhrenschleimhaut, Speicheldrüsen, Hautfollikel (Akne), welche mit starker Secretion, zum Theil unter lebhaftem Fieber und Kopfschmerz verlaufen.

Die verschiedene Empfindlichkeit der einzelnen Menschen dürfte auf Folgendem beruhen: Auf den Schleimhäuten des Mundes, der Nase u. s. w. sind stets, aber in individuell sehr variirender Menge, Nitrite vorhanden; Nitrate in Lösungen in den Mund gebracht (resp. aus dem Blute secernirt) erfahren hier eine Reduction zu Nitriten. Und bei Anwesenheit von CO_2 in solcher Nitritlösung (z. B. im Schleim) wird, falls nicht reichlich Alkali (oder auch Natriumbicarbonat) anwesend ist, salpetrige Säure frei, welche etwa vorhandenes Jodid spaltet, HJ frei macht; diese zerfällt sofort die Gewebe reizend u. s. w. Die genannten leichteren Intoxicationserscheinungen verlieren sich übrigens schnell, sobald das Mittel ausgesetzt wird, und scheinen durch reichliche gleichzeitige Zuführung von doppeltkohlensaurem Natrium vermieden oder doch vermindert zu werden. Erwähnenswerth ist noch, dass durch mehrmonatlichen Jodkaliumgebrauch viele Patienten abmagern; zuweilen zeigt sich Neigung zu Blutungen, in seltenen Fällen Schlaflosigkeit.

Therapeutische Anwendung. A. Jodide, besonders Jodkalium 1) Bei Syphilis. Es wird gegenwärtig im secundären Stadium meist nur noch da angewendet, wo Hg nicht ertragen wird, namentlich aber allgemeiner nach energischer und ausreichender Hg-Behandlung zur Beseitigung solcher, besonders spätluetischer Affectionen, die auf jene Behandlung nicht vollständig wichen. Hier erweist sich Jodkalium als ein Specificum (als solches in die Praxis eingeführt von Wallace in Dublin, 1836). Hier wie bei vielen der alsbald zu nennenden Anwendungsgelegenheiten scheint die oben erwähnte Einwirkung auf die Leucocyten in erster Linie in Betracht zu kommen. 2) Bei Hypertrophien drüsiger Organe, wenn diese nach vorausgegangenen entzündlichen Vorgängen zurückgeblieben sind, insbesondere der Lymphdrüsen — auch scrophulöser — der Brustdrüsen, der Hoden; und ebenso bei Schwellungen und Verdickungen von Geweben, welche von chronisch entzündlichen Vorgängen begleitet sind. 3) Bei Schwellungen der Schilddrüse (Strumaformen), namentlich den Formen, welche sich als einfache Hypertrophie kund geben. Weniger zuverlässig ist dieses Mittel 4) bei chronischer Arthritis. 5) Sehr nützlich bei chronischen Metallintoxicationen. Es kommen bei chronischen Vergiftungen durch Blei, Quecksilber (und auch Arsenik) nach dem Gebrauche von Jodkalium die erwähnten Substanzen wieder in dem Harne zum Vorschein, nachdem sie vorher vergeblich darin gesucht wurden. Zum Theil macht sich hier wohl auch die diuretische Wirkung aller Kaliumsalze (s. unter „alkalische u. s. w. Salze der Alkalimetalle") geltend. 6) Bei Asthmaformen hat man zuweilen vom Jodgebrauche gute Wirkung gesehen; ebenso 7) bei Neuralgien. Wo diese durch

Schwellungen drüsiger Organe, Hypertrophien des Bindegewebes oder des Periosts unterhalten werden, ist die Wirkung allerdings leicht zu verstehen. 8) Bei mannichfaltigen pathologisch-anatomischen, der Rückbildung fähigen Processen im Hirne und im Rückenmarke leistet Jodkalium oft Vorzügliches, und ebenso thut es 9) zuweilen vortreffliche Dienste bei Muskellähmungen des Auges (auch Nicht-Luetischer); jene Formen dagegen, bei welchen immer nur wenige Fasern des einzelnen Nerven betroffen sind und bei denen der Sitz der Affectionen in die Kerne zu verlegen sein dürfte, reagiren erfahrungsgemäss nicht auf Jodkalium. — Wo — bei Anämie und namentlich bei Scrophulose — gleichzeitig Eisen indicirt erscheint, giebt man gern die Jodeisenpräparate.

Die Jodquecksilberpräparate s. unter „Mercurialia".

B. Jod. Das Jod wird innerlich wenig gegeben; man kann es in Form der Lugol'schen Lösung (s. unten), oder in Form verdünnter Tinctura Jodi geben. Letztere ist sowohl bei Lues gelegentlich versucht, als auch namentlich bei hartnäckigem Erbrechen (z. B. Schwangerer, oder bei Seekrankheit, wobei die der des Cocaïns analoge local-anästhesirende Wirkung betheiligt sein könnte) und wohl auch bei Alkaloid-Vergiftungen empfohlen worden. Aeusserlich und zu Einspritzung in Parenchyme, seröse Höhlen u. s. w. kommt es nach zwei Beziehungen zur Benutzung: erstens, weil es antiseptisch ist (s. S. 117) und namentlich als ein „Reiz" eigener Art, insofern nämlich als es eine acute Entzündung erzeugt, welche ohne Tendenz zu Eiterung sich adhäsiv, Schrumpfung und Schwund erzeugend manifestirt; reizender ist hier — wegen des Alkohols — die Tinctur, milder die (wässrige) Lugol'sche Lösung.

Bei den sicherlich öfter als nöthig angewandten Einpinslungen von Jodtinctur auf die Haut ereignet sich Folgendes: Einmalige Einpinslung hat meistens keine besonderen Erscheinungen zur Folge (ausser Braunfärbung)[1]: häufiger (z. B. in Zwischenpausen von 24 Stunden) wiederholt, macht sie Abblätterung der Epidermis und leichten Entzündungszustand im Corium, der bei fortgesetztem Pinseln heftig und recht schmerzhaft werden kann. Das Jod dringt also durch die Epidermis, und kann dort theilweise resorbirt werden. Weiter aber als bis ins Corium und zu den dortigen Gefässen dringt das Jod nicht (z. B. nicht in die Kniegelenkskapsel). Jene Spur Jod hätte man innerlich oder subcutan bequemer zur Resorption bringen können: daneben indess soll die Einpinslung noch als starker Hautreiz „ableitend", „derivirend" wirken, — so etwa wie Schröpfköpfe, Spanisch-

---

[1] Frische Jodflecke können mit Liquor Ammonii caustici entfernt werden.

Fliegenpflaster und Sinapismen. Der Nutzen ist mässig, — die Beschwerden nicht klein, — und die Spuren bei längerer Einpinselung dauernd und recht entstellend.

PRÄPARATE UND DOSEN.

1) *Jodum*: nie pur innerlich (ad 0,05 pro dosi! ad 0,2 p. die! Ph. Helv. pro die 0,25!), überhaupt kaum je anders als in folgenden Formen zu verschreiben.

2) *Tinctura Jodi* 1 : 10 Spiritus, dunkelbraun, nach Jod riechend, innerlich notabene: stark verdünnt! — 2—4 Tropfen, ad 0,2 pro dosi! ad 1,0 pro die! (Ph. Helv. ad 0,25 pro dosi!) Aeusserlich pur (s. oben).

3) Lugol'sche Lösungen (nicht officinell), Jod 1, Kalium jodatum $1^{1}/_{2}$—2, Aq. 10—2000. Für den innerlichen Gebrauch nicht leicht über $1\,^{0}/_{00}$ an Jod zu verordnen; kann aber zu $1\,^{0}/_{0}$ verschrieben werden mit der Anweisung z. B.: S. 1 Theelöffel voll in einem Glase Wasser.

4) *Kalium jodatum*. Innerlich zu 0,1—0,5 pro dos., bis zu 3,0 pro die (die Dos. max. s. der Ph. Helv. ist 2 Gr.; bei Kindern dos. max. s. 5 Decigr.). Aeusserlich in Salbenform. Das officinelle Unguentum Kalii jodati: 20 Thl. Kaliumjodid, 0,25 Natriumthiosulfat, gelöst in 15 Thln. Wasser, werden mit 165 Thln. Schweineschmalz vermischt (Pharm. Helv.: 1 Jodkalium, 1 Aq. ros., 8 Ung. spl.).

5) *Natrium jodatum*. Manche geben ihm vor dem Jodkalium den Vorzug, um die Kaliumwirkung (s. S. 140) zu vermeiden. Dosen wie beim Kalium jodatum.

6) *Ferrum jodatum*. Zu 0,05—0,3.

7) *Sirupus Ferri jodati*: 100 Thle. Sirup, 5 Thle. Eisenjodur; 1—3—5,0 pro dos.

(Da das trockene Jodeisen sich an der Luft bald zersetzt, so schreibt die Ph. Helv. den Liquor Ferri jodati vor, wovon 20 Thle. 5 Thle. Jodeisen enthalten. Syrup. Ferri jodati, durch Vermischung dieses Jodpräparates mit gewöhnlichem Syrup bereitet; die Ph. Helv. schreibt auf 100 Thle. 1 Thl. Jodeisen vor. 2—5 Gr. pro dosi!)

(Ph. Helv. hat noch ein Ferrum jodatum saccharatum, welches mit Milchzucker bereitet $^{1}/_{5}$ Jodeisen enthält. Zu 0,1—1,0 pro dosi!)

Die Jodquecksilberpräparate s. unter „Mercurialia".

Acidum arsenicosum. Arsenik.

Acidum arsenicosum, arsenige Säure, richtiger: Arsenigsäure-Anhydrid As_2O_3, weisser Arsenik. Weisses krystallinisches Pulver, in Wasser schwer löslich, leicht löslich bei Zusatz von Säure, sowie von Alkali oder alkalischen Salzen (als arsenigsaures Salz). Erzeugt im Munde einen süsslichen metallischen Geschmack.

Die chemische Gruppe „Phosphor - Arsen - Antimon" bildet auch pharmakologisch eine zusammengehörige Gruppe, wobei wir vorläufig noch davon absehen wollen, ob diese Elemente als solche oder ob gewisse ihrer Oxydationsstufen (z. B. phosphorige Säure, arsenige Säure u. s. w.) es sind, welche die Wirkung ausüben. Wir können ihnen eine local wie resorptiv reizende Wirkung auf das Protoplasma zuschreiben, welche je nachdem: entweder als Steigerung des Lebensreizes zu vermehrter, verbesserter Ernährung, oder, toxisch, zu Schwellung, Trübung und nachfolgender fettiger Degeneration, oder zu Wucherung des Bindegewebes mit consecutiver Sklerosirung, — oder an den Knochenbildungsstätten zu vermehrter Bildung eines compacteren, sklerotischen Knochens, — oder aber hier zu Knochennekrosen mit Eiterungen, und ebenso auf Schleimhäuten um so mehr zu Nekrosirungen und zur Widerstandsunfähigkeit gegen die Fäulnissprozesse (im Darm) und sonstige Fermentvorgänge (Magen und Darm) führen kann, als sich hier schwere locale Circulationsstörungen (s. unten) entwickeln.

Die „Reizung", welche die Magen- (Schlund- und Rachen-) Nerven durch diese Stoffe erfahren, führt zu reflectorischem Erbrechen. Als Brechmittel ist aus dieser Gruppe aber nur das Antimon, und auch dieses nur in Form des Tartarus stibiatus zu benutzen, da nur hier das Erbrechen ohne nennenswerthe Schädigung des übrigen Körpers und mit genügender Promptheit zu erhalten ist.

Eigentliche Aetzmittel sind diese Stoffe nicht. Nur solches Gewebe, das bereits den Keim des Verfalls oder besondere pathologische Lebensbedingungen in sich hat, stirbt z. B. unter Arsenik ab. Auf gesunde Schleimhaut (z. B. im Thierexperimente) gebracht, ätzt Arsenik nicht, — ist das Thier aber bereits durch Arsenik vergiftet, sind seine Zellen daher hinfällig geworden, so ätzt Arsenik auf den Schleimhäuten.

Ausserdem haben die Stoffe P, As und Sb noch eine directe lähmende Wirkung auf das Centralnervensystem und das Herz, wodurch ein schwerer Collaps bedingt wird, der schon für sich schnellen Tod (in wenigen Stunden) bedingen kann. Gewiss aber ist ein solcher Collaps oft auch durch Folgendes veranlasst: Bei schweren Vergiftungen kommt nämlich wesentlich noch eine schwere Blutwirkung in Betracht. Es bilden sich Thrombosen, Infarcirungen: in Thierexperimenten sind solche in der Lunge, in der Gefässperipherie von Magen und Darm, öfters in der Lebervene u. s. w. nachgewiesen; dies setzt locale Circulationsstörungen und oft enorme Stauungen besonders im Unterleibe (wegen des doppelten Capillargebiets, in Magen-Darm und Leber), — daher denn auch faradische Splanchnicus-Reizung die Strömung nicht zu fördern vermag, während die vasomotorischen Nerven überall sonst als ungelähmt sich erweisen lassen. (Diese Blutwirkung des As zeigt sich in grösster Intensität — mit Auflösung der rothen Blutkörperchen, Hämoglobinurie, Icterus u. s. w. — nach Einathmung von Arsenwasserstoff AsH_3.) Bezüglich der eigentlichen Todesursache, beziehungsweise des Antheils, welchen die einzelnen soeben genannten Schädigungen an dem Tode haben, ist noch nichts Sicheres hinzustellen (vergleiche das Analoge Seite 120 [Kalium chloricum]). Je nach Giftgabe, Schnelligkeit des Ablaufs u. s. w. dürften bald mehr die Thrombosen, bald mehr die lähmende Einwirkung auf Herz und Centralnervensystem, bald mehr die Protoplasma-Aenderung in den Zellen, welche später zu trüber Schwellung und fettiger Degeneration führt, den Hauptantheil an dem Erlöschen des Lebens haben. — Beim Frosche erweist sich As und P deutlicher denn beim Warmblüter als **Blutkörperchen-Gift** (Segmentirung, Schattenbildung). In späteren Stadien der Arsenikvergiftung des Warmblüters nimmt ziemlich schnell die Zahl der Leucocyten im Blute ab, während sich, vermuthlich von ihnen herrührend, grosse farblose granulirte Schollen vorfinden. Bei Phosphorvergiftung des Warmblüters fehlt diese Erscheinung; dagegen sind dort die r o t h e n Blutkörperchen stärker geschädigt (veränderlicher als normale in physiologischer Kochsalzlösung; statt Geldrollenanordnung Tendenz zu Klumpenbildung u. s. w.).

In den meisten Fällen stehen beim Menschen die Magen- und Darmerscheinungen (Brechdurchfall) und ihre Consequenzen (z. B. die auf Austrocknung, in Folge des durch die Dejectionen verursachten Wasserverlustes beruhenden Erscheinungen: Aphonie, Wadenkrämpfe) so sehr im Vordergrunde des klinischen Bildes, dass man Cholera asiatica vor sich zu haben meinen kann. Indess sind die bei unseren Vergiftungen sich entwickelnden Symptome, wie: Schmerzhaftigkeit des Magens und Darms, besonders auf mechanischen Druck, ferner das Verhalten der — bald auch druckempfindlichen — vergrösserten Leber — und ein leichter Icterus (bei P-Vergiftung sehr schwerer Icterus), — alles dies sind Dinge, die der Cholera n i c h t zukommen; das Gleiche gilt von der Tendenz zu Blutungen, welche theils die Folgen der Thrombosen und Embolien, theils der fettigen Degeneration der Gefässe sind (die sich schon nach 24 Stunden entwickelt haben kann): im subcutanen Zellgewebe und in der Haut treten petechiale Blutungen auf, die sich als blaue Flecken dem Auge markiren können; Nasenbluten und Uterinblutungen zeigen sich u. s. w.

Die Arsenikwirkung im Besonderen: Einmalige nicht-toxische Gaben (bis 0,005) äussern meist gar keine Wirkung; grössere Gaben erzeugen Durchfall und Leibschmerzen, toxische Gaben (von etwa 0,025 an) die angedeuteten Erscheinungen, die nach Gaben von etwa 0,1 in 1—3 Tagen tödtlich verlaufen können (Leichenbefund: trübe Schwellung der Magen- und Darmdrüsenzellen und der Schleimhaut, eventuell fettige Degeneration; desgleichen an der vergrösserten Leber [incl. Fettinfiltration neben der fettigen Degeneration] parenchymatöse Nephritis, Herz und Gefässe analog degenerirt, Blutungen: hämorrhagische Gastritis, zuweilen mit Geschwüren; Analoges im Darm). Blut, soweit nicht geronnen, s c h w e r gerinnend.

Mumification der Leichen ist keineswegs die Regel, und Mumification, wo thatsächlich vorhanden, beweist nichts für Arsenvergiftung.

Je schneller der Vergiftete stirbt, je weniger Dejectionen er gehabt, und je weniger As mit der Galle und dem Harn ausgeschieden ist, was bei Lebendbleibenden in 14 Tagen spätestens in der Hauptsache erledigt ist, um so sicherer gelingt der chemische Nachweis in der Leiche.

Wenn Genesung eintritt, können Nachkrankheiten, zumal Paraplegie, Anästhesien, Hydropsien u. s. w., ähnlich wie bei Ergotismus (s. diesen), eine Zeit lang oder dauernd zurückbleiben.

Chronische Wirkung: Innerlich genommen wird der Arsenik von manchen Menschen bei passenden Dosen sehr gut vertragen; wachsende Thiere gedeihen oft besonders gut mit As, Pferde namentlich: sie nehmen an Gewicht überhaupt und Knochenbildung zu. Gebirgsbewohner (z. B. die Steiermärker) und andere Menschen sind durch Arsenik oft leistungsfähig und gut aussehend. Man gewöhnt sich bis zu einem gewissen Grade auch an immer höhere Dosen. Zuweilen kommt aber später doch plötzlicher Verfall, in Form acuter Vergiftung, oder es tritt eine „chronische" Vergiftung ein, die bei Vielen überhaupt von vornherein sowohl bei absichtlicher als auch unabsichtlicher chronischer Einbringung sich entwickelt.

Die gewöhnlichste Art der chronischen Vergiftung ist durch Einathmen von arsenhaltigem Staube (Arsenfarben der Tapeten u. s. w.). Es bleibt ein Antheil im Rachen hängen, wird verschluckt und gelangt so zur Resorption. Auch locale Wirkung (Conjunctivitis, Pharyngitis, Bronchialkatarrhe) macht sich hierbei geltend. Chronische Magen- und Darmkatarrhe, Anämie, Ekzeme, — später: Zittern, Schwäche, Melancholie, neben mehr localisirten Neurosen (Anästhesien, Neuralgien u. s. w.) und Phthise.

Bei acuter Vergiftung ist der Stoffwechsel genauer verfolgt: offenbar stirbt in jener molecularen Coagulationsnekrose ein grosser Theil von Protoplasmamolekülen ab und verfällt so zu sagen in Folge der Todtengräberarbeit der überlebenden Nachbarn, der Spaltung und theilweisen Ausscheidung; der N-haltige Antheil wird ausgeschieden und ein Fettrest bleibt liegen; daher vermehrte N-Ausscheidung durch den Harn; schreitet die Vergiftung weiter, so bleiben mehr todte Moleküle als spaltende; auch erkranken die Nieren — und die Harn- und N-Ausfuhr nehmen ab, um mit dem Tode des Gesammtorganismus auf Null zu sinken.

Behandlung der Vergiftung: Bei Anwesenheit von As im Magen und Darm ist ausser Entleerung u. s. w. womöglich zunächst schnell das nicht mehr officinelle „Antidotum Arsenici" (Magnesia, Eisenoxydhydrat und schwefelsaure Magnesia), oder Magnesia usta alle 10 Minuten zu reichen (s. Eisenpräparate und Magnesia), da diese Stoffe mit arseniger Säure Verbindungen eingehen, die in nichtsaurer Flüssigkeit, d. i. bei Anwesenheit von Magnesia unlöslich und also nicht resorbirbar sind. Die Magensäure muss fortwährend abgestumpft werden. — Brechmittel sind nicht so gut wie Magenausspülung. Tartarus stibiatus ist wegen Addition der Antimonwirkung zu vermeiden. Sonst allgemein symptomatische Behandlung.

Therapeutische Anwendung. Innerlich werden Arsenpräparate als „umstimmende" Protoplasmamittel angewendet 1) gegen chronische Hautausschläge, vornehmlich Psoriasis und Ekzem. Die Anwendung bei diesen Krankheitsformen muss monatelang geschehen. 2) Bei Anämie und Chlorose. Es giebt gewisse Formen dieser Krankheiten, welche unter längerem Gebrauche des Arsens sich auffallend bessern. (Hier besonders in Form der arsen- und eisenhaltigen Quellen von Roncegno und Levico, beide in Südtirol.) 3) Bei allgemeiner Lymphombildung zuweilen von überraschendem Erfolge. 4) Gegen Neurosen, sowohl Sensibilitäts-, als Motilitätsneurosen wie Neuralgien, Cardialgie, Chorea: auch in solchen Fällen hat die Empirie günstige Resultate aufzuweisen. 5) Gegen Malariafieber und daraus resultirende Milztumoren. 6) Arsen ist an Stelle des hierin wohl energischer wirksamen Phosphors (s. diesen) gegen Rachitis und Osteomalacie benutzt worden, da seine Wirkungen leichter controllirbar als die des P's sind.

Aeusserlich wurden Arsenpräparate namentlich früher als „Aetzmittel" (s. oben) gegen maligne oder atonische Geschwüre verordnet. Neuerdings sind Arsenikpasten gegen Lupus empfohlen worden; sie greifen nur die Lupuszellen, nicht aber die normale Haut an.

Präparate und Dosen:

1) *Acidum arsenicosum*, 0,001—0,005 (*ad* 0,005 *pro dosi! ad* 0,02 *pro die!*) in Pillen oder in Form des folgenden Liquors. Aeusserlich in Pasten.

2) *Liquor Kalii arsenicosi, Solutio arsenicalis Fowleri*. Eine klare Flüssigkeit, von der 100 Thle. 1 Thl. arsenige Säure enthalten: 1 Thl. arsenige Säure, 1 Thl. Kaliumcarbonat werden mit 1 Thl. Wasser durch Kochen zur Lösung gebracht und 40 Thle. Wasser hinzugefügt. Nach dem Erkalten sind 15 Thle. Carmelitergeist und noch soviel Wasser zuzugeben, dass das Gesammtgewicht 100 Thle. beträgt. Sie wird bei längerem Stehen leicht zersetzt. Man giebt sie zu 2—5 Tropfen mehrmals täglich und kann allmählich höher gehen. Bei Kindern 1—3 Tropfen in derselben Weise. Sobald sich Magenstörungen einstellen, muss man aussetzen. *Ad* 0,5! *p. dosi, ad* 2,0! *p. die.*

3) [*Liquor arsenicalis Pearsonii. Natrium arsenicicum solutum.* Ph. Helv.: Eine klare Lösung von arseniksaurem Natron, 2:1000 Aq. destill. gelöst; in Deutschland nicht officinell.]

Phosphorus, Phosphor. Die sogenannte amorphe Modification des Phosphors ist wirkungslos. Der gelbe Phosphor (wie er mit Lack und Farbe vermischt an den gewöhnlichen Phosphorschwefelhölzchen sich befindet) ist ein starkes Gift. Circa 0,05 sind schon für einen Erwachsenen tödtlich (etwa gleich 100 Zündhölzchenköpfchen, die aber in P-Gehalt zwischen 30 und 100 Mgr. variiren), für ein Kind schon wenige Milligramm. Der gelbe Phosphor, an feuchter Luft sich zu PO_3H_3, phosphoriger Säure, langsam oxydirend, gerieben dagegen sich entzündend und zu P_2O_5, Phosphorsäure-Anhydrid, verbrennend (in reinem O schon spontan sich entzündend), ist in Wasser fast gar nicht, dagegen in Fetten (resp. Milch) und in Alkohol ziemlich löslich. P_2O_5, PO_3H_3, sowie überhaupt die in praxi vorkommenden Oxydationsstufen des P. sind im Gegensatze zum Phosphor ungiftig. Möglicherweise besteht die Giftwirkung der letzteren aber trotzdem in dem Einwirken von PO_3H_3 in statu nascendi. — Kleinere Gaben, Monate hindurch gereicht, verursachen die oben (137) erwähnte Verstärkung der Knochenbildung; bei Thieren ist es auch gelungen, durch Bindegewebswucherung und -Retraction eine echte Lebercirrhose zu erzeugen. In Thierversuchen sind — was für die grössere Intensität des Icterus bei Vergiftungen von Menschen nicht ohne Bedeutung sein dürfte — durch P die rothen Blutkörperchen (s. oben S. 135) besonders geschädigt.

Die acute Vergiftung kann in folgenden klinischen Typen ablaufen: 1) Rapide Form: in einer halben bis wenigen Stunden beginnt mit oder ohne Erbrechen und Durchfall eine enorme Herzschwäche, Ohnmachten, und binnen weniger Stunden erfolgt der Tod. 2) Protrahirtere gastrisch-enterische Form: Tod in 2—3 Tagen, ebenfalls mit Herzschwäche, Magen-Darm wie bei Arsenvergiftung betheiligt, meist aber geringere Läsionen (Erbrochenes und Stühle können nach Phosphor riechen und im Dunkeln leuchten). 3) Typische Form: nach 1—2 Tagen scheinbar Nachlass der sub 2 beschriebenen Krankheit und am 3. oder 4. Tage Einsetzen der schweren Reactionserscheinungen, in welchen Leberschwellung, Schmerzhaftigkeit der Leber auf Druck, starker Icterus und das Symptomenbild der Cholämie (des Icterus gravis) sich entwickeln, wobei Benommenheit des Sensoriums neben Herzschwäche und Blutungen zu nennen ist. Alsdann tritt der Tod meist erst Ende der ersten oder Anfang der zweiten Woche ein; bei der Section meist (ausser dem S. 134 geschilderten Befunde) intensiver Icterus, vergrösserte Leber, fettig degenerirt u. s. w., der Icterus erweist sich in erster Linie als ein Stauungsicterus (durch die Schwellung der Leberzellen und der Schleimhaut in den Gallengängen oder dem Duodenum, ferner durch die schwere venöse Stauung ist der Gallenabfluss behindert); die Schädigung der Erythrocyten dürfte für ihn aber wesentlich mit in Betracht kommen. 4) Zuweilen schliesst sich an die sub 3 geschilderten Erscheinungen das Bild der acuten gelben Leberatrophie mit allen klinischen (Leucin und Tyrosin im Harn, Kleinwerden der Leberdämpfung) und pathologisch-anatomischen Eigenheiten.

THERAPIE DER ACUTEN VERGIFTUNG: Entleerung des Magens und Darms: für ersteren die Ausspülung, oder falls P in Stücken genommen ist: Cuprum sulfuricum als Emeticum, weil es a) Emeticum ist und b) durch Phosphor reducirt und chemisch gebunden wird und, die Stücke hierbei einhüllend, sie vor Resorption schützt. Zur Entleerung des Darms darf kein Ricinusöl genommen werden, wie überhaupt Oleosa — auch Milch (!) dem Vergifteten nicht gegeben werden dürfen, weil Fett den P löst und die Resorption erleichtert. Sonst symptomatische Behandlung. (Die Darreichung von Ol. Terebinthinae als Antidot ist von zweifelhaftem Werthe.)

CHRONISCHE VERGIFTUNG BEI ZÜNDHOLZARBEITERN: Kiefernekrose. Therapie: rein chirurgisch und Prophylaxe für später; behauptet und bestritten wird, dass cariöse Zähne für die Nekrose prädisponiren; eventuell: Ausziehen der cariösen Zähne vorher — resp. Ausschliessung von Arbeitern, die schlechte Zähne haben.

THERAPEUTISCHE VERWERTHUNG: Als Mittel zur Beförderung der Knochenentwicklung bei Rachitis und Osteomalacie, hierin wie es scheint dem Arsenik überlegen.

DOSEN: Phosphorus, in Oleum olivarum oder amygdalarum gelöst (1:500) als „Tropfen" (oder allenfalls auch in Olei olivarum q. s. gelöst in Pillenform) zu verordnen, $^1/_2$—1 Mgr., ad 0,001 pro dosi! ad 0,005 pro die! (Stets nur eben frisch bereitete Lösungen und unter $1/2\%$, da sonst P sich ausscheiden kann.)

Argentum, *Silber*. Unter den verschiedenen Silberpräparaten kommt als Alterans einzig für den innerlichen Gebrauch der Silbersalpeter, Argentum nitricum, in Betracht (s. unter Adstringentia).

Werden kleinere Dosen von Silbersalpeter längere Zeit hindurch innerlich genommen, so entwickelt sich ein Zustand, den man als Argyrie beschrieben hat. Es entstehen Störungen der Ernährung, zunächst durch Magen- und Darmkatarrh veranlasst, und dadurch Anämie. Ferner entwickelt sich ein eigenthümliches graues Colorit der Haut und auch der Conjunctiva. Bei Sectionen findet sich die Pigmentirung auch in den Pyramiden der Nieren, der Tunica adventitia der Gefässe der Leber, Milz und Lymphdrüsen u. s. w. Diese Färbung ist durch Ablagerung von metallischem Silber bedingt. Ist die Färbung einmal eingetreten, so bleibt sie für's Leben bestehen. — Im Thierexperimente sieht man als resorptive Wirkung eine Lähmung des Centralnervensystems.

Heut zu Tage kaum noch viel benutzt, wurde der Höllenstein früher empfohlen: 1) bei Epilepsie; 2) bei andern Neurosen, bei Cardialgie, sowohl von Ulcus simplex stammend, als auch aus anderen Ursachen hervorgehend, und bei Chorea; — 3) namentlich bei Tabes dorsalis, bei welcher der consequente Gebrauch von Arg. nitric. in der That oft Besserung oder doch Stillstand bewirkt. 4) Von den Franzosen zuweilen gegen Lues gegeben (wohl ohne Werth). — Dosen: *Ad* 0,03! *ad* 0,2 *pro die!*

Auro-natrium chloratum, *Natriumgoldchlorid*. Ein goldgelbes Pulver, welches in 2 Thln. Wasser vollständig, in Weingeist aber nur zum Theil löslich ist. Beim Glühen wird es unter Abscheidung von Gold zersetzt.

Dieses Präparat ist von einzelnen Aerzten empfohlen worden 1) gegen chronische Oophoritis; 2) gegen einzelne Neurosen, besonders bei Chlorotischen und Hysterischen; 3) bei Lues. Ist überflüssig und theuer.

Dosis: 0,01—0,02 in Pillenform. *Ad* 0,05! 0,2 *pro die!*

Die alkalischen und die nichtabführenden neutralen Salze der Alkalimetalle.

Die circulirenden Säfte des Organismus führen zumeist Natriumsalze und besitzen alkalische Reaction. Wie der Organismus sich nun einmal entwickelt hat, sind an diese alkalische Reaction und an diese Bevorzugung der Natriumsalze in den circulirenden Säften das Leben, die Oxydationen u. s. w. gebunden (schon für den Transport der fortwährend entstehenden CO_2 ist freies Alkali nötig). Sobald wir die Alkalescenz abnehmen lassen, z. B. durch Säurezufuhr u. s. w. (s. unten), oder sobald wir dem Körper, der fortwährend mit Urin, Schweiss u. s. f. Natriumsalze verliert, den Ersatz durch Einfuhr (in der Nahrung) vorenthalten, so sehen wir Oxydationen, Lebensenergie und Gesundheit abnehmen. In den Geweben dagegen, z. B. in den Blutkörperchen, den Muskeln u. s. w. sind Alkalescenz, Chloride und Natriumsalze schwach vertreten, und es herrschen Kaliumsalze und eine Tendenz zur Säurebildung vor. Aber dieses Kaliummaterial ist das stabilere und wird nicht so eilig durch den Körper hindurch- und aus ihm herausgetrieben, wie das vorher besprochene; es bedarf daher des Ersatzes nicht so sehr wie jenes. Dem **Pflanzenfresser** steht in seiner Nahrung massenhaftes alkalisches Material, stehen colossale Salzmengen zur Verfügung. Aber er findet dort unverhältnissmässig viel Kaliumsalze vor, für die sein Körper keinen Bedarf hat. Und die Organe des Warmblüters, insbesondere seine secretorischen Apparate, berechnet auf die Durchströmung des Körpers mit Natrium-haltigen Säften, reagiren **abwehrend** auf die **Kaliumsalze**. Auf kleine Dosen reagirt der Körper mit vermehrten Ausscheidungen, wozu Körperflüssigkeit, circulirende Flüssigkeit herhalten muss, mit welcher und in welcher die **Natriumsalze** gleichzeitig massenhaft den Körper mit verlassen, daher der Kochsalzhunger, der **Natrium**salzhunger des weidenden Viehs, und andererseits die diuretische Wirkung der Kaliumsalze. In grossen Dosen sind — im Vergleich zu Natriumsalzen — die Kaliumsalze „lähmende" Gifte, d. h. liefern inadäquate Circulationssäfte wegen des Kaliumüberschusses. (In kleinsten Mengen aber sind die Kaliumsalze Nährstoffe und ihre Zufuhr unerlässlich.)

Der Fleischfresser dagegen hat in seiner animalen Nahrung so viel Natriumsalze (und Kaliumsalze), wie er bedarf, und keinen Ueberschuss an Kalium, und Völkerschaften, die nur vom Fleisch leben, bedürfen des Kochsalzes nicht; Kartoffelesser, Vegetarianer überhaupt, können ohne Kochsalz nicht leben. Dagegen ist die Fleischnahrung eine relativ saure: es fehlt jener **Alkalireichthum** der Pflanzenkost. So wäre der Fleischfresser von jeher in Gefahr gewesen, an Alkaliverarmung zu Grunde zu gehen. Wie schon angedeutet, kann man durch Säuredarreichung den Organismus **jedes** Warmblüters seines Alkalis berauben — die Alkalescenz seines Blutes vermindern; bemerkenswertherweise gelingt dies aber bei dem **alkalireichen** Pflanzenfresser viel leichter, als bei dem von **alkaliarmer** Kost lebenden Carnivoren: die dira necessitas hat im Carnivoren eine Alkaliregulation, einen Sparmechanismus entwickelt, den die Herbivoren sich nicht (oder doch nur in sehr geringem Maasse) angezüchtet haben. Der Herbivore giebt, wenn wir ihm Säuren z. B. subcutan geben, fixes Alkalimetall (Natrium, Kalium), das er aus der Nahrung bezogen hat, zur Neutralisation her: der Carnivore **macht zu diesem Zwecke Alkali: NH_3, Ammoniak**. Geben wir ihm dagegen gleichzeitig subcutan doppeltkohlensaures Natrium, Soda oder ganz verdünnte Natronlauge ein, so benutzt er dieses Material und erspart sich den andernfalls zur NH_3-Bildung von ihm beschafften N. Noch andere Mittel und Wege besitzt der Carnivore, um seinen Alkalivorrath zu schützen. Indem er nicht nur im Magen freie Salzsäure aus den Chloriden abscheidet und so Alkali gewinnt, sondern auch in den dem Lumen der Tubuli contorti zugewandten Partien der Nierenzellen Säure (gleichviel, ob saure Salze oder freie Säure) producirt, und indem er den Harn mit saurer Reaction entlässt, legt er Alkali zurück. Diese Säureproductionen, sowie auch diejenige innerhalb verschiedener Gewebe, geschehen zuweilen in pathologischer Form oder geben hier zu krankhaften Störungen Veranlassung, welche dann durch Alkalizufuhr gehoben werden können. Und überhaupt kann durch Alkalizufuhr nicht nur dem Regulationsbestreben des Organismus nachgeholfen werden, sondern manche Functionen des Körpers bethätigt, vermehrt, manche andere Function modificirt werden: gerade hier hat aber über das, wie viel zu geben, und über das, was erreichbar ist, vorläufig noch ausschliesslich die „Empirie" zu entscheiden. Secretionen, die dem Körper Alkali und Chlornatrium (also die Plasmasalze) entführen, nehmen erfahrungsmässig an Intensität zu, wenn dem Körper das Material hierzu (Alkali und Chlornatrium) reichlicher zugeführt worden. Der Stoffwechsel von Personen, die allzu sehr den Tafelfreuden zu huldigen gewöhnt sind, kann durch methodisches Trinken alkalischer Kochsalzwässer einen vortheilhaften Umschwung erfahren und dergleichen mehr. Und zwar treten solche „alterirende", „umstimmende" Wirkungen ein, ohne dass etwa in gröberer Weise durch diese Salze die Nahrungsaufnahme, die Assimilation beeinflusst würde, obschon allerdings in grösseren Mengen genossen die alkalischen Kochsalzwässer abführend und daher grob auf die Ernährung wirken können. In diesen Fällen nähern sie sich dann den rein abführend wirkenden Salzen (Glaubersalz, Bittersalz), welche an anderer Stelle zu besprechen sein werden, deren Wirkung übrigens durch Hinzutritt von alkalischen Salzen und Kochsalz, wie z. B. im Karlsbader Wasser, sehr wesentlich modificirt und den Wirkungen der hier besprochenen Salze genähert werden kann.

Bei allen Salzen der Alkalimetalle ist (zumal für den innerlichen Gebrauch) zwischen leicht diffusiblen (z. B. Chloriden und Carbonaten) und schwer diffusiblen (Sulfaten) zu unterscheiden. Erstere werden auch leicht resorbirt, und die leicht diffusiblen Kaliumsalze können am Menschen in sehr grossen Gaben (10—25,0) selbst tödtliche Intoxicationen bewirken — zumal bei leerem Magen genommen (s. Kal. chloricum). Sonst und bei kleinen Dosen aber verhindert eben gerade die Diffusibilität die Anhäufung — d h. die Diurese wird verstärkt. Die Ausscheidung des Kaliums erfolgt, auch wenn es nicht in Gestalt des Chlorids eingeführt wurde, zum Theile als Chlorid (durch Umsetzung mit Chlornatrium), wodurch dem Körper Chlor verloren geht. — Man hat übrigens den Grad der Giftigkeit der Kaliumsalze früher in Folge der Thierexperimente überschätzt: direct in die Blutbahn gespritzt sind diese Salze allerdings sehr giftig, herzlähmend u. s. w.

Die schwer diffusiblen Kaliumsalze dagegen wirken (innerlich gereicht) abführend und gehen zum grössten Theile unresorbirt mit den Faeces fort, so dass sie nicht dazu kommen, die giftige resorptive Wirkung zu entfalten.

Natrium carbonicum, Natriumcarbonat, Soda $CO\genfrac{}{}{0pt}{}{ONa}{ONa}$ $+10H_2O$.

Farblose, durchscheinende, an der Luft verwitternde Krystalle von stark alkalischem Geschmacke, ätzend, löslich in 1,8 Thln. kalten Wassers. Mit Säuren brausen sie auf, enthalten 63% Krystallwasser.

Wegen seiner ätzenden (laugenhaften) Natur innerlich nur in starker Verdünnung anwendbar; kommt in vielen Quellen vor; bei innerlicher Darreichung verordnet man aus der Apotheke lieber das für den Gesammtorganismus ebenso wirkende Bicarbonat. Aeusserlich zu Maceration der Haut angewendet.

Dosen. *Natrium carbonicum.* Innerlich zu 0,5—1,0 *p. dos.* in Pulver-Mischungen oder in Solutionen (Natr. carb. siccum, fast frei von Krystallwasser). Aeusserlich zu Waschungen oder Bädern als Hautreinigungsmittel bei Abschuppungsprocessen der Epidermis in einzelnen chronischen Hautkrankheiten; als Waschwasser zu 1—2%; man rechnet ¼—½ Kilo auf ein Bad; hierfür wählt man das Natrium carbonicum crudum (Soda).

Natrium bicarbonicum, Natriumbicarbonat, doppeltkohlensaures Natron $NO\genfrac{}{}{0pt}{}{OH}{ONa}$.

Weisse Krystallkrusten, von schwach alkalischem Geschmacke, in 13,8 Thln. Wasser löslich, beim Erwärmen CO_2 abgebend und dabei einen stark alkalischen mit Säuren aufbrausenden Rückstand hinterlassend.

Dieses nicht ätzende und daher handlichere Präparat wird ebenso, wie das vorige, wenn es in den Magen gelangt, durch die Säure des Magens zersetzt; CO_2 wird frei, und Säure ist gesättigt. So wird zunächst loco Säure getilgt, was bei abnormer (qualitativ und quantitativ) Säurebildung an sich indicirt sein kann. Indem jetzt die Magendrüsen neue Säuren produciren, hat der Alkalibestand des Körpers — die durchschnittliche Alkalescenz — zugenommen. Nach Sättigung der Säure wird überdies ein Theil des Natriumbicarbonats (oder -carbonats) als solches resorbirt und die Gesammtalkalescenz nimmt zu, so sehr, dass auch beim Menschen (resp. Carnivoren) der Harn alkalisch und in ihm etwa vorhandene Harnsäure-Niederschläge gelöst, Phosphat-Niederschläge (höchst selten) gebildet werden können. Auch der Natriumgehalt des Körpers ist vermehrt. Die Gallensecretion wird verstärkt.

Therapeutische Verwerthung. 1) Bei katarrhalischen Zuständen der Magenschleimhaut, namentlich solchen, welche mit vermehrter und zumal qualitativ abnormer (Essigsäure, Buttersäure u. s. w.) Säurebildung im Magen verbunden sind. Das Mittel verflüssigt auch den Schleim; 2) bei **katarrhalischen Affectionen der Luftwege** (besonders zusammen mit NaCl); 3) bei **katarrhalischen Affectionen der Harnblase**; 4) bei **Gicht** und damit verbundenem Ueberschuss an Harnsäure im Blute, oder mangelhafter Umsetzung dieser; 5) bei **Gallensteinbildung**; 6) bei **Fettsucht**, namentlich Fettleber; 7) beim **Diabetes mellitus**.

Natrium bicarbonicum. Innerlich 1.0—5.0 in Pulver (auch pur), Lösungen u. s. w.

Kalium carbonicum, Kaliumcarbonat $CO\genfrac{}{}{0pt}{}{OK}{OK}$.

Weisses, an der Luft zerfliessendes, in gleichen Mengen Wassers klar lösliches, stark alkalisches Pulver, höchstens 5% Krystallwasser. In Säuren aufbrausend.

(Kal. carbon. crudum, Pottasche, für äusseren Gebrauch).

Es besitzt im Wesentlichen ähnliche aber stärkere caustische Eigenschaften als das Natriumcarbonat (s. auch unter „Caustica"). Bei innerer Darreichung, resp. nach Resorption kommt für die Wirkung der Kaliumgehalt (s. oben) in Betracht. Häufig wird das Kaliumcarbonat zur Darstellung von Kaliumacetat in Saturationen verordnet (s. unter Acid. aceticum und CO_2).

Kalium bicarbonicum, Kaliumbicarbonat, doppeltkohlensaures Kali $CO\genfrac{}{}{0pt}{}{OH}{OK}$.

Farblose, durchscheinende, in 4 Thln. Wasser langsam sich lösende, schwach alkalisch reagirende Krystalle. In Säuren aufbrausend.

Kaum in Gebrauch.

Dosen: 0.5—1.0 mehrmals täglich in Pulvern, Lösungen.

Lithium carbonicum, Lithiumcarbonat CO_3Li_2.

Weisses, beim Erhitzen schmelzendes und beim Erkalten zu einer Krystallmasse erstarrendes Pulver, welches sich ziemlich gut in CO_2-haltigem Wasser, sonst aber nur in 150 Thln. Wassers zu einer alkalischen Flüssigkeit löst; in Weingeist unlöslich.

Der Umstand, dass das Lithiumcarbonat Harnsäure besser löst, als das kohlensaure Natrium und Kalium, ist auch der Grund gewesen, dass man es gegen diejenigen Krankheitsvorgänge empfohlen hat, bei denen man eine vermehrte Harnsäurebildung im Körper annimmt und namentlich gegen die echte Gicht, welche mit Ablagerung von harnsauren Salzen an den Gelenken thatsächlich verbunden ist. Es werden alkalische Quellen, welche Lithiumcarbonat neben Natriumcarbonat enthalten, für solche Fälle empfohlen, wie Bilin, Neuenahr, Salzschlirf (Bonifaciusquelle), Weilbach, Assmannshausen, Ober-Salzbrunn, auch die Salzbrunner Kronenquelle. Indess ist es mehr als fraglich, ob der an sich ja zweifellose Nutzen dieser Wässer bei Urarthritis irgendwie mit ihrem Lithiumgehalte zusammenhängt; es ist vielmehr kaum zweifelhaft, dass es ihre alkalisirende Wirkung, abhängig vom Gehalte an alkalischen Natron- u. s. w. Salzen, ist, was bei jener Krankheit nützt; aber allerdings liegt auch die positive Angabe vor, dass nach ausschliesslichem Gebrauch von Lithion-Salzen (ohne Natrium carbonicum u. s. w.) die N-Ausfuhr überhaupt, speciell in Form von Harnstoff sowohl unmittelbar als auch in der Nachwirkung wesentlich zunehme, während die der Harnsäure zuerst vermehrt, in der Nachwirkung vermindert sei. — (Im Thierexperimente sind die Lithionsalze viel giftiger als Kaliumsalze, aber qualitativ von gleicher Wirkung.)

Dosis: 0,1—0,5 täglich; die Dosen müssen längere Zeit (1—2 Monate) hindurch genommen werden.

Kalium nitricum, Kalisalpeter NO_3K.

Durchsichtige prismatische farblose Krystalle, luftbeständig, in 4 Thln. Wasser löslich unter Kälteerzeugung.

Wurden bei Menschen grosse Gaben, 15—30,0 und noch mehr, in den Magen gebracht, so traten oft bedenkliche toxische Zustände ein, welche in einzelnen Fällen sogar den Tod zur Folge gehabt haben. Intensive Magen- und Darmreizung, Erbrechen und Durchfall, der Puls verlangsamt, Gliederzittern, allgemeine Schwäche, Parese der unteren Extremitäten; unter Bewusstlosigkeit und Convulsionen trat der Tod in kurzer Zeit ein. — Zu einem Theile wird der Salpeter als solcher durch den Harn ausgeschieden, zu einem Theile verschwindet die Salpetersäure; zu einem Theile erfolgt vermuthlich auch hier die Ausscheidung, wie es für andere Kalisalze ermittelt ist, als Chlorkalium, also nach Umsetzung mit Chlornatrium, was für den Organismus Chlorverlust bedeutet; das sich hierbei bildende Natriumnitrat wird als fremdartig ebenfalls ausgeschieden (Natriumverlust); nebenbei noch diuretische Wirkung: Verlust an Blutwasser und in ihm gelösten Salzen. Im Speichel, bei Anwesenheit putrider Stoffe, geht Salpeter in Nitrit über: der im Organismus verschwindende Theil des Nitrats dürfte diese Umwandlung durchmachen.

Therapeutische Verwendung. Früher war das „Nitrum" sehr beliebt als Antiphlogisticum und als (kaum wirksames) „Antipyreticum", trat aber gegenüber den neueren Febrifugen in den Hintergrund. Auch als Diureticum hat man es in Verbindung mit anderen Substanzen empfohlen.

Dosen: 0,5—2,0 pro dosi; mehrmals täglich; meist in Lösung. (Ph. Helv. dos. max. s. 4 Gr., dos. max. p. die 15 Gr.)

Auch zu Kältemischungen wurde es früher verwendet.

Pulvis temperans (nicht mehr officinell) ist eine Mischung von 1 Thle. Kal. nitric., 3 Thln. Tartar. depurat. und 6 Thln. Sacchar. alb.

Natrium nitricum (NO$_3$Na). *Natron-* oder *Chilisalpeter*. Farblose durchsichtige Krystalle, in 2 Thln. Wasser löslich; wirkt schwächer als das Kalium nitricum.

Natrium chloratum, Natriumchlorid, Chlornatrium (Kochsalz) NaCl.

Farblose, würfelförmige Krystalle, oder weisses, krystallinisches Pulver, in 27 Thln. Wasser löslich, von salzigem Geschmacke. In der Natur weitverbreitet (Steinsalz, in Meerwasser, Soolquellen u. s. w.).

PHYSIOLOGISCHE WIRKUNGEN. Zunächst kommt bei der Wirkung des Kochsalzes — und diese Ausführungen gelten mehr oder weniger für alle Salze — die Concentration in Betracht. Während destillirtes Wasser für die (feuchten) Gewebe schädlich ist, indem das Protoplasma unter Verlust von löslichen Bestandtheilen und unter H$_2$O-Aufnahme quillt (später schrumpft), so erweist sich z. B. eine 0,6—1%NaCl-Lösung als „indifferent" oder richtiger: als Lebenselement. Je concentrirter die einwirkende Salzlösung genommen wird, umsomehr wirkt sie folgendermassen: 1) direct wasserentziehend: hier ist zunächst nur die directe Wasserentziehung ins Auge zu fassen, die einfach nach dem Gesetze der Hydrodiffusion abläuft; diese betrifft (z. B. auch im Darme) nur die oberste, direct mit der concentrirten Salzlösung in Berührung kommende Schicht: die hierbei übertretenden Wassermengen sind äusserst geringfügig, — und sind beispielsweise im Darme nicht für die Stuhlverflüssigung abführender Salze verantwortlich zu machen. 2) Die directe Wasserentziehung und vielleicht eine nebenbei verlaufende andre „specifische" Beeinflussung wirken auf die betroffenen physiologischen Elemente (Zellen, Nervenendigungen u. s. w.) als Reiz, in Folge dessen treten auf: Geschmacksempfindung, und reflectorisch, vielleicht nebenher auch direct veranlasst: Secretion, Resorption; alles dieses kommt bei mässiger Concentration als physiologischer Reiz dem Appetite, der Verdauung und der Assimilation zu Gute; diese Secretion kann grosse Flüssigkeitsmassen liefern, welche im Darm, wenn sie nicht wieder resorbirt werden, zur dauerhaften Verflüssigung des Darminhalts führen. 3) Bei starker Concentration und andauernder Einwirkung (s. unten) führt dieser Reiz auch zu Transsudation aus den Gefässen, zu starkem Flüssigkeitsaustritt. Hierzu kommt es nun im Magendarmkanal gerade bei Kochsalz und anderen leichtdiffusiblen Salzen in der Regel nicht, weil die einwirkende Kochsalzlösung einerseits durch die secernirten Flüssigkeiten verdünnt wird und hierdurch an reizender Kraft verliert, und andererseits, weil die Salzlösung und die secernirte Flüssigkeit bis zum vollständigen Verschwinden resorbirt werden, und zwar wird bei concentrirteren Lösungen (über 1%) das Kochsalz schneller resorbirt als das Wasser, — was wieder zur Diluirung, zur Beseitigung des Reizes beiträgt. **Schwer diffusible** Salze dagegen verhalten sich entgegengesetzt und so lässt bei diesen der Reiz nicht in diesem Maasse nach, führt zu stärkerer und bleibender Verflüssigung des Darminhalts, — und indem er auch die Peristaltik beschleunigt (was grössere Kochsalzmengen in gelinder Weise ebenfalls leisten), wirken die schwer diffusiblen Salze stark **abführend**, das Kochsalz und die andern leicht diffusiblen Salze nur gelind, und erst bei grösseren Mengen und stärkerer Concentration.

DIE RESORPTIVEN WIRKUNGEN DES NaCl UND DER „SALZE" ÜBERHAUPT. (Vgl. S. 139 ff.) Abgesehen davon, dass das Kochsalz als ein erwünschtes **Gewürz**, als Reizmittel (und Reizmittel und Gewürze sind nicht bloss erwünscht, sondern schon physiologisch **nothwendig**, und oft therapeutisch sehr nützlich) wirkt, ist es auch ein **Nahrungsstoff**, da durch die Secretionen fortwährend Verluste an Kochsalz entstehen, die ersetzt werden müssen. Wird über dieses Bedürfniss hinaus Kochsalz oder andre Salze zugeführt, so entwickelt sich Folgendes. In dem Maasse, als das Blut an Salz reicher wird, schützt sich der Organismus vor allzu starker Concentration, indem gleichen Schrittes mit jener Salzresorption einerseits aus den **Geweben** Wasser ins Gefässsystem übertritt (und Salz in die Gewebe und Blutscheiben hinein) und andererseits durch Vermehrung der Secretionen, der Diurese im Besonderen eine Ueberfüllung des Gefässsystems sofort verhütet wird. Hieran schliesst sich eine massenhafte Lymphströmung (die nicht gut anders, denn als ein Secretionsvorgang angesehen werden kann), welche aus den Geweben eine Lösung ausführt, reicher an NaCl als das Blut; nur ganz allmählich wird bekanntlich später diese Lymphe dem Blute wieder beigemengt, nachdem dieses Zeit gewonnen, sich eines Theiles des in ihm verbliebenen Salzes durch die Secretionen zu entledigen. Die Wasserentziehung der Gewebe führt u. a. zu **Durstgefühl**, dessen Befriedigung wieder im Sinne der gesteigerten Diurese wirkt und der Eliminirung des überschüssig eingeführten Salzes dienlich wird.

Ob die bei dieser Gelegenheit (verstärkter Diurese) beobachtete Zunahme der Harnstoffausfuhr wirklich die ihr zugeschriebene Bedeutung eines durch NaCl (und vermehrte Wasserdurchleitung) gesteigerten Stoffwechsels hat, scheint der Bestätigung noch zu bedürfen; vielleicht handelt es sich nur um gründlichere Ausspülung, um vollständigere Befreiung sonst länger liegenbleibender Schlacken. Der Bedeutung des Kochsalzes für die Hinausgeleitung von fremdartigen, insbesondere Kaliumsalzen, ist bereits mehrfach gedacht, — und zwar sowohl bezüglich des Chlors, als betreffs des Natriums im Kochsalzmoleküle. Auch ist noch daran zu erinnern, dass der Organismus bei ungenügender Zufuhr von Chlornatrium durch Zurückhaltung seines Vorrathes, durch äusserste Verminderung seiner Ausfuhr sich bis zu einer niedrigen Grenze — allerdings unter beständigem Salzhunger (wie beim weidenden Vieh) — den äussern Verhältnissen anpassen kann, wie es andern Nahrungsstoffen gegenüber nicht möglich ist.

Die kochsalzhaltigen Bäder: Seewasser, natürliche Soolbäder und künstliche Salzbäder werden als besondere Heilpotenzen gegenüber den einfachen Wasserbädern hervorgehoben.

Die Bedeutung der Seebäder liegt zum Theil in klimatischen Dingen, in der Lebensweise, in dem psychischen Eindrucke, den der Anblick der in beständigen Aenderungen beständig gleich grossartigen See auf den Beschauer macht; ihre Bedeutung liegt ferner im Wellenschlage, in der Temperatur und vielem anderen; aber doch scheint die Empirie dafür zu sprechen, dass auch ceteris paribus ein Bad mit höherem Kochsalzgehalte (mindestens $2,5\%$) anders, resp. stärker wirkt, als einfache Wasserbäder; auch liegen — freilich entgegen andern Angaben — exacte Untersuchungen vor, welche z. B. zeigen, dass der N-Umsatz durch warme Wasserbäder (ohne Kochsalz) nicht geändert, speciell nicht gesteigert wird, während warme Soolbäder ihn um 9% steigerten (kalte Wasserbäder ohne Kochsalz erhöhten ihn um 12% — erscheinen also als das wirksamere; — kalte Kochsalzbäder dürften noch stärker „reizend" wirken). Worin diese Wirkung besteht, ist noch nicht klar. Sicher liegt es nicht an einer etwaigen Resorption des NaCl durch die Haut und einer Beeinflussung des Stoffwechsels durch dieses, — denn subcutan beigebracht würde das Kochsalz eine so grosse Stoffwechseländerung nicht erzeugen und namentlich: es wird wässerige Kochsalzlösung von der intacten Haut absolut nicht resorbirt. Dass nach See- und Soolbädern die NaCl-Ausfuhr durch den Harn zunimmt, ist nicht ein Zeichen vermehrter NaCl-Aufnahme, sondern nur die Folge der vermehrten Diurese, die sich neben jener „Stoffwechsel"-Steigerung d. h. neben der vermehrten Harnstoff-Ausfuhr zeigt. Wie nun jene Stoffwechselveränderung oder richtiger: wie von der Haut aus jener Reizzuwachs entsteht, der jene Verstärkung der Diurese u. s. w. veranlasst, sobald Salz in dem Badewasser gelöst ist, — ob es sich hierbei nur um Aenderungen der Wärmecapacität des Wassers, oder, wie man zu behaupten versucht hat, um hydroelektrische Ströme, oder um die oberflächliche Imbibition der Epidermiszellen mit der Salzlösung handelt (vielleicht kommt die nachhaltige Feuchtigkeit der Haut nach Soolbädern in Betracht, während gewöhnliches Wasser vollständigeres Trocknen erlaubt, — vielleicht auch der Kitzel der auf der Haut sich bildenden Salzkrystalle) — oder was sonst hier der eigentliche Grund ist, bleibt abzuwarten. Da die Salzlösung nicht durch die ganze Epidermislage durchdringen kann (wie die fehlende Resorption wasserlöslicher, indifferenter, im Körper und in den Ausscheidungen leicht wiedererkennbarer Salze, z. B. Jodnatrium, zweifellos beweist), so können solche Salze wohl auch nicht an die Nervenendigungen heran. Uebrigens ist die Sicherung der (strittigen) Thatsache als solcher, dass der Kochsalzgehalt des Badewassers ceteris paribus einen Einfluss hat, doch auch erst noch wünschenswerth.

Therapeutische Anwendung. Chlornatrium wird in eigentlicher Arzneiform **innerlich** selten verwendet; theelöffelweise gibt man (ungelöstes) Kochsalz (als Reiz) zur Coupirung von epileptischen Anfällen und von Migräne; bei acuten Catarrhen der Luftwege neben andern Salzen (Carbonaten, Salmiak) in Lösungen innerlich; besonders gern reicht man es in der Form der Kochsalzquellen: 1) bei **chronischen Magen- und Darmcatarrhen**, zumal wenn gleichzeitig Verstopfung besteht. Gewöhnlich stellt sich nach kürzerer Zeit Verbesserung des Appetites und regelmässige Stuhlentleerung ein. — 2) Bei **venösen Stauungen in den Unterleibsorganen**, namentlich Leberhyperämien, ferner bei Fettleber, Gallensteinbildung, Hämorrhoiden, Milztumoren. — 3) Bei **Gicht**. — 4) Bei **chronischen Catarrhen der Bronchialschleimhaut**. — 5) Bei **Scrofulosis**, wobei meist auch äusserlich das Chlornatrium in Anwendung gezogen wird. —

Zu Bädern verwendet man Kochsalzquellen, Soolenflüssigkeit und deren Rückstände (Mutterlaugen), Meerwasser, oder Zusatz von See-, Vieh- oder Kochsalz zu gewöhnlichen Bädern.

Empirisch werden **Chlornatriumbäder** verwendet 1) bei **Scrofulosis**, 2) bei **Rhachitis**, 3) bei **chronischen Knochen- und Gelenksentzündungen**, 4) als resorptionsbeförderndes Mittel bei zurückgebliebenen Exsudaten, 5) bei **Hautschwäche** (leicht eintretendem Kältegefühl und Schweisssecretion, Neigung zu Erkältungen), 6) bei **chronischen Exanthemen** (Ekzem, Furunculosis, Psoriasis), 7) bei **Schwächezuständen** im Allgemeinen.

Endlich werden mässig concentrirte Kochsalzlösungen erfolgreich auch zu Inhalationen bei acuten und chronischen Luftröhrencatarrhen benutzt (bis 5 % und darüber).

Acida, Säuren (anorganische und organische „fette" Säuren.

Wenn man die Zuführung von Alkali, die Steigerung der Alkalescenz des Organismus im Kapitel der Alterantia bespricht, so ist es wohl zulässig, die Verminderung der Alkalescenz ebenfalls als „Alteration", aber mit umgekehrtem Vorzeichen abzuhandeln, und so dürfen hier wohl die Säuren — sofern sie nicht caustisch wirkend benutzt werden — besprochen werden.

Gemeinschaftlich ist ihnen die saure Reaction im chemischen Sinne und der saure Geschmack. Die höheren — nicht sauer schmeckenden — Fettsäuren kommen hier nicht in Betracht, — sie sind Nahrungsstoffe — Fett. Gemeinsam ist den zu besprechenden Säuren bei stärkerer Concentration die Wasseranziehung und ferner allgemein die Verwandtschaft zu Alkalimetallen und Eiweiss, mit welchen beiden sie begierig Verbindungen eingehen und einerseits unter gewissen Umständen (z. B. Alkalivergiftung) neutralisirend, andererseits bei stärkerer Concentration mehr oder weniger ätzend wirken können (s. unter Caustica). Indem sie aber überall local ihre Affinitäten irgendwie befriedigen, gelangen sie zum Theil nicht und als Säuren überhaupt nicht zur Resorption, denn sofern sie resorbirt werden, kreisen sie im Blute, an Alkalimetalle, zumal an Natrium, gebunden (freie Säure im Blute, d. h. saure Reaction des Blutes ist mit dem Leben unverträglich), und das so entstandene Natriumsalz der Säure wird je nachdem wirken, ausgeschieden werden u. s. w., jedenfalls aber ist die Alkalescenz des Körpers vermindert: — des Körpers, nicht etwa nur des Blutes, denn das Alkali der Gewebe wird immer zum Ersatz herangezogen, so dass grosse Mengen Säure, dazu gehören, um das Blut alkaliarm — alkalifrei zu machen. Die Bedeutung der NH_3-Verwerthung, namentlich beim Carnivoren zur Neutralisirung der Säuren, wurde oben schon besprochen; ebenso die Bedeutung der Alkaliberaubung. — Im Magen können kleine Mengen Säuren, besonders Salzsäure, den Verdauungsprocess unterstützen und sind indicirt, wenn der Magensaft krankhafter Weise keine oder nicht genug HCl enthält; auch Essigsäure kann hier diesen Dienst thun. Dagegen sieht man bei Missbrauch der Säuren (Essigmissbrauch, mit Salatvorliebe anfangend und mit Essigtrinken endend, ist nicht so selten) eine schwere Störung der Ernährung auftreten: sei es, dass die Magenverdauung gehindert wird, sei es, dass die Alkalientziehung, welche der Organismus erfährt, die Schuld trägt, — es entwickelt sich oft eine recht hartnäckige Anämie (von jungen Mädchen zuweilen absichtlich, weil vermeintlich interessant, herbeigeführt).

Die durstlöschende Wirkung saurer Früchte u. s. w. ist nicht ganz klar. Als einfacher Gegensatz zur dursterzeugenden Wirkung alkalischer und neutraler Salze ist sie nicht ohne Zwang zu deduciren. In Limonadenform kommt Säure auch noch als Geschmackscorrigens, sozusagen als Gewürz in Frage, den Durst zu löschen ermöglichend, indem sie das sonst vielleicht verschmähte Wasser einführen hilft. Die durstlöschende Wirkung war es wohl hauptsächlich, was die früheren Aerzte veranlasste, die Säuren — zumal Salz-, Schwefel-, Phosphor-, Essig-, Wein- und Citronensäure als „Temperantia" fiebernden Kranken zu geben. Wir besitzen bezüglich der physiologischen Wirkung, welche

Säuren in medicinalen Dosen ausüben, nicht ausreichende Untersuchungen. Die lähmende Wirkung auf Herz und Centralnervensystem, welche im Thierexperiment bei Intoxicationen sich zeigt, reicht nicht aus, um ein Urteil über den Arzneiwerth der Säuren zu fällen; in neuerer Zeit ist auch die klinische Erfahrung hierin spärlich geworden, da die früher so allgemein geübte Säuredarreichung bei Typhus abdominalis u. s. w. ganz unterblieb, — nicht weil sie etwa nichts nützte, — sondern weil die Praktiker und Kliniker die antipyretischen modernen Methoden und auch die antizymotische Medication (Calomel) benutzten. — Schicksal der eingeführten Säuren: alle gehen, wie bemerkt, als Salze, zumal Na-Salze, ins Blut. Diese Salze der Säuren erfahren dann dort im Allgemeinen dasjenige Schicksal, das ihrem Natronsalze auch sonst widerfahren würde; Folgendes sind jedoch die Abweichungen von dieser Regel: beim Carnivoren und Menschen findet, wie erwähnt, dadurch eine Retention des fixen Alkalis statt, dass die Säure zum Theil an NH_3 gebunden wird, welches, vom Körper producirt, andernfalls zu Harnstoff umgewandelt sein würde; die Säure wird dann also theilweise als NH_3-Salz ausgeschieden; ferner: die Fruchtsäuren werden zum grössten Theile als fruchtsaure Salze ausgeschieden, während (manche) von vornherein dargereichte fruchtsaure Salze zu einem entschieden grösseren Theile oxydirt und als kohlensaure Salze mit dem Harn ausgeschieden werden, was als ein Beweis dafür angeführt wird, dass im ersteren Falle der Alkaliraub, den die Säure verübt hat, die Oxydationskraft des Organismus geschwächt habe (vermuthlich nicht richtig). Noch ist zu erwähnen, dass die Säuren sämmtlich eine gewisse antiseptische Wirksamkeit haben.

Acidum sulfuricum, *Schwefelsäure* SO_4H_2. Die (verdünnte) Schwefelsäure wird angewendet: 1) gegen Blutungen, namentlich Uterin-, Lungen- und Darmblutungen. Der Modus der Wirkung ist unklar — vielleicht sogar die Wirkung selber noch nicht sicher. — 2) Gegen Schweisse, welche aus Schwächezuständen hervorgehen, z. B. bei Phthise, zur Abwechslung mit Atropin, Agaricin, Tannin.

Präparate und Dosen.

1) *Acidum sulfuricum*, Schwefelsäure, 94—98°o! Zur innerlichen Verordnung bedient man sich ihrer am besten gar nicht, sondern nur der folgenden:

2) *Acidum sulfuricum dilutum:* 1 Acid. sulfur. auf 5 Aq. dest., Erwachsenen 2—4,0 *p. die* in Mixturform (stets verdünnen!).

3) *Mixtura sulfurica acida (Elixir acidum Halleri):* 1 Thl. Acidum sulfur. auf 3 Thle. Weingeist; Dosen wie Acidum sulfur. dilut.

(Ph. Helv.; *Tinctura aromatica acida, Elixir Vitrioli Mynsichti* 2 Thle. Acid. sulfur. pur. auf 40 Thle. Tinctura aromatica; Dosis 3—6.0 *pro die*.)

(*Aqua vulneraria Thedenii*, Arkebusadewasser: 1 Thl. Acid. sulf. dilut., 3 Thle. Spiritus vini, 4 Thle. Mel und 6 Thle. Acetum crudum, mit Wasser gemischt. Ein altes Präparat, welches früher äusserlich bei Verletzungen gebraucht wurde, gegenwärtig aber nicht mehr im Gebrauche ist.)

4) *Acidum sulfuricum crudum*, soll mindestens 91% wasserfreie Säure enthalten, nur äusserlich.

Acidum sulfurosum, *schweflige Säure*, richtiger: Schwefligsäure-Anhydrid oder Schwefeldioxyd, SO_2, entsteht beim Verbrennen von Schwefel; gasförmig, von stechendem Geruche. Nur äusserlich, als Desinficiens (s. dort) benutzt.

Acidum nitricum, Salpetersäure NO_3H.

1) *Acidum nitricum*; specif. Gew. 1,153, 25% wasserfreie Säure. Innerlich zu 10—15 Tropfen *pro die*, verdünnt (kaum in Gebrauch).

2) und 3) *Acid. nitric. crudum*, rohe Salp.-S. mit mindestens 61% Salp.-S. und Acid. nitr. fumans, rauchende S.-S., spec. Gew. 1,45—1,50, beide nie innerlich.

(*Acidum chloro-nitrosum, Aqua regia*, Königswasser, Salpeter- und Salzsäure, wurde früher gegen Icterus catarrh. empfohlen. Innerlich zu 2—10 Tropfen *p. die*, verdünnt. Aeusserlich in Fussbädern zu 5—10,0.)

Acidum hydrochloricum (Acid. muriaticum), *Salzsäure* HCl.

THERAPEUTISCHE ANWENDUNG. Innerlich bei dyspeptischen Zuständen, chronischem Magencatarrh, namentlich dann, wenn nicht genügend freie Salzsäure im Magen sich befindet. Als „kühlende" Arznei. Bei Typhus (s. oben).

DOSEN: 1) Acid. hydrochloricum, 25% wasserfreie HCl in H_2O, zu 0,1—1,0 (auf 150,0 verdünnt) *pro die* in Mixturen, eventuell mit Mucilagozusatz.

2) Acid. hydrochloric. dilut.; Mischung aus der vorigen und Wasser zu gleichen Theilen, — in doppelt so grossen Gaben als das vorige (verdünnen!).

3) Acid. hydrochloric. crud., soll mindestens 29% HCl enthalten, — nur äusserlich.

Acidum phosphoricum, *Phosphorsäure* PO_4H_3. Spec. Gew. 1,154, enthält in 100 Thln. 25 Thle. wasserfreie Phosphorsäure.

In Mixturen 1—5,0 auf 150.

Zuweilen als Zusatz zu Decocten und Macerationen, um die Extraction von Alkaloiden zu begünstigen.

Acidum chromicum, *Chromsäure*. Dunkelbraunrothe, stahlglänzende Krystalle, in Wasser leicht löslich. Nur äusserlich benutzt. Gegen Fussschweisse in 5%-lösung 1—2—3mal in Zwischenräumen von 8—14 Tagen zur Waschung von überraschender Wirkung. Hat bei dieser Procedur einige Male Nephritis erzeugt. Hinterlässt bleibende Flecke in den Strümpfen.

Acidum citricum, *Citronensäure* $C_3H_4(OH).(COOH)_3$ (Oxytricarballylsäure). Farblose prismatische Krystalle, in Wasser leicht löslich. Aus dem Succus Citri (Lemonen- oder Citronensaft).

THERAPEUTISCH angewendet als durstlöschendes Mittel bei Fiebernden in verschiedenen Formen: als Saturation, Limonade oder in Form von Fruchtsäften, Brausepulvern u.s.w. Wo Citronen zur Hand sind, sind diese unter Umständen als Antidot eiligst bei Alkali-, Soda- und Pottascheverglftungen zu benutzen. Meistens wird Essig hierfür eher zu haben sein.

PRÄPARATE. 1) *Acidum citricum*, in Lösungen bis zu $1\frac{1}{2}$%, besonders als Limonade oder zu Brausemischungen. 2) *Potio Riveri*, bestehend aus 4 Thln. Citronensaure, 190 Thln. Wasser und 9 Thln. Soda. — Ph. Helv. *Pulvis ad Limonadam*: Citronensäure und Elaeosaccharum Citri 1:12. — (*Syrupus succi Citri*: Citronensaft mit Zucker.)

Acidum tartaricum, *Weinsteinsäure* $C_2H_2(OH_2).(COOH)_2$ (Dioxybernsteinsäure). Grosse farblose Krystalle, in 0,8 Thln. Wasser löslich. Wird nur zu Brausemischungen gebraucht (s. „Kohlensäure").

Acidum aceticum, *Essigsäure* $CH_3.COOH$ (s. auch unter „Cauteria"), soll mindestens 96% reine Essigsäure enthalten, spec. Gew. 1,064. Acidum aceticum dilutum hat ein specifisches Gewicht von 1.041; enthält 30% Essigsäure. Meistens wird innerlich benutzt: Acetum, Essig: enthält 6% acid. acetic.; wird benutzt: 1) im Hause als Antidot bei Laugenvergiftungen zum Neutralisiren. 2) Zur Bereitung ex tempore von essigsaurem Kalium und Natrium (s. dieses) aus kohlensauren Salzen, wobei CO_2 in der Flüssigkeit absorbirt bleibt (s. das Folgende). 3) Aeusserlich zu Umschlägen und zur Stillung von Blutungen (als Stypticum).

Acidum carbonicum, *Kohlendioxyd*, *Kohlensäure* CO_2. Dieses Gas, farblos, schwerer als Luft (1,524), bildet sich bekanntlich als Endproduct der C-Oxydation in unserem Organismus und wird exspirirt; entsteht bei jeder Verbrennung von C; bei Gährungen (Gährkellern); es giebt auch viel CO_2 vulkanischen Ursprungs, ferner in vielen natürlichen Wässern; scheidet sich aufbrausend aus kohlensauren Salzen unter Einwirkung fast aller anderen Säuren ab; kann aber, wenn in grossen Massen und unter gewissen günstigen Bedingungen (s. unter Salicylsäure, Jod) andere Säuren aus Salzen frei machen; verordnet wird es a) innerlich: nur absorbirt in Flüssigkeiten — Wasser (Mineralwasser), Wein (Champagner, Most u. s. w.); Limonaden (Brause-Limonaden); Brausepulvern (Sättigung von Carbonaten mit — meist organischen — Säuren — Citronensäure, Weinsäure); ferner in Saturationen mit eben diesen Säuren und Essig (s. oben unter Acid. aceticum). b) Aeusserlich: Bäder: In Mineralwässern, die reich an freier Kohlensäure ist, ist die Haut des Badenden der Sammelplatz für die in aufsteigenden Gasperlen sich vereinigenden Kohlensäuremengen, welche ein prickelndes Gefühl auf der Haut, einen besonderen Hautreiz erzeugen. Analog wird solches Wasser zu Vaginal-, resp. Uterusdouche benutzt. — Gleichwie die Kohlensäure der Getränke auf der Mundschleimhaut prickelt oder ein CO_2-Ructus, der durch die Nase entweicht, ein stechend-kribbelndes Gefühl auf der Nasenschleimhaut erzeugt, so reizt die CO_2 im Getränke auch die resorbirende Magenschleimhaut, wodurch nachgewiesenermaassen eine wesentlich beschleunigte Resorption der genossenen Flüssigkeit veranlasst wird; daher Most bei geringem Alkoholgehalte eiliger trunken macht als der ausgegohrene Wein u. s. w.; daher die erfrischende, durstlöschende Wirkung des CO_2-Wässer, die unter Hyperämisirung der Mund-, Schlund- und Magenschleimhaut noch schneller abkühlen als gleich kühles gewöhnliches Wasser. · · Als „Reiz" für die Magenschleimhaut für sonstige therapeutische Zwecke ist die CO_2 ebenfalls zu verwerthen (atonische Dyspepsien, Magencatarrh nach Excessen in Baccho u. s. w.). — Resorptive Wirkungen der CO_2 kommen hierbei nicht in Betracht; Indicationen, den CO_2-Gehalt des Körpers oder des Blutes zu steigern, sind nicht bekannt; — man würde eine solche CO_2-Anhäufung durch methodisches Anhalten der Athmung erreichen können, — wobei gleichzeitig O-Mangel entstände; wollte man diesen vermeiden, so würde dies durch Inhalationen von CO_2 (selbstverständlich mit Luft gemengt) erreicht werden können, von deren Schädlichkeit vieles, von deren Nutzen bisher nichts bekannt ist.

Die Holztränke.

Seit 3—400 Jahren sind Holztränke als „Alterantia", und noch heute zur „Umstimmung des Stoffwechsels" im Gebrauch. Auch werden den hierfür benutzten Hölzern — Sassaparilla und Guajak obenan — diuretische Wirkungen nachgesagt. Dass bei Einführung von täglich 3 Litern Holztrank die Diurese zunimmt, beweist natürlich keine specifisch diuretische Wirkung. Und wenn diese Arzneien neben Hungern und Schwitzen (womöglich noch neben Mercurialien) gebraucht werden, so ist eine Beeinflussung des Stoffwechsels möglich, ohne dass diese Drogen den Namen „Alterantia" verdienen. Besonders sind es die Lues und einige erbliche nichtluetische Hautkrankheiten, endlich Rheumatismen und Gicht, welche mit diesen Stoffen behandelt werden.

Radix Sarsaparillae, Sassaparillwurzel.

Die vielfaserige Wurzel verschiedener Smilaxarten (Smilaceen), baumartiger Schlinggewächse Südamerikas, Centralamerikas und der Westküste von Mexiko; man bezeichnet Smilax medica, Smilax officinalis und S. syphilitica als solche. Sie ist seit dem 16. Jahrhundert bekannt, und ihre Präparate bildeten damals schon ein Mittel gegen die Lues Hispanica (Syphilis). Sie hat keinen bestimmten Geruch und Geschmack; die einen Wurzeln sind stärkemehlreicher als die anderen. Durch Auskochen hat zuerst Pallotta in Neapel einen krystallisirenden Körper dargestellt, dem später Berzelius die Bezeichnung Smilacin, andere Salseparin oder Parillin gaben. Diese saponinartige Substanz ist in heissem Wasser und Alkohol löslich, schwer resorbirbar, mässig scharf.

Ueber die physiologischen Wirkungen dieser Wurzel und des Smilacin ist nichts Näheres bekannt. — Therapeutisch wurde sie namentlich früher in Form von Decocten gegen Syphilis gebraucht, auch gegenwärtig benutzt man solche als Unterstützungsmittel antisyphilitischer Kuren, speciell der Schmierkuren. Das weltberühmte Zittmann'sche Decoct gegen Syphilis wurde aus ihr bereitet.

Man kann solche Decocte aus 50—100 Gr. der Wurzel auf 1—2 Liter Wasser mit beliebigen Zusätzen nach Magistralformeln bereiten lassen. Officinell ist folgendes Decoct an Stelle der früheren Zittmann'schen:

1) **Decoctum Sarsaparillae compositum** (früher und noch jetzt in Ph. Helv. mit den Beinamen „fortius"). Die Bereitung ist folgende: 20 Thl. zerschnittene Wurzel werden mit 520 Thln. Wasser während 24 Stunden digerirt; unter Zusatz von 1 Thl. Zucker und 1 Thl. Alaun wird die Masse 3 Stunden lang im Dampfbade erhitzt; gegen das Ende der Abkochung werden zugesetzt: Semen anisi vulgaris 1 Thl., Semen foeniculi 1 Thl., Folia sennae 5 Thle., Radix liquiritae 2 Thle. Die Colatur soll 1500 Thle. betragen. Nach der ursprünglichen Vorschrift musste während des Kochens ein Leinwandbeutel mit 4 Thln. Calomel und 1 Thl. Zinnober in die Flüssigkeit gebracht werden, — eine Forderung, welche von der Ph. Germ. fallen gelassen worden ist; in der Ph. Helv. wird sie noch beibehalten. — Täglich 1—2 Liter zu verbrauchen.

[Hierneben hat die Ph. Helv. noch ein (in Deutschland durch das Arzneib. für das D. R., III. Ausg., zum ersten Male abgeschafftes) Decoctum Sarsaparillae compositum mitius; es wird bereitet, indem der ganze Rückstand eines aus 500 Gr. Sarsaparillwurzel bereiteten Decoctum fortius und 250 Gr. Sarsap.-Wurzel mit 15 Litern Wasser 3 Stunden auf dem Wasserbade erhitzt wird, gegen das Ende werden je 30 Gr. Citronenschalen, Zimmt, Cardamom und Süssholz zugefügt, die Flüssigkeit ist auf 8 Liter zu bringen und in 16 Portionen zu theilen. Man lässt von diesem Decocte abwechselnd mit dem Dec. fortius 1—2 Liter pro Tag trinken. Dabei legt man namentlich auch einen Werth, und zwar mit Recht, auf die abführende Wirkung des fortius.]

Will man diese Formeln nicht einhalten, so kann man ähnliche Compositionen in einfacheren Verhältnissen vorschreiben.

Lignum Guajaci (Lignum sanctum), Guajakholz.

Dieses Holz stammt von Guajacum officinale (L.) und Gesanctum (L.), zwei mittelgrossen immergrünen Bäumen mit schön blauen Blüthen (Zygophyleen), in Florida, Jamaica, Hayti und anderen westindischen Gebieten. Das Gefüge des Holzes ist auffallend dicht und schwer, die Farbe grünlichbraun. ULRICH VON HUTTEN (1519) hat diese Holzart genauer beschrieben und als Heilmittel gegen Syphilis empfohlen.

Guajakholz enthält ein Harz, Resina Guajaci, dessen Lösung durch Ozon, überhaupt durch Oxydationsmittel gebläut wird.

Das Guajakholz wird besonders in Form der Species lignorum benutzt. Diese besteht aus 5 Thn. Lig. Guajaci raspati, 3 Thn. Rad. Ononidis, 1 Theil Rad. Liquiritiae und 1 Thl. Lign. Sassafras.

Nach der Pharm. Helv. sind die Spec. lignor. componirt aus Fructus Anisi et Foeniculi ā 1 Thl., Lign. Guajac. 10 Thl., Lign. Junip. 20 Thl., Lign. Sassafr. et Sandali ā 10 Thl. und Rad. Liquirit. 8 Thl.

Diese officinellen Holztheearten werden in Abkochungen zu 50,0 auf 1 Liter Colatur verwendet.

Rad. Ononidis ist die Wurzel von Ononis spinosa, Hauhechel (Papilionaceæ, enthält ein kratzend schmeckendes Glykosid; gilt als diuretisch (?).

Lignum Sassafras, das Holz eines Baumes, Laurus Sassafras (L.), Laurineæ, in Nordamerika weit verbreitet; Holz und Wurzel wurden schon seit dem 16. Jahrhundert in Amerika und Europa zu Abkochungen als Antidyscrasiacum benutzt; enthält ein ätherisches Oel.

V. Gruppe.

TONICA.

Die Iatrophysiker des 17. und 18 Jahrhunderts brachten die Ausdrücke „Tonus" und „Atonie", entsprechend denjenigen des Strictum und Laxum der Methodiker des Alterthums, in Aufnahme. Sie hatten dabei die Vorstellung, dass eine Reihe krankhafter Vorgänge den mittleren Spannungs- oder Elasticitätszustand der Gewebe, welchen sie als Tonus bezeichneten, ändern, vermindern können, und dass wir Mittel besitzen, welche diese Atonie in den normalen Zustand überzuführen vermögen. Der Begriff „Tonicum" wurde später in der Therapie allgemeiner und weiter gefasst. Unter tonisirender Behandlung denkt man sich heutzutage ein Heilverfahren, welches wesentlich darin besteht, die Ernährung des Organismus, seine Fähigkeit ernährt zu werden, aufzubessern, wenn er in einen gewissen Grad der Insufficienz und Schwäche gerathen ist. Oft gelingt es, auf diese Weise durch eine allgemeine Therapie Localaffectionen auch ohne locale Therapie zu beseitigen.

Die hauptsächlichsten Mittel zur Aufbesserung einer aufbesserbaren

Ernährung sind allerdings nicht aus der Apotheke zu beziehen: gute Nahrung, gesunde Wohnung, sorgenfreie, frohe Lebensweise, klimatische, psychische und diätetische Einflüsse aller Art, Seebäder, Körperbewegung und ausreichende Ruhe miteinander abwechselnd u. s. w. Doch aber giebt es Arzneimittel, welche günstigere Ernährungsbedingungen herstellen. Als ein äusserliches Zeichen hierfür ist vielleicht die Thatsache zu deuten, dass nach Darreichung derartiger Tonica, — übrigens auch nach Gewürzen u. a. — die Zahl der aus dem Darm ins Blut einwandernden Leucocyten zunimmt.

Martialia[1]), Eisenpräparate.

Die meisten löslichen Eisenverbindungen erzeugen im Munde einen tintenhaft adstringirenden Geschmack. Im Magen (saure Reaction, HCl) und Darmcanale (zunächst alkalische Reaktion u. s. w.) werden sämmtliche Eisenpräparate entsprechend (z. B. eventuell Austreibung von CO_2, H-Entwicklung, Chloridbildung u. s. w.) verändert und gehen mit den Eiweissstoffen lösliche und unlösliche Verbindungen ein. In grösseren Mengen eingeführt, veranlassen sie Magendruck, Schmerz, Brechreiz. Nur ein verschwindend geringer Theil wird resorbirt, weitaus der grössre geht mit den Fäces als Schwefeleisen wieder ab und ertheilt diesen eine schwärzliche Farbe.

Werden subcutan (oder intravenös) lösliche Eisenpäparate einem Warmblüter einverleibt, so zeigen sich Vergiftungsbilder, welche Wirkungen des Eisens enthüllen, die mit der therapeutischen Anwendung des Eisens nichts gemein haben: Schwäche der Circulation, Gastroenteritis, Nephritis (Epithelialcylinder im Harn) (Eisen wird durch die Epithelien der Tubuli contorti ausgeschieden und diese leiden dabei). Bei innerer Darreichung selbst noch so grosser Dosen der verschiedensten Eisenalbuminatverbindungen und sonstigen Eisenpräparate ist eine solche Vergiftung nicht zu erzielen, da eben nur ungemein geringe Mengen resorbirt werden. Nur mehr oder weniger anfallsweise auftretende Congestionen, ferner anhaltende Pulsbeschleunigung, oft auch gesteigertes Kraftgefühl zeigen sich.

Im Gesammtblute des Menschen sind circa 3 Gr. Eisen, welches bekanntlich einen integrirenden Bestandtheil des Hämoglobins ausmacht. Ein gewisser Theil dieses Blutfarbstoffes geht fortwährend zu Grunde; von ihm stammen die eisenfreien Farbstoffe der Galle, des Urins u. s. w., und mit Galle und Urin wird gleichzeitig das Eisen in anorganischer Form ausgeschieden (bei nährenden Frauen ziemlich viel mit der Milch in organischer Form). Aber wie gering sind jene Eisen-

---

1) S. Anm. 3. S. 121.

mengen in Urin und Galle! Es handelt sich um Spuren. Diese Verluste müssen nun gedeckt werden. In der Nahrung nehmen wir täglich 0,05—0,1 Gr. Eisen ein in organischer, assimilirbarer Form („hämatogene Substanz"), was überreichlich genügt, um den Verbrauch zu decken. So sehr also Eisen ein Nahrungsstoff ist, so wenig liegt Veranlassung vor, dasselbe etwa jedem gesunden Menschen noch besonders darzureichen. Eisenfreie Kost erlaubt keine Blutbildung, ebenso wie Pflanzen auf eisenfreiem Boden kein Chlorophyll bilden und sich bleichsüchtig, gelblich und kümmerlich entwickeln, während sie alsbald ergrünen, wenn man vorsichtig dem Boden Eisen zuführt. Aber normale Kost bietet so viel Eisen, als der Mensch braucht.

Nichtsdestoweniger bleibt doch die empirisch vielfältig ermittelte Thatsache bestehen, dass chlorotische, bleichsüchtige Patienten unter dem Eisengehalte der normalen Nahrung chlorotisch wurden und blieben, dagegen geheilt wurden, sobald medicinal Eisen gereicht wurde. Das „Wie" ist nicht klar. Manche glauben, dass das Eisen nur dadurch wirke, dass es den Schwefelwasserstoff (resp. den Schwefel der in Fäulniss begriffenen Eiweisskörper) in Beschlag nehme und hierdurch die hämatogene Substanz davor schütze, durch H_2S zersetzt zu werden: indess ist oft Chlorose bei vortrefflicher Verdauung zu beobachten. Andere sehen als Ursache der Chlorose einen Ueberschuss an thierischem Gummi (thierisches Gummi hindere die Umbildung der hämatogenen Substanz zu Hämoglobin), und da Eisen grosse Mengen Gummi niederschlägt und unlöslich macht, und unter der Annahme, dass dieses im Darme geschehe, soll Eisen indirect nützen. Andere denken, dass die Eisenpräparate — etwa wie Tannin — adstringirend, tonisirend auf den Magen und Darm wirken und zur Assimilation besser befähigen. Jedoch müssen diese Erklärungsversuche so lange zurückgewiesen werden, als unangefochten die von zuverlässigen Beobachtern angegebene Heilwirkung subcutaner Application von Eisen (z. B. Ferr. citricum) bei Chlorose dasteht. Entweder liegt hier ein Beobachtungsfehler vor — und der muss erst festgestellt werden, — oder bei der Chlorose liegen die Verhältnisse so, dass eben übergrosse Eisenmengen zur normalen Blutbildung der Resorption dargeboten werden müssen. Die Aufklärung ist abzuwarten. Die gut löslichen Salze (Eisenvitriol, Eisenchlorid) sind in Substanz und concentrirter Lösung ätzend, indem sie begierig Albuminatverbindungen eingehen; in schwächerer Concentration wirken sie styptisch (blutstillend) und in noch schwächerer adstringirend (s. unter „Adstringentia").

THERAPEUTISCHE ANWENDUNG. Zunächst bei der Chlorose. Diejenigen Formen der Chlorose, bei welchen von Kindheit auf die Schwierigkeiten der Blutbildung dauernd sich zeigen, reagiren schlecht auf Eisen; eher weicht der Eisentherapie die Art der Chlorose, welche in der Zeit der ersten Menstruation sich entwickelt und mit Schwankungen andauert. Das günstigste Feld für die Martialia sind die nur gelegentlich, gleichsam aus voller Gesundheit heraus anfallsweise auftretenden Chlorosen. Bei jenen aus der Kindheit her datirenden Chlorosen mag die von VIRCHOW als causales Moment der Chlorose betonte Enge der Aorta vorliegen, was die Unheilbarkeit erklärlich machen würde. Wichtig ist bei der Cur der Chlorose, dass gleichzeitig alle sonstigen diätetischen und hygienischen Verhältnisse richtig eingerichtet werden: frische Luft, eiweissreiche gute Kost, genügende Nachtruhe u. s. w.; wichtig scheint, mit möglichst kleinen Dosen (höchstens 0,1) anzufangen und jede Magenbelästigung zu vermeiden; wo innerlich Eisen gut vertragen wird, darf man wesentlich höher steigen. Bei subcutaner Injection sind (s. oben) ganz besonders kleine Gaben zu geben, da subcutan die Resorption sehr viel energischer ist als intern und da Gaben von 0,2 Ferrum citricum bei Menschen schon Intoxicationen verursachten.

Ob bei anderen anämischen Zuständen die Eisenpräparate gleich Gutes leisten, ist noch fraglich. Zuweilen kann man durch Zusatz von Arsen (s. dieses) bei gewissen kachektischen Zuständen überraschend günstige Erfolge erzielen.

Fieberhafte Zustände contraindiciren den Gebrauch des Eisens.

OFFICINELLE PRÄPARATE.

1) *Ferrum pulveratum*, *Limatura ferri alcoholisata*, Metallisches Eisen. Ein feines grauschwarzes Pulver.

2) *Ferrum reductum*. Durch Wasserstoffgas aus Oxydverbindungen reducirtes Eisen. Aehnlich dem vorigen, nur feiner.

Beide zu 0,05—0,2 für den Erwachsenen, am besten in Pillenform, auch in Pulvern mit passenden Zusätzen.

3) *Ferrum oxydatum saccharatum (solubile)*. Ein braunrothes Pulver, welches sich in 20 Thle. Wasser löst, schwachen Eisengeschmack besitzt und wenigstens 2,8% Eisen enthalten soll; es wird sehr gut vertragen; namentlich eignet es sich für die Kinderpraxis. Erwachsenen kann man es zu 1 bis 2,0 p. dos. geben. Kindern zu einigen Decigrammen p. dos. Der Sirupus ferri oxydati = 1 Thl. ferr. oxyd. sacch., 1 Thl. Wasser und 1 Thl. Sirup. spl.; 100 Thle. des Sirups enthalten demnach 1 Thl. Eisen; tropfen- bis theelöffelweise.

(Ph. Helv.: *Ferrum oxydatum*. Ein gelbrothes Pulver, welches in Wasser unlöslich ist. Das aus Eisenoxydsalzlösungen durch Ammoniak frisch gefällte Eisenoxydhydrat, Ferrum oxydatum hydricum, welches eine gelatinöse rothe Masse darstellt, wurde seiner Zeit von BUSSEN als Antidot der arsenigen Säure empfohlen und ist auch jetzt noch zu diesem Zwecke gebräuchlich, nur muss das Hydratwasser in ihm noch enthalten, es darf also nicht getrocknetes Eisenoxyd sein. Das trockene wird zu $^1\!/_2$—1 Decigr. in Pillen oder Pulver verschrieben, das Hydricum als Antidot speciell bei Vergiftung durch arsenige Säure, suspendirt in Wasser, zu 1—2 Gr. pro dosi einige Male innerhalb 1 bis 2 Stunden wiederholt. In Deutschland nicht officinell: s. Antidot. Arsenici.

4) *Ferrum carbonicum saccharatum*. Ein graues, in Wasser unlösliches Pulver. 100 Thle. enthalten 10 Thle. Eisen. (Ph. Helv.: 20 bis 23 Thle.) In Pulvern zu 0.1—0.4 pro dosi.

5) *Ferrum citricum oxydatum*. Ferricitrat. Dünne durchscheinende Blättchen von rubinrother Farbe; enthält 19—20 % Eisen, in kaltem Wasser langsam aber gut löslich, in siedendem Wasser leicht löslich. In 10 %-Lösung subcutan sehr gut anwendbar; zu 0,05—0,1.

6) *Ferrum sesquichloratum (Ferrum muriaticum oxydatum)*, Eisenchlorid. Eine gelbe krystallinische, sehr hygroskopische Masse, welche als solche kaum gebraucht wird, dargestellt durch Eindampfen des Liquor Ferr. sesquichlorati.

7) *Ferrum jodatum*, s. Jodpräparate.

8) *Ferrum lacticum*, Milchsaures Eisenoxydul, Ferrolactat. Ein trockenes gelblichweisses Pulver, in 40 Thln. kalten Wassers löslich. Früher sehr gebräuchlich als mildes Präparat. 0,1—0,2 p. dos.

(Ph. Helv.: *Ferrum phosphoricum*, Phosphorsaures Eisen. Ein blaugraues Pulver, in Wasser unlöslich. Dosis: ½—1 Decigr. p. dos.)

(Ph. Helv.: *Ferrum pyrophosphoricum oxydatum*. Ein weissliches unlösliches Pulver.)

(Ph. Helv.: *Ferrum pyrophosphoricum cum ammonio citrico*. Blattchenartige Schuppen von schillernder grüngelber Farbe, in Wasser löslich. Wird zu subcutanen Injectionen benutzt. Man löst zu diesem Zwecke 2—3 Centigr. in 1 Gr. Wasser.)

(Ph. Helv.: *Ferrum citricum c. ammonio citrico*. Gelbrothe Schuppen, in Wasser löslich.)

9) *Ferrum sulfuricum* (Ph. Helv.: *Ferr. sulfuric. oxydulatum*). schwefelsaures Eisenoxydul. Grüne Krystalle, welche in trockener Luft verwittern und weiss werden, in feuchter Luft unter Braunfärbung sich oxydiren. Wird mehr als Adstringens gebraucht. Das Ferr. sulf. oxydul. crudum, der gewöhnliche Eisenvitriol, wird als desinfectorisches Mittel gebraucht.

Mit dem Ferr. sulf. werden bereitet die officinellen Pilulae aloëticae ferratae (eisenhaltige Aloë- oder italienische Pillen), welche aus 1 Thl. Eisenvitriol und 1 Thl. Aloë bestehen. Ebenso die nicht mehr officinellen Pilulae ferratae Valetti, aus einer Pillenmasse, welche aus Ferr. sulf. pur., Natr. carbon. cryst. pur. und Honig zusammengesetzt ist. Jede Pille soll 0,05 kohlensaures Eisen enthalten; statt dieser sind officinell: Pilulae ferri carbonici, die analog bereitet, in jeder Pille 0,021 Eisen.

10) *Extractum ferri pomatum*. (Der Brei von reifen sauren Aepfeln, mit ¹/₅₀ gepulvertem Eisen digerirt, filtrirt und eingedampft.) Ein grünschwarzes dickes Extract (Cons. II.) von wechselndem Gehalte an apfelsaurem Eisen. Zu 0,1—0,2.

Die flüssigen Eisenpräparate sind folgende:

11) *Tinctura ferri pomata*. Eine Lösung von 1 Thl. Extr. ferri pomatum auf 9 Thl. Aq. Cinnamomi. Mildes Präparat, kann Erwachsenen selbst kaffeelöffelweise gegeben werden.

12) *Tinctura ferri acetici aethera (Tinctura Martis Klaprothi)*,

100 Thle. enthalten 4 Thle. Eisen (neben 10% Essigäther). Dosis für Erwachsene 10—15 Tropfen mehrmals täglich.

(Ph. Helv.: *Tinctura ferri chlorati*. 25 Thle. Eisenchlorür werden mit 225 Thln. Weingeist gemischt. Dosis für Erwachsene 20—30 Tropfen.)

13) *Tinctura ferri chlorati aetherea* (*Liquor anodynus martialis. Tinctura tonico-nervosa Bestuscheffii*). Bereitet aus 1 Thl. Liquor ferri sesquichlorati, 2 Thln. Aether und 7 Thln. Alkohol. Dosis für Erwachsene 10—15 Tropfen.

14) *Liquor ferri sesquichlorati*. Durch Einwirkung von HCl und NO_3H auf Eisen extemporirte Lösung von Eisenchlorid in gleichen Theilen Wasser (10% Eisen oder 15% Eisenoxyd entsprechend). Spec. Gew. 1,28—1,282, als Stypticum bei Blutungen, sowohl äusserlich als innerlich. Für den äusseren Gebrauch werden Verbandmittel, Watte, Charpie u. dergl. damit befeuchtet auf die blutenden Stellen aufgelegt. Innerlich gibt man ihn stark verdünnt (1—2%) (mit mehr als zweifelhaftem Erfolge) bei Blutungen, namentlich Darmblutungen, zu 2—5 Tropfen p. dos., am liebsten in Zuckerwasser, 1—2stündlich wiederholt; in starker Verdünnung auch als Haematopoëticum. (S. auch unter „Adstringentien").

15) *Liquor ferri acetici*. Flüssigkeit von rothbrauner Farbe, 5% Eisen enthaltend (lichtempfindlich).

16) *Liquor ferri oxychlorati* (der durch Ammoniak in Eisenchloridlösung erzeugte Niederschlag in Salzsäure gelöst), welcher verdünnter ist als Nr. 13, ein spec. Gewicht von 1,05 besitzt und nur 3,5% Eisen enthält, lichtempfindlich. (Auch an Stelle des Liq. ferri oxyd. dialysati zu dispensiren.) 5—30 Tropfen und mehr in Zuckerwasser.

17) *Liquor ferri albuminati*. (Wässrige Lösung von mit Eisenoxydchlorid behandeltem Eiweiss mit alkoholisch-aromatischem Zusatze; im durchscheinenden Lichte klare, im auffallenden Lichte trübe, rothbraune Flüssigkeit. circa 4% Eisen enthaltend, Thee- bis Esslöffelweise.

(Ph. Helv.: *Ferrum oxydatum dialysatum liquidum*. Aus der Dialyse einer Lösung des Eisenoxyds in Eisenchlorid durch Pergamentpapier erhalten. Eine dunkelbraunrothe Flüssigkeit von neutraler Reaction mit noch anhaftenden kleinen Mengen Chlor, von 1,046 spec. Gew., welche 5% Eisenoxyd enthält. Dosis für Erwachsene 20—30 Tropfen, für Kinder die Hälfte. Wird auch unter dem Namen Fer Bravais verkauft. Eignet sich auch zu subcutanen Injectionen.)

Nicht mehr officinell: *Antidotum Arsenici*. 100 Ferrisulfatlösung (80 Ferrosulf. durch NO_3H und SO_4H_2 in Ferrisulf. umgewandelt und in 160 aq. gelöst), 15 Magnesia usta und 500 aq. Esslöffelweise alle 15 Minuten bei Arsenikvergiftung (siehe diese).

Die pharmaceutische Industrie hat noch producirt: eisenhaltige Weine, eisenhaltiges Malzextract, Eisenchokolade u. s. w.

Amara, Bitterstoffe.

Die Amara werden unter die Tonica gezählt. Man könnte sie mit gleichem und grösserem Rechte zu den „Gewürzen", Geschmacksreizmitteln, Reizmitteln überhaupt rechnen. Empirisch weiss man von jeher, dass bittere Stoffe unter gewissen Umständen Appetit und Verdauung anregen und, zumal zusammen mit den eigentlichen (aromatischen) Gewürzen und mit Alkohol, unangenehme Empfindungen im Magen und Darm beseitigen können. Auch scheint der Zusatz von Bitterstoffen (selbst in Pillenform, auch wo also das Bittere nicht geschmeckt wird) die Wirksamkeit der Eisenpräparate bei anämischen Zuständen zu unterstützen. Da sie am wirksamsten und nützlichsten in möglichst kleinen Dosen sind und in grösseren Gaben die Verdauung (auch künstliche Verdauung) stören, so scheinen sie hauptsächlich als Reizmittel, nicht aber als Antifermentativa (die übrigens die meisten von ihnen in stärkerer Concentration thatsächlich sind) zu nützen. Dass sie im Thierexperimente in grossen Gaben den Blutdruck steigern, darf nur insofern hierher gezogen werden, als dadurch ihre Natur als Reizmittel documentirt ist; — von einer Blutdrucksteigerung kann bei den angewendeten kleinen Gaben nicht die Rede sein. — Stoffe wie Strychnin und Chinin, die ebenfalls bitter, aber anderweitig hervorragend wirksam sind, werden hier nicht mit aufgezählt.

Alter Uebung gemäss theilen wir die bitteren Droguen ein in: Amara pura, aromatica und mucilaginosa:

Amara pura, einfach bittere Stoffe.

Lignum Quassiae. *Bitterholz.*

Das Holz von Quassia amara (L.) (Simarubaceen), Baum in Panama, Venezuela und Nordbrasilien. Aehnlich ist das Holz von Quassia oder Picrnena excelsa, einem 50—60' hohen Baume Jamaicas. Das Holz hat eine leicht gelbe Farbe, feste Structur und intensiv bitteren Geschmack, geruchlos. Der (krystallisirende) Bitterstoff, Quassiin, ist in Alkohol ziemlich, dagegen erst in ca. 100 Thle. Wasser löslich. Man erhält etwa $1/10\%$ aus dem Holze. Daneben findet sich auch eine harzige Substanz.

Therapeutisch wird es als Stomachicum und Tonicum benutzt. Abkochungen des Holzes dienen auch als Fliegengift. In neuerer Zeit wird es auch vielfach zur Bierbereitung verwendet, namentlich in England.

Präparate und Dosen.

1) *Lignum Quassiae.* Wird fast nur zu Macerationen und Infusen benutzt. Für Erwachsene 2—4,0 auf 100—180,0. Gewöhnlich mit anderen Stomachicis und Tonicis, wie mit Rheumpräparaten oder Tinct. ferri pom.

2) *Extractum Quassiae* (Cons. III), trockenes Extract, nicht mehr offic., der eingedampfte wässerige Auszug des Holzes. 0,2—0,5 in Pillen.

(Ph. Helv.: *Tinctura Quassiae.* Der weingeistige Auszug von gelber Farbe. Dosis 20—30 Tropfen, als Zusatz zu Arzneien, 4—6 Gr. auf den Tag).

Radix Gentianae. *Enzianwurzel.*

Wurzel von Gentiana lutea (L.) Gentianeae, sowie von einigen anderen Species einer in Mittel- und Südeuropa in gebirgigen Gegenden vorkommenden und auch in anderen Länderstrichen weitverbreiteten perennirenden Pflanze. Den bitteren Geschmack verdankt sie dem Gentiopikrin oder Gentianbitter, einer farblosen neutralen, in Nadeln krystallisirenden, in Wasser löslichen Substanz. Officinell: Extractum (Cons. II.) und Tinctura.

Herba Centaurii minoris. Das Kraut von Erythraea Centaurium (Gentianee). Tausendguldenkraut.

Herba Trifolii fibrini. Die Blätter von Menyanthes Trifoliata (L.), Bitterklee (Gentianee). Officinell: Extractum Tr. f. (Cons. II.).

Folia Cardui benedicti. Diese Blätter von Cnicus benedictus (L.) (Compositae). Officinell: Extractum C. b. (Cons. II).

Diese Drogen werden zu Infusen als Bitterthee verwendet; die officinellen Extracte sind sämmtlich wässerige Auszüge. Diese Extracte kann man in Pillen zu 0,01—0,5 oder als Zusatz zu Arzneien geben. Die Tincturen, durch weingeistigen Auszug der Pflanzentheile dargestellt, giebt man zu 20—30 Tropfen pro dosi.

Amara aromatica.

Die Drogen dieser Gruppe enthalten neben dem Bitterstoffe eine flüchtige aromatische Substanz, welche als „Excitans", als Gewürz mitwirkt (s. unter Excitantien, Gewürzen).

Cortex fructus Aurantii, *Pomeranzenschale.* Die getrocknete Rinde der Früchte von Citrus aurantium. Man benutzt auch die Tinctura corticis Aurantii; gewöhnlich als Zusatz zu Arzneien, zu 4—6,0 auf den Tag, und den Sirup. cort. Aur. als Corrigens.

Herba Absinthii, *Wermuth.* Die Blätter von Artemisia Absinthium (L.) (Compositae).

Folia Millefolii. Die Blätter von Achillea millefolium (L.), Schafgarbe (Compositae).

Cortex Cascarillae. Die Rinde von Croton Eluteria (einem Baume der Bahama-Inseln Euphorbiacee). Gegen chronische und subacute Durchfälle.

Rhizoma Calami aromatici, *Kalmus.* Der Wurzelstock von Acorus Calamus (L.) (Aroideae), welcher in Centralasien, Indien, Nordamerika einheimisch ist, seit langer Zeit aber auch in europäischen Ländern wächst.

Von diesen sub 2—5 genannten Drogen existiren in der Pharmakopö theils Extracte, theils Tincturen, welche in ähnlicher Weise, wie oben angeführt, verwendet werden. Auch bereitet man Infuse aus ihnen. Die Dosen dieser Extracte und Tincturen sind ungefähr die gleichen, wie die aus Cort. fr. Aurant. bereiteten.

Amara mucilaginosa.

In den Drogen dieser Gruppe ist neben dem Bitterstoffe ein schleimiger Bestandtheil enthalten (s. Emollientia).

Radix Colombo. Die dicke, fleischige Wurzel von Cocculus palmatus (Menispermacee) aus Ostafrika. Es kommen in ihr mehrere Bitterstoffe vor. Daneben enthält sie relativ viel Stärkemehl und Gummi. Die Colombowurzel wird namentlich zu Decocten verwendet. Die in ihr enthaltene Stärke und Gummi geben dem Decocte eine schleimige Consistenz. Man nimmt gewöhnlich auf 100,0 Colatur 2—10,0 getrocknete Wurzel. Solche Decocte sind zweckmässig bei Katarrhen des Darmes, welche mit Diarrhöen verbunden sind.

Lichen islandicus. *Isländisches Moos.* Von Cetraria islandica, einer Flechte, die namentlich in Grönland, Sibirien und Nord-Skandinavien, aber auch in den Hochalpen u. s. w. verbreitet. Der Bitterstoff, Cetrarin, zu ca. $2^o/_o$ darin enthalten. Daneben viel Flechtenstärke (Lichenin) und etwas Gummi. Isländisches Moos ist in Form von Decocten mit oder ohne Zusatz seit langer Zeit ein Hausmittel gegen chronische katarrhalische Zustände der Lunge. Man lässt $^1/_2$ Liter Wasser mit 10—15,0 Moos während 15—20 Minuten kochen. Will man den Bitterstoff, welcher Vielen unangenehm ist und bei dieser Affection wohl meist entbehrlich ist, beseitigen, so infundirt man vorher das trockene Moos während 24 Stunden mit kaltem Wasser (eventuell Zusatz von etwas Kalium carbonicum) und benutzt die so vom Bitterstoff befreite Droge zum Decoct.

Ausserdem sind noch an Bitterstoffen in Gebrauch: Extractum Taraxaci (Cons. II.) von Leontodon Taraxacum (Löwenzahn), rein bitter und eine Spur abführend, als Pillenconstituens; Lupulin, Hopfenmehl, welches durch Reiben und Sieben der Hopfenzapfen (Strobili Lupuli) gewonnen wird; es enthält eine flüchtige, riechende Substanz und das (saure) Hopfenbitter. Man hat dieser Substanz verschiedene Erfolge zugeschrieben: zunächst wirkt sie als aromatischer Bitterstoff, sodann soll sie auf den Menschen einen sedativen Einfluss, ja sogar einen hypnotischen ausüben; wahrscheinlich hat man aus der zuweilen Schläfrigkeit erzeugenden Wirkung des Bieres (vom Alkohol herrührend) auf diese Wirkung zurückgeschlossen. Auch bei Erregungszuständen des Genitalapparates hat man es empfohlen; sichere Beobachtungen fehlen jedoch hierüber. Im Thierexperimente wirkt die sehr leicht zersetzliche Hopfenbittersäure, ins Blut gebracht, erregend auf die Medulla oblongata (Athmung verstärkt, Pulsverlangsamung vom Vaguscentrum verursacht, leichte Erregung der Vasomotion). Bei innerlicher Darreichung würde sie beim Menschen wohl schon im Magen zersetzt werden und nicht wirken. Im Biere sind nur mehr ihre bittern, aber sonst unwirksamen Zersetzungsproducte. Lupulin wird in Pulverform zu 0,5—1,0 pro dosi gegeben. (Nicht officinell.)

Ferner werden als Bittermittel folgende Tincturen u. s. w. benutzt:

a) Tinctura amara, bereitet durch Digestion von 50 Thln. Weingeist mit 3 Thln. Enzianwurzel, 3 Thln. Tausendgüldenkraut, 2 Thln. Pomeranzenschalen, 1 Thl. unreifer Pomeranzen, 1 Thl. Zitwerwurzel. Eine braune, aromatische und bittere Tinctur. 1—2,0 pro dosi, 10—12,0 pro die, entweder für sich oder als Zusatz zu sogenannten stomachalen Mixturen.

b) Elixir amarum. 2 Thle. Wermuthextract und 1 Thl. Pfefferminzölzucker werden mit 5 Thln. Wasser verrieben und dieser Mischung 1 Thl. aromatischer Tinctur und 1 Thl. bitterer Tinctur zugesetzt. Ein wenig trübe, dunkelbraun. 2—5,0.

c) Elixir Aurantiorum compositum (Pomeranzenelixir). Eine klare, braune, aromatisch und bitter schmeckende Flüssigkeit, welche eine Lösung einer Reihe bitter aromatischer Extracte in einer mit Xereswein dargestellten Pomeranzen- und Zimmtdigestion ist. Zu 5—10,0.

Diese Elixire ersetzen das früher gebräuchliche Elixir viscerale Hoffmanni und die vielfach im Gebrauche stehenden Magenbitter, Javabitter, Tinct. stomachica Whyttii, Rosensteinii u. s. w.

Cortex Coto, Cotorinde. Die erste Sendung Cotorinde kam 1873 aus Bolivia. Man glaubte, in ihr eine der Chinarinde ähnliche Droge zu besitzen: allein dies erwies sich als irrig. Die Rinde ist röthlich-zimmtbraun, der Geruch aromatisch, Geschmack beissend pfefferartig, schwach bitter, nicht adstringirend. Der Baum, von welchem sie stammt, ist noch unbekannt, wahrscheinlich gehört er den Laurineen oder Terebinthineen an. In ihr ist ein krystallinischer, schwefelgelber, stickstofffreier Körper, Cotoin, zu 1,5 °/₀ enthalten. Cotoin löst sich sehr schwer in kaltem Wasser, leichter in heissem, ist leicht löslich in Alkohol, Aether und Chloroform. Die späteren Sendungen lieferten eine andere, aber ähnliche Rinde, die weniger aromatisch und kein Cotoin, sondern das ihm ähnliche Paracotoin enthält. Dieses ist jetzt allein im Gebrauch.

Die Rinden machen leicht Erbrechen u. s. w. und sind deshalb nicht in Gebrauch geblieben. Cotoin bewirkt eine active Erweiterung der Gefässe der Darmschleimhaut; Paracotoin wirkt ähnlich, nur schwächer. Durch die active Erweiterung befördert es wohl die Resorption und vielleicht den Wiederersatz der oberflächlichsten Schichten der Schleimhaut; sie sind beide ganz schwach antiseptisch, nicht adstringirend und physiologisch sonst indifferent. Cotoin und Paracotoin sind wirksame Mittel gegen Diarrhöen und auch gegen Nachtschweisse der Phthisiker (das „Wie" ist unklar).

Präparate und Dosen. (*Cortex Coto*, [nicht offic.] zu 0,3—1,0 p. dos., — *Tinctura Coto*, eine gelbrothe Flüssigkeit (1:5), zu 15—30 Tropfen p. dosi). — *Cotoinum*, am besten in Pulverform, 0,05—0,1 1mal pro die. — *Paracotoinum* (beide nicht offic.), wirkt etwas schwächer als das vorige, zu 0,1—0,5 1—3mal p. die. — Der Preis der beiden letzteren Präparate ist etwas hoch.

Cortex Condurango, Condurangorinde.

Mit dem Namen Condurango wird ein Schlinggewächs bezeichnet, welches in Ecuador, Peru, am westlichen Abhange der Anden in einer Höhe von ca. 1500 Meter vorkommt. Die Pflanze, Gonolobus Condurango, gehört zu der Familie der Asclepiaceae. Die Rinde enthält einen milchigen Saft, welcher beim Einschneiden hervorquillt. Der Geschmack der Rinde ist etwas bitter und aromatisch. Sie enthält Gerbsäure und Glycoside: „Condurangin" und ein Harzglykosid, die in Alkohol löslich, in ein wässriges Decoct nicht übergehen.

Südamerikanische Aerzte brachten diese Rinde in Aufnahme; sie wurde mit allen Hilfsmitteln der Reclame als specifisches Mittel gegen Schlangenbiss, Carcinom, Syphilis und chronische Hautkrankheiten, innerlich genommen, empfohlen, — was sich bald als unzutreffend herausstellte. Doch lässt sich nicht leugnen, dass sie als Stomachicum gute Dienste leisten kann; sie bringt sehr häufig bei Magengeschwüren und Magengeschwülsten eine wesentliche Besserung hervor, vermindert die Schmerzen, den Brechreiz und ist eines der besten Mittel zur Verbesserung des Appetits; sie kann und soll lange Zeit fortgebraucht werden. — Im Thierexperimente veranlassen die beiden Glykoside (welche vermuthlich das therapeutisch in Betracht kommende Wirksame sind) neben Speichelfluss zunächst ataktische Zustände, in grösseren Gaben Reflexübererregbarkeit und Convulsionen mit nachfolgender Parese.

Gewöhnlich lässt man 15—20,0 der Rinde in Wasser während 12 Stunden maceriren und kocht dann das Gemenge 2—3 Stunden lang mit 3—400,0 Flüssigkeit, bis es auf $^2/_3$ oder $^3/_4$ des Volums eingeengt ist; täglich 3—4 Esslöffel; diese Medication ist aber unzweckmässig (s. oben), wenn die Glykoside das Wirksame sind. Es wären entweder die im Handel erhältlichen Glykoside zu benutzen oder zweckmässig das *Extractum Condurango fluidum* (offic.), in gleichen Gaben wie die Rinde; ferner: *Vinum Condurango* (offic.), 1 Rinde auf 10 Xeres-Wein; weinglasweise.

Oleum Jecoris Aselli, Leberthran.

Eine fette Oelart, welche aus der Leber verschiedener zu der Gattung Gadus (Dorsch) gehörenden Fische ausgelassen und ausgepresst wird. Es kommen hier in

Betracht Gadus Morrhua, Gadus Carbonarius, Gadus Callarias u. a. m. Die Production findet namentlich an den nordnorwegischen Küsten, z. B. auf den Lofoden statt. Im Handel cursiren insbesondere drei Arten von Leberthran; sie lassen sich am besten der Farbe nach unterscheiden: **hellgelber, rothgelber und brauner Leberthran**; die erste wird gewonnen durch Sammeln des Oeles, welches zuerst bei schwacher Erwärmung durch Wasserdampf und bei gelindem Drucke aus der frischen Leber ausfliesst, und die anderen beim stärkeren Pressen und Ausbraten nach Maceration der Leber. Früher wurden die helleren Färbungen auch durch künstliche Reinigungsmethoden dargestellt. (Arzneib. f. d. D. R.: „Aus frischen Lebern des Gadus Morrhua, bei gelinder Wärme im Dampfbade gewonnenes Oel von blassgelber Färbung.")

Der Leberthran enthält die Glyceride der Oelsäure, der Palmitinsäure und, zumal die dunkleren Sorten, auch **freie Oelsäure** bis zu 6%, ferner Gallensäuren und verschiedene harzige Stoffe, welche nicht näher bekannt sind; daneben kommen geringe Quantitäten von Jod und Brom in ihnen vor, von ersterem jedenfalls nicht über 1:10000. Während der helle Thran fast ganz frei von organischen Basen ist, enthält der dunkle deren mehrere in wenn auch geringer Menge; es sind sogenannte Ptomaine (Fäulnissbasen), die an der günstigen therapeutischen Wirkung wohl jedenfalls nicht betheiligt und andrerseits in zu geringer Menge vorhanden sind, um zu schaden. Aufgeführt werden: die flüchtigen Basen Amylamin, Hexylamin, Dihydrolutidin und die fixen Basen „Asellin" ($C_{25}H_{32}N_4$) und „Morrhuin" ($C_{19}H_{27}N_3$). Das Morrhuin und die auch in den dunklen Thranen enthaltene Morrhuinsäure sollen an Thieren die Fressgier steigern. Alle Thrane sollen phosphorglycerinsaure Verbindungen enthalten. Auch das (P-haltige) Lecithin ist nachgewiesen worden. Der dunklere Leberthran ist (ausserhalb des Organismus) mit Alkalien u. s. w. wesentlich leichter emulgirbar als irgend andre Fette, geht auch viel leichter durch thierische Membranen hindurch und ist dementsprechend auch gut resorbirbar.

Ueber die physiologischen Wirkungen lässt sich nur sagen, dass der Leberthran im Vergleich mit anderen fetten Oelen durchschnittlich gut ertragen wird und bei denjenigen Patienten, die ihn gut vertragen, als ein besonderes Beförderungsmittel der Ernährung sich bewährt hat. Ein Irrthum war es jedenfalls, wenn man früher die Wirkung von jenen Spuren Jod abzuleiten versuchte, welche der Leberthran enthält. Er ist in Wirklichkeit nichts Anderes als ein eigenthümliches medicinisches Nährmittel, das bei scrophulösen oder irgendwie kachektischen Patienten zuweilen besonders gut anschlägt und unter Kräftigung der Constitution die Dyskrasie überwinden hilft.

Für das kindliche Alter in den ersten Lebensjahren passt er nicht, da hier offenbar der Verdauungsapparat zu seiner Bewältigung noch nicht eingerichtet ist. Auch Erwachsene, welche an chronischen Verdauungsstörungen leiden, ertragen ihn schlecht, bekommen leicht Brechreiz und Diarrhö, und ebenso erweist sich sein Gebrauch unzweckmässig während der warmen Jahreszeit.

THERAPEUTISCHE ANWENDUNG. Indicirt bei Kindern und Erwachsenen in einzelnen constitutionellen Leiden, wenn die allgemeine Ernährung heruntergekommen ist, vorausgesetzt, dass kein Fieber dabei besteht und die Functionen der Verdauungsorgane nicht erheblich gestört sind: Scrophulosis, Rhachitis und einzelne Formen von Anämien; ferner cariöse Processe der Knochen; chronische Gelenkleiden u. Aehnl. Auch soll der Leberthran in gewissen Stadien chronischer Myelitis spinalis überraschend gute Erfolge gehabt haben. Bei der Lungenphthisis wird er nicht mehr so häufig angewendet wie früher. Wenn Diabetiker den Leberthran in grösseren Dosen ertragen, so ist er zu empfehlen.

Art der Anwendung und Dosen. Zugleich mit einer Mahlzeit genommen, verzögert Leberthran wie alle Fette in grösseren Mengen die Verdauung der anderen Nahrung, indem er den Speisebrei ölig einhüllt und den Zutritt des Magensaftes erschwert. Man giebt ihn daher am besten möglichst lange vor und ebenso möglichst lange nach einer Mahlzeit, und zwar kaffee- oder esslöffelweise; ein Stück trockenes Brod darauf reinigt die Mundhöhle davon am besten. Uebrigens reicht man ihn auch in Gelatinekapseln, in warmer Fleischbrühe, in Thee, Kaffee oder Limonade: in Geléeform (mit Wallrath bereitet) ist der Thran leichter einzunehmen als pur. — (Auch gepulvertes Wallrath und Sapo medicatus ist z. B. für Diabetiker als gut vertragenes „Mastmaterial" in analoger Weise empfohlen worden.)

Lipaninum, *Lipanin*. Olivenöl, welchem künstlich 6% Oelsäure zugesetzt ist, hat sich als wohlschmeckender Ersatz des Leberthrans bewährt. Theelöffel- bis esslöffelweise 1—3mal täglich.

Calcium phosphoricum (Calcaria phosphorica), phosphorsaure Kalkerde $PO_4CaH + 2H_2O$.

Der phosphorsaure Kalk ist ein wichtiger Bestandtheil unseres Skelettes und zum Aufbau des Knochensystems im normal wachsenden Kinde unentbehrlich. Des Ferneren wird seine Anwesenheit eine Nothwendigkeit, wenn Rhachitis oder Osteomalacie von selbst oder durch geeignete Therapie dem normalen Verhalten wieder Platz zu machen sich anschicken. Hier (analog dem bei dem Eisen Erörterten) ist im Allgemeinen in der natürlichen Nahrung, falls sie zweckmässig gewählt werden kann, so viel an Phosphaten und an Calciumsalzen enthalten. dass eine künstliche Zufuhr kaum nöthig erscheinen möchte. Dennoch wird es sich der Sicherheit wegen empfehlen, immer dann, wenn man gegen Rhachitis Arsenik oder Phosphor (s. diese) anwendet und hierdurch einen Reiz für die Knochenbildung einführt, auch das Material zur Knochenbildung in (vielleicht überflüssig) reichlicher Weise dem Körper darzubieten. Ob dieses nun aber gerade Calciumphosphat selber oder ob getrennt z. B. gelegentlich ein Calciumsalz (z. B. Kreide) und immer einige Stunden später ein Natriumphosphat zu geben zweckmässiger ist, kann fraglich sein. Es dürfte sich empfehlen, diese Präparate mit dem Essen zusammen (sei es in den Speisen, Milch u. s. w., oder kurz vor oder kurz nach dem Essen) zu geben.

Präparate und Dosen. Das officinelle Calc. phosphoricum ist durch Natriumphosphat aus angesäuerter Kalksalzlösung ausgefällt. In Wasser unlöslich, löslich in Salzsäure. Für Kinder 0,1—0,5, für Erwachsene 0,25—1.0 täglich mehrmals in Pulverform.

Anhang zu den Tonicis.

Cortex Quebracho[1], Quebracho-Rinde. Die (nicht offic.) Rinde des in Argentinien und Brasilien wachsenden Baumes Aspidosperma Quebracho (Schl.), einer Apocynee. Die Rinde ist bräunlichroth, weissfleckig, enthält Gerb- und Farbstoff und eine Reihe von Alkaloiden: Aspidospermin, Quebrachin, Aspidosamin (die beiden letzteren narkotisch wirkend) u. a.; die Droge schmeckt bitter.

Physiologische Wirkung und therapeutische Verwendung. Die Droge, zumal eine aus ihr (1:5—20) dargestellte Tinctur zu 1—3 Theelöffel *pro dosi* (1—3mal täglich), hat sich als ein vortreffliches Mittel gegen Athemnoth verschiedenster Formen, z. B. bei Emphysema pulmonum, bei Herzfehlern, gelegentlich auch bei Embolie der Lungenarterie, erwiesen; zuweilen hat das Mittel allerdings den angegebenen Erfolg nicht. Worin die Wirkung gelegen ist, ist nicht ganz klar. Man sah z. B. Folgendes: Ein Emphysematiker hatte eine schwere Acne rosacea und Gefässdilatation der Nase; er bekommt Dyspnö; die Nase sieht blau aus, auch sonstige Cyanose zeigt sich. Nach Darreichung von Tinctura Quebracho ist die Cyanose verschwunden, die Nase wieder leuchtend roth. Hier muss Quebracho entweder ein Hinderniss für den Luftzutritt zu den Lungenalveolen fortgeschafft — etwa einen Bronchialmuskelkrampf beseitigt haben (vielleicht hebt Quebracho den präsumtiven Tonus der Bronchien auf) — oder es muss sich bei gleich ungünstig gebliebenen Verhältnissen der Luftzuleitung die Aufnahmefähigkeit des Blutes für Sauerstoff gesteigert haben. Da nun aber Quebracho auch in solchen Fällen Dyspnö beseitigt, in denen der Luftzutritt überhaupt frei ist (z. B. Embolie der Lungenarterie), so bleibt eigentlich nur die Annahme übrig, dass das Blut aufnahmefähiger für O geworden ist, wie dies nach Gebrauch von Chinin (s. dieses) nachgewiesen ist.

Das Thierexperiment giebt zur Stütze dieser Idee eine auffallend hellrothe Farbe des Venenblutes. Die toxischen Wirkungen im Thierexperimente (erst Dyspnö, dann Lähmung des Centralnervensystems) haben kein praktisches Interesse.

Dosis. Tinctura Quebracho (nicht offic.), 1—3 Theelöffel 1—3mal tägl.

Pepsinum, *Pepsin*. Feines fast weisses, wenig hygroskopisches Pulver von eigenthümlichem, brodartigem Geruche, löslich in Wasser 1:100. Das ungeformte stickstoffhaltige Ferment des Magensaftes, welches die Eiweisskörper in Peptone umwandelt, aus der Magenschleimhaut frisch geschlachteter Thiere, namentlich der Schafe oder Schweine, durch verschiedene Verfahren extrahirt, wird zur „Unterstützung der Verdauung" gegeben. Es ist ungemein selten, dass ein Menschenmagen nicht genug oder gar kein Pepsin enthalte.

1) *Pepsinum* lässt man zu 0,3—1,0 in Wasser gelöst und mit Zusatz von 2—4 Tropfen reiner Salzsäure vor der Mahlzeit trinken. — 2) *Vinum Pepsini*, *Pepsinwein:* vor jeder Mahlzeit 1—2 Esslöffel.

Papain oder Papayotin. Dieses aus dem Milchsaft von Carica Papaya (Papayacee, Brasilien) dargestellte peptische Ferment wird neuerdings sehr empfohlen als auflösendes Mittel gegen diphtherische Belege und plastische Exsudate. Es stellt ein weissliches Pulver dar, welches sich in Wasser löst. Die wässerige Lösung ist nicht lange haltbar, die Verderbniss soll durch einen Zusatz von Chloroform verhindert werden. In 5%iger Lösung gegen diphtherische Belege. Betupfen der Belege alle 15 Minuten mit der Lösung.

---

[1] Sprich: Kehrätscho; es bedeutet: „axtzerspaltend" = Hartholz.

Orexinum hydrochloricum (von ὄρεξις d. i. Appetit), salzs. Phenyldihydrochinazolin, $C_9H_5.C_6H_3N_2.C_6H_5$ (ein Chinolin, in welchem das zum N in Meta-Stellung befindliche C-Atom durch ein N-Atom ersetzt ist, welches die Gruppe C_6H_5 trägt, während das zum ersteren N in Para-Stellung befindliche C-Atom ein zweites H-Atom trägt), local reizend (daher in Pillenform mit Nachtrinken von Bouillon oder Wasser zu nehmen), steigert in Gaben von 0,5 einige Stunden vor dem Essen genommen meistens den Appetit und die Essfähigkeit sehr erheblich und beschleunigt den Verdauungsprocess im Magen.

VI. Gruppe.
CARDIO- ET ANGIOTONICA[1]).

Folia Digitalis, Blätter des rothen Fingerhuts.

Die Scrofulariacee Digitalis purpurea (L.), von welcher die officinellen Blätter stammen, hat eine grosse Verbreitung; sie kommt in fast allen Waldgegenden Europas vor und wird auch in transatlantischen Ländern gefunden. In den wärmeren Länderstrichen zieht sie sich in die gebirgigen Theile zurück. Focus machte sie in Deutschland unter dem Namen Digitalis als Arzneimittel im Jahre 1542 bekannt. 1785 empfahl sie der englische Kliniker Withering als Diureticum. Er kannte auch ihre pulsverlangsamende Wirkung. Seit jener Zeit von Deutschen und Engländern vielfach an Kranken und im Thierexperimente untersucht, gehört sie heute zu den werthvollsten und übrigens auch beststudirten Arzneisubstanzen. Die frischen Blätter haben einen unangenehmen, getrocknet einen theeähnlichen Geruch; der Geschmack ist bitter und nachher etwas kratzend.

Sie enthält als wirksame Bestandtheile nur stickstofflose Körper.

1) Digitalin ($C_5H_8O_2$? oder $C_{20}H_{40}O_{10}$), wenig in Wasser und Aether, leicht in Alkohol löslich; schwer krystallisirbar, — ein Glykosid (Glykoside sind bekanntlich Substanzen, welche durch Fermente oder beim Kochen mit verdünnten Säuren oder Alkalien in eine Glykose [meist Traubenzucker] und eine andere Substanz zerfallen).

2) Digitalein, ebenfalls stickstofffrei, amorph, vermuthlich identisch mit dem Neriin aus dem Oleander; gut löslich in Wasser und Alkohol; glykosidisch; spaltet sich ebenso wie Digitalin beim Kochen mit verdünnten Mineralsäuren in Glykose und das harzige Digitaliresin, welches, wie Pikrotoxin krampfmachend, nur mässige Digitaliswirkungen auf das Herz zeigt, übrigens schon in den trockenen Blättern enthalten.

3) Digitoxin $C_{21}H_{32}O_7$, unlöslich in Wasser, leicht löslich in Alkohol, kein Glykosid. Beim Kochen mit verdünnten Säuren Toxiresin bildend, das wie Digitaliresin sich verhält und ebenfalls in den trockenen Blättern bereits vorkommt.

4) Digitonin $C_{27}H_{44}O_{13}$ (?), ein dem Saponin sehr ähnliches, für die Digitaliswirkung nicht in Betracht kommendes, stickstofffreies Glykosid (in Galaktose, Dextrose und Digitogenin $C_{15}H_{24}O_3$ [?] spaltbar).

Das in Wasser unlösliche Digitoxin wird so ungleichmässig resorbirt und kann

---

[1]) Dieser Name ist in Ermangelung einer landläufigen Bezeichnung von uns neu gewählt, um ein Unterkommen für die Digitalisgruppe zu schaffen („Herz- und Gefässtonica"), — ist aber vom Lernenden dem Gedächtniss nicht einzuprägen.

bei mässiger Dosensteigerung unerwartet so giftig werden, dass es um so weniger praktisch verwerthbar ist, als es local sehr heftig entzündungserregend wirkt. Digitalin und Digitalein — etwa 10mal schwächer wirksam als das Digitoxin — sind im Handel noch nicht rein genug zu haben und zu theuer, während die Blätter bei der cumulirenden Anwendungsweise sicher genug in der Dosirung, zuverlässig in der Wirkung, unvergleichlich viel billiger als jene Körper und daher vorläufig beizubehalten sind.

Die gewöhnlich im Handel cursirenden Sorten von „Digitalin" sind unreine Präparate; das NATIVELLE'sche enthält besonders Digitoxin; das von HOMOLLE und QUEVENNE Digitalin neben Zersetzungsproducten; die meisten andern neben Digitoxin hauptsächlich Digitonin u. s. w.

PHYSIOLOGISCHE WIRKUNGEN. Bitterlicher, kratzender Geschmack. selten stärkere Magen- und Darmreizung. Bei grösseren Dosen zuweilen Schwindelgefühl, leichte Sehstörungen, Ohnmachtsanwandlungen, Erbrechen. Am meisten ausgeprägt und constant sind die Befunde am Circulationsapparat: am gesunden Menschen findet man zunächst an den palpablen Körperarterien eine starke Zunahme der Spannung und dabei eine erhebliche Abnahme der Pulsfrequenz bis zu 40 und 30 in der Minute. Bei Fiebernden ist diese Pulsverlangsamung minder ausgesprochen. Werden sehr grosse Gaben genommen, oder findet in Folge längerer Fortsetzung der Digitalistherapie eine stärkere Summation — eine sogenannte Cumulirung (s. S. 15) statt, so nimmt später einerseits der Druck bis unter die Norm ab, während andererseits die Frequenz noch weiter sinken kann und sich eine gewisse Arrhythmie (Unregelmässigkeit des Herzschlages) zu zeigen beginnt. Will man dies als zweites Stadium der Digitaliswirkung bezeichnen, so führt eine noch weiter getriebene Digitalistherapie zum dritten Stadium — zu einer wirklichen Intoxication, wo dann neben cerebralen Symptomen (Ohnmachten, Sehstörungen, Schwäche, Convulsionen) eine besorgnisserregende Abnahme der Arterienspannung, Schwäche und Arrhythmie des Pulses bestehen und Herzlähmung, tödtlich werdende Ohnmachten die Scene abschliessen.

Beim Gesunden vermehrt die Digitalis die Diurese nie, meistens vermindert sie diese und kann bei toxischen Gaben sogar zuweilen Anurie erzeugen.

Bei warmblütigen Thieren, speciell bei Säugethieren, zeigt nach internem Gebrauche der Circulationsapparat bezüglich des Blutdrucks und der Pulsfrequenz die gleichen Erscheinungen wie beim Menschen.

Anders dagegen können hier die Wirkungen nach intravenöser Einspritzung eines Digitalisinfuses u. s. w. ausfallen. Hier hängt die Wirkung ganz von der Plötzlichkeit ab, mit welcher die Injection vorgenommen wird. Bei ganz allmählicher, höchst vorsichtiger Einspritzung verlaufen die Dinge hier wie bei interner Application. Wird dagegen sofort ein grösseres Quantum Digitalisaufgusses u. s. w. in die Jugularis, resp. in's Herz gebracht, so steht dieses augenblicklich gelähmt in Diastole still, und die secundären Erscheinungen einer plötzlichen Herzlähmung — Dyspnö und Convulsionen — zeigen sich. Bei einem mittleren Grade von Plötzlichkeit und Massigkeit des eindringenden Giftes entwickeln sich die classischen sogenannten drei Stadien der Digitaliswirkung (TRAUBE):

    I. Stadium: Hoher Blutdruck und verminderte Pulsfrequenz ganz wie bei innerer Darreichung, resp. wie beim Menschen; dagegen

    II. Stadium: Plötzliches Ansteigen der Pulsfrequenz in maximo auf die Zahl, welche das Versuchsobject nach Atropinvergiftung oder unvergiftet nach Durchschneidung der beiden Vagi haben würde, wobei der Druck zunächst noch steigt, um dann allmählich unter die Norm zu gehen.

    III. Stadium: Der Druck sinkt weiter, Arrhythmie und Seltenerwerden des Pulses, Erlöschen der Circulation, Schwächerwerden und Aufhören des Herzschlages, Tod.

Beim Frosche: am deutlichsten — wie alle pharmakodynamischen Muskelwirkungen — beim Landfrosche (Rana temporaria), weniger klar beim Wasserfrosche (R. esculenta) sieht man unter Digitaliseinfluss Folgendes (Kröten, deren eigenes Gift digitalisähnlich wirkt, sind fast immun gegen die Digitalis wie gegen ihr eigenes Gift): Bei kleinen Dosen tritt oft gar keine Aenderung der Pulsfrequenz auf — zuweilen eine geringe Verlangsamung. Die Herzthätigkeit erscheint verstärkt, kräftiger, ausgiebiger; die Systole dauert länger als normal, und der Uebergang von dem Zustande der diastolischen Anfüllung, bei welcher der grosse, ausgedehnte Ventrikel dunkelroth erscheint, zur Kleinheit und hellrosafarbenen Blässe des contrahirten Muskels ist frappanter, als in der Norm. Die Diastole liefert mehr Blut als in der Norm — der Ventrikel wird grösser — stärker erfüllt. — Der Arteriendruck ist um etwa $1/4$ gesteigert.

Wenn man ein Froschherz ausserhalb des Körpers zuerst ohne, sodann mit Digitaliseinwirkung Arbeit verrichten lässt, erhält man interessanten Aufschluss. Aus einem grossen Reservoir unter einem vom Experimentator gelieferten, empirisch als Optimum erprobten, mässigen Flüssigkeitsdrucke speisen wir das Herz mit Blutserum. Durch eine an die Aorta angefügte Schlauchleitung hat das Herz das Serum in die Höhe zu pumpen. Diese Höhe wählen wir empirisch so, dass Aufgabe und ausgeführte Arbeit möglichst gross sind. Fügt man jetzt Digitalisbestandtheile dem Serum zu, so steigt die geleistete Arbeit des einzelnen Herzschlages bis zum Doppelten — und bei der

Geringfügigkeit der Pulsverlangsamung ist die z. B. in der Minute geleistete Arbeit ebenfalls wesentlich vermehrt. Einem vor der Digitaliseinwirkung durch maximale Arbeit erschöpften Herzmuskel erwachsen durch Digitalis keine neuen Kräfte. Es entwickelt also die Digitalis in jenem Versuche Kräfte aus dem Reservevorrathe der aufgespeicherten Spannkräfte.

Bei grösseren Dosen: ungleichartige, zeitlich nicht mehr geordnete Action der verschiedenen Abschnitte des Froschherzens (unzweckmässigerweise sogenannte „peristaltische" Bewegungen), die darin besteht, dass während des einzelnen Herzschlages einzelne Stellen des Herzmuskels länger (oder dauernd) in Systole bleiben als andere, die bereits in Diastole übergegangen sind. Drittes Stadium (bei grossen Graben): systolischer Stillstand des Ventrikels; die Vorhöfe erlahmen erst später diastolisch, nachdem sie sich eine Zeit lang vergeblich abgemüht haben, ihr Blut in den Ventrikel überzupumpen. Mechanische Ausdehnung des Ventrikels durch künstlichen Flüssigkeitsdruck lässt erkennen, dass innerhalb des systolisch zusammengeschrumpften Ventrikels eine rhythmische Innervation unsichtbar noch fortbestanden hatte; denn unter der passiven Ausdehnung schlägt — für einige Zeit — das Herz wieder rhythmisch; schliesslich aber erlahmt der rhythmische Antrieb — gleichviel ob man den Ventrikel in seiner systolischen Contraction belassen oder ihn künstlich ausgedehnt hat, — und das Herz ist todt.

Der physiologische Mechanismus der geschilderten Wirkungen an Warm- und Kaltblütern: Obschon die am Menschen bedeutsamste Wirkung die Erhöhung des Blutdrucks ist, so wollen wir im Interesse der Darstellung zunächst das Wesen der an Mensch und Säugethier in den früheren Stadien beobachteten Pulsverlangsamung besprechen. Sie beruht ausschliesslich auf einer Erregung im Vagusgebiete. Sie kommt nämlich nicht zu Stande, wenn an einem Thiere vorher die Vagusperipherie, resp. die hemmenden Apparate im Herzen durch Atropin gelähmt worden sind. Dagegen sieht man an nicht-atropinisirten Thieren, denen beide Vagi am Halse durchgetrennt waren, durch Digitalis eine zwar geringere, aber zweifellose Pulsverlangsamung (z. B. von 150 auf 135) entstehen. Hieraus ist zu entnehmen, dass auch ohne Zuleitung vom Vaguscentrum her in den Enden des Herzvagus durch Digitalis mässige Erregungen entstehen, welche den Puls etwas seltener werden lassen. Aber ein sehr grosser Antheil an der Pulsverlangsamung kommt evidentermassen einem Einflusse zu, der durch Vagusdurchschneidung eliminirt worden ist. Ein Heruntergehen von beispielsweise 90 auf 30, also um mehr als die Hälfte, zeigt sich nur bei unzertrennten Vagis, bei erhaltenem Tonus des Vaguscentrums;

daher konnte der Hauptantheil der Pulsverlangsamung am intacten Thiere entweder auf eine Zunahme des Tonus dieses Centrums zurückzuführen sein, oder (resp. und) auf eine gesteigerte Anspruchsfähigkeit der Vagusendigungen im Herzen gegenüber den ihnen vom Vaguscentrum zugehenden Erregungen. Beides ist nachgewiesen. Die Anspruchsfähigkeit der Vagusendigungen ist gesteigert (es ist aber nicht klar, ob die innere Erregbarkeit zugenommen hat, oder ob nur die directe Erregung durch den Fingerhut, von welcher soeben die Rede war, sich zu den vom Vagus zugeleiteten Erregungen hinzuaddirt); ferner besteht eine Zunahme des Tonus innerhalb des Centrums als Folge der durch das Mittel herbeigeführten und alsbald noch genauer zu würdigenden Erhöhung des Blutdrucks — ist also nur indirecte Digitaliswirkung. Jede Blutdrucksteigerung als solche (ebenso wie jede Zunahme des allgemeinen intracraniellen Druckes) bewirkt Pulsverlangsamung in Folge mechanischer Erregung des Vaguscentrums — und ebenso wirkt also auch die durch die Digitalis veranlasste Druckzunahme. Ob ausser dieser indirecten Erregung etwa auch noch eine directe Erregung des Vaguscentrums seitens der Digitalis erfolgt, ist nicht sicher.

Die wichtigste Erscheinung am Warmblüter ist die erwähnte Drucksteigerung im sogenannten ersten Stadium. Sie führt — und dies macht sie therapeutisch so werthvoll — zu einer Verstärkung der Blutströmung in den Körpercapillaren, zu einer vermehrten Blutdurchrieselung der Gewebe: die Blutmenge, welche in der Zeiteinheit durch den Gesammtquerschnitt des Blutgefässsystems fliesst, nimmt erheblich zu.

Obwohl also das Herz seltner schlägt, — was, gleichviel aus welcher Veranlassung es geschieht, in jedem Falle an sich zu einer Verminderung der geleisteten Arbeit führen müsste — so steigt dennoch der Druck; es haben also drucksteigernde Einflüsse dieses Minus übercompensirt.

Wenn unter physiologischen Bedingungen im Aortensysteme der Blutdruck schnell bedeutend steigt, müssen (Constanz der Blutmenge vorausgesetzt) bekanntlich zunächst zwei Factoren in Betracht gezogen werden: Verstärkung der Herzarbeit und (resp. oder) erschwerter Abfluss aus dem Aortensysteme, besonders in Folge Verengerung der peripherischen Arterien: verstärkter Gefässtonus.

Nun ist direct nachgewiesen, dass das isolirte Froschherz unter dem Einfluss der Digitalis sowohl in der einzelnen Systole als innerhalb der Zeiteinheit (z. B. Minute) eine grössere Arbeit als in der Norm leistet, indem die diastolische Erschlaffung an Grösse zunimmt und für die nunmehr kräftiger einsetzende Systole mehr Blut liefert.

Indess ist nach allen Analogien diese Zunahme der Herzleistung für sich allein nicht ausreichend, um zu erklären, wieso beim Warmblüter — und noch dazu bei erheblicher Verminderung der Pulsfrequenz — der Blutdruck bis fast zum doppelten der Normalhöhe gesteigert wird. Hier kommt offenbar noch ein zweiter Factor in Betracht.

Wenn man mittels einer gleichbleibenden künstlichen Triebkraft Serum oder defibrinirtes Blut in die Arterie einer abgetrennten Kaltblüterextremität einströmen lässt, so nimmt die aus den abführenden Venen gleichmässig ausfliessende Menge sofort in hohem Maasse ab, sobald jenem Serum oder Blute Digitalisbestandtheile zugefügt werden; es contrahiren sich die Arterien und erschweren der gleichbleibenden Triebkraft das Durchtreiben der Flüssigkeit.

Also gleich wie das isolirte Herz (der Complex „intracardiale Ganglien, Nerven- und Muskelfasern", als eine Einheit aufgefasst) — durch die Digitalis zu verstärkter Action veranlasst wird, ebenso entsteht durch sie eine directe Erregung des „Gefässes" — (wobei wieder etwaige Ganglien der Wandung, vasomotorische Nervenendigungen und die Circulärmuskelfasern als ein Ganzes gedacht sind). Manche Analogie spricht übrigens dafür, dass im Gefässe die Muskelfaser der Angriffsort sei: so erzeugen gewisse Digitalisbestandtheile, z. B. Digitoxin, eine nachweisbar directe Muskellähmung. — haben also eine directe Muskelwirkung u. s. w. Auch die Herzwirkung (insbesondere der systolische Herzstillstand des Froschherzens) stellt wohl unzweifelhaft eine Muskelveränderung dar.

Ob neben der erwähnten peripherischen Einwirkung auf die Gefässe die Digitalis etwa auch erregend auf das vasomotorische Centrum wirkt, ist meiner Meinung nach nicht sichergestellt.

Die Zunahme des Gefässtonus steigert den Blutdruck, und hiergegen ankämpfend entfaltet das Herz, zumal unter dem Einflusse der Digitalis, seine Kraftreserven und treibt den Druck so lange weiter in die Höhe, bis genau soviel in die Capillaren abfliesst, als das Herz zupumpt.

Das Absinken des Drucks nach sehr grossen Gaben in den späteren Stadien ist die Folge einer allmählich sich entwickelnden Lähmung der Gefässe und des Herzens, und der schnelle Herztod bei schneller Einbringung sehr grosser Gaben Digitalis ins Herz ist analog verursacht. Das plötzliche Ansteigen der Frequenz bei mittlerer Plötzlichkeit der Gifteinspritzung in die Venen rührt von einer wie nach Curare, Atropin u. s. w. auftretenden Lähmung der Vagusperipherie her (faradische Reizung des peripheren Vagusstumpfes hemmt alsdann den Herzschlag nicht mehr).

Dass fiebernde und überhitzte Warmblüter nach innerlicher Digitalisdarreichung eine geringere Pulsverlangsamung zeigen als normale, hat seinen Grund in der Ueberhitzung als solcher; innerhalb gewisser Grenzen nehmen bei steigender Temperatur die Bewegungsimpulse des Herzens erheblich zu, der Tonus des Vaguscentrums dagegen ab.

Die Verminderung der Harnsecretion bei gesunden Menschen im Stadium gesteigerten Blutdrucks erklärt sich aus dem Krampfe der Nierenarterienperipherie (s. das Analoge beim Strychnin), welcher den Zufluss von Blut und hiermit von Material für die Harnsecretion vermindert, obwohl die Strömung im Gesammtquerschnitt des Aortensystems — zum Theil unter Eröffnung neuer Bahnen durch vasodilatorische Einflüsse (s. unten) — zugenommen hat. Es kommt für diese Verminderung der Harnsecretion die eigenthümliche doppelte Verzweigung der Nierenarterie (erst Glomerulus, dann Wiedervereinigung und dann erst Capillarsystem) in Betracht, welche bei allgemeiner Verengerung der Aortenperipherie hier grössere Widerstände schafft als irgend sonst wo. Die Thatsache, dass die Digitalis am Gesunden die Urinsecretion vermindert, ist eines der besten, überzeugendsten Anzeichen für die Betheiligung der peripherischen Gefässe an der Erzeugung der Blutdrucksteigerung.

Jedes Mittel, welches dem Organismus bedeutende Aenderungen der Blutcirculation aufzwingt, beraubt ihn hierdurch der Herrschaft über einen Theil seiner Vorrichtungen, durch die er sich gegen Abkühlungen und Erwärmungen, also gegen passive Aenderungen seiner Eigenwärme zu schützen vermag. Für gewöhnlich ist die uns umgebende Luft wesentlich unter Blutwärme temperirt: deshalb führt jenes im Allgemeinen zu Wärmeverlusten und so zur Erniedrigung der Körpertemperatur.

Nach grossen Dosen Digitalis, welche den Blutdruck stark herabsetzen und hierdurch die Blutströmung vermindern, erfährt das Nervensystem *qua* Wärmeregulator und die Muskeln, Drüsen u. s. w. *qua* wärmeproducirende Organe eine Verschlechterung ihrer Ernährung und ihrer Leistungsfähigkeit, und dieses beraubt den Organismus seiner Widerstandsfähigkeit gegen die Abkühlung durch die kühlere Umgebung: Sinken der Eigenwärme.

Jedoch lassen kleine, den Blutdruck erheblich steigernde Dosen die Körpertemperatur ebenso, zumal im Fieber, wenn auch nur um ein Geringes heruntergehen; aber hier wird zwangsweise mehr Wärme abgegeben als vorher; denn der durch die Digitalis gesteigerte Aortendruck treibt grössere Blutmassen in rascherem Strome durch die erweiterten Hautgefässe. Wo immer der Aortendruck steigt, wird nämlich durch Erweiterung der Hautarterien ein Abflussreservoir für das Blut eröffnet, indem das vasodilatorische Centrum durch das schnelle Anwachsen des Drucks ebenso in Erregung versetzt wird, wie das ähnlich contrebalancirende herzschlaghemmende Vaguscentrum im Hirne. Bei kühler Umgebungsluft führt eine reichlichere Durchströmung der Haut mit warmem Blute zu gesteigerter Wärmeabgabe, die bei gewisser Grösse, trotz etwaiger Gegenregulation, zumal bei einem weniger regulationskräftigen Individuum wie im Fieber, einiges Absinken der Eigenwärme bewirken kann, und um so leichter dies erreichen wird, wenn das Regulationsbestreben des Organismus, wie dies im Fieber bisweilen des Fall ist (s. S. 85), schon ohne dies in derselben Richtung geht (wenn der fiebernde Organismus trotz aller Anstrengung seiner Wärmemengen sich nicht entäussern kann).

THERAPEUTISCHE VERWERTHUNG. Die temperaturherabsetzende Wirkung der Digitalis wird seit einiger Zeit nicht mehr therapeutisch benutzt. Ihr Hauptanwendungsbezirk sind gewisse Kreislaufsstörungen, die sogenannten Compensationsstörungen.

Jeder Hohlmuskel und alle musculösen Hohlorgane, deren Function es ist, einen flüssigen oder festweichen Inhalt anzutreiben (Herz, Magen, Darm, Blase), erfahren eine Zunahme der Erregung, sobald sich der Entleerung Widerstände entgegenstellen. Der vermehrte Binnendruck wirkt als gesteigerter Reiz. So sehen wir ja auch das Herz, d. h. den linken Ventrikel, z. B. bei Erstickung gegen das Steigen des Aortendrucks mit verstärkter Arbeit schon in der Norm — auch ohne Digitalis — reagiren. Diese Hohlorgane sind unter physiologischen Verhältnissen stets im Besitze von gewöhnlich unbenutzten Reservekräften, die erst bei derartiger Reizzunahme, d. h. bei gesteigerten Ansprüchen in Action gesetzt werden: die organische Natur arbeitet in der Norm niemals mit dem Maximum disponibler Kräfte, sondern stets mit einem Minimum.

Es entstehe jetzt — gleichviel wo — an irgend einem der Gesammtquerschnitte des Kreislaufs irgend ein Strömungshinderniss, sei es eine Verengung der Strombahn, sei es ein Regurgitiren der Flüssigkeit in Folge Undichtwerdens von Ventilverschlüssen.

Stromaufwärts von dieser Stelle staut sich das Blut: z. B. bei allgemeiner Verengung der peripherischen Körperarterien staut das Blut in dem Aortensysteme; bei Schlussunfähigkeit der Mitralklappe staut das Blut im linken Vorhofe, im Lungenkreislaufe, und, da an diesen Stellen wenig Raum für grössere Blutmengen ist, so macht sich hierbei die Stauung auch noch bis in den rechten Ventrikel hinein geltend. Immer der nächste stromaufwärts gelegene Hohlmuskel erfährt daher die angedeutete acute Steigerung der Erregung; denn seiner Entleerung stellt sich das Hinderniss, die Stauung entgegen. In Folge dieser gesteigerten Erregung überwindet er das Hinderniss (falls es nicht für das Maximum seiner Kraft unüberwindlich ist), indem er durch Einsetzen seiner Reservekräfte den schon gesteigerten Druck der zwischen ihm und dem Strömungshinderniss sich stauenden Flüssigkeit noch weiter in die Höhe treibt. Noth und Gefahr sind zunächst beseitigt. Wenn nun dieses Hinderniss ein dauerndes oder ein oft und für längere Zeit wiederkehrendes wird, so zeigt sich bekanntlich eine neue Hülfsquelle des Organismus, durch welche er sich wieder in die Lage bringt, nicht mit einem Maximum, nicht mit Aufgebot aller Kräfte, sondern mit einem Minimum zu arbeiten: genügende Ernährung des Muskels vorausgesetzt, erfährt dieser unter dem Einflusse einer verstärkten, ihn aber nicht überanstrengenden Thätigkeit eine physiologische Hyperplasie, — eine Hypertrophie, — gleichwie correcte Gymnastik eine kraftvollere Muskelentwicklung zu Wege bringt, falls die Körpermusculatur dabei ausreichend ernährt wird. So hypertrophirt jeder stromaufwärts von einem bleibenden Strömungshindernisse gelegene und also dauernd stärker in Anspruch genommene Herzabschnitt, — in unserem letzten Beispiele der rechte Ventrikel — und in dem Maasse, als dies geschieht, nimmt der acute Zustand der Erregungssteigerung in ihm ab: ein neuer Normalzustand hat sich entwickelt, das Hinderniss ist „compensirt". (Es ist derselbe Vorgang, der „normal" den linken Ventrikel durch Gymnastik hat musculöser werden lassen, da er mit grösseren Widerständen zu kämpfen hatte als der rechte.)

Aber der Bestand der Compensation eines pathologischen Strömungshindernisses ist nicht für alle Zeiten und Umstände sicher gestellt. Sei es, dass gelegentlich sich z. B. durch Magen- und Darmaffectionen, unzweckmässige Lebensweise u. s. w. die gesammte Ernährung und damit auch die des Herzens und in unserm Falle auch die des rechten Ventrikels verschlechtert —, sei es, dass nebenher primär oder secundär der Herzmuskel oder die Ganglien degenerativen Processen anheimgefallen sind —, sei es endlich, dass die Ansprüche, welche an den betreffenden Herzabschnitt gestellt werden, durch Zunahme des Strömungshindernisses, durch körperliche Anstrengungen oder sonstwie allzu gross werden, kurz, gelegentlich kommt ein Moment, wo dieser — rechte — Herzventrikel, trotz acuter Reizsteigerung, der gestellten Aufgabe nicht mehr ganz gewachsen ist. Man sollte meinen, es könne sich jetzt nichts Weiteres ereignen, als dass die Circulation um eine Kleinigkeit sich verschlechtere und so vorläufig verbleibe; dem ist nicht so; vielmehr sieht man jetzt oft eine rapide Verschlechterung des Befindens eintreten: es entwickeln sich venöse Stauungen, Cyanose, Athemnoth, Aufhören der Diurese; bald zeigen sich zumal an der unteren Körperhälfte hydropische Erscheinungen (Wassersucht des Unterhautzellgewebes, der Bauchhöhle), bald auch hydropische Ergüsse in Pleura und Pericard, welche die Athemnoth und die Schwierigkeit der Herzbewegung noch weiter verschlimmern; die Radialarterie ist sehr wenig gespannt, schlecht gefüllt, der Puls klein, unregelmässig und ungemein häufig. Was ist geschehen? Warum dieser rapide Verfall? Es hat sich ein Circulus vitiosus entwickelt. Da die Ernährung des Herzens von der Herzarbeit insofern abhängig ist, als die Coronararterien das Nährmaterial des Herzens aus der allgemeinen Circulation beziehen und diese von der Herzarbeit in Gang erhalten wird, so bedeutet ein Erlahmen des an die Grenze seiner Leistungsfähigkeit gelangten Herzens eine Abnahme seiner Nahrungszufuhr; das nunmehr schlechter ernährte Herz arbeitet wieder etwas schwächer, und deshalb sinkt der Aortendruck wieder um etwas; der verminderte Aortendruck treibt weniger Blut in die Coronararterien, und das Herz wird wieder eine Kleinigkeit schlechter ernährt; in Folge hiervon ist der (z. B. rechte) Ventrikel noch weniger als bisher im Stande, gegen die sich unter steigendem Drucke vor ihm (strom abwärts) anstauenden Blutmengen seinen Inhalt zu entleeren; und die fälligen der Expedirung harrenden und immer massiger sich stromaufwärts in den Venis cavis und deren Zuflüssen anstauenden Blutmengen bezeugen die Ohnmacht der Transportvorrichtungen. Diese venöse Stauung, d. h. das Steigen des Drucks in den Venen führt zur Steigerung des Drucks in den Körpercapillaren und führt hier zu Hydrops und zur Verlangsamung der Strömung in den Capillaren, da die Triebkraft — der Druckunterschied zwischen Arterien und Venen — jetzt um so mehr abnimmt, als ja der Druck in den Venen steigt und im Aortensysteme sinkt; das Aortensystem verblutet sich unterdess in das Venensystem hinein, ohne genügenden Ersatz zu erhalten. Die Stauung und Blutüberfüllung der Lunge lässt diese starr — weniger ausdehnbar werden und führt eventuell zu ödematöser Durchfeuchtung dieses Organs. Schon dieses bedingt Dyspnö; namentlich aber lässt die Verminderung der Blutströmung weniger Blut und also auch weniger Sauerstoff zum Athmungscentrum gelangen, daher die schwere Dyspnö; die venöse Stauung in der Niere, die Verminderung der Blutströmung in ihr führt zu Verminderung der Harnsecretion und Auftreten von Eiweiss und Blut in dem spärlichen Urine. In Folge des Absinkens des Aortendrucks erlischt der Tonus im Vaguscentrum: daher die grosse Beschleunigung des Pulses.

Hier zeigt sich nun eine Unzulänglichkeit der sonst dem Existenzinteresse des Organismus so ungemein nützlichen Regulationsvorrichtungen. Wenn unter **physiologischen** Verhältnissen durch irgend einen äusseren Eingriff oder inneren Vorgang der Blutdruck erniedrigt wird und hierdurch der Tonus im Vaguscentrum erlischt, so wirkt die nunmehr enorm beschleunigte Schlagfolge des kraftvoll arbeitenden Herzens den Gefahren der Blutdrucksenkung entgegen.

Unter den in Rede stehenden **pathologischen** Verhältnissen einer „Compensationsstörung" dagegen nützt (in unserem Beispiele) am **rechten** Ventrikel, welcher nicht mehr Kraft genug hat, sich stets vollständig zu contrahiren und seinen Inhalt zu entleeren, — die Häufigkeit seiner schwächlichen, zappelnden Contraction dem Organismus gar nichts, — und am **linken** Ventrikel, der zu **wenig** Arbeit bekommt, ist sie erst recht überflüssig. (Wenn der linke Ventrikel — wie bei Aortenstenose — der erste stromaufwärts gelegene Hohlmuskel ist, so ist dieser der trotz der Häufigkeit erfolglos sich contrahirende). Ja, **selbst wenn** jetzt die einzelne Systole mit voller Kraft ausgeführt **würde**, so hätte schon ihre zeitliche **Verkürzung** die Folge, dass nicht genug **Zeit** dem Blute gelassen wäre, um z. B. ein stenosirtes Ostium zu passiren, während eine selbst schwächere aber **andauernde** Systole dies hier leisten könnte; eine solche würde z. B. auch bei Insufficienz der Aortenklappen durch Hinausschieben des Momentes der Regurgitirung einem Theile des im Aortensysteme befindlichen Blutes die Zeit gewähren, um in die Capillaren abzuströmen. Würde in unserm oben mehrfach supponirten Krankheitsfalle die in den häufigen und unvollständigen Contractionen vergeudete Kraft etwa durch Vagusreizung auf halb so häufige oder noch seltenere und dafür länger dauernde Systolen concentrirt, so könnten diese, bei gleichem Aufwande von Spannkräften nutzbringender sein; es würde ferner eine, etwa auch durch Vagusreizung zu erzielende, Verstärkung der diastolischen Erschlaffung (durch Aufnahme eines grösseren, nachher zu expedirenden Blutvolums) dieses Bestreben begünstigen können, wenn man durch eine Medication es erreichen könnte, dass die Spannkräfte, welche sich in den derartig verlängerten und vertieften Diastolen ansammeln, in **verstärkten** und **verlängerten** Systolen vollständig und mit ganzer Energie verbraucht würden; dann könnte der betreffende Herzabschnitt seinen Inhalt zunächst wieder vollständig austreiben, und ein Theil der Circulationsstörung wäre schon beseitigt. Hätte man dann die Möglichkeit, das Aortensystem zu zwingen, vorläufig dieses übergepumpte Blut nicht gleich wieder ausfliessen zu lassen, sondern theilweise aufzuspeichern und so allmählich eine Wiedererhöhung des Aortenblutdrucks anzubahnen, so würden wir in **umgekehrter Reihenfolge** jenen vorher besprochenen Circulus vitiosus zurücklegen können, — denn das nunmehr besser ernährte Herz würde besser arbeiten —, und das dann wieder besser arbeitende Herz würde für seine Ernährung wieder besser sorgen u. s. f. Und eben dieses leistet die Digitalis. Daher die oft zauberhaft schnelle Beseitigung von Compensationsstörungen durch die Digitalis.

Bei solchen Zuständen — aber nur bei solchen — erscheint die Digitalis als ein mächtiges Diureticum. Mit dem Schwinden der Nierenstauung, mit der reichlicheren Blutdurchströmung der Nieren — vielleicht auch mit dem Steigen eines Filtrationsdruckes in den Glomerulis nimmt — bei gesunden oder doch nicht allzu kranken Nieren — die Urinsecretion jetzt um so mehr zu, als der verschwindende Hydrops grosse Flüssigkeitsmassen ins Blut befördert. Dass aber die Digitalis die secernirenden Elemente der Niere nicht direct reizt, wie früher geglaubt wurde, beweisen die Versuche mit künstlich durchströmten Nieren.

Die mehrfach von uns betonte Eigenthümlichkeit der Digitalis, dass erst nach vielen Tagen die Wirkung der einzelnen Dosis vollständig vorüber ist, und dass deshalb eine Summirung der Wirkung zweier und mehrerer Dosen noch über grosse Zeiträume hinweg stattfindet, — die sogenannte „Cumulirung" — macht es durchaus nothwendig, mit der Medication aufzuhören, sobald die beabsichtigte Wirkung annähernd erreicht ist, da diese nach Aussetzen des Mittels noch zunimmt. — Die Langsamkeit des Eintrittes der Digitaliswirkung ist eine andere Eigenthümlichkeit. Zum Theil ist diese Verzögerung bedingt durch das Darniederliegen der Circulation — und hierdurch der Resorption — eben gerade in denjenigen Fällen, in welchen die Digitalis indicirt ist. Zum Theil ist sie die Folge einer unrichtig angebrachten ärztlichen Vorsicht. Die ersten Dosen dürfen dreist hoch genommen werden, — weit über die gesetzlichen Maximaldosen hinaus; die Gefahr liegt erst in dem allzu lange fortgesetzten Gebrauche, und dies selbst dann, wenn die Gaben kleiner sind als die officinellen Maximalgaben. Relativ hohe Dosen am ersten Tage, kleine Gaben von da an und Aufhören der Medication, sobald die Wirkung annähernd erreicht ist, sei die Regel.

Das rechtzeitige Aussetzen der Medication ist aber noch in einer anderen Beziehung nützlich und nothwendig. Durch zu langen Gebrauch gewöhnt sich der Organismus an dieses Mittel (s. S. 16), ja es sind sogar, wenn auch sehr selten, Fälle von freiwilligem chronischem Abusus beobachtet worden, in welchem der Digitalisgenuss zum bleibenden, unwiderstehlichen Bedürfnisse wurde. Schwere nervöse und besonders Herzsymptome traten auf, sobald eine Abstinenz versucht wurde. Eine solche nachfolgende Gewöhnung bei einem Herzkranken, dessen Compensationsstörung wir mit Digitalis beseitigt haben, kann für ihn verhängnissvoll werden, da wir bei einem etwaigen Rückfalle eine reine, ursprüngliche Wirkung bei ihm nicht mehr erzielen können.

Verschieden lauten die Urtheile über die sonstige Verwendung der Digitalis, z. B. bei acuten Herzentzündungen (Endo-, Pericarditis), beginnenden Klappenfehlern (zur Unterstützung der sich einrichtenden Compensationen), nervösen Herzpalpitationen, Urämie. Bei der Tachykardie des Morbus Basedowii scheint Digitalis dann contraindicirt zu sein, wenn schon an sich eine übernormale Arterienspannung vorliegt.

PRÄPARATE UND DOSEN:

1) *Folia Digitalis*, im Infusum 0,5—2,0 (: 200,0) am ersten Tage, bei Erwachsenen; für Kinder die Hälfte; später in abnehmender Menge (s. oben). In Pulverform oder Pillen zu 0,05—0,1 *pro dos.* mehrmals täglich *ad* 0.2 *pro dosi! ad* 1,0 *pro die!*

[*Extractum Digitalis* (nicht mehr officinell), von dunkelbrauner Farbe, zu 0,05—0,1 *p. dos.*]

2) *Tinctura Digitalis*. Ein Auszug der frischen Folia mit Weingeist 5:6. (Ph. Helv. nimmt nicht frische Blätter 1:5: die Ph. H. Suppl. hat ausserdem eine *Tinctura Digitalis aetherea*, mit Weingeist und Aether von 1:5). 15—30 Tropfen. 1,5 *pro dosi!* 5,0 *pro die!*

[*Acetum Digitalis*, nicht mehr offic. in Deutschland. Ph. Helv. Suppl.: 1 Thl. Folia, 1 Thl. Alkohol und 9 Thle. Essig. Wird gewöhnlich zu Saturationen mit Kal. carbon. verwendet. 0,5—2,0 *pro dosi.*]

[*Unguentum Digitalis*, Ph. Helv., das Extract mit Wachssalbe; grünbraun; wirkungslose Einreibung.]

Strophanthus hispidus und Str. Kombé, Apocyneen, Schlingpflanzen West- und Central-Afrikas; die gefiederten Saamen werden verrieben, mit Wasser angefeuchtet als Pfeilgift (Kombé, Inée, auch Onage genannt) benutzt; es enthält das Strophanthin, ein Glykosid, welches im wesentlichen wie Digitalis wirkt; es cumulirt aber nicht; ist wohl weniger zuverlässig und energisch in der Wirkung als die Digitalis. Semen Strophanthi, meist nicht als solche benutzt, sondern zur Bereitung der Tinctur; es wären 0,05 *pro dosi* und 0,2 *pro die* nicht zu überschreiten. Strophanthin (nicht offic.), *pro dosi* 0,001—0,002; Tinctura Strophanthi (aus 1 Semina auf 10 Alkohol): 5—20 Tropfen zwei Mal tägl., *ad* 0,5! *pro dosi, ad* 2,0! *pro die.*

Als Surrogat der Digitalis ist auch noch

Convallaria majalis (Maiglöckchen) empfohlen worden; sie enthält ein stark abführendes Glykosid, das Convallarin, und daneben auch ein Herzgift ähnlich dem Digitalin, das Convallamarin. Es ist das Extract. Convallariae zu 1—1,5 *p. die* empfohlen worden, ferner eine Tinctur der Blätter und eine solche der Blüthen, erstere zu 0,05—0,1 *pro dosi*. Das Mittel ist jedoch sehr unzuverlässig und reicht an die Digitalis nicht heran. Man hat auch das Spartein, das Alkaloid aus dem Besenginster, Spartium scoparium (Papilionacee) als Digitalisersatz gerühmt (Spartein. sulfur. 0,02 *pro dosi*, 0,1 *pro die*). Die Zahl der Digitalis-artig wirkenden Stoffe ist im Pflanzenreiche ziemlich gross. Aus der Familie der Apocyneae sind ausser Strophanthus noch mehrere Specien zu nennen, welche Digitalin-ähnlich wirkende Stoffe enthalten: Nerium Oleander, Vinca minor, Apocynum canabinum u. s. w. Das Antiarin von der Antiaris toxicaria (Artocarpee) ist ein ähnlich wirkendes Herzgift. Auch verschiedene Helleborusarten sowie Adonis vernalis (beiderseits aus der Familie Ranunculaceae) wirken analog. Desgleichen die folgende Droge:

Bulbus Scillae (Radix Squillae). Meerzwiebel.

Die Zwiebelknollen von Urginea maritima (BAKER) oder Scilla maritima (L.) (Liliaceae). Die Pflanze wächst an den Küsten des Mittelländischen Meeres, kommt übrigens in Sicilien und Spanien auch an hoher gelegenen Orten vor. Die Zwiebel kann eine Länge von 20—30 Centim., eine Breite von 10 Centim. und ein Gewicht von über 2 Kilo erreichen. Es giebt eine rothe und weisse Varietät, in der Wirkung sind jedoch beide gleich. Die Zwiebel besitzt wenig Geruch, ihr Geschmack ist scharf bitter. Es ist eines der ältesten Mittel unseres Arzneischatzes; die Griechen, Araber, die Schule von Salerno haben sich ihrer schon bedient.

Es findet sich in dieser Zwiebel ausser schleim- und zuckergebenden Substanzen hauptsächlich Scillaïn, welches in seiner Wirkung sehr viel Aehnlichkeit mit dem Digitoxin hat; die Scilla ist durchgehends schärfer als die Digitalis und erzeugt viel regelmässiger Erbrechen, so dass sie, wenigstens für kleine Kinder, als Adjuvans bei Brecharzneien benutzt wird. Bei Vergiftungen zeigen sich Darmentzündungen; resorbirt wirkt sie dann auch reizend auf die Nieren, veranlasst Hämaturie. Sie gilt therapeutisch als ein wirkliches Diureticum auch unabhängig von ihrer digitalisartigen Wirkung. Wie alle „Brechmittel" ist sie in kleiner, noch nicht brechenerregender Dosis als Expectorans in Gebrauch.

Präparate und Dosen: Die Scilla in Substanz, Bulbus Scillae, wird selten gebraucht (entweder als Pulver oder im Infusum). (Nicht mehr officinell ist in Deutschland das *Extractum Scillae*, der Rückstand von dem weingeistigen Auszuge im Verhältniss von 1:4; *ad* 0,2! *pro dosi, pro die ad* 1,0!; eine zähe honigartige braune Masse; in Pillenform zu 0,05—0,1 *pro dos.* oder in Solution zu 0,5 *pro die*.) *Tinctura Scillae*, der weingeistige Auszug der Wurzel im Verhältniss von 1:5; zu 2—10,0 *pro die*. *Acetum Scillae*, 5 Bulb. Sc., 5 Weingeist, 9 verd. Essigs., 36 Wasser, dieselbe Dosis wie die Tinctura. *Oxymel Scillae s. scilliticum*, 1 Thl. Acet. Scill. und 2 Thle. Honig auf 2 Thle. eingedampft; Dos. 5—10,0 *pro die*. (Die Pilulae hydragogae Heinnii d. Ph. Helv. bestehen aus gleichen Theilen Bulb. Scillae, Pulv. Digital., Gutti, Stib. sulfur. aur. und Extr. Pimpinellae; jede Pille wiegt 0,12.)

VII. Gruppe.
ADSTRINGENTIA[1].

Ursprünglich wurden solche Stoffe als adstringend (astringirend) bezeichnet, welche in — zumal entzündeten — Schleimhäuten die Gefässe zu verengern vermochten; gleichzeitig verlangte man von den so zu benennenden Substanzen, dass sie einen zusammenziehenden „Geschmack" (richtiger: Gefühl von Zusammenziehung im Munde) erzeu-

---

[1] Straff anziehende, d. i. zusammenziehende Mittel.

gen müssten. Und indem man als selbstverständlich voraussetzte, dass durch Verminderung der Blutfülle einer entzündeten Schleimhaut u. a. Organe die Entzündung als solche vermindert werde, galt die zweifellose antikatarrhalische und antiphlogistische Localwirkung dieser Adstringentien als Folge jener Gefässverengerung. Heute wissen wir über diese Gruppe folgendes zu sagen. Eine innere Berechtigung, die Stoffe dieser Gruppe von den ihnen chemisch nahestehenden Stoffen abzusondern, liegt zwar nicht vor; indess ist es für das praktische Bedürfniss ganz nützlich, diese Gruppe im System beizubehalten. Die meisten Metallsalze — speciell die Salze vom Plumbum, Ferrum, Cuprum, Zincum, Argentum, Hydrargyrum, Aluminium, soweit sie löslich sind; und ebenso gewisse Substanzen aus der aromatischen Chemie, Gerbsäuren u. s. w. — haben eine eigenthümliche Verwandtschaft zum Protoplasma; in schwacher Concentration erfährt durch sie das Protoplasma keine gröbere chemische Veränderung und zeigt daher weder makroskopisch noch mikroskopisch eine materielle Läsion; dagegen entwickeln sich hierbei gewisse functionelle Aenderungen: bei schwachen Concentrationen verengern sich die Arterien am Orte der Einwirkung, um später wieder die normale Weite anzunehmen; mit zunehmender Concentration nimmt der Grad der Verengerung zu und es schliesst sich an diese eine Erweiterung an, welch letztere mit weiter steigernder Concentration immer bedeutender wird; bei noch stärkerer Concentration tritt nur noch eine kurz währende vorläufige Verengerung der Arterien ein und schon unmittelbar unter der Einwirkung der Lösung zeigt sich jene schliessliche Erweiterung; bei stärksten Concentrationen ist die Verengerung so kurz dauernd, dass sie leicht übersehen werden kann, — während die schliessliche Reizungserweiterung sehr lange vorhält. Beim Tannin wurde die Verengerung eine Zeit lang übersehen, da man nicht genügend schwache Concentration gewählt hatte und weil der Spielraum zwischen gänzlich unwirksamen und bereits erweiternden Concentrationen etwas enger ist als bei den andern „Adstringentien". Innerhalb der verengernden und auch noch der schon erweiternden Concentrationen üben diese Substanzen einen den Durchtritt der weissen Blutkörperchen (resp. die Entzündung und Eiterbildung) verhindernden Einfluss aus; offenbar beruht dies auf materieller (sonst aber nicht erkennbarer) Veränderung der Gefässwand (nicht der Leucocyten), da diese Wirkung auf den Ort der Einwirkung streng beschränkt bleibt. (Die bereits ausgewanderten Leucocyten, soweit sie von der betreffenden Lösung erreicht werden, sterben ab.) Eine ähnliche Veränderung, Verdichtung wie die Gefässwand erfährt natürlich auch das sonstige Gewebe (z. B. je nachdem Epithel, übriges Schleimhautgewebe, Wundgrund u. s. w.), welches mit dem Adstringens in Berührung gebracht ist. — In höheren Concentrationen wird das Gewebe sinnfällig verändert: — zunächst getrübt, bei noch stärkerer Concentration entstehen grobe Gerinnungen, Aetzungen. Gegenüber derartigen Läsionen reagirt das umliegende, noch nicht abgetödtete Gewebe mit „Entzündung". Ja, schon diejenigen Concentrationen, welche eben noch nicht **augenfällige** materielle Veränderung des Gewebes (Trübung) erzeugen, setzen doch offenbar schon eine so bedeutende Beleidigung des Protoplasmas, dass Veranlassung zu einer späteren reactiven Entzündung gegeben ist. So wirken daher die **schwächeren** gefässerweiternden Concentrationen **direct entzündungswidrig**, die stärkeren dagegen **indirect entzündungerregend**.

Jene Verwandtschaft der genannten Stoffe zum lebenden Protoplasma ist nun auch die Ursache, warum sie sämmtlich Bacteriengifte, Antiseptica (s. S. 104) sind, — und so können sie auch noch in **dieser** Eigenschaft indirect entzündungswidrig wirken. Verschieden ist nun bei diesen Stoffen die **Breite**, innerhalb derer sie **direct entzündungswidrig** wirken, ohne dabei **indirect Entzündung zu erregen**. Und nur diejenigen Stoffe, welche hierin eine **grosse Breite** zeigen, sind gerade diejenigen, welche von jeher als „Adstringentien" bezeichnet wurden, während Sublimat u. s. w. an anderen Punkten des Systems untergebracht sind. Das Wesen der Wirkung ist aber hier wie dort dasselbe. —

Der **Grad der Verengerung**, welche (mikroskopisch gemessen) die kleineren Arterien durch die einzelnen Stoffe **in maximo** erfahren können, ist verschieden: die grösste Verengerung giebt Argentum nitricum, dann folgen in absteigender Reihe: Plumbum aceticum, Zincum sulfuricum, Hydrargyrum bichloratum, Cuprum sulfuricum, Ferrum sesquichloratum, Acidum tannicum, Alumen. —

In **schwachen** Concentrationen wirken die „Adstringentien", innerlich gegeben, mehr oder weniger stuhlverstopfend; in stärkeren **reizenden** Concentrationen erzeugen die meisten Erbrechen, zuweilen auch Durchfall; Cuprum und Zincum sulfuricum sind so als (reflectorisch wirkende) Brechmittel benutzbar.

Mit Blut in Berührung gebracht, bedingen diese Adstringentien in starken Concentrationen Gerinnung; so sind Eisenchlorid, Tannin als „Hämostatica", „Styptica" (Blutung stillend) von Nutzen.

A. Gerbsäuren.

Unter Gerbstoffen oder Gerbsäuren sind Substanzen begriffen, welche in Wasser löslich, adstringirend schmecken, Leimlösung und Eiweiss fällen, thierische Häute hierdurch in „Leder" verwandeln; mit Eisensalzen (die selber adstringirend sind) geben sie die kaum mehr adstringirenden „Tinten" (schwarze, dunkelblaue und dunkelgrüne Lösungen). Die meisten Gerbsäuren sind Glykoside der Gallussäure (welche eine Trioxybenzoesäure ist) und zerfallen beim Kochen mit verdünnten Mineralsäuren in Gallussäure und Zucker. Einige Gerbsäuren dagegen, und hierunter gerade die κατ' εξοχην Gerbsäure genannte (gewöhnliche Gerbsäure, Tannin, Gallusgerbsäure), sind keine Glykoside. Tannin ist Digallussäure; andere geben statt Zucker das (Trihydroxybenzol) Phloroglucin ab u. s. w.

Acidum tannicum (Tanninum), Gerbsäure $C_{14}H_{10}O_9$.

Die officinelle Gerbsäure wird aus den Galläpfeln (s. diese) gewonnen; sie ist ein weisslichgelbes amorphes Pulver von eigenthümlichem Geruche und schwachsaurer Reaction. Sie löst sich leicht in Wasser, Alkokol und Aether. Die wässrige Lösung wird sehr bald schimmelig. In starker Verdünnung verbindet sie sich mit dem Albumin, ohne es zur Gerinnung zu bringen; stärkere Lösungen fällen es, ebenso den Leim; auch verbindet sie sich mit den leimgebenden Geweben zu einer festen, der Fäulniss Widerstand leistenden Masse.

PHYSIOLOGISCHE WIRKUNG UND THERAPEUTISCHE VERWERTHUNG. Acidum tannicum veranlasst local im Experimente (z. B. am Mesenterium des Kaninchens, des Frosches) in Concentrationen von $1/20$ bis $1/4 \%$ Verengerung der Gefässe (Arterien); schliessliche Erweiterung (s. oben) entsteht von $1/2 - 1 \%$ an aufwärts. Bei 5% entwickelt sich Schädigung zarter Gewebe (Trübung, Gerinnung). Styptisch in praktisch verwerthbarer Weise von 10% an, erzeugt Tannin schon bei $1/4 - 1 \%$ in Blut lockere Gerinnsel. Natrium tannicum (gerbsaures Natrium) wirkt verengernd bei $1/4 - 1 \%$, schliessliche Erweiterung veranlasst es von 2% an aufwärts; die Gewebe schädigt es bei 10%.

Innerlich genommen wirken kleine Mengen Tannin, wie sie in manchen (rothen) Weinen, in Kaffee, Thee u. s. w. enthalten sind, unverkennbar vortheilhaft auf die Ernährung, — sei es, dass es nach Art der Gewürze in Betracht kommt, sei es, dass es „adstringirend-tonisirend" diejenigen glatten Muskelfasern beeinflusst, welche der Resorption dienstbar sind. In grösseren Gaben verursacht das Tannin Verdauungsstörungen, Gefühl von Schwere, Druck, Uebelkeiten und Schmerz; in grösseren Gaben in Substanz bei leerem Magen gegeben, kann es oberflächlich ätzen (gerben). In kleinen Mengen lässt es den Darm flüssigkeitsärmer werden, vielleicht auch durch Steigerung der Resorption, vielleicht nur durch Verminderung der Secretion; durch die Eindickung verzögert sich auch die Fortbewegung des schwer beweglich gewordenen Inhalts: verstopfende Wirkung des Tannins, die möglicherweise noch auf einen verstärkten Circulärtonus des Darms zurückzuführen sein möchte, der etwa zum Festhalten des Darminhalts Veranlassung geben könnte. Ein Theil des genossenen Tannins wird resorbirt und erscheint im Harne als Gallussäure ($C_7H_6O_5$) wieder. Im Magen (saure Reaction) erfolgt die Resorption in Form eines Tanninpeptons, im Darm (alkalisch) als (Natrium-) Tannat. Glatter und reichlicher geht die Resorption vor sich, wenn die Gerbsäure in der Form des Natrium tannicum gegeben wird, in welchem Falle dies Salz zum Theil unverändert mit dem Harne ausgeschieden zu werden scheint. Hier in den Nieren könnte das Natrium tannicum, das (s. oben) fast ebenso adstringirend wie Tannin ist, bei Nephritis, Cystitis u. s. w. local nützlich wirken. Klinischerseits gilt hierbei der Nutzen der Tannin-Darreichung als gesicherte Thatsache. Will man auf den Darm adstringirend wirken, so giebt man gern gerbsäurehaltige Pflanzendrogen, deren Gerbsäure nur langsam ausgelaugt wird und daher im Magen noch nicht verbraucht ist. Innerlich wird Gerbsäure auch bei Darmblutungen gegeben, ferner bei Blutungen anderer Organe: Lunge, Uterus, und besonders (s. oben) Nieren; bei blenorrhoischen Zuständen der Schleimhaut der Lunge, der Blase, des Uterus; bei profuser Schweisssecretion.

Da die Gerbsäure mit einzelnen Alkaloiden schwerlösliche Verbindungen eingeht, so hat man sie auch als Antidot bei Vergiftungen mit Opium, Belladonna, Nicotin u. s. w. empfohlen.

Aeusserlich verwendet man Tannin als Adstringens bei Blutungen, atonischen Geschwüren, bei Frostschäden und bei leichteren Graden von Decubitus. Zu Injectionen bei Blennorrhöen der Urethra, der Vagina, des Uterus. Zu Mundwasser bei Stomatitis, ulceröser Angina. — Zu Inhalationen gebraucht man Gerbsäurelösungen bei Laryngitis, Bronchitis, Keuchhusten, Lungenphthise.

Doses. Acidum tannicum, innerlich, am besten in Pillen- oder Pulverform, zu 0,2—0,5—1,0 p. dos. mehrmals täglich. Man vermeide dabei Zusätze, welche das Tannin unwirksam machen können, so namentlich Metallsalze.

Zu Injectionen, Inhalationen und Verbandwassern nimmt man Lösungen von ½—1(—2°/₀). Als Haemostaticum pur (z. B. mit Watte).

Natrium tannicum (wird improvisirt: Acid. tannic. und Soda oder Natr. bicarbon. q. s. ad perf. satur.), in entsprechenden Gaben innerlich.

Gallae, *Galläpfel*. Auswüchse auf den jungen Trieben von Quercus lusitanica, infectoria u. a. (Durchmesser von ca. 25 Millim.), hervorgerufen durch das Einlegen der Eier der Gallwespe (Cynips).

Diese Galläpfel enthalten ungefähr 50—70 % Gallusgerbsäure und werden zu deren Darstellung verwendet.

Cortex Quercus, *Eichenrinde*. Die Rinde von Quercus Robur. Sie enthält 7—10% Eichengerbsäure. Die Eichenrinde wird abgekocht und das Decoct ausserlich zu Waschungen, Einspritzungen und Bädern gebraucht. Man rechnet für letztere ½—1 Kilo auf 5—10 Liter Wasser.

Glandes Quercus tostae, *Eichelkaffee* (Ph. Helv.). Die Eicheln werden zerschnitten, geröstet und zu Pulver gestossen. Man bedient sich dieses Pulvers zu Aufgüssen, als mildes Adstringens bei chronischen Diarrhöen, namentlich bei Kindern. 2—3 Kaffeelöffel auf eine grosse Tasse.

Radix Ratanhiae. Die Wurzeläste von Krameria triandra, einer Strauchart, welche auf den Cordilleren von Bolivia und Peru wächst. Die Wurzel hat eine dunkelrothbraune Farbe; ihre Rinde enthält 20% Gerbsäure. Innerlich 0,5—1,5 in Pulver u. s. w., äusserlich zu Zahnpulver u. s. w. Extractum Ratanhiae der Ph. Helv., ein braunrothes Pulver, welches stark tanninhaltig ist, dargestellt durch wässerigen Auszug aus der Wurzel im Verhältniss von 1 : 4, ist in Deutschland nicht officinell; innerlich zu 0,2—1,0 in Pulverform oder Schüttelmixtur. Officinell ist die Tinctura Ratanhiae, 1 Thl. Wurzel auf 5 Thl. Weingeist, zu 30—40 Tropfen *pro dosi*; zu Zahntincturen.

Kino, *Gummi Kino* (Ph. Helv.). Schwarzrothe trockene Masse, durch Einschnitte in die Rinde des Pterocarpus Marsupium (Roxb.) (Leguminose), eines grossen Baumes der indischen Halbinsel und Ceylons, gewonnen. Kino enthält einige Procente Gerbsäure. In Pulverform zu $\frac{1}{2}$—1 Gr. *pro dosi* oder als Tinctura Kino, aus 1 Thl. und 5 Thln. Weingeist dargestellt, zu 30—40 Tropfen *pro dosi*; zu Zahntincturen.

Ferner: Catechu, eingetrocknetes Extract des Holzes von Acacia Catechu (Leguminose) aus Indien, eine poröse dunkelbraune Masse; Lignum Campechianum, ebenfalls in Deutschland nicht officinell, von Haematoxylon Camp. (Leguminose), grammweise als Pulver.

Folia Uvae ursi, *Bärentraubenblätter* (officinell). Die immergrünen ovalen Blätter von Arctostaphylos uvae ursi (Sprengel.) (Ericee). Die Folia enthalten Tannin, Gallussäure, Urson und das Glycosid Arbutin. Letzteres spaltet sich im Organismus in Zucker und Hydrochinon (im Harne als Aetherschwefelsäure erscheinend). Indem man deshalb bei Blasenkatarrhen, gegen welche Uva Ursi seit langem gegeben wird, eine antiseptische Wirkung des Arbutins neben der Tanninwirkung vermuthete, hat man auch Arbutin (zu 1,0 *pro dosi*, 5,0 *pro die*) gegen Blasenkatarrh versucht; die Urtheile lauten verschieden; es fragt sich, ob das Hydrochinon, in Form der Aetherschwefelsäure im Urin abgeschieden, antiseptisch wirken kann.

Fol. Uvae Ursi zu 10—50,0 *pro die* im Infus.

Folia Juglandis, *Nussblätter* (Ph. Helv.). Die Blätter von Juglans regia enthalten einen Bitterstoff und Gerbstoff. Sie werden getrocknet zu Thee gebraucht, 10,0 auf 150,0 Wasser. Bäder von lauem Wasser, mit Nussblätterextract bereitet, waren namentlich früher sehr beliebt für schwächliche scrophulöse Kinder. Extractum foliorum Juglandis ist auch gegenwärtig noch als Amarum und Adstringens gebräuchlich.

Folia Salviae, *Salbeiblätter*. Die Blätter von Salvia officinalis enthalten als wirksame Bestandtheile Gerbsäure und ätherisches Oel. Der Aufguss der Blätter wird als mildes und gleichzeitig aromatisches Adstringens bei leichten Formen von Stomatitis und Angina gebraucht. Innerlich hatte er eine Zeit lang einen Ruf als schweisshemmendes Mittel. Im Infus 5—25,0 : 150,0.

B. Metallische Adstringentien.

Argentum nitricum, Silbernitrat, Silbersalpeter, Höllenstein NO_3Ag.

Weiss, krystallinisch; löst sich in 0,6 Thln. Wasser und 10 Thln. Alkohol; wird durch organische Substanzen bei Sonnenlicht zu Metall reducirt (schwarze Flecke).

Auf Schleimhäuten, Wunden u. s. w. erzeugt die Berührung mit Höllenstein oder concentrirten Lösungen desselben weisse Flecke, indem sich weisse Eiweissgerinnungen (Silberoxydeiweiss; die NO_3 wird frei und bildet ihrerseits Nitro-Eiweissverbindungen) und Chlorsilber (wegen des constanten Gehalts der Gewebe an Chlornatrium) bilden. Unter dem Einflusse des Tageslichts werden diese Flecken, wie auch jeder Höllensteinfleck auf der Epidermis schwarz. Da die Eiweissverbindung unlöslich ist, so breitet sich die Höllensteinätzung weder in der Fläche aus, noch dringt sie, wenn man nicht mechanische Gewalt dabei anwendet, in die Tiefe (s. dagegen kaustische Alkalien). In Lösungen von $1/10 \%$ an bis zu 1% gefässverengernd; bei etwa $0,5\%$ beginnt jenes Grenzgebiet, in welchem bereits Trübung des behandelten Protoplasmas einzutreten anfängt (was für Cornea u. s. w. zu beachten ist); energischer ätzend wirken erst Lösungen von $2-10\%$ und darüber. Um bei localer Anwendung auch für den Höllenstein die schliessliche **Erweiterung** der Gefässe bei stärkerer Einwirkung experimentell nachzuweisen, bedarf es eines Kunstgriffes; sie wird erreicht durch **häufiger wiederholte** Anbringung (z. B. durch **längere** Berieselung) von $0,1-0,5\%$ Lösung. Würde man sie durch **Steigerung der Concentration** erzwingen wollen, so würde dies an der Thatsache scheitern, dass die äusseren Schichten der Arterie in Folge von Aetzung bereits in ein starres, der Erweiterung unfähiges Rohr umgewandelt sind, bevor das Mittel in der zur Erweiterung hinreichenden Menge die Nerv-Muskel-Schicht erreicht. — Styptisch wirkt Arg. nitr. in Experimente von 1% an, sehr feste zähe Gerinnsel bildend bei 10%.

Beim Verschlucken von Höllenstein in Substanz oder concentrirter Lösung giebt es innerliche Aetzungen mit deren Consequenzen. **Behandlung solcher Vergiftungen**: Nachtrinken von concentrirten Kochsalzlösungen (um Chlorsilber zu bilden, das unlöslich ist und nicht ätzt) und von Milch, Eiereiweiss (um Eiweissmaterial zur Stellvertretung für das lebende Eiweiss dem Gifte zu bieten); daneben dann Entleerung des Magens u. s. w.

THERAPEUTISCHE ANWENDUNG. (Als Alterans s. S. 139.) In kleinen Dosen, $0,01-0,02$, bei Kindern kleinere Dosen (in $1/2\%$ Lösung, bei Erwachsenen in Pillen), wird Höllenstein innerlich (auch per Clysma) angewendet, als local wirkendes Adstringens: **bei subacuten und chronischen katarrhalischen Affectionen der Darmschleimhaut mit Diarrhöen.** — Soll Arg. nitr. in Clysma gegeben werden, so bereitet man Lösungen von $0,2-0,5\%$ mit oder ohne Zusatz von Gummi und Opium.

Oertlich werden Höllensteinlösungen angewendet bei katarrhalischen und ulcerösen Schleimhautaffectionen der Augen, der Nase, der Mundhöhle, der Blase, der Urethra, in der Regel jedoch erst **nach Ablauf der acutesten Erscheinungen** in Form von Bepinselungen und Injectionen. Als prophylaktisches Mittel werden verdünnte Lösungen von Höllenstein (1 °/o) mit Erfolg gegen die Augenentzündung Neugeborner angewendet. Will man den überschüssigen Höllenstein an der Applicationsstelle rasch neutralisiren, so gebraucht man eine Abpinselung oder Auswaschung mit verdünnter Kochsalzlösung. — Bei schlecht heilenden Hautwunden, Erosionen, Geschwüren, Brandwunden wird ebenfalls vielfach Gebrauch von Höllenstein gemacht. — Als **Aetzmittel** für diphtherische Flächen. In allen diesen Fällen nimmt man stärkere Solutionen, bis auf 10°/o oder den Höllenstein in Substanz (Cave bei Rachendiphtherie: Abbrechen des Stifts und Verschlucken!).

PRÄPARATE.

1) *Argentum nitricum* (Arzneib. f. d. D. R.). *Argentum nitricum fusum* (Ph. Helv.), (*Lapis infernalis*), in Stangenform gegossen. *ad* 0,03!]*ad* 0,2 *pro die!*

(Ph. Helv.: *Argentum nitricum*, wäre in Deutschland mit [nicht offic.] „arg. nitr. crystallisatum" zu bezeichnen. Farblose blätterige Krystalle, welche am Licht und bei Gegenwart von Staub, resp. organischer Substanz, bald schwarz werden; sie enthalten kein Krystallwasser.)

2) *Argentum nitricum cum Kalio nitrico*, s. *Lapis infernalis mitigatus*. Arg. nitric. mit 2 Thln. Kalium nitricum in Stangenform zusammengeschmolzen; nur äusserlich in Substanz angewandt, wirkt milder als das vorige.

Plumbum, Blei.

Die im Wasser löslichen Bleisalze sind in mässigen Concentrationen ebenfalls Adstringentia. Plumbum aceticum erzeugt local in Lösungen von $^1/_{100}$—1°/o Gefässverengerung; schliessliche Erweiterung (nach kurzer Verengerung) zeigt sich von 2°/o an aufwärts; bei 5°/o tritt materielle Schädigung der Gewebe ein. Die löslichen Bleisalze zerlegen die Chloride, Carbonate, Sulfate und Phosphate der Gewebeflüssigkeiten, indem sich schwerlösliche Salze, Chlorblei, kohlensaures Blei u. s. w. bilden; mit den Eiweissstoffen in Berührung kommend, fällen sie diese in Form von Bleialbuminaten, was hier wie beim Höllenstein nach Verschlucken dieser Stoffe in Substanz oder concentrirten Lösungen zu corrosiver Gastroenteritis führen kann: doch sind, obschon Dosen von einigen Gramm schon schädlich sind, Gaben von 10—50,0 glücklich überstanden worden; überhaupt sind tödtliche acute Vergiftungen beim Menschen selten; offenbar wird wegen der localen Wirkung und Festlegung des Giftes wenig resorbirt. Man sieht in solchen schweren Fällen (ähnlich wie bei acuten Kupfervergiftungen) Erbrechen, Benommenheit, leichte Betäubung, ferner tetanische Muskelcontractionen, besonders in den Beinen, ausserdem aber Herzschwäche. Häufig ist Magenschmerz, Kolik, Verstopfung oder (häufiger) Durchfall. In Thierversuchen zeigt sich, ausser Localwirkung, Lähmung des

Herzens und des Centralnervensystems, ausserdem bei einiger Dauer der Vergiftung fettige Degeneration in der Leber, speciell in der Peripherie der Acini; bei passender Einbringung $^1/_{80}-^1/_{10}{}^0/_0$ Lösungen in die Blutbahn sieht man zuerst mässige Blutdrucksteigerung und Darmkrampf mit Diarrhö; das Blei wirkt hierbei wohl auf die nervösen Apparate, da Atropin den Darmkrampf beseitigt. Nach grösseren Dosen sieht man dann Auflösung der rothen Blutkörperchen, Schattenbildung, Hämoglobinämie u. s. w. Leichter als durch Plumb. aceticum sind diese acuten (resorptiven) Wirkungen durch die gut resorbirbaren metallorganischen Bleiverbindungen (z. B. Bleitriäthyl) zu erzielen, welche im Organismus allmählich zerfallen. Noch mehr empfiehlt sich hierzu nach meinen neueren Versuchen eine Auflösung von Bleihydroxyd in nicht zu verdünnter Lösung von weinsaurem Natrium; hier ist die Localwirkung geringfügig, die Resorption bedeutend. Am Frosche sieht man ausser Lähmung des Hirns und Rückenmarks und Schwächung des Herzens eine bisher nicht genügend gewürdigte Einwirkung auf die quergestreifte Musculatur, welche — auch wenn curaresirt — auf **kurze** (mechanische oder faradische) Reizung in **längeren** Tetanus verfällt, was die tetanischen Krämpfe am Menschen (Ueberdauern der Innervation) erklärt und einen Anhalt für die Erscheinungen der **chronischen** Affection der Muskeln durch Blei (s. unten) abgiebt. — Auch nach **subcutaner** Darreichung des Bleies in der angegebenen Form sieht man im Darm des Säugethiers eigenthümliche dunkle Verfärbungen der Schleimhaut, die sich mikroskopisch als eine im Epithel — als Bleisaum — vorhandene Einlagerung von körnigem, amorphem, schwärzlichbraunem Schwefelblei darstellt; ausserdem findet man auch in den Lymphcapillaren des Darms diese Einlagerung. Offenbar hat hier der Schwefelwasserstoff des Darms — notabene nicht bei interner Application des Giftes — das resorbirte Blei an Ort und Stelle niedergeschlagen, — was für die Theorie des „Bleisaums" bei chronischer Vergiftung von Interesse ist (s. unten). — Das **Knochenmark** besonders des Femur fand ich an Säugethieren bei derartigen subacut angestellten Vergiftungen auch in den Epiphysen intensiv geröthet, wie Himbeergelée aussehend; es enthielt sehr reichliche Erythrocyten und viele Leucocyten mit Trümmern rother Blutkörperchen; daneben bestand auffallende Anämie des Gesammtthieres (Hund, Kaninchen); vergl. hiermit die Anämie der chronisch bleivergifteten Menschen (s. unten).

THERAPIE DER ACUTEN VERGIFTUNG: Milch, Eiweiss; wo zur Hand, auch sehr verdünnte Schwefelsäure, zur Bildung unwirksamen Bleisulfats; Glauber-, Bittersalz.

CHRONISCHE BLEIVERGIFTUNG: Nach langdauernder Zufuhr (mindestens 3 Monate) von übrigens selbst höchst geringfügigen Einzelmengen Bleies, gleichviel ob metallischen Bleies (Schriftsetzer, Bleiarbeiter u. s. w.), oder irgend einer Bleiverbindung, z. B. Bleiweiss (Tüncher u. s. w.), Mennige, Bleiacetat (medicinale Vergiftungen) u. s. w., entsteht bei Menschen eine Intoxication, welche mit Verminderung des Appetites, Abnahme der Kräfte, Abmagerung und auffallendem Bleichwerden (Anämie) beginnt. Das Zahnfleisch bekommt am Rande eine blaugraue Färbung (PbS); nicht selten sieht man schiefergraue Flecken auf der Schleimhaut der Lippen und der Wangenfläche. Ausser diesen bleibenden Symptomen (sog. Bleikachexie) erscheinen gelegentlich in unregelmässiger Weise recidivirend folgende Leiden: Als erster solcher Symptomencomplex tritt meist die Bleikolik (Colica saturnina) auf. Sie äussert sich in heftigen Schmerzen des Unterleibes, welche durch Druck auf die Bauchgegend sich nicht steigern, sondern eher nachlassen; dabei ist die Bauchwand hart, eingezogen; hartnäckige Stuhlverstopfung begleitet diese Erscheinungen; kein Fieber; der Puls auffallend verlangsamt, hart. Unbehandelt dauert dieser Kolikanfall in schwankender Intensität acht, vierzehn Tage und noch mehr. (Therapie: Opium [s. dieses]; palliativ: Amylnitrit [s. dieses].) Eine andere häufige Störung, die ebenfalls unregelmässig periodisch sich zeigt, sind: Arthralgien (Gliederschmerzen), Schmerzen in den Beugern, oft von anhaltender, krampfhafter Contraction (wie beim Waden- und Sohlenkrampf) begleitet. Bei weiterer Entwicklung der Intoxication zeigt sich Abmagerung der Dorsalfläche des Vorderarms, Verminderung der Sensibilität, Paralyse besonders der Extensoren der Hand und der Finger; es zeigt sich bei elektrischer Prüfung die (für periphere Lähmungen charakteristische) sogenannte Entartungsreaction. Diese Lähmungen können sich allmählich auch auf die unteren Extremitäten und den Rumpf ausdehnen. Bei schwersten Intoxicationen beobachtet man Encephalopathien in verschiedenen Symptomencomplexen (epileptiforme, eklamptische, Psychosen) sich äussernd, Amblyopien und Amaurosen. Eine häufige Erscheinung bei vorgerückten Graden ist auch die Albuminurie, welche häufig mit Schrumpfniere in Zusammenhang steht. Die Nieren werden oft atrophisch und granulirt. Auch kann sich die (s. bei Eisen) bereits erwähnte „Metallniere" entwickeln, wenn eine massigere Zufuhr von Bleipräparaten stattfindet.

Nach langer Einwirkung von Blei (und andern Metallen) sieht man pathologisch-anatomische Veränderungen in den Organen, indem einerseits die Zellen (Drüsenzellen, Muskelfasern u. s. w.) verkümmern, fettig degeneriren, schwinden, und andererseits theils in Folge hiervon, theils wohl auch primär das Bindegewebe wuchert und später die Zellen u. s. w. narbenartig strangulirend, diese zu weiterem Schwunde führt.

Die Muskellähmung (Extensoren u. s. w.) hat auch pathologisch-anatomisch den peripherischen Charakter. Degeneration des Muskels und aufsteigende Nervendegeneration; auch in den Nerven anscheinend noch nicht gelähmter Muskeln findet man bereits viele entartete Fasern, wie auch die betreffenden Muskeln schon recht atrophisch sein können. Es ist beachtenswerth, dass diejenigen Muskeln, welche physiologisch besonders aus „rothen" Fasern bestehen (röthere Fasern mit deutlicherer Längsstreifung, reicher an Muskelkernen, kräftiger und langsamer ablaufende Contraction vollziehend, bei faradischer Reizung besser auf seltenen unterbrochnen Reiz reagirend) nach Blei mehr die schmerzhaften Crampi zeigen, während die sogenannten „weissen" Muskeln, welche weniger durch Kraft als durch Geschicklichkeit, Präcision und Schnelligkeit der Bewegung und durch Anspruchsfähigkeit gegen häufigen unterbrochenen Reiz u. s. w. charakterisirt sind, viel empfindlicher als die „rothen" sind und besonders mit Lähmung und Schwund auf Blei reagiren.

THERAPIE DER CHRONISCHEN VERGIFTUNG: 1) Symptomatisch (s. oben unter Bleikolik); bei Lähmungen: Elektricität, Bäder. 2) Hauptsächlich allgemeine Behandlung: Beseitigung und Verhinderung weiterer Giftzufuhr (deren Quelle zu ermitteln oft schwierig ist); Jodkalium (s. dieses) mehrere Wochen hindurch; daneben Schwitzkur. Anregung des Stoffwechsels (reine, milde Luft, reichliche Bewegung, mässiges Bergsteigen; später Seebäder u. ähnl. b. guter Kost u. s. w.).

THERAPEUTISCHE VERWENDUNG, PRÄPARATE UND DOSEN.

1) Plumbum aceticum. Saccharum Saturni. Neutrales essigsaures Blei. Bleizucker Pb $(C_2H_3O_2)_2 + 3H_2O$. Ein weisses krystallinisches Salz, in Wasser leicht löslich, an der Luft Wasser verlierend, verwitternd, von süsslichem, nachher adstringirendem Geschmack. Innerlich gebraucht bei Diarrhöen, in Pulverform zu 0.03—0.1 *ad* 0.1 *pro dosi*! *pro die* 0.5. Zuweilen, um nach Resorption an verschiedenen Stellen adstringirend zu wirken (fraglich), auch bei Lungenblutungen, Lungenentzündung und Lungenbrand. Aeusserlich als Adstringens zu $^1/_2$—5% in aq. destill.

2) Liquor Plumbi subacetici. Acetum plumbicum. Basisch essigsaures Blei. Bleiessig. Durch Erwärmen des neutralen Salzes mit Bleioxyd erhalten, von alkalischer Reaction. Spec. Gew. 1,24. Dieses Präparat wird als solches nicht benutzt, dagegen stellt man mit ihm verschiedene andere dar:

a) Aq. Plumbi (officinell), aus 1 Thl. Liq. Plumb. subacet. und 49 Thln. aq. destill.

b) Aq. Goulardi (nicht offic.), aus 1 Thl. Liq. Plumb. subacet, 1 Thl. Spirit. vini und 48 Thln. Aq. fontana bestehend; die milchichte Trübung dieses Bleiwassers rührt namentlich vom kohlensauren Blei her, welches durch Zersetzung des Kalkcarbonates des Brunnenwassers bei der Mischung entsteht. — Beide werden zu antiphlogistischen Umschlägen gebraucht.

c) Unguentum Plumbi s. Ceratum Saturni, aus 2 Thln. Bleiessig, 19 Thln. Paraffinsalbe: nach Ph. Helv. aus 2 Thln. weissem Wachs, 6 Thln. Olivenöl, 1 Thl. Liq. Plumb. subacet. und 1 Thl. Rosenwasser.

d) Unguentum Plumbi tannici: Gerbsäure 1, Bleiessig 2, Schweineschmalz 17. Gelblich. Ph. Helv. 8 Thl. Eichenrinde mit 40 Thln. Wasser gekocht, der Colatur 4 Thl. Liq. Plumb. subacet. und 1 Thl. Spiritus zugesetzt. Der feuchte Niederschlag wird mit Glycerin vermischt. Eine braune gelatinöse Masse, welche mit Fett zum Verband bei Decubitus verwendet wird.

Die Oxyde des Bleis (Lithargyrum, Bleiglätte, gelbliches Pulver; Minium, rothes Pulver) werden vorzugsweise zur Bereitung von Pflastern (Emplastra) verwendet:

a) **Emplastrum Lithargyri s. Plumbi simplex s. Diachylon simplex.** Gleiche Theile Bleiglätte, Olivenöl und Schweinefett werden (mit $^1/_8$ Wasser) gekocht: eine weisse Pflastermasse, welche auch zur Bereitung folgender Präparate dient:

b) **Emplastrum adhaesivum** (Heftpflaster). 100 Thl. Bleipflaster werden geschmolzen und mit 10 Thln. gelben Wachs, 10 Thln. Dammarharz, 10 Thln. Geigenharz und 1 Thl. Terpentin vermengt.

c) **Emplastrum Lithargyri compositum**, bereitet aus 24 Thln. Bleipflaster, 3 Thln. gelben Wachs, 2 Thln. Ammoniakgummi, 2 Thln. Gummi Galbanum und 2 Thln. Terpentin.

d) **Empl. fuscum camphoratum** (braunes Mutterpflaster): 30 Thle. Mennige mit 60 Thln. Olivenöl gekocht, nachheriger Zusatz von 15 Thln. gelben Wachs und 1 Thl. Kampher.

Die erwähnten Pflastermassen werden in Tafeln, Stangen, Stucken oder auf grobe Leinwand gestrichen vorräthig gehalten.

Unguentum diachylon, *Hebrasalbe*. Bleipflaster wird mit gleichen Theilen Olivenöl bei gelinder Wärme zusammengeschmolzen. Fast weisse Salbe.

Unguentum Cerussae. Bleiweisssalbe. Eine sehr weisse Salbe, welche aus 3 Thln. Bleiweiss und 7 Thln. Paraffinsalbe bereitet wird.

Unguentum Cerussae camphoratum. 19 Thle. des vorigen Präparates und 1 Thl. Kampher.

Zincum, Zink.

Die löslichen Zinksalze sind adstringirend. Zincum sulfuricum verengt die Gefässe in Lösungen von $^1/_{30}$—$^1/_{2}$ %; schliessliche Erweiterung (nach kurzer Verengerung) von 1 % an aufwärts; Schädigung der Gewebe bei 5 %. — Es giebt auch eine resorptive „Zinkwirkung". Zinkhüttenarbeiter, welche Zinkdämpfe einathmen müssen, bekommen (ausser wohl local bewirkten Katarrhen der Luftwege u. ähnl.) eine Vergrösserung der Leber und Milz und eine Neigung zu Durchfällen; sie altern schnell; werden lichtempfindlich, bekommen leicht Blendungsskotome, Nachtblindheit (daneben — wohl local bedingt — Xeroxis conjunctivarum); nach Jahren entwickelt sich ein „Rückenmarksleiden", Hyperästhesien, Par- und Anästhesien, Gürtelgefühl, Reflexübererregbarkeit, inclusive der Sehnenreflexe, Muskelzittern, Schwäche.

Die alten Aerzte sahen in den nicht adstringirenden Zinkpräparaten (Zinkoxyd, Zincum lacticum) „narcotica mineralia" — vielleicht nicht mit Unrecht. In Thierversuchen sieht man zunächst Abnahme der Reflexerregbarkeit.

1) **Zincum sulfuricum** SO_4Zn+7H_2O. Schwefelsaures Zinkoxyd. Zinkvitriol. Farblose, in Wasser lösliche Krystalle. Wirkt örtlich in schwachen Dosen als Adstringens, in stärkeren als Irritans, in Substanz leicht ätzend, im Magen bewirkt es auch bei schwacher Concentration Erbrechen (s. Emetica). Wird local angewendet als Adstringens: in der Augenheilkunde; zu Injectionen bei Blasen- und Urethralkatarrh (nicht über 0,5 %). Dosis 0,1—2,0 auf 100,0 Wasser.

2) **Zincum chloratum** s. **muriaticum** $ZnCl_2$. Zinkchlorid. Eine leicht zu einem Sirup zerfliessende krystallinische Salzmasse, welche örtlich je nach der Concentration intensive, selbst kaustische Wirkungen hervorbringen kann. Innerlich wird es nicht gebraucht. Aeusserlich kann man es als Aetzmittel in verschiedenen Formen verwenden. Lösungen von 5—15 % werden in der Chirurgie als antiseptisches Verbandwasser benutzt (s. Antiseptica).

Um die pathologisch gesteigerte Reflexreizbarkeit der Nervencentren herabzusetzen, bei Convulsionen der Kinder, Epilepsie, Gastralgien u. s. w. gebraucht man zuweilen (mit wenig sicherem Erfolge): **Zincum valerianicum, Zincum lacticum, Zincum oxydatum** (Flores Zinci). Die Dosen, welche gewöhnlich in Pulverform gegeben werden, variiren sehr, bei Kindern von 0,05—0,1 p. dos., bei Erwachsenen von 0,1 bis 1,0 p. dos. Das Zincum oxyd. wird auch äusserlich in Salbenform als mildes Adstringens und als Antisepticum gebraucht; die officinelle Zinksalbe, Unguentum Zinci besteht aus 1 Thl. Zinc. oxyd. und 9 Thln. Schweineschmalz.

Cuprum sulfuricum, *Kupfervitriol* SO_4Cu+5H_2O (s. Emetica und Cauteria). Im Experimente von $\frac{1}{20}$—1 % gefässverengernd, schliessliche Erweiterung von $2\frac{1}{2}$ % an; Schädigung der Gewebe bei 5 %. Für die Praxis benutzt man als adstringirend Lösungen von 0,1—1 %, stärkere Concentrationen sind reizend und ätzend. Für Augentropfwasser dürfte $\frac{1}{2}$ % die Grenze sein.

Liquor Ferri sesquichlorati (s. unter Eisen, Tonica), enthält 10 % Eisen resp. 29 % (wasserfreies) Ferrum sesquichloratum, spec. Gewicht 1,28 (Ph. Helv. 1,29); am Froschmesenterium ist (wasserfreies) Eisenchlorid in Lösungen von $\frac{1}{10}$—1 % gefässverengernd; schliessliche Erweiterung von $2\frac{1}{2}$ % aufwärts; Schädigung der Gewebe bei 5 %; Blutgerinnung schon bei $1\frac{1}{2}$ %, gut hämostatisch aber erst 2—10 %. Vom Liquor sind für die Praxis Verdünnungen von 1—5 : 100 als Adstringens (nur bei Neigung zu Blutungen) im Gebrauch; als Stypticum der Liquor pur oder mit Wasser 1—3 verdünnt.

Bismutum, Wismut.

Von den Präparaten dieses Metalls ist gegenwärtig nur noch das basisch salpetersaure Wismut, **Bismutum subnitricum** (Magisterium Bismuti) in Gebrauch. Das basische Salz bildet sich, wenn man eine Lösung von krystallisirtem neutralen salpetersauren Wismut mit Wasser verdünnt: es scheidet sich dann sofort das basische Salz als weisses Pulver aus. Es ist in Wasser unlöslich und wird auch von verdünnten organischen Säuren nicht verändert. (Im Magensafte wird es vielleicht spurweise gelöst.)

Wismut gehört chemisch zur Gruppe Phosphor-Arsen-Antimon und zeigt auch in seinen Wirkungen einige Anklänge dieser Zugehörigkeit. Indess resorbirt der Magen und Darm Wismutsalze überhaupt fast nicht und namentlich das Magisterium so gut wie gar nicht, so dass hier nur locale (vermuthlich adstringirende) Wirkungen, die übrigens noch nicht genügend studirt sind, zu Stande kommen können. Von Wunden aus wird dagegen das Magisterium theilweise resorbirt, und noch leichter werden lösliche Wismutsalze bei subcutaner Injection resorbirt. Hier erfolgt eine Intoxication, die an subcutane Vergiftung durch Arsenik und Tartarus stibiatus einigermaassen erinnert; nur zeigen sich hier constant (auch bei Fröschen) Convulsionen, wie nach Pikrotoxin von Pons und Medulla oblongata ausgehend und dann erst, neben Sinken des Blutdrucks bis zur Null, allgemeine Paralyse, zuletzt auch Herzlähmung. Die Ausscheidung erfolgt durch die hierbei erkrankenden Nieren (Albuminurie) und den ganzen Magendarm-Tractus. Wo Schwefelwasserstoff vorhanden, oder Fäulniss besteht (z. B. auch im Munde, besonders im Dickdarm), wird das Wismut noch vor seiner Ausscheidung, noch in den Capillaren und im Gewebe als Schwefelwismut gefällt: was zum Absterben jener Schleimhautstellen, zu diphtheritischen Verschwärungen daselbst führt. — Innerlich gegeben, verleiht Magisterium Bismuti den Fäces eine fast schwarze Färbung durch sich bildendes Schwefelwismut.

Man wendet Magist. Bism. an: 1) bei Diarrhöen, sowohl solchen, welche zur Sommerzeit bei Kindern und Erwachsenen auftreten, als auch bei chronischen Darmleiden verschiedenster und dunkelster Art. Wie das Wismut in solchen Fällen wirkt, ist noch unentschieden. — 2) Bei allen Formen von Cardialgie.

Das Bism. subnitr. ist auch als antiseptisches Verbandsmittel verwendet worden (Intoxicationen dabei siehe oben, also Vorsicht nöthig).

Dosen. Bismutum subnitricum zu 0,1—1,0 in Pulvern.

Zur Localanwendung ist neuerdings das (nicht officinelle) Bismutum subjodicum empfohlen worden.

Dermatolum (Bismutum subgallicum), *basisch gallussaures Wismut.* Neues Wundheilmittel, zu Trockenverbänden. Wird nicht resorbirt, daher ungiftig; hat sich bereits sehr gut bewährt.

Alumen, Alaun, Schwefelsaure Thonerde-Kali $(SO_4)_2AlK + 12H_2O$.

Grosse durchsichtige Oktaëder-Krystalle; löslich in Wasser 1:8.

Alaun bewirkt am Froschmesenterium Gefässverengerung bei $^1/_{20}$ bis $^1/_2 \%$, schliessliche Erweiterung von 1‰ an aufwärts, Schädigung der Gewebe erst bei 10‰. Toxische Wirkungen sind sehr selten.

Alumen wird innerlich als Adstringens bei Diarrhöen gebraucht. Man gibt es in Solution mit Gummi und Sirup, eventuell mit Opiumzusatz, zu 1,5 bis 2,0 *pro die.* Im Uebrigen wird es auch, wie andere Adstringentien, innerlich bei Blutungen verwendet. Ueber seine Aufnahme ins Blut und seine Ausscheidung liegen noch keine ausreichenden Beobachtungen vor. — 1‰ bis 2‰ Lösungen werden als Gurgelwasser, zu Injectionen und Inhalationen benutzt.

Alumen ustum. Der seines Krystallwassers durch Glühen beraubte Alaun ist ein weisses Pulver, welches zuweilen zum Bestreuen wunder, schlecht heilender Stellen als mildes Causticum benutzt wird.

VIII. Gruppe.
RUBEFACIENTIA. VESICANTIA. CAUTERIA[1]).

Seit den ältesten Zeiten hat sich in der Therapie die Ansicht erhalten, dass man durch künstlich auf der Haut erzeugte Hyperämien, Blasenbildungen und Eiterungen tiefere, ja sogar entfernter liegende pathologische Processe zum Stillstand bringen könne. Diese therapeutische Methode, welche als ableitende, derivative, antagonistische, revulsive bezeichnet worden ist, hat sich nie verdrängen lassen, sie ist in der einen oder anderen Form immer wieder aufgetaucht, und gilt auch heute noch, wenn auch die Fälle. in denen sie angewendet wird, nicht mehr so häufig sind, wie früher.

Zuweilen handelt es sich um leicht übersehbare Reflexvorgänge von der Reizung der sensiblen Nerven her, zuweilen um Ablenkung der Aufmerksamkeit durch eine neue starke sensible Erregung, durch welche andere unangenehme Empfindungen weniger zum Bewusstsein kommen u. s. w. Meistens dürfte die angebliche Wirkung gar nicht vorliegen.

Die „Hautreize" und die dadurch erzeugte Haut-Hyperämie (auch auf mechanischem Wege, z. B. durch Frottiren, unblutige Schröpfköpfe, oder thermischem, elektrischem u. s. w. Wege erreichbar) werden vorzugsweise angewendet gegen rheumatische Schmerzen, welche ohne bedeutende entzündliche oder fieberhafte Erscheinungen ihren Sitz im Verlaufe von Nervensträngen, Fascien oder Muskeln haben, ferner als Milderungsmittel gegen Irritationssymptome, wie solche bei den verschiedenen Formen von Rachen- und Lungencatarrhen aufzutreten pflegen, bei Athmungsbeschwerden Asthmatischer und Stockung in dem Rhythmus der Respirationsbewegungen. Die physiologischen und therapeutischen Wirkungen sind in allen diesen Fällen kurzdauernd, transitorisch.

Energischer auf das Hautorgan wirken die Vesicantien: sie veranlassen nach einiger Zeit die Bildung eines serösen Exsudates aus dem Corium, welches die Epidermis in Blasen abhebt. Lässt man die Flüssigkeit auslaufen und behandelt die Stelle indifferent, so heilt diese Verletzung in wenigen Tagen. Wird dagegen die abgehobene Epidermis entfernt und das blossgelegte Corium mit reizenden Präparaten verbunden, so erfolgt nach einigen Tagen eine Eiterung, welche Wochen und Monate lang unterhalten werden kann (nicht mehr üblich).

Angewendet werden — oder: wurden die Blasenpflaster bei stärkeren und schmerzhafteren entzündlichen Vorgängen wie: schmerzhaftem

---

[1]) Rothung. resp. Entzündung erzeugende, blasenziehende, ätzende Mittel.

Muskel- und Gelenkrheumatismus, circumscripten entzündlichen Affectionen des Periost, Neuralgien, bei schmerzhafter Pleuritis sicca und Pleuritis exsudativa serosa. (Sie rangiren hierin mit den topischen Blutentziehungen in Form von Blutegeln und Schröpfköpfen, welche jetzt übrigens auch sehr ausser Mode sind.)

Eine an derartigen Stellen durch reizende Verbandmittel (Ung. basilicum) in Scene gesetzte und unterhaltene Eiterung galt und gilt Manchen noch als ein Mittel zur Beförderung der Resorption von Exsudaten. Man wendet sie entweder unmittelbar über der erkrankten Stelle an, oder, wo dieses wegen der Lage der Theile nicht möglich ist, an näher oder weiter davon liegenden Hautstellen. —

Bei der Anwendung endlich der Cauterien wird entweder die local zerstörende oder die revulsive Wirkung ins Auge gefasst. Bei der ersteren bezweckt man durch das Cauterium eine Vernichtung des pathologischen Gewebes. Auch bediente man sich ihrer, um adhäsive Entzündungen hervorzubringen: z. B. bei Hernien, bei Echinococcus-Säcken in der Lebergegend, um nachherige operative Entleerung des Inhalts vorzunehmen; auch um tiefliegende Abscesse auf diesem Wege zum Durchbruch zu bringen. Heute wendet man dieses Verfahren nur noch da an, wo ein directes operatives Vorgehen aus diesem oder jenem Grunde nicht zulässig ist.

Wünscht man vom Cauterium eine revulsive Wirkung, so gelten annähernd dieselben Indicationen, welche bei den Vesicantien erwähnt wurden.

A. Rubefacientia.

Semen Sinapis nigrae, Senfsamen.

Die Samen von Brassica nigra (Koch) (Cruciferae). Schwarzer Senf. Die Pflanze ist über alle Erdtheile verbreitet. Der wirksame Bestandtheil ist das flüchtige Allyl-Senföl, welches in den Samen nicht präformirt vorkommt, sondern erst bei Berührung der zerkleinerten Samen mit warmem Wasser sich bildet; die Samen enthalten myronsaures Kalium, welches durch den Einfluss eines ebenfalls in den Samen vorhandenen eiweissartigen Ferments: Myrosin, bei Anwesenheit von Wasser, am besten lauwarmem, zu Zucker, saurem schwefelsauren Kalium und Allyl-Senföl $S=C=N.C_3H_5$ zerfällt. (Die Senföle sind die Aether der Isothiocyansäure $CS.NH$.) Der Schwefel- und Stickstoffgehalt ist beachtenswerth.

Das Ergebniss an Senföl aus dem Samen ist etwa 0,5 °/o. Kaltes Wasser bringt den Process nur theilweise in Gang, und sobald das Wasser eine Temperatur über 70° C. hat, bleibt der Spaltungsprocess für immer aus, indem bei diesem Wärmegrad das Myrosin coagulirt wird. — Das Senföl kann auch künstlich dargestellt werden. — Aus dem Senfsamen wird durch Auspressen noch ein indifferentes fettes Oel dargestellt im Betrage von ca. 30 °/o.

Der Senfsamen (ebenso der weisse Senf von Brassica alba) wird bekanntlich auch zur Bereitung des „Tafelsenf" oder auch „Mostrich" genannten Gewürzes benutzt (siehe Gewürze unter „Excitantia"). Aeusserlich wendet man den gepulverten Senf zu „Senfteigen", Bädern u. s. w. als Hautreiz an. Das unverdünnte reine Senföl (flüchtig, ungemein scharf) wirkt höchst reizend und kann in kurzer Zeit nicht nur Hyperämie, sondern auch Blasenbildung und Phlegmone verursachen.

PRÄPARATE.

1) *Semen Sinapis.* Zur Bereitung eines Senfteiges mischt man Senfmehl, womöglich frisches, mit gewöhnlichem Mehl im Verhältniss von 1:1 und bereitet unter Zusatz von lauem Wasser ein Kataplasma, welches auf die Haut applicirt in wenigen Minuten durch Entwicklung des reizenden Senföles Hyperämie hervorruft. Zu Bädern 100—250,0.

2) *Oleum Sinapis.* Kaum benutzt.

3) *Spiritus Sinapis.* 1 Thl. Senföl mit 49 Thln. Weingeist; hautröthende Einreibung; man lässt auch Watte oder Flanell damit getränkt auf die Haut auflegen.

4) *Senfpapier (Papier Rigollot).* Gepulverter schwarzer Senf ist vermittels einer Kautschuklösung auf Papier fixirt. Taucht man dieses Papier in laues Wasser und legt es auf die Haut, so hat man auch in Kurzem die Wirkung (ist reinlicher und handlicher als Senfteig).

Terebinthina, Terpentin. Oleum Terebinthinae, Terpentinöl.

Europäische und amerikanische Pinus- und Abiesarten (Coniferen) liefern direct aus dem Holze eine flüssige Harzsubstanz, Terpentin genannt, welche an der Luft fester wird. Aus ihr erhält man durch Destillation ein ätherisches Oel, Terpentinöl, welches zu 15—30°/₀ in ihr enthalten ist und hauptsächlich aus Pinén besteht, das der Gruppe der Terpene $C_{10}H_{16}$ angehört (gehen durch Entziehung von 2H in Cymol, d. i. Methylnormalpropylbenzol, über); es bleibt Harz zurück, Colophonium genannt. — Terpentinöl brennt mit russender Flamme.

Das „Oleum Terebinthinae" der Pharm. (altes Terpentinöl) hat Sauerstoff aufgenommen und enthält Ozon; das „Oleum Terebenthinae rectificatum" ist O-frei. Das Terpentinöl löst sich nur spurweise in Wasser, ist leichter als dieses; leicht löslich in Alkohol, Aether und fetten Oelen; löst Harze und Fette. Das nicht-rectificirte Oel ist ein Ozonüberträger, antiseptisch.

PHYSIOLOGISCHE WIRKUNG. Das Terpentinöl wirkt örtlich reizend. Seine Aufnahme ins Blut kann erfolgen: von der Haut aus bei Einreibungen; durch Inhalation, weil es ein flüchtiges Oel ist, und von Seiten des Verdauungsapparates. Ueber die resorptiven Wirkungen kleiner Dosen beim Menschen besitzen wir nur geringe Kenntnisse. Bei stärkeren Dosen zeigen sich Uebelkeit, Brechreiz, Kopfschmerz, Schwindel, Angstgefühle; die Zahl der Athemzüge und des Pulses sinkt. Die Exspirationsluft hat schon nach kleinsten Gaben (z. B. subcutan oder per Clysma applicirten) Terpentinöls seinen Geruch. Die Urinausscheidung wird häufig vermehrt, und der Harn nimmt schon nach minimalen Dosen einen eigenthümlichen (Veilchen-)Geruch an, indem der Geruch des Terpentinöls mit dem normalen Harngeruche sich combinirt. Bei Vergiftungen (die übrigens sehr selten sind) sah man Trunkenheit, Erbrechen,

Durchfälle, Strangurie, Collaps und Convulsionen (bei einem Kinde nach 15,0, bei Erwachsenen meist erst nach mehr als 100,0).

Im Thierexperimente sieht man das Terpentinöl die Function und die Erregbarkeit des Nervensystems, speciell desjenigen Bezirks, welcher die Kreislaufs- und Athmungsorgane beherrscht, herabsetzen.

THERAPEUTISCHE ANWENDUNG. 1) Bei Lungenkrankheiten, chronischer Bronchitis, Lungengangrän, putrider Bronchitis, sowohl vom Magen aus, als in Form der Einathmung von Dämpfen: wegen der antiseptischen Wirkung der ex- resp. inspirirten Dämpfe. — 2) Bei Neuralgien, Ischias u. s. w. — 3) Bei Gallensteinkolik; das bekannte DURANDE'sche Mittel besteht aus 1 Theil Terpentinöl und 3 Thl. Aether (der Aether als Anodynon ist vermuthlich hier die Hauptsache). — 4) Gegen Meteorismus, auch im Klystieren. — 5) Gegen Bandwürmer (wenig üblich, es giebt bessere Mittel). — 6) Als Antidot bei Phosphorvergiftung (s. diese) als O-Ueberträger (das nichtrectif. Oel).

Aeusserlich wird es rein oder in Gemengen mit Chloroform, spirituösen Präparaten, Salben und Oelen zu Einreibungen, besonders gegen rheumatische Schmerzen als Hautreiz benutzt. Gegen Erysipel in Form von Einpinselung, mehrmals täglich, ist es empfohlen.

Durch Behandlung des Ol. Ter. in alkoholischer Lösung mit Salpetersäure unter Luftdurchleitung im Sonnenlichte wird ein Körper $C_{10}H_{16}(H_2O)_3+H_2O$ gewonnen, welcher *Terpinum hydratum* (offic.) heisst: farblose, rhombische Krystalle, schwer löslich in kaltem Wasser. Wirkt diuretisch; in kleinen Dosen expectorirend, in grösseren secretionvermindernd bei Bronchialkatarrhen u. s. w.

Durch Destillation dieses Terpentinhydrats mit verdünnter Schwefelsäure wird das Terpinol ($C_{10}H_{16})_2 \cdot H_2O$ (nicht offic.) gewonnen; farblose, nach Hyacinthen riechende Flüssigkeit. Ohne Wirkung auf die Nieren, milder als voriges, als Expectorans benutzt.

PRÄPARATE UND DOSEN.

1) *Oleum Terebinthinae* und *Ol. T. rectificatum*. Innerlich zu 0,1 bis 0,3 p. dos., 1—2,0 p. die; in Haferschleim, Pillenform, Emulsion, auch in Gallertkapseln. Das DURANDE'sche Mittel giebt man zu 3—10 Tropfen p. dos., einigemal täglich in Zuckerwasser. — Aeusserlich kann Ol. Terebinth. in Weingeist gelöst, 10—20:100, als Einreibung verwendet werden oder als Zusatz zum Linim. volat. 4—10:20.

2) *Unguentum basilicum*. 9 Thle. Olivenöl, 2 Thle. Terpentin, 3 Thle. Wachs, Colophonium und Talg.

3) *Terpinum hydratum*, innerl. 0,1(—0,4) 2—3 mal täglich, in Pillen, Pulver.

4) *Terpinolum* (nicht offic.), 0,1 in Kapseln mehrmals täglich.

Ausserdem wird in verschiedenen der officinellen „Pflaster" (Emplastra), die Terebinthina (das ursprüngliche natürliche Gemenge von Ol. T., und Colophonium), sowie Colophonium benutzt.

Galbanum (Gummi-resina Galbanum). Der eingetrocknete milchichte Saft einer Umbellifere Persiens, Ferula galbaniflua. Die an der Luft harzig werdende Masse hat zuerst eine gelbliche, später gelbbraune Farbe. Sie enthält ebenfalls neben

Gummi und Harz ein flüchtiges ätherisches Oel, welches der frischen Droge einen eigenthümlichen starken Geruch verleiht. Wird nur noch äusserlich in reizenden Pflastern verwendet.

Ammoniacum (Gummi-resina Ammoniacum). Der milchichte Saft der Umbellifere Dorema Ammoniacum. Dieses Harz kommt aus Persien in Stücken von rundlicher Form, in der Grösse einer Erbse oder Kirsche in den Handel und hat eine weissgelbe Farbe, bitter scharfen Geschmack und eigenthümlichen Geruch. Auch dieses Product, welches in seiner Zusammensetzung sehr ähnlich dem vorher genannten ist, wird nur noch zu reizenden Pflastern verwendet.

Balsamum peruvianum (Balsamum indicum nigrum),
Perubalsam.

Dunkelbraune, dick syrupartige Masse von angenehmem aromatischen Geruche und etwas kratzendem Geschmacke; gut haltbar. Nur wenige seiner Bestandtheile lösen sich in Wasser; in absolutem Alkohol und in Chloroform gut löslich. Er wird aus der Rinde und dem Holze von Myroxylon Pereirae, einer in Centralamerika (San Salvador) vorkommenden grossen Leguminose gewonnen.

Ueber die chemische Zusammensetzung dieser flüssig resinösen Masse ist man noch nicht im Klaren. Es lassen sich aus ihr mehrere harzige Substanzen nebst Cinnameïn abscheiden, welches bis zu 60% erhältlich ist und in gereinigtem Zustande Zimmtsäure-Benzyläther darstellt. In dem käuflichen Perubalsam, welcher vielfach verfälscht wird, hat man ausserdem Zimmtsäure-Zimmtäther (Styracin), Benzylalkohol, freie Benzoësäure und Zimmtsäure nachgewiesen.

THERAPEUTISCHE ANWENDUNG. Innerlich wird Perubalsam nicht verwendet. Aeusserlich ist er ein probates Mittel zur Tödtung der Krätzmilbe (Acarus scabiei). Perubalsam wird in der Menge von 5—10,0 auf die Haut sorgfältig eingerieben und zwar an allen Hautstellen (mit Ausnahme des Kopfes, da hier keine Krätzmilben sitzen). Dies wird einmal täglich während 2—3 Tagen ausgeführt; am 3. Tage wird ein Reinigungsbad mit Seifenwasser genommen. Gewöhnlich reicht dies aus, um die Krätzmilben zu tödten. Nur selten tritt Hautröthung ein. — Dieser Balsam wird auch gebraucht zum Verbinden von oberflächlichen Geschwüren, namentlich wunder Brustwarzen stillender Wöchnerinnen: man benutzt dazu eine Mischung von 1 Thl. Perubalsam auf 10 Thl. Mucil. und 5 Thl. Oel. Zu Einreibungen wird auch die **Mixtura oleosobalsamica** s. Balsamum vitae Hoffmanni verwendet, ein Gemenge mehrerer ätherischer Oele mit Perubalsam in Weingeist gelöst.

Styrax liquidus (Balsamum Styracis), Storax.

Eine honigartige harzige Substanz von graubrauner Farbe, welche durch Auskochen und Pressen der inneren Rinde von Liquidambar orientalis, einer Hamamelidee Kleinasiens gewonnen wird. Löslich in Alkohol, Chloroform und Aether. Die wesentlichen Bestandtheile des Balsams sind Zimmtsäureäther verschiedener Alkohole, so namentlich des Storesins und des Zimmtalkohols; letztere Verbindung ist das schon längst als krystallisirbarer Gemengtheil bekannte Styracin. Ferner

Zimmtsäurephenylpropylester. Nebenbei finden sich indifferente Harze, ein ätherisches Oel: Styrol (Vinylbenzol, C_8H_8) und freie Zimmtsäure mit etwas Benzoësäure vor.

Therapeutische Verwendung. Aeusserlich zur Vernichtung der Krätzmilbe. Da der Styrax selbst wegen der zähflüssigen Consistenz nicht wohl eingerieben werden kann, so mischt man ihn zweckmässig mit Oelen oder Fetten. Das Verfahren ist ähnlich wie beim Perubalsam. Styrax ist bedeutend billiger als ersterer.

Liquor Ammonii caustici, Ammoniak-Lösung.

Farblose, flüchtige Flüssigkeit von stechendem Geruche, stark alkalischer Reaction, eine 10%ige Ammoniaklösung.

Wird als Riechmittel (bei Ohnmachten u. s. w.) benutzt; als reizende Einreibung in Form von Linimenten (stark ammoniakalischen Ammoniakseifen) bei rheumatischen Schmerzen, chronischen Gelenkentzündungen, Hautödemen u. s. w. Der Liquor Ammonii caustici selber wird zu diesen Zwecken selten verwendet, könnte aber immerhin als hautröthendes Mittel seine Anwendung finden.

Linimentum ammoniatum s. volatile. Flüchtiges Liniment. Mischung von 1 Thl. Liq. Ammonii caustici mit 3 Thln. Olivenöl und 1 Thl. Mohnöl. Eine dicke emulsive gelbe Masse.

Linimentum ammoniato-camphoratum. Eine Mischung von 1 Thl. Liq. Ammon. caust. auf 3 Thle. Ol. camphoratum und 1 Thl. Mohnöl.

Linimentum saponato-camphoratum. Opodeldoc. 40 Thle. Seife, 10 Thle. Kampher werden bei gelinder Wärme mit 42 Thln. Weingeist gelöst. Dazu werden 2 Thle. Thymianöl, 3 Thle. Rosmarinöl und 25 Thle. Liq. Ammon. caustici gethan, das Ganze rasch abgekühlt. Es sei weiss, dickflüssig, schmelze in der Wärme der Hand. (Ph. Helv.: 40 Thle. Seife, 10 Thle. Kampher, 24 Thle. Liq. Ammon. caust., 2 Thle. Ol. Thymi, 4 Thle. Ol. Rosmar. mit 420 Thln. Spiritus verarbeitet, so dass eine durchscheinende gelatinöse weissliche halbfeste Masse gebildet wird.)

Anhang.

Hier sind noch mehrere Substanzen zu nennen, die schon anderwärts besprochen sind: das Chloroform als Einreibung, Tinctura Jodi, Pix liquida, Kampher u. a. Ferner gehören hierher die nachfolgenden unter „Vesicantia" und „Cauteria" zu besprechenden Stoffe, sobald sie in grösserer Verdünnung und geringeren Mengen auf die Haut applicirt werden. So: Canthariden, ferner die Säuren, z. B. Acidum formicicum (Ameisensäure), welche zu 4% im offic. Spiritus formicarum enthalten ist; ferner Crotonöl (s. Abführmittel).

Summitates Sabinae, Sadebaumspitzen, von Juniperus Sabina, Conifere, hat sehr scharfes ätherisches Oel (Abortus erzeugend), kaum noch in Gebrauch, höchstens zur örtlichen Behandlung spitzer Condylome, in Salbenform 1:10, oder als reizendes und macerirendes Streupulver.

B. Vesicantia.

Cantharides, Canthariden, spanische Fliegen.

Glänzend grüne Käfer (Lytta vesicatoria), welche in Schwärmen vornehmlich auf Ligustersträuchen bei uns, in Russland, Italien, Spanien und anderen Ländern vorkommen und eingefangen werden. Sie enthalten als wirksamen Bestandtheil das Cantharidin ($C_5H_6O_2$), das Anhydrid der Cantharidinsäure ($C_5H_8O_3$). Es bildet farblose vierseitige Prismen, welche in Alkohol, Aether, Chloroform und fetten Oelen löslich sind.

Physiologische Wirkung. Die Canthariden gepulvert, oder das Cantharidin mit einem passenden Vehikel auf die Haut applicirt, erzeugen in kurzer Zeit Brennen, Röthung und kleine mit Serum gefüllte Bläschen, welche confluiren und nach einiger Zeit eine gemeinsame Blase bilden. In der Blasenflüssigkeit ist dann Cantharidin enthalten, welches also durch die Epidermis hindurchgedrungen eine exsudative Entzündung des Coriums verursacht hat; ein Theil des Cantharidins wird von hier aus resorbirt, — was bei übergrossen Pflastern zu Intoxication führen kann. Innerlich genommen, erzeugen Cantharidcn ähnliche locale Wirkungen im Verdauungsapparate: wir haben alsdann das Bild einer Gastroenteritis toxica von verschiedener Intensität. — Wird das Cantharidin resorbirt, gleichviel ob vom Magen oder von der Haut aus, so entwickeln sich beim Menschen und bei einzelnen Thieren — das Pferd zeigt sich dabei am empfindlichsten — die Symptome einer acuten Entzündung der Nieren und der Harnwege; hierbei beobachtet man häufigen Harndrang, das Urinlassen wird schmerzhaft, sehr bald wird der cantharidinhaltige Urin blutig, Faserstoffgerinnsel und croupöse Fetzen zeigen sich in ihm; nach einigen Tagen finden sich im Urin Eiterkörperchen (und Eiweiss) in grösseren Mengen; von Anfang an sind Blasen- und Nierengegend schmerzhaft; oft begleitet Fieber diese Erscheinungen. Es zeigen sich bei Männern häufig Erectionen, was zu der irrigen Annahme geführt hat, dass das Cantharidin ein benutzbares „Aphrodisiacum" sei. Mit dem Aussetzen des Mittels hören diese Erscheinungen meistens bald auf; sie können aber auch tödtlich verlaufen. Alsdann sieht man vorher oft schwere Convulsionen. Auch kann die Nierenaffection in eine schwere — eventuell tödtliche — parenchymatöse Nephritis übergehen. Die besondere Wirkung auf den uropoetischen Apparat wird verursacht durch die Ausscheidung des Cantharidins aus dem Blute durch die Nieren. Auch vom Blute aus wirkt Cantharidin verändernd auf die Gefässwand, insbesondere auf die Capillaren. Es entstehen so Stasen, entzündliche Vorgänge mit reichlicher Diapedese u. s. w. In kleinen, noch eben sonst unschädlichen Dosen, z. B. in Form des cantharidinsauren Kaliums (Liebreich) gegeben, erzeugt es diese Reaction besonders in tuberkulös erkrankten Geweben und ist bei Kehlkopfphthise empfohlen worden (subcutane Injection von Kalium cantharidinicum $1.60-1/2$ Milligr.).

THERAPEUTISCHE ANWENDUNG. Innerlich sollten die Canthariden (ad 0,05 *pro dosi!* 0,15 *pro die!*) niemals gebraucht werden: es liegen dafür keine Indicationen vor. Man hat sie zwar früher in kleinen Dosen als Diurecticum empfohlen (??). Kalium cantharidinicum (nicht offic.), subcutan, s. oben: 0,2 Canthar. + 0,4 Kal. hyd. + 1000,0 Aq. dest.

Für die äussere Verwendung bilden die Cantharidеn das beste Material, um Hautröthung und Blasenbildung hervorzurufen.

1) *Emplastrum Cantharidum ordinarium.* 2 Thle. gepulverte Cantharidеn, 1 Thl. Olivenöl, 4 Thle. Wachs und 1 Thl. Terpentin. Klebt nicht; zieht binnen 5—10 Stunden eine Blase, schneller, wenn die Hautstelle vorher mit Oel bestrichen wird, — weil Oel Lösungsmittel für Cantharidin ist; muss nach 8—10 Stunden entfernt werden.

2) *Emplastrum Cantharidum perpetuum.* 14 Thle. Geigenharz, 10 Thle. gelbes Wachs, 7 Thle. Terpentin, 4 Thle. Talg, 4 Thle. gepulverte Cantharidеn, 1 Thl. gepulvertes Euphorbium. Klebt, zieht keine vollständige Blase, ist nur starker Hautreiz, kann mehrere Tage liegen bleiben.

3) *Oleum cantharidatum.* 3 Thle. Cantharidеn mit 10 Thln. Olivenöl extrahirt, gepresst, filtrirt.

4) *Unguentum Cantharidum.* 3 Thle. Cantharidenöl, 2 Thle. Wachs; eine citronen- oder braungelbe Salbe.

5) *Collodium cantharidatum.* Eine Auflösung von Cantharidin in Collodium, blasenziehend.

6) *Tinctura Cantharidum.* Der weingeistige Auszug der Cantharidеn im Verhältniss von 1:10, von grünbrauner Farbe (ad 0,5 *pro dosi!* ad 1,5 *pro die!*).

THERAPIE DER VERGIFTUNG. Prophylaxe: nicht zu viel und nicht zu grosse Blasenpflaster auflegen! Wenn von epidermatischer Anwendung aus eine Vergiftung erfolgt ist, müssen vorhandene Pflaster entfernt und die betreffenden Hautstellen gut gereinigt werden; bei innerlicher Vergiftung ist Magenausspülung (das spontane Erbrechen genügt nicht) und energische Unterstützung der bestehenden Durchfälle geboten: wenn Cantharidеn in Substanz oder Emplastr. Canthar. verschluckt ist, darf kein Ol. Ricini — überhaupt keine Fette, Milch u. s. w. gegeben werden, weil sie das Cantharidin lösen und so seine Resorption befördern würden. Im Uebrigen ist symptomatisch zu behandeln (Mucilaginosa, später Opium u. s. w.).

(Vrgl. noch: Tartarus stibiatus und Ol. Crotonis.)

C. Cauteria. Aetzmittel.

Man hat das Cauterium actuale, die Hitze (für die das Glüheisen, die Moxa und in neuerer Zeit die Galvanokaustik zur Verfügung stehen) und das Cauterium potentiale, welches die zerstörende Wirkung auf das Gewebe durch chemisch wirkende Substanzen hervorbringt, unterschieden. Im einen wie im andern Falle kommt es zu einer Zerstörung der Gewebe, bald rascher, bald langsamer, zur Bildung eines Brandschorfes und ev. einer reactiven Entzündung in der Umgebung, welche zur Ablösung des Brandschorfes mit Hinterlassung einer eiternden Fläche führt, die je nach Intensität der Wirkung oft mehrere Wochen zu ihrer Vernarbung erfordert.

Unter den chemisch wirkenden Stoffen sind zu erwähnen:

Acida concentrata (vrgl. S. 148 flg.).

Von diesen wird zuweilen die Salpetersäure (Acidum nitricum und Ac. nitric. fumans, letzteres enthält Stickstoffdioxyd) als Aetzmittel angewendet. Sie wirken theils durch Wasserentziehung, theils durch Coagulation der Eiweissstoffe; man macht jedoch selten von ihnen Gebrauch.

Zu nennen sind noch von Mineralsäuren: Acidum hydrochloricum (reine Salzsäure) (25 %oige Lösung) und Acid. hydrochlor. crudum (mindestens 29 %); Acid. phosphoricum (wird nicht als Cauterium benutzt); Acidum sulfuricum (94—97 %) und Acid. sulfur. crudum (ebenfalls nicht als Cauterium).

Acidum aceticum glaciale bewirkt eine rasch eintretende Aufquellung und Zerstörung des Gewebes. Diese Eigenschaft kommt in noch höherem Grade den Chloressigsäuren zu, von denen es drei giebt, nämlich: Mono-, Bi- und Trichloressigsäure; die beiden letzteren wirken am stärksten, sie sind unter den Säureätzmitteln die besten und eignen sich besonders zur Zerstörung von kleinen Neubildungen auf der Haut, wie Warzen, Epitheliomen, Condylomen, Muttermälern. Werden solche Neubildungen mit Chloressigsäure einige Male bestrichen, so imbibirt sich das Gewebe, wird weiss und aufgequollen; nachher trocknet die so veränderte Stelle zu einer braunen Masse ein, es bildet sich eine Kruste, welche in einigen Tagen abfällt und zwar in der Regel ohne Eiterung zurückzulassen. Zuweilen ist Wiederholung dieses Eingriffes nothwendig.

Acidum lacticum (Milchsäure) ist zum Aetzen von diphtherischen Belägen und tuberculösen Geschwüren empfohlen worden; in Lösungen von 1—50 % (bis 80 % sogar) benutzt, — ist auch antiseptisch.

Acidum chromicum s. S. 151.

Kali causticum fusum, Aetzkali KOH.

Dieses in Stangenform gegossene Präparat, welches an der Luft rasch Wasser und Kohlensäure anzieht, wird selten mehr als Aetzmittel gebraucht, weil es durch schnelles Zerfliessen eine Begrenzung der zu ätzenden Fläche schwierig macht und intensiven Schmerz erzeugt. Officinell ist auch noch der **Liquor Kali caustici**, circa 15 °/₀ Kal. c. enthaltend.

Liquor Natri caustici, circa 15°/₀ Natriumhydroxyd NaOH (Aetznatron) enthaltend.

Calcaria usta, Aetzkalk.

Der Aetzkalk selbst wurde fast nie verwendet, dagegen die Mischung mit Kali causticum fusum, bekannt unter dem Namen *Wiener Aetzpaste*. Dieses weisse, rasch Wasser anziehende Gemenge wurde früher vielfach zur Eröffnung von Drüsen und Congestionsabscessen gebraucht. Man befeuchtet es mit Wasser oder verdünntem Weingeist, bringt die breiige Masse auf Watte oder Charpie und legt sie auf die betreffende Hautstelle. Nach einigen Minuten entsteht ein heftiger Schmerz; es bildet sich eine tief gehende Aetzung der Haut, und bei der Ablösung des Brandschorfes kommt es zur Entleerung der Abscesshöhle. Dieses schmerzhafte und umständliche Verfahren ist fallen gelassen worden. — Als Desinficiens für Typhus und Cholera-Dejectionen ist Kalk brauchbar, da er zu ¹/₂ °/₀₀—¹/₂ °/₀ die betr. Bacillen abtödtet. Es wäre etwa 2 °/₀ roher ungelöschter Kalk in praxi den Dejectionen zuzufügen.

Durch Schütteln der zuvor mit 4 Thln. Wasser gelöschten Calcaria usta mit weiterem Zusatz von 100 Thln. Wasser erhalt man die alkalisch reagierende

Aqua Calcariae oder *Calcis*, die in der Therapie verwendet wird. Innerlich gegeben, betrachtet man sie als ein säuretilgendes Adstringens und verordnet sie bei Diarrhöen, namentlich solchen, wo die Ausleerungen etwa eine saure Reaction zeigen, ferner bei leichteren Formen von Blasenkatarrhen. Man giebt sie gemischt mit Aq. destill. zu 20—40,0 auf den Tag. Zu Inhalationen bei Croup, Diphtheritis und Keuchhusten hat man sie in neuerer Zeit ebenfalls häufig verordnet. — Aeusserlich ist seit langer Zeit bei Brandwunden die Aq. Calcis gemischt mit Oel (1 : 1) als Linim. Aq. Calc. zum Verbande im Gebrauch.

Acidum arsenicosum, *Arsenik*. (s. S. 133 ff.)

Argentum nitricum, *Silbersalpeter*, Höllenstein. Namentlich in Substanz ein vielbenutztes und nützliches Aetzmittel. (Den Mechanismus und die Besonderheiten dieser Aetzung sowie deren praktische Verwerthung s. S. 186 und 182.)

Cuprum sulfuricum, *Kupfersulfat* (s. S. 192). Von vielen Ophthalmologen bei Pannus und auch bei Trachom als mildes Aetzmittel gern benutzt.

Ph. Helv.: **Aqua phagedaenica flava** ist ein Gemenge von 1 Thl. Sublimat auf 300 Thle. Aq. Calcis; die **Aq. phagedaen. nigra** ein solches von 1 Thl. Calomel auf 120 Thle. Aq. Calc., ist jetzt obsolet.

Ph. Helv.: **Liquor Stibii chlorati**. Eine Lösung von Antimonchlorür mit überschüssiger Salzsäure, eine klare, gelbliche ölige Flüssigkeit, welche stark ätzend wirkt. Man bereitet mit ihr auch ätzende Salben, 1 Thl. Liq. Stib. chlor. auf 5 bis 10 Thle. Fett.

Kalium sulfuratum. Schwefelleber. Unreine Kaliumpolysulfide; leberbraune, später grünliche Bruchstücke, schwach nach H₂S riechend. — Die Schwefelalkalimetalle lösen und zerstören die Keratingebilde, wie Epidermis, Haare u. s. w. in milderer Form als Kalihydrat u. s. w.; sie sind deshalb als Enthaarungsmittel und zur milden Maceration der Epidermis in Gebrauch. Officinell ist nur Kal. sulfurat., das namentlich zu Bädern (50—150,0 für ein Vollbad) benutzt wird.

(S. a. unter „Sulfur" bei „Abführmittel".)

IX. Gruppe.
EVACUANTIA[1].
A. Darmentleerung befördernde Mittel. Abführmittel.

Man nennt die schwächer wirkenden Abführmittel wohl auch **Eccoprotica, Aperitiva**, die stärker wirkenden **Laxantia** und **Purgantia**, und bezeichnet als **Drastica** diejenigen Stoffe, welche eine intensive Reizung des Darmcanales zur Folge haben können und meist unter kolikartigen Schmerzen wiederholte flüssige Ausleerungen hervorbringen. Indessen kann man die meisten Drastica in schwächerer Dosis milde genug, und die Laxantia und selbst die Aperitiva in grossen Gaben recht drastisch wirken sehen. Rhabarber, Mannit, die salinischen Abführmittel, Ricinusöl, Calomel sind Beispiele der milderen, — Coloquinthen und namentlich Crotonöl der drastischen Abführmittel; Senna, Jalappe, Aloë bilden in der genannten Folge den Uebergang von den Aperitivis zu den Drasticis.

Physiologische Wirkung. Die Stuhlentleerung — bei den meisten Gesunden etwa alle 24 Stunden ein Mal erfolgend — wird schon physiologisch und zumal pathologisch mannichfach beeinflusst. Abgesehen von den psychischen Einflüssen (s. bei Morphin) ist die ganze Lebensweise — einschliesslich Essen, Trinken, Bewegung, Schlaf — in dieser Beziehung bestimmend. So kann man z. B. bei habituellen Verstopfungen in der Mehrzahl der Fälle ohne Medicamente durch passende diätetische Maassregeln die Trägheit des Darmes überwinden. Viele Personen dürfen ihre, wie man sagt, „sitzende Lebensweise" nur aufgeben, um keines Abführmittels mehr zu bedürfen; bei manchen führt aber umgekehrt körperliche Unruhe und vieles Gehen zu Verstopfung, — die nöthige Ruhe dagegen zur Norm; angestrengte geistige Arbeit wirkt oft verstopfend, — geistige Ruhe ist dann das Heilmittel. Noch bestimmender ist Nahrung und Getränk: ein kalter Trunk des Morgens nüchtern, — Butter zum ersten Frühstück, — Obst und Compots bei den Hauptmahlzeiten, — Moselwein oder Bier als Getränk, — eine Tasse starken Kaffees sind oft ausreichende Maassregeln. Auch genügt oft das Verbot stopfender Genussmittel und Speisen, z. B. Rothweine, Amylaceen in zu reichlicher Bevorzugung

---

[1] Entleerende Mittel.

und Aehnliches mehr. Aber selbst da, wo diätetische Maassregeln nicht hinreichen, ist zur Erzielung von Stuhl die Darreichung von Abführmitteln keineswegs die einzige ärztliche Methode: die Massage des Cöcums und der Fossa iliaca sinistra — ferner die Application eines Clysma, insbesondere auch eine Einspritzung von nur 2,0 Glycerin (s. dieses) ins Rectum, — können zuweilen den Vorzug verdienen. Doch werden wir unten Ziele und Gelegenheiten kennen lernen, welche eine reichere Auswahl pharmakologischer Abführmittel nöthig machen. —

Wenn in der Norm der Mageninhalt in den Dünndarm übergetreten ist, so dauert es etwa 3 Stunden, bis der nicht resorbirte Theil im Cöcum anlangt; rechnen wir für den Aufenthalt im Magen etwa 5 bis 6 Stunden, so bleiben ungefähr 15 Stunden für den Aufenthalt im Dickdarme. Ein Mittel kann einen Stuhl, der sonst nicht eingetreten wäre, nur dadurch herbeiführen, dass es irgendwo beschleunigend eingreift, — ob direct oder indirect, bleibe vorläufig dahingestellt. Nun haben wir Mittel, welche nur am untersten Abschnitte des Dickdarms eine Beschleunigung der Inhaltspassage veranlassen — wie Aloë und Coloquinthen; andererseits giebt es Stoffe, die überall im Darme — vom Duodenum angefangen bis zum Rectum — eine Beschleunigung dieser Bewegungen bedingen. Für eine Gruppe dieser letzteren Kategorie, die Salina (z. B. Glaubersalz), ist von einem Forscher vor Kurzem bei **Pflanzenfressern** constatirt worden, dass sie nicht direct den Dünndarm dieser in vermehrte Bewegung bringen, sondern nur deswegen wird hier die Fortbewegung schneller, weil der Inhalt dünnflüssiger und daher **beweglicher** geworden; indess hat sich neuerdings ergeben — und dies dürfte auch für den Menschen gelten, der gegen Salze nicht wie Pflanzenfresser abgestumpft, sondern wie Carnivoren empfindlich ist (s. S. 140) —, dass bei Fleischfressern sowohl die Geschwindigkeit der Bewegung als auch die von der Darmmusculatur hierbei entwickelte **Kraftleistung** unter dem Einflusse der abführenden Salze zunimmt. — Dies gilt nunmehr für alle Mittel, aber nur bezüglich **bestimmter**, im Einzelnen von uns zu nennender Darmabschnitte. — Indess ist die Beschleunigung der Bewegung keineswegs für alle Mittel die einzige Wirkung; sie ist bei vielen nur einer der Factoren der Abführwirkung. Zwar Aloë in mässiger Dosis scheint ausschliesslich dadurch zu wirken, dass sie den untersten Dickdarm in flottere Peristaltik bringt; aber weitaus die meisten Mittel wirken noch auf anderem Wege. Die Ausleerung ist meistens flüssiger als in der Norm; dazu genügte freilich, dass der Dünndarminhalt im Dickdarme nicht die nöthige Zeit zur Eindickung bekäme: Dünndarminhalt an sich sieht wie diarrhöischer Stuhl aus; würde er schnell durch den

Dickdarm getrieben, so müsste er fast unverändert, also dünnflüssig, entleert werden. Indess ist doch nunmehr für die meisten Abführmittel — voran für die abführenden Salze, Calomel (Sublimat) und für die Drastica sichergestellt, dass sie die Secretion des Darmsaftes (meistens auch der Galle, vermuthlich auch des Pankreas) vermehren; und dass bei stärkeren Concentrationen der Lösungen abführender Salze, sowie bei grösseren Gaben der „Drastica", wie man aus den Quantis der abgeschiedenen Flüssigkeit und nach deren Gehalt an Blutsalzen, Eiweiss u. s. w. entnehmen kann, sogar eine Traussudation und Exsudation eintreten kann. Für die abführenden Salze, die sämmtlich, soweit sie energische Laxantien sind, eine geringe Diffusibilität und demnach ein hohes endosmotisches Aequivalent besitzen, spielt hier ausser dem „Reiz", den sie auf die Darmschleimhaut ausüben, die von ihnen veranlasste Diffusion zunächst eine untergeordnete und durchaus nicht entscheidende Rolle. Aber gerade der „Reiz", den sie auf Secretion und Peristaltik ausüben, dürfte auf dieser Diffusion beruhen. So sehen wir (s. unter „Resolventia"), dass das so gut diffusible Kochsalz, welches deshalb auch für gewöhnlich kein Abführmittel ist, doch zum Darmreiz wird (s. S. 146), überhaupt Reiz für Contraction und Secretion, sobald es in Substanz den Darm u. s. w. berührt; so sind denn auch stärker concentrirte Kochsalzlösungen (z. B. schon Kissinger Racoczy) mild abführend, weil sie trotz der Diffusibilität des NaCl eine Wasserentziehung momentan bedingen. Bei der schwer diffusiblen Salzen wie Glaubersalz und Bittersalz (und das Gleiche gilt für den schwer diffusiblen und deshalb abführend wirkenden Mannit in der Manna) zeigt sich nun noch eine Eigenart der Wirkung gegenüber andern Abführmitteln in Folgendem: wegen ihres hohen endosmotischen Aequivalents erschweren sie die Resorption der physiologisch in den Darm ergossenen (und ebenso der auf ihre Provocation hin secernirten) Säfte, — was den Stuhl besonders dünnflüssig gerathen lässt, eine Eigenschaft, die seine Beweglichkeit allerdings steigert und seine Weiterbeförderung besonders erleichtert. Deshalb wirken diese schwerdiffusiblen Salze in wässriger Lösung mittlerer Concentration gereicht auch wesentlich besser abführend, als in Substanz eingenommen; denn im ersteren Falle ist nicht nur die gleichzeitig beeinflusste Darm-Oberfläche grösser, sondern der Magen-Darm-Inhalt bedeutend beweglicher. Bei allzu schwacher Concentration dagegen nimmt die abführende Wirkung ab, — die Resorption von Salz und Wasser zu. Eine gewisse Resorption findet übrigens bei allen abführenden Stoffen statt, — *ceteris paribus* natürlich um so minimaler (s. S. 141), je weniger diffusibel sie sind. Im Blute in grösserer Menge anwesend (z. B. wenn im Thierexperimente in die Blutbahn oder subcutan injicirt) wirken die schwer diffusibleu Salze einerseits **wasserentziehend** auf die Gewebe und so auch auf den Inhalt des Dickdarms, wodurch dieser **eingedickt und schwer beweglich** wird (**Stuhlverstopfung**); andrerseits wird in den obern Abschnitt des Dünndarms in concentrirter Lösung das Salz secernirt, was im Thierexperimente nach Injection von z. B. Glaubersalzlösung schwere örtliche Reizung des Dünndarms erzeugt. Vom Blute aus wirkt, wie soeben bemerkt wurde, ein solches Salz wasserentziehend auf die Gewebe, und so erhält der Organismus das Material um das fremdartige Salz zu eliminiren, — es tritt eine verstärkte **Diurese** ein: wegen des hohen exosmotischen Aequivalents bedürfen diese Salze zu ihrer Entfernung grosser Mengen lösenden Wassers (s. unter „Resolventia" und unter „Diuretica").

Die Steigerung der Peristaltik findet bei Crotonöl, Salinis u. s. w. (vermuthlich bei allen Laxantien) auf reflectorischem Wege statt, und betrifft so öfters auch solche Abschnitte, die selber von dem Abführmittel noch gar nicht berührt sind (bei unterbundenem Pylorus tritt sofort heftige Darmperistaltik ein, wenn Crotonöl in den **Magen** gebracht wird); die **Secretionszunahme** dagegen betrifft nur diejenigen Stellen, welche von dem reizenden Stoffe direct berührt werden, — woraus aber nicht zu folgern ist, dass hierbei kein Reflexvorgang (local) statthat. Viele Stoffe sind gar nicht in der Lage, wie Crotonöl schon vom **Magen** aus zu wirken, weil sie erst im Dünndarm zu „Abführmitteln" werden, indem sie entweder wie einige Säureanhydride in der **Galle** löslich werden, oder wie Ricinusöl, das Glycerid der Ricinusölsäure, durch den Pankreassaft eine Spaltung erfahren, durch welche — hier die Ricinusölsäure — das abführend wirkende Princip gebildet wird. Stoffe, wie Aloë und Coloquinthen, welche in kleineren Gaben hauptsächlich nur auf den unteren Dickdarm wirken, brauchen per os eingeführt 3–12 Stunden und darüber, ehe die Wirkung eintritt, während sie per clysma eingeführt sehr schnell wirken.

Für den Organismus macht es selbstverständlich einen grossen Unterschied, ob Abführen dadurch erzielt wird, dass nur Fäces ausgetrieben werden, wie nach Aloë, — oder durch summarisches Austreiben des gesammten Darminhalts, Nahrungschymus, Pankreas-, Darmsaft und Galle einbegriffen, wie nach Glaubersalz, — zumal wenn es sich nicht bloss um eine einmalige, sondern um längere Zeit fortgesetzte Medication handelt. Daher sehen wir denn auch seit jeher für lange anhaltenden chronischen Gebrauch gerade Aloë benutzt werden — und so sind die abführenden Pillen, Liqueure u. s. w. des pharmaceutischen Specialitätenhandels stets Aloëpräparate. Und deshalb sind die Karlsbader und Marienbader Kuren mit so viel Vorsicht zu leiten, zumal bei Greisen, welche Nahrungs- und Stoffverlust nur schwer verwinden.

Es ist darauf aufmerksam zu machen, dass die sogenannten „Abführmittel" sämmtlich per os eingeführt werden. Die meisten wirken subcutan beigebracht entweder unzuverlässig (Aloë, Coloquinthen), oder gar nicht (die grösste Mehrzahl), oder verstopfend (die abführenden Salze [s. oben]). Jedoch giebt es Stoffe, welche resorptiv (vom Blute aus) die Peristaltik verstärken und prompt abführend wirken, z. B. Nicotin, Physostigmin, Pilocarpin, Blei, — indess können diese Stoffe nicht als „Abführmittel" gelten, da sie gleichzeitig zu erhebliche anderweitige (toxische) Wirkungen entfalten.

THERAPEUTISCHE ANWENDUNG DER ABFÜHRMITTEL. 1) Bei Obstipation und Coprostasen. Regelmässige Entleerung des Darmes von Fäcalmassen ist eine wesentliche Bedingung zum Wohlbefinden des Menschen. Es ist zwar merkwürdig, wie viel der menschliche Darm in Bezug auf Retention der Fäces ohne Nachtheil ertragen kann: nicht nur Tage lang, sondern während Wochen, ja sogar Monaten kann diese Function stocken, ohne bei sonst gesunden Menschen besondere Nachtheile hervorzubringen; anders verhält sich allerdings die Sache in Krankheitsfällen; doch muss betont werden, dass auch hier mit Abführmitteln häufig Missbrauch getrieben wird, und dass mit deren allzuhäufigen Anwendung die spontane Energie der Peristaltik stetig abnimmt. Wo die Obstipation die Folge einer Darmverschliessung (z. B. Volvulus, Verschlingung, inneren Einklemmung) ist, wird von manchen Praktikern im allerersten Beginne zur Forcirung der Passage ein Drasticum gegeben, von vielen dagegen schon hier — von allen aber später perhorrescirt, wo dann ohnedies der Darm in die heftigste Peristaltik verfällt, die, den Inhalt nach Orten des geringsten Widerstandes treibend, Ileus u. s. w. erzeugt, — was dann wohl auch "Antiperistaltik" genannt wird. — Bei habitueller Verstopfung, die fast immer auf Trägheit des Dickdarms beruht, soll man wo irgend möglich Abführmittel vermeiden und diätetisch (s. oben) die Störung zu überwinden suchen, — zuweilen ist man indess genöthigt, arzneilich einzugreifen: hier sind diejenigen Stoffe zu wählen, die auf Magen und Dünndarm möglichst wenig störend wirken. Oft kommt man (s. unter Atropin und Morphin) mit Arzneien aus, die weder direct die Peristaltik noch die Secretion vermehren, sondern als Narcotica abnorme Hemmungen oder Darmkrampf beseitigen und um so mehr zu bevorzugen sind, als nach ihrem Gebrauche eine Atonie der Peristaltik nicht wie nach längerem Abführmittelgebrauch zu befürchten ist.

2) Bei acuten und chronischen Magen-Darmkatarrhen und bei Diarrhöen oft sehr nützlich. Wenn schwer verdauliche oder

schädliche Stoffe, Gifte u. s. w. Diarrhö erzeugen, oder verhärtete Kothmassen als Fremdkörper wirkend einen oft ruhrartigen Durchfall zur Folge haben, so sind künstlich erzeugte Darmentleerungen ebenso indicirt, wie bei abnormen Gährungsvorgängen im Magen und Darmcanal, bei Trichinen (u. a. Parasiten).

3) Um den Magen-Darmcanal vicariirend für die Nieren eintreten zu lassen. Bei schweren Nierenerkrankungen, zuweilen auch bei Hysterischen und andern Nervenkranken mit gesunden Nieren, sieht man die Harnausscheidung theilweise oder selbst ganz versiegen, während der Magen-Darmcanal die Ausscheidung der excrementitiellen Stoffe des Blutes theilweise oder fast allein ausführt. So wird denn in schonend-vorsichtiger Weise diese vicariirende Thätigkeit durch Abführmittel von manchen Klinikern bei Nephritis, drohender Urämie u. s. w. angeregt, verstärkt. Da in vielen derartigen Fällen in Folge desselben Causalmoments Hydrops besteht, und da jene vicariirende Thätigkeit des Darms gleichzeitig auch Wasser aus dem Körper entfernt, so erfüllt das Abführmittel hierbei auch folgende Indication:

4) Entwässerung des Organismus. Man kann den Organismus — (nicht, wie es oft ausgedrückt wird, einseitig das „Blut") entwässern. Wo eine langsame Entwässerung zulässig und keine Gefahr im Verzuge ist, wird die naturgemässeste und immer zu bevorzugende Methode die sein, durch allmähliche Verminderung des Getränkequantums und durch möglichst trockene Kost den Widerersatz der natürlichen Wasserverluste des Körpers (durch Haut, Lunge, Nieren, Darm) zu verweigern, und womöglich dabei, wo es angeht, methodisch allmählich durch Körperbewegung die Verluste zu vergrössern. Es giebt aber viele Situationen, in denen dies theils unausführbar, theils wegen Darniederliegens der Blutcirculation (und gerade dieses kann jene Indication geliefert haben) nicht zum Ziele führt. Hier kann man arzneilich die Wasserverluste vergrössern: Abführen, Schwitzen, Diurese. Diese Wassermengen werden freilich dem Blute entnommen: aber in dem Maasse, als das Blut die geringste Menge Wasser abgiebt, entzieht es den Geweben den Ersatz; ebenso bedingt ja reichliche Wasserabsorption im Darme keine Zunahme des Wassergehaltes des Blutes: vielmehr balancirt sich diese Aenderung sofort, indem das Blut entweder pari passu an durstige Gewebe Wasser abgiebt, oder durch Schweissdrüsen, Nieren u. s. w. von dem Ueberschusse ohne weiteres, oft im Interesse anderer Zwecke (Entfernung excrementitieller Stoffe, oder Abkühlung u. dgl. m.), befreit wird, oder die Resorption lässt eben nach. Umgekehrt können so die Evacuantien zur Aufsaugung pathologischer Flüssigkeitsansammlungen in den Ge-

weben (Hydrops, Exsudate u. Aehnl.) nützlich werden (s. Näheres unter „Digitalis" und „Diuretica").

5) **Bei Fettleibigkeit, Fettleber, Fettherz u. Aehnl.** Wenn ein gesunder Organismus auf das Maximum seiner muskulösen Leistungsfähigkeit gebracht werden soll, so ist es erfahrungsgemäss nothwendig, dass er „trainirt" werde; das Trainiren besteht einerseits in vorsichtig steigender Gymnastik der Muskulatur einschliesslich des Herzens, — andrerseits in einer Regelung der Ernährung, welche in Gemeinschaft mit jener Gymnastik unter Anderem dahin strebt, den Körper allmählich an Wasser und an Fett verarmen zu lassen. Die Flüssigkeitszufuhr wird beschränkt, der Genuss von Amylaceen möglichst vermieden. Dieses Regime empfiehlt sich auch in pathologischen Fällen, zunächst bei abnormer Fettbildung. Hier vermindert die Vorenthaltung des Getränks während der Mahlzeit (s. unter „Alkohol") die Esslust; besonders günstig kann hier die gleichzeitige Anwendung der abführenden Salze wirken, zumal in Verbindung mit alkalischen Salzen und Chlornatrium (s. diese). Die salinischen (abführenden) Wässer (auch die stärkeren Kochsalzwässer) entwässern einerseits den Organismus, andrerseits entführen sie ihm Nahrungschymus, und die in den Darm ergossenen, physiologisch zur theilweisen Aufsaugung bestimmten Säfte des Pankreas u. s. w. Die Entführung nährenden Materials und der Säfte ist eine Unterstützung der Nahrungsentziehung, welche bei Fettleibigen nöthig, aber zu grosse Ansprüche an die Willensenergie des Patienten stellt. Ueberdies ist es unmöglich, die blosse Nahrungsverminderung so einzurichten, dass der Körper gerade das, was er braucht, in gleichmässiger Weise zugemessen erhält. Indem der Patient etwas mehr verzehrt als er braucht, und ihm durch vorsichtige Darreichung von z. B. Marienbader Wasser der Ueberschuss im Ganzen entzogen wird, hat der Darm doch Zeit, eine gewisse Auswahl unter den dargebotenen Stoffen zu treffen, und so bleibt jener Kräfteverfall aus, den man sonst bei Nahrungsentziehung (ohne Brunnenkur) zu sehen bekommt. Die höchste Vorsicht in der methodischen (länger fortgesetzten) Anwendung abführender Salze ist bei bestehender **Herzschwäche** geboten; doch aber ist auch hier eine maassvolle Entwässerung namentlich auf diätetischem Wege wünschenswerth; besonders von Bedeutung ist in dieser Beziehung die Enthaltung vom Trinken während der Mahlzeit. Man findet nach Mahlzeiten mit reichlichem Getränk den Umfang z. B. der Radialarterie vergrössert und den Puls voller: hier hat sich also im Gegensatz zur einfachen Wasseraufsaugung der **Flüssigkeitsinhalt des Gefässsystems**, nicht aber der **Wassergehalt des Blutes**, nennenswerth vermehrt: eine concentrirte Nährstofflösung und Emulsion ist ein-

gewandert. Die Einwanderung der massenhaften Nährstofflösung (nicht bloss Wassers!) nach Mahlzeiten mit reichlichem Getränk giebt dann auch dem Herzen mehr Arbeitslast[1], was in Fällen von Herzschwäche besser zu meiden ist. Hiermit will aber nicht gesagt sein, dass — wie in früheren Zeiten gelehrt wurde — bei einem Herzfehler dem Herzen möglichst wenig Arbeit zugemuthet werden solle: im Gegentheil sind wir jetzt der Meinung, dass eine vorsichtig geleitete, richtig regulirte Gymnastik des Herzens (erzielt durch regulirbare Körpergymnastik bei guter Luft und richtiger Ernährung) erwünscht ist. Aber gerade die Regulirbarkeit fehlt jener Arbeitslast des Herzens, die ihm nach getränkreichen Mahlzeiten zufällt, und gerade unmittelbar nach der Nahrungsaufnahme, also vor geziemender Einmagazinirung des Nährmaterials in den Geweben, dem Herzen u. s. w. ist die Gymnastik erfahrungsgemäss nicht nützlich, ja schädlich. Vermuthlich kommt als Contraindication einer (allgemeinen) Gymnastik während der Verdauung die Blutüberfüllung des Unterleibes in Betracht: jede stärkere Muskelanstrengung führt zu vasomotorischer Erregung und zwar besonders im Splanchnicus-Gebiete, wodurch dann plötzlich die grossen Blutmassen aus den Unterleibsgefässen durch die Leber hindurch in das rechte Herz getrieben werden.

Analoge Betrachtungen gelten für die **Fettleber** und andere allgemeine Leberleiden, welche Folge üppiger Mahlzeiten oder sitzender Lebensweise u. s. w. sind. Der besprochene schnelle Flüssigkeitsstrom nach Mahlzeiten mit reichlichem Getränk führt erstens **reichlicher** das Nährmaterial in die circulirenden Säfte, andererseits **schneller**, plötzlicher: hierdurch erwachsen der Einmagazinirung der Nährstoffe in die Organe und dem gleichmässigen Verbrauche für die ganze 12 bis 24 stündige Ernährungsperiode Schwierigkeiten; besonders ist es die Leber, welche vom Pfortaderblute her einen grossen Theil des Anpralls einzumagazinirender Stoffe und aufdringender Flüssigkeit zu überstehen hat, während nach Mahlzeiten ohne Getränk der Einlauf an Nahrungsmaterial stetig und ruhig ist und bewältigt werden kann (hier kann **ausserhalb** der Mahlzeiten Getränk beliebig gestattet werden).

Es bedarf keiner Auseinandersetzung mehr, wie Abführmittel und besonders die den Dünndarm mit entleerenden und zugleich den Körper entwässernden Salina in allen solchen Fällen unterstützend und ergänzend wirken können. Auch liegt der Nutzen klar, der aus der Combi-

---

[1] Bei Compensationsstörungen, bei denen überdies die renale Wasserabscheidung erschwert ist, führt — abweichend von der Norm — in Folge der Stauung schon das Wassertrinken ausserhalb der Mahlzeiten zu einer Volumenszunahme des aus dem Magen-Darm-Gebiete zum rechten Ventrikel fliessenden Blutes und hierdurch zu einer nutzlosen Belastung dieses ohnedies belasteten Herzabschnittes (s. unter Digitalis).

nation dieser Salina mit den unter den „Resolventien" (s. diese) genannten alkalischen Natronsalzen und dem Chlornatrium sich ergiebt. Nur vor einem ist überall zu warnen: vor der Uebertreibung, da diese zu schwerster Entkräftung führen kann.

6) Als derivatorischer Eingriff (ableitend, revulsorisch s. unter Rubefacientia und Vesicantia) bei entzündlichen Vorgängen, welche ihren Sitz fern von der Unterleibshöhle haben, z. B. im Hirn, Rückenmark u. s. w.; von zweifellosem Nutzen bei allen Augenaffectionen, welche mit Gefässerweiterung und Gefässinjectionen einhergehen; hier muss eine mehrwöchentliche Abführkur vorgenommen werden.

7) Als antidyscrasisches Mittel. Die Erfahrung lehrt, dass bei gewissen constitutionellen Leiden, wie z. B. bei der Syphilis, mässiges Abführen ein wesentliches Unterstützungsmittel bei gleichzeitiger Anwendung specifischer Mittel ist.

Contraindicationen. Den Missbrauch der Abführmittel haben wir schon erwähnt. Bei Menstruation, Gravidität ist einige Vorsicht geboten. Allzu drastisches Abführen kann im ersteren Falle zu Metrorrhagien, im letzteren zu Abortus resp. Frühgeburt führen. Ueberhaupt mahnt Neigung zu Blutungen aus Unterleibsgefässen (auch Hämorrhoidalblutungen), nicht zu starke Abführmittel zu geben. Bei Entzündungen des Darms, des Peritoneums sind heftigere Darmbewegungen contraindicirt, zumal bei drohender Perforation (s. unter Opium). Schlechte Constitution, Anämie, Greisenalter gebieten ebenfalls Zurückhaltung im Purgiren (zumal mit Salinis).

Manna. Der sirupdicke süsse Saft aus der Rinde einer Eschenart (Fraxinus Ornus) (Oleaceae), theils wild wachsend, theils kultivirt in Südeuropa, namentlich in Sicilien, gewonnen, indem man in die Rinde Einschnitte macht, wird eingetrocknet; eine schmutzig-gelbe Masse, welche bis zu 80% eine schwer diffundirende (s. oben), abführende Zuckerart, Mannit ($C_6H_8(OH)_6$), Traubenzucker und Pflanzenschleim nebst einer resinösen Substanz enthält. Sie macht einen Bestandtheil des Infus. sennae compos. aus.

Der Sirupus Mannae besteht nach Ph. Germ. III. aus 1 Thle. reiner Manna 4 Thln. Wasser, 5 Thln. Zucker und 10 Thln. Sirup. Gelindes Abführmittel für Kinder, auch als Corrigens.

Die Ph. Helv. hat einen Syrup. Mannae comp., welcher aus 8 Thln. Folia Sennae, 10 Thln. Manna, 40 Thln. Wasser und 50 Thln. Zucker bereitet wird.

Pulpa Tamarindorum, *Tamarindenmus*. Die zerquetschten schotenartigen Früchte von Tamarindus indica (L.), eines schönen in tropischen Gegenden wachsenden Baumes, Leguminose, bis 25 Meter hoch und 8 Meter Umfang. Die Früchte sind oblong, fingerdick, 20 Centimeter lang, 3 Centimeter breit, enthalten je 3—12 Samen. Zwischen der Innen- und der Aussenlage der Schotenschale befindet sich jene musartige Masse. Aus dem im Handel als Tamarindi oder Pulpa Tamarindorum cruda vorkommenden Fruchtmuse wird durch Aufweichen, Coliren und Eindampfen mit Zucker eine braune oder rothbraune saftige Masse, Pulpa Tam. depurata, gewonnen, welche stark pectinhaltig ist und einen säuerlichen Geschmack hat, den sie der Anwesenheit von Weinsteinsäure, Essigsäure und Citronensäure, zum Theil an Kalium gebunden, verdankt. Diese Pulpa dient theils zur Bereitung erfrischender Getränke, theils als Constituens für abführende Latwergen (das Gleiche gilt für Pulpa Prunorum, Zwetschgen- oder Pflaumenmus), oder wird zuweilen wohl auch kaffee- oder esslöffelweise als leicht abführendes Mittel genommen. — Nicht zu verwechseln mit dem sogenannten Tamar indien der Franzosen, welches ein componirtes Drasticum ist.

Weinsteinsaure Salze. 1) Tartarus depuratus (Cremor Tartari. Kalium bitartaricum), saures weinsteinsaures Kalium (Weinstein) $C_4H_5O_6K$. Weisses krystallinisches Pulver, in Wasser schwer löslich (1 : 108); wird vom Darmcanal aus schwer resorbirt, ein Theil des resorbirten Salzes wird im Körper zu kohlensaurem Salze umgewandelt, daher der Urin bei längerem Gebrauche neutral oder alkalisch reagirt. Der grössere Theil des Eingenommenen geht mit den Fäces wieder ab. Als mildes Abführmittel wird Cremor Tartari kaffeelöffelweise 2—3mal täglich gegeben, 8—10,0 pro die. — Pulvis temperans (nicht mehr offic.) ist eine Mischung von 1 Thl. Kalium nitricum, 3 Thln. Tartar. depurat. und 6 Thln. Zucker; Dosis 1—4 Kaffeelöffel täglich.

2) Kalium tartaricum (Tartarus tartarisatus) $C_4H_4O_6K_2$. Einfach weinsteinsaures Kalium. Weisses krystallinisches Pulver, in Wasser leicht löslich. Wird ähnlich benutzt wie das vorige.

3) Tartarus natronatus (Natrokali tartaricum) $C_4H_4O_6KNa+4H_2O$. Sal polychrestum Seignetti. Weiss, krystallinisch, in Wasser leicht löslich. Wirkt ebenfalls als mildes Laxans. Dosis 8—10,0 pro dosi.

4) Tartarus boraxatus. Kalium tartaricum boraxatum. Ein Gemenge, zum Theil eine chemische Verbindung von Weinstein mit doppelt borsaurem Natrum (Borax). Ein hygroskopisches Salz, gut diffusibel, kaum laxirend, welches mehr als Diureticum verwendet wird, s. Diuretica.

5) Pulvis effervescens laxans. Seidlitzpulver. 7,5 Thle. Tartarus natronatus und 2,5 Thle. Natr. bicarb. werden in ein blaues Papier, und 2 Thle. Acidum tartaricum in weisses Papier gebracht. Der Inhalt beider wird in Wasser gemischt (braust auf).

Natrium sulfuricum, Glaubersalz, $Na_2SO_4+10H_2O$.

Das in monoklinen Prismen krystallisirende schwefelsaure Natrium enthält fast 56 °/o Krystallwasser, welches leicht verdunstet; die so verwitternden Krystalle bedecken sich bald mit einem mehligen weissen Ueberzuge.

Das schwefelsaure Natrium ist ein Bestandtheil der Quellen von Karlsbad, Marienbad, Tarasp, Elster, Franzensbad und Rohitsch.

Glaubersalz gehört zu den kräftiger wirkenden salinischen Abführmitteln; je nach der Grösse der Dosis wirkt es binnen ½ Stunde oder nach einigen Stunden; der Stuhl ist wässerig. Vom Darme aus wird ein Theil resorbirt, ein anderer Theil zerlegt sich in Schwefelnatrium; ein nicht unbeträchtlicher Theil geht mit den Fäces ab. Wirkt am energischsten (s. S. 206) in Lösung mittlerer Concentration.

Präparate und Dosen.

1) *Natrium sulfuricum (depuratum)*, krystallinisch, salzig und etwas bitter schmeckend, als Abführmittel zu 10—15,0 pro dosi, 15—30,0 pro die; gewöhnlich in Solution 1 : 10—20.

2) *Natrium sulfuricum siccum*, ohne Krystallwasser, weiss, trocken, zu 10—15,0 *pro die*, nur in Pulverform.

3) *Sal thermarum Carolinense*, Karlsbader Salz. Das Karlsbader Thermalsalz enthält 46 % schwefelsaures Natrium, 25 % kohlensaures Natrium und 18 % Chlornatrium. Das (officinelle) künstliche Karlsbader Salz (Sal Carolinum factitium): 22 Thle. trockenes Natriumsulfat, 1 Thl. Kaliumsulfat, 9 Thle. Natriumchlorid und 18 Thle. Natriumcarbonat. 6,0 dieser Mischung geben in einem Liter Wasser gelöst ein dem Karlsbader Wasser ähnliches Compositum. Das natürliche krystallisirte Sprudelsalz besteht zum grössten Theile aus schwefelsaurem Natrium, weil dieses Salz bei der Abdampfung zuerst herauskrystallisirt. Das Karlsbader Salz wird als leichtes Abführmittel zu 1—3 Kaffeelöffel gegeben. Wo man es als Ersatz des Karlsbader Wassers geben will, z. B. bei Magenkatarrhen, Magengeschwüren, Gallensteinbildung, lässt man die Patienten während längerer Zeit 1—3,0 täglich in heissem Wasser gelöst nehmen.

Natrium phosphoricum $PO_4Na_2H + 12H_2O$. Das krystallinische Salz, welches 60 % Krystallwasser enthält, verwittert rasch an der Luft, ähnlich dem vorigen, es ist leicht löslich in Wasser, die Lösung reagirt alkalisch, schmeckt leicht salzig. Ein gelindes Abführmittel, kaum stärker als Kochsalz, welches zu 15—30,0 *pro die* gegeben werden kann.

Magnesium sulfuricum, Schwefelsaures Magnesium, $SO_4Mg_2 + 7H_2O$. Bittersalz.

Krystallisirt in vierseitigen rhombischen Prismen: sehr leicht in Wasser löslich. Verliert 6 Molek. seines Krystallwassers bei 150°, das letzte erst bei über 200° C.

Im Darmcanale wird es theilweise umgesetzt, indem ein Theil der Schwefelsäure an Kalium und Natrium sich bindet. Auch von diesem Salze werden nur geringe Mengen ins Blut aufgenommen. Die schwefelsaure Bittererde ist ein sehr gewöhnliches und billiges Abführmittel; sie wirkt ähnlich wie Glaubersalz. Man giebt sie zu 10—20,0 *p. die* in Solutionen, oder besser: man verschreibt das Salz und lässt einen Esslöffel *p.[dos.* in einem Viertelliter heissen Wassers gelöst nehmen.

Das Magnesium sulfuricum siccum (durch Erhitzen [s. oben] von Krystallwasser befreit) wird in Pulvergemengen verordnet.

Das Bittersalz bildet einen Hauptbestandtheil einzelner Mineralwässer (z. B. Pullna, Sedlitz, Friedrichshall), welche gewöhnlich als Bitterwässer bezeichnet werden. Sie enthalten ausserdem schwefelsaures Natrium und einzelne auch Kochsalz. Von diesen Wässern lässt man Morgens nüchtern ½—1 Wasserglas voll trinken.

Magnesium citricum. Ein grobkörniges weisses Pulver, in Wasser nicht leicht löslich; Dosis simpl. 10—15,0. Es existirt auch ein (in Deutschl. nicht offic.) Pulvis Magn. citr. efferv., ein Pulver, aus welchem eine Abführlimonade hergestellt werden kann. 25 Thle. Magnesiumcarbonat, 75 Thle. Citronensäure, 10 Thle. Wasser werden bei 30° getrocknet, der Rückstand pulverisirt und darauf mit 85 Thln. Natriumbicarbonat, 40 Thln. Citronensäure und 20 Thln. Zucker innig gemischt und getrocknet. Ein weisses Pulver, langsam im Wasser unter starker Kohlensäureentwickelung sich lösend. — In den Apotheken sind stets auch moussirende abführende (Magnesium-)Limonaden im Handverkauf zu haben.

Magnesium carbonicum, auch Magnesia alba genannt, Magnesiumcarbonat

CO_3Mg. Ein feines, luftiges, mehliges Pulver. In Wasser unlöslich. Dieses und das folgende Präparat, Magnesia usta, werden von der Säure des Magens in sehr schwach abführend wirkendes Salz umgewandelt. Ihre Hauptbedeutung liegt in der **säuretilgenden Wirkung**; in dieser Beziehung wirken sie ganz wie Natron bicarbonicum. Bei Säurevergiftungen können sie zuweilen, wenn gerade zufällig zur Hand, als Antidote gute Dienste leisten. Abführende Dosis etwa 5—10,0 in Schüttelmixtur (als **Pulver zu voluminös**). Als säuretilgendes Mittel verwendet, in Dosen von 1 bis 2 Kaffeelöffel (etwa 1,0).

Magnesia usta (Magnesium oxydatum), gebrannte Magnesia MgO. Von gleichem Aussehen wie das vorige, wird als leichtes Abführmittel besonders in der Kinderpraxis ähnlich verwendet. Dosen von ½ bis 1 Kaffeelöffel. — Als Antidot gegen Arsenik (s. dies.).

Sulfur, Schwefel.

Der reine Schwefel ist unlöslich in Wasser, spurenweise löslich in fetten Oelen, Alkohol und Aether, leichter in ätherischen Oelen, am leichtesten in Schwefelkohlenstoff; er verbrennt mit bläulicher Flamme zu schwefliger Säure. Löslich in Alkali unter Sulfidbildung.

Auf der Haut wirkt er in fein zertheiltem Zustande (s. unten) reizend; auf pflanzliche und theilweise auch auf thierische Parasiten wirkt er destruirend.

Innerlich in kleinen Dosen genommen, bringt er im gesunden Magen keine Wirkungen hervor. Bei grossen Dosen und kranker Magenschleimhaut wirkt er auch hier local reizend, verdauungsstörend. Im Darme gehen mit einem Theile des eingenommenen Schwefels Veränderungen vor sich, während der grössere Theil unverändert wieder abgeht. Ein sehr kleiner Theil wird zu Schwefelalkalimetall (Natriumhydrosulfid), welches (s. unten) reizend, in stärkerer Concentration und Menge sogar leicht ätzend ist und so (man vergleiche Calomel und Sublimat) abführend wirkt, weil die Peristaltik, und wohl reflectorisch auch die Secretionen etwas verstärkend. Geringe Mengen des so gebildeten Schwefelnatriums u. s. w. werden auch resorbirt; im Harne erscheint er alsdann theils (oxydirt) als Schwefelsäure, theils in noch unbekannter organischer Verbindung. Der Stuhl ist nach Schwefel meist breiig, nicht flüssig; eine **gründliche** Entleerung ist mit Schwefel meistens nicht zu erzielen. Je feiner vertheilt der Schwefel ist (s. Präparate), um so stärker die Wirkung.

Die **Schwefelalkalimetalle** sind bereits bei den „Aetzmitteln" erwähnt. Innerlich als solche gereicht, werden sie im Magen zum grössten Theile durch die Säure zersetzt: es bildet sich unter Abscheidung von Schwefel H_2S, der zum Theil in Form von Ructus entleert, zum Theil resorbirt wird; zu einem Theile werden sie im Magen und Darm als solche resorbirt, soweit sie nicht (s. oben) Reizung und Durchfall erzeugend, mit den Fäces abgehen. Subcutan (in Thierversuchen) gegeben oder intravenös wirken sie genau wie der hier abzuhandelnde **Schwefelwasserstoff, H_2S**. Dieses den faulenden Eiern ihren charakteristischen Geruch gebende Gas, farblos, schwach sauer, erzeugt bei massenhafterer Einwirkung (Einathmung) am Warmblüter eine oft sehr schnell tödtlich endende Intoxication: zunächst eine mit Blutdrucksteigerung verbundene Dyspnö bei hellrothem, O-reichem Arterienblute (analog der Cyanwasserstoffsäure-Wirkung) (und dann Erstickungskrämpfe); später wird das Athmungscentrum betäubt (s. b. Morphin), was zu Venosität des Arterienblutes führt, die durch künstliche Athmung aufgehoben werden kann (das Blut ist materiell noch nicht geschädigt); gleichzeitig mit den respiratorischen wird dann auch das vasomotorische Centrum betäubt, gelähmt: es sinkt der Blutdruck, die Convulsionen werden heftig. Bei eingetretener, Tod-drohender, bis fast zu Null gehender Blutdrucksenkung ist sofortige künstliche Respiration mit ziemlicher Sicherheit noch lebensrettend, — offenbar ist H_2S relativ leicht entfernbar vom Orte seines toxischen Einflusses resp. aus dem Blute. Wenn der Tod des Thieres in H_2S-Atmosphäre eintritt, finden sich im Allgemeinen nirgends Thrombosen; nur in der Lunge, d. h. am Orte der stärkeren directen Einwirkung sieht man zuweilen Blutveränderung, Blutung, Thrombose. Der Tod dürfte theils durch die Wirkung auf Circulation und Athembewegung, theils durch eine der Blausäure-Wirkung analoge Beeinflussung des inneren Gaswechsels zu Stande kommen.

H_2S kreist im Blute stets als (besonders Natrium-)Hydrosulfid, indem er sich zu den Blutalkalien wie CO_2 verhält und sich mit dieser in die Alkalien theilt; er wird dann, genau wie CO_2, an die Orte niederer H_2S-Spannung hin abgegeben: daher riechen nach subcutaner u. s. w. Einbringung von Schwefelalkalien die Exspirationsluft, die Haut und der Harn nach H_2S. Die CO_2, wo sie das Uebergewicht der grösseren Masse hat, hilft den H_2S austreiben. — Der H_2S, oder richtiger das Natriumhydrosulfid hat nebenbei auch noch eine das Bewusstsein u. s. w. direct betäubende, und zu einem kleinen unwesentlichen Theile auch die Wirkung, Sauerstoff dem Blute zu entziehen (als Reductionsmittel). Ein kleinerer Theil des Schwefelalkalimetalls wird zu Sulfaten oxydirt. — Zu Blut gefügt, resp. von Fröschen ins Blut aufgenommen, reducirt er das Oxyhämoglobin, bildet ferner Sulfo-Methämoglobin (Säugethiere sterben, bevor es hiezu kommt) und wandelt schliesslich das Hämoglobin in einen grünen Farbstoff um (was alles nachträglich auch in Warmblüterleichen nach H_2S-Vergiftung auftritt). — Experimentell in den Darm gebracht, verstärkt H_2S die Peristaltik.

Mit welchem Rechte man die Hydrosulfid- und Schwefelwasserstoffwässer — innerlich und äusserlich — als besonders heilsam gegen

Rheumatismen, Lues, Metallintoxicationen u. s. w. hinstellt, ist sehr fraglich.

Therapeutische Verwendung. Aeusserlich gebraucht man den Schwefel theils in Form von Bädern, theils in Salbenform, gegen parasitäre Hautkrankheiten und chronische Hautkrankheiten überhaupt: Eczema chronicum, Favus, Sycosis, Pityriasis versicolor, Psoriasis u. A. Die in neuerer Zeit aufgekommenen Balsame, das Chrysarobin, sowie die Theerbehandlung haben zwar grösstentheils die Schwefelbehandlung verdrängt; so ist es auch nicht mehr üblich, ihn gegen Scabies zu verwenden, während er früher ein Hauptmittel gegen diese war. Da Schwefel in Substanz, Schwefelwasserstoff und Schwefelalkalien auf der Haut dieselbe therapeutische Wirkung hervorbringen, so dürfte ersterer nur dadurch wirken, dass er in letztere übergeht.

Innerlich wird Schwefel angewendet: 1) als Purgans. 2) Bei chronischen Katarrhen der Lungen- und Larynxschleimhaut. 3) Bei chronischen Katarrhen der Magen- und Darmschleimhaut. 4) Bei chronischen Metallintoxicationen, besonders Blei-, Quecksilber- und Arsenintoxication; man hat sich in solchen Fällen die günstige Wirkung etwas grob chemisch vorgestellt, indem man vermuthet hat, dass die im Organismus vorhandenen Metallalbuminate durch die ins Blut aufgenommenen Schwefelverbindungen zerlegt würden; allein hierfür hat man durchaus keine sicheren Anhaltspunkte. 5) Es scheint Chlorosenformen zu geben, die auf Eisen nicht, wohl aber auf Schwefel gut reagiren. Vielleicht reicht hier der S-Gehalt des Nahrungseiweisses für den Aufbau des Organeiweisses nicht aus, oder S (resp. Hydrosulfid) wirkt als Reiz für Blutwirkung, oder es handelt sich um Regelung der Darmbewegungen u. s. w.

Präparate. 1) Sulfur sublimatum, Flores Sulfuris.

2) Sulfur depuratum (ausgesiehte Flores Sulfuris mit NH_3-Wasser gewaschen). Als Laxans, gewöhnlich nicht für sich allein, zu 0,5—5,0 $p. dosi$. — Ist im Pulv. Liquir. compos. (s. unter Senna) enthalten. — Aeusserlich in Salben 1:3—10.

3) Sulfur praecipitatum, Schwefelmilch; sehr feines Pulver; 0,5—2,0.

Durch Verbrennen von Schwefel, also durch Bildung von schwefliger Säure (Schwefeldioxyd, SO_2) kann man desinficiren, wo es sich um ausgebildete Bakterien oder um Gährungspilze und Aehnliches handelt. Sporen dagegen werden von der schwefligen Säure nicht getödtet, daher dieses Mittel Contagions- und Infectionsstoffen gegenüber im Allgemeinen ungenügend ist.

Calomel.

Ueber die Wirkungen dieses Präparates als Laxans s. Quecksilberverbindungen.

Oleum Ricini, Ricinusöl (Castor oil).

Das Ricinusöl wird aus den zierlichen, etwa 1,5 Centim. langen, marmorirt-graubraunen Samen von Ricinus communis (L.) (Euphorbiacee) durch Pressen gewonnen. In allen warmen und gemässigten Ländern der Erde kultivirt, erreicht Ricin. comm. je nach dem Standorte, obgleich einjährig, eine Höhe von über 3 Metern. Die Samen enthalten 50—60 % Oel. Das Oel ist schwachgelblich, dickflüssig, von fadem Geschmacke. Die Samen der in Italien kultivirten Pflanze liefern meistentheils das Ricinusöl des Handels. Eine geringere, schlechter schmeckende Sorte ist das ostindische Oel.

Die Samen sind giftig, scharf; die betreffende scharfe Substanz (fermentartiger Natur, durch feuchte Hitze und Alkalien zerstörbar, geht in eine Säure über) erzeugt local, z. B. an den Augen, schwere Entzündung; resorbirt verursacht sie tödtliche Darmentzündungen mit Infarktbildung, geht bei der Gewinnung des Oels in dieses nicht über, hat daher mit der Wirkung des Oels nichts zu thun.

Das Ricinusöl besteht zum grössten Theile aus dem (neutralen) Triglycerid der Ricinolsäure, welche in dieser Verbindung ganz indifferent für die Gewebe ist, auch im freien Zustande kaum reizend wirkt. Das Oel passirt ohne Wirkung den Magen; im Dünndarme dagegen — durch den Pankreassaft zersetzt — entfaltet es seine (nicht recht verständliche) Wirkung, welche daher zunächst den Dünndarm betrifft; im Dickdarm wirkt die (ölige, übrigens sonst nicht reizende) Säure und der zu eilig beförderte und deshalb nicht gespaltene Theil des Oels noch mechanisch stuhlerleichternd durch Verminderung des Reibungswiderstandes.

Oleum Ricini gehört zu den sicher, aber mild wirkenden Abführmitteln, daher es auch bei Reizungszuständen des Darms verabreicht werden kann. Zu wiederholter Darreichung an mehreren Tagen nach einander ist dieses Mittel nicht geeignet, da es Verdauung und Appetit stört, auch grossen Widerwillen erzeugt. Ganz kleine Kinder nehmen es nicht. Erwärmung des Löffels verflüssigt das Oel und macht es einnehmbarer. Man giebt es Erwachsenen zu 1—2 Esslöffel *pro dosi*, am besten in einem warmen Getränke, Kaffee, Fleischbrühe, Limonade, Milch, in Zuckerwasser oder in Oelgallerte, oder mit Zusatz von Coffea tost. pulv. u. s. w. Für Kinder rechnet man die Hälfte.

Radix Rhei, Rhabarberwurzel.

Obwohl die Rhabarberwurzel seit Langem bekannt ist und gebraucht wird, so ist die Species noch nicht sicher, von welcher die im Handel cursirende echte Wurzel gewonnen wird. Wahrscheinlich ist es die Wurzel (richtiger: das Rhizom, der Wurzelstock) von Rheum officinale (BAILLON)(Polygonee). Ihre Heimath ist der Westen und Nordwesten Chinas. Die Chinesen waren offenbar schon vor der christlichen Zeitrechnung mit ihr bekannt.

Früher ging der Rheum-Handel nur über Russland, welches sich im 17. Jahrhundert durch Verträge den Import sicherte; in neuerer Zeit kommt aber die Wurzel auf verschiedenen Wegen aus China auf den europäischen Markt.

Die praparirte, von den Anhängseln und der Rinde befreite Radix Rhei des Handels bildet theils ovale, theils oblonge planconvexe Stücke von 2—3 Ctm. Dicke und 5—7 Ctm. Länge; die Oberfläche ist feinfaserig, gelb bis braungelb, die Bruchfläche zeigt einen sehr unregelmässigen, undeutlich radiären Bau und lässt kleine gelbe und röthliche Streifen neben weisser Grundmasse erkennen. Der Geruch ist ein eigenthümlicher und der Geschmack deutlich bitter.

Die Wurzel enthält „Cathartinsäure", ferner eine Gerbsäure (Rheumgerbsäure), Chrysophansäure (s. S. 113 unter „Chrysarobin"), theils als solche, theils in Gestalt eines Glykosids; sodann Emodin (ebenso wie Chrysophansäure ein Anthracen-Abkömmling; Emodin [isomer dem Trioxymethylanthrachinon] ist auch in dem Cortex Frangulae enthalten), ferner wohl noch einen anderen Farbstoff, einen „Bitterstoff", einen aromatischen Stoff, Kalkoxalat u. A.

WIRKUNG UND THERAPEUTISCHE ANWENDUNG. — Ob die abführend wirkende, „Cathartinsäure" genannte Substanz identisch mit der Cathartinsäure der Sennablätter (s. diese) ist, erscheint noch fraglich; wie weit die Chrysophansäure und deren Glykoside, sowie das Emodin für die abführende Wirkung in Betracht kommen, ist strittig. In kleinen Dosen wirkt Rheum verstopfend und dabei „stomachisch". Bei dieser Wirkung kommen offenbar einerseits der Bitterstoff, andererseits die Gerbsäure, ferner die aromatische Substanz zur Geltung. In Fällen von gelegentlicher Appetitlosigkeit, welcher leichte Magenkatarrhe zu Grunde liegen, haben sich die Rhabarberpräparate in kleiner Dosis bewährt. Sind diese Zustände dagegen mit Verstopfung vergesellschaftet, so empfehlen sich mittlere bis grössere Gaben, welche dann — wegen der „Cathartinsäure" u. s. w. — eben abführend, aber nebenbei doch immer noch „stomachisch" einwirken. Es kommt also bei Rheum wesentlich darauf an, dass man die richtige Dosis nimmt und eine passende Combination mit anderen Stoffen eintreten lässt; Rhabarberpräparate werden je nach dem vorliegenden Falle zweckmässig verbunden mit Opium, Adstringentien, Eisenpräparaten, Chinin und Bitterstoffen; als Abführmittel erfüllt Rhabarber seine Aufgabe entweder allein oder vereint mit anderen in dieser Richtung wirkenden Stoffen. Bemerkenswerth ist, dass hierbei — wohl wegen der Gerbsäure — Rheum eine verstopfende Nachwirkung oder doch eine Neigung zu Stuhlträgheit hinterlässt.

Die Farbstoffe gehen in den Harn über; sie geben mit NO_3H ähnliche Farbenreaction wie Gallenfarbstoff; auf Zusatz von Natron oder Kali färben sie sich intensiv roth (vergl. Santonin).

PRÄPARATE UND DOSEN.

1) *Radix Rhei*. In Pulverform als Stomachicum, Erwachsenen 0.1—0,2 *pro dosi* gegeben; als Abführmittel zu 0,5—1,0 *pro dosi*. Man kann aus der Wurzel auch ein Infusum bereiten lassen, 2—4,0 auf 100,0 Colatur.

2) *Extractum Rhei*. Eingetrockneter wässerig-weingeistiger Auszug der Wurzel, von brauner Farbe, pulverförmig; zu 0.1—0,5.

3) *Extr. Rhei compositum*, Extr. Rhei 6, Extr. aloës 2, Resina Jalapae 1, Sapo medic. 4 werden fein zerrieben und gemischt. (Ph. Helv. hat 1 Thl. Sapo.)

Ein trockenes schwarzbraunes Pulver, welches in gleichen Dosen wie das Extr. simpl. dispensirt wird.

4) *Tinctura Rhei aquosa.* (Rheum 10, Borax 1, Kaliumcarbonat 1, Wasser 90, Zimmtwasser 15, Weingeist 9) (Ph. Helv.: Rad. Rhei 2, Aq. Cinnamomi 4, Aq. destill. 16 und Natr. carbon. 1). Braunroth; zu 10,0—30,0 wird gewöhnlich als Zusatz zu abführenden Arzneien gebraucht.

5) *Tinctura Rhei vinosa.* Rad. Rhei 8, Cortex Aurantii 2, Semen Cardamomi 1 und Xereswein 100. Braune Flüssigkeit; als Stomachicum zu $\frac{1}{2}$—1 Esslöffel *pro dosi*, als Abführmittel zu 3—4 Esslöffel täglich (theuer).

6) *Pulvis Magnesiae cum Rheo, Kinderpulver.* Pulv. Rhei, Magnes. carb., Ol. Foeniculi und Zucker; für Kinder zu 0,1—0,5.

7) *Sirupus Rhei,* circa 1:35 (Ph. Helv. 1:20), theils als Corrigens, theils als Adjuvans von Abführmitteln; Kindern als leichtes Abführmittel esslöffelweise.

Folia Sennae, Sennesblätter.

Die Sennesblätter des Handels stammen von zwei, den Leguminosen angehörenden Cassiaarten her: 1) Cassia acutifolia (DELILE), einem Strauche von $\frac{1}{2}$—1 Meter Höhe mit lanzettförmigen Blättern, welche einen eigenthümlichen Geruch besitzen; er kommt z. B. in Nubien vor; der Import dieser Blätter geht über Alexandrien, woher die Bezeichnung Alexandrinische Senna rührt. 2) Cassia angustifolia (VAHL), ähnlich der vorigen; sie wird theils behufs Production der Blätter namentlich im südlichen Theile Vorderindiens kultivirt, theils wächst sie in Südarabien wild; der Handel dieser Blätter geht über Bombay nach England und wird Tinnavelly- oder Indische Senna genannt.

Neben den Salzen der wenig diffusiblen Cathartinsäure, einer stickstofffreien glykosidischen Säure (s. auch Cortex Frangulae), welche der hauptsächlichste wirksame Bestandtheil sind, finden sich in den Blättern Stoffe, welche die abführende Wirkung steigern: weinsaure Salze und ein mannitartiger Körper; ausserdem enthalten die Blätter unter vielem Anderen auch einen aromatischen, einen bittern Stoff, Sennapikrin, ferner Sennacrol und Chrysophansäure (auch einen dem Chrysarobin ähnlichen Stoff).

Die ersten Kenntnisse von der abführenden Wirkung der Sennesblätter verdanken wir der arabischen Medicin des 9. und 10. Jahrhunderts.

Die Wirkungsart der Cathartinsäure ist nicht klar. Sie selbst und ihre Salze wirken sonst örtlich nicht reizend. Angegeben (und auch bestritten) wird, dass sie subcutan injicirt abführend wirken, was für eine resorptive darmerregende Wirkung sprechen würde; vielleicht handelt es sich bei innerlicher Darreichung um eine (vergl. die Darmwirkung des Opiums) regionär-resorptive Wirkung.

Auf mittlere Gaben der Blätter zeigt sich, manchmal mit leichter Kolik, nach Ablauf von 3—4 Stunden eine breiige, 1—3mal erfolgende Stuhlentleerung ohne jede störende Nachwirkung, namentlich hinterbleibt keine Verstopfung. Selbst bei unvorsichtiger Dosirung oder individueller Empfindlichkeit zeigt sich im Allgemeinen keine unangenehme Wirkung.

Die Chrysophansäure wird resorbirt und geht in den Harn über

(s. bei Rheum und vergl. Santonin). Die Cathartinsäure wird (s. oben) jedenfalls zum Theil ebenfalls resorbirt, geht z. B. in die Milch nährender Frauen über und bewirkt Laxiren des Säuglings.

PRÄPARATE. 1) *Folia Sennae.* In Pulvern, Aufgüssen, für Erwachsene 10 bis 15,0 auf 100—150,0 Colatur; für Kinder 2—6,0.

(Ph. Helv. *Folia sennae depurata.* Sennesblätter, welche mit der vierfachen Gewichtsmenge Alkohol digerirt worden sind; ohne besonderen Vortheil, sie sollen weniger Leibschmerzen verursachen.)

2) *Infusum Sennae compositum.* Zu 10 Gewichtsthln. Colatur: 1 Thl. Fol. Senn., 7 Thle. Wasser, 1 Thl. Kaliumnatriumtartrat und 3 Thle. Manna (Ph. Helv.: zur Colatur von 100 Thln.: 10 Thle. Fol. Senn., 10 Thle. Manna und 10 Thle. Tartarus natronatus); von diesem Infus wird stündlich oder zweistündlich ein Esslöffel genommen. Bei empfindlichen Personen kann man auch mit gutem Erfolg ein (nicht off.) Infusum Sennae frigide paratum wählen: 15—20,0 Sennesblätter werden mit 100—200,0 kalten Wassers Abends infundirt und der Aufguss Morgens in zwei Portionen getrunken. Er erzeugt weniger kolikartige Schmerzen.

3) *Pulvis Liquiritiae compositus.* 2 Thle. Pulv. Fol. Sennae, 2 Thle. Pulv. rad. Liquirit., 1 Thl. Sulfur depuratum, 1 Thl. Fructus Foeniculi und 6 Thle. Saccharum album; Dosis 1 Kaffeelöffel, 1—3mal täglich.

4) *Species laxantes.* 160 Fol. Sennae, 100 Flor. Sambuci, 50 Sem. Anisi, 50 Sem. Foeniculi, 25 Tartar. depur., 16 Acid. tartar.; Ph. Helv. hat: Species laxantes St. Germain, welche, sonst ebenso, nur statt Tartar. depur. den Tartarus natronatus in gleicher Menge enthalten. Ausserdem besitzt die Ph. Helv. noch Spec. laxantes (ohne Beiwort), auch Spec. regiae genannt, welche Flor. Pruni spinosae und Rosae gallicae, Fol. Senn., Rad. Liquir., Rhizom. Podophyll. und Stip. Dulcam. ana 3 und Anis 1 enthalten.

5) *Electuarium e Senna* oder *lenitivum.* Sennalatwerge. 1 Thl. gepulverte Sennesblätter werden mit 4 Thln. weissem Sirup und 5 Thln. Pulp. Tamarind depurat. gemischt und auf dem Wasserbade erwärmt. Die Latwerge ist grünlichbraun, halb fest. Dosis 1 Kaffeelöffel für Erwachsene.

6) *Sirupus Sennae.* Schwach abführend, wird namentlich Kindern verordnet. Nach d. Arzn.-B. f. d. D. R. sollen 40 Thle. das Lösliche von 1 Thl. Sennesblätter enthalten.

Cortex Rhamni Purshianae. Nachdem die früher vielfach verwendete Rinde von Rhamnus frangula mit einer der Cathartinsäure (s. Senna) analogen wirksamen Substanz (Frangulasäure), ferner Frangulin, welches in eine Zuckerart und Emodin gespalten werden kann, und Emodin (s. Rheum) in Europa allmählich obsolet geworden war (**Cortex Frangulae**, im Decocte 25:150, oder in Form des jetzt offic. *Extractum Frangulae fluidum* [in gleichen Gaben wie die Rinde]), wurde in Amerika die Rinde der aus Californien stammenden Rhamnus Purshiana („Cascara sagrada") als ein stimulirendes Mittel bei Verdauungsstörungen, Obstipation, besonders aber bei Leberbeschwerden in steigendem Maasse verwendet.

Die übliche Arzneiform ist ein Fluidextract, welches auch in Europa schon Eingang gefunden hat, obschon unser Cortex Frangulae dasselbe leistet.

Fructus Rhamni catharticae (Baccae spinae cervinae), *Kreuzdornbeeren;* von Rhamnus cathartica. Die Früchte haben einen Durchmesser von beinahe 1 Centim., enthalten einen abführenden Bitterstoff. „Rhamnocathartin"; fast nur in Form des officinellen violettrothen *Sirupus Rhamni catharticae* (auch *Sirupus domesticus* genannt) benutzt; dieser theelöffelweise als Abführmittel für Kinder.

Tubera Jalapae (Radix Jalapae).

Die Wurzelknollen von Ipomoea Purga, einer Convolvulacee der mexikanischen Anden, in Höhe von 1600 bis 2600 Metern. Die ovale Knolle, welcher die dünne Wurzel ansitzt, ist 5—15 Centimeter lang, wiegt bis zu 200 Grm., ist aussen von dunkelbrauner Farbe, hat im Innern einen deutlich faserigen Bau und schmutzig weisse Farbe, riecht rauchig oder kaffeeähnlich und schmeckt scharf. Der wirksame Bestandtheil ist ein harziges, amorphes Säureanhydrid, Convolvulin ($C_{20}H_{50}O_{16}$) genannt, früher wohl auch Jalapin bezeichnet, welches zu 12—18 % sich in der Wurzel findet; es geht durch Behandeln mit Alkalien in Convolvulinsäure über. Der alkoholische Auszug der Wurzelknollen, Resina Jalapae genannt, enthält hauptsächlich dieses Anhydrid neben anderen harzigen Substanzen.

Diese Droge gehört zu den stärker wirkenden Abführmitteln. Das Convolvulin passirt den Magen ungelöst, wird erst im Dünndarm (bei Anwesenheit von Alkali, zumal Galle) wirksam. Schon nach 2 bis 8 Stunden (also vom Dünndarm und Dickdarm aus wirkend), zuweilen mit etwas Kolik und Nausea — einige Stühle veranlassend. Bei unvorsichtiger Dosirung zu Hyperkatharse und selbst zu Darmentzündung führend.

Präparate und Dosen.

1) *Tubera Jalapae.* Die (gepulverte) Wurzel als Abführmittel zu 0,5 bis 2,0 p. dos., oft mit Calomel.

2) *Resina Jalapae.* Trockene braune Substanz, 0,25—1,0.

3) *Sapo jalapinus.* Resina Jalapae, Sapo medicatus $\overline{aa}$ und Spirit. vini, braune Pillenmasse; 0,5—2,0.

Podophyllinum, *Podophyllin.* Aus dem spirituösen Auszuge der Wurzel von Podophyllum peltatum (L.), Berberidee Nordamerikas, durch Fällung mit salzsäurehaltigem Wasser gewonnen: eine dunkelgelbe amorphe Masse, welcher man unzweckmässigerweise den Namen „Podophyllin" gegeben hat; in der amerikanischen Pharm. figurirt sie als „Resina Podophylli"; ist in der Wurzel zu ungefähr 2 % enthalten. Im Podophyllin ist „Podophyllotoxin" (scharf, giftig [tödtliche Darmentzündung bei subcutaner Injection]), welches, schwach sauer, durch Alkalien gespalten wird und dabei Pikropodophyllin (abführend) und Podophyllinsäure (unwirksam) bildet. Das Podophyllin, von scharfem bitteren Geschmacke wirkt im Wesentlichen wie Jalape. Dosen: 0,01—0,05 und mehr, in Pillen- oder Pulverform. Die säuerliche Frucht dieser Pflanze, welche ebenfalls schwach abführende Wirkung hat, ist namentlich in Florida als May apple oder Wild lemon, Racoon berry bekannt.

Das Podophyllotoxin (nicht officinell) ist bei Kindern nur in Bruchtheilen eines Milligramms bis zu einem Milligramm, bei Erwachsenen bis zu 10 Mgr. (z. B. in Tropfen) zu reichen.

Aloë.

Eingetrockneter Saft der fleischigen Blätter verschiedener Aloëarten (Liliaceen), hauptsächlich in Ost- und Südafrika, Aloë ferox, africana, succotrina, vulgaris und spicata.

Nach dem Ländergebiete, aus welchem Aloë gewonnen wird, unterscheidet man im Handel eine Aloë Soccotrina, A. Barbados, A. Capensis, A. Curacao, A. Natal (s. hepatica) u. s. w.

In Deutschland ist die Aloë aus dem Caplande officinell: dunkelbraune, leicht in grossmuschelige, glasglänzende Stücke und in scharfkantige, röthliche und hellbraune, durchsichtige Splitterchen brechende Masse, von eigenthümlichem Geruche und unangenehm bitterem Geschmacke. In doppelter Menge siedenden Wassers sich lösend; beim Erkalten scheidet der harzige Antheil wieder aus, während das „Aloë-bitter" gelöst bleibt. Im Alkohol 1:5 völlig löslich. Enthält verschwindend kleine Mengen eines ätherischen Oels (daher der Geruch). — In die wässrige Lösung geht bei den meisten Aloë-Arten, nicht aber bei der in Deutschland officinellen „A. capensis" eine neutrale krystallisirende gelbe Substanz: Aloïn, — in den verschiedenen Sorten um ein Geringes verschieden zusammengesetzt (z. B. in Barbados- und Curacao-A. $C_{16}H_{16}O_7$, Siedep. 147°, in Natal-A. $C_{24}H_{26}O_{10}$, Siedep. 210° C.); die Aloïne sind Anthracen-Derivate.

Die Aloïne wirken abführend, desgleichen das „Aloë-Harz"; ob das „Aloë-Bitter" als chemisches Individuum und als wirksam in Betracht kommt, ist noch nicht ermittelt.

Aloë und ihre Präparate **in grossen Dosen** sind drastische Mittel, sie erzeugen bei der abführenden Wirkung lebhafte kolikartige Schmerzen, erregen Hyperämien des Darmes, der Nieren und des Uterus. Auf den Uterus wirkt Aloë die Menstruation verstärkend und kann aus demselben Grunde unter Umständen auch Abort erzeugen. In **kleineren** Gaben ist sie ein mildes Eccoproticum, das lange Zeit hindurch gegeben werden kann. Sie wirkt erst 6—12 Stunden nach dem Einnehmen (wirkt nur auf den Dickdarm). Aloïn subcutan gegeben, wird in den Darm ausgeschieden und veranlasst (nicht ganz zuverlässig) in Dosen von 0,15—0,2 nach 4—6 Stunden Stuhl (bei grossen Dosen Darm- und Nierenbefund wie bei Arsenik, s. auch S. 207). — Zusatz von Alkalien (so auch Galle u. s. w.) erhöht die Wirksamkeit der Aloë.

In kleinsten Gaben innerlich gilt auch Aloë (wohl kaum mit Recht) als Stomachicum.

PRÄPARATE UND DOSEN.

1) *Aloë.* Wegen des unangenehmen Geschmackes gewöhnlich in Pillenform; zu 0,025—0,1; 0,1—0,5 stärkeres Purgans.

2) *Extractum Aloës.* Wässeriges Extract; gelbbraunes Pulver, in ähnlichen Dosen wie Aloë.

3) *Tinctura Aloës composita.* [Aloë 6, Rad. Rhei 1, Rad. Gentian. 1, Rad. Zingiberis 1, Rad. Zedoariae 1, und Safran 1 mit 200 Weingeist. Zu 10 bis 30 Tropfen *pro dosi.*

4) *Aloïn.* Ein gelbliches Pulver, in Wasser löslich, wirkt abführend in Dosen von 0,1—0,2; nicht officinell.

Die Aloë dient auch zur Bereitung mehrfacher componirten Tincturen oder Elixire, welche verschiedene Namen führen, wie Elixir ad longam vitam (Lebenselixir) u. s. w. Es kommen bei diesen Compositionen Rad. Gentian., Rad. Rhei, Safran und andere Stoffe zur Verwendung; sie wurden theilweise schon früher unter „Amara" erwähnt.

Fructus Colocynthidis, Coloquinthen.

Die zu den Cucurbitaceen gehörende kleine Kürbisart Citrullus (Schrader) oder Cucumis (Linné) Colocynthis wächst in warmen Klimaten (auf Ceylon, in Persien, Nubien, Marokko, Syrien, auf Cypern), war auch schon im Alterthume bekannt. Die Frucht hat einen Durchmesser von 8—10 Centimeter, sie ähnelt einer kleinen Orange, ist aussen von gelber Farbe; der schwammige, blättrige, fast lederartige Inhalt hat einen widerlich bitteren Geschmack. Nur dieses lederartige Fleisch der (geschälten) Frucht, nicht die Kerne werden benutzt. Enthält Colocynthin (vermuthlich glykosidisches Säureanhydrid) und ein Harz Citrullin; beide — namentlich im Dickdarme local stark reizend und Entzündung erregend; beide auch subcutan nach einigen Stunden, schneller per Clysma wirkend; nach innerlicher Darreichung dauert es wie bei Aloë ca. 8 Stunden, ehe die Wirkung eintritt. Sehr drastisch. Hauptsächlich im Gebrauch ist nur das Extract.

1) *Extractum Colocynthidis.* Spirituöses Extract, braune, bröcklige Masse, sehr bitter und unangenehm schmeckend, meist in Pillenform, zu 0,01—0,05 (!), *pro die ad* 0,2! (Ph. Helv. *pro die* 0.25!)

2) *Tinctura Colocynthidis.* 1 Tbl. Coloquinthen auf 10 Thle. Spiritus vini, von gelber Farbe; 10—20 Tropfen, *ad* 1,0! *p. dosi, ad* 5,0! *pro die.*

3) *Colocynthinum purum* und *Citrullinum.* Beide weissgelblich, pulverförmig. Sie wirken auch subcutan (schmerzhaft) schon in Dosen von 5—10 Mgr. abführend (nicht officinell).

Gutti (Gummi Cambogia), *Gummigutt.* Aus verschiedenen Species, Garcinia Morella und Garcinia pictoria, Guttiferen, in Hinter- und Vorderindien, durch Einschnitte in die Rinde gewonnener, in Bambusröhren aufgefangener und getrockneter Saft, gelb. Der Geschmack ist unangenehm scharf. Die Masse besteht aus einer Mischung von Harz (75—80 %) und Gummi; sie ist löslich in Alkohol; mit Alkalien nimmt die Lösung eine dunkelrothbraune Farbe an. Durch Erwärmen mit kaustischen Alkalien können verschiedene Säuren daraus dargestellt werden.

Gummigutt wurde lange als Drasticum in der Therapie verwendet. Gegenwärtig ist es selten mehr in Gebrauch. Es bildet einen Bestandtheil der diuretisch wirkenden Heim'schen Pillen. Man giebt Gummigutt in Verbindung mit Aloë, Jalape und anderen Drasticis zu 0.02—05 (!) (*pro die ad* 1,0!).

Ph. Helv.: **Scammonium.** Convolvulus Scammonia (L.), welche in Kleinasien, Syrien und Griechenland wächst, hat eine dicke fleischige Wurzel, die einen milchigen Saft enthält. Er wird durch Einschnitte in die Wurzel gewonnen und getrocknet. Die eingetrocknete Masse ist dunkelgelb oder graubraun, porös. Früher unterschied man Scammonium von Aleppo und von Smyrna. Gegenwärtig ist die Droge, welche schon im Alterthume bekannt war, kaum mehr in Gebrauch.

In neuerer Zeit wird aus der in England importirten Wurzel das sogenannte Patentscammonium durch Extraction mit Alkohol bereitet, und so ein reineres, wenn auch chemisch noch ungleiches Präparat erhalten.

Man verordnet Scammonium in Pulver- oder Pillenform zu 0,1—02 *pro dosi.*

Oleum Crotonis (Oleum Tiglii), Croton-Oel.

Das Croton-Oel wird aus den Samen von Croton Tiglium (L.), einer baumartigen Euphorbiacee der Küste von Malabar und anderer Gebiete Ostindiens, durch Auspressen gewonnen. Die Samen haben länglich ovale Form, braune Oberhaut und weisses öliges Mark. In ihnen ist das Oel zu 50—60 % enthalten.

Neben indifferenten Fetten und vielen unwichtigen Stoffen ist in dem Oel das neutrale Glycerid der Crotonolsäure enthalten, welches wie das Ricinolsäureglycerid (s. Ricinus) durch den Pankreassaft gespalten wird; die so in Freiheit gesetzte Crotonolsäure ist aber scharf, entzündungserregend im Gegensatz zur Ricinolsäure. Ausserdem aber enthält von vornherein das käufliche Crotonöl auch noch freie Crotonolsäure, daher es schon im Magen — und so auch schon auf der Haut — scharf wirkt: so beginnt es seine drastische, abführende Wirkung reflectorisch schon im Magen zu entfalten und bringt den ganzen Darm einerseits in beschleunigte Peristaltik, führt andererseits zu vermehrten Secretionen und selbst Transsudationen und bei grösseren Dosen zu entzündlichen Exsudationen.

Es erzeugt auch, wenn es in die Haut eingerieben wird, in kurzer Zeit Hautentzündung mit Pustelbildung.

ANWENDUNG, PRÄPARATE UND DOSEN. Oleum Crotonis: Als stärkstes Drasticum (ad 0,05 pro dosi!, ad 0,1 pro die! Ph. Helv.: pro die ad 0,2!). — Will man mittels des Oels eine „derivirende" Hautentzündung hervorrufen, so mischt man es mit Olivenöl, 5 bis 10 Tropfen auf 20—30,0 Ol. olivar.

B. Emetica. Brechmittel.

Das Gemeinsame der Emetica ist die Erzeugung des Brechactes, eines in wenigen Secunden ablaufenden, auf dem Grenzgebiete zwischen Pathologie und Physiologie stehenden Vorganges, welcher stossweise den Mageninhalt durch Oesophagus, Schlund und Mund nach aussen fördert. Er vollzieht sich in zwei Tempi, und zwar an der Musculatur von Bauch und Thorax. Erstes Tempo: starker positiver Druck in der Bauchhöhle, also auch im Magen, und starker negativer Druck (d. h. Saugen) im Thorax, also auch im Oesophagus; in Folge hiervon geht der Mageninhalt, hinausgepresst und herausgesogen, in den Oesophagus. Zweites Tempo: im Abdomen bleibt der Druck positiv, der ehemalige Mageninhalt kann daher nicht zurückkehren; nunmehr aber auch positiver Druck im Thorax resp. Oesophagus: daher Entweichen nach oben — dem Orte geringsten Widerstandes.

Die Kraft zur Erzeugung dieser Drucke wird ausschliesslich durch krampfhaft stossweise erfolgende Action von Muskeln geliefert, die sonst der Athmung unterthänig sind: der positive Druck im Abdomen von der Bauchpresse in beiden Tempi; das Zwerchfell betheiligt sich hieran nur im ersten Tempo, wodurch es in diesem ersten Tempo auch zugleich für den Thorax den negativen (inspiratorischen) Druck bilden hilft. Dieser stark negative Druck wird ausserdem noch dadurch erreicht, dass die accessorischen Einathmungsmuskeln in Thätigkeit treten, während die Stimmritze sich schliesst und die Ausgleichung dieses Drucks (das Einströmen von Luft) verhindert. Im zweiten Tempo bleibt die Bauchpresse contrahirt, aber das Zwerchfell erschlafft plötzlich, ebenso sämmtliche Inspirationsmuskeln, und indem sich plötzlich sämmtliche Exspirationsmuskeln bei geschlossen bleibender Stimmritze contrahiren, schlägt im Thorax der bisherige stark negative Druck in einen stark positiven um. Alle diese Muskelactionen kann man nun aber auch willkürlich erzeugen, und trotzdem kann man nicht willkürlich erbrechen. Dies rührt vom Verschlusse der Cardia her. Man kann den oberen Magenmund nicht willkürlich öffnen. Dagegen geschieht dies unwillkürlich beim Brechacte, sei es durch blossen Nachlass oder Hemmung des Tonus der Ringmusculatur, sei es auch noch durch active Contraction der büschelartig ausstrahlenden Längsfasern. Thierversuche haben ergeben, dass man manche der angeführten Momente (z. B. sogar die Bauchpresse) ausschalten kann, ohne dass dadurch das Erbrechen gänzlich unmöglich würde — es genügen dann zur Noth die anderen Triebkräfte.

Wir sahen, dass alle beim Brechact betheiligten Muskeln Athmungsmuskeln sind und dass die Zusammenordnung ihrer Thätigkeit ganz nach dem Typus gewisser Athmungsacte, aber in besonderer Tempofolge und Gruppirung erfolgt. Dieses weist zweifellos auf eine besondere centralisirte Inscenirung hin, welche unter Benutzung der sonst dem Athmungscentrum dienenden Apparate erfolgt. Jene hypothetische Stelle, von welcher aus diese Zusammenordnung erfolgen möchte, hat man — obschon kaum nöthigerweise — als „Brechcentrum" bezeichnet. Es könnte sehr wohl sein, dass ein lokalisirtes, d. h. an umschriebener Stelle auffindbares „Centrum" hierfür gar nicht existirt. (Ueber das Wesen der als Ekel, Uebelkeit u. s. w. bezeichneten Gemeingefühle wissen wir so wenig wie über innere Wesen anderer Empfindungen und Gefühle.)

Die Hirntheile, welche das Erbrechen in Scene setzen, können in verschiedener Weise in Thätigkeit — in „Erregung" gebracht werden:

1) Reflectorisch, vom Gaumen, Schlund (z. B. durch Kitzeln), Magen (z. B. durch scharfe Stoffe, manche Brechmittel bei diesen bleibt das Erbrechen aus, wenn die Magennerven sämmtlich durchschnitten sind — und es tritt bei intacten Nerven nur auf, wenn das Mittel in den Magen gebracht wird, oder resorbirt — z. B. nach subcutaner Injection — mit Blut, Lymphe zu den Endigungen dieser Nerven gelangt oder gar erst in das Mageninnere secernirt worden ist]); auch von Ovarien, Testikeln, Unterleib, Fingern und Zehen her

kann nach Quetschung — vielleicht erst indirect (s. unter 3) Erbrechen auftreten. 2) Von der Seele her durch Ekel. 3) Vom übrigen Gehirne her durch Druck, Erschütterung. Anämie des Gesammtgehirns. 4) Direct erregt wird das „Brechcentrum" durch Vorgänge in ihm selbst: a) plötzliche Anämie (bei Blustverlusten — vielleicht identisch mit der Anämiewirkung sub 3); b) durch spezifisch erregende Substanzen: manche Brechmittel (diese wirken auch nach Durchschneidung der centripetalen Magennerven und wirken leichter bei Einspritzung ins Blut als bei Einbringung in den Magen).

Der Brechact als solcher (gleichviel wie entstanden) hinterlässt eine leichte Erschöpfung, verursacht einen mässigen, collapsähnlichen Schwächezustand der Vasomotion; erzeugt im zweiten Tempo venöse Stauungen, zuweilen mit Blutungen; eine auf Acceleransreizung beruhende Pulsbeschleunigung, vermehrte Secretionen (Schweiss, Schleim auf Nasen-, Larynx-, Bronchialschleimhaut, Speichel u. s. w.) sind die Begleiter des Acts.

Offenbar an gleichen centralen Stellen wie der Brechact anpackend, haben die Brechmittel schon an sich, d. h. auch in kleinen, noch nicht Erbrechen erzeugenden Gaben, ganz diese selben soeben genannten Einflüsse auf das Herz, die Gefässspannung und namentlich die Secretionen. Sie werden deshalb auch z. B. als Expectorantien verwerthet.

Die THERAPEUTISCHE BEDEUTUNG der Brechmittel gehört grösstentheils der Vergangenheit an. Es gab Perioden in der Entwicklung der Medicin, in welchen sie eine grosse Rolle spielten. Das Hervorrufen von Erbrechen war einer der ersten therapeutischen Eingriffe, deren sich die Aerzte des Alterthums bedienten. Man suchte diesen Zweck theils durch Ueberfüllung des Magens mit indifferenten Getränken, theils durch mechanische Reizung des Schlundes oder durch den Genuss scharfer Pflanzenmittel, wie Helleborus u. a. zu erreichen. Die Evacuation des Magens war die nächste Wirkung, welche man erstrebte, und schon HIPPOKRATES gab dafür bestimmte Indicationen. Später verbanden sich mit der Anwendung der Brechmittel bestimmtere therapeutische Vorstellungen. Die Chemiater, besonders DE LE BOE SYLVIUS (um 1650), machten von ihnen sehr ergiebigen Gebrauch. Sie verwendeten sie, um den Magen von abnormen „Fermentstoffen" oder deren Producten zu befreien; sie gingen in ihren humoralpathologischen Anschauungen noch weiter und wollten damit die Acrimonia aus dem Blute herausbringen, — eine Auffassung, welche sich bei Aerzten und Laien lange Zeit erhielt, so dass es sogar üblich wurde, zu gewissen Zeiten des Jahres sie als blutverbesserndes Mittel anzuwenden. Später wollte man speciellere therapeutische Zwecke damit erreichen, die man weniger vom Erbrechen an sich, als von den sonstigen besonderen Eigenschaften des Mittels erwartete. Dies galt namentlich vom Tartarus stibiatus, welchem vom RASORI, LAENNEC u. A. eine besondere hyposthenisirende, antipyretische Wirkung zugeschrieben wurde, die Erbrechen erregende Wirkung wurde Nebensache, man erwartete von dem Mittel vielmehr den contrastimulistischen, antipyretischen und antiphlogistischen Effect bei Pneumonien, acutem Gelenkrheumatismus und verschiedenen anderen acuten Processen. Ebenso war es mit der Ipecacuanha, deren Anwendung als Antidysentericum namentlich im 17. Jahrhundert betont wurde. In diesen Fällen suchte man sogar das Erbrechen zu verhindern.

Gegenwärtig ist man von der umfangreichen Anwendung dieser Mittel zurückgekommen; sie ist auf einen kleinen Kreis von Indicationen zusammengeschrumpft. Es bestehen dafür etwa noch folgende, und zwar:

A. In Erbrechen erregender Gabe:

1) **Bei Ueberladung des Magens mit indigesten Stoffen**, welche eine Reizung der Magen- und Darmschleimhaut veranlassen und unterhalten. In diesen Fällen wirken die Brechmittel rascher als die Abführmittel, sind aber unangenehmer, namentlich für Erwachsene.

2) **Bei Steckenbleiben von kleineren Fremdkörpern im Oesophagus.**

3) **Bei Vergiftungen** oder Anwesenheit sonstiger gefahrdrohender Materien im Magen, wie trichinösen Fleisches (falls rechtzeitig die Thatsache erkannt wird). Seit der Anwendung der Magenausspülungen ist der Gebrauch der Brechmittel bei Erwachsenen in diesen Fällen mehr oder weniger überflüssig geworden; abgesehen davon, dass bei stark irritirenden Giften manche nicht zulässig und zuweilen die Erschütterungen des Erbrechens zweckmässiger zu vermeiden sind. Bei vorgeschrittener Vergiftung mit narkotischen Stoffen versagen sehr oft die Emetica (wegen Betäubung des „Brechcentrums").

4) **Bei acuten katarrhalischen Processen** der Schleimhaut des Larynx, der Trachea, der Bronchien. Die Brechmittel kürzen zuweilen anscheinend den Process ab und erleichtern namentlich nachher die Expectoration. Wie viel von diesem Erfolge der mechanischen Wirkung des Brechactes, wie viel der Secretionssteigerung, wie viel der Abschwellung der Schleimhaut, welche nach erfolgter Resorption der Mittel stattfinden soll, zugeschrieben werden kann, bleibt unentschieden. Während des Brechactes selbst wird die Expectoration durch die gewaltsame Erschütterung vorbereitet, nicht aber findet sie sofort statt, da die Stimmritze verschlossen ist. Dieser therapeutische Effect

zeigt sich deutlicher bei Kindern als bei Erwachsenen. Gleichermaassen bewährt sich der Brechact als „Expectorans" bei Fremdkörpern, die in die Trachea geriethen, und Pseudomembranen, und zwar sowohl zur Vermehrung der Secretion, wodurch diese Dinge beweglicher, als zu mechanischer Erschütterung, wodurch sie bewegt werden.

5) „Revulsorisch". Früher liess man erbrechen, um gewisse Krankheiten, namentlich Angina tonsillaris, zu coupiren.

Von practischer Bedeutung ist, dass der Brechact wesentlich erleichtert wird, wenn der Magen mit indifferenten Flüssigkeiten, lauem Wasser, Thee u. dgl. gefüllt ist; daher das Trinken solcher zur Einleitung des Brechactes passend erscheint.

B. In kleineren Dosen als Expectorans.

Tartarus stibiatus s. emeticus (Stibiokali tartaricum),

Weinsteinsaures Antimonkalium. Brechweinstein $C_4H_4(SbO)KO_6 + \frac{1}{2}H_2O$.

Ein in kleinen rhombischen Oktaëdern krystallisirendes schwach sauer reagirendes Salz, wird an der Luft bald undurchsichtig; leicht löslich in Wasser, unlöslich in Alkohol.

PHYSIOLOGISCHE WIRKUNG UND THERAPEUTISCHE ANWENDUNG. In Dosen bis zu 0,01: süsslicher, nachher styptisch-metallischer Geschmack; die Speichelsecretion wird vermehrt und ein Gefühl von Uebelkeit und Brechreiz stellt sich ein. Schon bei dieser Dose kann Erbrechen sich zeigen; fast immer aber bei Dosen von 0,05 und darüber. Dabei meist dünnflüssige Stuhlentleerungen, Schwächegefühl, Blässe der Haut und Schweiss. Grössere Gaben von mehreren Decigrammen zeigen schon das Bild der Intoxication: starkes Erbrechen und heftiger Durchfall, Magen- und Darmschmerz, Präcordialangst, Abnahme der Arterienspannung mit zuerst frequentem, nachher retardirtem Pulse (40 und noch weniger), ebenso sinkt die Zahl der Athemzüge; auffallende Blässe, Cyanose und zuweilen Convulsionen. Die Körpertemperatur sinkt. Der Tod tritt bei dieser Intoxication unter dem Bilde der Erschöpfung und der Circulationslähmung ein. Auch sieht man Fälle mit tödtlichem Ausgange, bei welchem die gastrischen Erscheinungen unbedeutend sind und von Anfang an nur ein allgemeiner Collaps vorliegt. Es hängt dies (bei Darreichung grosser Dosen, die den eben beschriebenen Zustand hervorrufen) davon ab, ob, bevor Erbrechen sich einstellte, relativ viel von der Substanz resorbirt werden konnte. Der anatomische Befund im Magen und Darmcanal zeigt grosse Verschiedenheiten: in den einen Fällen findet man, trotz tödtlichem Ausgang, sehr geringe Veränderungen, in anderen Zeichen scheinbarer katarrhalischer Entzündung, oft wieder ungemein starke hämorrhagische Gastritis (und schwächere Enteritis) mit Erosionen; daneben eine parenchymatöse Glandulargastritis, anfangs mit trüber Schwellung, später mit fettiger Degeneration der Drüsenzellen, kurz — alles wie bei Arsenik (s. diesen). Bei acuter und chronischer Intoxication ist auch bei diesem Stoffe fettige Degeneration der Leber und anderer Organe ein gewöhnlicher Befund.

Die Erbrechen erregende Wirkung geht vom Magen aus. Von hier aus genügen beim Thiere (Hunde) sehr kleine Dosen, um in kurzer Zeit zu wirken, während es bei Einspritzung ins Blut erstens viel länger dauert bis die Wirkung eintritt, und zweitens grössere Gaben erforderlich sind. Hier muss entweder erst Brechweinstein in den Magen hinein secernirt werden (im Erbrochenen findet sich Antimon) oder, was vielleicht wahrscheinlicher ist, er trifft, in Lymphe und Blut gelöst, innerhalb der Magenwand die Endigungen der centripetalen Nerven, welche reflectorisch Erbrechen veranlassen.

Nicht nur das Erbrechen, sondern auch der Collaps, die Herzlähmung, die hämorrhagischen Infacirungen und die Degenerationen sind dem Antimon im Moleküle des Brechweinsteins zuzuschreiben; die Weinsäure und das Kalium haben in so kleinen Dosen überhaupt keine Wirkungen und dienen hier nur dazu, das Antimon löslich und hierdurch wirksam zu machen. Antimon, mit Phosphor, Arsenik und auch Wismut in eine chemische, toxikologische Gruppe gehörend, ist aber practisch-therapeutisch anders zu verwerthen als jene, nämlich in erster Linie als Emeticum, sodann als Expectorans, wie denn hierfür Emetica überhaupt (s. oben) in kleinen Dosen benutzt werden.

Auf die Haut in Salbenform eingerieben, erzeugt Tartarus stibiatus nach einigen Tagen einen pustulösen Ausschlag, welcher, tiefgehende Ulcerationen hervorrufen kann.

Doses. 1) Als Emeticum: Für Erwachsene *pro dosi* (auch refracta dosi) 0,05—0,1 (*ad 0,2 pro dosi! ad 0,5 pro die!*) (Ph. Helv. *ad 0,05! resp. 0,2!; ad usum emet.: 0,2! resp. 0,8!*; Kindern: 0,01! resp. 0,05!; *ad usum emet: 0,05! resp. 0,15!*). Zur Verhütung des Durchfalles Zusatz von Gummi arabicum; auch die Verbindung mit Ipecacuanha zeigt sich für diesen Zweck günstig, indem letztere die Diarrhö eher hindert, dagegen das Erbrechen befördert. — 2) Als Expectorans zu 0,001 bis 0,005 *pro dosi*, verbunden mit anderen expectorirenden Drogen oder Mucilaginosis. Vinum stibiatum, eine Lösung von 1 Thl. Tart. stib. in 250 Thln. Xereswein; 5—50,0 *pro dosi* oder nach Umständen *pro die*. — Das Unguentum Tartari stibiati oder Pustelsalbe, 1 Thl. auf 4 Thle. Paraffinsalbe, wird gegenwärtig als zu schmerzhaft kaum mehr gebraucht.

Radix Ipecacuanhae, Brechwurzel.

Die Wurzel der Cephaëlis Ipecacuanha (auch Psychotria Ipecacuanha genannt), einer strauchartigen kleinen Rubiacee, welche eine Höhe von 50 Centim. erreichen kann; in feuchten und waldigen Gegenden Südamerikas, besonders Brasiliens; kam erst im Jahre 1672 nach Europa.

Die getrocknete Wurzel hat eine Länge von gegen 15 Centim. und eine Dicke von 5 Millim. Ihre Oberfläche ist wulstig und geringelt, graubraun. Die wirksamen Bestandtheile, in dieser Wurzelrinde enthalten, nicht im holzigen Centralstück, sind Emetin (gegen 1 °/o), Ipecacuanhagerbsäure und eine Spur eines flüchtigen Oeles von unangenehmem Geruch und scharfem Geschmacke. Das Emetin, bitter, ist ein amorphes Alkaloïd.

Ipecacuanha resp. Emetin gehören zu den Erbrechen erregenden Mitteln; ihre lokalen Wirkungen sind nicht so intensiv wie diejenigen des Brechweinsteins, obwohl sie auch bis auf einen gewissen Grad Reizungserscheinungen an der Applicationsstelle hervorrufen können. Bei Warmblütern tritt Erbrechen auf, wenn Emetin per os oder subcutan beigebracht worden; welche Application die wirksamere sei, ist nicht übereinstimmend angegeben; es scheint die interne die stärkere zu sein, wonach analoge Wirkung wie bei Tartarus stibiatus anzunehmen sein würde.

Bei subcutaner Injection grosser giftiger Dosen Emetins und ebenso bei interner Darreichung, wenn nicht alles prompt erbrochen wird, zeigt sich eine ähnliche anatomische Veränderung der Magen- und namentlich der Darmschleimhaut wie nach Arsenik, Tartarus stibiatus, Aloë u. a.: Entzündung (Hyperämie, Infiltration), zuweilen scharfrandige Geschwüre.

Das Emetin hat im Thierexperimente noch eine das Centralnervensystem und so auch das vasomotorische Centrum lähmende Wirkung, ferner lähmt es in sehr grossen Gaben auch die Muskeln direct.

In therapeutischer Beziehung ist zu erwähnen, dass die Wurzelpräparate in Südamerika zunächst gegen Dysenterie angewendet worden sind, daher auch der Name Ruhrwurzel. Der therapeutische Nutzen lässt sich nicht leugnen. Auch die neueren Resultate über die Behandlung der Dysenterie in Indien mit grösseren Einzeldosen von Radix Ipecacuanhae (30 Grains = 2 Gr.) sprechen sehr dafür. In Madras war die Sterblichkeit der Dysenteriefälle gewöhnlich 71 per 1000; unter der Behandlung mit Ipecacuanha wurde sie auf $13^0/_{00}$ reducirt; in Bengalen fiel sie von $88,2^0/_{00}$ auf $28,8^0/_{00}$. In der Praxis wird die Ipecacuanha ferner als Brechmittel benutzt, wobei sie gegenüber dem Tartarus stibiatus ihrer milderen Wirkung wegen bei Kindern, Greisen, heruntergekommenen Constitutionen bevorzugt zu werden verdient. Sodann giebt man sie in kleinen Dosen gern als Expectorans, um die Secretion der Bronchialschleimhaut zu vermehren. Ferner als „krampfberuhigendes" Mittel (empirisch): bei stürmischen Diarrhöen (z. B. im Dower'schen Pulver mit Opium), bei Asthma, bei Krampfwehen u. s. w.

Präparate und Dosen.

1) *Rad. Ipecacuanhae.* Wird Erwachsenen als Brechmittel zu 0.3—1.0 p. dos. gegeben, entweder als Pulver für sich allein oder, wie oben erwähnt mit Tart. stib. Es hat den Vortheil der milderen lokalen Wirkung und der Verhütung des Durchfalles, wirkt aber ungleich je nach der Qualität und dem Alter der Droge; bei Kindern müssen die Dosen halb so gross genommen werden. — Als Expectorans oder Antidiarrhoicum wird 0,01—0,05 p. dos. verordnet. Man kann die Droge statt in Pulverform auch als Infusum geben, in ähnlichen, gewöhnlich höheren Dosen.

2) *Pulvis Doweri*, s. Opium.

(Ph. Helv.: *Pastilli Ipecacuanhae*. Jedes Zeltchen von 1 Gr. enthält die wirksamen Bestandtheile von 0,01 der Wurzel.)

3) *Sirupus Ipecacuanhae.* Enthält zu 1% die wirksamen Bestandtheile der Wurzel.

4) *Vinum Ipecac.* (1 : 10), gelbbraun, zu 10—30 Tropfen p. dos.

5) *Emetin*, ist bis jetzt weder in die deutsche noch in die schweizerische Pharmakopö aufgenommen worden, offenbar weil seine Darstellungsmethode noch keine Sicherheit für ein zuverlässiges Präparat giebt. Würde etwa zu 0,005—0,05 zu geben sein.

Apomorphinum hydrochloricum.

Zuerst 1869 von MATTHIESEN und WRIGHT dargestellt; es entsteht unter H_2O-Abgabe bei Einwirkung von HCl auf Morphin in hoher Temperatur (140—150° C). Dieses Apomorphin ($C_{17}H_{17}NO_2$) scheint dasselbe Alkaloid zu sein, welches ARPPA im Jahre 1845 durch ähnliche Behandlung des Morphin mit Schwefelsäure erhalten, aber nicht benannt hat.

Das salzsaure Apomorphin ist eine graulichweisse krystallinische Substanz, luftbeständig; die wässrigen Lösungen werden innerhalb weniger Stunden, ohne an Wirksamkeit zu verlieren, intensiv grün; unreine Präparate von Apomorphin färben sich auch im festen Zustande an der Luft bald grün: es ist in Wasser leicht löslich.

Das Apomorphin ist eine Erbrechen erregende Substanz. Das Erbrechen tritt beim Menschen (und bei Hunden) nach subcutaner Injection von 6—8 Mgr. binnen 15 Minuten ein; innerlich bedarf es 50—70 Mgr. und das Erbrechen lässt länger auf sich warten (bei Hunden verhindert Vagotomie den Eintritt der Wirkung nicht): das Mittel wirkt also direct auf die Centren ein, welche den Brechact beherrschen. Starke vorgängige Betäubung durch Chloroform, Chloralhydrat oder Morphin lässt diese Wirkung ausbleiben.

Das Erbrechen erfolgt ohne lange Nausea, und bei richtiger Dosirung ohne weitere Belästigung und ohne eigentliche Nachwirkungen. Grosse Gaben führen bei Thieren den Tod durch Lähmung des Athmungscentrums herbei. Während beim Morphin (s. dieses) nur gelegentlich sich das Erbrechen zeigt, ist durch die Abspaltung von 2 Atomen H und 1 Atom O diese Wirkung so sehr verstärkt, dass sie praktisch verwerthbar wird und schon bei so kleinen Gaben auftritt, welche auf das übrige Hirn noch nicht wirken. Grössere Gaben des Apomorphins haben beim Menschen ausserdem eine deutlich einschläfernde, bei Thieren, z. B. Katzen, eine offenbar die Psyche schwer verwirrende Einwirkung. Ausserdem wirkt es (direct) muskellähmend.

THERAPEUTISCHE ANWENDUNG. Das salzsaure Apomorphin gehört zu den sicher wirkenden Brechmitteln, nur darf man es nicht in zu grossen Dosen geben, da schon Fälle von gefährlichem Collaps beim Menschen beobachtet worden sind. Vor allem ist nöthig, dass man ein möglichst reines Präparat in Anwendung bringt. Wie alle Brechmittel wird auch dieses in noch nicht Erbrechen erregenden kleinen Dosen, namentlich innerlich, als Expectorans gereicht.

Apomorphinum hydrochloricum. Als Brechmittel bei Erwachsenen subcutan zu 5—7—10 Mgr. (*ad 0,02 pro dosi! ad 0,1 pro die!* Ph. Helv.: subcutan *ad 0,02!* resp. *0,06!*) Kinder die Hälfte. (Ph. Helv.: Kinder *ad us. int.: 0,005! pro dosi, pro die 0,015! subcutan 0,002! resp. 0,006!*) Tritt die Brechwirkung nicht nach der ersten oder zweiten Gabe ein, so muss man von dem Mittel abstehen. Als Expectorans innerlich ½—3 Mgr.

Cuprum sulfuricum crystallisatum. Kupfervitriol $SO_4Cu + 5H_2O$.

Blaue Krystalle des triklinischen Systems. Leicht löslich in Wasser.

Prompter als alle anderen Kupfersalze erzeugt das schwefelsaure Kupfer durch reflectorische Reizung Erbrechen. Deshalb ist es methodisch als Emeticum um so eher verwerthbar, als es eben wegen dieses prompten Erbrechens die Gefahren der Resorptionswirkung (Herz- und Gefässlähmung u. s. w. [s. Blei]) viel weniger herbeiführt, als die „Grünspane" (essigsaure, fettsaure, kohlensaure Kupfersalze). Es hat in Substanz ätzende Wirkungen wegen Eingehens einer unlöslichen Eiweissverbindung (s. Canteria). In schwächeren Concentrationen wirkt es als Adstringens (s. Adstringentien). Als Brechmittel wird es besonders in der Kinderpraxis bei Croup und Diphtherie — und überall bei Vergiftung mit Phosphor in Stücken (Streichhölzern) bevorzugt, — im letzteren Falle, theils um das Kupfervitriol oxydirend auf den Phosphor wirken zu lassen, theils um einen die Resorption verzögernden (reducirten) Kupfer- und Phosphorkupferniederschlag auf der Oberfläche der Phosphorstücke zu erzielen (s. S. 138).

Dosen. Cuprum sulfuricum als Brechmittel refracta dosi zu 1,0 (z. B. in Lösung 1,0 : 50,0 Wasser, alle 5 Minuten einen Theelöffel bis zur Wirkung) *ad 1,0!* (Ph. Helv.: *ad 0,05 pro dosi! ad 0,5 pro die! ad us. emetic. 0,5 pro dosi, ad 1,0 pro die!*)

Einzelne Zinksalze, wie das schwefelsaure, wurden früher als Brechmittel verordnet, gegenwärtig jedoch nicht mehr.

Zincum sulfuricum. Dos. wie Cuprum sulfuricum.

C. Diuretica. Harntreibende Mittel.

Die Steigerung der Diurese, welche eine Reihe von Substanzen entweder schon am normalen Organismus oder unter gewissen pathologischen

Verhältnissen veranlasst, erstreckt sich namentlich auf die Menge des ausgeschiedenen Wassers und auf die in ihm enthaltenen anorganischen Salze, während die specifischen Bestandtheile des Harns eine weniger wesentliche Steigerung erfahren.

Die Frage der diuretischen Wirkungsweise der hier in Betracht kommenden Mittel hängt unmittelbar mit der Theorie der normalen Harnabsonderung zusammen.

Unter welchen Bedingungen sehen wir physiologisch und pathologisch eine Verminderung und unter welchen eine Vermehrung der Harnabsonderung auftreten?

Eine Verminderung der Harnabsonderung stellt sich ein bei erniedrigtem Blutdrucke in der Ausbreitung der Nierenarterie. Sobald er unter einem gewissen Werthe steht, hört die Harnabsonderung auf. Diese Erniedrigung findet am leichtesten statt beim Sinken des Aortendruckes; doch kommt sie auch bei gesteigertem Aortendrucke vor: z. B. wenn in Folge heftigen Krampfes der Nierenarterie und der anderen vom Splanchnicus abhängigen Abdominalarterien einerseits der Aortendruck steigt, andererseits in der stromabwärts von der Gefässverengerung liegenden Ausbreitung der Nierenarterie (Glomerulis und namentlich Capillaren) der Druck sinkt (z. B. bei Splanchnicusreizung, Strychninvergiftung, Digitaliswirkung). Umgekehrt wirkt Steigerung des Drucks in jener Ausbreitung der Arterie: die Harnmenge nimmt zu. So bei Compression der Bauchaorta unterhalb des Abganges der Nierenarterien; hier steigt auch der Aortendruck; doch kann auch bei gleichbleibendem Drucke in der Aorta der Druck in den Nierencapillaren steigen, wenn der Nierenarterienstamm sich erweitert.

Eine Verminderung der Harnabsonderung tritt ferner bei vermindertem Wassergehalt des Körpers resp. Blutes ein. Völlige Entziehung des Wassergenusses lässt die Wasserabsonderung durch die Nieren rasch heruntergehen. Umgekehrt vermehrt für gewöhnlich reichliches Trinken die Harnabscheidung — jedoch nicht immer: nach vorangegangener längerer Wasser-Abstinenz (Durstperiode) wirkt nur die Zufuhr von Salzwasser, nicht aber von destillirtem Wasser diuretisch, da der im letzteren Falle nunmehr aus dem Blute in die Gewebe hinein erfolgende Flüssigkeitsstrom, eine Menge harnfähiger Substanzen dem Blute entführt; und die Verminderung der (anderen) harnfähigen Substanzen des Blutes vermindert (ebenso wie Wasserentziehung) die Harnausscheidung. Die Anwesenheit einer gewissen Menge von Harnstoff und Salzen im Blute ist eine wesentliche Bedingung zur Harnsecretion; selbst wenn der Aortendruck erheblich gesunken ist, kann die Vermehrung solcher Substanzen die Harnabsonderung steigern. Es kann somit Vermehrung der Harnabsonderung vorkommen ohne Blutdrucksteigerung in den Capillaren der Niere, wenn das Blut eine Bereicherung an Harnstoff und Salzen erfährt; wenn aber diese Stoffe fehlen, so kann die Harnabsonderung tief stehen, selbst wenn der Blutdruck gesteigert ist.

Es hat sich herausgestellt, dass die Harnabsonderung um so reichlicher stattfindet, je reichlicher — ceteris paribus — Blut durch die Niere strömt; und die Höhe des Druckes im Aortensysteme scheint nur insofern von besonderer Wichtigkeit zu sein, als dieser Druck die Triebkraft für die Strömung bildet; je höher dieser Druck, desto geschwinder meistens und demnach desto reichlicher die Strömung. Während die Epitheliallagen der Glomeruli hauptsächlich die Absonderung des Wassers und der Salze vermitteln, kommt den Epitheliallagen der Harncanälchen die Fähigkeit zu, die specifischen Bestandtheile des Harnes aus dem Blute zu sammeln und abzusondern. Trotz hohem „Filtrationsdrucke", d. h. trotz hohem Blutdrucke in den Glomerulis, bleibt die Harnabscheidung aus, wenn die Nierenvene ebenfalls unter hohem (Stauungs-)Drucke stehend, die Strömung des Blutes geringer werden lässt, wobei allerdings auch noch andere Momente die Harnsecretion behindern (Compression der Harncanälchen u. s. w.). Ob die Höhe des Druckes in den Glomerulis überhaupt als Filtrationsdruck in Betracht kommt, ist mehr und mehr zweifelhaft geworden, während es wahrscheinlich wird, dass auch in den Malpighi'schen Körperchen die Harnabscheidung ein echter Secretionsvorgang sei, ausgeführt durch die den Glomerulus bedeckenden Epithelzellen. Schon die Absonderung eines Harns, der für gewöhnlich eine concentrirtere Salzlösung darstellt als das Blutplasma, zeigt, dass die Harnabsonderung ein echter Secretions- und kein Filtrationsvorgang ist. Offenbar giebt es bezüglich jeder an sich indifferenten löslichen Substanz einen gewissen Concentrationsgrad des Blutes, welcher die Nierenzellen nicht reizt und also als „relativ physiologisch" bezeichnet werden könnte, z. B. für Kochsalz etwa 0,6°/0, für andere Salze ihrem Moleculargewichte entsprechend[1]) höher oder niedriger. Jede Zunahme dieser Concentration reizt die Nierenzellen zur Secretion eines concentrirteren, jede Abnahme der Concentration im Blute reizt zur Secretion eines diluirteren Harnes.

Ebenso wie durch die Anwesenheit von Harnstoff und normalen Harnsalzen in dem die Nieren durchströmenden Blute wird auch, von einem gewissen Procentgehalte desselben an, durch fremdartige Salze (s. auch S. 207) und Zucker die Urinabscheidung vermehrt. Ausserdem

---

[1]) Gleichartig auf das Protoplasma organischer Zellen einwirkende relative Concentrationen von wässrigen Lösungen der verschiedenen Salze werden „isotonische" genannt; die Isotonie geht fast durchgehends entsprechend den Moleculargewichten.

giebt es aber noch viele Stoffe, welche auch in der Norm schon in minimalsten Mengen (direct) reizend auf die Nieren zu wirken scheinen und von vornherein die Diurese steigern: Gewürze, Quecksilberpräparate, Coffeïn, Theobromin (besonders in der Form des gutlöslichen Th. Natrio-salicylicum, des sogen. Diuretins), Pilocarpin u. s. w.

Endlich hätten wir noch gewisse centrale nervöse Einwirkungen zu erwähnen, welche entschieden einen Einfluss auf die Harnsecretion ausüben. Durch Experimente sowohl als auch durch pathologische Beobachtungen ist dies festgestellt. Wir erinnern nur an die Polyurie, wie sie mit und ohne Zuckergehalt des Harns bei der BERNARD'schen Piqûre sich einstellt; an diejenige, welche im Verlaufe von Gehirnaffectionen, Gehirntumoren, Migräneanfällen, Gemüthsaffecten u. s. w. eintritt. In allen diesen Fällen müssen wir einen nervösen Einfluss annehmen, welcher allerdings möglicherweise nur durch den vasomotorischen Nervenapparat der Niere vermittelt wird, vielleicht aber auch ein directer, secretorischer ist: es weist dies auf ein „Centrum" für die Innervation der Niere im Centralnervensystem hin; ob es aber Stoffe giebt, die unter Benutzung dieses Mechanismus diuretisch wirken, ist noch unbekannt.

Man sieht, wie mannigfach die Angriffspunkte und die therapeutischen Proceduren sind, wie verschiedenartig die Stoffe, welche unter verschiedenen physiologischen und pathologischen Verhältnissen diuretische Wirkungen hervorbringen können. Daher gehört in die Gruppe der Diuretica eine grosse Zahl anderweitig besprochener und noch zu besprechender Mittel, ferner auch Substanzen und Diätformen, die ausserhalb der Pharmokologie stehen; es gehört hierher Wasser und jedes Mineralwasser, das nicht abführt, sondern zur Resorption gelangt; es gehören hierher alle sogenannten „harnfähigen" Stoffe, wie Harnstoff, Salze (s. diese), insbesondere die Kaliumsalze (s. diese); experimentell — nicht practisch — sind hierher die stark wasseranziehenden, schwer diffusiblen Salze zu rechnen, wenn sie direct in die Blutbahn gebracht werden (s. S. 207); ferner für practischen Bedarf Coffeïn, Theobromin, Calomel; alle stärkeren Gewürze; bei Circulationsstörungen alle Stoffe, welche die Circulation heben können (s. Digitalis).

THERAPEUTISCHE VERWERTHUNG. Vermehrte Diurese kann in zweierlei Sinn indicirt sein: 1) Zur Entwässerung des Organismus (s. unter „Abführmittel"), z. B. bei Hydrops. Hier ist Abstand zu nehmen von denjenigen diuretischen Hilfsmitteln, die auf vermehrter Flüssigkeitszufuhr basiren. Oft ist (s. Digitalis) die Beseitigung der Ursache des Hydrops möglich und dann ausschliesslich zu erstreben; der verschwindende Hydrops führt nunmehr grosse Flüssigkeitsmassen ins Blut, die zu vermehrter Diurese Veranlassung geben: so scheint oft Digitalis als

Diureticum Hydrops zu beseitigen, während es in Wirklichkeit durch Besserung der Blutströmung und Beseitigung des Hydrops die Diurese vermehrt. Der diuretischen Wirkung des Calomels gegenüber, welche wie die sialagoge auf directer Reizung des Secretionsorganes beruhen dürfte, ist die nicht ganz von der Hand zu weisende Annahme aufgestellt worden, dass das Hg die Capillare zur Resorption des hydropischen Ergusses reizend so erst secundär die Harnfluth erzeuge, — die erst etwa 2—3 Tage nach Darreichung des Mittels erscheint und auch nach Aufhören der Medication sich entwickelt. — In anderen Fällen sieht man in der That nach Darreichung von „diuretischen" Mitteln bei Hydropischen zuerst Diurese und darnach erst Abnahme des Hydrops. — 2) Zur stärkeren Ueberspülung der Harnwege (Nierenbecken, Ureter, Blase und Harnröhre) bei blennorrhoischen Zuständen, bei Neigung zu Harngriesbildung u. s. w. — Hier sind gleichzeitig grosse Flüssigkeitsmengen als Getränk zuzuführen; eventuell sind solche (z. B. balsamische oder antiseptische) Stoffe als Diureticum zu bevorzugen, welche, in den Harn übergehend, — wie Copaivabalsam bei Tripper —, die erkrankten Partien lokal günstig beeinflussen, oder welche wie alkalische Salze (s. diese) bei Harnsäurediathese örtlich die Materia peccans chemisch in Lösung zu erhalten oder zu lösen und zu eliminiren vermögen. — Ausser den genannten und innerhalb anderer Gruppen vom Leser aufzusuchenden Stoffen seien folgende als diuretisch kurz genannt:

Flores Spiraeae ulmariae, von aromatischem Geruche und süsslichem Geschmacke. Bei Hydrops im Verlauf von Nephritis scarlatinosa hat man schon wiederholt eine rasche und ergiebige Diurese nach dem Gebrauche eines Thees von 15,0 Flor. Spir. ulm. auf 500,0 Wasser eintreten sehen. Ferner:

Radix Caricis arenariae, die Wurzel von Carex arenaria (Queckenwurzel); Radix Ononidis von Ononis spinosa (Hauhechel), Radix Levistici, Baccae Juniperi (Wachholderbeeren), Fructus Petroselini (Petersiliensamen). Offic.: Spec. diureticae: Rad. Levistic., Ononid., Liquirit., Baccae Juniperi āā; (Ph. Helv. Suppl. 4 Rad. Levistici, Liquirit., Ononidis, Herb. Violae tricol., Bacc. Junip. und 1 Fruct. Petroselini und Anis. vulg.)

Die in der Digitalisgruppe genannte Scilla scheint noch specifisch diuretisch, d. h. reizend auf die Niere einzuwirken.

Balsamum Copaivae.

Aus dem Holze von verschiedenen Gattungen Copaifera (Leguminosen) des nördlichen Südamerika gewonnen; ein dickflüssiger Harzsaft von gelber bis braungelber Farbe, von eigenthümlichem, nicht unangenehmem Geruche und scharf bitterem Geschmacke; ein Gemenge von sauern Harzen und ätherischen Oelen, welche den chemischen Stoffen der Terpentin- oder Coniferenbalsame nahe stehen.

Innerlich in Dosen von 5—10,0 genommen, erzeugt B. C. Aufstossen, zuweilen Brechreiz, Magenschmerz, vermehrte Darmausleerungen. Die resorbirten Bestandtheile rufen bei zu grossen Gaben

Nierenreizung mit Albumin- und Blutgehalt des Harnes hervor. Der Harn nimmt den eigenthümlichen Geruch des Copaivabalsams an. In kleineren Dosen 0,5—1,0 täglich sieht man zuweilen eine stärkere Diurese eintreten. Nach der Einnahme des Harzes allein oder des Balsams lässt der mit Säuren gekochte Harn einen (harzigen) Niederschlag fallen, der — Eiweiss vortäuschend — sich aber im Gegensatz zu diesem in Alkohol löst. Indem er Kupferoxyd in Lösung erhält und reducirt, täuscht dieser Urin auch Zucker vor. — reducirt aber Wismutoxyd nicht, gährt auch nicht. — Nach Einnahme des ätherischen Oels (oder des Balsams) gibt Zufügung von concentrirter HCl Violettfärbung des Harns. — Ausnahmsweise kann auf der Haut ein urticaria- oder erythemähnlicher Ausschlag erscheinen.

THERAPEUTISCHE VERWENDUNG. Bals. Copaivae wird innerlich gewöhnlich nur bei Tripper angewendet. Seine Anwendung soll jedoch erst stattfinden, wenn das acute Stadium der Gonorrhö abgelaufen ist. Wie das Mittel in solchen Fällen auf die erkrankte Schleimhaut der Urethra wirkt, ist zwar noch unbekannt; doch ist sicher, dass die aus dem Blute in den Harn übergehenden Bestandtheile des Balsams es sind, welche beim Durchfliessen durch die Urethra diese — vermuthlich antiseptisch-desinficirende — Wirkungen ausüben. Hierfür spricht, wie schon RICORD hervorgehoben hat, dass man bei Frauen wohl den Urethral-, nicht aber den Vaginaltripper damit beseitigen kann, und dass bei Hypospadiäen und Harnröhrenfisteln, wenn Gonorrhö besteht, der hintere, vom (Copaiva-)Urin bespülte Theil der Urethralschleimhaut früher genesen kann als der vordere.

DOSEN. 10—12 Tropfen *pro dosi* mehrmals täglich, pur oder in Emulsionen oder Gallertkapseln. — CHOPART hat Bals. Copaiv. gegen Hämoptoe empfohlen: die Potio Chopacti besteht aus Bals. Copaiv., Sirup. balsamicus, Aq. Menth. piper. und Spir. vini. $\overline{aa}$ 30,0, Spirit. aether. nitros. 4,0. täglich 2—3mal 1 Esslöffel.

Cubebae (Fructus s. Baccae Cubebae), Cubeben.

Die vor der Reife gesammelten kleinen, pfefferkornähnlichen Samen von Cubeba officinalis, Miq., einer Piperacee, welche namentlich auf Java, Borneo und Sumatra kultivirt wird. Sie haben 5 Mm. Durchmesser, besitzen eine grauschwarze, runzlige Oberfläche, einen scharfen, leicht bitteren Geschmack und einen eigenthümlichen pfefferartig aromatischen Geruch. Die wesentlichen Bestandtheile dieser Frucht sind: a) ein ätherisches Oel, b) das Cubebin, ein indifferenter krystallisirender Körper, c) Cubebensäure und d) Harz.

Die PHYSIOLOGISCHEN UND THERAPEUTISCHEN WIRKUNGEN der Cubeben verhalten sich ziemlich gleich denjenigen des Copaivabalsams. Bei grossen Dosen sieht man auch Reizungserscheinungen des Magens, des Darms und der Nieren auftreten, der Harn enthält die flüchtigen Bestandtheile der Cubeben und die Cubebensäure; auch hier können

Hautausschläge erfolgen. Therapeutisch werden Cubeben bei Gonorrhö unter denselben Bedingungen angewendet wie Copaivabalsam. Ausserdem hat man sie auch bei chronischen Blasenkatarrhen in Anwendung gebracht; doch leisten sie hier nichts Besonderes.

PRÄPARATE UND DOSEN.

1) *Cubebae*. Zu 1,0 *pro dosi* 2—10 mal im Tage. Im Ganzen wirken Cubeben bei Gonorrhö sicherer als Copaivabalsam und werden auch leichter ertragen.

2) *Extractum Cubebarum (aethereum)*. Der weingeist-ätherische Auszug der Cubeben ist eine braune dünnflüssige Masse. Wirkt im Wesentlichen wie die gestossenen Beeren. Am Besten verordnet man ihn in Pillen zu 0,05—0,1 *pro dosi*, 5—8mal täglich.

Aehnlich wirkt Ol. ligni Santali (Sandelholzöl) 3 mal tägl. 20 Tropfen.

Kalium aceticum, Essigsaures Kalium. $C_2H_3KO_2$.

Eine sehr hygroskopische, krystallinische Masse, welche neutral oder schwach alkalisch reagirt, in Wasser und Weingeist sehr leicht löslich ist.

Wie alle pflanzensauren Salze (s. unter „Säuren") verwandelt sich im Organismus das Kalium aceticum theilweise zu Carbonat, und wie alle diffusibeln Kaliumsalze (s. S. 141) wirkt K. ac., das vom Magen besonders gut vertragen wird, diuretisch.

THERAPEUTISCHE ANWENDUNG. Gewöhnlich verordnet man den *Liquor Kalii acetici* — eine Mischung mit Wasser, welche $33^1/_3^0/_0$ Kal. acet. enthält —, weil das krystallinische Salz zerfliesslich, nicht haltbar ist. Die Dosis ist 10—15,0 *pro die*.

Tartarus boraxatus, *Boraxweinstein.* Wie Kalium aceticum. Dosis 8—12,0 *p. die* (s. S. 213).

Blatta orientalis, Schabe, Tarakane; im gepulverten Zustande auch „Antihydropin" genannt. (Vor einigen Jahren eingeführt.)

Dieses Insect kommt ausser im Orient und Europa auch noch in Ostindien und Amerika vor. Für medicinische Zwecke gilt nur die russische Sorte dieses Thieres als brauchbar. Mit der Blatta orientalis ist nicht zu verwechseln die kleinere und hellere Blatta germanica.

In Russland war die Blatta schon lange im Volke als Diureticum gebräuchlich; man nahm die getrockneten Thiere in Pulverform oder Infus.

Ueber den wirksamen Stoff in der Blatta ist man noch im Unklaren. Wahrscheinlich ist in diesen Thieren ähnlich (aber milder) wie in den Canthariden ein scharfes Princip enthalten, welches diuretisch wirkt. Veränderungen seitens der Herzthätigkeit u. s. w. hat man dabei nicht beobachtet; demnach muss man annehmen, dass das Mittel direct auf die Niere wirkt. Es soll selbst bei Nephritis gut vertragen werden.

In Gaben von 0,1—0,5 mehrmals täglich.

D. Expectorantia. Auswurffördernde Mittel.

Katarrhalische Affectionen der Luftwege sind in unsern Breitegraden ganz besonders häufig, so dass deren Behandlung einen nicht unbeträchtlichen Theil der ärztlichen Thätigkeit bei uns ausmacht. Bei frischen acuten Fällen pflegen ausser gewissen allgemeinen Maassregeln — wie Kleidung, eventuell Bettruhe, ferner heisse Bäder, Schwitzen u. ähnl. — einerseits reizmildernde Stoffe z. B. Morphin, schleimige und zuckerhaltige Drogen, andrerseits solche Substanzen verordnet zu werden, welche die Secretion des erkrankten Organs in flotteren Gang bringen, von der man sich etwa vorstellt, dass sie die Materia peccans eliminiren könne. Hierzu wählt man alkalische Salze, Kochsalz, Salmiak, (diese daneben eventuell auch in Form von Inhalationen); ausserdem pflegt man auch noch durch Flüssigkeitszufuhr, Darreichung von heisser Milch mit Selterwasser, oder durch alkalische Kochsalzbrunnen das Material zur Secretbildung (s. unter Resolventia) zuzuführen. Stärker reizend als Kochsalz wirkt hierin Salmiak, den man daher besonders dann wählt, wenn der Katarrh einen atonischen oder subacuten Charakter annimmt. Diese Medication erweist sich auch im weiteren Verlaufe der acuten Katarrhe der Luftwege als nützlich. Hier — und ebenso bei subacuten und leichteren chronischen Katarrhen — kann auch mit gutem Erfolge Ipecacuanha gegeben werden, dies gilt namentlich von den Fällen mit krampfhaften Hustenreizen, denn die Ipecacuanha wirkt einerseits beruhigend, andrerseits die Secretion steigernd. In — namentlich acuten — Katarrhen, welche zögern in das Stadium der „Lösung" (der eitrigen Secretion mit Abschwellung der Schleimhaut) überzugehen, erweisen sich ausser Kochsalz, alkalischen Salzen, Salmiak (auch in Inhalationen) innerlich die Antimon-Praeparate, Apomorphin und Ipecacuanha (in nicht brechenerregender Gabe) als nützlich und den Process beschleunigend; zuweilen leistet auch Pilocarpin hierin Gutes.

Je älter und je torpider ein solcher Katarrh, um so mehr gibt man stärker reizende „Expectorantien", d. h. Stoffe, welche nicht nur die Secretion vermehren, sondern auch zum Husten, zur Herausbeförderung reizen: Salmiak, Liquor Ammonii anisatus, Anis, Fenchel (s. auch Excitantien); ganz besonders stark reizend wirken in dieser Richtung die Saponin-haltigen Drogen (Senega, Quillaja). Ist neben fehlendem Hustenreize noch mehr oder weniger Collaps vorhanden (wo das Erlöschen des Hustenreizes meistens die Folge des Collapses ist), so leistet Benzoësäure, besonders mit Kampher zusammen, recht Gutes. Die meisten der hier genannten Stoffe sind wegen anderweitiger Wirkungen an andern Stellen dieses Buches ausführlicher besprochen und dort aufzusuchen.

Ammoniakpräparate:

In Thierversuchen (auch bei Fröschen) erzeugen Ammoniakpräparate Convulsionen. Eine Beziehung zwischen dieser Wirkung und den therapeutischen Erfolgen ist nicht abzusehen.

1) **Ammonium chloratum**, *Salmiak* NH_4Cl. Kleine farblose Krystalle, welche sich in 2 Thl. Wasser lösen, bei höheren Temperaturen verflüchtigen; scharf salzig. Beim Herbivoren im Harne grossentheils als Harnstoff und NaCl (vergl. S. 140), beim Carnivoren zu 50% unverändert erscheinend, während die andere Hälfte als Harnstoff $+ HCl$, letztere an NH_3 gebunden (S. 140), also wieder als Salmiak, ausgeschieden wird. Mit Succus Liquiritiae bei frischeren Katarrhen der Luftwege, in Solution 1—5,0 *pro die*. (Auch bei Magenkatarrhen.)

2) **Ammonium carbonicum (Sal volatile)**. Ein Salz, welches schon bei gewöhnlicher Temperatur zum Theil, bei höheren Temperaturen vollständig flüchtig wird. Therapeutische Anwendung und Dosis wie beim Salmiak; auch säuretilgend; kaum gebräuchlich.

3) **Liquor Ammonii anisatus**. Ol. Anisi 1, Liq. Ammonii caustici 5 und Weingeist 24; eine gelbliche Flüssigkeit von starkem Ammoniak- und Anisölgeruch. Wird besonders bei Katarrhen gegeben, wenn die Expectoration stockt und die Herzcontractionen schwach sind; ebenso bei atonischen Magenkatarrhen; Dosis 1—2,0 auf den Tag, tropfenweise zu 10—20 Tropfen *p. dosi*, verdünnt.

4) **Liquor Ammonii acetici**. Spiritus Mindereri. Eine neutrale Lösung von essigsaurem Ammoniak, farblos, schmeckt schwach salzig. Wird innerlich als leichtes Expectorans und Diaphoreticum gegeben; *pro die* 10—20,0, namentlich auch bei Kindern. Auch zur Beseitigung des Alkoholrausches angewendet.

Die früher gebräuchlichen Präparate, Liquor Ammonii carbonici pyrooleosi und Liquor Ammonii succinici s. Liquor cornu cervi succinatus (Bernsteinsaures Ammoniak) werden innerlich nicht mehr gegeben; letzteres wird etwa noch zu Einreibungen als leichtes Reizmittel der Haut verordnet.

Stibium sulfuratum aurantiacum (Sulfur auratum Antimonii), Goldschwefel Sb_2S_5.

Ein orangerothes Pulver, in Wasser und Alkohol unlöslich.

Wird bei Katarrhen der Luftwege zu 0,03—0,1 *p. dos.* gegeben. Analog dem Antimon im Brechweinstein soll es auch im Goldschwefel expectorirend wirken.

Ebenso: **Stibium sulfuratum nigrum**, Sb_2S_3, Antimontrisulfid, überflüssig.

(Ph. Helv.: **Stibium sulfuratum rubrum. Kermes minerale**. Ein in der Zusammensetzung wechselndes Gemenge von Antimontrisulfid und Antimonoxyd. Es wird dieses Präparat selten mehr benutzt. Dosis dieselbe wie beim ersteren.)

Radix Senegae, Senegawurzel.

Die Wurzel von Polygala Senega (Polygaleae), im vorigen Jahrhundert als Heilmittel gegen den Biss der Klapperschlange in Virginia benutzt. Später hat man sie in Abkochung als Mittel gegen entzündliche Lungenleiden empfohlen. Die Pflanze wächst vorzugsweise in den nordwestlichen Staaten von Nordamerika. Die kleine spiralige Wurzel hat hellbraune Farbe, hornartige Consistenz, eigenthümlichen Geruch und scharfen Geschmack; wird sie gepulvert, so reizt der Staub stark zum Niesen und Husten. In ihr sind mehrere Körper der Saponin-Gruppe enthalten (glykosidische, N-freie Körper, welche in Wasser mehr oder weniger löslich, ihm die Fähigkeit geben, Schaum zu halten): Senegin (? identisch mit Saponin?) mässig scharf, ferner einige sehr scharfe für Magen und Darm fast gar nicht resorbirbare Stoffe: Sapotoxin (und Quillaja-Säure?).

Senega wird als stark reizendes, hustenerregendes und secretionsbeförderndes Expectorans in späteren Stadien acuter Katarrhe und Pneumonien, ferner bei chronischer Bronchitis und ähnl. vielfach gegeben. Phthisiker vertragen sie schlecht.

Dosen. 1) Radix Senegae. Im Decoct oder im Infus als Expectorans zu 0,5—10,0 *pro die*, oder Pulv. rad. Senegae zu 0,1 *pro dosi*.

2) Sirupus Senegae.

Cortex Quillajae, Rinde der Quillaja Saponaria Molina, Spiraeaceae; qualitativ der Senegawurzel gleich, aber mehrfach wirksamer, wesentlich billiger, und besser schmeckend. Im Decoct 5,0 : 200,0.

Sapotoxin, Quillajasäure (glykosidisch, N-frei; geht ebenso wie Saponin durch Behandeln mit Barytlösung in eine ungiftige Modification über; Natrium quillajinicum dagegen ist sehr scharf und schon in $^1/_9 \%$ Lösung protoplasmatödtend) u. s. w., subcutan oder intravenös applicirt, sind sehr giftig; vom Magen und Darm aus werden sie indess nur spurweise resorbirt. Senega und Quillaja sind nur innerlich zu geben.

Acidum benzoïcum, Benzoësäure $C_6H_5.COOH$.

Die officinelle Benzoësäure (s. S. 112) soll nur durch trockene Destillation aus dem Benzoëharze dargestellt werden (Acidum benzoicum sublimatum, Flores Benzoës). In dieser Form ist die Säure mit kleinen Mengen anderer riechenden, flüchtigen Stoffe vermengt, welche theilweise mit die medicinische Wirkung bedingen. — Sie kann auch künstlich dargestellt werden, so durch Zerlegung der im Pferdeharn vorkommenden Hippursäure. In reinem Zustande ist sie eine weisse glänzende krystallinische Masse von aromatischem Geruche, welche sich in 372 Thl. Wasser, reichlich in Alkohol, Aether und Chloroform löst.

Sie reizt die Respirationsorgane, wenn sie eingeathmet wird, und wandelt sich im Organismus bekanntlich theilweise in Hippursäure um, und zwar findet die Umwandlung u. a. in der (sie ausscheidenden) Niere statt. — In letzterer Zeit wird sie auch als Antifermentativum und Antipyreticum gebraucht (s. die betr. Abschnitte). — Sie wirkt (aber nicht in Salzform, und nur vom Magen aus, also durch localen Reiz gewissermaassen wie ein Gewürz) auch excitirend und als Circulationsreiz.

Als excitirendes Expectorans ist sie seit längerer Zeit in Gebrauch; dos. 0,3—0,6 in Pulverform gegen katarrhalische Affectionen der Lunge, bei stockender Expectoration, zumal bei Collaps und ähnlichem.

Tinctura Benzoës, aus 1 Thl. Harz und 5 Thl. Spiritus, zu 20—40 Tropfen *pro dosi* in gleichen Fällen.

E. Diaphoretica. Schweissfördernde Mittel.

Die vermehrte Wasserausscheidung aus der Haut oder Diaphorese, welche in der praktischen Medicin stets eine Rolle spielte, gewann eine grössere Bedeutung nach der Entdeckung der Perspiratio insensibilis durch Sanctorio in der ersten Hälfte des 17. Jahrhunderts. Die Iatrophysiker, besonders aber die Humoralpathologen benutzten die Diaphorese, um angeblich d. h. ihren Theorien gemäss schädliche Stoffe aus dem Blute und Körper durch die Haut zu entfernen. Diese Ansicht erhielt sich lange und wurde sehr populär, namentlich da man die Beobachtung machen konnte, dass beim spontanen Abnehmen des Fiebers („Krisen") in vielen Fällen starke Schweisse auftreten (vgl. S. 87).

Wir wollen auf das Richtige und Unrichtige, welches den jeweiligen theoretischen Anschauungen zu Grunde lag, hier nicht näher eingehen. Es sind, nach unseren jetzigen Ansichten, viele Missbräuche dadurch entstanden; aber andererseits muss auch zugegeben werden, dass eine verstärkte Diaphorese häufig, namentlich bei acuten Katarrhen der Luftwege u. s. w. eine wohlthätige Procedur ist. Auch bei einigen wenigen chronischen Krankheitszuständen kann eine methodisch durchgeführte Diaphorese, sei es durch äussere Mittel, wie Dunst- und heisse Luftbäder, warme Einwicklungen u. dergl., sei es durch innere Mittel, gute Erfolge haben. Dies ist namentlich der Fall bei gewissen chronischen Infections- (Syphilis) und Intoxications-Krankheiten (Blei, Quecksilber, Arsenik), bei rheumatischen und gichtischen Leiden. Die Empirie hat in dieser Beziehung günstige Resultate aufzuweisen. Neben Baden und Frottirungen steigert das Schwitzen auch die sogenannte „Vitalität" der Haut: die Haut wird reichlicher mit Blut ernährt und die Epidermis zartschichtiger; beides unterstützt z. B. die Wirkungen einer Inunctionskur. — Sodann ist das Schwitzen neben Abführen und Verstärkung der Diurese zur Entwässerung des Organismus (s. Abführmittel und Diuretica) geeignet (gegen Hydrämie, Hydropsien, Transsudationen, Exsudatresten, bei Fettsucht u. s. w.). — Die Schweissdrüsen können ferner einen grossen Theil der Secretionsarbeit den Nieren vicariirend abnehmen, und verstärkte Diaphorese kann daher, wenn nicht bedeutendes Anasarca die Function der Schweissdrüsen unterdrückt, bei Nephritis u. s. w. indicirt sein.

Wegen der Wasserverdunstung hat starke Diaphorese eine leichte Temperaturerniedrigung zur Folge.

Den Wasserverlust durch die Haut betreffend, ist zu unterscheiden zwischen einfacher Verdunstung und Schweisssecretion. Erstere ist von der Blutfülle der Haut, der Temperatur und Feuchtigkeit der umgebenden Luft sowie eventuell der Luftbewegung abhängig, letztere ist eine Wirkung der Schweissdrüsen. Diese ist in ganz derselben Weise vom cerebrospinalen Nervensystem abhängig wie die Speichelsecretion. Die gleichen Arzneistoffe, resp. Gifte, welche die Peripherie des Speichelnerven erregen oder lähmen, beeinflussen in derselben Weise die Secretionsnerven der Schweissdrüsen (s. Physostigmin und Atropin). Es giebt aber auch Stoffe wie Kampher, ätherische Oele, Phenol und essigsaures

Ammoniak, welche — (analog gewissen psychischen Einflüssen) — von den Centralapparaten her die Schweisssecretion veranlassen; auch nach Unterbindung der Arterien eines Gliedes tritt nach Einnahme dieser Stoffe an dem vor Giftzufuhr geschützten Gliede, z. B. an der Pfote junger Katzen, Schweiss auf (natürlich nur so lange der Flüssigkeitsvorrath der blutlosen Drüse reicht); dagegen bleibt hier bei unverschlossener Arterie der Schweiss aus, wenn der Ischiadicus durchschnitten ist. Bei den peripherisch angreifenden Stoffen, wie Pilocarpin und Physostigmin findet das Umgekehrte statt. (Pilocarpin hat übrigens nebenbei auch noch eine schwache central angreifende Wirkung in Bezug auf Schweisssecretion.)

Während Pilocarpin auch bei kühler Umgebung, ungenügender Einhüllung oder Bedeckung des Körpers und geringem Wasser- und Wärmevorrath des Körpers den Schweiss erzwingt, bedarf es bei den central einwirkenden Mitteln eines erhöhten Temperaturgrades der Luftschicht, welche die Körperoberfläche umgibt, und namentlich einer Vermehrung des Wassergehaltes des Körpers, was durch reichliches Trinken warmer Getränke erfüllt wird. Sind diese Bedingungen in hohem Maasse erfüllt, so genügen sie schon an sich, um Schweiss zu erzeugen. Wassertrinken, heisser Raum und Einhüllen in wollene Decken reichen zur Diaphorese hin. Das Trinken heisser Getränke ist (s. Excitantien) qua Wärmezufuhr hierbei von geringer Bedeutung; im wesentlichen wirkt hier die (bewusste und unbewusste) Wärme-Empfindung reflectorisch als Reiz für die Diaphorese (Wärme-Regulation).

Folia Jaborandi (Folia Pilocarpi) Jaborandi-Blätter.
Pilocarpinum hydrochloricum, Salzsaures Pilocarpin.

Die Blätter von Pilocarpus pennatifolius, Rutacee, in Brasilien wachsend, schon im 17. Jahrhundert dort in Gebrauch, wurden 1874 von Dr. Coutinho in Pernambuco als speichel- und schweisstreibend neu befunden.

Die Blätter sind gefiedert (ähnlich den Wallnussblättern), meist zu 5, manchmal auch zu 11, 9, 7 oder 3 Blättchen. Diese sind ca. 15 Ctm. lang, bis 7 Cent. breit, lanzettförmig, ganzrandig; der Geschmack ist bitter und aromatisch. In ihnen ist zu etwa 0.5% das Pilocarpin ($C_{11}H_{16}N_2O_2$) enthalten (Hardy 1875), eine amorphe weisse Masse, welche mit Salz- und Salpetersäure krystallisirbare Salze giebt; ausserdem enthalten sie noch kleine Mengen eines zweiten Alkaloides, Jaborandin, und ferner ca. 1/2 % eines ätherischen Oeles. Zuerst wurde eine Abkochung der Blätter benutzt, nachher, als das Pilocarpin bekannt wurde, hat man sich ausschliesslich dessen bedient, da die Blätter, nicht aber das Alkaloïd, zuweilen Collaps erzeugen.

Physiologische Wirkung. Beim Menschen stellt sich nach subcutaner Injection von 0,02 salzsauren Pilocarpins schon nach wenigen Minuten zuerst Salivation ein, es entsteht Gefühl von Wärme der Gesichtshaut mit Hyperämie und Klopfen der Carotiden. Die Athmung wird beschleunigt, die Pulszahl steigt um 20—40 per Minute. Nach 10—15 Minuten beginnt dann die Schweissabsonderung, zuerst an der Stirn und Gesichtshaut und dehnt sich abwärts steigend allmählich aus. Eine nicht gerade allzu seltene Erscheinung dabei ist das Auftreten von Brechreiz oder gar Erbrechen. Die Wirkung dauert $1^1/_2$—2 Stunden. Die Mastdarmtemperatur bleibt sich während dieser Zeit gleich, die Hauttemperatur dagegen steigt zuerst und sinkt am Ende der Versuchszeit um 1—2° C. Der Verlust an Schweiss kann 1—$1^1/_2$ Kilo, der an Speichel $^1/_2$ Kilo betragen; die insensiblen Verluste können noch bis zu 2 Kilo ausmachen, so dass ein Gesammtverlust von 4 Kilo entstehen kann. — Die Röthung der Haut, das Klopfen der Carotiden und die Zunahme der Pulsfrequenz ist ebenso bedingt, wie nach Amylnitriteinwirkung (s. diese).

Bei so grossen Wasserverlusten sinkt selbstverständlich die Urinabscheidung. Trotzdem ist Pilocarpin auch ein Diureticum z. B. bei künstlicher Nierendurchblutung. Auch die Bronchialschleimhaut secernirt sehr stark nach Pilocarpin, und so ist Pilocarpin ein Expectorans.

Zwischen Pilocarpin und Atropin ist ein eben solches antagonistisches Verhältniss, wie wir es bei Physostigmin und Atropin besprochen haben.

Aufs Auge geträufelt hat Pilocarpin eine myotische Wirkung (s. Eserin). — Darm, gravider Uterus werden durch Pilocarpin in heftige Action versetzt; in gleichem Maasse gilt dies für die ihm (chemisch und) physiologisch nahestehenden Gifte Eserin und Nicotin. Diese Stoffe wirken daher abführend und ekbolisch (Abortus, Frühgeburt); wegen ihrer sonstigen Wirkungen sind sie als Abführmittel unzulässig.

Grössere Dosen verursachen leicht Herzschwäche.

THERAPEUTISCHE ANWENDUNG. 1) Zunächst als energischstes Diaphoreticum (s. d. allg. Theil). 2) Als Expectorans u. s. w. Bei Keuchhusten, Asthma, Croup, Diphtherie u. s. w. sehr empfohlen. Bei Diphtherie von einigen wie fast specifisch wirkend genannt (?) (subcutan 0,005 bei Kindern unter 2 Jahren, bei grösseren bis 0,01 2—3 mal täglich), desgleichen bei Erysipelas. 3) Als Ecbolicum (zur Hervorrufung und Beschleunigung der Geburt u. s. w.) und gegen Menstruationsanomalien von unsicherem Werthe. 4) Als Antagonist bei Atropinvergiftung. 5) Soll den Haarwuchs zuweilen wesentlich verstärken. 6) In der Ophthalmiatrik: als Myoticum local (wenig gebräuchlich) und zur Erniedrigung des intraocularen Drucks. Subcutan gegen Glaskörpertrübungen, Netzhautablösungen, Iritis, Choroiditis, Iridocyklitis mit verschiedenem Erfolge benutzt; besonders aber sehr gegen die Sehstörungen bei chronischer Tabaksvergiftung empfohlen.

Präparate und Dosen.

[1] *Folia Pilocarpi*, nicht officinell, nicht gebräuchlich, im Infus zu 4—5,0 auf 150,0.]

2) *Pilocarpinum hydrochloricum*, officinell in Ph. Germ. In Wasser leicht löslich. Innerlich als einmalige Dosis 0,01—0,03. Meist subcutan, 0,01—0,02; ad 0,02! pro die 0,05!

Flores Sambuci (Fliederthee, Hollunderblüthen) und **Flores Tiliae** (Lindenblüthen) sind als milde Diaphoretica zu nennen. In Infusen.

Liquor Ammonii acetici (s. S. 241).

X. Gruppe.
EXCITANTIA. ANALEPTICA.

Die Excitantia werden in der Therapie gebraucht, um auf manche Nervencentren anregend zu wirken, namentlich auf diejenigen, welche die Blutbewegung reguliren; diese Mittel bewirken, dass die irgendwie geschwächte Herzaction eine kräftigere wird, Hauthyperämie und demnach Wärmegefühl sich entwickelt und die Diaphorese in erhöhtem Maasse stattfindet. Häufig werden bei der excitirenden Methode auch noch Erregungen von (peripherischen) Sinnesnerven mitbenutzt: Geruchsnerv (durch Aroma), Geschmacksnerv, Tast- (durch das „Prickelnde", „Brennen" u. s. w.) und Temperaturnerven; diese Erregungen bethätigen dann reflectorisch ebenfalls die Blutcirculation in dem angedeuteten Sinne, und regen durch Reflex die Secretion verdauender Säfte und die Assimilation an. Alle diese Vorgänge können schon sofort — (und consecutiv durch Verbesserung der Ernährung) — auf das Bewusstsein ebenfalls anregend, belebend wirken. Manche der „Excitantien" wirken auch noch direct auf das Bewusstsein und können in kleinen Gaben seine Intensität nach mancher Richtung hin heben.

Nimmt man ausser den angeführten Einwirkungen auf die peripherische Sinnensphäre noch die angenehmen Anregungen, welche bei derselben Gelegenheit die oben nicht genannten Sinneswerkzeuge dem Bewusstsein zuleiten können (Auge, Ohr, Muskelgefühle, Allgemeingefühle), so haben wir — namentlich eine ausreichende Abwechslung in allen diesen Erregungen vorausgesetzt — zugleich mit den pharmakologischen Reizmitteln auch die Reizmittel des Lebens überhaupt umgrenzt, deren ökonomische Benutzung zur höchsten Entfaltung körperlicher und geistiger Gesundheit führt, deren Missbrauch — auch in der Therapie — Krankheit und Siechthum droht.

Spiritus, Weingeist, Alkohol, Aethylalkohol C_2H_6O.

Der Alkohol, welcher als Product der durch Hefepilze veranlassten Gährung zuckerhaltiger Flüssigkeiten gewonnen wird, hat für uns physiologische, diätetische, toxische und therapeutische Bedeutung.

Physiologische Wirkungen:

a) örtliche.

Concentrirter Alkohol bringt Eiweiss durch Wasserentziehung zur Gerinnung, wirkt ätzend, desinficirend (bei Milzbrand nicht). In wässerigen Lösungen von einem Gehalte unter circa 70% ist er nicht mehr ätzend. Cognac mit 60, „Korn" mit 50% Alkohol werden auf Schleimhäuten nur als „scharf" empfunden. Wird concentrirter Alkohol auf die intacte Haut applicirt, so erzeugt er durch seine rasche Verdunstung Kältegefühl. Wirkt er längere Zeit macerirend ein, so löst er das Hautfett und das in den Epidermiszellen befindliche Fett und dringt so bis zum Corium vor; hier, und um so mehr, wenn die Epidermis der Haut entfernt ist, oder wenn die Application auf Schleimhäute erfolgt, kommt es momentan oder nach einiger Zeit zu einer Reizung der sensiblen Nervenenden, und in Folge dessen entsteht, je nach dem Grade der Einwirkung und der Concentration der Flüssigkeit, Hyperämie, Entzündung und Schmerzempfindung; auf Schleimhäuten erzeugt absoluter Alkohol Coagulation und Schorfbildung mit consecutiver Entzündung und Geschwürsbildung.

In künstlichen Verdauungsflüssigkeiten, und ebenso in der natürlichen Verdauungsflüssigkeit verzögert er den Verdauungsvorgang. — In den Magen gebracht bringen Lösungen von wenigstens 10% Alkohol zunächst ein rein subjectives Wärmegefühl hervor, die Absonderungen der Speicheldrüsen, des Magensaftes, werden beim Menschen vermehrt, zumal wenn eines der spirituösen Genussmittel eingeführt wird; hieraus resultirt: Beförderung der Verdauung, welche jene vorerwähnte Verzögerung übercompensirt. Diese Wirkungen zeigen sich bei mässigen Dosen. Hohe Dosen oder gar concentrirte alkoholische Flüssigkeit reizen die Schleimhaut stark, verhindern die Fermentwirkung des Pepsins und erzeugen einen acuten Magenkatarrh, der, als locale Nachwirkung fortbestehend, zusammen mit der mehr oder minder starken resorptiven Nachwirkung auf das Hirn (s. unten) die Nachwehen eines acuten Missbrauchs ausmacht. Ersterer in seinen leichtesten Formen kann durch Natron bicarbonicum, salzige Speisen, Karlsbader Salz u. ähnl. beseitigt werden, während letztere das Bedürfniss neuer Reizmittel (Pfeffer, Säuren, Alkohol) erzeugt.

b) Resorptionswirkungen.

Schon bei vollständig normalem Zustande, namentlich aber bei Spasmus der Hautarterien bewirkt Alkohol, in Form der alkoholischen Getränke zugeführt (s. unten), resorptiv eine im Gesichte beginnende und dann auch besonders die Hohlhand und Fusssohlen und mehr oder weniger auch die gesammte Hautoberfläche betreffende Erweiterung der Hautgefässe, welche ein leichtes Sinken des gesammten Blutdrucks, aber eine bedeutende Verstärkung der Blutströmung in den Hautcapillaren und hierdurch eine objective Erwärmung der Haut und deshalb auch reelles Wärmegefühl veranlasst. Diese Erscheinung tritt um so eher, sicherer und ausgesprochener auf, wenn einerseits Bedingungen einer schnellen Resorption — (gleiche Dosis vorausgesetzt) — gegeben sind und andererseits auf reflectorischem und sensuellem Wege und psychisch das Centralnervensystem gleichzeitig derart beeinflusst wird, dass es begünstigend auf die Blutcirculation wirkt und hierdurch einerseits die Blutversorgung der Haut, andererseits indirect auch wieder die Schnelligkeit der Resorption steigert. Deshalb wirken bei gleicher Alkoholdosis in dieser Beziehung gewisse spirituöse Genussmittel viel stärker, als beispielsweise eine wässerige 5- oder 10%ige Alkohollösung. Most und Champagner (s. unter CO_2) treiben das Blut hauptsächlich deshalb so sehr durch die Wangen, weil die CO_2 als Reiz die Resorption des genossenen Getränks beschleunigt. Bei Punsch und Glühwein sind es der Wärmereiz und die zugegebenen stärkeren aromatischen Stoffe, welche die Resorption schneller erfolgen lassen. Aber eben diese „Reize" sind es auch, welche als Lebensreize auf das Centralnervensystem einschliesslich der Seele anregend und so die Triebkräfte für die Blutströmung steigernd wirken u. s. w. Der Wärmereiz, nicht die eingeführte geringe Wärmemenge ist es, welche die heissen spirituösen Getränke (das Gleiche gilt für Kaffee und Thee, für Fleischbrühe u. s. w.) besser und schneller „erwärmend" wirken lassen. Denn jene winzigen Wärmemengen, welche ein Glas Glühwein (oder Bouillon) abgibt, indem es im Magen von 50° C. auf 37° abgekühlt wird, bedeuten bei der grossen Wärmecapacität der thierischen Gewebe und des Blutes nichts: wenige kräftige Muskelbewegungen würden viel mehr Wärme liefern. Je näher die Temperatur eines Getränkes unsrer Eigenwärme liegt, um so reizloser und um so unerwünschter ist sie dem Erwachsenen, welcher der Reize bedarf, während der Säugling bei direct eingesogener Muttermilch (37,5°) am besten sich befindet. Getränke von ca. 50—60° (viel heissere sind natürlich unerträglich) und ca. 5—10° (viel kälter sind sie wieder unangenehm) stellen im Allgemeinen die Optima des Wärme- resp. Kühlungsreizes vor, welche im concreten Falle sich nach dem Gefühle körperlichen Bedürfnisses von Erwärmung oder Abkühlung, besonders aber nach der möglichsten Entfaltung der sonstigen dem alkoholischen Getränke innewohnenden Reize (Aroma, Kitzel der perlenden CO_2 u.s.w.) zu richten haben, daher denn jede Weinsorte ein besonderes Temperaturoptimum aufweist. Auch werden Getränke, welche (s. oben) starkes subjectives Wärmegefühl im Magen erzeugen (Schnaps, Champagner), niedriger temperirt werden können, als solche entgegengesetzter Art (Bier, Rothwein u. s. w.). Sind ferner bei Nasskälte die Hautarterien stark contrahirt und erzeugen jenen peinlichen und in vielen Lebenslagen geradezu verhängnissvollen Zustand der kalten Hände und Füsse (Klammheit), welcher Uebelbefinden und bis zu Ohnmachten gehende Schwäche veranlasst und uns den Gebrauch unserer Glieder zu Arbeit, Vertheidigung, Erwärmung u. s. w. behindert, so ist kaltes Bier als Reizmittel absolut ungeeignet, wohl aber ein ebenso kalter Schnaps. Jenes erzeugt im Magen um so mehr Kältegefühl, als es, um gleiche Mengen Alkohol zu bieten, in grossen Mengen getrunken werden müsste; das Kältegefühl erzeugt reflectorisch Verstärkung des zu bekämpfenden Krampfes der Hautarterien.

Das starke **subjective Wärmegefühl**, wie es durch Spirituosa nur dann erzeugt wird, wenn sie über 30 oder $40^0/_0$ Alkohol und ausserdem sonstige Excitantien (z. B. ätherische Oele) enthalten, beseitigt jenen lästigen Gefässkrampf. Umgekehrt genügt ein **subjectives Kältegefühl**, um ihn hervorzubringen. Wir haben es bei diesem Gefässkrampfe mit einer übereifrigen und hierbei oft nutzlosen und selbst schädlichen Regulationsvorrichtung zu thun: freilich spart der Körper dem drohenden Wärmeverluste gegenüber auf diese Weise Wärme: indessen kann eine Verklammung der Hände und Füsse — und eine dadurch entstehende Schwäche, Hilflosigkeit oder Ohnmacht grössere Gefahren, z. B. Erfrierung drohen, als das momentane Sinken der Körpertemperatur um vielleicht einen halben Grad Celsius, den wir durch lebhafte Körperbewegung schnell wieder einbringen könnten. Rechnet man hierher die Compendiosität des Schnapses, so ist der Werth dieses Reizmittels (vom Missbrauche s. weiter unten) für solche, die im Freien bei nasskalter Witterung ein heisses minder berauschendes Getränk (womöglich Kaffee oder Thee) der Sachlage nach sich nicht beschaffen können, ein ungemein grosser und kaum dürfte an die Stelle des Schnapses etwas gleich Geeignetes dann gesetzt werden können.

Hier sprachen wir vom Excitans, von der Erfüllung einer bestimmten Indication. Wo diese Indication nicht vorliegt, wo sogar Contraindication besteht, sind diese Excitantien zu verwerfen. Kindliches Alter und vieles andere sind absolute Contraindicationen. Die der Excitation nachfolgende Depression des Centralnervensystems und der körperlichen Leistungsfähigkeit, die Abnahme der Widerstandskraft gegen passive Abkühlung (Erfrieren) und Ueberhitzung (Hitzschlag bei Märschen) (s. S. 31 u. 32) und vieles andere mahnen zur grössten Vorsicht und Zurückhaltung. Wer noch langdauernde Anstrengung vor sich hat, meide das spirituöse Excitans und wähle ein über lange Zeiten hin wirkendes, milder anregendes Mittel wie Kaffee, Thee. In kritischen Momenten dagegen ist ein starkes Spirituosum oft das einzig disponible, brauchbare und schnell wirkende Excitans.

Die sonstigen resorptiven Wirkungen alkoholischer Getränke an Gesunden, — die Wirkung kleiner, mittlerer und grosser —, sogar die Wirkung toxischer Gaben bedürfen als allbekannt keiner Schilderung. Der Unterschied in der Wirkung verschiedener Kategorien von Spirituosen ist bezüglich seiner Ursachen im Obigen bereits genügend gestreift: Feinheit des Aromas, Volumquanta des genossenen Getränks (z. B. Bier und Weine resp. Liqueur), Temperatur und das psychische Behagen, soweit es durch alles dieses beeinflusst wird, Resorptionsgeschwindigkeit, die sonst nebenher einwirkenden Lebensreize (Sehen, Hören, Psyche) bestimmen überdies die Mannigfaltigkeit des Wirkungsbildes.

Dass in ihrem innern Wesen die directe Wirkung auf die den psychischen Functionen dienenden Ganglien von Anfang an eine betäubende und keine erregende ist, obschon die Lebensfreudigkeit und die äussere Lebhaftigkeit durch Wein u. s. w. gesteigert wird, bedarf kaum der Begründung. „In vino veritas" bedeutet nicht, dass die Wahrheitsliebe gesteigert, sondern dass die besonnene Zurückhaltung verringert ist; und wer traurigen und sorgenvollen Herzens gedrückt und in seiner Lebensfreudigkeit gehemmt nach einer Flasche Weines heiterer ist, hat die Sorgen betäubt, aber nicht die philosophische Tragkraft seiner Seele vergrössert. Etwas anders liegt die Sache bei den Potatoren, die erst normal werden, wenn sie Alkohol erhalten; hier ist wirkliche Erregung (vergl. chron. Morphinismus).

Nur gewisse einzelne Seelenfunctionen nehmen thatsächlich durch Fortfall der Hemmungen nach Genuss alkoholischer Getränke zu. Ausser der „Freudigkeit" (und auch Geschlechtslust) ist es namentlich die Phantasie, welche entzügelt und dadurch lebhafter wird: daher der Dichter und Künstler im Weine meist eine Hilfe hat, der Denker nur zuweilen, meistens nicht. Alkohol beschleunigt zuerst gewisse psychische Vorgänge, bald aber verlangsamt er den Denkprocess bedeutend: die „Reactionszeit", d. h. die Zeit, welche erforderlich ist, um auf einen Sinneseindruck, z. B. durch eine verabredete Signalbewegung zu reagiren, nimmt unter Alkohol zuerst etwas ab, dann aber wesentlich zu, und trotzdem glaubt der Betreffende ganz besonders prompt und schnell reagirt zu haben. Längere Zeiträume erscheinen dann also kürzer als in der Norm: daher die Kurzweil! — Die Entschlussfähigkeit, Todesverachtung u. dgl. m. nehmen unter Alkohol zu durch Fortfall von Rücksichten und sonstigen hemmenden Einflüssen.

Indirect „erregt" also bei Gesunden der Alkohol viele Functionen des Nervensystems; vermuthlich kommt auch im Anfang der Wirkung — ähnlich wie nach Amylnitrit — Erweiterung der Hirnarterien vor, was, neben der Anregung der Blutcirculation überhaupt, bei Schwächezuständen im Gefässapparate, Ohnmachten u. s. w. — wiederum indirect — belebend wirkt. Bei grossen Gaben ist die rein lähmende Wirkung des Alkohols überall erkennbar.

Vorgängiger Alkoholgenuss begünstigt allgemein das Einschlafen; die Schlafdauer dagegen nimmt meist nur bei kleinen und mittleren Gaben zu, während grössere Gaben sie bei vielen Menschen erheblich kürzen.

Werden grössere Mengen Alkohol, besonders in Gestalt von Schnaps, längere Zeit hindurch genossen, so entfaltet sich das Bild des chronischen Alkoholismus — d. h. die Summation der Nachwirkungen (s. S. 13). Unruhige wirre Träume, Zittern der Hände u. s. w., Abnahme der geistigen Leistungsfähigkeit, Characteränderung u. s. w., Abnahme des Appetits zeigen sich. Chronischer Magenkatarrh, Fettleber und Cirrhose, Schrumpfniere, chronischer Laryngeal- und Bronchialkatarrh, fettige und kalkige Degeneration der Arterienhäute, Fettherz, Verdickungen der Hirnhäute, hämorrhagische Entzündung der Dura zumal, Neigung zu Hirnblutungen, Degeneration der cerebralen Gangliensubstanz sind in vorgerückteren Fällen die gewöhnlichen anatomischen Veränderungen. Diese bedingen einen entsprechenden Symptomencomplex, in den sich zeitenweise acut ablaufende manieartige Paroxysmen (Delirium tremens) mischen können, welche namentlich dann zum Vorschein kommen, wenn das Individuum von einer intercurrenten acuten fieberhaften Krankheit befallen wird; der Kranke sieht lebhaft sich bewegende, schwarze Gestalten, Thiere u. s. w., gegen die er sich wehrt, er fühlt sich von Gespinnst umschlossen und derartiges mehr. Das Zittern, die Träume, die Delirien sind als „Abstinenzerscheinungen" aufzufassen: erst wenn die Wirkung der letzten genossenen, zumal excessiv grossen Dosis vorüber ist, zeigen sich jene Symptome und erneuter Genuss von Schnaps ermässigt oder beseitigt sie. —

Von dem aufgenommenen Alkohol verlässt nur ein verschwindend kleiner Bruchtheil den Organismus unverändert (durch die Nieren, Lungen), alles andere wird zu Kohlensäure und Wasser oxydirt. (Der Geruch des Trinkerathems rührt nicht vom Alkohol, sondern von aromatischen Stoffen, dem Bouquet u. s. w. des Getränkes her). — In der Milch findet sich kein Alkohol wieder. Die Fäces enthalten nach Alkoholaufnahme per os keinen Alkohol.

Der Einfluss der alkoholischen Getränke auf den Stoffwechsel ist mit dem Gesagten nicht erledigt. Als Reizmittel für Appetit, Secretion der Verdauungskräfte und Assimilation wirken sie im Sinne des Stoffansatzes, d. h. einer Körpergewichtszunahme bezüglich aller Bestandtheile, also auch des Fettes. Als **Flüssigkeiten** (s. b. Abführmittel), begünstigen sie gleichfalls die Gesammternährung und den **Fettansatz**, wenn sie **bei den Mahlzeiten** reichlicher genossen werden. Aber ausserdem schützt der Alkohol — während er in der angegebenen Weise dem Stoffwechsel anheimfällt, andere Stoffe unserer Oekonomie vor dem Verbrauche. Ein ruhender Mensch verbraucht nach Genuss mässiger Mengen Alkohols ebenso viel Sauerstoff wie ohne diesen. Da der Alkohol aber völlig oxydirt wird und also eine gewisse Menge O in Beschlag nimmt, so bleiben andere Stoffe unoxydirt. So erklärt sich die **Verminderung des Eiweissverbrauchs** (resp. der N-Ausfuhr) und die **Fettersparung** nach Alkohol, welche bei Experimenten beobachtet wurde, ganz analog der Wirkung der dem Alkohol chemisch so nahestehenden Kohlehydrate bei gemischter Nahrung; so wird auch beispielsweise im Thierexperimente unter Alkoholwirkung aus eingeführtem Benzol im Körper weniger Hydroxy-Benzol (Phenol) gebildet als ohne Alkohol: die Oxydationen sind vermindert. Die Fettersparung ist ein weiterer Grund für das Fettwerden derer, die alkoholische Getränke benutzen. — Endlich ist noch zu erwähnen, dass unter dem Einflusse **toxischer** Mengen von Alkohol, zumal bei häufiger Wiederkehr solcher Intoxicationen, sich dieselben Einflüsse geltend machen, welche bei Arsenikvergiftung (s. dort) zu trüber Schwellung und fettiger Degeneration führten, — Einflüsse, die bei vorübergehenden Erstickungen, CO-Vergiftungen u. s. w. sich ebenfalls zeigen, und welche alle wie die Arsenvergiftung einen zunächst gesteigerten Zerfall von Organeiweiss und in Folge davon **vermehrte N-Ausfuhr** zeigen; die zurückbleibenden Fettantheile des abgestorbenen, durch die Schädlichkeit ruinirten Molekülaggregats liefern wieder Material zu **relativem Fettreichthum** des in Folge der Intoxicationen sonst vielleicht im Körpergewicht bereits heruntergekommenen Organismus.

Wir sahen, dass der **ruhende** Organismus einen Theil seiner Lebensbedürfnisse durch Oxydation der eingeführten mittleren Alkoholmengen befriedigen kann. Dementsprechend wirkt Alkohol beim Fiebernden, dessen Ernährung so schwierig zu bewerkstelligen ist, als wirklicher **Nährstoff** der Consumption entgegen. Eine andere mehr akademische Frage aber ist es, ob der Alkohol ein Material darstellt, welches z. B. der Muskel für **Arbeit** (im engeren Sinne) verwerthen kann. Anders ausgedrückt lautet unsere Frage: ob den alkoholischen Getränken bei mässigem Genusse — **abgesehen** von der die Gesammternährung fördernden Eigenschaft, die ihnen als Reizmittel und als Getränkflüssigkeiten anhaftet, und abgesehen von der Ersparniss an Fett — noch ein directer reeller Nährwerth gerade für den arbeitenden Menschen zukomme. Diese Frage harrt noch der Entscheidung.

Therapeutische Anwendung. Aeusserlich werden Alkoholpräparate zu stimulirenden Einreibungen angewendet. Auch als Vehikel für antiseptische Substanzen. Den gewöhnlichen Wundkrankheiten-Bacterien gegenüber ist Alkohol ein ausreichendes Desinficiens (bei Milzbrandsporen, wie bereits bemerkt, nicht).

Bei der inneren Verwendung kommt der Alkohol in Frage 1) als Stimulans bei Erschöpfungszuständen, als flüchtiges Reizmittel, bei Herzschwäche, Collaps; — 2) bei fieberhaften Zuständen zu fortgesetzter Anwendung als Reizmittel und Nährstoff (s. oben). Hier können oft grosse Quanta ohne Rausch zu erzeugen verbraucht werden.

Präparate und Dosen. Der absolute Alkohol ist in der Therapie überhaupt nicht gebräuchlich. Der Spiritus (vini rectificatus) enthält ca. 90 Volumprocent Alkohol neben 10 Wasser; Spir. dilut. bis 69%. Diese Präparate werden äusserlich verwendet, entweder für sich oder als Lösungsmittel für Drogen; officinell ist noch (innerlich) Spir. e vino (Cognac) (bis 50%).

Für internen Gebrauch bedient man sich meist a) der (durch Destillation concentrirt gewonnenen) Branntweine, welche meist zwischen 25—50 Volumprocente Alkohol enthalten; b) der Weine, deren Alkoholgehalt sehr variirt, die gewöhnlichen kräftigen Weine enthalten 10 Volumprocente, die stärkeren, wie Madeira, Malaga, Sherry, Portwein u. s. w., 15—20 Volumprocente; c) der Biere; sie enthalten 3—7 Volumprocente Alkohol. Im gewöhnlichen ruhigen Leben sind stärkere, heftigere Reizmittel weder nöthig noch zuträglich. Leichte Weine und gut ausgegohrene Biere sind als Alltagsgetränk das Rathsamste, — wenn man schon einmal auf Alkohol nicht Verzicht leisten will, — was freilich wohl meist das Gesündeste wäre.

Aether (Aether sulfuricus), Schwefeläther $(C_2H_5)_2O$.

Eine sehr leichte (spec. Gew. 0,728) und flüchtige, bei 35,5° C. — also schon unter Bluttemperatur — siedende, farblose Flüssigkeit von eigenthümlichem Geruche, leicht entzündbar. Mischt sich mit Alkohol in allen Verhältnissen, nur sehr wenig mit Wasser; ist ein Lösungsmittel für Fette, Harze, ätherische Oele und verschiedene Alkaloide.

Physiologische und toxische Wirkung (s. auch S. 54 und unter „Chloroform"): a) örtliche. Auf der gesunden Haut erzeugt er durch rasche Verdunstung Kältegefühl mit Erblassen der betreffenden Hautpartie und Verminderung der Sensibilität (Kältewirkung); wird die

Verdunstung verhindert, so durchdringt er die Epidermis, reizt und bedingt Hyperämie. b) **Innerlich** genommen siedet er und führt zu einer Ausdehnung des Magens, welche die Athmung mechanisch beeinträchtigen kann; daneben wirkt er als Reizmittel auf die Magenschleimhaut; zum Theil resorbirt, wirkt er hier wie nach Inhalationen oder nach subcutaner Injection und zwar: bei kleinen Dosen (subcutan 0,3) als Excitans, bei grossen (s. S. 54) als betäubendes und dann anästhesirendes Mittel.

THERAPEUTISCHE ANWENDUNG. **Aeusserlich** ist der Aether zuweilen zur localen Abkühlung und hierdurch indirect als locales Anästheticum verwendet worden, z. B. in Form eines Aethersprays oder mittels Aufgiessen; cave: die Nähe der Flamme!! **Innerlich** wird der Aether in kleinen Dosen zu 10—15 Tropfen, zumal mit Spiritus vini zusammen, als belebendes Mittel verordnet. Man sieht ihn auch zuweilen bei einer solchen Darreichung als krampf- und schmerzstillendes Mittel auf Magen und Darm wirken. Als Belebungsmittel auch subcutan zu 1 Ccm.

Für den internen Gebrauch benutzt man meist den **Spiritus aethereus** (Liquor anodynus Hoffmanni, **Hoffmann's Tropfen**), eine Mischung von Aether und Weingeist (1 : 3), auf Zuckerstücke geträufelt, zu 15—30 Tropfen p. d.

Der **Spiritus aetheris nitrosi**, welcher durch Destillation von Salpetersäure und Weingeist (und nachfolgende Rectificirung) gewonnen wird, kann in ähnlichen Dosen verwendet werden. Notabene: macht auf Leinwand bleibende gelbe (Nitro-)Flecke!

Aether aceticus, *Essigäther*, $C_2H_3O-O-C_2H_5$. Eine klare Flüssigkeit von angenehmem Geruche; mischt sich mit 8 Thl. Wasser, mit Weingeist in allen Verhältnissen.

Die PHYSIOLOGISCHEN WIRKUNGEN des Essigäthers sind denen des Schwefeläthers ähnlich. Sein höherer Siedepunkt (74° C.) verursacht, dass er weniger kälteerzeugend wirkt. Bei Inhalationen bewirkt er auch einen gewissen Grad von Benommensein und Stupor, aber niemals die Anästhesie, welche man beim Aether beobachtet.

THERAPEUTISCHE ANWENDUNG. Aeusserlich bei rheumatischen Schmerzen als Einreibung. Innerlich als belebendes oder krampfstillendes Mittel, zu 20 bis 30 Tropfen p. dos.

Coffeïnum, Caffeïn (officinell). Semina Coffeae tosta,
Gerösteter Kaffee (nicht officinell).

Coffea arabica (Rubiacee), in Arabien, auf Java u. s. w. Die (frischen) Samen enthalten ca. 0,5% Caffeïn (oder Coffeïn); durch das Rösten werden aus anderen Bestandtheilen der Bohnen aromatische Substanzen gebildet, besonders „Caffeol", während das Caffeïn unter dieser Procedur nicht leidet. Neben von der Natur vorgebildetem aromatischen Stoffe findet sich das Caffeïn in den Blättern der Thea chinensis s. Camellia Thea (Theacee, Ternströmiacee), welche je nach der Methode des Trocknens als „schwarzer" oder „grüner Thee" im Handel sind. Es wird chemischerseits an der Identität des Caffeïn (Theïn) im Thee mit dem des Kaffees festgehalten: einzelne Pharmakologen glauben Unterschiede in der Wirkung gesehen zu haben. Caffeïn ist auch in der Guaranapaste (Pasta Guarana), einer aus den zerstossenen Samen von Paullinia sorbilis (Sapindaceeï, in Nord-Brasilien, hergestellten Paste, ferner im Paraguaythee, auch Maté genannt, (von Ilex Paraguayensis, Aquifoliaceeï) und — neben Spuren von Theobromin — in den Colanüssen (von Cola acuminata, Sterculiaceeï), im tropischen Afrika, enthalten. Alle diese Drogen sind Genussmittel geworden — nicht das Coffeïn, sondern die Drogen mit ihrem Aroma in geeigneter Zubereitung — und wo die Natur kein Aroma mitgegeben hatte, wurde erst ein solches künstlich beschafft (durch Rösten).

1) Caffeïn. Trimethylxanthin $C_5HO_2N_4 \cdot (CH_3)_3$.

Krystallinisch, weiss, leicht in heissem, schwerer in kaltem Wasser, leichter in Weingeist löslich. Bildet mit organischen Säuren Salze, die in wässeriger Lösung nicht recht beständig sind.

PHYSIOLOGISCHE WIRKUNG. 0,1—0,3 (0,1 ist etwa der Caffeïngehalt einer Tasse Kaffee oder Thee) erzeugen beim Gesunden zuweilen Pulsbeschleunigung und Röthung des Gesichts, öfter aber das Gegentheil; meist zeigt sich vermehrte Transspiration und psychisch eine leichte, bei grösseren Gaben stärkere, fast narkotische Beeinflussung, die — im Gegensatz zur Kaffee- und Theewirkung — eher unangenehm empfunden wird. Bei grösseren Gaben: zunächst Zunahme der Arterienspannung und der Pulshöhe, dabei meist Blässe, oft Zittern, Kopfschmerz, Nausea, Erbrechen. Die Diurese (s. Diuretica) ist häufig vermehrt. Bei Gaben über 0,5 wird der Puls elend. — Bei Thieren sieht man 1) Wirkung auf das Centralnervensystem, und zwar einerseits psychisch aufregend-betäubende und dann eine Rückenmarkswirkung: nach vorangegangener mässiger Abschwächung erscheinen Irradiation der Reflexe, Reflexüberregbarkeit, Reflexkrämpfe; bei manchen Thieren (z. B. Rana temporaria) ist auch am Rückenmarke die rein betäubende Wirkung überwiegend; es fehlen dann die Reflexkrämpfe u. s. w.: 2) eine Muskelwirkung: Nach ganz kleinen Gaben ist Zunahme der Leistungsfähigkeit der Skeletmuskeln, und am Froschherzen eine Steigerung der „absoluten Kraft" (des Gewichtes — hier die Flüssigkeitssäule, die dem Muskel eben gerade nicht mehr eine Verkürzung auf maximale Erregung erlaubt). Nach mittleren Gaben zeigt sich eine Aenderung in der Form der Zuckungscurve, sie wird träger (vergl. Veratrin) (s. auch S. 13). Bei grossen Dosen völlige Todtenstarre am sonst lebenden Thiere: das Myosin erstarrt (unter Wärmebildung); 3) am Warmblüter wird durch kleine Dosen der Blutdruck häufig (nicht immer) etwas gesteigert (Erregung des vasomotorischen Centrums) und hierdurch öfters einige Verminderung der Pulszahl indirect veranlasst. Das Herz des Warmblüters an sich scheint durch Caffeïn zu vermehrter Frequenz und Energie seiner Contractionen angereizt zu werden (wegen des Froschherzens siehe oben unter 2). — Das Caffeïn wird jedenfalls zum grössten Theile als solches ausgeschieden. Ein besonderer Einfluss auf den Stoffwechsel kommt ihm nicht zu. Es wirkt an sich diuretisch, d. h. es treibt die — von Nerveneinflüssen befreiten — Nieren zu vermehrter Secretion an; jedoch wird diese Wirkung oft durch andere Einflüsse, z. B. bei intacten Nierennerven durch Krampf der Nierengefässe (vergl. Strychnin) beeinträchtigt.

THERAPEUTISCHE VERWERTHUNG. Bei Kopfschmerz empirisch: besonders bei Hemicranien, — wie es scheint am nützlichsten bei der Hemicrania paralytica (wo die Carotis auf der schmerzenden Seite erweitert, das Gesicht auf dieser Seite dann oftmals geröthet ist). — Als Diureticum, besonders bei Herzfehlern (s. Digitalis und Diuretica). — In Form der Pasta Guarana (Ph. Helv., — nicht offic. in d. Ph. Germ.) auch gegen Blennorhöen der Harnorgane zu 0,5—2,0 (hat 5⁰/₀ Coff.)

PRÄPARATE UND DOSEN. Officinell: Coffeïnum, zu 0,1—0,5 (!) (ad 1,5 p. die!). — Nicht officinell, aber namentlich für subcutane Injectionen empfohlen: die Doppelsalze: Coffeïnum Natro-benzoicum, C.N.-salicylicum, C.N.-cinnamomicum.

2) Der geröstete Kaffee.

Enthält, ausser Caffeïn (0,5⁰/₀), Kaffeegerbsäure u. a., namentlich noch das „Caffeol", einen aromatischen, excitirenden, durch das Rösten entstandenen Stoff (resp. Stoffe).

PHYSIOLOGISCHE WIRKUNG. Die Wirkung, welche am Menschen durch ein starkes Kaffeeinfus erzielt wird, nehmen wir als bekannt an: den erwärmenden, ermunternden, schlafverscheuchenden und zu geistiger Arbeit anregenden Einfluss. (Die Bedeutung als heisses Getränk s. unter Alkohol; ebenda und S. 246 auch über den Werth der Genuss- und Reizmittel). Der Kaffee als Getränk ist eines der zulässigsten, unschädlichsten Reizmittel (auch hier kann aber Missbrauch stattfinden, der sich durch Nervosität, Herzpalpitationen und ähnliches zu erkennen gibt). Seine Hauptvorzüge, namentlich vor Alkohol, sind: die „anregende" Wirkung einer „Dosis" hält über mehrere Stunden vor; auf die Anregung erfolgt kein Stadium der Depression; die Urtheilskraft wird nicht geschwächt, sondern verschärft, concentrirt: die „Reactionszeit" (s. unter Alkohol) nimmt ab, — die Promptheit geistiger und körperlicher Bewegung nimmt also zu; das Genussbedürfniss ist nach einer gewissen Menge Kaffee gesättigt, — die Verführung zu übermässiger Fortsetzung besteht beim Kaffeetrinken nicht wie nach Alkohol.

Es ist beachtenswerth, dass das Coffeïn für sich kaum ein „Excitans" ist, während sich nach der Einnahme einer Tasse heissen schwarzen Kaffees nicht bloss eine psychische, sondern auch eine körperliche Anregung zeigt: das Gesicht ist geröthet, der Herzschlag beschleunigt u. s. w. Von Caffeïn befreites Kaffeeinfus ist im Thierexperimente noch giftig, und das caffeïnhaltige Infus ist giftiger als seinem Caffeïngehalte entspricht. Aber das blosse Aroma ohne das Caffeïn — d. h. ohne das gelind narkotische Princip hätte Thee und Kaffee nie zu den allgemeinen Genussmitteln werden lassen, die sie jetzt sind. —

Es besteht bekanntlich ein eigenthümliches antagonistisches Verhältniss zwischen Kaffee- und Alkoholwirkung; ebenso wie Kaffee den Schlaf verscheuchen kann u. s. w., kann er auch die Klarheit des Bewusstseins im Alkoholrausche heben und wiederherstellen. Aehnlich wirkt er bei Berauschung durch Opium und Morphin.

Der Kaffee (s. oben bei Caffeïn) ist im Stoffwechsel unseres Körpers kein „Sparmittel", wie man früher dachte; er schützt auch keineswegs wie Alkohol Substanz vor Oxydation und Zerfall. Aber als behagliches psychisches und körperliches Reizmittel befähigt er den Organismus und speciell den Magendarmkanal, eine für ihn sonst wegen Reizlosigkeit unerträglich simple Kost zu verdauen, — zu dulden. Daher denn Leute bei ausschliesslicher Kartoffelkost noch bestehen können, wenn sie Kaffee erhalten; unter dem Einflusse dieses milden Reizmittels wird die kärgliche Kost wenigstens maximal ausgenutzt, assimilirt. Die Genüsse sind überhaupt physiologische Bedürfnisse; wie — innerhalb gewisser Grenzen — der Schmerz der Wächter, so ist das Vergnügen der Förderer der Gesundheit. Vielleicht ist die oben erwähnte, durch Caffeïn veranlasste Steigerung der Anspruchs- und Leistungsfähigkeit der Muskeln für die Kaffeewirkung mit in Betracht zu ziehen.

THERAPEUTISCHE VERWERTHUNG. Ausser bei Intoxicationen durch Alkohol und Narcotica ist Kaffee auch bei Collaps ein brauchbares Excitans. Bei Hyperemesis und manchen Patienten bei acuten Darmkatarrhen sehr nützlich, erzeugt Kaffee bei einigen empfindlichen Personen beschleunigte Peristaltik (die stopfende Wirkung dürfte auf die Kaffeegerbsäure und auf die „Reizmittel"-Natur des Kaffees zu beziehen sein).

Der „Thee" enthält neben ätherischem Oele ca. 2% Caffeïn, und Spuren Theophyllin, isomer dem Theobromin, — vielleicht auch etwas Theobromin; der Paraguaythee etwas weniger Caffein.

Theobroma Cacao. Die Semina enthalten ca. 50% Fett, nämlich das Oleum Cacao, welches bei gewöhnlicher Temperatur fest, bei Bluttemperatur flüssig ist und in der Arzneiverordnung benutzt wird, ferner viel Eiweiss, Stärke und $\frac{1}{2}-1\%$ Theobromin, welches Dimethylxanthin ist; daneben gegen $\frac{1}{2}\%$ Caffein. Das Theobromin ist weniger aufregend als das Caffeïn, das Aroma des Cacaos ist ebenfalls weniger excitirend als das des Thees und Kaffees.

Im Thierexperimente lässt Theobromin die Muskeln noch leichter erstarren als

Caffeïn; das Xanthin hat diese Wirkung noch ausgesprochener. Th. wirkt sehr stark diuretisch und wird, da es besser als Caffeïn vertragen wird, in der Form des Theobr. Natrio-salicylicum, dem sogenannten „Diuretinum-Knoll" (nicht officinell) neuerdings mit gutem Erfolge als Diureticum gegeben. Das Diuretin enthält fast 50% Theobr. (am besten in Mixturen; als Corrigens Menth. pip. oder Foenicul.; zu 5,0—7,0 pro die).

Zur Bereitung eines Luxusgetränkes und als Nahrungsmittel ist Cacao und die aus ihm bereitete Chocolade bekanntlich sehr in Gebrauch.

Camphora, Kampher $C_{10}H_{16}O$.

Krystallisirbarer, eigenthümlich aromatisch riechender Körper von wachsartiger Consistenz, spec. Gew. 0,985; bei gewöhnlicher Temperatur schon sich verflüchtigend, schmilzt bei 175° und destillirt bei 204°. In Wasser wenig, leicht löslich in Alkohol, Aether, Fetten und ätherischen Oelen. — Er findet sich in allen Theilen des in China und Japan wachsenden Kampherbaumes, Laurus Camphora (Laurinee) und wird aus der Pflanze mittels Destillation gewonnen. Mit wenig Alkohol zerrieben, lässt er sich pulvern (Camphora trita). — Ist gährungs- und fäulnisswidrig; tödtet Insekten.

PHYSIOLOGISCHE WIRKUNG. Kampher erzeugt in kleinen Dosen im Munde zunächst ein Kältegefühl (ähnlich wie Pfeffermünz); sehr bald aber wird diese Empfindung durch ein Gefühl von Wärme und Brennen ersetzt, dem auch eine sichtbare Röthung der Schleimhaut folgt (und so auch auf der äusseren Haut): seine Wirkung ist demnach eine örtlich reizende. Grössere Mengen in den Magen gebracht, liefern Symptome von Magenreizung. Vom Magen aus resorbirt, bringt er in mässigen Dosen Pulsbeschleunigung, allgemeines Wärmegefühl und Neigung zur Transspiration hervor. Sind die Dosen gross, so entsteht eine auffallende „Erregung" des Centralnervensystems: Benommenheit des Sensoriums, Delirien, convulsivische und eklamptische Zustände mit darauf folgendem Coma, welches auch tödtlich endigen kann. Thierversuche zeigen, dass die Krämpfe von der Medulla oblongata und dem Pons ausgehen. Der Blutdruck erfährt durchgehends eine Erhöhung und daneben periodische Steigerungen; auch bei tiefchloralisirten Warmblütern nimmt der Blutdruck wieder zu durch Steigerung der Herzarbeit: die Pulselevationen werden höher; bei schwächer chloralisirten Thieren erfährt auch das betäubte vasomotorische Centrum eine Belebung: der Druck steigt und die durch Chloralwirkung verloren gegangene Reaction gegen Erstickung (Drucksteigerung) tritt wieder ein.

Auch das Athmungscentrum (s. dagegen Morphin) erfährt eine Auffrischung durch Kampher. Auch für das Herz des Kaltblüters ist eine Erregung nachgewiesen. Nach grösseren Gaben zeigt sich später bei Fröschen eine an Curarewirkung erinnernde periphere motorische Lähmung. — Kampher wirkt etwas antipyretisch und scheint die Darmfäulniss etwas zu hindern. — Er wird in wenigen Stunden ausgeschieden und zwar sind zwei Campho-Glykuron-Säuren (s. S. 48 u. 108), sowie eine Uramido-Campho-Glykuron-Säure (also stickstoffhaltiges Paarungsproduct) im Harne nachgewiesen.

Therapeutische Anwendung. Kampher wird innerlich seit langer Zeit in der Therapie als Excitans und Stimulans gebraucht, namentlich wenn sich im Verlaufe von Entzündungsprocessen oder Infectionskrankheiten Erscheinungen von drohendem Collaps (kleiner frequenter Puls, sinkende Temperatur in der Peripherie, Hinfälligkeit, Sehnenhüpfen u. dgl.) zeigen, und er leistet thatsächlich in solchen Fällen oft gute Dienste. Seine sedative Wirkung auf einzelne Theile des Nervensystems und auf den Genitalapparat insbesondere, welche von verschiedenen Seiten her betont wurde, ist sehr problematisch. In grösseren Dosen soll er auch bei Angstzuständen von Melancholikern beruhigend und selbst schlafmachend wirken.

Aeusserlich wird der Kampher theils derivatorisch als excitirendes, theils als antiseptisches Mittel in Form von Einreibungen und Verbandflüssigkeiten, Verbandpulvern, Salben u. s. w. verwendet.

Präparate und Dosen.

1) *Camphora.* Innerlich zu 0,05—0,3 p. d. mehrmals täglich, vorsichtig steigend bis 2,0; in Pulverform (Camphora trita) oder Emulsion; auch in Klystieren oder Stuhlzäpfchen.

2) *Spiritus camphoratus.* Camphora 1, Spiritus vini 7 und Wasser 2. Zu Einreibungen.

3) *Oleum camphoratum.* Camphora 1, Oleum olivarum 9.

4) *Vinum camphoratum.* Camphora 1, Spirit. vin. 1, Mucil. Gumm. 3, Vinum album 45. Als Einreibung oder Verbandflüssigkeit. (Ph. Helv.: Camph. 2, Gummi 2, Vinum 96.)

Eine Zeit lang wurde in der Therapie auch der Monobromkampher angewendet, um die beruhigende Wirkung des Broms der des Kamphers hinzuzufügen (0,05—0,5).

Durch Oxydation mittels Salpetersäure geht der Kampher ($C_{10}H_{16}O$) in die (nicht offic.) Kamphersäure $C_{10}H_{16}O_4$ über; farblose Blättchen, bei 178° C. schmelzend, leicht in Alkohol und heissem Wasser, schwer in kaltem Wasser löslich. Zu 1,0 (am besten in Oblate) wirkt es prompt gegen Schweisse (schon nach $1/2$ Stunde beginnend und 6—8 Stunden andauernd).

Gewürze.

Im allgemeinen Theile über die Excitantia und Analeptica, sowie unter „Alkohol" und „Kaffee", ferner bei Besprechung der bittern und bitter-aromatischen Stoffe ist das Wesentliche über Gewürze bereits gesagt und dort nachzulesen. Sie sind Reizmittel, Sinnesreize in erster und locale, hyperämisirend und reflectorisch-secretionsverstärkend wirkende Schleimhaut- und Drüsenreize in zweiter Linie. Die narkotische Wirkung der sogenannten „Genussmittel" fehlt ihnen. Als Sinnesreize beschäftigen sie zunächst und hauptsächlich den **Geruchssinn** (Zimmt-„Geschmack" u. s. w. ist nur Zimmtgeruch u. s. w.: bei geschlossener Nase schmeckt Zimmt nur süss, nicht aromatisch; Pfeffer schmeckt dann nur scharf oder richtiger auch dieses nicht, sondern schwach süsslich: der scharfe „Geschmack" ist eine rein sensible Empfindung u. s. w.); sodann wird für solche, die stärkerer Reize bedürfen, die rein sensible Sphäre durch Pfeffer, Senf, Meerrettig und Aehnliches ebenfalls in Anspruch genommen. Das Ziel der Würzung ist: Steigerung der Ernährung; der subjective Genuss Maassstab und n ä c h s t e r Zweck, die Neigungen mannigfaltig, der Missbrauch nicht ausgeschlossen.

Ausser den bereits anderweitig besprochenen Gewürzen (s. oben) sind kurz zu nennen: **P f e f f e r**, Piper nigrum und album, erstere unreife, letztere reife Samen von Piper nigrum; enthält ein aromatisches, scharfes ätherisches Oel und ein unwirksames oder doch in seiner Wirkung nicht studirtes Alkaloïd Piperin (in Piperidin und Piperinsäure spaltbar; ersteres ist Hydropyridin, s. S. 25, wirkt narkotisch). — **S p a n i s c h e r P f e f f e r**, Paprica, von Capsicum annuum. — **C a y e n n e - P f e f f e r**, ebenfalls eine Capsicum-Species. — **I n g w e r**, Rhizoma Zingiberis von Z. officinale. — **Z i t w e r w u r z e l**, Rhizoma Zedoariae. — **K ü m m e l**, Fructus Carvi von Carum Carvi. — **W a c h h o l d e r**, Fructus Juniperi (s. Diuretica). — **G e w ü r z n e l k e n**, Caryophylli, Blüthen von Caryophyllus aromaticus. — **M u s c a t n u s s, C a r d a m o m, C o r i a n d e r, V a n i l l e, L o r b e e r b l ä t t e r** und viele andere. — **A n i s**, Fructus Anisi, von Pimpinella Anisum (und die nicht mehr officin. Samen des **S t e r n - A n i s**, Anisum stellatum, von Illicium anisatum) gelten besonders noch für expectorirend und sind im „Brustthee" zu finden; **F e n c h e l**, Fructus Foeniculi, von Foeniculum capillaceum, desgleichen; wird ausserdem von jeher als „Carminativum" d. h. den Darm gegen Gasansammlung schützend oder Blähungen abführend gegeben. Durch ein linguistisches Missverständniss hat der Fenchel den Ruf eines die Augen, die Sehkraft stärkenden Mittels bekommen: das altlateinische „feniculum" ist im Italienischen zu „finocchio" (Feinauge) geworden. Besonders zu erwähnen sind vielleicht:

Cortex Cinnamomi, *Zimmtrinde*. Dieser Rindenbast wird von einer kleinen immergrünen Lauriïee, Cinnamomum Cassia (Bl.), welche in den südlichen Provinzen Chinas vorkommt, gewonnen. Der grösstentheils vollständig geschälte röhrenförmige

Bast hat die bekannte hellrothbraune Farbe, besitzt den eigenthümlichen Geruch und erzeugt auf der Mundschleimhaut einen süsslichen Geschmack. Die Zimmtrinde ist als Gewürz eines der ältesten aus dem Orient bezogenen Producte und war schon im Alterthum unter dem Namen „Cinnamomum" und „Cassia" wohlbekannt. Der wesentliche Bestandtheil der Rinde ist ein flüchtiges Oel (Zimmtsäurealdehyd), welches durch Destillation gewonnen wird, es ist in der Rinde in einer Menge von $1/2-1\%$ enthalten; es hat eine goldgelbe Farbe, intensiven Geruch, und nimmt an der Luft leicht Sauerstoff auf. Neben diesem Oele enthält die Rinde noch Zucker, Mannit, Stärke, Schleim und Gerbstoff.

1) *Aqua Cinnamomi (simplex)*. (Ph. Helv. hat ausser dieser noch: *Aqua Cinnamomi spirituosa*). 2) *Sirupus Cinnamomi*. 3) *Tinctura Cinnamomi*. Die letztere hat man früher namentlich als excitirendes und blutstillendes Mittel bei Hämorrhagien des Uterus im Wochenbette empfohlen, indem man annahm, dass das Zimmtöl einen contrahirenden Einfluss auf das Uterusgewebe besitze. Man gibt sie kaffeelöffelweise bei Uterusblutungen. Die ersteren Präparate dienen in der Arzneiverordnung als Corrigentia.

Neben Cinnamomum Cassia besteht auch (Ph. Helv.; in Deutschland nicht off.) ein Cinnam. ceylonicum, dessen Rinde zwar von feinerem Geschmack und Geruch, im Uebrigen aber ohne besondere therapeutische Vorzüge ist, obwohl sie in einigen Ländern fast ausschliesslich medicinisch verwendet wird, so dass man z. B. in England unter „Cinnamon" nur diese Droge versteht.

Crocus (Stigmata Croci), *Safran*. Als Safran bezeichnet man die gestielten Narben (Stigmata) der Blumen von Crocus sativus L. (Iridacee). Sie haben eine dunkelorangerothe Farbe, welche durch Trocknen braunroth wird. Sie enthalten ein ätherisches Oel, welches der Droge den eigenthümlichen Geruch verleiht, und einen (glycosidischen) Farbstoff, Polychroit, welcher in Zucker, ätherisches Oel und Crocin (rother Farbstoff) gespalten werden kann; Crocin und Polychroit werden in conc. SO_4H_2 blau, in NO_3H grün. Safran hat einen aromatischen Geruch und bittern Geschmack; beim internen Gebrauch wird der erwähnte Farbstoff resorbirt und zeigt sich als solcher in Flüssigkeiten und Geweben. (Crocus ist in der [gewürzigen] Tinctura opii crocata enthalten.)

Radix Valerianae, *Baldrianwurzel*. Von Valeriana officinalis (L.). Der vielfaserige Wurzelstock hat eine dunkle Erdfarbe und eine compacte Structur. Der Geruch der frischen Wurzel ist eigenthümlich, ähnelt zugleich dem Terpenthin und dem Kampher. Der Geschmack ist bitter aromatisch. Die Wurzel enthält zu $1/2-1\%$ ein ätherisches Oel; dieses Oel geht sehr bald in Baldriansäure über, eine Umwandlung, welche es auch erleidet, wenn die Wurzeln längere Zeit aufbewahrt liegen. Baldrianöl (nicht aber Baldriansäure) wirkt reflexvermindernd; die Wurzel und deren Präparate werden als Antispasmodica benutzt (der Baldrianöl-Geruch wirkt auf Katzen eigenthümlich aufregend).

1) *Rad. Valerianae*, 0,5—5,0 mehrmals täglich im Infus u. s. w. 2) *Extractum Valerianae*, zu 0,1—0,3 p. dos. 3) *Tinctura Valerianae*, zu 1—10,0 p. dos. [Ph. Helv.: *Aq. Valerianae* und ausserdem noch die 10mal stärkere *Aq. Val. concentrata*].

Folia Menthae piperitae, *Pfefferminze*. Das Oleum Menthae piperitae ertheilt dieser Labiate den eigenthümlichen Geruch. Es ist schwach gelb und zu 1% in dem trockenen Kraut enthalten; von starkem angenehmen Geruche, von kühlendem Geschmacke. Das Kraut wird als Aufguss innerlich benutzt als leichtes Excitans und schweisstreibendes Mittel, auch als schmerzlinderndes Carminativum bei Flatulenz und Meteorismus. Dosis der Folia: 5—10,0 im Infusum von 100—200,0, ebenso im Clysma. — Das Oleum (als Oelzucker): $1/4$—1 Tropfen.

Ebenso: **Folia Menthae crispae**, Krauseminze.

Herba Rosmarini, *Rosmarin.* Die Blätter von Rosmarinus officinalis (L.) (Labiate). Wesentlicher Bestandtheil ätherisches Oel. Gebrauch ebenso und als Hautreiz. Offic.: Ol. Rosmar.

So auch: Herba Serpylli, wilder Thymian (Quendel), und Herba Thymi, Gartenthymian.

Flores Lavandulae, *Lavendelblüthen.* Die Blüthen von Lavandula vera (Labiate). Man nimmt von diesen geringere Dosen zu Aufgüssen, als von den vorher genannten, 2—5,0 auf 100—200,0; meist als Geruchscorrigens u. s. w. (Spirit. Lav.).

Zu nennen sind noch: Flores Aurantii, Flores Rosae (Rosenblätter), Rhizoma Iridis florentinae (Veilchenwurzel), als Geruchscorrigentien.

Flores Arnicae, *Wolverlei.* Die Blüthen von Arnica montana (L.) (Composite) sind gross, bräunlich-orangegelb, haben einen schwachen aromatischen Geruch, der durch sehr kleine Mengen eines ätherischen Oeles bedingt ist. Gegen Ende des vorigen Jahrhunderts kamen Wurzeln und Blüthen von Arnica sehr in Aufnahme als Excitans und Analepticum; die Wurzel hat ein von dem in den Blüthen enthaltenen verschiedenes Oel. Man glaubte (irrthümlich) eine Zeit lang auch, diese Pflanze wirke ähnlich wie Chinarinde.

Man gibt Flores Arnicae als Infusum zu 5—10,0 auf 100—200,0 Colatur. Sehr beliebt als Volksmittel ist die Tinctura Arnicae verdünnt mit Wasser oder A. Goulardi zur Einreibung bei Quetschungen und als Verbandflüssigkeit auf Wunden.

Flores Chamomillae, *Kamillenblüthen* und (Ph. Helv.:) **Flores Chamomillae romanae,** *Römische Kamillen.* Erstere von Matricaria Chamomilla, letztere von Anthemis nobilis (Compositae). Die Blüthen enthalten ein flüchtiges Oel und einen Bitterstoff. Man gebraucht sie in Form von Thee als Excitans, Stomachicum, gegen Flatulenz, zur Unterstützung beabsichtigten Erbrechens u. s. w.; äusserlich zu Bädern u. s. w.

Moschus, *Bisam.* Moschus ist eine bräunliche, extractähnliche Masse, welche in einem Drüsensacke neben den Geschlechtstheilen des männlichen Moschusthieres (Moschus moschiferus), einer Hirschart, enthalten ist. Dieses Thier bewohnt den Himalaya und die gebirgigen Theile der Tartarei, Süd-Sibiriens und Chinas. Den Moschus erhalten wir aus Tibet und dem südwestlichen China; geringere Sorte auch aus dem südlichen Theil des asiatischen Russlands.

Er besteht aus einer intensiv riechenden Substanz, welche noch nicht isolirt werden konnte, aus Ammoniakverbindungen, einer eigenthümlichen Säure, verschiedenen Fetten, einer bitteren harzigen Substanz, Cholestearin u. s. w.

Physiologische Wirkung. Kleinere Gaben, 0,1—0,3, sind wirkungslos; in grösseren Dosen, 0,5—1,0, bewirkt Moschus Magenstörungen, Druck, Aufstossen, Uebelkeit und Erbrechen, Trockenheit im Halse, Schwindel und Kopfschmerz; der Puls wird beschleunigt. In einzelnen Fällen sehen wir Vermehrung der Diurese und Diaphorese auftreten. Das riechende Princip des Moschus kann in der Ausathmungsluft, in der Perspiration, sowie im Harne erkannt werden. — Schon lange ist der Moschus als excitirendes Mittel im Gebrauche. Er wird fort und fort empirisch als Excitans, namentlich in Zuständen von Collaps angewendet, ohne dass die Wirkung sicher wäre. Man hat ihn auch als Antispasmodicum und Sedativum empfohlen. — Ueberflüssig und theuer! — Man gibt Moschus in Substanz zu 0,05—0,1 *pro dos.* mehrmals täglich in Pulvern. Tinctura Moschi eine bräunliche Flüssigkeit, wird zu 20—40 Tropfen *pro dos.* verschrieben; auch subcutan.

Castoreum, *Bibergeil.* In zwei dicht unter dem Felle liegenden und mit den Geschlechtstheilen des männlichen und weiblichen Thieres (Castor Fiber L.) zusammenhängenden Beuteln sammelt sich diese schmierige, starkriechende Masse, welche das Secret von Drüschen darstellt. Man unterscheidet ein Castoreum aus Canada und eines aus Russland. Gegenwärtig wird vorzugsweise das Castoreum canadense verwendet. Die Masse, welche gelbbraun aussieht, enthält eine flüchtige, stark riechende und bitterlich kratzend schmeckende Substanz, zum Theil als krystallinisches Castorin bezeichnet, harzige und eiweissartige Stoffe, Fette bis auf 8 °/₀, Kalksalze u. s. w. In neuerer Zeit sind auch kleine Mengen von Phenol, Kreosot und Spuren eines Alkaloides in dem wässerigen Auszuge getroffen worden. Genauere Untersuchungen fehlen. — Ueber seine physiologischen und therapeutischen Wirkungen besitzen wir sehr geringe Kenntnisse. Man gibt es traditionell als Excitans und Antispasmodicum, Castoreum in Substanz zu 0,1—0,2 p. dos. mehrmals täglich, Tinctura Castorei (in Deutschl. nicht mehr off.), nach Helv. aus 1:5 bereitet zu 20—40 Tropfen p. dos. Ueberflüssig.

Asa foetida, *Stinkasant* (Teufelsdreck). Der milchichte harzige Saft der Wurzeln von zwei Umbelliferen Persiens und seiner Nachbarländer, Ferula Narthex und Ferula Scorodosma. Sobald er der Luft ausgesetzt wird, nimmt er eine harzige Consistenz und rothbraune Farbe an. Er besteht aus Gummi, Harz und einem flüchtigen Oele. Der Geruch ist intensiv knoblauchartig, der Geschmack scharf bitter. Therapeutisch selten gebraucht, als Reizmittel und Antispasmodicum. Man bereitet aus ihm auch Salben und Pflaster. Die Tinctura asae foetidae (in Deutschl. nicht mehr off.), bereitet aus 1:5, wurde eine Zeit lang als Antihystericum empfohlen zu 20—30 Tropfen p. dos. — Wahrscheinlich überflüssig.

XI. Gruppe.
ANTHELMINTHICA. VERMIFUGA[1].

Von den Wurmarten, welche sich im menschlichen Darmcanal aufhalten und durch Drogen betäubt, verjagt oder getödtet werden können, sind unter den Nematoden a) Ascaris lumbricoides, Spulwurm, 250—400 Millim. lang und 3,5—5 Millim. dick, b) Oxyuris vermicularis, 4—10 Millim. lang, fadendünn, zu erwähnen. Ersterer kommt namentlich im Dünndarm von Kindern (3—10 Jahre); letzterer im Cöcum und Mastdarm vorzugsweise, doch nicht ausschliesslich, bei Kindern vor. Sie können unter Umständen unangenehme Erscheinungen hervorbringen, obwohl deren Bedeutung gewöhnlich überschätzt wird. Die Oxyuren können lästiges Jucken im After, demgemäss Veranlassung zum Kratzen, und bei Mädchen durch Einwanderung in die Vagina Leukorrhöe und masturbatorische Triebe verursachen. Ascaris bringt zuweilen Störungen in der Verdauungsthätigkeit und reflectorische Nervenerscheinungen hervor.

Unter den Cestoden (Bandwürmern) sind es hauptsächlich 3 Arten, welche sich im Darmcanale aufhalten können: a) Taenia solium, bewohnt den Dünndarm, im entwickelten Zustande hat sie eine Länge von 2—3 Meter. Die Proglottiden sind 10 Millim. breit, die ausgewachsenen Proglottiden, welche abgehen, haben Aehnlichkeit mit Kürbiskörnern. Der Kopf hat die Grösse eines Stecknadelkopfes, ist kugelig,

---

[1] Wurmabtreibende Mittel.

mit Saugnäpfchen und einem Rostellum mit 24—26 Häkchen versehen. Auf den Kopf folgt, etwa 3 Centim. lang, der dünne Hals (jüngste Glieder). — b) Taenia mediocanellata; dieser Bandwurm übertrifft den vorigen an Länge, Breite und Dicke. Der Kopf, welcher vier grosse pigmentirte Saugnäpfe enthält, ist ohne Hakenkranz. Er stammt namentlich vom Rinde und ist häufiger geworden, seit man den Genuss des rohen oder halbrohen Fleisches eingeführt hat. Ist schwieriger zu beseitigen als der vorige. — c) Bothriocephalus latus. Der entwickelte Wurm kann eine Länge von 5—8 Meter erreichen, die Glieder haben eine Länge von 3,5 Millim. und eine Breite von 10—12 Millim. Findet sich in den westlichen Schweizer Kantonen und den angrenzenden französischen Distrikten, im nördlichen Russland, in Polen und Schweden.

Ausser diesen Wurmarten ist in neuerer Zeit noch das Anchylostoma duodenale von Bedeutung geworden, indem dieser kleine Nematodenwurm, welcher schaarenweis im Duodenum und oberen Theile des Dünndarms seinen Sitz hat, gefährliche und hartnäckige Anämien veranlasst, wie solche namentlich bei den Arbeitern am Gotthardtunnel (in neuerer Zeit in Mittel-Europa ziemlich weit verbreitet) beobachtet worden sind. Uebrigens hat schon GRIESINGER diese Wurmart als Ursache der ägyptischen Chlorose nachgewiesen.

Manche Vermifuga tödten die betreffenden Parasiten vielleicht überhaupt nicht, sondern verjagen sie nur; aber auch bei parasiticiden Mitteln kann es jedenfalls vorkommen, dass der Wurm nur geschwächt, betäubt ist; daher stets kurz nachher oder gleichzeitig ein Abführmittel zu reichen ist.

Flores Cinae (Semen Cinae), Wurmsamen.

Die Bluthenknospen einer Artemisiaart: A. maritima oder pauciflora. Die beste Handels-Sorte ist Flores Cinae Levanticae (irrthümlich: Semen Cinae Levanticum); sie werden in Turkestan, den südwestlichsten Theilen des asiatischen Russlands und der Bucharei gesammelt und durch Karavanen in Säcken von 40—80 Kilo an die russische Grenze gebracht. Die sehr feinen Bluthenkörbchen, welche mit Bruchstücken von Blättern und Aestchen vermischt sind, haben einen eigenthümlichen widrigen Geruch und bitteren aromatischen Geschmack. Diese sogenannten Wurmsamen enthalten 2—3% ätherisches Oel, welches ihnen den eigenthümlichen Geruch und Geschmack giebt und wohl auch an der Wirkung sich mit betheiligt. Als wirksames Princip ist in ihnen zu $1^1/_2 - 2\%$ Santonin $C_{15}H_{18}O_3$ enthalten. Das Santonin bildet weisse rhombische Krystalle, welche an der Luft und dem Lichte eine citronengelbe Farbe bekommen, ohne dass dadurch ihre Zusammensetzung oder Wirkungsfähigkeit leidet; es ist fast unlöslich in Wasser, 1:5000, löslich in Alkohol und Aether, auch in Fetten und Oelen; es ist das innere Anhydrid der Santonsäure, in welche es durch Einwirkung von Alkali — unter Salzbildung — übergeführt wird. Diese Säure ist vermutblich ein Derivat des Hexahydronaphthalins, mit der Oxypropionsäure in einer Seitenkette (und ausserdem mit zwei CH_3-Gruppen). Die Lösungen der santonsauren Salze haben einen unangenehmen bitteren Geschmack.

PHYSIOLOGISCHE WIRKUNG. Santonin passirt, wenn nicht gelöst, wohl zum grössten Theile unresorbirt den Darm und wird mit den Fäces entleert. Der resorbirte Antheil, bei kleineren Dosen ohne jede Wirkung, wird mit dem Harne[1]), den es gelbfärbend macht, ausge-

---

[1]) Es soll auch mit dem Darmsafte ausgeschieden werden, so dass subcutane Injection von santonsaurem Natrium vermifug wirken könne.

schieden. Dieser Farbstoff wird auf Alkalizusatz roth (s. Rheum und Senna). Von der Chrysophansäure kann er leicht u. a. dadurch unterschieden werden, dass der Santoninharn seinen durch Alkalizusatz rothgewordenen Farbstoff beim Schütteln mit Amylalkohol an diesen abgibt, während der Rheum- und Sennaharn dies nicht thut. Macht man aber beide Harne von vornherein sauer, so gibt umgekehrt der Rheumharn seinen gelben Farbstoff an den Amylalkohol, während der Santoninharn ihn festhält. Im ersteren Falle kann man dem Amylalkohol den sauren Farbstoff durch Schütteln mit NH_3 haltigem Wasser entziehen, wobei letzteres roth wird.

Werden grössere Mengen resorbirt (z. B. nach Einnahme sehr grosser Dosen oder gut gelöster mittlerer Gaben), so entsteht ein Rauschzustand (Santonrausch) mit Xanthopsie (Gelbsehen), dem oft Violettsehen vorangeht. (Man vermuthet, dass die violett-sehenden Elemente nach vorgängiger Erregung gelähmt werden; daher dann das weisse Licht gelb erscheine.)

Bei kleinen Kindern ist schon nach 0,06 schwere Vergiftung mit epileptiformen Krampfanfällen gesehen worden. Thiere (z. B. Frösche) zeigen ebenfalls solche (vom Mittel- und Hinterhirn und Rückenmarke ausgehende) Krämpfe. — In Folge längere Zeit hindurch erfolgter Santonin-Behandlung sah man eine chronische Intoxication: Gesichtshallucinationen (glühende Kugeln, Blitze), Xanthopsie, Aphonie u. s. w. Nach Aussetzen des Mittels sehr langsame Wiederherstellung.

Santonin wird gegen Ascaris, Oxyuris, Anchylostoma gegeben; es tödtet die Ascariden nicht, sondern verleidet ihnen, nach der einen Auffassung, nur den Aufenthalt; nach einer andern Ansicht gerathen die Ascariden durch Santonin in convulsivische Krämpfe, durch welche es ihnen unmöglich gemacht wird, sich durch eigene Bewegung gegen den peristaltischen Strom am Orte (Dünndarm) zu halten; für letztere Auffassung spricht die Beobachtung, dass die Thiere bei fehlender Peristaltik (an Schweinen, die Opium erhalten hatten, beobachtet) trotz Santonin am Orte bleiben und nicht „nach abwärts flüchten". Jedenfalls empfiehlt sich die gleichzeitige oder besser nachträgliche Darreichung eines Abführmittels (wozu meist Calomel benutzt wird).

Dosen. Flores Cinae (wenig in Gebrauch, vielleicht mit Unrecht vernachlässigt) 0,5—5,0, am besten in Latwerge. — Santoninum: bei kleineren Kindern 0,01 (bis 0,03) *pro dosi*, 2—3mal täglich zusammen mit Calomel, in Pulverform, Trochisci und Aehnlichem; gegen Oxyuren auch in Suppositorien und Clysma. *ad* 0,1!, *pro die ad* 0,5! — Trochisci Santonini (Ph. Germ.) enthalten je 0,025.

Rhizoma Filicis (Radix Filicis maris), Farnwurzel.

Das Farnkraut Polystichum s. Aspidium Filix mas ist eine in den Waldregionen mittlerer Klimate sehr verbreitete Pflanze. Der ausgewachsene Wurzelstock ist

5—10 Centim. dick und bis 30 Centim. lang, der ganzen Länge nach mit ziegeldachartigen gedrängten aufsteigenden Wedelstielresten besetzt. Frisch sind die Wedelstiele aussen braun, der Wurzelstock inwendig grün, im Alter und beim Trocknen zimmtbraun. Die frische saftige Wurzel ist fast geruchlos und hat einen süsslich adstringirenden Geschmack.

Aus dem Wurzelstock wird ein ätherisches Extract (zu etwa 8°/o) dargestellt, welches den gegen Bandwürmer (auch Anchylostoma) wirksamen Bestandtheil enthält: es ist dies das (ungiftige) Filicin $C_{35} H_{40} O_{12}$, das Anhydrid der (giftigen) Filixsäure, $C_{35} H_{42} O_{13}$; sie ist — was bei einem Anthelminthicum natürlich sehr werthvoll ist — im Darmkanale leicht löslich, aber schwer resorbirbar, wenn nicht Oele und Fett anwesend sind, daher denn auch gleichzeitig Ricinusöl nicht darzureichen ist, wenn Intoxicationen vermieden werden sollen. Diese bestehen beim Menschen in Erbrechen, Durchfall, Trismus, Krämpfen, Schweiss, Amaurose, Icterus, Benommenheit, Coma. — Bei Vermeidung von Oelen u. s. w. dürfte 0,5 der Filixsäure eine zulässige — aber noch auszuprobirende — Dosis sein.

Die Farnwurzel war schon im Alterthume als Bandwurm abtreibendes Mittel bekannt, wurde eine Zeit lang vergessen, kam dann wieder in Aufnahme; im 16. u. 17. Jahrhundert erschien eine Reihe von Geheimmitteln gegen Bandwurm, welche offenbar sämmtlich Präparate dieser Wurzel waren.

PRÄPARATE. Man kann die Wurzelmasse gepulvert zu 3,0 p. dos. mehrmals täglich geben; weit besser aber ist das *Extractum Filicis (aethereum)* (Cons. I.), dünnflüssig, grünbraun; zu 3—5,0 (—10,0) in Emulsion, Pillen oder Latwergen. (Theuer!)

Flores Koso (Flores Brayerae), Kousso, Cusso, Koso.

Die Blüthen von Hagenia Abessinica (WILLD), auch Brayera anthelminthica (KUNTH) genannt, einer schönen Rosacee, welche in den gebirgigen Theilen Abessiniens vorkommt und eine Höhe bis zu 20 Metern erreichen kann. Koso wurde seit langem in Abessinien von den Eingeborenen gegen Eingeweidewürmer angewendet. Die anthelminthischen Wirkungen wurden von BRAYER, einem französischen Arzte in Constantinopel, constatirt. 1850 kamen Kosoblüthen nach Europa.

Die Blüthen haben einen theeähnlichen Geruch und einen bittern aromatischen Geschmack.

Es sind mehrere angeblich gut wirksame Stoffe aus den Blüthen extrahirt worden: das harzige Koussin, das aus diesem extrahirte Kosin, die Koussin- (Kossin-)Säure. Nach den bisherigen Erfahrungen zeigen sich indess echte frische Kosoblüthen wirksamer und billiger. Von den Blüthen bedarf es 15—30,0 zu einer Bandwurm-Abtreibung: man lässt diese Quantität innerhalb 2 Stunden, in Trochiscen, minder gut mit Syrup oder Latwerge gemischt, nehmen und darauf ein Abführmittel folgen. (Ziemlich theuer.)

Cortex Granati, Granatrinde.

Die Wurzel des schönen Granatbaumes (Punica Granatum) (L.) war schon von Celsus (im Beginne der christlichen Zeitrechnung) in Form von Abkochung gegen Bandwurm empfohlen worden, kam dann in Vergessenheit und wurde erst im Anfange dieses Jahrhunderts wieder zu Ehren gebracht. Der wirksame Bestandtheil liegt in der Rinde der Wurzel und ebenso des Stammes. Es ist dies das Alkaloid Pelletierin (ausserdem sind noch mehrere minder wirksame und indifferente Alkaloïde u. s. w. gefunden). Die gleichzeitig massenhaft vorhandene Gerbsäure ist zu beachten, da sie die Resorption des Pelletierin im Magen und dadurch Intoxication verhindert.

Während Tänien u. s. w. in 1^0/oiger Kochsalzlösung, der 1^0/oo Soda zugesetzt ist, tagelang bei 37^0 lebend bleiben, sterben sie binnen 10 Minuten, sobald der Flüssigkeit Pelletierin 1 : 1000 beigegeben wird.

Bei Fröschen und Säugethieren erzeugt es (in relativ grossen Gaben) Reflexkrämpfe. Bei Menschen kann Schwindel, Nebelsehen, Erbrechen auftreten.

Dosen. Pelletierinum sulfuricum oder tannicum (beide nicht officinell) zu 0,5 mehrmals mit halbstündigem Intervalle in Pulverform unter Beifügung von Acid. tannicum. — Cortex Granati, am besten im Macerationsdecoct 50 bis 60,0 : 200,0, binnen einer Stunde zu trinken.

Kamala (Kamela, Glandulae Rottlerae). Die dunkelrothen Drüschen der Kapseln von Rottlera tinctoria (Roxb.) oder Mallotus Philippinensis (Müller), einer Euphorbiacee aus Ostindien, sind unter den Bengalen als Kamala bekannt. Erst in den letzten Decennien ist dieses Pulver von englischen Aerzten in Bengalen nach Europa als Bandwurmmittel gesendet worden.

Kamala hat das Aussehen eines dunkelrothen Ziegelmehles und enthält zu 80% eine resinöse Substanz. Aus ihr ist eine gelbe krystallinische Masse, Rottlerin, dargestellt.

Kamala wird als Bandwurmmittel zu 6—10,0 auf einmal genommen.

Nuces Arecae, *Betelnüsse* (nicht officinell). Die Samen von Areca Catechu (L.), einer grossen Palmart, welche in den wärmeren Gegenden der indischen Halbinsel, auf Ceylon und den Philippinen kultivirt wird. Sie wurden schon lange in Indien als ein die Digestion förderndes Mittel gebraucht. Die Eingeborenen kauen die Nüsse theils, um den Mund frisch und feucht zu erhalten (es vermehrt die Speichelsecretion) und den Athem wohlriechend zu machen, theils als stuhlfördernd, theils als Heilmittel gegen Brust- und Magenbeschwerden, theils als wurmabtreibendes Mittel. Der Speichel färbt sich beim Betelkauen roth.

Die ovalen Früchte besitzen eine ziemlich harte äussere Haut und ein dichtes faseriges Mesocarp, welches den haselnuss- bis kastaniengrossen, stumpfkegelförmigen, ölreichen Samen umgiebt. Sie enthalten als wirksam besonders das Arecolin, $C_xH_{15}NO_2$, ein mit Säuren (z. B. Bromwasserstoffsäure) krystallisirendes Salze bildendes Alkaloid, welches bei Thieren Speichelfluss, Darmentleerungen, und ins Auge instillirt Myose verursacht. Die Samen werden gepulvert oder mit heisser Milch oder Kaffee gemischt, getrunken. Man rechnet zur Abtreibung von Bandwürmern pro dosi für einen Erwachsenen 10—25,0, auf einmal genommen.

Als ein Volksmittel gegen Bandwurm sind auch die Samen von Cucurbita maxima zu erwähnen. Sie werden zerstossen, mit Wasser verrieben und als Paste oder Emulsion eingenommen. Man rechnet auf eine Kur 60—80,0 Samen.

XII. Gruppe.
EMOLLIENTIA[1].

Mit dem Namen „Emollientia" bezeichnet man seit Alters die indifferenten, schleimigen und öligen Stoffe, indem man nicht gänzlich unberechtigt die Vorstellung hegte, dass (wie z. B. Haferschleim bei Darmentzündung) diese Mittel bei Entzündungen, Reizungen u. s. w. gewissermassen einhüllend und lindernd wirken möchten.

1. Mucilaginosa. Schleimige Mittel.

Eine physiologische zumal resorptive Bedeutung haben diese Stoffe nicht, sie sind indifferent. Therapeutisch erfüllen sie verschiedene Zwecke. Mucilaginosa werden als „einhüllende" Mittel benutzt, wenn eine scharfe flüssige Arznei innerlich gebraucht werden soll. Einzelne werden für sich als Medicamente verordnet; so z. B. bei entzündlichen oder ulcerösen Affectionen der Digestionsschleimhaut, um deren Oberfläche zu schützen, als Deckmittel der wunden Schleimhaut zu wirken. Bei innerlicher Darreichung trifft dies bezüglich der Respirationsschleimhaut weniger zu, obwohl sie bei ähnlichen Vorgängen dieser Partien auch häufig angewendet werden; hier beschränkt sich die einhüllende Wirkung auf den Pharynx und die äusseren Theile des Larynx: wenn diese in irritirtem Zustande sich befinden, so wirken die schleimigen Mittel günstig, gerade so wie umgekehrt irritirende Getränke, z. B. Wein, Schnaps, in solchen Fällen Hustenreiz hervorrufen. Von einer resorptiven Wirkung auf die Bronchialschleimhaut kann nicht wohl die Rede sein; wir wissen nicht einmal, was mit den schleimigen Stoffen im Darmcanale vorgeht. Sie sind lediglich örtlich wirkende Stoffe.

Gummi arabicum (Gummi Acaciae). Unter den Pflanzen, welche Gummi produciren, ist Acacia Senegal (WILLDENOW), ein kleiner Baum (Leguminose), welcher reichlich in den sandigen Gebieten Westafrikas, aber auch in den Ländergebieten des nördlichen Afrika wächst, in erster Linie zu erwähnen. Die ursprünglich dickflüssige Gummimasse dringt spontan aus der Rinde heraus oder wird durch Einschnitte erhalten. Getrocknet kommt sie in erbsen- bis nussgrossen Stücken in den Handel. Die guten Sorten sind vollkommen klar und farblos; die geringeren haben eine gelbe bis braune Farbe und sind undurchsichtig.

Bei gewöhnlicher Temperatur löst sich Gummi in gleichen Theilen Wasser und bildet eine schwach opalisirende, schleimige Flüssigkeit von unangenehmem Geschmacke und schwach saurer Reaction. In Alkohol ist es nicht löslich. Gummilösungen werden nicht gefällt durch neutrales essigsaures Blei, salpetersaures Silber, Sublimatlösung und Jodverbindungen, dagegen durch starken Alkohol, Eisensalze

---

[1] Erweichende Mittel.

und durch basisch essigsaures Blei. Diese Verhältnisse beziehen sich jedoch nur auf das reine echte arabische Gummi.

PRÄPARATE. 1) *Gummi arabicum.* 2) *Mucilago gummi arabici;* eine Lösung von 1 Thl. Gummi auf 2 Thl. destill. Wassers. 3) *Sirupus gummosus* (Ph. Helv.), 1 Thl. Mucilago auf 3 Thle. Sirupus simplex.

Tragacantha (Gummi Tragacanthae) *Traganthgummi.* Die Gummiabsonderung von verschiedenen Astragalusarten (Leguminosae) in Griechenland, der Türkei, Kleinasien und Persien. Durch Einschnitte in die Rinde gewonnen; nimmt beim Erharten eine wurmartige oder blattartige Form an. Traganthgummi absorbirt sehr leicht Wasser und quillt dadurch auf. Man erhält durch Wasser keine Lösung, sondern nur eine aufgequollene schleimige Masse.

Wird in der Therapie selten gebraucht, nur als Constituens für Pillen oder als Suspensionsmittel für pulverförmige Arzneimittel in Wasser.

Tubera Salep, *Salepknollen.* Die meisten der in Europa und Nordasien vorkommenden Orchideen, welche knollige Wurzeln haben, enthalten Salepschleim hauptsächlich aber Orchis morio (L.), militaris (L.) u. a.

Der levantinische Salep, welcher gewöhnlich im Handel als der vorzüglichste bezeichnet wird, hat eine mandelartige Form. Sein wesentlicher Bestandtheil ist ein in ihm zu 48% enthaltener Schleimstoff. Ausserdem enthält er etwas Albumin und Zucker. Wird Salep zu mehr als 3% mit Wasser gekocht, so bildet sich beim Erkalten eine Gallerte.

Decocte von Salep, 1%, werden als reizmilderndes Getränk hauptsächlich bei Diarrhöen und acuten Darmkatarrhen angewendet. Als die Cholera im Jahre 1831 mit grosser Macht in Europa einbrach, waren Salepabkochungen im Orient und Italien das Hauptmittel. Diese Decocte dienen auch als Vehikel und Corrigentia bei Verabreichung von Säuren und anderen irritirenden Stoffen.

Semen Lini, *Leinsamen.* Die Samen von Linum usitatissimum (L.) (Lineae), Flachs, enthalten ein fixes Oel, Leinöl, zu $^1/_3$ ihres Gewichtes und eine schleimige Substanz, welche beim Erwärmen mit Wasser extrahirt wird. Sie werden zerstossen oder gemahlen als Farina seminum Lini zu Cataplasmen gebraucht. Auch innerlich werden Abkochungen von Leinensamen als Emolliens verwendet, doch ist der interne Gebrauch wegen des unangenehmen Geschmacks sehr beschränkt. 15—30,0 auf 200—400,0.

Radix Althaeae, *Eibischwurzel.* Die Wurzel von Althaea officinalis (L.) (Malvaceae). Die 15—20 Centim. lange Wurzel ist äusserlich gelb, inwendig weiss. Getrocknet verliert sie ihre äussere Hülle, die weisse Wurzel wird theils in Stücken von mehreren Centimetern Länge aufbewahrt, meist aber in kleine würfelförmige Stücke geschnitten; sie besitzt einen eigenthümlichen Geruch und Geschmack und giebt beim Kauen viel Schleim ab.

Der Hauptbestandtheil der Wurzel ist ein Schleimstoff (25%), ausserdem enthält sie Stärke, Pektin, Zucker und eine Spur fetten Oeles.

Sie wird innerlich als Emolliens in Form von Thee, 5—10,0 auf 100,0 Colatur gebraucht. Die Aufgüsse dienen auch als Vehikel für Mixturen, die gepulverte Wurzel als Constituens für Pulver und Pillen.

In ähnlicher Weise werden verwendet

Folia Farfarae (Tussilago farfara, Compositae), Huflattich.

Flores et Folia Malvae (Malva vulgaris, Malvaceae), Malve.

Flores Verbasci (Verbascum thapsiforme, Scrophularineae), Wollblumen.

Semen Faenugraeci (Trigonella Faenum graecum, Papilionaceae) Bockshorn- oder Hornklee-Samen (unangenehm riechend).

2. Oleosa, Oelhaltige Mittel, Oele u. s. w.

Oleum Olivarum, *Olivenöl.* Wird durch Auspressen der Früchte von Olea europaea (L.) gewonnen. Es ist vielfachen Verfälschungen ausgesetzt. Der wesentliche Bestandtheil ist das Olein, correcter Triolein genannt.

Oleum Amygdalarum (dulcium), *Süssmandelöl.* Die süssen Mandeln, Amygdalae dulces, die Samen von Amygdalus communis, enthalten ein leicht gelbes Oel, welches zu 50% in ihnen enthalten ist (in geringerer Menge auch in den bitteren Mandeln); es wird leicht ranzig. (Das im Handel befindliche Mandelöl ist grösstentheils aus den in Südeuropa massenhaft erhältlichen Pfirsichsamen ausgepresst.) In den Mandeln ist ausserdem neben Eiweisskörpern Emulsin enthalten; die Anwesenheit dieser Stoffe bedingt es, dass mit Wasser verriebene süsse Mandeln eine Emulsion (Mandelmilch) entstehen lassen.

Ebenso: Semen Papaveris, Oleum Pap.; ferner Sem. et Ol. Cannabis, Lini (s. oben). Ol. Rapae (Rüböl) und anderes.

Lycopodium, *Bärlappsamen.* Unter dieser Bezeichnung versteht man das zarte gelbliche Pulver, welches aus den Fruchtähren von Lycopodium clavatum (L.) herausgeschüttelt werden kann. Es ist geruch- und geschmacklos, schwimmt auf Wasser und lässt sich schwer damit befeuchten. Lycopodium enthält ein fettes Oel, welches zu 40—50% darin vorkommt nebst Spuren eines flüchtigen Alkaloides.

Es wird innerlich nicht verwendet; dagegen hat es vielfach Verwendung als äusseres Mittel, so z. B. als Streupulver auf wunde Hautstellen, namentlich bei Intertrigo kleiner Kinder. Im Uebrigen wird es bei Bereitung von Pillen verwendet (cf. Arzneiverordnungslehre).

Zu erwähnen sind noch die festen Fette: Oleum s. Butyrum Cacao, Ol. Nucistae (Muscatbutter, aus Muscatnuss); Adeps suillus (Schweineschmalz), Sebum ovile (Hammeltalg).

Lanolinum (Adeps lanae), *Lanolin* (nicht offic.), Wollfett. Das von Fettsäuren und gewöhnlichen Fetten befreite Wollfett ist ein Gemisch von Fettsäureäthern des Cholesterin und Isocholesterin ($C_{26}H_{44}O$). Die Cholesterinfette werden in den Keratingeweben (Epidermis, Haare, Federn, Huf u. s. w.) gebildet und geben diesen Geweben ihre Geschmeidigkeit. Von aussen aufgetragen, dringen diese Fette z. B. in die Epidermis ein. Das Lanolin des Handels enthält bereits 25% Wasser, es vermag aber alsdann noch etwas mehr als im Betrage seines eignen Gewichts an Wasser aufzunehmen. Löslich in Aether, Benzin, Aceton; schwer löslich in Alkohol. Hat Salbenconsistenz, neutrale Reaction, schmilzt bei etwa 40° C.; wird durch Alkalien — im Gegensatze zu den gewöhnlichen Fetten nicht verseift (s. nächste Seite), wird — dem analog — nicht ranzig (es werden keine Fettsäuren frei).

Therapeutische Anwendung. Das Lanolin empfiehlt sich zusammen mit Fetten und Wasser (q. s. ut f. unguent.) als Salbengrundlage, insbesondere zur Bekämpfung der Sprödigkeit der Haut, zur Erleichterung des Eindringens von hierzu geeigneten Stoffen bei Auftragung auf die Epidermis. — Zu kosmetischen Präparaten (Cold cream, Pomaden, Seifen u. s. w.) viel benutzt.

3. Saccharina et Dulcia. Zuckerartige und süsse Stoffe.

Saccharum album, *Rohrzucker* $C_{12}H_{22}O_{11}$ (dagegen Traubenzucker $= C_6H_{12}O_6$). Der Rohrzucker wird in der Pharmacie vielfach verwendet, in erster Linie zur Bereitung der Sirupe. Der sirupus simplex ist eine Auflösung von Zucker in Wasser (3 Thle. Zucker auf 2 Thle. Wasser). Der Sirupus communis oder hollandicus —

eine braune — sirupartige Masse, welche bei der Raffinade zurückbleibt — hat den Vorzug, dass er nicht leicht in Gährung übergeht, ist nicht offic.

Saccharum lactis, *Milchzucker* $C_{12}H_{22}O_{11} + H_2O$. Der Milchzucker, der aus thierischer Milch gewonnen wird, stellt harte weisse Krystalle dar. Er schmeckt weniger süss als der Rohrzucker und löst sich auch schwieriger in Wasser. Da er an der Luft nicht leicht Wasser anzieht, daher trocken bleibt, wird er vorzugsweise zur Constituirung von Pulvern verwendet. Innerlich giebt man ihn wohl auch kleinen Kindern als Beförderungsmittel des Stuhlganges.

Mel, *Honig*. Der echte Bienenhonig wird in neuerer Zeit vielfach verfälscht. Zur Bereitung von Pseudohonig verwendet man Sirup und Glycerin.

Man unterscheidet Mel crudum und despumatum; letzterer ist gereinigter Honig, welcher weder Schleim noch freie Säure enthält.

Mel rosatum, Rosenhonig: eine (abgedampfte) Mischung von spirituösem Rosenblätterauszug, Mel despumatum und etwas Glycerin.

Oxymel simplex (Ph. Helv.), Sauerhonig; eine Mischung von Acidum aceticum dilutum 1 mit Mel despumatum 19.

Glycerinum, *Glycerin* $C_3H_5(OH)_3$. Das Glycerin scheidet sich bekanntlich als Nebenproduct bei der Verseifung der neutralen Fette (Glyceride der Fettsäuren) ab. Gereinigt stellt es eine klare farblose sirupdicke Flüssigkeit dar, welche sich mit Alkohol und Wasser mischt; letzteres zieht es begierig aus thierischen Geweben an sich, worauf einerseits seine Schmerzhaftigkeit bei subcutaner Injection, andrerseits seine (reizende) abführende Wirkung bei Einbringung kleiner Mengen (2,0) in den Mastdarm beruht; in grösserer Menge subcutan gegeben, erzeugt es aus dem gleichen Grunde Hämoglobinurie: es schrumpfen in Folge von Wasserentziehung an Ort und Stelle die rothen Blutkörperchen und sterben ab, — beim Weiterfliessen lösen sie sich dann unter Wasseranziehung in Blutplasma auf.

Innerlich findet das Glycerin meist keine Verwendung; man hat es indess als diätetisches Mittel bei Scrofulosis, Phthisis und Diabetes mellitus empfohlen; innerhalb sehr enger Grenzen wirkt es hierbei in der That fett-ersparend, — nicht aber eiweiss-ersparend.

Aeusserlich dient es als Vehikel und Lösungsmittel verschiedener Substanzen: so benutzt man es als Lösungsmittel von Alkaloiden, Extracten, Metallsalzen, Carbolsäure etc.

Unguentum Glycerini: 2 Thle. Traganth mit 5 Thln. Alkohol verrieben und darauf mit einer Mischung von 10 Thln. Weizenstärke, 15 Thln. Wasser und 100 Thln. Glycerin erhitzt. (Ph. Helv.: 2 Thle. Stärke und 10 Thle. Glycerin werden mit 2 Thle. Wasser gemischt und erhitzt.)

Radix Liquiritae (Glycyrrhizae), *Süssholz* oder *Lakritzenwurzel*. Die Wurzel von Glycyrrhiza glabra (L.) (Leguminose) hat in frischem Zustande auswendig eine gelbbraune Farbe, ist sehr biegsam, leicht zu schneiden, saftig; der Geruch ist eigenthümlich erdartig, der Geschmack ausgesprochen süss.

Die Wurzel enthält nebst Zucker und Eiweiss eine eigenthümliche süsse Substanz, Glycyrrhizin. Es stellt ein amorphes gelbes Pulver dar von bittersüssem Geschmack und saurer Reaction. Mit heissem Wasser giebt es eine Lösung, welche beim Erkalten erstarrt; es reducirt weder Kupfersalze, noch ist es gährungsfähig.

Die Wurzel bildet einen Bestandtheil der Species pectorales u. A.; gepulvert ist sie in der Pharmacie ein viel gebrauchtes Constituens bei Bereitung von Pillenmassen, Pulver u. s. w.

Ausserdem sind im Gebrauch:

1) *Succus Liquiritiae (crudus)* fabrikmässig in Stangenform dargestellt.

2) *Succus Liquiritiae depuratus* (Extractum Liquiritiae). Aus dem Succus Liquir. crud. durch Auszug mit Wasser bereitet und zur Extractconsistenz II eingedampft. Als Corrigens zu 10—15,0 auf 100—150,0 Flüssigkeit.

3) *Sirupus Liquiritiae*, bereitet durch Maceration der Wurzel mit Wasser und Zusatz von Zucker. Ein bräunlicher Sirup, der zu 15—30,0 ebenfalls als Corrigens benutzt wird.

4) *Elixir e Succo Liquiritiae*: Succ. Liquir. 1, Aq. Foeniculi 3, Liq. Ammon. 1.

Saccharinum $C_6H_4\genfrac{}{}{0pt}{}{CO}{SO_2}NH$. synthetisch gewonnen. Viel süsser als Rohrzucker; wird in grossen Dosen vertragen; ist etwas antiseptisch. Diabetiker dürfen es geniessen; verdeckt als Geschmackscorrigens sogar ziemlich den bittern Geschmack des Chinins.

ANHANG.
Uebersicht der wichtigsten Heilquellen u. s. w.

I. Wildbäder, indifferente Thermen, Akratothermen. Geringe Mengen indifferenter Bestandtheile; lauwarm bis heiss (20—65° C.) Badenweiler (Baden) 26°; Bath (England) 42—48°; Bormio (Italien, Alpen, Stilfser Joch) 31—37°; Gastein und Hofgastein (Salzburg) 35—48°; Johannisbad (Riesengebirge, Böhmen) 29°; Krapina-Töplitz (Croatien) 29—35°; Landeck (Schlesien) 32°; Leuk (Schweiz, Wallis) 51°; Liebenzell (Württemberg) 25°; Neuhaus bei Cilli (Steiermark) 35°; Plombières (Vogesen, Frankreich) 20—70°; Ragaz-Pfäffers (Schweiz, St. Gallen) 37°; Schlangenbad (Taunus, Regierungsbezirk Wiesbaden) 28—32,5°; Teplitz (Böhmen) 37,5—49°; Warmbrunn (Schlesien) 36—43°; Wildbad (Württemberg) 33—37°.

II. Einfache Säuerlinge. Luxusgetränke; geringer Salzgehalt (höchstens 1‰ Kochsalz); enthalten Carbonate (zu kaum 1‰), besonders Natron, u. s. w.: Apollinaris (Ahrthal); Brückenau (Bayern) (hat auch Eisenquellen); Bellthal (Mosel); Birresborn (Regierungsbezirk Trier) (hat auch stärkere alkalische Quellen); Charlottenbrunn (Schlesien); Cudowa (Schlesien) (Oberbrunnen) (hat auch Eisenwasser); Flinsberg (Schlesien) (Queisquelle); Kronthal im Taunus; Nieder-Selters (Regierungsbezirk Wiesbaden); Marienbader Ambrosius- und Karolinenbrunnen (Böhmen) (eisenhaltig); Reinerz (Schlesien) (kalte Quelle) und viele andere.

III. Kochsalzquellen. Cannstatt (Württemberg); Homburg v. d. H. (Taunus), ca. 10‰ NaCl; Soden (Nassau) 14‰; Kissingen (viel freie CO_2) 5—12‰; Salzschlirf (zw. Fulda und Giesen) 11‰ (viel CO_2); Königsdorf-Jastrzemb (Oberschlesien) 12‰; Münster am Stein (bei Kreuznach) 8‰ (bromhaltig); Krankenheil bei Tölz (Oberbayern) (Natriumcarbonat-, J- und S-haltig); Arnstadt in Thüringen; Kronthal (Nassau) und viele andere.

IV. Kochsalzthermen. Soden (30°), Wiesbaden (68°), Baden-Baden (68°).

V. Soolen (über 15‰ bis 25‰ ClNa); unter anderen: Arnstadt (Thüringen); Ischl (Salzkammergut); Reichenhall (Oberbayern); Hall (Tirol); Salzungen (Sachsen-Meiningen); Kösen (Thüringen); Wittekind bei Halle a. S.; Köstritz (Reuss); Bex (Schweiz, Waadt); Sulza (Thüringen); Nenndorf (Schaumburg); Jaxfeld (Württemberg); Pyrmont (Waldeck) (hat auch Eisenquellen); Nauheim (Taunus); Inowrazlaw (Reg.-B. Bromberg).

VI. Jodquellen. Zaizon (Siebenbürgen); Salzburg (Ungarn); Castrocaro

(Toscana, Appenin.): Lippik (Slavonien); Saxon-les-Bains (Schweiz, Rhônethal); Hall (Tirol); Adelheidsquelle (Oberbayern); Wildegg (Schweiz, Aarthal); Sulzbrunn (Bayern, Schwaben); Krankenheil-Tölz (Oberbayern); Inowrazlaw (Regierungsbezirk Bromberg) und andere.

VII. **Thermalsoolen.** Rehme-Oeynhausen (Weser) ($30°$); Nauheim (Wetterau) ($35°$).

VIII. **Alkalische Quellen**: Natriumbicarbonat und freie CO_2: Bilin (Böhmen), Fachingen (Reg.-Bez. Wiesbaden), Obersalzbrunn (Schlesien) (Oberbrunnen); Giesshübel (Böhmen) und andere. Vichy (Département Allier); Vals (Départ. Ardèche).

Anhang: Lithionhaltig: Assmannshausen am Rhein; Bilin (Böhmen); Neuenahr (Rheinprovinz); Weissbach (Nassau); Obersalzbrunn (Schlesien) (Oberbrunnen, Salzbrunner Kronenquelle); Salzschlirf (die Bonifaciusquelle); Elster (die Königsquelle); Baden-Baden (Ungemachquelle); Kissinger Rakoczy; Emser Wilhelmsquelle; und andere.

IX. **Alkalische Quellen mit höherem Kochsalzgehalte.** Ems (Lahnthal) (Kränchen, Fürstenquelle, Kesselbrunnen u. s. w.); Weilbach (Taunus) (auch S-haltige Quelle); Selters (Nassau) und andere.

X. **Alkalische Quellen mit Kochsalz und Glaubersalz.** Marienbad (Böhmen) (Ferdinandsbrunnen [sehr reich an CO_2] und Kreuzbrunnen); Elster (sächsisches Voigtland); Franzensbad (Böhmen) (Kalter Sprudel und Salzquelle); Karlsbad (Böhmen) (Mühlbrunnen, Sprudel, Schlossbrunnen); Bad Bertrich (bei Bullay im Moselthale); Tarasp (Engadin) (Bonifacius- und Luciusquelle); Rohitsch (Steiermark) (Tempelbrunnen).

XI. **Bitterwässer** (schwefelsaure Magnesia und hauptsächlich Kochsalz enthaltend). Friedrichshall (Sachsen-Meiningen); in Böhmen: Saidschütz, Püllna, Sedlitz; Hunyadi-János- und Franz-Josefsquelle in Budapest (Ungarn) und andere.

XII. **Alkalisch-erdige** (kohlensauren und schwefelsauren Kalk enthaltende) **Quellen.** Wildungen (Waldeck); Drieburg und Lippspringe (Westfalen) — alle CO_2-reich; Bad Leuk (Schweiz, Wallis) und andere.

XIII. **Eisenquellen** (meist auch mit Moorbädern verbunden). Langenschwalbach (Taunus); Bocklet und Brückenau (Unterfranken bei Kissingen); Pyrmont (Waldeck); Franzensbad (Böhmen); Cudowa, Flinsberg und Reinerz (Schlesien); Steben (Bayern, Oberfranken); Kniebisbäder (Schwarzwald); Spaa (Belgien); St. Moritz (Oberengadin); Tarasp (Unterengadin); Andeer (Schweiz, Graubünden); Liebenstein (Thüringen); Lobenstein (Fürstenth. Reuss); Elster (sächsisches Voigtland); Doberan (Mecklenburg); König-Otto-Bad (Bayrische Oberpfalz); Roncegno, Levico (beide in Südtirol), beide zugleich Arsenik-haltig, und viele andere.

XIV. **Schwefelquellen.** a) Thermen. In Deutschland: Aachen $36°$; Burtscheid (bei Aachen) $59°$; Landeck (Schlesien) $27°$; in Oesterreich: Baden bei Wien $33°$; in der Schweiz: Schinznach 20—$30°$; Baden (Aargau) $46°$; in Frankreich namentlich die Pyrenäenbäder: Luchon $68°$; Barèges $42°$; Le Vernet $39°$; Amélie-les-Bains $61°$; St. Sauveur $34°$; Eaux bonnes $32°$; in Savoyen: die Alpentherme Aix-les-Bains $43°$.

b) **Kalte Quellen.** Neundorf (Hessen); Eilsen (Lippe-Schaumburg); Weilbach (Nassau); Langensalza, Tennstaedt (beide in Thüringen); Gurnigel (Berner Oberland); Stachelberg (Kanton Glarus); Kreuth (Oberbayern); Alveneu (Schweiz, Albula) und andere.

XV. **Moor- und Schlammbäder** (meist mit Eisenbädern verbunden). Andeer (Graubünden); Augustusbad bei Dresden; Berka bei Weimar; Brückenau (Unterfranken); Cudowa (Schlesien); Elster (Voigtland); Franzensbad (Böhmen);

Hermsdorf (Schlesien); Kohlgrub bei Oberammergau (bayrisches Hochland); Muskau (Schlesien); Reinerz (Schlesien); Roncegno (Südtirol); Steben (Oberfranken) und andere. — Schwefelmoor- und Schwefelschlammbäder in fast allen Schwefelbädern (s. XIV.): Nenndorf, Eilsen und andere.

ARZNEIVERORDNUNGSLEHRE.
ALLGEMEINER THEIL.
Die Arzneiformel (Recept).

Die ärztlichen schriftlichen[1]) Verordnungen (Recepte), welche meist auf einem länglichen Papierblatte niedergeschrieben werden, sind folgendermassen zu formuliren:

Oben, in der Mitte oder in der oberen rechten Ecke, muss das Datum (Ort, Tag, Jahr) deutsch stehen; dann folgt das Wort Recipe, abgekürzt R., Rp., Rec.; dies, an den Apotheker gerichtet, bedeutet: nimm heraus (aus deinem Vorrathe). Es folgt, lateinisch, die Aufzählung der Substanzen, welche der Apotheker abwägen (abmessen) soll, und zwar ist für jede zweite, dritte u. s. w. eine neue Zeile zu nehmen; bei jeder Substanz ist die Menge und die Bereitungsweise kurz zu erwähnen; die Mengen werden meistens dem Gewichte nach angegeben, wobei das Gewicht als Object zu „Recipe" in den Accusativ, die Substanzen in den Genitiv kommen; das Gewicht ist bei uns und in der Schweiz das Grammengewicht, wie in Frankreich; wir schreiben das Wort Gramm, Decigramm u. s. w. nicht auf das Recept, sondern z. B.: 1,0 oder 0,05, was „1 Gramm" resp. „50 Milligramm" bedeutet[2]). Sollen von zwei oder mehr Substanzen gleiche Mengen genommen werden, so ist es in Gebrauch (s. nächste Seite unter „Abkürzungen") statt z. B.

    Natri bicarbonici 5,0
    Natri chlorati 5,0
    Ammonii chlorati 5,0

---

[1]) Die zum freien Verkaufe zugelassenen Drogen und Arzneistoffe werden vom Apotheker zu wesentlich niedrigerem Preise im Handverkaufe (auf mündliche Forderung oder einfachen, in deutscher Sprache geschriebenen Bestellzettel) verabfolgt, als wenn in Recepten verordnet.

[2]) In Frankreich schreibt man: 1 gramme, 5 decigr., 5 centigr., 1 milligr. und bedient sich der Landessprache.

Folgendes zu schreiben:

       Natri carbonici
       Natri chlorati
       Ammonii chlorati āā 5,0.

Zuweilen wird nicht dem Gewichte, sondern dem Maasse nach verschrieben, z. B.: „guttas IV" = 4 Tropfen, oder „centimetros cubicos numero III" = 3 Cubikcentimeter. — Hinter den so bezeichneten Arzneistoffen schreibt man, auf neuer Zeile, entweder MDS. (= Misce, Da, Signa), wenn etwas zu mischen ist, oder bloss DS. (D. = Da = gieb heraus, gieb es in passender Verpackung, eventuell setzt man hinter das M oder das D noch besondere, sich auf die Procedur des Mischens oder des Verpackens beziehende Bestimmungen, z. B.: M. f. pulv. (= fiat pulvis), oder: D. in vitro nigro = in einem schwarzen Glase; S. = Signa = schreibe Folgendes auf die Etiquette: hier nennt man ganz kurz die Gebrauchsanweisung, die auf die Etiquette geschrieben werden soll und den Namen des Patienten, z. B. 2 stündlich 1 Esslöffel für Herrn N. N. (Diese Aufschrift [Signatur] hat selbstverständlich in deutscher Sprache zu erfolgen.) Unter das ganze Recept hat der Arzt seine Namensunterschrift zu setzen.

Soll eine Receptvorschrift noch einmal ausgeführt werden, so genügt der mit dem Datum versehene Vermerk: „rep." (repetatur) oder „reiter." (reiteretur) und die Namensunterschrift des Arztes auf dem früheren Recepte.

Abkürzungen, welche gegenwärtig allgemein gebräuchlich sind:

āā oder aa auch ᾱᾱ oder ara (gesprochen: ana) = zu gleichen Theilen,
c. = cum,
conc., cont. = concide, contunde,
col. = cola oder colatura,
consp. = consperge,
coq. = coque oder coquatur,
d. = dosis oder detur oder da,
d. t. d. = da tales doses,
dec. = decoctum,
disp. = dispensa oder dispensentur,
div. = divide,
div. in p. aeq. = divide in partes aequales,
f. = fiat oder fiant,
gtt. = gutta (guttae, guttas),

inf. = infunde,
l. a. = lege artis,
m. = misce oder misceatur,
m. f. = misce, fiat,
m. f. p. = misce, fiat pulvis,
P. P. = pro paupero,
p. = pulvis oder pars,
q. l. = quantum libet,
q. s. = quantum satis,
q. suff. = quantum sufficit,
R., Re., Rp. = Recipe,
reit. = reiteretur,
rep. = repetatur,
S. = Signa oder Signetur,
s. f. = sub finem.

Es ist Sitte, auch sonst, z. B. durch Weglassung der Casusendigungen, abzukürzen; jedoch wolle man sich daran gewöhnen, die Abkürzungen (die stets mit dem einem Vocal vorangehenden Consonanten zu schliessen haben) nicht zu übertreiben. z. B. ist „Kal. chlor." für Kalium chloricum nicht erlaubt, da es auch Kalium chloratum bedeuten könnte, und Hydr. chlor. statt Hydrargyrum chloratum könnte ebenso gut für Hydras chlorali stehen.

Arzneivorrath.

In dem Recepte können alle Substanzen verschrieben werden, die der Arzt in der Apotheke vorräthig weiss; dies sind zunächst diejenigen Substanzen, welche in der sogenannten Landespharmakopö, d. i. dem officiellen Verzeichnisse der pflichtgemäss vorräthig zu haltenden („officinellen") Substanzen genannt sind; über sonstige, nicht officinelle — neuere oder antiquirte — Mittel bedarf es vorgängiger Erkundigung resp. Verabredung.

Von vielen Substanzen giebt es in der Pharmakopö mehrere Präparate, die von einander durch Beinamen unterschieden sind und bald die Provenienz oder den Grad der Reinheit, bald die Art der Zerkleinerung oder sonstigen pharmaceutischen Behandlung, oder die Vermischung mit anderen Substanzen und Aehnliches bedeuten; z B.: crudum (ungereinigt, roh), purum (chemisch rein), siccum (getrocknet), depuratum (gereinigt), praecipitatum, sublimatum, mundatum (abgeputzt), facititium (künstlich), venale (käuflich), compositum u. s. w.; ferner: pulveratum, aquosum (mit Wasser ausgezogen), spirituosum (desgl. mit Spiritus).

Viele Substanzen werden in Lösungen vorräthig gehalten, namentlich hygroskopische (welche durch Wasseranziehung sonst die Dosirung ungenau machen würden), ferner solche, die (wie Ferrum sesquichlor.) erfahrungsgemäss nie in Substanz, sondern stets in Lösung verordnet werden, und drittens solche, die auf nassem Wege erst hergestellt werden, wie Liquor kalii arsenicosi. Solche Lösungen heissen, wenn wässrig, meist „Liquores"; doch gehören hierher auch noch einige wenige der vielen „Aquae", nämlich: Aq. Calcariae, carbolisata, chlorata, Picis, Plumbi, Rosae. Ist das Lösungsmittel (Menstruum) dagegen Spiritus, so heissen diese Lösungen meist „Spiritus", wobei zu merken, dass nicht alle „Spiritus" durch Auflösen gewonnen werden, vielmehr sind die aus aromatischen Pflanzentheilen bereiteten Spiritus (Spir. Lavandulae, Melissae compos. u. s. w.) im Allgemeinen durch Destillation hergestellt, während Spir. Menthae (und auch der nicht hierher gehörige Spiritus Sinapis) durch Auflösen des ätherischen Oels in Spiritus bereitet wird. Folgende spirituöse Lösungen führen den Namen „Tinctura": Tinct. Aloës composita, Ferri pomata, Jodi (ferner die durch Mischung wässriger Lösungen mit Spiritus und Essigäther resp. Aether erzeugten: Tinct. Ferri acetici aetherea, resp. Ferri chlorati aetherea; die meisten „Tincturen" sind dagegen durch Extraction (s. unten) von Pflanzen mittels Spiritus gewonnen.

Folgende pharmaceutische Operationen sind officinell: Concidere (zerschneiden), contundere (grob zerstossen), raspare (raspeln), pulverare (pulvern), solvere (auflösen), decoquere (abkochen), infundere (heiss übergiessen), extrahere (extrahiren, d. h. mittels einer Flüssigkeit die löslichen Bestandtheile aus einer Droge, z. B. Rinde, Wurzel u. s. w. herausziehen), und zwar entweder durch: macerare (kalt, d. i. bei 15—20° C., einweichen) oder digerere (bei 35—40° C.); die so gewonnene Extractionsflüssigkeit, die, wenn spirituös, Tinctur heisst, kann eingedampft werden (evaporare, inspissare), und das Zurückbleibende heisst dann „Extractum" (das Extract); destillare (destilliren), (wässrige Destillate heissen „Aquae", spirituöse „Spiritus" [s. oben]).

Officinalformeln. Die Pharmakopöen haben einige Recepte formulirt und den nach diesen Recepten angefertigten Arzneien einen bestimmten Namen gegeben, z. B. Brustthee, Species pectorales, für welchen Thee 8 Thle. Eibischwurzel, 3 Thle. Süssholz, 1 Thl. Veilchenwurzel, 4 Thle. Huflattigblätter, 2 Thle. Wollblumen, 2 Thle. Anis grob zerkleinert mit einander zu mischen sind. Ein Arzt, welcher verschreibt:

Rp.
Spec. pectoral. 50,0.
DS. Zum Thee,

bedient sich einer „Officinalformel".

Früher stellte man diesen Officinalformeln die sogenannten „Magistralformeln" in dem Sinne entgegen, dass letzteres die von jedem Arzte selber für den vorliegenden Krankheitsfall ausgedachten Substanzen und Mischungsverhältnisse — mit andern Worten: das ohne Officinalformel entworfene ärztliche Recept bedeute. Heutzutage versteht man meistens unter „Magistralformel" eine von einer bestimmten ärztlichen Autorität in die Alltagspraxis eingeführte Receptformel, z. B. Lugol'sche Lösung, Ricord's Quecksilberjodidarznei und ähnliche.

Arzneigewicht.

Früher war fast überall das sogenannte Unzengewicht in Gebrauch, welches vom bürgerlichen Lothgewichte differirte, und zwar in der Weise, dass dem Medicinalpfunde 24 Loth (1 Unze = 2 Loth), dem bürgerlichen dagegen, je nach den Ländern, 32 oder 36 Loth entsprachen. Die Einheit des Medicinalgewichtes war das Gran; 20 Gran machten einen Scrupel (Ͽ), 3 Scrupel machten eine Drachme (ℨ), 8 Drachmen machten eine Unze (℥) aus. Somit war die Unze = 480 Gran. Dieses Unzengewicht variirte jedoch in den verschiedenen Ländern, und zwar ziemlich erheblich.

Gegenwärtig ist in den meisten Ländern das Grammgewicht eingeführt. England und Amerika haben allein vorläufig noch das Unzengewicht beibehalten und scheinen, wenigstens was England betrifft, noch nicht Willens zu sein, es zu verlassen. In beiden Ländern ist überdies ein, dem Volum einer Gewichtsunze destillirten Wassers entsprechendes Unzenmaass, „Fluid ounce", mit den dazu gehörenden Unterabtheilungen (Fluid drachms und minims = Fluid grains) im Gebrauche, was wegen der

Verschiedenheit des specifischen Gewichts der flüssigen Arzneimittel wesentliche Differenzen gegenüber der Gewichtsdosirung zur Folge hat.

Annähernd gestalten sich die Verhältnisse zwischen den beiden Gewichten, Gran und Gramm, folgendermaassen:

1 Gran = 6 Centigr.
⅙ Gran = 1 Centigr.
1/60 Gran = 1 Mgr.

16 Gran = 1 Gr. (1,0)
60 Gran oder 1 Drachme = 4 Gr. (4,0)
4 Drachmen (ʒjv oder ʒß) = 15—16 Gr. (15—16,0)
8 Drachmen ʒviij oder ʒi = 30—31 Gr. (30—31,0).

Beziehung zwischen Volum und Gewicht. Dosirungsmaasse:

a. **Flüssige Substanzen.** Der Tropfen repräsentirt ein sehr variables Gewicht, je nachdem die Flüssigkeit dick- oder dünnflüssig ist, und der Tropfen sich leichter oder schwieriger beim Ausgiessen ablöst; ferner influenzirt das specifische Gewicht der Flüssigkeit; und endlich ist auch der Rand des Gefässes von Bedeutung, aus welchem der Tropfen abfliesst. Man hat eigene „Tropfgläser" (zugespitzte Glasröhren) oder geschnäbelte Fläschchen; alsdann gilt der (off.) Tropfen Wasser etwa = 0,05—0,06, Oel = 0,04—0,05, Tincturen = 0,03—0,05, Weingeist = 0,025 und Aether = 0,02.

Ein Thee-(Kaffee-)Löffel = 3,0—6,0, ein Dessertlöffel oder Kinderlöffel = 7,0—8,0, ein Esslöffel = 12—15,0 (an Wasser).

Ein „Weinglas", „Tassenkopf" ist ca. 100 Kbcm. (resp. 100,0). Ein Seidel = ½ Liter = 500 Kbcm. = 500,0.

Es giebt im Handel brauchbare und billige Arzneimessgefässe (auch Arzneiflaschen mit Messvorrichtung), welche eine genaue Dosirung ermöglichen.

b. **Trockene Substanzen.** Bei diesen wechselt das Verhältniss von Maass und Gewicht noch mehr. Bei einem der leichtesten Stoffe, der Magnesia carbonica, entspricht ein gehäufter Theelöffel = 1,0; ein „gestrichener" Theelöffel gepulverte Wurzel oder Rinde 3,0, ein Theelöffel Natron, Kali oder Magnesiumsalz 4,0—5,0, ein Theelöffel Metallsalz 5,0—10,0. Für Esslöffel haben wir durchschnittlich das 3—4fache anzunehmen. Eine „Messerspitze" ist je nachdem als ¼—⅔ Theelöffel zu rechnen. Ein „gestrichener" (flach gestrichener) Löffel ist etwa die Hälfte eines gehäuften.

Benennung der einzelnen Bestandtheile, aus welchen die ärztliche Verordnung zusammengesetzt ist.

Wir können bei einer zusammengesetzten Arzneiformel unterscheiden: 1) das eigentlich wirksame Mittel, „Hauptmittel" oder die „Basis", 2) das „Unterstützungsmittel" oder „Adjuvans",

3) das „Verbesserungsmittel" oder „Corrigens" und 4) das „gestaltgebende Mittel" oder „Constituens".

Es ist nicht nöthig, dass alle diese Componenten jedes Mal zur Anwendung kommen; der eine oder der andere kann ausfallen. So kann man sich mit dem Hauptmittel begnügen und auf ein seine Wirkung unterstützendes Mittel (Adjuvans) und auf ein geschmacksverbesserndes (Corrigens) verzichten; und wenn das Hauptmittel schon die „Gestalt" (z. B. Pulverform) hat, die man wünscht, so kann oft auch ein Constituens fortgelassen werden; nur die „Basis" kann selbstverständlich nicht fehlen — oder es bedarf eben keines Receptes.

Das Corrigens betrifft entweder den Geschmack: Zucker, Sirupe, destillirte und aromatische Wässer und Elaeosacchara, Gewürze und Aehnliches; oder sie betreffen das Aussehen (z. B. rothe, blaue, gelbe, milchige Sirupe zum Färben der Arzneien); oder den Geruch: Gewürze, ätherische Oele und Aehnliches. Zu den Corrigentien im weiteren Sinne gehören auch die sogenannten einhüllenden, schleimigen Substanzen (wie Gummi-, Eibisch-, Salep-, Tragantschleim u. s. w.), welche nicht selten bei Präparaten zugesetzt werden, welche von heftig reizender Wirkung auf die Schleimhäute sind und daher bei innerlichem Gebrauche einige Vorsicht erfordern. Hierbei sind jedoch die zersetzenden chemischen Eigenschaften organischer Stoffe, z. B. Metallsalzen gegenüber, im Auge zu behalten.

Das Gestalt gebende Mittel, Constituens, Excipiens, oder Vehikel bedingt die Form der Arznei. Soll diese in flüssiger Form gegeben werden, so wird als Constituens gewöhnlich destillirtes Wasser oder ein anderes indifferentes flüssiges Vehikel gewählt. Bei den Pulvern sind es die Zuckerarten, Gummi, bei den Pillen Thon, weiches Brod, indifferente Pflanzenpulver, Extracte u. dgl., welche man als Constituentia bestimmt u. s. w.

Man kann dasselbe Mittel in verschiedenen „Formen" geben, z. B. als Mixtur, als Pulver, in Pillen u. s. w. Man bezeichnet Pillen, Pulver, Mixturen u. s. w. als „Arzneiformen".

SPECIELLER THEIL.

A. Trockene Arzneiformen.

1. Für den innerlichen Gebrauch.

a) Species, Theegemisch, Kräuter.

Unter Species versteht man ein Gemenge von zerkleinerten (zerschnittenen, geraspelten, zerstossenen oder zerquetschten), aber nicht gepulverten Pflanzentheilen, denen zuweilen kleinere Mengen von nichtorganisirten Substanzen (Salzen u. s. w.) beigemengt werden. Der Apotheker hat diejenigen Theegemische, welche zu Aufgüssen oder Abkochungen zu dienen haben, je nach dem Grade der Auszichbarkeit grob (auf Sieben von 4 mm. Maschenweite abgesiebt) oder mittelfein (3 mm. Maschenweite) zu zerschneiden u. s. w. Die Gemenge werden gemeiniglich als Ganzes, nicht in abgetheilten Dosen verschrieben; im Hause des Kranken wird die Dosirung (theelöffel-, esslöffelweise) vorgenommen und diese Dosen dann in Form von Theeaufgüssen, Abkochungen u. s. w. weiter verarbeitet. Wegen der Ungenauigkeit der Dosirung dürfen nur minder stark wirkende Stoffe in Form von Species verschrieben werden. Doch kann man ausnahmsweise auch (s. Beispiel Nr. 2) die einzelnen Dosen vom Apotheker abtheilen lassen. Man setze stets: f. spec.

Beispiele:

1) Rp.
   Lign. Quassiae raspati
   Radicis Valerianae āā *10,0*
   Herbae Menthae piperitae 5,0.
   M. f. spec. D. S. Täglich 3mal einen Kinderl. voll mit einer Tasse siedenden Wassers anzugiessen und als Thee zu trinken.

2) Rp.
   Foliorum Sennae 10,0
   Radic. Althaeae 30,0
   Radic. Liquir. 20,0
   Lichenis Island. 60,0.
   M. f. spec.
   Div. in part. aequ. numero X.
   S. Jeden Vormittag einen Theeaufguss aus einem Päckchen Thee mit ½ Liter Wasser.

Officinell sind folgende Species: Spec. aromaticae (Pfefferminz, Quendel, Thymian, Lavendel, Nelken, Cubeben), meist äusserlich gebraucht; Spec. diureticae (Liebstöckelwurzel, Hauhechelwurzel, Süssholz, Wacholderbeeren); Spec. emollientes (Eibischblätter, Malvenblätter, Leinsamen u. s. w.), meist äusserlich; Spec. laxantes (Sennablätter 160, Hollunderblüthen 100, Fenchel 50, Anis 50, Kaliumtartrat 25, Weinsäure 16); Spec. Lignorum (Guajakholz, Sassafras u. s. w.); Spec. pectorales (Eibischwurzel, Huflattigblätter, Anis u. s. w.).

b) Pulvis, Pulver.

In Pulverform können alle zerkleinerungsfähigen, bei Zimmertemperatur nicht schmelzenden, nicht allzu hygroskopischen, beim Verreiben nicht explodirenden (Kalium chloricum) oder sich entzündenden (Phosphor), ferner nicht ätzenden Substanzen verordnet werden. Andernfalls muss durch passende Proceduren und Mischungen jene Eigenschaft paralysirt werden, oder es ist von Verordnung in Pulverform abzustehen. Uebler Geschmack oder Geruch kann auch ein Gegengrund sein, lässt sich aber durch Einschlagen in Oblate u. s. w. corrigiren (s. unten). Manche nicht pulverisirbaren Substanzen, wie Kampher, können unter Spirituszusatz so verrieben werden, dass nach Verflüchtigung dieses letzteren ein Pulver zurückbleibt (Camphora trita); das zähe, lederartig elastische Fleisch der Coloquinthen wird, mit Gummischleim befeuchtet, nach dem Trocknen spröde und pulverisirbar. Zu Pulvern können kleine Mengen breiiger (1 : 1) und selbst flüssiger Stoffe (höchstens 1 : 5) genommen werden; doch muss man hierbei ein möglichst trockenes und unlösliches Excipiens nehmen, also nicht Saccharum, sondern entweder das schwerlösliche Saccharum lactis oder besser ein Pflanzenpulver (z. B. Süssholz, Zimmt). Will man eines der narkotischen Extracte von der (halbflüssigen) Cons. II., z. B. Extractum Belladonnae, in Pulverform geben, so verordne man „Extract. Belladonn. siccum" (besteht aus gleichen Theilen Extract. Belladonn. und Pulv. Liquiritiae, ist ein Pulver und ist natürlich in doppelt so grosser Dosis zulässig als das „Extract. Belladonnae"). — Als Pulverconstituens sind zu nennen (dabei zugleich oft Corrigens): Saccharum, Sacch. lactis, Gummi arabicum, Amylum, Rad. Liquir. pulv., Gewürzpulver (Zimmt, Pomeranzen), Elaeosacchara (Oelzucker, hergestellt aus 1 Tropfen ätherischen Oels mit 2,0 Zucker, meistens Ol. Citri oder Ol. Menthae piperitae); ferner die officinellen Brausepulver und Pasta Cacao (Chocolade).

Wo es sich um sehr kleine Dosen der Basis handelt, z. B. 1 Mgr., bedarf es eines Constituens, da sich das Milligramm nicht sicher verpacken und nehmen lässt. Ist aber die Dosis der Basis so gross, dass sie ohne Schwierigkeit gegeben und genommen werden kann, und ist die Substanz selber ein Pulver, so bedarf es eines Constituens nicht. — Es ist entweder jedem Componenten die Bezeichnung „pulv." beizufügen und dann einfach MDS zu schreiben, oder man lässt dort die Bezeichnung „pulv." fort und schreibt zum Schlusse: F. pulv. (fiat pulvis).

Ein Pulver wird entweder in einzelne Dosen getheilt verschrieben, oder unabgetheilt.

1) UNABGETHEILTE PULVER, „Schachtelpulver". Substanzen, bei welchen es nicht auf genaue Dosirung ankommt. Gesammtmenge:

25—100,0; hier ist D. in scatula (Schachtel) oder in vitro (letzteres giebt Schutz gegen Verdunsten und Anziehen von Feuchtigkeit) zu schreiben. Die Dosirung ist theelöffelweise oder messerspitzenweise anzuordnen, ev. auch zuzufügen, ob trocken oder in Wasser u. s. w. einzunehmen sei.

Beispiele:

1) Rp.
Pulveris radicis Rhei
Magnesiae carbonicae ana 10,0
Olei Menthae piperitae gutt. III.
Misce, fiat pulvis. D. ad vitrum.
S. *2 Kaffeelöffel täglich; Morgens nüchtern und Vormittags je einen.*

2) Rp.
Pulveris radicis Rhei 5,0.
Ferri oxydati saccharati 30,0.
Misce, fiat pulvis.
D. in scatula.
S. *3mal täglich 1 Messerspitze voll in Zuckerwasser.*

2) ABGETHEILTE PULVER. Stets anzuwenden, wo genauer dosirt werden soll. Die einzelnen Pülverchen (Dosen) seien nicht kleiner (leichter) als 0,5 und nicht grösser als 1,0.

Die Pulver werden in kleine Papierkapseln von bekannter Form eingeschlossen; enthält das Pulver eine ölige Substanz oder eine solche, welche Wasser anzieht oder sich verflüchtigt, so wird statt des gewöhnlichen weissen Papiers mit Wachs oder Paraffin getränktes Papier (Charta cerata), in neuerer Zeit auch wohl dünnes Pergamentpapier genommen, was auf der Verordnung ausdrücklich bemerkt werden soll. Uebrigens besorgen die Apotheker dies, auch wenn es nicht ausdrücklich bemerkt ist. Für unangenehm schmeckende oder riechende Pulver hat man schon seit längerer Zeit die Einhüllung in Oblaten (Oblatae, panis eucharisticus; franz.: pain azyme; ital.: ostia) angewendet. Der Patient kann dies selbst besorgen: ein Stück weisse Oblate wird flüchtig in Wasser getaucht, auf einen Teller oder Esslöffel gelegt; das Pulver schüttet man in die Mitte und dann legt man die Oblate um das Pulver so zusammen, dass sich ein kleines Packet bildet, das man leicht verschlucken kann. In neuerer Zeit ist diese Methode verfeinert worden, in Form der Cachets (Capsules) Limousin, auch Enazymes, auf dem Recepte: „Capsulae amylaceae" genannt. Zwei tellerförmig gepresste rundliche oder ovale Oblatenstückchen von 2—3 Ctm. Durchmesser werden mit einander, nachdem das Pulver (bis zu 0,3) auf das eine gebracht worden, durch Befeuchtung der Ränder mit Gummischleim verklebt. Das so bereitete Cachet wird in Wasser getaucht und mit einem Schluck Flüssigkeit verschluckt.

In ähnlicher Weise kann man die Capsulae gelatinosae operculatae anwenden, aus Gelatine, Stahlfederbüchsen ähnlich, aus zwei übereinander schiebbaren Kapselhälften bestehend, in welche das Pulver geschüttet wird.

Sehr zweckmässig ist für derartige Zwecke die Benutzung der „charta japonica", eines ganz feinen japanischen Papiers: das Pülverchen wird in die Mitte eines quadratischen Stückes dieses Papiers gelegt, die vier Zipfel herübergeschlagen und zwischen Daumen und Zeigefinger so gewirbelt, dass völliger Verschluss statt hat; erst im Magen wirbelt sich durch die eindringende Flüssigkeit der Verschluss wieder auf. — Wenn auf diese Weise oder in „Kapseln" das Pulver genommen werden soll, so hat es keinen Sinn, ein „Corrigens" zuzufügen, das unnütz das Volumen vergrössern würde.

Bei Verordnung abgetheilter Pulver schreibt man entweder das Pulver (Basis, Adjuvans und Constituens) als Gesammtmasse auf und lässt die einzelnen Dosen abtheilen („divide in partes aequales X"); oder man verschreibt die einzelne Dosis und verordnet, wie viel solcher abgegeben werden sollen („dentur tales doses numero XV").

Officinell sind: Pulvis aërophorus (Brausepulver: 10 Natriumbicarbonat, 9 Weinsäure, 19 Zucker); Pulv. aërophorus anglicus (Natr. bicarb. 2 in gefärbtem, Acid. tart. 1,5 in weissem Papier); Pulv. aërophor. laxans (enthält noch Tartarus natronatus); Pulv. gummosus (Gumm. arab., Süssholz, Zucker); Pulv. Ipecacuanhae opiatus (Opium, Ipecac. ana 1, Sacchar. lactis 8); Pulv. Liquir. comp. ($^1/_6$ Sennablätter, $^1/_{12}$ Schwefel, Fenchel u. s. w.); Pulv. Magnes. c. Rheo (Magnes. carbon., Rheum, Fenchelzucker).

Beispiele:

1) Rp.
Morphini hydrochlorici 0,1
Sacchar. alb. 5,0
M. f. p. Div. in p. aequal. n° X.
S. Abends 1 Pulver zu nehmen.
1ª) Rp.
Morphini hydrochlorici 0,01,
Sacchar. alb. 0,5.
M. f. pulv. D. tal. dos. n° X.
S.

2) Rp.
Chinini sulfur. 0,25
D. tal. dos. n° XVI. in capsul. amylac.
DS. Vormittags um 10 Uhr 4 Kapseln mit Wasser angefeuchtet zu nehmen.
3) Rp.
Moschi 0,5
Camphorae tritae 1,0,
Elaeosacchari Menthae 4,0.
M. f. p. div. in part. aeq. n° X.
D. in charta cerata.
S. 2stündl. 1 Pulver.

c) Pilulae, Pillen.

Pillen sind Kügelchen von etwa halber Erbsengrösse, aus einer knetbaren Masse geformt. Sie sollen ein Gewicht von nicht unter 0,05 und nicht über 0,15 haben. Sie werden unzerkaut geschluckt und erlauben so, den Geschmackssinn unbehelligt zu lassen; sie werden im Magen nur allmählich aufgeweicht und sind daher zur Darreichung von Stoffen geeignet, die in Substanz oder concentrirter Lösung ätzend wären.

Kleine Kinder können keine Pille schlucken (!), auch manche Erwachsene nicht; bei Schluckbeschwerden (Angina) dürfen Pillen ebenfalls nicht verschrieben werden.

Die Dosirung ist eine genaue; das Medicament kann für längere Zeit in dieser Form verschrieben werden, es bleibt wegen der Trockenheit unzersetzt; das Einnehmen ist überall und ohne weitere Präparationen möglich: dies die Vorzüge der Pillenform.

Die Substanzen, welche die Pillenmasse, „massa pilularum", componiren sollen, werden in einem Metallmörser oder einer Porzellanschale zerrieben und zusammengeknetet, bis sich eine halbfeste, zähe Masse gebildet hat. Diese wird in Stangenform ausgewalzt und durch eine „Theilmaschine" in einzelne Theile zerlegt. Jedem solcher Theile wird dann durch Pressen und Drehen mittels einer besonderen Vorrichtung die kuglige Form gegeben. Um das Zusammenkleben der Pillen, sowohl während der Formirung, als nachher in dem Aufbewahrungsgefäss zu verhindern, werden sie mit indifferenten trockenen Pulvern bestreut, wie Lycopodium, Pulvis rad. Liquiritiae, P. rad. Althaeae, Amylum u. dgl. Wünscht man ein aromatisches Streupulver, so kann man dazu gepulverte Anis- oder Fenchelsamen, Pomeranzenrinde, Zimmtrinde oder Veilchenwurzel wählen („Consperge Lycopodio" u. s. w.) Statt dieses einfachen Verfahrens ist es auch gebräuchlich geworden, die Pillen, namentlich des eleganteren Aussehens wegen, mit Blattsilber oder Blattgold, oder auch mit Silber- oder Goldstaub zu überziehen. Es wird dies ausgedrückt durch „obducantur argento (auro) foliato (pulverato)". Man kann den Pillen auch einen Ueberzug von Gelatine geben, um die Verflüchtigung in ihnen enthaltener Stoffe zu verhüten und um sie schlüpfriger zu machen, oder den Contact des Inhalts der Pille mit der Mundschleimhaut zu verhindern („obducantur gelatina"). Doch erfordert ein solches Verfahren längere Zeit zur Bereitung, da die Gelatine langsam trocknet; und ausserdem ist zu bemerken, dass beim Aufbewahren in feuchten Lokalitäten die Gelatine aufweicht; oder man lässt sie mittels Tolubalsam lackiren (obd. bals. tolut.). Auch das Verzuckern der Pillen (Dragées) kommt aus den angeführten Gründen vor („obduc. saccharo"). Eine besondere Bedeutung hat das Ueberziehen mit dem (im Magensafte unlöslichen) Keratin (Hornsubstanz) — („obduc. Keratino"), wodurch erreicht wird, dass die Pille ungelöst den Magen passirt und erst im Dünndarme zur Lösung gelangt (manchmal aber auch ungelöst mit den Fäces abgeht).

Die Verordnung der Massa pilularum: es handelt sich darum, zusammen mit der Basis (Hauptmittel) eine knetbare Masse zu bilden. Folgende Hauptfälle sind zu unterscheiden: a) die Basis wird in sehr kleinen Dosen, höchstens 0,03, verordnet, dann ist auf diese keine weitere Rücksicht zu nehmen, und man benutzt irgend eine brauchbare Formel für die Pillenmasse (s. unten), in welche jene kleinen Gaben der Basis eingeknetet werden. b) Die Dosis des Hauptmittels ist ziemlich gross, z. B. 0,1; dann sind zwei Möglichkeiten: 1) entweder ist die Substanz für sich allein schon Pillenmasse (z. B. ein Extract von der Cons. III, s. unten) oder 2) sie ist, sei es zu trocken, sei es zu weich, zu flüssig. Ad 1) Kann man sie wieder entweder mit jeder andern Pillenmasse (s. unten), zusammenthun, oder kann aus ihr allein Pillen machen lassen; ad 2) hat man nach folgenden Vorschriften die Masse zu vervollständigen.

Allgemein brauchbare Formeln zu Pillenmasse: A. Thon (Argilla s. Bolus alba) giebt mit Aq. destill. oder besser Mucilag. gummi q. s. angefeuchtet Pillenmasse; eignet sich besonders zum Unterbringen von Argentum nitricum, Sublimat, überhaupt Körpern, die in Berührung mit organischen Substanzen sich zersetzen. B. Trockene Extracte (Cons. III) sind mit Mucilago Gummi oder Spir. vini q. s. ut f. pil. n° u. s. w. zu verschreiben[1]); diese Pillenmasse verträgt — da der Apotheker sie nur stärker anzufeuchten braucht — noch einen recht erheblichen Ballast von Pflanzenpulver, wenn es nöthig sein sollte, sogar im Verhältniss von 1 : 1 (zu gleichen Theilen). C. Dicke Extracte (Cons. II)[2]) geben zu gleichen Theilen mit Pflanzenpulver Pillenmasse; ein indifferentes Extract II und irgend ein indifferentes Pflanzenpulver (z. B.

---

[1]) Extr. Cons. III sind: Extr. Aloës, Chinae spirit., Colocynthid., Opii, Rhei, Rhei compos. (enthält noch Aloë, Res. Jalap. und Sapo), Strychni, und die narkotischen Extracte mit dem Beiwort sicca (s. oben S. 281). (Allenfalls gehört hierher: Succ. Liquir.) (Pharm. Helv. hat ausserdem: Extr. Myrrhae, Quassiae, Ratanhiae.)

[2]) Extracte von der Cons. II — dicker als Honig — fliessen aus einem Gefässe nicht aus, folgen aber einem eingetauchten Spatel in Fadenform. Man hat nicht nöthig, sich die Extr. II alle namentlich zu merken, es genügt, die in der vorigen Anmerkung genannten Extr. zu kennen und sich noch folgende wenigen „dünnen" Extracte zu merken (Cons. I) (flüssige Consistenz); Extr. Chinae aquos., Filicis und Cubebarum (beide ätherisch) (allenfalls hierher gehörig: Succus Juniperi inspissatus); (Pharm. Helv. ausserdem: Extr. Cinae); — alle anderen Extracte sind von der Cons. II, nämlich: Absinthii, Belladonnae, Calami, Cardui benedict., Cascarillae, Ferri pomatum, Gentianae, Hyoscyami, Secal. cornut., Taraxaci. Trifolii fibrini, Succ. Liquir. depur. (Ph. Helv. hat ausserdem: Extr. Aconiti, Arnicae, Aurantiorum, Cannabis indicae, Centaur. min., Chamomillae, Chelidonii, Chinae frigide paratum, Columbae, Conii, Digitalis, Dulcamarae, Enulae, Fabae calabaricae, Fumariae, Graminis, Gratiolae, Hellebori nigri, Juglandis foliorum, Lactucae, Lactucae virosae, Liquiritiae, Marrubii, Millefolii, Malti, Malti cum Chinino, Pimpinellae, Pulsatillae, Saponariae, Scillae, Senegae, Stramonii, Valerianae.

Extract. Gentianae und Pulv. rad. Althaeae) genügen stets. D. Succus Liquiritae, steht in der Mitte zwischen Extr. II und III und wird besser nicht für sich allein, sondern mit Pflanzenpulver *ana* und Mucil. Gummi q. s. benutzt. Ad C und D ist also die Regel zu merken: hat man ein Pflanzenpulver in Pillen zu geben, so giebt man *ana* ein indifferentes Extract II dazu; hat man dagegen ein bestimmtes Extract II in Pillenform zu verordnen, so giebt man *ana* ein indifferentes Pflanzenpulver dazu. E. Seife, mit Spirit. dilut. angefeuchtet, giebt sowohl für sich Pillenmasse, als auch ist es ein gutes Bindemittel für Pflanzenpulver und Harze.

(Pulv. radic. Rhei, Pulv. rad. Althaeae geben zur Noth mit Mucil. Gummi auch Pillenmasse.)

Balsame, sowie die ätherischen Extracte der Cons. I (s. die Anm. auf vor. S.) lassen sich in grösseren Mengen etwa mit $1/2$ bis 2 Gewichtstheilen Wachs (Cera alba) und 3 (bei mehr Wachs auch 2 und weniger) Gewichtstheilen Pflanzenpulver oder Magnesium carbonicum zu Pillen formen.

Um ganz sicher zu gehen, empfiehlt es sich, irgend einen der zur Pillenmasse benutzten in differenten Stoffe mit qu. sat. zu verschreiben.

Die Berechnung der einzelnen Dosen und der Pillenzahl ist bis zur Erlangung einiger Uebung zunächst folgendermaassen anzustellen: Man nenne sich die Einzeldosis des Mittels, die man geben will (z. B. 0,1); man frage sich: wie oft täglich? (z. B. 3mal) und multiplicire die Dosis mit dieser Zahl (= 0,3); dann: für wieviel Tage (z. B. 10 Tage); multiplicire weiter mit dieser Zahl (= 3,0) und schreibe die so gefundene Zahl (z. B. Substantiae x 3,0) auf das Recept nieder.

Sodann bestimme man, in wieviel einzelne Pillen vertheilt jene vorher bestimmte Gabe von 0,1 *pro dosi* genommen werden solle; dies wird von sehr vielen Umständen abhängig zu machen sein: z. B. von der Consistenz des Mittels, denn von einem Extract III könnte ich 0,1 in einer Pille unterbringen, von einem Balsam nicht; ferner von der Art und Vorsicht, mit der ich die Einzelgabe steigern will: je differenter die Substanz ist, je vorsichtiger ich bis an die Dosis 0,1 und von ihr aus höher zu steigen wünsche, in um so mehr (und kleinere) Theile werde ich die Dosis zerlegen: hätte ich in jeder Pille 0,1, so bliebe mir nur die Wahl, die Dosis zu verdoppeln, oder überhaupt nicht zu steigen. Nehmen wir an, wir hätten uns entschlossen, die einzelne Dosis von 0,1 auf 5 Pillen zu vertheilen. Jetzt ist für die Pillenzahl unsere vorige Multiplication mit genau denselben Zahlen zu wiederholen: 3mal täglich = 15 Pillen, für 10 Tage = 150 Pillen.

Man rechne nun: 150 Pillen (die Pille = ca. 0,1) verlangen circa

15,0. Niedergeschrieben haben wir (s. vorher) von der Basis schon 3,0, fehlen also noch 12,0, welche nach den obigen Regeln so zu wählen sind, dass sie mit diesen 3,0 eine knetbare Masse geben. Dann ist zu schreiben: M. f. pilul. no CL. (Notabene: von dieser Zahl, sowie von der in der Signatur anzugebenden Dosis der 3mal täglich 5 Pillen darf nicht mehr abgegangen werden!)

Wenn schwere Metallpulver, z. B. Eisenfeilspähne in Pillen verordnet werden sollen, so bedenke man, dass in der Pillenmasse nicht sowohl das Gewicht, als das **Volum** eines Pulvers von Wichtigkeit ist: deshalb ignorire man bei der Ausrechnung der knetbaren Masse dieses Metallpulver und lasse es in eine fertige, für sich allein zu berechnende Pillenmasse mit einkneten. (Notabene: die gegebenen Zahlen-Verhältnisse können nach oben und unten zwar bedeutend überschritten werden: der Anfänger halte sich aber zunächst an diese leicht zu merkenden Verhältnisse.)

Zum Schluss komme die Bezeichnung Consp. u. s. w. (Uebrigens conspergirt der Apotheker auch, ohne dass der Arzt dieses Wort hinschreibt).

Man kann sich das Verschreiben von Pillen noch mehr erleichtern, indem man nur die wirksame Substanz (die „Basis") in der erforderlichen Gesammtdosis niederschreibt und z. B. hinzufügt: „f. pilul. no X. Das neue Arzneibuch f. d. D. R. giebt für diesen Fall dem Apotheker die weiteren nöthigen Vorschriften. Auch ist es zulässig, die Dosis der Basis für nur eine Pille hinzuschreiben und dann fortzufahren: „fiat pilula. D. tal. dos. no" u. s. w. Officinell sind: Pilul. aloëticae ferratae; Pil. Ferr. carbonic.; Pil. Jalapae.

Beispiele.

1) Rp.
   Hydrargyr. bichlor. 0,2
   Argillae 10,0
   Mucilag. gummi arab. q. s. ut f. pilulae no C.
   Consp.
   DS. 3mal täglich 1—5 Pillen.

1a) *Hydrargyr. bichlor.* 0,2
   F. pilul no C.

2) Rp.
   Acidi arsenicos. 0,1
   Extr. gentianae 8,0
   Pulv. Althaeae q. s. ut f. pilul. no C.
   Obduc. arg. fol.
   DS. 3mal tägl. 1 Pille.

3) Rp.
   Extr. Rhei compos. 5,0
   Muc. Gumm. q. s. ut f. pilul. no L.
   Consp.
   DS. Abends 1—3 Pillen.

4) Rp.
   Ferri reducti 2,5
   Pulv. radic. Gentian.
   Extr. gentianae ana 5,0.
   M. f. mass., e. qua form. pilul. no C.
   Consp.
   DS. 3mal tägl. 1—4 Pillen.

4a) *Ferri reducti* 0,025
   F. pilul.
   D. tal. dos. no C.

5) Rp.
   Extr. Ferr. pomat.
   Rad. Gentian. pulv. ana 5,0.
   M. f. pilul. no C.
   Consp.
   DS. 3mal tägl. 3—6 Pillen.

6) Rp.
   Pulv. tuber. Jalap. 1,0
   Sapon. Jalapin. 3,0.
   M. f. c. Spir. dilut. q. s. pilul. no XXX.
   Consp.
   DS. täglich 3—4 Pillen.

d) Boli, Bissen.

Der Bolus ist eine sehr grosse Pille. Man bedient sich dieser Form für unangenehm schmeckende Stoffe, welche weder für die flüssige, noch für die Pulverform passen und doch in grösseren Quantitäten genommen werden müssen. Es sind meistens flüssige Harze, Balsame oder ätherische Extracte, welche in diese theils runde, theils oblonge Form gebracht werden. Der Bolus kann ein Gewicht von 0,3—2,0 haben. Für ihre Constituirung gelten dieselben technischen Regeln wie für diejenige der Pillen. (Man kann sich hier — ebenso bei Pillen —, wenn man will, auch der Dispensations-, statt der Divisionsmethode bedienen [s. Beisp. No. 1, vergl. bei „Pulvis"].)

Beispiele:

1) Rp.
   Balsami Copaivae 0,5(—1,0)
   Cerae albae 0,5
   Pulv. Cubebarum 1,0(—2,0).
   M. f. bolus D. tal. dos. No. 10.
   S. 3—4mal tägl. 1 Stück zu nehmen.

2) Rp.
   Extracti Filicis 4,0
   Pulv. rad. Liquiritiae et
   Magnes. carbon. q. s., ut. f. massa
   p. bolis, div. in p. aeq. X.
   Consp. DS. Stündl. 2 Stück zu nehmen.

e) Granula, Körner.

Granula sind feste kleine Kügelchen von kaum halber Pillengrösse. Sie sollen etwa 0,05 wiegen. Die Arzneistoffe werden unmittelbar oder nach vorgängiger Lösung in Aether, Weingeist oder Wasser, mit der entsprechenden Menge einer pulverförmigen Mischung aus 4 Theilen Milchzucker und 1 Theile Gummi arabicum sorgsam gemengt. Mittels Sirupus simpl., welchem 10°/o Glycerin zugesetzt sind, wird die geforderte Anzahl von Körnern geformt.

Beispiele:

1) Acid. arsenicosi 0,1
   Sacchar. lactis 4,0
   Gummi arabic. 1,0
   Sirupi simpl. et Glycerini q. s.
   ut f. l. a. granula no C.
   DS.

1a) Acid. arsenicos. 0,1
    F. l. a. granula no C.
    DS.

f) Capsulae gelatinosae, Gallertkapseln.

In neuerer Zeit werden Gallertkapseln verfertigt von kugliger oder ovaler Form, in welche flüssige oder halbflüssige Medicamente eingebracht werden, um den Geschmackssinn zu schonen oder Berührungen dieser Stoffe mit der Mundschleimhaut zu verhindern. Es sind hauptsächlich Kapseln mit Extractum Cubebarum, Balsam. Copaiv., Theer, Ol. jecoris, Ol. terebinthinae und Kreosot (mit Tolubalsam), welche in dieser Form fabrikmässig hergestellt und in den Apotheken gewöhnlich vorräthig sind; dagegen können solche Kapseln auf Verordnung vom Apotheker nicht hergestellt werden. Sie haben verschiedene Grösse und Form, erbsen-, haselnuss- bis mandelgross, und fassen 2—10 Tropfen von den erwähnten Medicamenten. Auf den Gefässen, Gläsern, Schachteln u. s. w., in welchen sie verkauft werden, ist das Quantum, welches jede Kapsel enthält, angegeben.

g) Gelatinae medicatae in lamellis,
Gallerttafeln (Gelatine discs.).

Reiner Gelatine, in Wasser gelöst, werden medicamentöse Stoffe in bestimmten Gewichtsverhältnissen zugemischt. Die flüssige Masse wird auf Glastafeln ausgebreitet und wenn sie hart und ausgetrocknet ist, in kleine Vierecke oder runde Scheiben (discs) von 1—3 Ctm. Durchmesser getheilt, so dass jedes Stückchen einem bestimmten Gewichte der verwendeten Stoffe entspricht; sehr compendiöse und wie es scheint haltbare Arzneiform. Können aber nicht auf Recept angefertigt werden; — nur im Handverkauf.

Vor dem Gebrauche werden die Gallerttäfelchen in warmem Wasser aufgelöst und können innerlich (im Munde aufgeweicht) genommen oder zu subcutanen Injectionen verwendet werden. Namentlich hat man solche Gelatinetafeln mit Morphin, Extr. Opii, Pulv. rad. Ipecac., Plumb. acet., Tartar. stibiatus u. s. w. bereitet.

h) Trochisci, Zeltchen.

Aus Zucker mit Zusatz von Weingeist oder auch Gummi, ebenso aus Chocolade (oder Succus liquiritiae) werden runde, ovale oder halbkugelige Gebilde, Trochisci, bereitet, welche, 1,0 schwer, eine gewisse Menge eines Medicamentes enthalten. (Das A. f. d. D. R. befiehlt: „Die Gestalt sei die einer flachgedrückten Kugel oder eines Kegels.")

Man verschreibt zur Anfertigung (selten) T. nur in der Weise z. B.: Rp. Trochiscos e Morphin. hydrochloric. 0,005 numero X, oder (falls Chocolade gewünscht) Trochiscos Morphini hydrochlor. 0,005 e Pasta Cacao, wobei alles übrige dem Apotheker für die Bereitung schon vorgeschrieben ist. Uebrigens hat man als Handelswaare anderweitige Trochisci in den Apotheken vorräthig von kohlensaurem Natron, Salmiak, Ipecacuanhapulver, Sulfur auratum, Santonin, Opium, ätherischen Oelen, Eisenpräparaten u. s. w.; den Gehalt wirksamer Substanz hat der Apotheker anzugeben. Officinell sind (Ph. G.) nur die Trochisci Santonini, welche je 0,025 Santonin enthalten.

i) Pastilli, Pastillen.

Pastillen sind von scheibenförmiger Gestalt, etwa 1,0 wiegend. Zu ihrer Herstellung werden die Arzneistoffe in gepulvertem Zustande, kalt oder unter mässigem Erwärmen entweder ausschliesslich durch Druck oder durch Zusatz von „Bindemitteln" (Gummi, Traganth, Zucker) und etwas Wasser, — bei Brausemischungen statt Wasser Weingeist, — in die entsprechende Form gebracht. Wenn der Arzt nichts anderes vorschreibt, muss der Apotheker die einzelne Pastille 1,0 schwer werden lassen.

Der angeführten — dem Arzneib. f. d. D. R. entnommenen — Definition nach gehören hierher auch die meisten „Tabletten" genannten, ausschliesslich durch Compression mittels einer Maschine aus Pulvern, kleineren Blüthen u. s. w. hergestellten Gebilde, in welchen ohne sonstiges besonderes Constituens oder Bindemittel (Klebestoff) eine verhältnissmässig grosse Dose eines Medicamentes in ein möglichst kleines Volumen gebracht werden kann. Man hat auf solche Weise Tabletten von Chininsalzen, salicylsaurem Natron, Flores Koso, Magnesia usta u. a. m. bereitet. Solche comprimirte Pastillen enthalten (0,2—)0,5 - 2,0 der erwähnten Substanzen. Die meisten Apotheker führen diese „Pastillen" nur als Handelswaare und besitzen die betreffende Maschine nicht; man kann ihnen daher die Bereitung nicht durch Recept auftragen und hat sich nach ihrem Vorrathe zu erkundigen. Es würden dann diese Tabletten etwa folgendermaassen zu verschreiben sein: Rp. Pastillos compressos e Koso (oder: Pulvere Liquiritiae composito u. s. w.) ponderis 1,0 numero XXX., D. S. u. s. w. Wo man die Bereitung vorschreiben kann, wäre etwa zu schreiben: Rp. Flor. Koso 30,0; divide in partes aeq. n° XXX; comprime in machina ut f. pastilli, oder: Flor. Koso 1,0, comprime in mach. ut f. pastillus; d. tal. dos. n° XXX.

Tabulae, Täfelchen (offic.). Zur Herstellung von „Täfelchen" werden die Stoffe, meist in erwärmtem Zustande, mit Bindemitteln oder Corrigentien gemischt, und alsdann in flache, meist rautenförmige Gestalt gebracht. Sie wiegen meist etwa 0,1. Sie werden im Handverkaufe, z. B. Salmiak-Täfelchen, einigermaassen benutzt, in Receptform kaum je verordnet.

Nebenbei zu nennen sind die schon fast zur Conditortechnik gehörigen: Tabernacula, Rotulae, Pfätzchen (offic.), Morsuli, Confectiones.

2. Für den äusserlichen Gebrauch.

a) Species, Kräuter.

Für den äusseren Gebrauch bestimmte Kräutermischungen werden gegenwärtig am häufigsten nur noch als feuchtwarme Umschläge (Kataplasmata) angewendet. Zu deren Bereitung benutzt man z. B. Semina Lini contusa (grob gepulvert); mit siedendem Wasser angerührt, geben sie einen klebrigen Brei, der, in Leinwand eingeschlagen, ein feuchtwarmes Kataplasma bildet; ein solches soll daumendick sein. Statt Leinsamenmehl kann man auch die officinellen Species emollientes verwenden. Im Volke bereitet man Kataplasmen auch aus Kleie und Brod mit heissem Wasser zusammengerührt, oder mit Milch und Seife.

Eine neuere Form der Kataplasmen sind die in Frankreich eingeführten Cataplasmes instantanés, bestehend aus einer comprimirten trockenen Schicht stark quellbaren Materials zwischen Papier oder Leinwand. Beim Uebergiessen mit heissem Wasser schwellen sie zu einem fingerdicken, direct zu applicirenden Umschlage auf; sie sind ebenso haltbar als transportabel.

Zu den Kataplasmen gehören auch die Sinapismen, die man durch Anrühren von Senfmehl mit lauwarmem (nicht kalt, nicht heiss) Wasser herstellt; statt deren kann auch „Senfpapier" im Handverkaufe beschafft werden: zerstossener Senf ist mittels Kautschuklösung auf Papier geklebt; dieses Papier wird angefeuchtet auf die Haut gelegt: ist reinlicher und bequemer als die Sinapismen. —

Species (z. B. die off. Spec. aromaticae) werden — fein zerschnitten — auch zu Anfertigung von Kräuterkissen benutzt (z. B. 50,0—75,0 zur Bedeckung einer Wange (wenn in der Signatur ausgesprochen ist, dass die Species zur Ausfüllung von Kräutersäckchen dienen sollen, so weiss der Apotheker, dass die Species fein zu zerschneiden sind: Absieben mit Sieb von 2 mm Maschenweite); ferner zur Infusion mit siedendem Wasser und zum Einathmen der aromatischen Dämpfe; ferner zu häuslicher Bereitung localer Bäder (z. B. Flor. Chamomillae zu Handbädern, oder pro membro virili bei Ulcus molle u. s. w.).

b) Pulvis, Pulver.

In Pulverform werden Arzneimittel äusserlich angewendet als Streupulver, Pulvis adspersorius, bei Intertrigo, Condylomata lata; die Augenheilkunde hat Einstreuen von Calomel auf die Cornea und in den Conjunctivalsack. Auch als blutstillendes Mittel werden namentlich adstringirende oder leicht ätzende Pulver verwendet.

Man benutzt je nach dem Zwecke entweder indifferente Substanzen, wie Lycopodium, Amylum, Reismehl, Talcum oder differente Substanzen mit ersteren als Vehikel gemischt. Unter den letzteren erwähnen wir Tannin, Alaun, Magisterium Bismuti, Jodoform, Calomel, Sublimat, Cupr. sulfur., Argent. nitric. etc.

Für Gesammtquantum ist zu beachten: 1 Theelöffel der leichtesten Pulver (Lycopodium u. s. w.) = 1,5; von den schwersten (Flor. Zinci) = 4—5,0.

c) Emplastra, Pflaster.

Für die Herstellung von Pflastermassen und speciellen Pflastern ist in den verschiedenen Pharmakopöen durch eine Reihe von Officinalformeln vorgesorgt.

Die besten Pflastermassen werden durch Kochen von Bleipräparaten (Minium, Lithargyrum, Cerussa) mit Oel und Fetten bereitet (Bleiseifen); Zusatz von Harzen, Terpentin oder Wachs giebt der betreffenden Pflastermasse eine verschiedene Consistenz und Klebrigkeit. Ein gewisser Gehalt von Harz und Terpentin ist für gut klebende Pflaster nothwendig. Auf diese Weise werden dargestellt das Empl. Lithargyri, Cerussae (Ph. Helv.: Empl. Lithargyri molle, weisses Mutterpflaster, Empl. Lithargyri fuscum, braunes Mutterpflaster), Empl. Litharg. compositum, Empl. adhaesivum (Heftpflaster), Empl. Hydrargyri u. a.

Sodann können Pflastermassen bereitet werden durch passende Mischung von Harzen, Oel, Terpentin und Wachs, indem diese Massen in der Wärme zusammengeschmolzen werden, so z. B. nach der Ph. Helv.: Emplastrum Ammoniaci, Empl. picis (Pechpflaster).

Die einen wie die anderen von diesen Pflastern können sodann versetzt werden mit Substanzen, welche ihnen während der Bereitung beigemengt werden. Die ursprüngliche Pflastermasse erträgt ganz gut einen Zusatz von $1/8 — 1/4$ ihres Gewichtes an Pulvern, Extracten u. dgl. Auf diese Weise werden dargestellt Empl. Cantharidum und andere (z. B. in der Ph. Helv.: Empl. Belladonnae, Hyoscyami, opiatum, aromaticum u. a. m.).

Bei der grossen Anzahl von Officinalpflastern ist es unnöthig, dass der Arzt besondere Magistralformeln für Pflasterbereitung aufstelle. Will er aber dies, so kann er z. B. dem Empl. Lithargyri (s. diachylon simplex) *leni calore liquefacto* die betreffende Substanz einverleiben lassen.

Die Pflaster verschreibt man entweder in Tafeln, Stangen oder Stücken verschiedenster Form („in tabulis", „in stylis" u. s. w., d. h. nicht aufgestrichen) oder sie werden aufgestrichen („extendirt") verschrieben: extende supra linteum (Leinwand), ext. s. taffetas (Taffet), linteum ceratum (Wachsleinwand), corium (Leder).

Für ein Pflaster z. B. von Gulden-(Zweimarkstück-)grösse bedarf es von Pflastern, die sich wie Heftpflaster dünn ausstreichen lassen, etwa 1,0, von andern, die wie Cantharidenpflaster zerbröckeln, wenn sie nicht etwas dick liegen: 3,0 („forma et magnitudine florini"). Ueberflüssige, doch noch gebräuchliche Bezeichnungen sind: „Magnitudine chartae lusoriae" (Spielkarte) = 5,0—10,0, „Magn. volae manus" 7,5 bis 15,0, magnitudine et forma auriculari (hinter das Ohr zu legen) = 1,0—3,0. — Am besten ist zu verschreiben z. B. Emplastri Cantharid. ordinar. extent. supr. lint. q. s., longitudine X centimetr., latitudine V centimetr. (also ohne Gewichtsangabe und nur Längen- und Breitenmaass). Pflaster, die selber nicht kleben (z. B. Empl. Canthar. ordin.), werden verschrieben entweder: „extende supra emplastr. adhaes. margine libero", oder „margine emplastro adhaesivo obducto".

Officinell sind folgende Emplastra: E. adhaesivum, Cantharidum ordinarium, Canth. perpetuum, Cerussae, fuscum camphoratum, Hydrargyri, Lithargyri, Lithargyri compositum (Gummipflaster, enthält Ammoniakgummi und Galbanum), saponatum.

d) Pastae, Pasten.

In Pastenform, d. h. in Form eines knetbaren Teiges, bringt man (selten) Aetzmittel auf die äussere Haut, um tiefer gehende Aetzungen hervorzubringen.

Als Aetzmittel werden verwendet: Kali causticum, Calcaria usta oder beide gemengt, Zincum chloratum, Acidum arsenicosum u. s. w. Als Constituentia, welche die Träger der Aetzmittel sind, benutzt man: Pulv. Althaeae, Amylum, Mehl, Argilla, Sapo u. s. w.

e) Styli s. Bacilli, Stäbchen, Stängelchen, Stifte.

1) Aetzstifte. Argent. nitric. fus. in bacillis, ferner Kali hydricum in bacillis (in Stäbchenform gegossen); ein Stück von 1 Ctm. Länge wiegt ungefähr 0,5. Am besten persönlich zu besorgen; man kann verschreiben (z. B.): Argent. nitr. fusi stylum unum ponderis 2,0, D. in penna (in einer Federpose); oder: Argent. nitr. fus. styl. unum longitud. Ctm. I; man kann den Stift auch mit Kautschuk oder Collodium überziehen lassen (obducatur collodio u. s. w.). Cuprum sulfuricum crystallis. bricht man sich am besten selber zurecht. Lapis divinus und mitigatus sind wie Arg. nitric. (Lapis infernalis) zu verschreiben. Sind Aetzstifte ohne Angabe der Grösse und Form vom Arzte verschrieben, so ordnet das Arzneib. f. d. D. R. an, dass sie 4 bis 5 Ctm. lang und 4 bis 5 Mm. dick zu sein haben.

2) Die Anwendung von Medicamenten in Stäbchenform kommt zuweilen vor, wenn es sich darum handelt, pulverförmige Substanzen in

Wundcanäle, Fistelgänge, in den Cervicalcanal, Uterushöhle u. s. w. zu bringen, woselbst die betreffenden Mittel nach und nach mit den Wandungen der bezüglichen Höhlen in Kontakt kommen sollen, um sie zu desinficiren, zu ätzen u. s. w. Dieser Zweck erfordert, dass das Excipiens eine Substanz sei, welche in der Wärme und Feuchtigkeit einerseits zerfliesst, andererseits keine Zersetzung des Excipiendum veranlasst. Solche Bacilli werden z. B. aus Glycerin und Gelatine bereitet, auch kann statt des Glycerin Traganth u. ähnl. genommen werden; oder aus Ol. Cacao (s. unter Suppositorien). Bei der Ordination überlässt man auch wohl dem Apotheker das Mischungsverhältniss und verschreibt nur die Länge und Dicke der Stäbchen, ferner den Procentgehalt der wirksamen Substanz (und allenfalls noch den Consistenzgrad).

Beispiele:

1) Rp.
Jodoformii 1,0
Cumarini 0,1.
f. c. Gelat. et Glycer. q. s. leg. a. stylus longitud. centim. V. et crassitud. millimet. VIII.
D. tal. styl. no X.

2) Rp.
Arg. nitric. 0,5
f. c. mucilag. Gummi, Trag. et Gelat. q. s. leg. a. bacillus longit. centim. V. et diametr. millim. V.
D. tal. bac. no V.

Mündlich aufzugeben ist folgendes Verfahren (VULPIUS): 15,0 beste Gelatine werden in 50,0 Wasser und 7,5 Glycerin im Dampfbade gelöst, die Lösung wird bis auf 54,0 eingedampft, dann mit 27,0 feinst verriebenem Jodoform, Dermatol u. s. w. innig gemengt, worauf man den Brei in eine mässig erwärmte Höllensteinform ausgiesst. Sofort nach dem Guss wird die Form in Eiswasser gestellt, um rasches Erstarren herbeizuführen und dadurch einer Senkung des schweren Jodoformpulvers u. s. w. vorzubeugen. Die erstarrten Cylinder werden schliesslich im Trockenschrank auf $^2/_3$ ihres Gewichtes eingetrocknet.

f) Suppositoria, Stuhlzäpfchen.

Nach Vorschrift des Arzneib. f. d. D. R. sind Suppositorien, falls der Arzt nicht anders verordnet, konische, fest-weiche, aus Kakaobutter hergestellte Zapfen von 3 bis 4 Ctm. Länge und 1 bis 1,5 Ctm. Durchmesser (am dickeren Ende), von 2,5 bis 3,0 Gewicht. Sie sind dazu bestimmt, in das Rectum eingeführt zu werden, theils um Stuhlentleerung (reflectorisch durch mechanischen Reiz) anzuregen und physikalisch (Verminderung der Reibung) zu begünstigen, theils um Medicamente im Rectum örtlich einwirken oder hier zur Resorption gelangen zu lassen. Für den ersteren Zweck genügt Talg (Sebum ovile) und Seife (kann im Hause des Kranken bereitet werden); als Träger von Arzneimitteln ist Oleum (Butyrum) Cacao zu empfehlen, das bei Zimmertemperatur fast, bei Bluttemperatur völlig zerfliesst. Dem „leni calore" geschmolzenen Ol. Cacao, wird die betreffende Substanz zugemischt, so dass sie nach dem Erkalten gleichmässig vertheilt ist und die eben erkaltende Masse wird in (Holz- oder auch Papier-) Formen ausgegossen. Der Arzt kann auch cylindrische, kugelförmige (f. globulus) oder eiförmige (formae ovalis) Gestalt vorschreiben.

Beispiele:

1) *Extract. Belladonnae 0,2* (od. *Acidi tannici 2,0*).
Ol. Cacao leni cal. liquef. 15,0.
Misce terendo et semirefrigerata effunde in formas cylindricas no *V.*
S. Nach Vorschrift.

2) *Chinini bisulfurici 0,3,*
Ol. Cacao 5,0
f. l. a. suppositorium, d. tal. dos.
no *X.*
S. Nach Vorschrift.

2a) *Chinini bisulfur. 0,3*
f. l. a. suppos.
D. tal. dos. no *X.*
S. Nach Vorschrift.

Vaginalkugeln werden ebenso verschrieben, nur in entsprechend grösseren Dimensionen (2,5—25,0) (wenn der Arzt kein bestimmtes Gewicht vorschreibt, muss der Apotheker nach dem Arzneib. f. d. D. R. Kugeln von etwa 5 Gr. liefern, wenn der Arzt — wenig passender Weise — verordnete: Substantiae X 0,5 f. l. a. globulus vaginalis) und der schliesslichen Bezeichnung f. globulus; man kann das Constituens auch aus 2 Thln. Wachs und 1 Thl. Fett oder Oel — leni calore mixta — zusammensetzen lassen. (Sign.: Nach Vorschrift.)

B. Flüssige und halbflüssige Arzneiformen.
1. Für den innerlichen Gebrauch.

Bei den flüssigen Arzneien sind die **chemischen** Eigenschaften der Körper und die Möglichkeit von Umsetzungen besonders zu berücksichtigen.

a) **Mixturae incl. Solutiones**, Mixturen einschl. Lösungen.

Alle mischbaren Flüssigkeiten und löslichen Substanzen können in Mixturform gegeben werden; kleine Mengen (höchstens $\frac{1}{30}$) unlöslicher Pulver (s. unter „Schüttelmixtur") können hinzugethan werden. Das Constituens (Excipiens), hier Menstruum genannt, ist entweder Aqua destillata, oder eine der officinellen Aquae (meist mit ebensoviel bis zum 10fachen von Aq. destill. verdünnt). Mixturen werden auf 2—4 Tage verordnet und esslöffel-, kinderlöffel- oder theelöffelweise resp. zu 5, 10, 15, 20 Cubikcentimetern (s. S. 278) eingenommen; man verordnet so, dass die Arznei für etwa 10—20 Einzeldosen ausreicht und überschreitet die Gesammtmenge von 200,0 im Allgemeinen nicht. Ist die Basis ein indifferentes Mittel, so verlohnt es nicht, für diese sich genauere Gabengrössen einzuprägen, vielmehr merke man sich als bequemer zu behalten und wesentlicher für die Verordnung die zulässige Concentration, d. h. eine Verhältnisszahl, ein Procentverhältniss, z. B. für Natr. bicarbonic. 5—10 auf 200, oder $2^1/_2$—5%, für Jodkalium 1—5 auf 200 u. s. w. und dann bedarf es keiner besonderen Berechnung der einzelnen Dosis. Ist die Basis dagegen ein energischer wirksames Mittel, so muss man sich (s. unter „Pillen") zunächst die Einzeldosis der Substanz überlegen und mit der Zahl aller zu verschreibenden Einzeldosen multipliciren; z. B. 0,05 *pro dosi*, 20 Einzeldosen = 1,0; hierauf wird die Wassermenge bedacht, in welcher die Einzelgabe zu reichen ist, z. B. ein Kinderlöffel = circa 8,0; diese Zahl ist wieder mit der Zahl aller Einzeldosen, hier mit 20 zu multipliciren, und so sind von der Substanz x ein Gramm, von Aq. destill. circa 160, abgerundet 150 zu verschreiben. Will man ganz genau dosiren, so bedient man sich (was selten geschieht) für das Menstruum und die Dosirung der volumetrischen Bezeichnung z. B.

Chlorali hydrati 10,0
Aq. dest. q. s. ut f. centimetri cubici C
DS. Abends 10 Cubikcent. zu nehmen.

Als Corrigentien dienen abwechselnd (Notabene: in der ersten Zeit möge man die Mixturen, die man verschreibt, selber kosten, um die Kunst des Corrigirens zu lernen!): Zusatz von offic. Aquae ($^1/_{10}$—$^1/_2$, Aq. Flor. Aurantii und andere stärkere Parfüms höchstens zu $^1/_{10}$); Sirupe, bei Erwachsenen höchstens $^1/_6$ der ganzen Arznei; bei kleinen Kindern relativ mehr, eventuell auch Sirup als Menstruum, wo man dann diese Arznei auch wohl Linctus, Lecksaft, nennt. Manche legen Werth darauf, zu einer abführenden Arznei Sir. Sennae oder Rhei, zu beruhigenden Mixturen Sir. Papaveris oder Amygdalarum, zu roborirenden Sir. cort. Aurantii, zu emetischen den Sir. Ipecacuanh. oder das Oxymel Scillae und letzteres auch zu diuretischen Arzneien, hier auch Sir. Juniperi zu geben; bei kratzenden Arzneien (Senega, Quillaya) und bei sehr salzigen (Salmiakmixturen u. s. w.) ist alles zuckersüsse (Sirupe) als widerlich zu vermeiden; hier ist Succus Liquiritiae zu $^1/_{25}$—$^1/_{12}$ der Gesammtarznei das beste Corrigens; für viele Patienten, besonders alkoholgewöhnte Männer sind Sirupe und Zucker überhaupt unangenehm und Tincturen und Spirituosen erwünscht. Sehr saure Arzneien werden erträglicher durch Zusatz von Mucilago Gummi (bis $^1/_6$ der Gesammtquantität), was man „einhüllen" des Arzneimittels nennt.

Man verschreibt entweder:

Rp.
Substantiae X 5,0   oder   X 5,0   oder   *Solution.* X (5,0) 150,0
Y   *solve in aq. destill. 150,0*   Y
Z ana 2,0   Y   Z ana 2,0
Aq. destill. 150   Z ana 2,0   DS.
DS.   DS.

Bei Substanzen, welche sich unter dem Einflusse des Tageslichts leicht zersetzen setze man hinzu D. in vitro nigro (oder: flavo). (Jodarzneien, Sublimat und stark saure Mixturen greifen das Silber des Löffels an!)

Beispiele:

1) Rp.
   Ammon. chlorat. 5,0
   Natr. bicarbon. 2,5
   Succi Liquirit. 5,0
   Aq. destill. 180,0.
   DS. 2stdl. 1 Essl.

2) Rp.
   Acidi hydrochloric. 2,0
   Mucilag. gummi arab.
   Sirup. Rubi Idaei ana 25,0
   Aq. destill. 150,0.
   MDS. stdl. 1 Essl.

Officinalformeln: Die ehemalige „Mixtura gummosa" (15 Gummi, 15 Zucker, 170 Wasser, eine magistral sehr brauchbare Formel) ist von der Ph. G. III. gestrichen. — „Mixtura oleosobalsamica" (eine Mischung bestehend aus: Perubalsam 4 Thln., 6 verschiedenen äther. Oelen je 1 Thl. und 240 Weingeist) wird fast nur äusserlich gebraucht. — „Mixtura sulfurica acida" (Acid. sulfuric. — notabene: 94 bis 97% wasserfreie SO_4H_2 — 1 Thl., Spiritus 3 Thle.), Haller'sches Sauer genannt, ist nur in Verdünnung, eventuell als Zusatz zu Mixturen zu verordnen. — Hier mögen (obgleich das eine nicht hergehört) auch die 3 offic. „Elixire", eine magistral nicht mehr übliche Arzneiform, erwähnt werden. „Elixir" ist eine concentrirte Mixtur oder Tinctur. „Elixir amarum" (Extr. Absinthii 2, Elaeosacch. Menth. pip. 1, Aq. 5, Tinctur. arom. 1, Tinctur. amar. 1). — „Elixir Aurantiorum compositum" (Pomeranzenschalen, zerstossener Zimmt, Kaliumcarbonat mit Xereswein 8 Tage macerirt [s. unter Maceration] zur Colatur viererlei bittere und aromatische Extracte). — „Elixir e Succo Liquiritiae", Brustelixir (Succus Liquir. depur. 1, Fenchelwasser 3, Liqu. Ammon. anisati 1), theelöffelweise.

Schüttelmixtur („Mixtura agitanda" oder „media" der Autoren) wird wie jede andere Mixtur verschrieben; nur erfährt sie einen Zusatz von etwas Pulver, welches, wie auf der Signatur ausdrücklich zu sagen ist, unmittelbar vor dem Einnehmen durch Schütteln gleichmässig in der Mixtur zu vertheilen ist. Schwere Metallpulver aber senken sich sofort, sind also von dieser Form ausgeschlossen. Man nehme höchstens $\frac{1}{20}$ von der Mixtur an Pulver, setze zur Verzögerung des Senkens (oder Aufsteigens) dem Menstruum Mucilago Gummi arabici zu. Wenn Pflanzenpulver benutzt wird, ist wegen Quellens des Pulvers auf höchstens einen Tag zu verordnen.

Beispiel:

Rp.
 Tartari stibiati 0,05
 Pulv. radic. Ipecacuanh. 3,0
 Mucil. Gummi,
 Sirup. Ipecacuanh. ana 15,0
 Aq. destill. 50,0.
 MDS. Vor dem Gebrauche stark umzuschütteln; alle 10 Minuten 1 Esslöffel bis zur Wirkung.

b) Guttae, Tropfen.

Flüssigkeiten einfacher Zusammensetzung, in Mengen unter 75,0, die tropfenweise und ähnlich dosirt werden. Gewichtsverhältnisse der Tropfen s. S. 278; man bedient sich entweder, wo es sich um **genauere Dosirung** handelt, der sog. Tropfenzähler (Glasröhrchen mit kleinem Gummiballon) oder verschreibt ein geschnäbeltes Glas (etwa: vitrum rostratum), dessen Schnabel gleich grosse Tropfen — von Wasser etwa 0,05 an Gewicht — abfallen lässt, andernfalls ist die Grösse der Tropfen nicht sicher. Das Menstruum ist entweder Aqua destill., oder eine officinelle Aqua, oder eine der officin. Tincturen, Spiritus, Spiritus aethereus u. ähnl., in seltenen Fällen auch fette Oele (z. B. Ol. Ricini als Excipiens für Ol. Crotonis); meist ist auch das Menstruum gleichzeitig Corrigens; Zucker, Sirup u. ähnl. wird, der Compendiosität wegen, nie zugefügt; dagegen wird in der Signatur oft verordnet, dass z. B. 10 Tropfen in einem Glase Zuckerwasser oder auf Zucker zu nehmen seien; zuweilen ist die Verdünnung beim Einnehmen ganz besonders nothwendig, z. B. wenn die verordnete Flüssigkeit an sich ätzend ist, eventuell ist auch Einhüllung (z. B. durch Haferschleim u. s. w.) anzuordnen. Meist werden gerade Morphin, Arsenik u. ähnl. stark wirkende Stoffe in Tropfenform verschrieben; man sei bezüglich der Quanta vorsichtig und warne, damit nicht Vergiftungen möglich werden.

Mnemotechnische Regel: **Wo es angeht**, verschreibe man 2%ige Lösung der wirksamen Substanz, dann ist **in jedem Tropfen ein Milligramm** gelöst enthalten, und soviel Milligramme man geben will, soviel Tropfen lässt man nehmen!

c) Saturatio, Saturation.

Unter Saturation versteht man eine Mixtur (Solution), in welcher Kalium- oder Natrium-Carbonat durch eine organische Säure eben gerade gesättigt ist, und in welcher sich eine gewisse Menge der freigewordenen Kohlensäure absorbirt befindet. Früher hatte man nur die sog. Potio Riveri in medicinischem Gebrauche: man liess den Patienten zuerst etwas kohlensaures Natrium in wässeriger Lösung nehmen und unmittelbar darauf frisch ausgepressten Citronensaft. Die Vermengung und somit die Kohlensäure-Entwicklung fand im Magen statt, was zu einer raschen Ausdehnung des Magens mit Aufstossen Veranlassung gab. Dieses Verfahren wird noch als diagnostisches Hilfsmittel benutzt, um bei Magenerweiterung die Grenzen des Magens zu bestimmen. Die heutige offlcin. Potio Riveri wird hergestellt, indem 4 Thle. Citronensäure in 190 Thln. Wasser gelöst und 9 Thle. kohlensaures Natrium in kleinen Krystallen zugefügt werden, worauf das betr. Gefäss verschlossen wird; wird nur auf Verordnung bereitet. (Wenn eine „Saturation" ohne Angabe der Bestandtheile verordnet wird, so ist — nach dem Arzneib. f. d. D. R. — Potio Riveri abzugeben.)

Im Allgemeinen werden in einer Gesammtflüssigkeitsmenge (mit Aq. destill.) von 180—200,0 etwa 5,0(—10,0) kohlensaures Salz (für diuretische Arzneien besonders Kalium carbonicum, sonst auch Natrium bicarbonicum oder carbonicum) und organische Säure (Essigsäure in Form von Essig; Acid. tartaricum oder Ac. citricum) q. s. ad. saturat. verschrieben. Ungefähr sättigen 10,0 Essig (Acetum enthält 6 acid. acet. und 94 Wasser; Essig muss gleiche Mengen der Normal-Kalilauge [= 56 Gr. Kaliumhydroxyd in 1 Liter Wasser] sättigen) 0,7 kohlens. Salz (die Apotheker titriren ihre Salz- und Säurelösungen besonders) und ungefähr wird 1,0 kohlensaures Salz von 14,0 Acetum, 0,65 ac. citric und 0,625 ac. tartar. gesättigt. Succ. Citri ist wechselnd im Säuregehalt und meist eine Kleinigkeit saurer als Acetum.

Wenn Acet. Scillae in Saturation gegeben werden soll, so darf nicht dieses mit q. s. verordnet werden, sondern muss, weil zu wirksam, in bestimmter Dosis verschrieben werden und entweder setzt man dann das kohlensaure Salz mit „q.s", oder man schreibt (z. B.): Kalii carbonici 5,0, Acet. Scillae (der, weniger sauer als gewöhnlicher Essig, etwa zu 1—3,0 *pro dosi* gegeben werden kann) 20,0, Acet. q. s. ut f. saturatio, Ap. destill. 80,0, Sir. spl. 20,0.

Als Corrigentien werden gern Fruchtsirupe (Himbeersaft u. a.), auch Elaeosacchara benutzt. Irgendwie muss die Bezeichnung „f. saturatio" in das Recept geschrieben werden, z. B.: M. f. l. a. saturatio oder q. s. ad perfect. satur. u. ähnl.

Genauere Zahlen für Saturationen (die man aber nicht im Kopfe zu haben nöthig hat) sind:

Es sättigen 10,0 folgender Salze:	Acetum purum.	Acetum Colchici, Digitalis, Scillae.	Acidum tartaricum.	Acidum citricum.	Succus Citri
Ammonium carbonicum crystallisatum	172,0	192,0	12,5	10,6	171,0
Kalium bicarbonicum	100,0	111,0	7,5	6,4	100,0
Kalium carbonicum	139,0	155,0	10,4	8,87	139,0
Natrium carbonicum crystallisatum	70,0	78,0	5,2	4,4	70,0
Natrium bicarbonicum	119,3	133,0	8,93	7,62	118,0

Es sättigen 10,0 folgender Säuren:	Ammonium carbonicum crystallisatum.	Kalium bicarbonicum.	Kalium carbonicum.	Natrium bicarbonicum.	Natrium carbonicum crystallisatum.
Acetum purum	0,581	1,0	0,72	0,83	1,43
Acetum Colchici, Digitalis, Scillae	0,52	0,9	0,64	0,75	1,28
Acidum tartaricum	8,0	1,33	9,96	11,19	19,23
Acidum citricum	8,33	14,29	10,31	13,12	20,41
Succus citri	0,58	1,0	0,72	0,82	1,53

d) Emulsio, Emulsion.

Eine Emulsion entsteht, wenn in einer Flüssigkeit (meist dest. Wasser) eine mit ihr nicht mischbare und in ihr nicht lösliche Substanz (meistens auch Flüssigkeiten wie Oele, Balsame, aber auch Harze, Kampher, feste Fette u. a.) so fein und gleichmässig vertheilt ist, dass das Gemenge gleichartig milchig erscheint, während man erst unter dem Mikroskope die Ungleichartigkeit (wie bei der Milch auch) erkennt. Die im Menstruum zu emulgirende Substanz (Oel, Harz u. s. w.) nennt man das „Emulgendum"; um die Emulsion zu bewerkstelligen, bedarf es einer Zuthat zu Emulgendum und Menstruum, des sog. Emulgens: Um Mandelöl in Wasser zu emulgiren, kann man das Oel vorher mit (trocknem) Gummi arabicum (nicht Mucilago!) verreiben und dann unter Reiben allmählich das Wasser zugiessen lassen: hier ist das Gummi das „Emulgens". In den süssen Mandeln (wie in den bittern Mandeln) ist ein Stoff „Emulsin" enthalten. Das Oel der süssen Mandeln wird, wenn diese selber mit Wasser verrieben werden, durch das Emulsin und durch die Eiweiss- und Gummistoffe der Mandeln sofort in Emulsion gebracht. Ebenso kann man die genannten Emulgenda leicht in Emulsion bringen, wenn man sie zunächst mit Eigelb (vitellum ovi unius, vit. ov. II u. s. w.) verreibt. Diejenigen Emulsionen, welche durch Verreiben von ölhaltigen Samen (Mandeln, Mohn) mit Wasser entstehen, werden Samen-Emulsionen oder auch Emulsiones verae genannt; während die (aber ganz echten) Emulsionen, welche durch Zusatz eines Emulgens (Gummi, Eigelb) erzielt werden, Emulsiones spuriae und „künstliche Emulsionen" genannt werden. — Für Harze eignet sich besonders Eigelb. — Vom Emulgens Gummi verschreibt man entweder „q. s." oder, für gewöhnlich, die Hälfte an Gewicht von dem des Emulgendum (5,0 Gummi für 10,0 Oel). Bei Ol. Ricini nimmt man meist (überflüssigerweise) nur $1/2$ Gummi, um durch zu viel Gummi nicht verstopfend zu wirken. Kampher bedarf dagegen 5—10 mal soviel Gummi, als von ihm selbst genommen wird, oder er muss vorher in Oel gelöst werden (Ol. camphoratum), wo dann dieses Oel wie jedes andere Oel emulgirt wird. Vitellum ovi unius leistet so viel wie etwa 8—10,0 Gummi. Tragacanth ist 5 mal wirksamer als Gummi. Das Menstruum sei Wasser, rein oder mit Zusatz von einer officinellen Aqua. — Wenn Samen (z. B. Mandeln) zerrieben sind, bleiben Drogenreste (Cellulose u. s. w.) ungelöst und nicht emulgirt zurück, diese werden aus der Mandelmilch mittels Durchseihen durch ein Tuch („colare") getrennt. Die durchgeseihte Flüssigkeit („colatura") erhält zuweilen noch Zusätze. Bei einer Emulsio spuria wird natürlich nicht colirt. Die Menge Samen oder Oel (kurz das Emulgendum) darf im Verhältniss zum Menstruum eine gewisse Höhe nicht überschreiten: ein Gewichtstheil Emulgendum auf zehn Theile Flüssigkeit ist correctes Verhältniss (viel mehr Emulgendum ist nicht zulässig) und soll nach dem Arzneibuch f. d. D. R. vorausgesetzt werden, wenn der Arzt nur z. B. „Emulsion. Amygdal. dulc. 180,0" oder „Emuls. Olei olivarum 150,0" verschreibt, ohne zu sagen, wie viel vom Emulgendum zu nehmen sei. — Zusätze zu einer Emulsion dürfen die emulgirende Fähigkeit des Gummi, Eiweiss u. s. w. nicht beeinträchtigen und das Fett nicht verseifen; verboten sind deshalb: Säuren und saure Salze und saure Sirupe (Sir. Rub. Idaei u. s. w.), Alkohol und Tincturen, Alkalien. Irgendwo im Recepte muss stehen „emulsio". Wird kurzweg „Emulsio oleosa" verschrieben, so hat der Apotheker sie aus Mandelöl zu bereiten.

Beispiele:

1) Rp.
.Amygdal. dulc. excortic. 20,0
Amygdal. amaras II
f. c. aq. destill. 200,0
Emulsio.
Cola et colaturae adde
Kalii nitrici 5,0.
MDS.

2) Rp.
Emulsionis Amygdal. dulc. 200,0,
Kalii nitrici 5,0.
DS.

3) Rp.
  Ol. olivar. 10,0
  Pulv. gummi arab. 5,0 (oder: Vitellum ovi unius),
  Aq. destillatae 150,0.
  M. f. leg. art. emuls.
      adde
  Extr. opii 0,2
  Sirup. simpl. 30,0.
  DS. Stündlich 1 Esslöffel.

4) Rp.
  Emuls. oleosae 150,0
      adde
  Extr. opii 0,2.
  Sirup. simpl. 30,0.
  MDS. Stündlich 1 Esslöffel.

5) Rp.
  Camphor. 1,0
  solv. in Ol. olivar. 8,0.
  Pulv. gummi arab. q. s. ut. f. c.
  Aq. destill. 100,0
  Emulsio, cui adde
  Sirup. cort. aurant. 25,0.
  S. Stündlich 1 Esslöffel.

6) Rp.
  Balsami Copaivae 20,0
  Extr. Cubebar. aeth. 0,5
  Gummi Tragacanthae 2,0
  M. f. c. aq. destill. 200,0
      l. a. emuls.,
      adde
  Sirup. Cinnamomi 30,0
  DS. 4mal täglich 1 Esslöffel.

e) Extractionsformen.

Aus (pflanzlichen) Drogen werden mittels Flüssigkeiten (Wasser, bei manchen Spiritus und Spirituosen, beides mit oder ohne Zusatz von Säure, Alkali) die wirksamen Bestandtheile ausgezogen und die erschöpfte Droge wird durch Coliren (event. durch Decanthiren [abgiessen] oder Filtriren [filtrare] durch Filtrirpapier, welches letztere selbst feinere körperliche Bestandtheile zurückhält) von der gewonnenen Arzneiflüssigkeit getrennt. Werden die Drogen mit der Flüssigkeit kalt beigesetzt und an einem kalten Orte — bei 15 bis 20° — einfach eingeweicht, so nennt man die Procedur und die gewonnene Arznei „Maceration"; geschieht dies an einem warmen (nicht heissen) Orte — bei 35 bis 40° —, „Digestion"; wird über die Droge siedendes Wasser gegossen: „Infusum"; wird kalt beigesetzt und das Wasser mit der Droge zusammen zum Kochen erhitzt: „Decoctum". Für alle Extractionsformen gilt als technisch zweckmässiges Verhältniss: (nicht mehr als) 1 Thl. Droge auf 10 Thle. Flüssigkeit.

α) Maceration.

Das Menstruum ist hier selten Wasser, meistens spirituöser Natur: verdünnter Spiritus, Vinum, z. B. V. gallicum rubr., V. Rhenanum (generos. alb.), Xerense. Am meisten eignen sich zur Maceration Drogen, die bittere, aromatische und harzige Stoffe bergen (für Harze muss alkoholische Macerationsflüssigkeit genommen werden). Aromatische Stoffe gehen zumal in alkoholische Flüssigkeiten schnell über, etwa in $\frac{1}{2}$—2—4 Stunden (bei frischen Kräutern in 15 Minuten); bittere und namentlich harzige bedürfen mehr Zeit: 12—24 Stunden, bis zu mehreren Tagen. — Corrigentien sind entweder ebenfalls Drogen (aromat. u. s. w.), und diese müssen mit macerirt werden, oder flüssige resp. lösliche Zusätze — Sirupe (selten), Tincturen, Elaeosacchara — und diese werden erst der Colatur zugefügt. Säuren dagegen, Alkohol, Soda u. a. werden, wenn sie geeignet sind, den Vorgang der Extraction zu unterstützen, nicht erst der Colatur, sondern von vornherein beigegeben. Bei der Umständlichkeit des Verfahrens wird nie unter 200,0, meist bis 500,0 und darüber an Gesammtmenge verschrieben; die Signatur besagt z. B.: „Esslöffelweise zu nehmen".

Beispiel:

Rp.
Cortic. Chinae contus. 25,0
Cortic. fruct. Aurant. 5,0
Acid. sulfuric. dilut. 1,0
Vini Rhenani albi 500,0
Macera per horas XXIV, saepius agitando,
Cola et colaturae adde
Elaeosacchari Citri 10,0.
DS. 2mal tägl. 1 Liqueurglas voll.

β) Digestion.

Digestion wird wie die Maceration, aber „loco tepido" —50—75°C.—, „saepius agitando" vorgenommen. Aromatische Stoffe verlieren bei dieser Temperatur mit der Zeit ihr Aroma und sind deshalb von der „Digestion" ausgeschlossen, sie werden (s. oben) macerirt. Alles andere wie bei der Maceration.

Beispiel:

Rp.
Ligni Quassiae
Rad. Ratanhiae ana 10,0
Aq. destill. 350,0
Spirit. dilut. 50,0
Digere, saepius agitando, per horas XII.
Cola et colaturae refrigeratae adde
Tinctur. aromaticae 20,0.
DS.

Notabene: Maceration und Digestion, weil zeitraubend, sind seltener in Gebrauch und für eilige Fälle ausgeschlossen.

γ) Infusum, Aufguss.

Pflanzenbestandtheile werden, grob oder fein zerkleinert, mit kochendem Wasser in einem geeigneten Gefässe übergossen und dann 5 Minuten lang unter Umrühren den Dämpfen des kochenden Wassers im Wasserbade ausgesetzt. Nach dem Erkalten wird die Flüssigkeit colirt.

Will man aber die Flüssigkeit ganz frei von Pflanzenbestandtheilen haben, so lässt man sie durch Papier filtriren.

Bei Infusen, für welche der Arzt die Menge der anzuwendenden Substanz nicht angiebt (z. B. wenn er nur „Infus. radic. Liquiritiae 150,0" verschriebe), hat der Apotheker auf 10 Thle. Colatur 1 Thl. Substanz zu nehmen. Bei Arzneikörpern, für welche eine Maximaldose festgesetzt ist, muss die Menge zahlenmässig vom Arzte angegeben werden.

Die Form des Infuses ist besonders für aromatische Drogen geeignet (confer unser Kaffee- und Thee-Infus), da hier — gegenüber dem Decocte — ein geringerer Verlust der mit den Wasserdämpfen flüchtigen aromatischen Stoffe zu Stande kommt; ferner ist — gegenüber der Abkochung (Decoct) — das Infus zweckmässiger bei solchen Stoffen, die ihren Inhalt leicht hergeben, wie Blüthen, Blätter, während Hölzer u. ähnl. oft erst durch das (länger dauernde) Kochen extrahirt werden können. — Adjuvirende und corrigirende Drogen sind mit zu infundiren (s. unter „Maceration"), Sirupe, Tincturen und lösliche Substanzen erst der Colatur zuzusetzen. Gesammtmengen, Dosen u. s. w. wie bei „Mixturen" (s. diese).

Officinell ist das Infus. Sennae compos. („Wiener Trank") (Sennablätter 1, siedendes Wasser 7, zur Colatur hinzu: Tartar. natronat. 1, Manna 3).

Man verschreibt entweder: Fol. Digitalis (z. B.) 2,0, infunde aq. fervid. 150,0; cola et colaturae adde u. s. w., oder Infus. fol. Digitalis (2,0) 150,0, Sirup. spl. 20,0 u. s. w. oder: Infus. fol. Digit. 150,0 (e 2,0) oder 2,0 : 150,0.

Beispiel:

Rp.
    Fol. Digitalis 2,0
    inf. aq. ferv. 150,0.
Colaturae adde:
    Liq. Kalii acetici 15,0
    Oxymell. Scillae 10,0.
DS.

δ) Decoctum, Abkochung.

Die zu extrahirende Substanz wird mit kaltem Wasser übergossen und während einer halben Stunde den heissen Dämpfen des siedenden Wassers unter Umrühren ausgesetzt. Darauf wird das Gemenge noch warm colirt und im Tuche abgepresst. In einzelnen Fällen besonders fester Consistenz der betreffenden Drogen, wie z. B. Rad. Rantanhiae, Cort. Condurango, Cort. rad. Granati u. a. m., welche längere

Kochzeit verlangen, ist die Dauer des Kochens auf der Verordnung ausdrücklich zu bemerken (s. Beispiele).

Auch bei dem Decocte gilt die Vorschrift, dass, wenn bei indifferenten Substanzen nichts weiter als das Gewicht der Colatur bezeichnet wird, das Verhältniss zwischen Drogen und Wasser 1 : 10 zu nehmen ist[1]). Ausgenommen sind Arzneikörper, für welche Maximaldosen gegeben sind, und stark schleimige Substanzen. Bei ersteren muss der Arzt die Menge angeben, bei letzteren ist sie dem Ermessen des Apothekers anheimgestellt. Der Arzt merke sich, dass schleimige Substanzen, wie Salep, nur im Verhältniss 1 : 100 zum Decoct zu verordnen sind, da sie, wenn mehr (z. B. 1 : 10) genommen wird, Gallerten bilden. — (NB. Aromatische Stoffe lässt man nicht abkochen!) Ordination und Dosen wie bei Infusen; etwaiger Säure- oder Sodazusatz wie bei Maceration (s. diese); die Formel ist z. B.: Radic. Senegae 5,0, coque c. aq. destill. q. s. ad remanentem colaturam 150,0; der Sinn dieses Ausdrucks ist, dass der Apotheker den durch das Einkochen verursachten Wasserverlust so zu reguliren und zu ersetzen habe, dass Colatur von der angegebenen Menge zurückbleibe.

Officinell ist: Decoctum Sarsaparillae compositum (20 : 500, dazu Zucker, Kali-Alaun, Anis, Fenchel, Sennesblätter 5, Süssholz). (Ph. Helv. hat, wie bisher auch die Ph. Germ., ein Dec. Sars. comp. fortius, und ein D. S. c. mitius [s. S. 153].)

Beispiele:

1) Rp.
Rad. Colombo 10,0
coque c. aq. d. ad. rem. colat. 200,0
cui adde
Tinct. Opii spl. gutt XV
Sirup. cort. Aurant. 30,0.
MDS. 2stündlich 2 Esslöffel.

2) Rp.
Cort. Granati 40,0
coq. c. aq. destill. per hor. V
ad remanent. col. 300,0
cui adde
Elaeosacch. Menthae 15,0.
D.S. Vormittags tassenweise in 3 Malen zu trinken.

ε) **Macerations-Decocto-Infus und Aehnliches.**

Die vorgenannten Extractionsmethoden (α—δ) gestatten Combinationen, indem dieselbe Flüssigkeit zunächst zu einer Maceration benutzt wird, alsdann mit der macerirten Droge oder resp. und andern Substanzen gekocht und eventuell dann noch siedend zur Infusion einer andern, das Abkochen nicht vertragenden Droge verwerthet wird. Hieraus ersieht man, dass die zeitliche Reihenfolge der Operationen fast

---

[1]) Ph. Helv. kennt Infus. und Decoct. in drei Abstufungen: 1) Inf. und Decoct. ordinarium, gleichwerthig mit dem Inf. und Decoct der Ph. Germ.; 2) Inf. und Decoct. concentratum 1,5 : 10, und 3) Inf. und Decoct. concentratiss. = 2 : 10.

immer nur entweder ein Decocto-Infus oder ein Macerations-Decocto-Infus, nicht aber ein Infuso-Decoct ergeben kann. Die Art zu verschreiben ergiebt sich aus folgenden Beispielen:

1) Rp.
    Cortic. Granati 30,0
    Macera aq. destill. 300,0
    per horas XII
    deinde coque ad remanent. 180,0
      et sub finem coctionis
    adde Rhizomat. Filicis 15,0
    Folior. Sennae 7,5
    Colatur. adde
    Sirup. cortic. Aurant. 20,0.
    DS.

2) Rp.
    Cortic. Granati 30,0
    Aq. destill. 300,0
    Macera per hor. XII,
    Deinde coque per horas II ad
      reman. colaturam 180,0,
    quam adhuc ferridam
    infunde super
    Rhizomat. Filicis 15,0
    Folior. Sennae 7,5
    Cola
    Sir. u. s. w.

f) Succus herbarum recenter expressi, Kräutersäfte.

Sind nicht mehr gebräuchlich.

g) Electuarium, Latwerge.

Die Latwerge ist eine Masse von musartiger (brei- oder teigartiger) Consistenz, welche eine Mischung von Pulvern, besonders Pflanzenpulvern mit Säften, Honig, Fruchtmus und — resp. oder — auch Extracten von der Consistenz II darstellt. Die häufigst gebrauchten Constituensmaterialien sind: Mel, Sirupus simplex, Pulpa Prunorum (Zwetschgenmus), Pulpa Tamarindorum; zuweilen werden auch wohl Balsame und auch fette Oele mit benutzt.

Als Schema merke man sich zunächst:

1 Thl. Pflanzenpulver, 1 oder 2 Thle. Sirup, 2 Thle. Pulpa Prunorum. Sehr gut ist die Mischung: 1 Pulver, 4 Sirup, 5 Pulpa Tamarindorum; es genügen zur Noth auch für 1 Thl. Pulver 2—5 Thle. Sirup, Honig, Extract I oder II; auch 5—15 Gewichtstheile Pulpa Prunorum bergen für sich allein 1 Thl. Pulver. Es empfiehlt sich, wenn man Pulpa und Sirup benutzt, von einem dieser (indifferenten) Mittel q. s. zu verordnen. Die Bezeichnung „f. electuarium" soll in das Recept aufgenommen werden.

Die Dosirung erfolgt durch den Patienten „theelöffelweise" u. s. w. (es ist nicht Sitte, das Electuarium vom Apotheker in Dosen abtheilen zu lassen); die Dosirung ist also ungenau, daher differenteste Substanzen von dieser Verordnung auszuschliessen sind: es zersetzt sich leicht, trocknet ein, wird ungeniessbar, daher nur auf kurze Zeit zu verschreiben.

In Electuariumform darf man keine Substanzen verordnen, welche bei der Vermischung mit den genannten Constituentien Umsetzungen oder Zersetzungen eingehen, wie etwa Metallpulver, manche Salze.

Die Gesammtmenge betrage zwischen (etwa) 50,0 und 150,0 („ein Kaffeelöffel voll" ist hier stets ein gehäufter Löffel, ungefähr gleich 10,0).

Officinell ist in Deutschland gegenwärtig nur das Electuarium Sennae: gepulverte Sennablätter 1 Thl., weisser Sirup 4 Thle. und Tamarindenmus 5 Thle., auf dem Dampfbade erwärmt und vermengt. (Ph. Helv. hat ausserdem noch Phosphorlatwerge, elect. phosphoratum, $2^0/_0$ Phosphor enthaltend.)

Beispiele:

1) Rp.
 Flor. Koso 20,0
 Sirup. simpl. 50,0
 Pulv. Tamarind. dep. 50,0
 M. f. elect. S. im Laufe des Vormittags kaffeelöffelweise zu nehmen.

2) Rp.
 Pulv. Cubebar. 20,0
 Bals. Copaiv. 20,0
 Pulv. folior. Sennae 8,0
 Pulp. Tamarind. 60,0.
 M. f. elect. DS. 3mal täglich 1 Kaffeelöffel.

h) Gelatina, Gallerte, Gelée.

Weiche, elastische, bei Erschütterung zitternde Masse von charakteristischer Consistenz. Schmilzt in der Wärme, erstarrt bei Kälte wieder; schmilzt unter Einwirkung von viel Säure (z. B. Essig). Entsteht aus:

1) Leimgebenden Substanzen: Kalbsknöchel (häusliche Bereitung), Cornu cervi raspatum, Colla piscium, käufliche französische Gelatine (trocken, fast glasartig aussehend, biegsam).

2) Amylum-, Lichenin- und Gummi-haltigen Substanzen: Lichen Islandicus, Carragheen, Tragacantha, Tubera Salep, Arrow-Root, Tapioca etc.

3) Fruchtsäfte mit viel Zucker (wegen des Pectingehaltes ersterer): Himbeer (Rubus Idaeus).

Bereitung: ad 1) Kochen und heiss coliren; ad 2) Ansetzen mit wenig kaltem Wasser (kurzes Maceriren), dann siedendes Wasser dazu (oder auch wie ad 1) und dann Zucker dazu; ad 3) Mit Zucker einkochen. Flüssigkeitsquanta: Für Colla piscium, Gelatine und Carragheen: auf 1 Thl. Material 25—50 Wasser und bis auf 10 Thle. einkochen lassen. Für Cornu cervi rasp., Lichen Islandicus und Arrow-Root: auf 1 Thl. Material 30—100 (zu den beiden letzteren noch ebensoviel Zucker wie Droge) und einkochen lassen bis auf 6—10 Theile. Dagegen ist Salep und Traganth bloss mit dem 25fachen an Flüssigkeit zu kochen. Fruchtsäfte bedürfen einen Zusatz von $^1/_2$—$^3/_4$ (bis ana) Zucker.

Die Formel lautet schliesslich: Repone in loco frigido ut abeat in gelatinam. Zusätze werden zur heissen Colatur (colaturae adhuc fervid. adde u. s. w.) gegeben. Die Zusätze (oft die eigentliche Basis, während die Gelatina nur das Excipiens) sind: Wein, Tincturen, Sirupe; sie sind in die schliessliche Flüssigkeit mit einzurechnen; nur sehr wenig Säure ist als Zusatz gestattet (wegen Zerfliessens); keine tanninhaltigen Stoffe, wegen verdichtender Gerinnung („gerben"); keine Pulver, wegen des unästhetischen Aussehens. Ungenaue Dosirung; geringe Haltbarkeit (kalt stellen!). Esslöffel-, theelöffelweise zu nehmen.

Oelgallerte; solidificirtes Oel: Uebelschmeckende Oele und Balsame, aber auch jedes Oel ist in Form einer Gallerte, zumal in feuchte Oblate gewickelt, leichter zu nehmen. Ol. Ricini, Ol. jecoris Aselli und Balsamum Copaivae, mit $1/6 - 1/4$ Cetaceum (Wallrath) leni calore zusammengeschmolzen, geben solche Oelgallerte.

2. Flüssige und halbflüssige Arzneiformen zum äusserlichen Gebrauch.

a) Clysma (Enema), Klystier.

Die Einbringung eines kleineren oder grösseren Quantums Wasser, rein oder mit darin gelösten oder suspendirten Stoffen und auch anderer Flüssigkeiten, in den Mastdarm bezeichnet man als Klystier. Es wird theils mit den bekannten Spritzen, theils mit Irrigatoren oder kleinen Pumpapparaten eingeführt. Letztere können auch zum Selbstklystieren benutzt werden.

Die Clysmata können verschiedene Zwecke haben:

1) Eröffnende Klystiere, Clysmata aperitiva.

Sie haben zum Zwecke, eine Entleerung der Fäcalmassen zu bewirken. Dies erreicht man durch Erweichung der Fäcalmassen und Erzeugung eines gelinden oder stärkeren Reizes, der reflectorisch die Defäcation veranlasst. Dieser Effect kann schon erzielt werden durch Injection einer Menge von 200—300,0 (1—1 1/2 Wasserglas) kalten, lauen oder warmen Wassers. Will man die Wirkung steigern, so benutzt man ein aromatisches Infus von Flores Chamomillae oder Herb. Menthae piperitae, oder den Zusatz eines Kaffeelöffels Kochsalz oder geschabter Seife, auch etwa eines Esslöffels Essig. Hinzugefügtes Oel (Ol. Olivarum) vermindert den Reibungswiderstand für etwa eingetrocknete Fäcalmassen. Besonders stark reizend wirkt der Zusatz von 1 bis 2 Tropfen Ol. Crotonis in einem Esslöffel Olivenöl — ein Verfahren, welches aber nur in besonderen Fällen zulässig ist. Die Beimengungen salinischer Abführmittel haben keinen Werth. Aloin, Colocynthin u. a. m. können auch Wirkungen vom Mastdarme aus hervorbringen (s. Abführmittel). Ferner: Glycerin zu 2,0 pur.

Bei inneren Incarcerationen, Volvulus, Darmverschlingung werden zuweilen Massenklystiere von Eiswasser oder warmem Wasser in der Menge von 2—8 Liter gegeben. Man benutzt dazu einen Schlauch mit einem Trichter und Aehnl. und lässt die Flüssigkeit unter einem gewissen Drucke, d. h. von einer gewissen Höhe herab in den Mastdarm eindringen. Dieses Verfahren kann täglich einige Male wiederholt werden.

2) Arznei-Klystiere, Clysmata medicata.

Wenn Medicamente in Klystierform in den Mastdarm gebracht werden, so beabsichtigt man damit entweder local auf die Schleimhaut oder auf die Musculatur des Darmes einzuwirken oder die Schleimhaut des Mastdarms und Colons als Resorptionsfläche zu benutzen, um Arzneistoffe in die Blutbahn zu bringen.

Der erstere Fall kann bei acuten oder chronischen Erkrankungen des Rectums oder Colons eintreten (in Clysmaform eingebrachte Flüssigkeiten können bis zum Colon transversum hinauf gelangen und vielleicht noch weiter). Wir verordnen:

a) Reizmildernde Klystiere. Diese werden vorzugsweise angewendet bei acuten Erkrankungen der Schleimhaut des Rectums und Colons, namentlich Katarrhen. Die einfachste Form ist das Warmwasserklystier von 28—30° R., welches mehrmals täglich wiederholt werden kann. Bei Dickdarmkatarrhen mit chronischen Diarrhöen haben sich namentlich die Warmwasserklystiere von 2—4 Liter als wirksam erwiesen. Weiterhin benutzt man für diese Fälle eine Aufquellung von 1—2 Kaffeelöffel Amylum in heissem Wasser oder ein Infus von Herb. Malvae vulg., Species emollientes, Farina seminum lini, 15—30,0 (2 bis 4 Esslöffel) mit 2—3 Gläser warmen Wassers infundirt. Will man damit eine intensivere sedative Wirkung verbinden, so setzt man der Flüssigkeit bei Erwachsenen 10—15 Tropfen Opiumtinctur zu; bei Kindern von 2—6 Jahren genügen 3—5 Tropfen.

b) Adstringirende oder styptische Klystiere. Dass solche Clysmata nothwendig werden, ereignet sich bei chronischen Erkrankungszuständen der Darmschleimhaut, bei hartnäckigen Dickdarmkatarrhen, Ulcerationen oder Blutungen der Darmschleimhaut. Das Volumen oder das Gewicht der Flüssigkeit darf hier nicht zu gross genommen werden, weil sie sonst sofort wieder durch den Reiz, welchen sie veranlasst, entleert wird. Dies geschieht überhaupt sehr häufig auch bei kleinen Mengen, weil die differenten Substanzen stets reizend auf die Schleimhaut wirken; es ist übrigens schon genügend, wenn das Clysma nur 5—10 Minuten im Darme liegen bleibt: während dieser Zeit kann der styptische Stoff schon seine Wirkung auf die erkrankten Schleimhautstellen entfalten.

Solche Klystiere werden bereitet mit Argent. nitricum ($^1/_4$—$^1/_2$ %), Acidum tannicum ($^1/_2$—2 %), Zincum sulfuricum ($^1/_2$—2 %), Liquor ferri sesquichlorati ($^1/_4$—1 %) und anderen Stoffen (s. Beispiele).

Während die sub a) erwähnten Clysmata im Hause bereitet werden können, müssen die Flüssigkeiten für die letzteren in der Regel aus der Apotheke bezogen werden. — Die Temperatur der Flüssigkeit soll lauwarm sein.

Beispiele:

1) Rp.
   Argenti nitrici 0,5
   Aq. destill. 150,0
   Mucilag. gummi arabici 25,0
      adde
   Tinct. opii simpl. gutt. XX.
MDS. Für 2 Klystiere zu verwenden.

2) Rp.
   Acidi tannici 1,0
   Aq. destill. 100,0
      adde
   Tinct. opii simpl. gutt. XII.
MDS. Zu einem Klystier.

3) Rp.
   Liq. ferri sesquichlorati gutt. XX,
   Aq. destill. 200,0.
DS. 2—3stündlich den vierten Theil zu einem Klystiere zu gebrauchen.

c) Will man anregend auf die Darmmusculatur wirken, wie dies bei Meteorismus oder Erschlaffung der betreffenden Musculatur überhaupt vorkommen kann, so wählt man Clysmata aus einem kräftigen Infus von aromatischen Pflanzen oder Zusätze von Ol. Terebinthinae, Kampher (letztere beiden bis zu 1 und 2,0 pro Klystier) u. dergl.

d) Um Würmer, welche ihren Aufenthalt im Mastdarme haben, zu beseitigen, verwendet man Klystiere von einem Decoctum flor. Cinae (2,0:100,0), oder eine Auflösung von Kalium sulfuratum (1,0 auf 80 bis 100,0 Wasser), auch Knoblauchabkochungen oder Essigmischungen (1—2 Esslöffel auf 60—100,0 Wasser).

e) Soll die Schleimhautfläche des Rectums oder Colons als Resorptionsfläche für gewisse Medicamente benutzt werden, so ist erforderlich, dass die in Clysmaform eingebrachten Flüssigkeiten länger im Rectum verweilen, damit die Resorption vor sich gehen kann. Um diesen Zweck zu erreichen, ist es nothwendig: α) dass das Rectum möglichst frei von Fäcalmassen sei, β) dass die Clysmata medicata nur ein geringes Volumen haben, und γ) dass, wenn befürchtet werden muss, das betreffende Clysma könne einen Reiz ausüben, ihm ein Mucilaginosum oder ausserdem einige Tropfen Opiumtinctur zugesetzt werden.

Beispiele:

1) Rp.
Chinini muriatici amorph. 2,0
solve in aq. destill. 50,0
adde
Tinct. Opii simpl. gutt. X
Mucil. gummi arab. 20,0.
DS. Zu einem Klystier.

2) Rp.
Natri salicylici 4,0
Pulv. gummi arab. 2,0
solve in aq. destill. 80,0
adde
Tinct. Opii simpl. gutt. VIII.
S. Zu einem Klystier.

3) Rp.
Tinct. Moschi gutt. XX.
Camphor. tritae 1,0
Tragacanth. 0,5
Aq. destill. 60,0.
M. f. emuls. Zu einem Klystier.

3) **Ernährende Klystiere. Clysmata nutrientia.**

Diese Klystiere sind Hilfsmittel, wenn die oberen und natürlichen Wege für die Einbringung von Nahrungsmitteln aus pathologischen Ursachen unpraktikabel geworden sind. Die Schleimhaut des Rectums und Colons besitzt keine verdauende Kraft, es werden von ihr keine Fermente abgesondert, welche eingebrachte Nahrung auflösen und für die Ernährung brauchbar machen könnten. Daher dürfen wir hierfür nur resorptionsfähige Substanzen in den Mastdarm bringen. Für Klystiere dieser Art verwendet man: Wein, 30—50,0, mit doppeltem Gewicht lauen Wassers gemischt; Fleischbrühe, dargestellt durch Kochen von $^1/_8$—$^1/_4$ Kilo Rind- oder Kalbfleisch mit 1—1$^1/_2$ Tassen Wasser; Peptone und „Fleischsolutionen".

b) Fomentationes, Nasse Umschläge, Fomente.

Die Fomente haben zum Zwecke, eine kleinere oder grössere Hautoberfläche während kürzerer oder längerer Zeit der Einwirkung eines feuchten Bedeckungsmittels auszusetzen. Man benutzt dazu 4—6fach zusammengelegte Leinwandstücke, sogen. Compressen, welche mit kalter, lauer oder warmer Flüssigkeit durchtränkt sind. Die Fomente dürfen die Flüssigkeit nicht abtropfen lassen, sie sollen nur feucht sein.

Werden die Fomente auf die unverletzte Haut applicirt, so wirken die Temperatur und die Feuchtigkeit. Benutzt man Lösungen von Stoffen, welche durch die Epidermis dringen können, so wird bei fortgesetztem Gebrauche auch eine Resorptionswirkung in Frage kommen.

Ist die Körperoberfläche wund, von der Epidermis entblösst, so wirken die in der Flüssigkeit gelösten Stoffe nach ihrer Natur auf die entblössten Hautstellen, und ist die Möglichkeit einer Resorption um so mehr zu bedenken.

Will man eine rasche Erwärmung der feuchtkalten, oder eine verzögerte Abkühlung der feuchtwarmen Compressen erzielen, so bedeckt man sie mit einer wollenen Ueberlage oder Watte, und zur Verhütung der Verdunstung erst noch mit einem Stücke Guttapercha-Satin, über welches dann die wollene Bedeckung oder Watte gelegt wird. Man verhindert dadurch auch die Befeuchtung der Wäsche. Sollen die feuchten Compressen mit blossem Wasser oder dem Infuse einer Species, wie z. B. einem Infus von Herb. Malvae, Flor. Chamomillae, Spec. emollient. oder aromatic., die Stelle eines Kataplasma ersetzen, so genügt es, den Wechsel nach 1—3 Stunden vorzunehmen; sonst je nachdem.

Bei der Auflegung der Compressen ist stets die Vorsicht zu beobachten, dass sie glatt gezogen werden, damit die ganze Fläche auf der Hautstelle aufliegt und möglichst wenig Luft zwischen Haut und Bedeckung sich findet.

e) Lotiones, Waschungen.

Man versteht darunter das Waschen, Abreiben und Frottiren grösserer oder kleinerer Hautflächen mittels Wasser oder wässriger und spirituöser Lösungen. In dem Menstruum, welches zu diesem Zwecke verwendet wird, können auch Substanzen in Pulverform (Pulveres collutorii) suspendirt sein. Zwischen Waschen, Abreiben und Frottiren besteht nur ein gradueller Unterschied, je nachdem der mechanische Akt stärker oder schwächer vorgenommen wird. Bei Leuten mit empfindlichen Hautnerven oder leicht verwundbarer Hautoberfläche beschränkt man sich in der Regel auf die mildeste Form, die Abwaschung.

„Hautreizung" wird ausgeübt, wenn Wasser, mit Kochsalz, Essig oder Ammoniaklösung gemischt, applicirt wird, oder durch Spiritus, zumal wenn er flüchtige Oele, Chloroform u. s. f. enthält. In den Pharmakopöen ist hierfür schon durch Composition von Officinalformeln gesorgt, wie z. B. Spiritus camphoratus, saponatus, formicarum, sinapis u. s. w. Der zulässige Procentgehalt gegen Dermatosen u. ähnl. anwendbare Wässer an reizenden, antiseptischen und ätzenden Bestandtheilen ist bei den betreffenden Stoffen (Sublimat, Carbolsäure, Senföl) nachzuschlagen.

In allen diesen Fällen handelt es sich, wie bemerkt, zunächst nur um Erzeugung einer Localwirkung; die Frage allfälliger Resorption von Stoffen, welche dazu verwendet werden, ist von untergeordneter Bedeutung, und sie wird gewöhnlich nicht beabsichtigt.

Durch Zusatz von Lauge (s. Bäder) und Kaliseife zum Waschwasser kann man eine Maceration der Epidermis erstreben.

Beispiel:

Rp. Hydrargyr. bichlorati 0,25
Aq. destill. 450,0
Spirit. vini 50,0.
D.S. Waschflüssigkeit.

d) Balnea, Bäder.

Die Bäder haben zunächst den Zweck, entweder die ganze Hautfläche oder grössere und kleinere Partien einem längeren Contacte mit der Waschflüssigkeit auszusetzen. Die erstere Art nennt man die Vollbäder, die letztere je nach dem Umfange der Berührungsflächen oder deren Oertlichkeit Halbbäder, Sitzbäder, Localbäder (Arm-, Fuss- und Handbäder). Bei allen diesen Formen von Bädern wirken neben der Temperatur der Flüssigkeit, welche gewöhnlich Wasser ist, auch noch die Substanzen, die ihm beigemengt oder in ihm aufgelöst sind.

Auf die physikalischen und therapeutischen Wirkungen der verschiedenen Bäder, und namentlich auf die Frage, ob von den im Wasser gelösten Stoffen kleinere oder grössere Mengen resorbirt werden können, wollen wir uns hier nicht einlassen. Es sollen hier nur die verschiedenen Arten arzneilicher Bäder, wie sie durch Zusätze bereitet werden können, zur Sprache kommen.

Die Verordnungen, welche hier in Frage kommen, beziehen sich auf Vollbäder für Erwachsene. Zur Bereitung eines solchen rechnet man 200—300 Liter Wasser. Für Kinder rechnet man die Hälfte, ein Viertel oder noch weniger Wasser, und demgemäss wird auch die Menge der Zusätze auf $^1/_3$—$^1/_4$ der Menge sich reduciren, welche man sonst für Erwachsene bestimmt.

Eisenbäder. (Der Nutzen künstlicher eisenhaltiger Bäder ist mehr als zweifelhaft, da bei diesen eine Resorption des Eisens nicht stattfindet und da der wirksame Bestandtheil, welchen wir bei den natürlichen Eisensäuerlingen besitzen, nämlich die Kohlensäure, hier fehlt; doch werden solche hie und da in Anwendung gebracht.) Es werden dem Vollbade beispielsweise 150—200,0 folgender Composition zugesetzt: 1 Thl. Ferrum sulfuricum siccum, 2 Thle. Natrium chloratum und 3 Thle. Natrium bicarbonicum. Der Zusatz anderweitiger Eisenpräparate ist ebenfalls gebräuchlich, so: 100—200,0 Ferrum sulfuricum oxydulatum, oder 20—60,0 Liq. ferri sesquichlor., oder 100—150,0 Tartarus ferratus (nicht officinell) s. Globuli martiales pulverati, auf ein Vollbad für Erwachsene.

Schwefelbäder. Zusatz von Kalium sulfuratum (Schwefelleber) 50—150,0. Man kann die bestimmte Quantität vorher in 2—3 Liter lauwarmen Wassers auflösen und die Auflösung dem Bade unmittelbar vor dem Gebrauche zusetzen. Solche Bäder sind übrigens für Privathäuser sehr unangenehm, indem der sich entwickelnde Schwefelwasserstoff, neben dem übeln Geruche, blanke Metallgegenstände und Alles, was mit Bleiweiss bemalt ist, dunkeln lässt. Statt des Kalium sulfuratum kann auch Calcium sulfuratum genommen werden.

Kali- und Natronbäder. Zur Bereitung der ersteren nimmt man am besten 150—500,0 Pottasche, für Natronbäder 50—100,0 krystallisirte Soda.

Soolbäder. Die Soolbäder werden sehr häufig angewendet, und ihre Bereitung bietet namentlich an den Orten keine grossen Schwierigkeiten, in deren Nähe sich Salinen befinden, von denen man die Soolflüssigkeit oder die Mutterlauge fassweise beziehen kann. Wenn man die Bereitung künstlicher Soolbäder dem Publikum überlässt, so nimmt der Laie, wenn der Arzt nicht die Quantität bestimmt verordnet, durchweg zu wenig Soole oder Salz zu einem Bade. Man muss bedenken, dass z. B. das Meerwasser 2,5—4 % Chlornatrium enthält; für die ersten Lebensjahre mag ein Procentsatz von 1—2 % genügen, für Erwachsene jedoch, wenn nicht eine besondere Reizbarkeit Einschränkungen gebietet, sollte man nicht Bäder unter 3 % verordnen.

Während zu den kleinsten Wannen (für Kinder) bei 1 % iger Lösung etwa $^1/_2$—1 Kilogr. gehören, erfordert ein Bad für Erwachsene 6—8 Kilogr. Salz (Vieh- oder Seesalz).

Will man Soole verwenden, so muss man je nach deren Procentgehalt die Menge Soole berechnen, welche etwa nothwendig ist. Der Procentgehalt der einzelnen Soolen ist sehr verschieden (1,5 bis 25 %).

Jodkaliumbäder. Gewöhnlich vermengt man das Jodkalium mit Kochsalz. Auf einige Pfunde Kochsalz rechnet man 50—100,0 Jodkalium (sehr theuer und wohl ganz zwecklos).

Sublimatbäder. Man rechnet auf ein Vollbad 4—10,0 Hydrargyrum bichloratum. (Vorsicht! auch wegen etwaiger Metallwanne!)

Gerbstoffhaltige Bäder. Das billigste Material zur Bereitung solcher Bäder ist die Eichenrinde. Man kocht 1 Kilo Cortex Quercus mit einigen Liter Wasser und setzt den Absud dem Bade zu. Statt dessen kann man auch $^1/_8$—$^1/_4$ Kilo zerstossene Galläpfel abkochen, oder 50—100,0 Acidum tannicum in Wasser lösen.

Fichtennadelbäder. Die directe Verwendung der Fichtennadeln zur Darstellung solcher Bäder ist zu umständlich; besser ist es, das Fichtennadelextract zu verwenden. Einem Vollbade werden $^1/_4$—$^1/_2$ Kilo eines solchen zugesetzt.

Malzbäder. 2—3 Kilo Gerstenmalz werden mit einer genügenden Menge Wasser gekocht und die Colatur dem Bade zugesetzt.

Kleienbäder. Die Bereitung der Kleienbäder geschieht gewöhnlich so, dass 1—2 Kilo Weizenkleie in einem leinenen Säckchen mit Wasser gekocht werden und darauf der Absud und der Kleienrückstand mit dem Badewasser vermischt wird.

Seifenbäder. Von gewöhnlicher Seife wird $^1/_8$—$^1/_4$ Kilo im Badewasser aufgelöst.

Senfbäder. Gestossene schwarze Senfkörner (Senfmehl) in der Menge von 100—250,0 werden mit dem Badewasser vermischt.

Aromatische Bäder. Ein aromatisches Bad kann man auf verschiedene Weise zubereiten. Entweder bringt man in die Badeflüssigkeit $^1/_2$—1 Kilo von der betreffenden Species, wie Species aromaticae, Flores Chamomillae, Herb. Menth. piper. u. s. w., oder man infundirt $^1/_4$—$^1/_2$ Kilo der Kräuter mit 4—5 Liter Wasser und giesst das Infus ins Bad. Früher gebrauchte man für diesen Zweck auch Acetum aromaticum und mischte 1—2 Liter mit der Badeflüssigkeit.

e) Linimenta, Flüssige Salben.

Das Linimentum ist eine halbflüssige Salbe, welche zum Einreiben benutzt wird. Es wird dargestellt, indem 1) (flüssige) Oele mit kaustischen Alkalien, namentlich Ammoniak (und Kalk) zusammengemischt und hierdurch verseift werden. Das Zahlenverhältniss ist: 1 Liquor. Ammon. caustic. auf 4 Oel (Aqua Calcis ana mit Oel). Die Pharmakopöen haben Officinalformeln, nach welchen solche Linimente componirt werden. Das Linimentum ammoniatum z. B. besteht aus 3 Thln. Olivenöl, 1 Thl. Mohnöl, 1 Thl. Ammoniak (nach Ph. Helv. aus 3 Thln. Ol. Papaveris oder Ol. Sesami mit 1 Thl. Liq. Ammonii caustici); durch Schütteln bildet sich eine weissgelbe halbflüssige Seife. Auf gleiche Weise wird das Linim. ammoniato-camphoratum (3 Thle. Ol. camphoratum und 1 Thl. Mohnöl auf 1 Thl. Liq. Ammon. caust.) bereitet. (Das Linim. Calcis der Ph. Helv. ist eine Mischung von gleichen Theilen Liquor. Calcii oxydati und Ol. Sesami.) Zu einem solchen Liniment können auch Tincturen, flüssige oder feste ätherische Oele zugesetzt werden; jedoch soll dieser Zusatz nur etwa $1/8$ betragen. — Als Liniment bezeichnet man 2) auch die Mischung von fetten Oelen mit alkoholartigen Flüssigkeiten: so ist das bei uns nicht officin. Linim. Chloroformii sehr gebräuchlich; es besteht nach Ph. Helv. aus 4 Thln. Ol. Olivar. und 1 Thl. Chloroform; die Menge Chloroform kann jedoch auch höher gegriffen und es können gleiche Gewichtstheile von beiden gemischt werden, die Mischung bleibt auch in diesem Falle ungetrübt.

Officinell sind ausser den genannten noch: Liniment. saponato-camphoratum (Opodeldok), gelatinös, durch die Wärme der Hand schmelzend. Ph. Helv. hat noch ein Lin. Terebinthinae Stockes (Ol. Tereb. 60,0, Ol. Citri 5,0, Aq. Ros. 120,0, Acid. acet. concentr. 10,0, Vitell. ovi unius) und das zweckmässige Liniment. Styracis (Styr. liq. 30, Spirit. conc. 10, Ol. Sesami 5).

3) Die gewöhnlichen Salben können auch zu Linimenten geformt werden, wenn Mischungen stattfinden, welche sie verflüssigen. Dies kann geschehen durch Vermischen mit flüssigen, fetten oder ätherischen Oelen oder durch Kampherzusatz ($1/8$).

4) Auch Emulsionen von fetten Oelen mit Eigelb können als Grundlage von Liniment dienen, desgleichen die (nicht officinellen) Seifen der Sulfo-Oelsäuren (sogenannte „Polysolve").

Man verschreibe eines der Constituentien mit q. s., und setze stets die Bezeichnung hinzu: f. linimentum, was der Apotheker dann irgendwie bewerkstelligt.

f) Unguenta, Salben.

Die Salbe ist eine sehr häufig gebrauchte Form zur äusseren Application von Medicamenten. Sie hat etwa die Consistenz des Schweineschmalzes. Als Grundlage, Excipiens, bedient man sich weicher Fette und ähnlich consistenter Substanzen:

1) *Adeps suillus* oder *Axungia porci*, gereinigtes Schweinefett; auch Sebum ovile und Oel āā. — Die Medulla ossium bovis, Knochenmark, und die Butter sind deshalb nicht so passend, weil ihr Gehalt an eiweissartigen Stoffen sehr bald Zersetzungen veranlasst.

2) *Unguentum Glycerini* (10 Thle. Weizenstärke, 15 Wasser, 100 Glycerin, 2 Traganth, 5 Spiritus, erhitzt); weisse durchscheinende Salbe.

3) *Unguent. cereum* (7 Olivenöl, 3 Wachs).

4) Das *Vaselinum* (Paraffinmischung) war eine Zeit lang sehr beliebt und hat auch noch jetzt als Excipiens vielfache Verwendung.

5) *Unguentum Paraffini*. Diese Salbe ist officinelle Grundlage für die Bereitung anderer Salben; sie besteht aus 1 Thl. festen Paraffin und 4 Thln. flüssigen Paraffin; eine weisse durchscheinende Salbe, welche zwischen 40 und 50° schmilzt. Sie hat wie 2) und 4) den Vorzug, dass sie nicht ranzig wird, und ist als Excipiens ganz zweckmässig.

6) *Lanolinum*, das Cholestearinfett der Wolle, mit Axungia porci ana und aq. destill. q. s. giebt eine vorzügliche, in die Epidermiszellen eindringende Salbengrundlage.

7) „*Polysolve*"-*Salben* (s. unter „Linimenta") und andere Specialitäten des pharmaceutischen Handels können benutzt werden.

Die Pharmakopöen enthalten eine ausreichende Zahl von Unguenta, die Ph. Germ. 20: Unguentum acidi borici, basilicum (terpentinhaltig), Cantharidum, cereum (indifferent), Cerussae, Cerussae camphoratum, diachylon (aus Bleipflaster und Olivenöl), Glycerini (indifferent), Hydrargyri album (weisser Praecipitat), Hydrargyri cinereum (feinvertheiltes metallisches Quecksilber), Hydrargyr. rubr. (rothes Quecksilberoxyd), Kalii jodati, leniens (Cold-Cream, indifferent, notabene: ein kühlenderes Cold-Cream ist Oleum Cocos, welches sonst fest, auf der Haut zerfliesst und Wärme entzieht), Paraffini (indifferent), Plumbi (Bleiessig enthaltend), Plumbi tannici, Rosmarini compositum (aromatisch, reizend), Tartari stibiati („Pockensalbe"), Terebinthinae, Zinci (Zinkoxyd).

Das Excipiendum kann flüssiger, halbflüssiger oder fester Natur sein. Immerhin verträgt die Salbengrundlage nur ein begrenztes Verhältniss der Mischung, wenn die Salbenform dabei erhalten bleiben und das Gemisch nicht in ein Liniment oder eine feste Masse übergehen soll. Aetherische Oele, worunter auch der Kampher zu rechnen ist, sollen nur zu einem Zwölftel der Salbengrundlage beigemengt werden, sonst zerfliesst sie. Trockene und dickflüssige Arzneistoffe, wie Harze, Pulver, Extracte, Balsame, können bis zu einem Viertel oder Drittel der Salbengrundlage zugesetzt werden.

Soll die Salbe einen aromatischen Geruch haben, so genügt es, einige Tropfen eines ätherischen Oeles zuzusetzen: man rechnet auf 5—50,0 Salbe 1 Tropfen ätherischen Oeles. Von dem vielfach beliebten

Ol. rosarum genügt 1 Tropfen zur Parfümirung von 100,0 (und mehr) Salbe. Das riechende Princip der Tonkabohne, das Cumarin, ist auch ein vortreffliches Corrigens, z. B. um den penetranten Geruch der Jodoformsalbe zu verdrängen; man kann 0,1 Cumarin auf 1,0 Jodoform rechnen.

Man setze (der Sicherheit wegen) stets die Bezeichnung hinzu f. unguentum, damit der Apotheker leichte Correcturen anbringen könne.

Dosirt wird entweder so, dass 1) das Gesammtquantum („in olla", Büchse, oder auch „in charta cerata") verabreicht wird und auf der Signatur gesagt wird: erbsengross, bohnengross, einen Theelöffel voll u. s. w. einzureiben (je nachdem werden Gesammtquanta von 2,0—25,0 und darüber zu verschreiben sein, — für 10 mal „erbsengross" etwa 2—5,0 u. s. w.) — oder 2) so, dass der Apotheker die Dosen abtheilt, z. B. bei methodischer Inunctionskur. Hier verschreibt man entweder die einzelne Dosis (s. Beisp. Nr. 3) und fährt dann fort: D. tal. dos. n⁰ u. s. w., oder man verschreibt die Gesammtmenge (Beispiel Nr. 2) und sagt: Divide in partes aequales u. s. w.

Beispiele:

1) Rp.
  Hydrargyr. oxyd. rubri. 1,0
  Unguent. Paraffini 9,0
  MDS. Augensalbe, 3mal tägl. erbsengross nach Vorschrift einzureiben.

2) Rp.
  Unguent. Hydrargyr. ciner. 120,0
  Div. in part. aeq. n⁰ XL.
  D. in charta cerat.
  S. Nach Vorschrift.

3) Rp.
  Ung. Hydrargyr. ciner. 5,0
  D. tal. dos. n⁰ XXX in chart. cerat.
  S.

4) Rp.
  Veratrini 0,1
  Sebi ovilis 5,0
  Ol. olivar. q. s.
  ut f. unguent.
  DS. Erbsengross täglich 2mal am Vorderarme einzureiben.

SPECIELLE ANWENDUNG VON ARZNEIMITTELN:

a) Auf die Haut.

Wenn man die Haut zu therapeutischen Eingriffen benutzt, so will man in einer Reihe von Fällen Wärme entziehen oder Wärmeabfluss verhindern, Hyperämien erzeugen, die Endigungen der sensiblen Nerven in der Haut erregen oder abstumpfen u. s. w. Diesen Zweck kann man durch Fomente, Waschungen, Bäder, flüssige und feste Salben, Pflaster u. s. w. erreichen. In anderen Fällen bringt man, namentlich in Salbenform, Stoffe mit der Haut in Contact, um sie auf diesem Wege in den

Organismus gelangen zu lassen. (Die nicht sehr zahlreichen Stoffe, welche die Epidermis durchdringen und so vom Corium oder den Hautdrüsen aus resorbirt werden können, sind in der Arzneimittellehre nachzusehen.)

Diese Anwendungsform hat man auch als die epidermatische bezeichnet.

Neben dieser kam früher noch die endermatische Application von Arzneimitteln in Frage. Man versteht darunter die Beibringung von Stoffen auf die wunde oder wundgemachte Haut. Hier sind die Bedingungen der Resorption allgemein gegeben. Gegenwärtig ist diese Methode durch die hypodermatische Injection grösstentheils verdrängt.

Endermatisch applicirte man Stoffe entweder durch Impfung (Inoculation), oder indem man sich durch ein Vesicans eine wunde Fläche verschaffte. Bei der Impfung machte man an einer Hautstelle, sehr häufig am Oberarm, einen 2—3 Ctm. langen Schnitt bis auf das Unterhautbindegewebe und brachte das Arzneimittel in Pillen- oder Pulverform in die Wunde, fixirte durch einen Verband zweckmässig und erneuerte diese Application täglich 1—2mal (ganz ausser Gebrauch).

Oder man wandte ein Vesicatorium etwa von 5—6 Ctm. Umfang an. Nachdem sich die Blase gebildet, entfernte man die Oberhaut, verband den ersten und zweiten Tag die wunde Stelle mit einer indifferenten Salbe und nachher mit verdünntem Ung. Cantharidum, bis die Stelle zum Eitern kam. Dann wurde die wirksame Substanz auf die wunde Stelle eingestreut und der Verband mit Ung. Cantharidum fortgesetzt. Es handelte sich bei dieser ebenfalls gänzlich verlassenen Methode meistens um Einstreuung von Morphinsalzen oder anderen Narcoticis. Als Vehikel genannter Substanzen bediente man sich meist des Lycopodiums oder einer anderen indifferenten mehligen Substanz.

Da so nur ein Theil des Morphiums zur Resorption gelangte, so mussten die einzelnen Dosen grösser genommen werden, als beim internen oder hypodermatischen Gebrauche.

b) Specielle Anwendung von Arzneimitteln unter die Haut.

Im Allgemeinen werden nur Lösungen subcutan injicirt; eine Ausnahme macht die subcutane Beibringung von Calomel, welches als feinstes Pulper in Wasser suspendirt — also als „Schüttelmixtur" (d. h. vor der Anwendung stark durchzuschütteln) benutzt wird. Das Recept sei überall ganz einfach: Basis, Lösungsmittel (meist nur Aq. destill., zuweilen etwas Glycerin, zu $^1/_8$, zugefügt und eine kleinste Menge eines Antisepticums.

Als Schöpfer der hypodermatischen oder subcutanen Injectionen ist AL. WOOD (1853) zu betrachten; das zweckmässige Instrument dafür ist von PRAVAZ, wenn auch zunächst für einen anderen Zweck, construirt worden. Im Laufe der Zeit ist die PRAVAZ'sche Spritze vielfach verbessert und verfeinert worden. Eine derartige Spritze soll 1,0 oder 1 Kbctm. Wasser fassen (was beim Kaufe stets erst zu controlliren, und meistens nicht der Fall ist), und die Stempelstange soll in 10 Theile (mit decimalen Subdivisionen) eingetheilt sein. Wenn das Instrument stets reingehalten wird und die Canülenspitzen scharf sind, so kann das Einführen unter die Haut niemals ernstliche Folgen (Infection u. s. w.) haben. Wichtig ist auch, die Inconvenienzen zu vermeiden, welche aus der eingespritzten Flüssigkeit entstehen können. Man benutze nur frische Lösungen und setze ein Antisepticum (Sublimat, Carbolsäure) in kleinsten, aber ausreichenden Mengen zu, oder benutze „Aqua chloroformata" (s. Chloroform) als Menstruum.

In die Signatur — dies mache man sich zur strengsten Regel! — komme stets die Angabe, was für eine Substanz und in welcher ($^0/_0$) Concentration sie in dem Glase enthalten sei (also z. B.: D. S. $2^0/_0$ Lösung von Morphin. hydrochlor. oder D. S. $1/4^0/_0$ Lösung von Atropin. sulf.); nur so wird man sich vor Unglücksfällen und Missgriffen schützen.

Man verschreibe so, dass die beabsichtigte Dosis in einer halben Spritze ($1/2$ Kbctm. = 0,5 Wasser) enthalten ist. Von den wirksamsten Stoffen giebt dies etwa: $1/10-1/2^0$ ige Lösungen, von denen mit Maximaldosen 0,01 pro dosi etwa $1^0/_0$, von denen mit 0,03 circa $1-4^0/_0$ u. s. w. — Die Gesammtmenge der Lösung — vom Bedarf abhängend — dürfte für einen Patienten z. B. bei Apomorphin. hydrochl. 5,0 sein — bei langer Anwendung z. B. des Sublimats bis zu 25 und 50,0 gehen.

Mnemotechnische Regel: so viel Procent die Lösung, eben so viel Milligramm hat der Theilstrich und so viele Centigramm die Spritze, notabene: wenn die Spritze genau gleich 1 Kbctm. Lösung, und wenn die Scala in 10 Theilstriche getheilt ist!

Morphinum sulfuricum und hydrochloricum: $1-4^0/_0$ ige Lösungen, eine Spritze dann = 0,01—0,04; jeder Decimaltheilstrich = 1—4 Mgr.

Aether: Wird als Analepticum pur injicirt. Nicht mehr als eine Pravaz'sche Spritze; 1 Kbctm. wiegt circa $1/3$ Gr.

Atropinum sulfuricum: $1/10-1/2^0/_0$ (d. h. die Spritze = 1—5 Mgr., der Theilstrich = $1/10-1/2$ Mgr.); man injicire zuerst nie mehr als $1/4-1/2$ Mgr.

Pilocarpinum hydrochloricum: $2-4^0/_0$.

Apomorphinum hydrochloricum: $1-2^0/_0$.

Hydrargyrum bichloratum: $1^0/_0$, — man verschreibe: Hydrargyr. bichlor. ex aqua recrystallisat. und gebe ana Kochsalz oder Salmiak dazu.

Hydrargyr. chlorat. Rp.: Hydrargyr. chlorat, vapore parati et subtilissime pulverat., Natr. chlorat. ana 5,0, Aq. destill. 47,5; Mucilag. Gummi 2,5, adde: Hydrargyr. bichlorat. 0,01. S. $10^0/_0$ Calomel-Suspension zur subcutanen Injection. (Umschütteln!)

Strychninum nitricum: $1^0/_0$ (zuerst nie mehr als 3—5 Mgr.; Cumulation bedenken!).

Extract. Secalis cornuti (vorläufig das einzige subcutan anzuwendende Secale-cornutum-Präparat), ana mit Wasser oder 1:2—3 Wasser; die Lösung ist für den Gebrauch stets ganz frisch zu bereiten!

Acidum carbolicum purissimum. Von einer $5^0/_0$ igen Lösung enthält eine Spritze 5 Centigr. Soviel kann auf einmal ohne Gefahr injicirt werden. Derartige Injectionen machte man z. B., um das Fortschreiten von Erysipelen zu verhindern.

Schmerzhaft und häufig Phlegmone nach sich ziehend sind die Injectionen mit den gewöhnlichen Chininsalzen. Unter den Chininpräparaten hat man natürlich solche zu wählen, welche im Wasser leicht löslich sind; auch darf niemals ein Zusatz von Säure zu einer Injectionslösung stattfinden, da dies heftige locale Irritationsphänomene hervorbringt. Sehr leicht löslich in Wasser ist das Chininum lacticum (1:2 oder 3), vorausgesetzt, dass es nicht zu alt ist. Man bereitet eine Lösung von 1,0 Chininum lact. auf 5 oder besser 10,0 Wasser; im ersten Falle enthält eine Spritze 0,02, im letzten 0,01 Chinin. Auch das Chininum muriaticum amorphum und namentlich das Chininum bimuriatico-carbamidatum (bis 50 % löslich) kann ebenso subcutan verwendet werden.

Die in neuester Zeit versuchten subc. Inj. von Colocynthinum purum, Citrullin (beide zu 5—10 Mgr. p. dos.), oder von Aloin (zu 0,01—0,02 p. dos.) wirken allerdings ebenso gut abführend, wie per os, bringen aber örtlich Reizungserscheinungen hervor, und da solche kleine Dosen gewöhnlich vom Magen oder per Clysma gut ertragen werden, so wird die subcutane Anwendung genannter Präparate nur in Ausnahmefällen zulässig sein. Dasselbe gilt von der Digitalis.

Beispiele:

1) Rp.
Aetheris 10,0
DS. Aether
Cito! Peric. in mora!
pro me.

2) Rp.
Strychnini nitrici 0,15
Aq. destill. 15,0
Acidi carbolic. 0,3.
DS. 1 °/o Strychninlösung zur subcut. Inject.

3) Rp.
Apomorphini hydrochlor. 0,05
Aq. destill. 5,0.
DS. 1 °/o Apomorphinlösung zur subcut. Inject.

4) Rp.
Hydrargyr. bichlorati ex aq. recryst.
Natrii chlorati ana 0,3
Aq. destill. 30,0.
DS. 1 °/o Sublimatlösung zur subcut. Inject.

5) Rp.
Morphini hydrochlorici 0,6
Aq. destill. 20,0
Hydrargyr. bichlorat. 0,01.
DS. 3 °/o Morphinlösung für die chirurgische Abtheilung, zu Händen des Arztes!!

c) Specielle Anwendung von Mitteln auf die Nasenschleimhaut.

Meistens Flüssigkeiten (Basis und Menstruum); theils zum „Aufschnüffeln", theils zum Eingiessen bei herabhängendem Kopfe (und Athmen durch den geöffneten Mund), theils Einspritzen mit Douche: in diesen Fällen meist Antiseptica oder Adstringentien, in Concentrationen wie sub g) (Inhalationen), Mengen circa 200,0. Ausserdem: Einpinselungen (20—50,0 im Ganzen), hiezu je nachdem alle möglichen Concentrationen, incl. der ätzenden; es werden dabei nur bestimmte Punkte, eventuell unter Hilfe des Nasenspiegels behandelt. Ferner: Aetzungen mit Stiften (s. diese unter „Aetzstifte"). — Zuweilen noch: Schnupfpulver, einschliesslich der „Niespulver", pulv. sternutatorii, welch' letztere zu 15—50,0, grossiuscule pulverati (um nicht in die Lunge zu fliegen) — entweder Schnupftabak, oder Seife, oder Rhiz.

Veratri (sehr stark) neben indifferenten und wohlriechenden Stoffen (Rhiz. Irid. flor.) enthalten; erstere theils adstringirend (Alaun, Tannin u. s. w.), theils desinficirend und desodorisirend. Hier ist noch zu nennen: Einathmen der Dämpfe des Ammoniak aus einem Fläschchen mit Liq. Ammon. caustic. (bei Ohnmachten und hysterischen Attaquen); ferner von kohlens. Ammoniak (Riechfläschchen); von Dämpfen einer Mischung, z. B. Carbolsäure, Ammoniak und Spiritus gegen „Schnupfen" (Katarrh); und endlich die Parfüms.

d) Mund und Rachen.

Zahnpulver, Pulv. dentifricius (am besten als Handelswaare zu besorgen). 1) rein mechanisch, 2) auch chemisch oder physiologisch wirkende Zahnpulver. Ad 1): Kohle, Talcum (= kiesels. Magnes.), Bimstein (Lap. Pumicis); corrigirt durch Spuren äther. Oels (Menthae pip.) oder aromat. Pulver (Calamus, Iris florent.). Ad 2): Sapo (meist nur Zusatz $1/6 - 1/3$ zu den Pulvern sub 1), Kreide (Creta) und sonstigem kohlens. Kalk (Muscheln, Conchae praeparat. pulv. [säuretilgend]), Adstringentien und Aromatica (Kino, Catechu, — Calamus, Myrrhen). Weisse Pulver können durch Cochenille (Coccionellae q. s.) roth gefärbt werden; auch Zusatz von Lign. Santalinum (Sandelholz) färbt röthlich und parfümirt gleichzeitig.

Zahnseifen: Sapo 1 und Creta oder Lapis pumicis 3, mit Mucilag. Gumm. oder Spirit. dilut. q. s. ut f. sapo dentifr. D. in capsula porcellanea. Gesammtmenge 15—30,0.

Zahntincturen werden zuweilen pur direct mit Schwämmchen, Wattebäuschen u. Aehnl. applicirt (zumal an cariösen Zähnen), oder meistens mit Wasser verdünnt zu Mundwasser benutzt. Spirituöse Lösungen aromatischer (Myrrha, Olea aetherea) und adstringirender (Kino, Catechu, Ratanhia) Stoffe. Gesammtquantum circa 50—1000,0.

Zu nennen: „Zahntropfen" (z. B. Cocaïnlösung) und Zahnpillen, für cariöse Zähne; letztere wie sonstige Pillen und Boli, je nach Grösse des cariösen Defectes (0,05 — 0,5) zu verschreiben; mit Caryophylli, Kreosot, Opium und Cocaïn.

Mund- und Gurgelwässer: Lösungen, Infusa; adstringirende, desinficirende, antiseptische, aromatische Stoffe; kein süsses Geschmackscorrigens dazu! Cave bei differenten Stoffen das unvermeidliche Verschlucken! Quantum: 200—500,0 oder Ingredientien und Bereitung (Lösung, Mischung, Aufguss, Abkochung) im Hause.

e) Ohren (äusserer Gehörgang).

Einspritzungen, Lösungen wie bei „Nase", aber etwas concentrirter zu nehmen, geringere Quanta, pro Mal 5—15,0. Einträufelungen 1 bis

5 Tropfen: zum Theil Oele und ölige Lösung; zum Theil dieselben Flüssigkeiten wie unter f) (bei „Auge"). Einpinselungen wie bei e) (Nase). Bei Zahnschmerzen Chloroform, Watte mit 1—2 Tropfen in den Gehörgang zu thun, macht aber erst noch nothwendig, dass das befeuchtete Kügelchen mit trockner Watte umwickelt werde (sonst heftiger, brennender Schmerz!).

f) Auge.

Meist flüssig; zuweilen Streupulver, Salben, Dises (ein „disc" ist ein kleines Scheibchen von circa 2—4 Millim. Durchmesser aus Gelatine dargestellt, s. S. 289); letztere enthalten z. B. $^1/_4$ Milligr. Atropin; sie werden in den Conjunctivalsack gethan, wo sie zerfliessen).

Augentropfwasser, guttae ophthalmicae, auch Collyrien genannt; meist adstringirend oder Pupillen- und Accomodationsmittel enthaltend; werden mit Pinsel oder Glasstab oder besser mit Tropfglas eingeträufelt, unter Abziehen des unteren Augenlides. *Pro dosi* 1 bis 3 Tropfen. Für den einzelnen Patienten Gesammtmenge 5—20,0. Zincum sulfuricum in 0,1—1—2 (—4)⁰/₀ Lösung; Argent. nitric. 0,1—1⁰/₀₀. Atropinum sulfuricum circa $^1/_2$⁰/₀; Eserin. salicylic. 0,1⁰/₀.

Fomenta, Umschläge; meist adstringirend, z. B. Aq. Plumbi, im Ganzen 100—200,0.

Salben; a) um die Augen herum einzureiben (s. „Unguenta" im Allgemeinen); b) auf die Lider. Gesammtmenge 5—10,0; für b) Application mit Pinsel, glatten Stäbchen. Substanzen wie bei den Tropfwässern und ausserdem unlösliche Metall- (Hg-) Präparate (rother und weisser Präcip. [1 : 100—1 : 10]).

Augenpulver: selten, fast nur Calomel (auch rother Präcipitat und zuweilen Alaun) pur oder mit Zucker 1 : 5; „fiat pulvis subtilissimus"; mit Pinsel aufgenommen und eingestreut.

Aetzmittel (s. d. allg. Theil).

g) Specielle Anwendung von Arzneimitteln auf die Schleimhaut der Respirationsorgane und die feinsten Endigungen der Bronchien.

Eingeathmete Gase und Dämpfe dringen, sobald sie die Schleimhaut des Einganges des Respirationsorganes nicht übermässig reizen, bis in die Alveolen. Feste Körper in Staubform oder zerstäubte Lösungen können, wenn auch in verhältnissmässig kleiner Menge, bis tief in die Bronchien gelangen.

Zur Einathmung von Dämpfen genügt es oft (z. B. bei Chloroform, Aether, Amylnitrit u. s. w.), die betreffende Substanz, meist eine Flüssigkeit, als solche in der voraussichtlich gebrauchten Menge zu verschreiben, auf ein Tuch oder ähnliche Vorrichtung zu träufeln und die aufsteigenden Dämpfe einathmen zu lassen. In anderen Fällen (s. Terpentinöl) wird die Flüssigkeit auf heisses Wasser gegossen; oder wenn ätherisches Oel enthaltende Species für diesen Zweck benutzt werden sollen, werden diese mit siedendem Wasser übergossen und die Dämpfe eingeathmet. Bei permanenten Gasen wie Stickoxydul u. ähnl. bedarf es gasometerartiger Behälter; im Handel sind die Gase oft im comprimirten Zustande in solchen Behältern käuflich; zur Inhalation braucht man noch ein passendes Mundstück mit Hahnvorrichtung.

Trockene Arzneikörper in Staubform werden durch ein Insufflationsröhrchen auf kranke Stellen des Kehlkopfs applicirt. Viel allgemeiner ist die Inhalation zerstäubter Arzneilösungen. Hier hat man die Wahl, entweder den Lösungsstaub allein oder zugleich mit warmen Wasserdämpfen (Nebel) einathmen zu lassen. Im ersteren Falle bedient man sich eines Apparats, wie er für Parfüms im Gebrauch ist, eines sog. Rafraîchisseurs; im zweiten Falle nimmt man dazu einen der vielen heizbaren Inhalationsapparate des Handels.

Das Inhalationsverfahren bei allen diesen Apparaten besteht darin, dass der Patient in sitzender Stellung mit geöffnetem Munde, etwas zurückgebeugtem Kopfe, und je nach Bedürfniss mit kürzeren oder tieferen Athemzügen den Dampf einathmet. Die Zahl und Dauer der Inhalationen variirt sehr; erstere schwankt zwischen 1 und 8 Sitzungen per Tag und letztere zwischen 5 und 30 Minuten mit angemessenen Pausen. Bei dem gewöhnlichen (Siegle'schen) Apparate rechnet man, dass für eine Sitzung 30—60,0 Arzneiflüssigkeit zerstäubt werden sollen. — Bei den in zerstäubtem Zustande aspirirten Arzneimitteln kommt die locale und allgemeine Wirkung in Frage. Erstere steht im Vordergrunde. Gewöhnlich will man durch dieses Verfahren irgend eine locale Wirkung auf die höher oder tiefer gelegenen Theile des Respirationsorganes erzielen. Die allgemeine wird seltener bezweckt, muss aber doch als Nebenwirkung berücksichtigt werden.

Bei den stärker wirkenden Arzneien, welche in zerstäubtem Zustande aspirirt werden, ist es nothwendig, dass die verhältnissmässig bedeutende Menge, welche sich in der Mundhöhle niederschlägt, von Zeit zu Zeit ausgespieen werde, damit sie nicht durch Verschlucken zwecklos oder Schaden stiftend in den Magen gelange.

Arzneimittel, welche in Form zerstäubter Lösungen inhalirt werden:

Narkotische Mittel. Schwache Cocaïnlösungen könnten wohl gelegentlich nützlich werden. Bei Inhalationen von 30,0 Flüssigkeit dürfte man eine 1/4—1/2 %ige Lösung wohl wagen dürfen — (man rechne so, als ob 1/8—1/8 verschluckt würde) —; stärkere Lösungen sind vorsichtig auszuprobiren. — Andere Narkotica sind wohl zwecklos.

Erweichende und lösende Mittel. Bei subacuter und chronischer Laryngitis, Tracheïtis und Bronchitis mit zähem Secrete sieht man Erleichterung beim Inhaliren von Lösungen von **Natrium chloratum** zu 0,5 bis 5%, von **kohlensaurem Natrium** oder **Kalium** zu 0,2 bis 1% (mit Dämpfen bis 2%), von **Aq. Calcis** entweder unvermischt oder im Verhältniss 1:5—10 Aq. destill. Dieses Mittel wird auch gern als Lösungsmittel diphtheritischer Belege des Rachens und des Larynx gebraucht. In diesen Fällen wirken auch die Wasserdämpfe wohlthätig für die Expectoration. Statt in Wasser kann man die vorhin erwähnten Salze in einem Infus von Herb. Malv., Rad. Althaeae oder einem aromatischen Aufgusse verwenden.

Adstringirende Mittel. Ausser bei Katarrhen kommen diese Mittel auch bei ulcerösen Processen und Blutungen aus der Lunge zur Anwendung. Im letzteren Falle ist der Hustenreiz, falls er durch die Inhalation geweckt werden sollte, eine Contraindication; man könnte in einem solchen Falle eine subcutane Injection von Morphin vorausgehen lassen. Man gebraucht Lösungen von:

Tanninum zu 0,2—5%,
Alumen zu 0,1—3%,
Liq. ferri sesquichlorati zu 0,1—2%,
Argentum nitricum cryst. zu 0,05—1%.

Balsamische (und antiseptische) Mittel. Es ist eine alte Erfahrungssache, dass bei gewissen chronischen Zuständen der Athmungsorgane das Einathmen harziger oder balsamischer Stoffe eine wohlthuende Wirkung hat und dass diese nicht nur palliativ, sondern auch heilend auf die kranken Partien einwirken. Daher liess man in früheren Zeiten Brustkranke in Werkstätten und auf Schiffswerften, wo viel Theer zur Verwendung kam, sich aufhalten. Gegenwärtig werden diese Körper in verfeinerter Methode durch Inhalation in die Luftwege gebracht. Unter diesen spielt namentlich das **Theerwasser** rein oder mit Aq. destill. in verschiedenen Verhältnissen gemischt, eine Hauptrolle. Neben diesem ist noch das Ol. terebinthinae zu erwähnen, dem sich noch anderweitige, theilweise viel angenehmer schmeckende und riechende Coniferenöle, wie z. B. das Schwarzwälder Latschenöl (Ol. Pini Pumilionis) anreihen. Man inhalirt es suspendirt in Wasser zu 20—50 Tropfen auf 100—200,0 Wasser. Bei der Flüchtigkeit der Substanz kann man den Inhalationsapparat entbehren: Man bringt die passende Menge Ol. terebinthinae in einen Topf heissen Wassers und athmet die Dünste ein oder tropft es auf Fliesspapier, welches man in eine erwärmte Schaale legt, und athmet auf diese Weise die Dämpfe ein. Dieses Mittel wirkt besonders günstig bei putrider Bronchitis und diffuser Lungengangrän.

Antiseptica. Die besten Antiseptica, welche wir kennen, Chlor und Hydrargyrum bichloratum, können wir zu Inhalationszwecken nicht verwenden; das erste, weil es einen intensiven Hustenreiz selbst in sehr verdünntem Zustande hervorruft, das zweite wegen seiner toxischen Nebenwirkungen, welche es sofort hervorrufen würde. Wir sind daher auf eine kleinere Gruppe von Körpern, denen diese nicht erwünschten Wirkungen in geringerem Grade zukommen, angewiesen. Wir erwähnen:

Acidum carbolicum purissimum. Die Resorptionsfähigkeit des Phenols ist eine grosse, daher Vorsicht nothwendig. Für kürzere Zeit kann man — mit Wasserdampf — 1—5%ige Lösung inhaliren lassen.

Acidum boricum. Kann man ohne Gefahr in Lösungen von 4% inhaliren lassen.

Acidum salicylicum zu 0,1—0,3%.

Kreosot 0,1—1%.

Benzoësäure (mit Alkohol q. s.) und benzoësaures Natrium zu 1—5%.

Resorcin zu 1—5%.

Thymol zu 1°/₀₀.

Sämmtliche Procentzahlen bei den verschiedenen Solutionen sind natürlich nur als Durchschnittswerthe zu betrachten. In jedem einzelnen Falle wird man sich nach der Empfindlichkeit in loco und der ganzen Individualität zu richten haben.

h) Specielle Anwendung von Arzneimitteln auf die Schleimhaut der Harnblase und der (männlichen) Harnröhre.

Verschiedene krankhafte Zustände der Harnblase erfordern einen localen therapeutischen Eingriff. Dies gilt namentlich von den katarrhalischen Processen, wenn das acute Stadium vorüber ist oder wenn sie subacut oder chronisch werden. Auch bei den ulcerösen Vorgängen und den damit in Verbindung stehenden Blutungen kann man mit Erfolg eine locale Therapie anwenden.

Die mildeste Form eines derartigen Eingriffes ist die Ausspülung der Blase mittels lauwarmer (30—35° C.) 0,6°oigen Kochsalzlösung.

Oefters wendet man Injectionen mit Arzneimitteln in flüssiger Form an. Es sind gewöhnlich adstringirende, ätzende oder antiseptische Arzneikörper, welche man dazu wählt.

Hierbei diene als Regel, dass man verdünnte (und sterilisirte) Lösungen anwendet, bis man die Empfindlichkeit, welche sehr variiren kann, kennt, sowie dass man die Blase, bevor man die Arzneilösung einbringt, mit aseptischem Wasser oder 0,6° oiger Kochsalzlösung ausspült, um den zähen Schleim und die Secrete, welche in den kranken Partien aufgelagert sind, zu entfernen.

Will man, dass das Medicament die kranke Schleimhaut nur berühre, so nimmt man dazu den doppelläufigen Katheter und lässt die Injectionsflüssigkeit sofort wieder abfliessen; soll sie mit der Schleimhaut einige Zeit in Contact bleiben, so verwendet man hierzu einen gewöhnlichen Katheter und spritzt mittelst einer Spritze, welche 50—100 Kubikcentim. fasst, ein gewisses Quantum ein, wartet dann einige Minuten, bis man die Flüssigkeit wieder auslaufen lässt, oder man lässt sie in der Blase verbleiben, indem man den Katheter zurückzieht. Die Zahl der Injectionen richtet sich nach dem einzelnen Falle; gewöhnlich macht man täglich eine. Die Temperatur der Flüssigkeit soll lauwarm sein. Ballonspritzen sind in solchen Fällen nicht zulässig, schon deshalb nicht, weil die Luft sich niemals ganz aus ihnen verdrängen lässt.

Argentum nitricum crystallisatum. Man beginnt mit Lösungen von $1/4$—$1/2$ pro mille und steigt allmählich.
Tanninum purum zu 1—10 pro mille, desgl. Zinc. sulfuric.
Liq. ferri sesquichlorati desgl.
Acidum carbolicum purissimum desgl.

Für Blaseninjectionen ist ein Gesammtquantum von über 200,0 (bis 500,0) zu verschreiben (oder in kleineren Quantitäten die mit Wasser zu verdünnenden Ingredientien).

Wenn Medicamente einige Zeit in der Blase verweilen sollen, so ist nicht zu vergessen, dass sie, namentlich bei krankhaft veränderter innerer Oberfläche, wenn auch in beschränktem Grade, Resorptionsfähigkeit besitzt.

Auf die Schleimhaut der Harnröhre können Arzneimittel in flüssiger und fester Form applicirt werden. Die erstere Methode ist die gewöhnliche. Indicationen dafür sind namentlich gegeben bei gonorrhoischen Affectionen und deren Folgen; auch bei ulcerösen Processen, welche jedoch in der Mehrzahl der Fälle ihren Sitz in dem vorderen Theile der Harnröhre haben.

Während der Dauer starker acuter Reizungserscheinungen sollen in der Regel die Injectionen mit differenten Substanzen zunächst noch unterbleiben.

Zu den Injectionen in flüssiger Form bedient man sich einer kleinen Spritze, 5 bis 10 Kubikcentim. haltend, von hartem Kautschuk, Zinn oder Glas; die Canüle muss ein stark konisch abgerundetes stumpfes Ende haben. Sie wird möglichst tief eingeführt, die Urethralmündung wird sodann mit Daumen und Zeigefinger auf die Canüle angedrückt, sodass die Flüssigkeit während des Einspritzens nicht heraus kann. Unter sanftem Drucke lässt man sie bis zum Blasenhalse vordringen, wo sie vom Spinkter aufgehalten wird. Nach 2—3 Minuten lässt man die Flüssigkeit wieder abfliessen.

Auch hier gilt als Regel, zuerst eine Reinigungsinjection (mit aseptischem) lauem Wasser oder 0,6 %iger Kochsalzlösung zu machen.

Die Arzneikörper, welche zu derartigen Einspritzungen gewählt werden, sind namentlich die adstringirenden. Je nach der Empfindlichkeit wählt man schwächere oder stärkere Lösungen; meistentheils muss man anfänglich noch tiefer in Bezug auf Procentgehalt heruntergehen als bei den Blaseninjectionen (s. diese). — Gesammtmenge circa 200,0.

Von den stark ätzenden Injectionen, zumal im acuten Stadium, ist man zurückgekommen.

Application in fester Form ist weniger gebräuchlich; die Stoffe werden, z. B. mittels Endoskop, in Pulver- oder Salbenform mit dem Aetzmittelträger (porte-caustiques) an die kranke Stelle gebracht.

Cereoli (Kerzchen) in cylindrischer Form, von beliebiger Länge, Durchmesser und Festigkeit, bestehend aus Gelatine und Glycerin, welche Arzneikörper enthalten, können in die Harnröhre wie Bougies eingeführt werden. Sie zerfliessen alsdann, und nach der Einwirkung kann die flüssig gewordene Masse mit dem Urinstrahle ausgestossen oder mit einer Wasserinjection ausgespült werden, beziehungsweise fliesst sie von selbst heraus. Will man dem Vehikel eine gewisse Festigkeit geben, so mischt man den erwähnten Constituentien etwas Dextrin bei. Dadurch erhalten die Cereoli die Consistenz einer mittelharten Bougie. Diesen Cereoli medicati kann man Tannin, Zinc. sulfur., Argent. nitric. u. s. w. einverleiben.

Z. B.

Rp.
    Zinc. sulfur. pur. 0,03.
    f. c. Gelat. et Glycer. q. s. l. a. cereolus longit. centim. X et diametr. millim. III. D. tal. cereol. n° . . . .

Rp.
    Argent. nitric. cryst. 0,01
    f. c. Gelat., Glycer. et Dextrin q. s. l. a. cereolus u. s. w.

i) Anwendung von Arzneimitteln auf die Schleimhaut der weiblichen Sexualorgane.

1. Auf die Schleimhaut der Vagina.

Wenn bloss mit der Vaginalschleimhaut ein medicamentöser Stoff in Verbindung gebracht werden soll, so bedient man sich gewöhnlich nur der Application in flüssiger Form. Dieser Contact wird durch die verschiedenartigen Infusionsapparate und Douchen mit passender Canüle vermittelt. Auch hier kommen die schon mehrfach erwähnten antiseptischen, adstringirenden und ätzenden Flüssigkeiten zur Anwendung (Lös. v. Alaun, Tannin, Salicylsäure, Borsäure, Chlorzink, Zinkvitriol, Carbolsäure und Höllenstein). Bei der Dosirung braucht man nicht so ängstlich zu sein, wie bei der Behandlung der Blasen- und Urethralschleimhaut, da die Empfindlichkeit eine geringere ist und der Abfluss der injicirten Flüssigkeit sofort erfolgt. So können Phenollösungen zu 2—3 % o, Alaun- und Zinksalzlösungen zu 1 % o u. s. w. genommen werden.

Will man während des Aufenthaltes in einem Bade oder Sitzbade die Badeflüssigkeit mit der Vaginalschleimhaut in Verbindung bringen, so wendet man hierzu die ganz passenden **gefensterten Badespecula** an. —

Auch sind hier die (theueren) Vaginalkugeln (s. S. 295) zu nennen.

2. Auf die Portio vaginalis.

Von jeher hat man Pulver (z. B. 1 Alaun oder Tannin mit 1 Amylum) mittels Tampons von Watte oder Charpie gegen die Portio geführt, was auch noch jetzt geschieht. Neuerdings werden Tampons aus Gaze und Aehnlichem eingeführt, welche mit Medicamenten imprägnirt sind, z. B. Jodoform- und Dermatolgaze, Tampons mit Borglycerin (1 : 10), Sublimat und Aehnlichem. Präcisere Methoden stehen zur Verfügung, wenn man sich gleichzeitig des Mutterspiegels bedient. Auf die krankhaft veränderte Partie kann sodann durch Pinselung, durch Anpressen von Schwämmen und Tampons, welche mit Arzneikörpern getränkt sind, eingewirkt werden, wobei man sich stärkerer Concentrationen bedienen darf, als oben für die Scheide genannt sind; namentlich können so auch förmliche localisirte Aetzungen u. s. w. vorgenommen werden (Chlorzink, Liq. Ferri sesquichlorati, Acid. nitric., Plumb. acetic. u. s. w.).

3. Auf die innere Fläche des Uterus.

Unter den in der gynäkologischen Klinik zu erlernenden Vorsichtsmaassregeln können mittels (Braun'scher) Uterusspritze oder eines watteumwickelten „Uterusstäbchens" Arzneistoffe auf die innere Fläche des Uterus applicirt werden. Am häufigsten gilt es Blutungen zu stillen: Liquor Ferri sesquichlorati im Verhältniss von 1 auf 3 Aqua destillata oder selbst pur, ferner Jodtinctur, pur. Bei intensiven Katarrhen werden die obengenannten Adstringentien und selbst leicht ätzende Lösungen in geringen Mengen eingespritzt, — eventuell auch Ausspülungen mit diesen Lösungen vorgenommen. Im Puerperio kann dann der leicht zugängliche, weite Uterus mit analogen Lösungen, wie oben für die Scheide angegeben wurden, ausgespült werden.

Zur Anwendung von Arzneistoffen in **trockener Form** wählt

man am besten die **Stiftform**. Die hierfür passenden Stifte können in schon mehrfach besprochener Weise aus Gelatine, Glycerin und einem der erwähnten Medicamente, Dermatol, Jodoform, Alaun, Zinkvitriol, componirt werden; die gebräuchlichsten sind (billig) im Handverkaufe zu haben. Ein Stylus s. Bacillus von 5—8 Ctm. Länge wird mittels einer Zange, nachdem der Muttermund durch einen Mutterspiegel zugänglich gemacht worden, unter sanftem Drucke durch den Cervicalcanal in die Uterushöhle eingeführt und darin nur eine Zeit lang oder ganz liegen gelassen.

1.

Tabelle, enthaltend die grössten Gaben (Maximaldosen) der Arzneimittel für einen erwachsenen Menschen. Nach dem Arzneibuch für das Deutsche Reich, dritte Ausgabe.

Der Apotheker darf eine Arznei zum innerlichen Gebrauche, welche eines der unten stehenden Mittel in grösserer als der hier bezeichneten Gabe enthält, nur dann abgeben, wenn die grössere Gabe durch ein Ausrufungszeichen (!) seitens des Arztes besonders hervorgehoben ist.

	Dosis maxima simplex	Dosis maxima pro die
	Grammata	Grammata
Acetanilidum	0,5	4,0
Acidum arsenicosum	0,005	0,2
„ carbolicum	0,1	0,05
Agaricinum	0,1	—
Amylenum hydratum	4,0	8,0
Apomorphinum hydrochloricum	0,02	0,1
Aqua Amygdalarum amararum	2,0	8,0
Argentum nitricum	0,03	0,2
Atropinum sulfuricum	0,001	0,003
Auro-natrium chloratum	0,05	0,2
Cantharides	0,05	0,15
Chloralum formamidatum	4,0	8,0
„ hydratum	3,0	6,0
Chloroformium	0,5	1,0
Cocainum hydrochloricum	0,05	0,15
Codeinum phosphoricum	0,1	0,4
Coffeinum	0,5	1,5
Cuprum sulfuricum (pro emetico)	1,0	—
Extractum Belladonnae	0,05	0,2
„ Colocynthidis	0,05	0,2
„ Hyoscyami	0,2	1,0
„ Opii	0,15	0,5
„ Strychni	0,05	0,15
Folia Belladonnae	0,2	1,0
„ Digitalis	0,2	1,0
„ Stramonii	0,2	1,0
Fructus Colocynthidis	0,3	1,0
Gutti	0,5	1,5
Herba Conii	0,5	1,0
„ Hyoscyami	0,5	2,0
Homatropinum	0,001	0,003

Maximaldosentabelle der Pharmacopoea Germanica.

	Dosis maxima simplex	Dosis maxima pro die
	Grammata	Grammata
Hydrargyrum bichloratum	0,02	0,1
„ bijodatum	0,02	0,1
„ cyanatum	0,02	0,1
„ oxydatum	0,02	0,1
„ oxydatum via humida paratum	0,02	0,1
Hyoscinum hydrobromicum	0,0005	0,002
Jodoformium	0,2	1,0
Jodum	0,05	0,2
Kreosotum	0,2	1,0
Liquor Kalii arsenicosi	0,5	2,0
Morphinum hydrochloricum	0,03	0,1
Oleum Crotonis	0,05	0,1
Opium	0,15	0,5
Paraldehydum	5,0	10,0
Phenacetinum	1,0	5,0
Phosphorus	0,001	0,005
Physostigminum salicylicum	0,001	0,003
Pilocarpinum hydrochloricum	0,02	0,05
Plumbum aceticum	0,1	0,5
Santoninum	0,1	0,5
Semen Strychni	0,1	0,2
Strychninum nitricum	0,01	0,02
Sulfonalum	4,0	8,0
Tartarus stibiatus	0,2	0,5
Thallinum sulfuricum	0,5	1,5
Tinctura Aconiti	0,5	2,0
„ Cantharidum	0,5	1,5
„ Colchici	2,0	5,0
„ Colocynthidis	1,0	5,0
„ Digitalis	1,5	5,0
„ Jodi	0,2	1,0
„ Lobeliae	1,0	5,0
„ Opii crocata	1,5	5,0
„ „ simplex	1,5	5,0
„ Strophanthi	0,5	2,0
„ Strychni	1,0	2,0
Tubera Aconiti	0,1	0,5
Veratrinum	0,005	0,02
Vinum Colchici	2,0	5,0
Zincum sulfuricum (pro emetico)	1,0	—

Zur leichteren Erlernung benutze man (für die Ph. Germ.) nachfolgende Gruppirung, die einer Erläuterung kaum bedarf. Die wichtigeren Substanzen sind durch den Druck hervorgehoben:

Gruppenmarke (Dosis maxima simplex)		Dosis maxima pro die
Grammata		Grammata
0,0005	Hyoscinum hydrobromicum	0,002
0,001	Atropinum sulfuricum	0,003
	Homatropinum hydrobromicum	0,003
	Physostigminum salicylicum	0,003
	Phosphorus	0,005
0,005	Acidum arsenicosum	0,02
	Veratrinum	0,02
0,01	Strychninum nitricum	0,02
0,02	Apomorphinum hydrochloricum . . . . }	0,1
	Pilocarpinum hydrochloricum	
	Hydrargyrum bichloratum	
	Hydrargyrum bijodatum	
	Hydrargyrum cyanatum . . . . }	0,1
	Hydrargyrum oxydatum	
	Hydrargyrum oxydatum via humida paratum . .	
0,03	Argentum nitricum	0,2
	Morphinum hydrochloricum	0,1
0,05	Auro-Natrium chloratum	0,2
	Jodum	0,2
	Cantharides	0,15
	Cocaïnum hydrochloricum	0,15
	Extractum Belladonnae	0,2
	Extractum Strychni	0,15
	Extractum Colocynthidis	0,2
	Oleum Crotonis	0,1
0,1	Acidum carbolicum	0,5
	Agaricinum	—
	Semen Strychni	0,2
	Tubera Aconiti	0,5
	Codeïnum phosphoricum	0,4
	Santoninum	0,5
	Plumbum aceticum	0,5
0,15	Opium . . . . }	0,5
	Extractum Opii	
0,2	Tartarus stibiatus	0,5
	Tinctura Jodi	1,0
	Jodoformium	1,0
	Kreosotum	1,0

Maximaldosentabelle der Pharmacopoea Germanica.

Gruppenmarke (Dosis maxima simplex)		Dosis maxima pro die
Grammata		Grammata
0,2	Folia Digitalis .... Folia Belladonnae .... Folia Stramonii .... Extractum Hyoscyami	} 1,0 1,0
0,5	Acetanilidum .... Thallinum sulfuricum .... Chloroformium .... Coffeïnum .... Fructus Colocynthidis .... Gutti .... Herba Conii .... Herba Hyoscyami .... Tinctura Aconiti .... Tinctura Strophanthi .... Tinctura Cantharidum .... Liquor Kalii arsenicosi	4,0 1,5 1,0 1,5 1,5 1,0 2,0 1,5 2,0 2,0 1,5 2,0
1,0	Cuprum sulfuricum .... Zincum sulfuricum .... Phenacetinum .... Tinctura Colocynthidis .... Tinctura Lobeliae .... Tinctura Strychni	— — 5,0 5,0 5,0 2,0
1,5	Tinctura Digitalis .... Tinctura Opii simplex .... Tinctura Opii crocata	} 5,0
2,0	Aqua amygdalarum amararum ...... Tinctura Colchici .... Vinum Colchici	} 5,0
3,0	Chloralum hydratum	6,0
4,0	Amylenum hydratum .... Chloralum formamidatum .... Sulfonalum	} 8,0
5,0	Paraldehydum	10,0

II.
Maximaldosentabelle der Pharmacopoea Helvetica.
Tabula A.

Doses maximae medicaminum heroicorum, quas dispensando transgredi non licet, nisi medicus id expresse postulaverit ponderis numerum exprimendo verbis linea subnotatis ac signo! distinctis. In servandis et dispensandis his medicamentis omnes legibus praescriptae cautiones diligentissime observandae sunt.

	Dosis simplex maxima	Dosis universa pro die maxima
	(Grammata)	(Grammata)
Acidum arsenicosum et arsenicicum	0,005	0,01
„ hydrochloricum	1,0	4,0
„ hydrocyanicum	0,05	0,2
„ nitricum	1,0	4,0
„ phenylicum (purum crystallisatum)	0,05[1])	0,5[1])
„ sulfuricum dilutum	2,0	8,0
Aconitinum	0,001	0,005
Aether phosphoratus	0,25	0,75
	(guttae quinque)	(guttae quindec.)
Amylum nitrosum (Amyl-Nitrit), ad inhalat.	0,25	1,0
	(guttae quinque)	(guttae viginti)
Apomorphinum hydrochloratum cryst. ad usum internum	0,02	0,06
Apomorphinum hydrochloratum ad inject. subcut.	0,005	0,015
Aqua Amygdalarum amararum } Laurocerasi }	2,0	10,0
Argentum nitricum cryst.	0,05	0,25
„ oxydatum	0,1	0,5
Atropinum sulfuricum	0,001	0,005
Baryum chloratum	0,2	1,0
Cantharides	0,05	0,25
Chininum arsenicicum	0,01	0,05
Chloralum hydratum	2,0	8,0
Crotonchloral. hydrat. (Butyl-Chloral)	1,5	6,0
Codeinum	0,05	0,25
Colchicinum	0,002	0,1
Coniinum	0,001	0,004
Cuprum sulfuricum	0,05	0,5

[1]) Nach den neueren Erfahrungen kann die Dos. max. simplex auf 0,2, die Dos. max. pro die auf 1,0 angesetzt werden.

Tabula A. continuatio.

	Dosis simplex maxima	Dosis universa pro die maxima
	Grammata	Grammata
Cuprum sulfuricum ad usum emetic.	0,5	1,0
„ „ ammoniatum	0,05	0,5
Curare, ad inject. subcutan.	0,002	0,06
Digitalinum	0,002	0,01
Extractum Aconiti	0,2	0,6
„ Belladonnae	0,05	0,15
„ Cannabis indicae	0,2	0,8
„ Colocynthidis	0,05	0,25
„ Conii	0,1	0,4
„ Digitalis	0,1	0,5
„ Fabae Calabar. (Sem. Physostigmatis)	0,02	0,06
„ Hyoscyami	0,2	0,8
„ Nucis vomicae aquosum	0,2	0,6
„ „ „ spirit.	0,05	0,2
„ Opii	0,05	0,5
„ Scillae	0,2	0,8
„ Secalis cornuti (Ergotina)	0,2	0,8
„ „ ad inject. subcutan.	0,1	0,5
„ Stramonii	0,1	0,4
Gummi Guttae	0,2	1,0
Herba Aconiti	0,1	0,5
„ Belladonnae	0,1	0,5
„ „ ad infusum	0,25	0,1
„ Conii	0,1	0,5
„ Digitalis	0,1	0,5
„ „ ad infusum	1,5	4,0
„ Hyoscyami	0,2	1,0
„ Sabinae	1,0	4,0
„ „ ad infusum	2,0	8,0
„ Stramonii	0,2	0,8
Hydrargyrum bichloratum (Mercur. subl. corros.)	0,02	0,05
„ bijodatum (jodat. rubr.)	0,02	0,05
„ chloratum mite (Calomel)	0,2	1,0
„ „ „ ad usum laxativ.	0,5	2,0
„ cyanatum	0,01	0,04
„ jodat. flavum (protojodat.)	0,05	0,2
„ nitricum oxydulatum	0,01	0,05
„ oxydatum	0,02	0,05
„ oxydulatum nigrum	0,1	0,5
Jodum purum	0,05	0,25
Kalium bromatum	4,0	10,0
„ cyanatum (pur.)	0,02	0,05
„ jodatum	2,0	5,0
„ nitricum	4,0	15,0

Tabula A. continuatio.

	Dosis simplex maxima	Dosis universa pro die maxima
	Grammata	Grammata
Kreosotum	0,05	0,2
Lactucarium (germanicum)	0,5	1,5
Liquor Ferri sesquichlorati	1,0	4,0
„ Kalii arsenicosi (Solut. arsen. Fowleri)	0,5	1,5
	(gutt. decem)	(gutt. triginta)
„ Natri arsenici (Sol. arsen. Pearsonii)	0,5	1,5
	(gutt. decem)	(gutt. triginta)
Morphium aceticum	0,02	0,06
„ hydrochloricum	0,02	0,06
„ sulfuricum	0,02	0,06
„ sulfur. ad inject. subcutan.	0,01	0,05
Nux vomica (Sem. Strychni)	0,1	0,5
Oleum Amygdalarum aethereum	0,05	0,2
„ Sabinae	0,1	0,5
„ Sinapis aethereum	0,01	0,05
„ Tiglii (Ol. Crotonis)	0,05	0,2
	(gutta una)	(gutt. quatuor)
Opium	0,1	0,5
Phosphorus	0,005	0,05
Plumbum aceticum	0,1	0,5
Pulvis Doweri (Ipecac. opiat.)	1,0	4,0
Radix Belladonnae pulv.	0,1	0,5
„ Jalapae	1,0	5,0
„ Ipecacuanhae	0,2	1,0
„ „ ad infusum	0,5	2,0
„ „ ad usum emetic.	1,0	4,0
„ „ ad usum emetic.; pro infuso	2,0	6,0
„ Scillae	0,2	0,8
Resina Jalapae	0,5	1,5
Rhizoma Veratri	0,2	0,8
Santoninum	0,1	0,5
Secale cornutum	1,0	5,0
„ „ ad infusum	2,0	10,0
Strychninum nitricum	0,005	0,02
„ sulfuricum	0,005	0,02
„ „ ad inject. subcutan.	0,001	0,005
Tartarus stibiatus	0,05	0,2
„ „ ad usum emet.	0,2	0,8
Tinctura Aconiti	1,0	5,0
„ Belladonnae	0,5	2,5
„ Cannabis indiciae	2,0	15,0
„ Cantharidum	0,5	2,0

Tabula A. continuatio.

	Dosis simplex maxima	Dosis universa pro die maxima
	Grammata	Grammata
Tinctura Colchici		
„ Colocynthidis		
„ Conii	1,0	5,0
„ Digitalis		
„ Jodi	0,25	1,0
„ Lobeliae inflatae	1,0	5,0
„ Nucis vomicae	1,0	5,0
„ Opii benzoica	10,0	40,0
„ „ crocata		
„ „ simplex	1,0	5,0
„ Stramonii		
Veratrinum	0,005	0,02
Vinum Colchici	2,0	6,0
Zincum chloratum	0,02	0,1
„ cyanatum purum	0,01	0,05
„ oxydatum	0,2	1,0
„ sulfuricum	0,1	0,5
„ „ ad usum emetic.	1,0	—
„ valerianicum	0,2	1,0

Tabula B.

Doses maximae pro infantibus

(usque ad finem anni secundi).

	Dosis simplex maxima	Dosis universa pro die maxima
	Grammata	Grammata
Acidum hydrochloricum	0,5	2,0
„ sulfuricum dilutum	0,5	2,0
Apomorphinum hydrochloricum cryst. (us. intern.)	0,005	0,015
„ „ cryst. ad inject. subcut.	0,002	0,006
Aqua Amygdalar. et Aq. Laurocerasi	0,5	1,5
Argentum nitricum cryst.	0,005	0,05
Chloralum hydratum	0,5	1,5
Cuprum sulfuricum, ad usum emetic.	0,1	0,5
Extractum Belladonnae	0,002	0,02
„ Digitalis	0,01	0,05
„ Hyoscyami	0,05	0,2
„ Lactucae (Thridax)	0,1	0,5
„ Nucis vomicae spirit.	0,005	0,02
„ Opii	0,003	0,015

Tabula B. continuatio.

	Dosis simplex maxima	Dosis universa pro die maxima
	Grammata	Grammata
Extractum Scillae	0,05	0,2
„ Secalis cornuti (Ergotae)	0,05	0,2
Ferrum sulfuricum	0,02	0,1
Herba Digitalis, ad infusum	0,5	1,5
Hydrargyrum chlorat. mite, ad us. laxat.	0,1	0,5
Kalium bromatum ⎫ „ jodatum ⎬ „ nitricum ⎭	0,5	2,0
Lactucarium (germanic.)	0,1	0,5
Liquor Ferri sesquichlorati	0,2	1,0
„ Kalii arsenicosi (Solut. ars. Fowl.)	0,1	0,5
	(guttae duae)	(guttae decem)
Morphinum aceticum, hydrochloric., sulfuric.	0,001	0,005
Opium pulv.	0,005	0,02
Plumbum aceticum	0,02	0,08
Pulvis Doweri (Ipecacuanh. opiat.)	0,05	0,2
Radix Jalapae	0,5	2,0
„ Ipecacuanhae	0,05	0,2
„ „ ad infusum	0,2	0,8
„ „ ad usum emeticum	0,5	1,0
„ „ ad usum emeticum, pro infus.	1,0	2,0
Resina Jalapae	0,1	0,5
Santoninum	0,025	0,15
Secale cornutum, ad infusum	0,5	1,5
Stibium sulfurat. aurantiacum	0,05	0,25
„ „ rubrum (Kermes min.)	0,05	0,25
Tartarus stibiatus	0,01	0,05
„ „ ad usum emeticum	0,05	0,15
Tinctura Digitalis	0,5	1,5
„ Nucis vomicae	0,5	2,0
„ Opii crocat. et simpl.	0,1	0,5
	(guttae duae)	(guttae decem)
Vinum stibiatum	4,0	10,0
Zincum lacticum	0,03	0,15
„ oxydatum (Flores Zinci)	0,05	0,2

Tabelle

über

die Löslichkeit chemischer Präparate in Wasser, Weingeist und Aether bei + 15° in zum praktischen Gebrauche abgerundeten Zahlen nach Ph. Germ. II.

	Wasser	Weingeist	Aether
Acidum benzoicum	400	—	—
„ boricum	30	20	—
„ carbolicum	20	—	—
„ citricum	1	1	50
„ pyrogallicum	3	—	—
„ salicylicum	600	—	—
„ tannicum	5	2	—
„ tartaricum	1	4	—
Alumen	12	—	—
„ ustum	25	—	—
Aluminium sulfuricum	2	—	—
Ammonium carbonicum	4	—	—
„ chloratum	4	—	—
Argentum nitricum	1	12	—
Atropinum sulfuricum	1	3	—
Auro-Natrium chloratum	2	—	—
Borax	18	—	—
Bromum	40	—	—
Chininum bisulfuricum	12	35	—
„ hydrochloricum	40	4	—
„ sulfuricum	800	90	—
Codeïnum	80	—	—
Coffeïnum	80	50	—
Cuprum sulfuricum	4	—	—
Ferrum lacticum	50	—	—
„ sulfuricum	2	—	—
Hydrargyrum bichloratum	20	3	4
„ bijodatum	—	130	—
„ cyanatum	20	20	—
Jodoformium	—	50	6
Jodum	5000	10	3
Kalium aceticum	0,5	2	—
„ bicarbonicum	4	—	—
„ bromatum	2	200	—

	Wasser	Weingeist	Aether
Kalium carbonicum	1	—	—
„ chloricum	20	130	—
„ jodatum	1	12	—
„ nitricum	5	—	—
„ permanganicum	25	—	—
„ sulfuricum	12	—	—
„ tartaricum	2	—	—
Lithion carbonicum	150	—	—
Magnesium sulfuricum	1	—	—
Manganum sulfuricum	2	—	—
Morphinum hydrochloricum	25	50	—
„ sulfuricum	20	—	—
Natrium aceticum	3	30	—
„ benzoicum	2	—	—
„ bicarbonicum	15	—	—
„ bromatum	2	5	—
„ carbonicum	2	—	—
„ chloratum	3	—	—
„ jodatum	1	3	—
„ nitricum	2	50	—
„ phosphoricum	10	—	—
„ salicylicum	1	6	—
„ sulfuricum	3	—	—
Physostigminum salicylicum	150	12	—
Plumbum aceticum	3	30	—
„ jodatum	2000	—	—
Saccharum	0,5	—	—
„ lactis	7	—	—
Santoninum	5000	50	—
Strychninum nitricum	100	100	—
Tartarus boraxatus	1	—	—
„ depuratus	200	—	—
„ natronatus	2	—	—
„ stibiatus	20	—	—
Thymolum	1200	1	—
Veratrinum	—	4	—
Zincum aceticum	3	40	..
„ sulfocarbolicum	2	2	—
„ sulfuricum	1	—	—

Alphabetisches Register.

Die beigefügten Ziffern verweisen auf die Seitenzahlen.

A.

Abführmittel 204.
Abkochung 304.
Abkürzungen in der Receptformel 275.
Absinthium 161.
Abstinenzerscheinungen (bei Morphinismus) 34.
Acacia Catechu 185.
" Senegal 268.
Acetanilid 99.
Acetessigester 97.
Acetum 151.
" digitalis 179.
" plumbicum 190.
" pyrolignosum 111.
" Scillae 180, 299.
Acetyltrichlorid 55.
Achillea millefolium 161.
Acida 148.
" concentrata 202.
Acidum aceticum 151, 202.
" " glaciale 202.
" arsenicosum 133, 203.
" benzoïcum 112, 242.
" benzoïc. sublimatum 242.
" boricum 118.
" carbolicum 106.
" carbonicum 152.
" cathartinicum 218, 220.
" chloro-nitrosum, Aqua regia 151.
" chromicum 151, 202.
" citricum 151.
" formicicum 202.
" Halleri 150.
" hydrochloricum 151, 202.
" lacticum 202.
" muriaticum 151, 202.
" nitricum 151, 202.
" phenylicum 106.
" phosphoricum 151, 202.
" pyrogallicum 111.
" salicylicum 95, 113.
" sclerotinicum 80.

Acidum sulfuricum 202.
" sulfuricum crudum 202.
" " dilutum 150.
" sulfurosum 151.
" tannicum 183.
" tartaricum 151.
Aconit 70.
Aconitin 70.
Aconitum ferox 70.
Aconitum Napellus 70.
Acorus Calamus 161.
Adeps suillus 270.
Adjuvans 278.
Adonis vernalis 179.
Adstringentia 182.
" metallische 185.
Adstringirende Mittel 182.
Aesculin 72.
Aether 54, 253.
" aceticus 254.
" bromatus 55.
" sulfuricus 54, 253.
Aethylalkohol 246.
Aethylenchlorid 55.
Aetzkali 202.
Aetznatron 203.
Aetzkalk 203.
Aetzpaste 203, 293.
Aetzstifte 293.
Agaricinum, Agaricinsäure 81.
Akratothermen 272.
Alaun 193.
Alkalien 139.
Alkalische Quellen 273.
Alkalisch-erdige Quellen 273.
Alkalische Salze 139.
Alkaloïde 24.
Alkohol 246.
Allylsenföl 195.
Aloë 222.
Aloëbitter, Aloëharz 223.
Aloïn 223.
Alterantia 121.
Althaea officinalis 269.
Alumen 193.

Alumen ustum 193.
Alumina acetica 119.
Aluminium aceticum 119.
Amara 159.
„ aromatica 161.
„ mucilaginosa 161.
„ pura 160.
Ammoniacum 198.
Ammoniak 240.
Ammoniak-Präparate 240.
Ammonium aceticum 240, 246.
„ bromatum 57.
„ carbonicum 240.
„ causticum 199.
„ chloratum 240.
Amygdalae amarae 82.
„ dulces 270.
Amygdalin 82.
Amylenhydrat 50.
Amylium nitrosum 53, 81.
Amylnitrit 53, 81.
Amylum 281, 292.
Anaesthetica 22.
Analeptica 246.
Andira Araroba 113.
Angiotonica 167.
Anilin 99.
Anissamen 260.
Anodyna 22.
Antagonismus 27.
Anthelminthica 263.
Anthemis nobilis 262.
Anthracen 113, 219.
Anthrarobin 113.
Antiaris toxicaria; Antiarin 179.
Antidotum Arsenici 136, 158.
Antidyscrasica 121.
Antifebrin 99.
Antifermentativa 100.
Antihydropin 239.
Antimon, 133, 241.
Antimonkalium, weinsteinsaures 229.
Antipyrese 85.
Antipyretica 83.
Antipyrin 97.
Antiseptica 100.
Anwendungsstätten für Arzneistoffe 18.
Aperitiva 204.
Apocynum canabinum 179.
Apomorphinum hydrochloricum 232.
Application v. Arzneimitteln: im Allgemeinen 18, endermatische 317, epidermatische 317, hypodermatische 318, subcutane 318.
Aqua Amygdalarum amararum 82.
„ Binelli 111.
„ Calcariae (Calcis) 203.
„ chlorata 118.
„ chloroformata 54.
„ Goulardi 190.
„ Laurocerasi 82.
„ Opii 46.

Aqua phagedaenica flava; nigra 128, 203.
„ Plumbi 190.
„ regia 151.
„ vulneraria Thedenii 150.
Ararobapulver 113.
Arbutin 185.
Arctostaphylos uva ursi 185.
Areca Catechu 267.
Argentum nitricum 139, 185, 203.
„ „ crystallisatum 186.
„ „ fusum 186.
Argilla 285.
„ acetica 119.
Arkebusadewasser 150.
Arnica montana 262.
Aromatische Bäder 314.
Arsenige Säure 133, 203.
Arsenige Säure-Anhydrid 133, 203.
Arsenik, weisser 133, 203.
Artemisia Absinthium 161.
„ maritima 264.
„ pauciflora 264.
Arzneiform 279.
Arzneiformel 274.
Arzneiformen, flüssige und halbflüssige 295 ff.
Arzneiformen, trockene 280 ff.
Arzneigewicht 277.
Arzneimittel, Anwendung derselben auf die Haut 317, unter die Haut 318, auf die Schleimhaut: der Blase, Harnröhre 325, Respirationsorgane 322, Uterus 328, Vagina 327.
Arzneimittel, zerstäubte zum Inhaliren 322.
Arzneiverordnungslehre 274.
Arzneivorrath 276.
Asa foetida 263.
Aseptol 113.
Aspidium Filix 265.
Aspidosamin 166.
Aspidosperma Quebracho 166.
Aspidospermin 166.
Astragalus 269.
Atropa Belladonna 59.
Atropin 27, 40, 58, 59.
Atropinum sulfuricum 64.
Aufguss 303.
Augenpulver, Augentropfwasser 322, 291.
Aurantium 161.
Auro-natrium chloratum 139.
Auswurffördernde Mittel 239.
Axungia Porci s. Adeps suillus 270, 316.

B.

Baccae Juniperi 237.
„ Spinae cervinae 221.
Bacilli 293.
„ für die Uterushöhle 329.
Bäder (Balnea) 313.
„ abkühlende 86.

Alphabetisches Register.

Badespecula, gefensterte 328.
Bärentraubenblätter 185.
Bärlappsamen 270.
Baldrianwurzel, -öl, -säure 261.
Balnea 313.
Balsame 198, 237, 288.
Balsamum Copaivae 237.
, indicum nigrum 198.
, peruvianum 198.
, Styracis 198.
, vitae Hoffmanni 198.
Basis des Receptes 278.
Baumwollenstaude 81.
Belladonna 58, 59.
Belladonnagruppe 58.
Benennung der Recepttheile 278.
Benzaldehyd 82.
Benzoësäure 112, 242.
Benzoësaures Natrium 97, 112.
Berberin 81.
Betelnüsse 267.
Bhang 47.
Bibergeil 263
Biere 253.
Bilin 143.
Bilsenkraut 64.
Bisam 262.
Bismutum subgallicum 193.
, subnitricum 192.
, subjodicum 193.
Bissen 288.
Bitterholz 160.
Bitterklee 161.
Bittermandelöl, Bittermandelwasser 82.
Bittersalz 214.
Bitterstoffe 160.
Bitterwasser 214, 273.
Blatta, germanica, orientalis 239.
Blausäure 82.
Blei 187.
, basisch essigsaures 190.
, neutrales essigsaures 190.
Bleialbuminate 187.
Bleiessig 190.
Bleiglätte (Lithargyrum) 191.
Bleioxyde 191.
Bleiweiss (Cerussa, Plumbum hydrico-carbonicum) 191.
Bleizucker 190.
Blue pills 126.
Boli (Bissen) 288.
Boletus laricis 81.
Bolus alba 285.
Borax 118.
Boraxweinstein 213, 239.
Borsäure 118.
Bougies 327.
Branntweine 253.
Brassica alba, nigra 195.
Brausepulver 152, 283.
Brayera anthelminthica 266.
Brechact 225.
Brechmittel 225.

Brechnuss 72.
Brechweinstein 229.
Brechwurzel 230.
Brenzcatechin 86.
Brom 56, 117.
Bromäthyl 55.
Bromammonium 57.
Bromkalium 56.
Bromkampher 259.
Bromnatrium 57.
Brucin 72, 75.
Bulbus Scillae 180.
Butylchloralhydrat 49.
Butyrum Cacao 257, 270.

C.

Cacao 257, 270.
Cachets Limousin 282.
Caffeïn, Caffeol 255, 256.
Calabarbohne 68, 69.
Calabargruppe 68.
Calabarin 69.
Calamuswurzel 161.
Calcaria chlorata 118.
, phosphorica 165.
, usta 203.
Calcium-Phosphat 165.
, phosphoricum 165.
, ustum 203.
Calombo s. Colombo.
Calomel, Calomelas 117, 127, 217.
Cambogia 224.
Camellia Thea 254.
Camphora 258.
Cannabinin, Cannabinon 47.
Cannabis 270.
Cannabis indica 46.
Cantharidin, Cantharides 200.
Cantharidin 200.
Cantharidinsäure 200.
Capsicum annuum 260.
Capsulae amylaceae 282.
, gelatinosae 282, 289.
, Limousin 282.
Carbaminsäure-Aethyläther 50.
Carbo animalis 119.
, ligni pulveratus 119.
Carbolsäure 106.
Cardamomum 260.
Cardiotonica 167.
Carduus 161.
Carex arenaria 237.
Carica Papaya 166.
Caryophylli 260.
Cascarilla 161.
Cassia 261.
, acutifolia 220.
, angustifolia 220.
Castoreum 263.
Castor oil 218.
Cataplasmata 291.
Cataplasmes instantanés 291.
Catechu 185.

Alphabetisches Register.

Cathartinsäure 219, 220.
Cauteria 194, 201.
Cauterium actuale 201.
„ potentiale 201.
Cayenne-Pfeffer 260.
Centaurium minus 161.
Cephaëlis Ipecacuanha 230.
Ceratum Saturni 190.
Cereoli (Kerzchen) für d. Harnröhre 323.
Cerussa 189, 191, 292.
Cetaceum 165, 308.
Cetraria Islandica 161.
Cetrarin 161.
Cevadin 77.
Chamäleonlösungen 121.
Chamille, gewöhnliche; römische 262.
Chamomilla 262.
Charta cerata 282.
Cheyne-Stockes'sches Phänomen nach Morphin 31, 37.
Chilisalpeter 144.
Chinagerbsäure 90.
Chinarinde 89, 93, 94.
Chinasäure 90.
Chinawein 94.
Chinidin 90, 93.
Chinin 90.
Chininum bimuriatico-carbamidatum 94.
Chininum bisulfuricum 93.
„ bromatum 94.
„ ferro-citricum 93.
„ hydrochloric. 93.
„ lacticum 94.
„ muriaticum amorphum 94.
„ sulfuricum 93.
Chinioïdinum 93.
Chlor 117.
Chloralamid 49.
Chloralhydrat 47.
Chloralum formamidatum 49.
Chloressigsäure 202.
Chlorkalk 118.
Chlornatrium 145.
Chloroformium 50.
„ als Einreibung 199.
Chlorsaures Kalium 119.
Chlorwasser 118.
Chlorzink 117, 192.
Chopart'scher Trank 238.
Chrysarobin 113.
Chrysophansäure 113, 219, 220.
Churrus 47.
Cina 263.
Cinchona officinalis, Calisaya, succirubra 89, 90.
Cinchonidin 90, 95.
Cinchonin 90, 95.
Cinnameïn 198.
Cinnamomum Cassia 260.
Citronensäure 151.
Citrullin 224.
Citrullus Colocynthis 224.
Citrus Aurantium 161.

Claviceps purpurea 79.
Clysma 308.
Clysmata aperitiva 308.
„ medicata 309.
„ nutrientia 311.
Cnicus benedictus 161.
Coca 65.
Cocaïnum 65.
„ hydrochloricum 67.
Coccionella, Cochenille 321.
Cocculus palmatus 161.
Codeïn 30, 46.
Coffea arabica 254.
Coffeïn 236, 254, 255.
Coffeïn-Doppelsalze 256.
Cola acuminata 255.
Colanüsse 255.
Colatura 301, 303, 304, 305.
Colchicin, Colchiceïn 78.
Colchicum autumnale 78.
Cold cream 316.
Collodium cantharidatum 201.
Collyrien 322.
Colocynthides 224.
Colocynthinum 224.
Colombowurzel 161.
Colophonium 196.
Coloquinthen 224.
Compressen 311.
Condurango 163.
Confectiones 290.
Conhydrin 76.
Coniin 76.
Coniinum hydrobromatum 76.
Conium maculatum 76.
Constituens 279.
Contraindicationen 17.
Convallaria majalis 179.
Convallamarin 179.
Convallarin 179.
Convolvulin 222.
Convolvulus Scammonium 224.
Copaïvabalsam 237.
Coriander 260.
Cornutin 79.
Corrigens 279, 296.
Cosso 266.
Cortex Cascarillae u. s. w. siehe unter Cascarilla u. s. w.
Cotarnin 76.
Cotoïn 162.
Cotorinde 162.
Cremor Tartari 213.
Crocus 261.
Croton Eluteria 161.
Crotonchloral 49.
Crotonöl 207, 224.
Crotonolsäure 225.
Cubebasäure 238.
Cubebae 238.
Cubebin 238.
Cucumis Colocynthis 224.
Cucurbita maxima 267.

Cumarin 317.
Cumulirung 15.
Cuprum sulfuricum 192, 203, 233.
Curare 75.
Curarin 75.
Curin 75.
Cusso 266.
Cynips 184.

D.

Datura Stramonium 58, 64.
Decoctum 304.
" concentratissimum concentratum, ordinarium 304.
" Sarsaparillae compos. fortius u. s. w. siehe unter Sarsaparilla u. s. w.
Dermatol (Bismutum subgallicum) 193.
Desinficientia 100.
Diaphoretica 242.
Diffusibilität der Salze 141, 145, 206, 207.
Digestion 303.
Digitaleïn; Digitalin; Digitaliresin 167.
Digitalis purpurea 167, 236.
Digitonin 167.
Digitoxin 167.
Dimethylxanthin 257.
Diuretica 233.
Dower'sches Pulver 46, 232.
Drachme 277.
Dragées 284.
Drastica 204.
Duboisia myoporoides 58, 65.
Duboisin 65.
Dulcia 270.
Durande'sches Mittel 197.

E.

Eccoprotica 204.
Ecgonin 65.
Eibischwurzel 269.
Eichelkaffee 184.
Eicheln 184.
Eichenrinde 184.
Eigelb 301.
Einwicklungen, feuchte 291, 311.
" nasse 85.
Eisen 155, 157.
" -Bäder 273, 313.
" -Chlorid 158, 192.
" -Chocolade 159.
" -haltiges Malzextract 159.
" -haltige Weine 159.
" -Jodür 129.
" -Präparate 155.
" -quellen 273.
Elaeosacchara 281.
Electuarium 306.
" e Senna 221, 307.
Electuarium lenitivum 221.
" Theriaca 46.

Elixir acidum Halleri 150, 297.
" amarum 162, 297.
" Aurantiorum compositum 162, 297.
" e succo Liquiritiae 297.
" paregoricum 46.
" roborans Whyttii 94.
" viscerale Hoffmanni 162.
" Vitrioli Mynsichti 150.
Emetica 225.
Emetin 231.
Emodin 219, 221.
Emollientia 268.
Emplastra 292.
Emplastrum adhaesivum 191, 293.
" Ammoniaci u. s. w. siehe unter Ammoniacum u. s. w.
" aromaticum 292.
" cephalicum 46.
" diachylon simplex 191, 293.
" fuscum camphoratum 191.
" Lithargyri simplex, molle fusc., compos. 191.
Emulgens; Emulgendum 300.
Emulsin 82, 300.
Emulsion 300.
Endermatische Anwendung von Arzneimitteln 317
Enema 308.
Ephedrinum 79.
Epidermatische Anwendung von Arzneimitteln 317.
Ergota 79.
Ergotin; Ergotinin 79.
Ergotinsäure 79.
Ergotismus 79.
Erweichende Mittel 268.
Erythraea Centaurium 161.
Erythroxylon Coca 65.
Eserin 69.
Essig 151, 298.
Essigäther 254.
Essigmissbrauch 149.
Essigsäure 151, 202.
Essigsaures Kalium 239.
Essigsaure Thonerde 119.
Esslöffel (als Maass) 278.
Eucalyptol 100.
Eucalyptus globulus 100.
Evacuantia 204.
Excipiens 279.
Excitantia 246.
Expectative Methode 5.
Expectorantia 239.
Extractionsformen 302.
Extracte (Cons. I, II, III) 285.
Extractum Absinthii u. s. w. siehe unter Absinthium u. s. w.

F.

Faba Calabarica 69.
Faenugraecum 269.

Farina seminum Lini 269, 270, 291.
Farnwurzel 265.
Fenchel 260.
Fer Bravais 159.
Ferrum 155.
, aceticum 158.
, carbonicum saccharatum 158.
, chloratum 159.
, citricum cum ammonio citr. 158.
, citricum oxydatum 158.
, jodatum 129, 158.
, lacticum 158.
, muriaticum oxydatum 158.
, oxychloratum 159.
, oxydatum 157.
, , dialys. liquid. 159.
, , sacchar. solub. 157.
, pomatum 158.
, pulveratum 157.
, pyrophosphoric. cum ammonio citrico 158.
, pyrophosphoric. oxydat. 158.
, reductum 157.
, sesquichloratum 158, 192.
, sulfuricum oxydulatum 158.
Fett, Fettsäuren 149, 270.
Fichtennadelbäder 314.
Filicin 266.
Filix mas 265.
Filixsäure 266.
Fingerhut 167.
Fleischsolutionen 311.
Fliederthee 246.
Flores Arnicae u. s. w. siehe unter Arnica u. s. w.
Flores Benzoës 242.
, Sulfuris 217.
Fluid drachms 277.
Fluid minims 277.
Fluid ounce 277.
Flüssige und halbflüssige Arzneiformen 295, 308.
Flüssige Salben 314.
Foeniculum capillaceum 260.
Folia Belladonnae u. s. w. siehe unter Belladonna u. s. w.
Fomentationes, Fomente 311.
Fowler'sche Lösung 137.
Frangulasäure 221.
Frangulin 221.
Fraxinus Ornus 212.
Fruchtsaure Salze 149, 212, 220.
Fructus Colocynthidis u. s. w. siehe unter Colocynthides u. s. w.

G.

Gadus Morrhua, Carbonarius, Callarias 163.
Galbanum 197.
Gallae, Galläpfel 183, 185.
Gallerte 307.
Gallertkapseln 282, 289.

Gallerttafeln 289.
Gallussäure 184.
Gelatinae medicatae in lamellis 289.
Gelatina, Gelée 307.
Gelatine discs. 289, 322.
Gelsemin, Gelseminin 72.
Gelseminsäure 72.
Gelsemium sempervirens 72.
Gentiana lutea 161.
Gentianbitter 161.
Gentiopicrin 161.
Gerbsäure 183.
Gerbsäuren 182.
Gerbstoffhaltige Bäder 314.
Gestaltgebendes Mittel (Contituens) des Receptes 279.
Getränk 210, 211, 251, 252.
Gewichtsverhältnisse zwischen Gran und Gramm 278.
Gewöhnung 16.
Gewürze 160, 259.
Gewürznelken 260.
Ginnab 47.
Glandes Quercus tostae 184.
Glandulae Rottlerae 267.
Glaubersalz 141, 206, 213, 273.
Glaubersalzquellen 273.
Globuli martialis pulverati 313.
Glycerin, Glycerinum 271.
Glycocoll-Quecksilber 128.
Glyciyrrhiza glabra 271.
Glykuronsäure 48, 50, 52, 108, 259.
Goapulver 113.
Goldschwefel 241.
Gonolobus Condurango 163.
Gossypium herbaceum 81.
Gottesgerichtsbohne 69.
Goulard'sches Wasser 190.
Grammgewicht 277.
Gran: Verhältniss zwischen Gran und Gramm 278.
Granatum, Granatrinde 267.
Granula (Körner) 289.
Guajakholz, Guajacum officinale, G. sanctum 154.
Guajakol 111.
Guarana 255, 256.
Guaza 47.
Gummi Acaciae 268.
, arabicum 268.
, Cambogia 224.
, gutti, Gummigutt 224.
, Kino 185.
, resina Ammoniacum 198.
, , Asa foetida 263.
, , Galbanum 197.
, Tragacanthae 269.
Gurgelwässer 321.
Guttae 298.
Gutti 224.

H.

Haematoxylon Campechianum 185.

Alphabetisches Register.

Hagenia abessynica 266.
Haller'sches Sauer 150.
Hammeltalg 270, 316.
Hanf 47, 270.
Harnfähige Stoffe 234.
Harntreibende Mittel 233.
Haschisch 47.
Hauhechel 154, 237.
Hauptmittel (Basis) des Receptes 278.
Hautreize 194.
Hebra-albe 191.
Heftpflaster 191.
Heilquellen 272.
Heim'sche Pillen 180, 224.
Herba Absinthii u. s. w. siehe unter Absinthium u. s. w.
Herbstzeitlose 78.
Höllenstein 139, 185, 203.
Hoffmann's-Tropfen 254.
Hollunderblüthen 246.
Holzessig 111.
Holzkohle 119.
Holzthee 152, 154.
Holztränke 152.
Homatropinum 58, 64.
Honig 271.
Hopfenbitter, Hopfenbittersäure; Hopfenmehl 162.
Hydrargyrum 121, 126.
" aethylchloratum 128.
" bichloratum 116, 127, 203.
" bijodatum (rubrum) 128.
" chloratum (mite); vapore paratum 117, 127, 217.
" cyanatum 128.
" depuratum 126.
" formamidatum solutum 128
" jodatum (flavum) 128.
" oxydatum, rubr., flav. via humida, sicca paratum 126, 127.
" praecipitatum album 126.
" tannicum 129.
Hydrastis canadensis 81.
Hydrastin 81.
Hydrobromic ether 55.
Hydrochinon 86, 108.
Hygrin 65.
Hyoscin 58, 65.
Hyoscinum hydrobromicum; hydrojodicum 65.
Hyoscyamin 58, 65.
Hyoscyamus niger 58, 64.
Hypnotica 22.
Hypodermatische Injection 318.

I.

Ichthyol 112.
Ichthyolsulfonsaures Kalium 112.
Igasursäure 72.
St. Ignatiusbohne 72.
Ilex paraguayensis 255.

Illicium anisatum 260.
Impfung (Inoculation) von Arzneimitteln 318.
Indication 17.
Indischer Tabak 77.
Indifferente Thermen 272.
Inée 179.
Infusum 303.
" Sennae compositum 221.
Ingwer 260.
Inhalationen 323.
Injectionen: hyopdermatische, subcutane 318.
Insufflationsapparat 323.
Ipecacuanha 230.
" -Gerbsäure 231.
Ipomoea Purga 222.
Iris florentina 262.
Isländisches Moos 161.
Isothiocyansäure 195.
Italienische Pillen 158.

J.

Jaborandi 68, 244.
Jaborandin 244.
Jalapenwurzel 222.
Jalapin 222.
Jamaica Dogwood 47.
Jervin 77
Jod, Jodum 114, 117, 129, 133.
Jodalbumin 114.
Jodalkalimetalle 129, 133.
Jodhaltige Quellen 273.
Jodkalium 129, 133.
Jodkaliumbäder 314.
Jodnatrium 129.
Jodoform 114.
Jodol 116.
Jodpräparate 129.
Jodtinctur 133.
Juglans regia 185.
Juniperus 237.

K.

Kaffee, gerösteter 256.
Kaffeegerbsäure 256.
Kaffeelöffel (als Maass) 278.
Kairin 99.
Kalibäder 314.
Kali causticum 202.
Kali hydricum in bacillis 202.
Kalisalpeter 144.
Kalium aceticum 239.
" arsenicosum 137.
" bicarbonicum 143.
" bitartaricum 213.
" bromatum 56.
" carbonicum 143.
" crudum 143.
" -chlorat 119.
" chloricum 119.

348 Alphabetisches Register.

Kalium einfach weinsteinsaures 213.
" hydrojodicum 129.
" -hydroxyd 202.
" jodatum 129.
" nitricum 144.
" permanganicum cryst. 121.
" -salze 139, 141.
" saures weinsteinsaures 213.
" sulfuratum 203.
" tartaricum 213.
" " boraxatum 213.
Kalmus 161.
Kamala, Kamela 267.
Kamille 262.
Kampher 258.
Karlsbad 207, 213.
Karlsbader Salz 213, 214.
" " künstliches 214.
Kathartinsäure 219, 220.
Keratin 284.
Kermes minerale 241.
Kinderpulver 220.
Kino 185.
Kirschlorbeerwasser 82.
Kleienbäder 314.
Klystiere 308.
" adstringirende 309.
" Arznei- 309.
" ernährende 311.
" eröffnende 308.
" styptische 309.
" reizmildernde 309.
Knoblauch 310.
Kochsalz 139, 145.
" -Bäder 147, 272.
" -Quellen 147, 272.
" -Thermen 272.
Kohle 119.
Kohlendioxyd 152.
Kohlensäure 152.
Kombé 179.
Königswasser 151.
Körner (Granula) 288.
Kossin 266.
Koso, Kousso 266.
Krameria triandra 185.
Kräuter (Species) 280, 291.
Kräuterkissen 291.
Kräutersäfte 306.
Kreolin 112.
Kreosol 111.
Kreosotum 111.
Kresol 111.
Kresotinsäure 97.
Kreuzdorn 221.
Kriebelkrankheit 79.
Krisen 243.
Kupferpräparate, Kupfersulfat, Kupfervitriol 192, 203, 238.
Kurella'sches Brustpulver s. Pulvis Liquiritiae compositus 221.

L.

Lachgas 55.
Lactucarium anglicum, germanicum 46.
Lactucasäure 46.
Lactucerin; Lactucin 46.
Lakritzenwurzel 271.
Lanolinum 270, 316.
Lapis infernalis 185, 203.
" " mitigatus 187.
Latschenöl, Schwarzwälder 324.
Latwerge 221, 306, 307.
Laudanum liquidum Sydenhami 46.
Laurus Camphora 258.
Lavandula vera, Lavendel 262.
Laxantia 204.
Leberthran 163.
Lecksaft 296.
Leinöl 269, 270.
Leinsamen 269, 270.
Leinsamenmehl 270, 291.
Lemonensaft 151.
Leontodon taraxacum 161.
Levisticum 237.
Lichen islandicus 161.
Lichenin 161.
Lignum campechianum 185.
" Guajaci u. s. w. siehe unter Guajacum u. s. w.
" sanctum 154.
Limatura ferri alcoholisata 157.
Linctus 296.
Lindenblüthen 246.
Linimenta 314.
Linimentum ammoniato-camphoratum 199, 315.
" ammoniatum 199, 315.
" aquae Calcis 203, 315.
" Calcis 203, 315.
" Chloroformii 315.
" saponato-camphorat. 199, 315.
" Stockes 315.
" Styracis 315.
" terebinthinatum 315.
" volatile 199, 315.
Linum 269, 270.
Lipanin 165.
Liqueur de Labaraque 118.
Liquidambar orientalis 198.
Liquiritia 271.
Liquor Aluminii acetici u. s. w. siehe unter Aluminium aceticum u. s. w.
" anodynus Hoffmanni 254.
" " martialis 159.
" arsenicalis Pearsoni 137.
" cornu cervi succinatus 241.
Lithargyrum (Bleiglätte) 191.
Lithionquellen 273.
Lithiumcarbonat 143.
Lithium carbonicum 143.
Lobelia inflata 77.

M.

Lösungen 295.
Löwenzahn 161.
Lorbeerblätter 260.
Loth, Lothgewicht 277.
Lotiones 312.
Lugol's Lösung (Jod) 133.
Lupulin 162.
Lustgas 55.
Lycopodium 270.
Lytta vesicatoria 200.

Maassverhältnisse 278.
Maceration 302.
Macerations-Decocto-Infus 305.
Madeira 253.
Magisterium Bismuthi 192.
Magistralformeln 277.
Magnesia alba 214.
" usta 215.
Magnesium carbonicum 214.
" citricum 214.
" " effervescens 214.
" oxydatum 215.
" sulfuricum 214.
" " siccum 214.
Malaga 253.
Mallotus Philippensis 267.
Malva 269.
Malzbäder 314.
Mandelmilch 270, 300.
Mandeln, bittere 82.
" süsse 270.
Mandelsäure 58.
Manna; Mannit 206, 212.
Martialia 155.
Massa pilularum 284.
Maté 255.
Matricaria Chamomilla 262.
Maximaldosen-Tabelle des Arzneib. f.
d. D. R. 330.
" -Tabelle der Pharmac.
Helvetica 334.
May apple 222.
Medicinalgewicht 277.
Medulla ossium bovis 316.
Meerzwiebel 180.
Mekonsäure 30.
Mel 271.
" crudum; despumat.; rosat. 271.
Mennige (Bleioxyd-Bleisuperoxyd), Minium 191.
Menstruum 295.
Mentha crispa, piperita 261, 262.
Menthol 110.
Menyanthes trifoliata 161.
Mercurius, Mercurialia 121.
" dulcis 127.
" sublimatus corrosivus 127.
" vivus 126.
Messerspitze (als Maass) 278.
Methylchloroform 55.
Methylconiin 76.
Methylenchlorid 55.
Milchsäure 202.
Milchzucker 271.
Millefolium 161.
Minium, Mennige 191.
Mixtura 295.
" gummosa 297.
" oleoso-balsamica 198, 297.
" sulfurica acida 150, 297.
Monobrom-Kampher 259.
Monochloraethylenchlorid 55.
Moorbäder 273.
Morbus spasmodicus malignus cerealis 79.
Morphinum 30, 44.
" hydrochloricum, sulfuricum 44.
Morphinmissbrauch, chronischer 33.
Morsuli 290.
Moschus 262.
Mostrich 195.
Mucilaginosa 268.
Mucilago Gummi arabici 268.
Mundwässer 321.
Muscatnuss 260.
Mutterkorn 79.
Mutterlauge 314.
Mutterpflaster, braunes 191, 298.
" weisses 293.
Mydriatica 22.
Myotica 22.
Myronsaures Kalium 195.
Myrosin 195.
Myroxylon Pereirae 198.

N.

Napellin 71.
Naphtalin 111.
β-Naphtol 112.
Narceïn 30.
Narcotica 22.
Narcotin 30.
Natrium arsenicicum solutum 137.
" benzoïcum 97, 112.
" bicarbonicum 142.
" -borat 118.
" bromatum 57.
" carbonicum 142.
" causticum fusum 202.
" chloratum 145.
" goldchlorid 139.
" -hydrosulfid 215.
" -hydroxyd 202.
" jodatum 129.
" nitricum 145.
" phosphoricum 214.
" quillajinicum 242.
" salicylicum purum 95, 97.
" -salze 139.
" sulfo-carbolicum 110.
" sulfuricum 141, 206, 213.

Natrium sulfuricum depuratum 213.
" " siccum 213.
" " tannicum 183, 184.
Natrokali tartaricum 213.
Natron-Bäder 314.
- -Salpeter 145.
Nepal Aconit 71.
Nerium Oleander 179.
Neuroparalytica 22.
Neutrale Salze der Alkalimetalle 139.
Nicotiana Tabaccum 76.
Nicotin 76.
Niesswurz, weisse 77.
Nitrogenium oxydulatum 55.
Nitroglycerin 53, 82.
Nitrum depuratum 144.
Nuces Arecae 267.
Nucista 270.
Nussblätter 185.
Nux vomica 72.
" " -Präparate 75.

O.

Oblatae 282.
Oelhaltige Mittel 270.
Oelgallerte 308.
Oelzucker 281.
Oertliche Wirkungen 8.
Officinalformeln 277.
Oleander 179.
Olëin 270.
Oleosa 170.
Oleum Amygdalar. dulcium u. s. w.
siehe unter Amygdalae dulces u. s. w.
" cinereum benzoatum 126.
" Jecoris Aselli 163.
" ligni Santali 239.
Olivenöl 270.
Onage 179.
Ononis spinosa 154, 237.
Opium 29, 44, 45.
Opodeldoc 199, 315.
Orchis militaris, morio u. s. w. 269.
Orexin 167.
Oxybenzoësäure 95.
Oxydimorphin 32.
Oxymel simplex 271.
" scilliticum 180.

P.

Papaïn, Papayotin 166.
Papaver somniferum 29, 270.
Papaverin 30.
Papier Rigollot 196.
Paprica 260.
Paracotoïn 162.
Paraffin 111, 316.
Paraffinum liquidum, solidum 316.
Paraguaythee 255.
Paraldehyd 49.
Parillin 153.

Pasta Guarana 255.
Pastae, Pasten 293.
Pastillen, Pastilli 290.
Pastilli Ipecacuanhae 232.
Paullinia sorbilis 255.
Pech 111.
Pektin 307.
Pelletierin 267.
Pelletierinum tannicum 267.
Pepsin 168.
Pepsinwein 166.
Pepton 166.
Perubalsam 198.
Petersiliensamen, Petroselinum 237.
Pfeffer, spanischer P., Cayenne-P. 260.
Pfefferminze 261.
Pfeilgifte 72, 75, 179.
Pflaster (siehe Emplastra) 292.
Pharmakopöen 276.
Phenacetin 100.
Phenol 106.
Phenolschwefelsäure 108.
Phenylhydracin 97.
Phloroglucin 103.
Phosphorsäure 151.
Phosphorsaure Kalkerde 165.
Phosphorus 133, 137.
Physostigma venenosum 69.
Physostigmin 69.
" salicylsaures 70.
Picraena excelsa 160.
Pikroaconitin 70.
Pikropodophyllin 222.
Pillen 283.
" Italienische 158.
Pilocarpus pennatifolius 244.
Pilocarpinum 68, 244.
" hydrochloricum 245.
Pilulae 283.
" aloëticae ferratae 158.
" caeruleae 126.
" ferratae Valetti 158.
" ferri carbonici 158.
" hydragogae Heimii 180. 224.
Piper methysticum 68.
Piperidin 58, 260.
Piperin, Piperidin, Piperinsäure 260.
Piscidia erythrina 47.
Pix liquida 111.
Plätzchen 290.
Plumbum 187.
" aceticum; subaceticum 190.
" tannicum 190.
Podophyllin 222.
Podophyllinsäure 222.
Podophyllotoxin 222.
Polvo de la Condesa 89.
" di Bahia 113.
Polychroit 261.
Polygala Senega 241.
Polysolve 315, 316.
Polystichum Filix 265.
Pomeranzenschale 161.

Portwein 253.
Potio Choparti 238.
   „ Riveri 151, 299.
Pottasche 143.
Pravaz'sche Spritze 318.
Pseudoaconitin 70.
Pseudoephedrin 79.
Pseudotropin 58.
Psychotria Ipecacuanha 230.
Pterocarpus marsupium 185.
Ptomaïne 75.
Pulpa Prunorum 212.
   „ Tamarindorum 212.
Pulver, Pulvis 281.
   „ abgetheilte 281.
       unabgetheilte 282.
Pulveres collutorii 312.
Pulvis ad Limonadam 151.
   „ adspersorius 291.
   „ aërophorus 283.
   „   „ laxans 216, 283.
   „ Althaeae u. s. w. siehe unter
       Althaea u. s. w.
   „ dentifricius 321.
   „ Doweri 46, 232.
   „ effervescens s. P. aërophorus 285.
   „ febrifugus 89.
   „ gummosus 283.
   „ Ipecacuanhae opiatus 46, 232.
   „ jesuiticus 89.
   „ Liquiritiae compositus 221, 283.
   „ Magnesiae cum Rheo 220, 283.
   „ peruvianus 89.
   „ Quinae 89.
   „ temperans 145, 213.
Purgantia 204.
Pyridin 25.
Pyrogallol, Pyrogallussäure 111.

Q.

Quassia amara 160.
Quassiin 160.
Quebrachin 166.
Quebrachorinde 166.
Queckenwurzel 237.
Quecksilber 121, 126.
   „ -Chlorid 116, 127.
   „   „ -Albuminat 128.
   „ -Chlorür 127.
   „ -formamid 128.
   „ -Jodid, Jodür 128.
   „ -Oxyd, salpetersaures 124.
   „ -Salbe, graue 126.
Quercus lusitanica, infectoria 184.
   „ robur 184.
Quillaja, Qu.-Säure 242.
Quinetum 94.

R.

Racoon berry 222.
Radix Aconiti u. s. w. siehe unter
  Aconitum u. s. w.
Rapa 270.

Ratanhia, Ratanhiagerbsäure 185.
Recepte 274.
Reizmittel 246.
Remijia 89.
Resina Benzoë 112, 242.
   „ Guajaci 154.
   „ Jalapae 222.
Resolventia 121
Resorbentia 121.
Resorcin 86, 110.
Resorption, Geschwindigkeit und Vollständigkeit der 20.
Resorptive Wirkungen 8.
Rhabarber 218.
Rhamnus frangula, Purshiana, cathartica 221.
Rheum officinale 218.
   „ -Gerbsäure 219.
Rhizoma Calami aromatici u. s. w.
  siehe unter Calamus u. s. w.
Ricinolsäure 207, 218.
Ricinusöl 207, 218.
Ricinussamen 218.
Ricord'sche Jod-Jodquecksilberlösung 128.
Rohrzucker 270.
Rosmarin 262.
Rottlera tinctoria 267.
Rottlerin 267.
Rotulae 290.
Rubefacientia 194.
Rüböl 270.
Ruhrwurzel 230, 231.

S.

Sabadilla 77.
Sabadillin; Sabatrin 77.
Sabina 199.
Saccharina 270.
Saccharinum 272.
Saccharum album 270.
   „ lactis 271.
   „ Saturni 190.
Sadebaum 199.
Safran 261.
Sal Carolinum factitium 214.
  „ polychrestum Seignetti 213.
  „ thermarum Carolinense 213, 214.
  „ volatile 240.
Salbeiblätter 185.
Salben (siehe auch Linimenta, Unguenta) 314, 315.
Salep-Decocte 269.
   „ -Knollen 269.
Salicin 95.
Salicylsäure 95, 113.
Salmiak 240.
Salol 97.
Salpeter 144.
Salpetersäure 151, 202.
Salpetrigsäure-Amylester 81.
Salseparin 153.
Salvia officinalis 185.

Salze 139.
Salzsäure 151, 202.
Salzwirkung 139, 146.
Sambucus 246.
Sandelholzöl 239.
Santonin 264.
Sapo jalapinus 222.
„ medicatus 165, 294.
Saponin 242.
Sapotoxin 242.
Sarsaparilla 153.
Sassaparillwurzel 153.
Sassafras 154.
Saturatio 151, 152, 298.
Saturationstabelle 300.
Saturnina 187.
Sauerhonig 180, 271.
Säuerlinge, einfache 272.
Säuren 148, 202.
„ organische (fette) 148.
„ unorganische 148.
Scammonium 224.
Schafgarbe 161.
Scheidewasser (Königswasser) 149.
Schierling 76.
Schlammbäder 273.
Schleimige Mittel 268.
Schüttelmixturen 297
Schwarzwälder Latschenöl 324.
Schwefel 215.
„ -Aether 54, 253.
„ -Alkalimetalle 203, 215.
„ -Bäder 273, 313.
„ -Blüthe 217.
„ -Calcium 313.
„ -Kalium 203.
„ -Leber 203.
„ -Milch 217.
„ -Natrium 215.
„ -Quellen, kalte 273.
„ -Säure 150, 202.
„ -Thermen 273.
„ -Wasserstoff 215.
Schweflige Säure 151.
Schweineschmalz 270, 316.
Schweissfördernde Mittel 242.
Scilla maritima 180.
Scillaïn, Scillin 180.
Sclerotinsäure 79, 80.
Scrupel 277.
Sebum ovile 270, 316.
Secale cornutum 79.
Sedativa 22.
Seebäder 147.
Seidlitzpulver 213.
Seife 165, 294.
Seifenbäder 314.
Semen Cannabis u. s. w. siehe unter Cannabis u. s. w.
Senega, -Wurzel 242.
Senegin 242.
Senf, schwarzer 195.
„ weisser 195.

Senf-Bäder 314.
„ -Geist; -Oel; -Papier; -Teig 196, 291.
Senna, Alexandrinische, Arabische 220.
Senna-Latwerge 220, 307.
Sennesblätter 220.
Serpyllus 262.
Sherry 253.
Silber 139, 185, 203.
Silber-Salpeter 139, 185, 203.
Sinapis 195.
Sinapismen 195, 291.
Sirupe 279, 296.
Sirupus aetheris u. s. w. siehe unter Aether u. s. w.
„ diacodion 46.
„ domesticus 221.
„ gummosus 269.
„ hollandicus 270.
„ simplex 270.
Smilacin 153.
Smilax media, officinalis; syphilitica 153
Soda 142.
Solatrum furiale; mortale 59.
Solutio arsenicalis Fowleri 137.
„ Plencki 128.
Solution 295.
Solutionstabelle nach der Pharmacop. Germanica ed. II. 339.
Soolbäder 147, 272, 314.
Soolen 272.
Sozojodol 112.
Spanische Fliegen 200.
Spartein 179.
Spartium scoparium 179.
Species 280, 291.
„ ad decoctum lignorum 152, 154.
„ aromaticae 280, 291.
„ diureticae 237.
„ emollientes, ad Cataplasm. 280.
„ laxantes 221, 280.
„ „ St. Germain 221.
„ lignorum 152, 280.
„ narcoticae 65.
„ pectorales 280.
Sphacelinsäure 79.
Spina cervina 221.
Spiraea ulmaria 95, 237.
Spiritus 246.
„ aethereus 254.
„ aetheris nitrosi 254.
„ camphoratus 259, 312.
„ formicarum 199.
„ Mindereri 241.
„ saponatus 312.
„ Sinapis 312.
„ vini 246.
„ rectificatus 246.
Stäbchen 293.
Stängelchen 293.
Stechapfel 64.
Stibio-Kali tartaricum 229.
Stibium chloratum 203.

Stibium sulfurat. aurantiacum 241.
" " nigrum, rubrum 241.
Stickstoffoxydulgas 55.
Stifte 293.
Stigmata Croci 261.
Stinkasant 263.
Storax 198.
Storesin 198.
Stramonium 64.
Streupulver 291.
Strobili lupuli 162.
Strophanthin; Strophanthus hispidus, Kombé 179.
Strychnin 72.
Strychninum nitricum 75.
" sulfuricum 75.
Strychnos nux vomica 72.
Stuhlzäpfchen 294.
Styli s. Bacilli 293.
Styracin; Styrol 198.
Styrax liquidus 198.
Sublimat 116, 127, 203.
" -Bäder 314.
Succinimid-Quecksilber 128.
Succus herbarum recenter expressus 306.
" Liquiritiae 272, 285, 286, 296.
Sulfocarbolsaure Salze 110.
Sulfonal 50.
Sulfoölsäure (Polysolve) 315, 316.
Sulfur 215.
" auratum Antimonii 241.
" depuratum 217.
" praecipitatum 217.
" sublimatum 217.
Summation von Wirkungen 15.
Summitates Sabinae 199.
Suppositoria 294.
Süssholz 271.
Süssmandelöl 270.
Syrupe s. Sirupe.
Syrupus aetheris u. s. w. siehe unter Aether u. s. w.
" diacodion 46.
" domesticus 221.
" gummosus 269.
" hollandicus 270.
" simplex 270.

T.

Tabak 76.
" indischer 77.
Tabernacula 290.
Tabletten, Täfelchen 290.
Talcum 113.
Tamarinden 212.
Tamar indien 213.
Tampons 328.
Tannin, Tanninum 183.
Taraxacum 162.
Tartarus boraxatus 213, 239.
" depuratus 213.
" emeticus 134, 229.

Tartarus natronatus 213.
" stibiatus 134, 229.
" tartarisatus 213.
Tausendgüldenkraut 161.
Temperatur bei Betäubten 31.
" " geänderter Circulation 173.
" " im Fieber 83 (s. a. Antipyrese).
Terebinthina, Terpentinöl 196.
Terpene 196.
Terpentinöl s. Terebinthina.
Terpinhydrat 197.
Terpinol 197.
Terpinum hydratum 197.
Tetanica 22.
Teufelsdreck 263.
Thallin 99.
Thea chinensis 254, 257.
Thebaïn 30, 44.
Thee 254, 257, (280, 291).
Theegemisch 280, 291.
Theelöffel (als Maass) 278.
Theer 111.
Theerwasser 111, 324.
Theobroma Cacao 257.
Theobromin 257.
Thermalsoolen 272.
Thermen 272.
Thierkohle 119.
Thiol 112.
Thonerde, essigsaure 119, kieselsaure 285, schwefelsaure Thonerde-Kali 193.
Thymian 262.
Thymol 110.
Tiglinöl; Tiglinsäure 224.
Tiglium 224.
Tilia 246.
Tieuté 72.
Tinctura Absinthii u. s. w. siehe unter Absinthium u. s. w.
" amara 162.
" aromatica acida 150.
" Martis Klaproti 158.
" stomachica Rosensteini 162.
" " Whyttii 162.
" thebaica 45.
" tonico-nervosa Bestuscheffii 159.
Tollkirsche 59.
Tonica 154.
Toxiresin 167.
Tragacantha 269.
Traganthgummi 269.
Trainiren 210.
Trichloraldehyd 47.
Trichloräthylalkohol 49.
Trifolium fibrinum 161.
Trigonella Faenugraecum 269.
Trimethylxanthin 255.
Trinitrin (Nitroglycerin) 82.
Triolein 270.

Trochisci 289.
　　Santonini 265, 289.
Trockene Arzneiformen für den äusserlichen Gebrauch 291.
Trockene Arzneiformen für den innerlichen Gebrauch 280.
Tropfen (als Arzneiform) 298.
　„　(als Maass) 278, 298, Gewicht eines Tropfens 278.
Tropfenzähler 278, 298.
Tropasäure 58.
Tropeïne 58.
Tropin 58.
Tubera Aconiti u. s. w. siehe unter Aconit u. s. w.
Tuberculinum 121.

U.

Uebermangansaures Kalium 121.
Umschläge, feuchtwarme, trockenwarme 291, 311.
Umschläge, nasse 311.
Unguenta 315.
Unguentum basilicum 195, 197, 316.
　„　　Cantharidum u. s. w. siehe unter Cantharides u. s. w.
　„　　cereum 316.
　„　　cinereum 126.
　„　　diachylon Hebrae 191.
　„　　leniens 316.
　„　　ophthalmicum 127.
Unterchlorige Säure 118.
Unterstützungsmittel (Adjuvans) 278.
Unze, Unzengewicht 277.
Upas Tieuté 72.
Urari-Gift 75.
Urethan 50.
Urochloralsäure 49.
Urson 185.
Uva ursi 185.

V.

Vaginalkugeln 295.
Valeriana officinalis 261.
Valett'sche Pillen 158.
Vanille 260.
Vaselinum 316.
Vehikel 279.
Veilchenwurzel 262.
Veratum album, officinale, viride 77.
Veratrin 77.
Veratroidin 77.
Verbascum 269.
Verbesserungsmittel (Corrigens) 278.
Vermifuga 263.
Vesicantia 200.
Vinca 179.
Vinum camphoratum 259.
　„　Chinae 94.
　„　Colchici 78.
　„　Ipecacuanhae 232.

Vinum Pepsini 166.
　„　stibiatum 230.
Viola tricolor 237.
Vitellum ovi 301.
Vitra nigra aut flava 297.
Vollbäder 313.
Volumetrische Verordnung 296.

W.

Wachholder 237.
Waschungen 312.
Wasserbäder, kühle 85.
Weine 253.
Weinstein 213.
Weinsteinsäure, Weinsäure 151.
Weinsteinsaures Antimonkali 229.
　　-saure Salze 213.
Wermuth 161.
Wiener Aetzpaste 203.
Wildbäder 272.
Wild lemon 222.
Wirkungen, Wesen der pharmakologischen 11; directe und indirecte 9; örtliche 8; resorptive 8.
Wismut 192.
Wollblumen (Flores Verbasci) 269.
Wolverlei 262.
Woorara 75.
Wurmabtreibende Mittel 263.
Wurmsamen 264.

X.

Xanthin 258.

Z.

Zahnpulver, Zahnseifen, Zahntincturen. Zahntropfen, Zahnpillen 321.
Zedoaria 162, 260.
Zeitlose 78.
Zeltchen 289.
Zimmt 260.
　„　-Säure 198.
　„　Säure-Aether 198.
　„　　„　-Aldehyd 261.
Zincum 191.
　„　chloratum 117, 192.
　„　lacticum 192.
　„　muriaticum 117, 192.
　„　oxydatum album 192.
　„　sulfo-carbolicum 110.
　„　sulfuricum 192, 233.
　„　valerianicum 192.
Zink 191.
　„　-Chlorid 117, 192.
　„　Oxyd, schwefelsaures, Zinksulfat 192, 233.
　„　-Vitriol 192, 233.
Zittmann'sches Decoct 153.
Zittwer 162, 260.
Zucker, Zuckerartige Stoffe 270.

Therapeutisches Register.

Die beigefügten Ziffern verweisen auf die Seitenzahlen.

A.

Abortus 212.
Accomodationskrampf 63, 64.
Acne rosacea 112.
Agrypnie 41, 45, 48, 49, 57, 99.
Alopecia 110.
Amblyopie 74, 245.
Anämie 93, 132, 137, 157, 165, 212.
   „ des Gehirns 82.
Aneurysma 80.
Angina tonsillaris 121, 184, 185, 229.
   „ pectoris 82.
Angstzustände 41.
Arthritis s. Gelenk.
Asthma, Asthmatische Anfälle 41, 42, 49, 54, 63, 64, 77, 82, 131, 194, 231, 245.
Athemnoth 17, 41, 168, 194.
Aufregungszustände 43, 49.
Augenentzündung Neugeborner 187.
Augenkrankeiten, mit Gefässerweiterung und Injection verbunden 212.
Augenmuskellähmung 132.

B.

Bandwürmer 263.
Basedow'sche Krankheit 179.
Beklemmungen 41.
Blase (s. Cystitis) 97, 112, 120, 143, 184, 185, 186, 203, 325.
Bleikolik 45, 82.
Blennorrhoe der Blase, Urethra, Vagina, des Uterus (s. auch Gonorrhoe) 184, 186, 238, 256, 326.
Blut (s. auch Circulationsschwäche), Blutungen 80, 81, 150, 159, 182, 184, 190, 192, 212, 261.
Bronchialasthma 43.
Bronchialkatarrh, Bronchitis 110, 141, 143, 148, 161, 184, 194, 217, 228, 231, 239, 240, 242, 247, 324.
Bronchitis putrida 110, 197.
Bronchorrhoe 63.
Bubonen, eiternde 116.

C.

Cachexie 93, 164, 212.
Carcinom s. Krebs.
Cardialgie 63, 139, 192, 193.
Caries der Knochen 165.
Cariöse Zähne 111, 121.
Catarrh s. die einzelnen Organe.
Catarrh der Luftwege 148, 231, 239 ff.
   „ verschiedener Schleimhäute 184, 217.
Chlorose 93, 137, 156, 217.
Cholera 45, 54, 74, 118, 269.
Chorea 57, 99, 137, 139.
Choroiditis 245.
Circulationsschwäche 63, 74, 210, 212, 242, 253, 254, 259, 262.
Collaps 82, 242, 253, 257, 259.
Compensationsstörungen 174, 179, 180, 210.
Condylome 127, 202.
Conjunctivitis 118, 187.
Convulsionen s. Krämpfe.
Coprostasen s. Stuhlverstopfung.
Corneatrübungen 127.
Croup 203, 228, 233, 245.
Cybala 45, 209.
Cystitis (s. auch Blase) 97, 112, 120, 143, 184, 185, 186, 203.

D.

Darm, Gasansammlung, Blähungen 260, 262.
   „ Incarceration, Volvulus u. s. w. 77, 126, 208.
   „ Stuhlverstopfung s. diese.
   „ -Entzündung 47, 212, 268.
   „ -Katarrh 112, 127, 148, 186, 208, 214, 217, 273, 274.
   „ -Krankheiten 193.
   „ -Perforation 45, 212.
   „ -Schwäche 74.
Decubitus 184.
Delirium tremens 43, 49.
Diabetes insipidus s. Polyurie.

Diabetes mellitus 97, 115, 143, 165.
Diarrhöen s. Durchfall.
Diphtherie 109, 110, 120, 166, 187, 203, 233, 245.
Drüsen, drüsige Organe, Schwellung, Hypertrophie u. s. w. 131.
Drüsentumoren 115.
Durchfall (s. auch Darmkatarrh) 17, 41, 63, 75, 127, 161, 162, 163, 184, 186, 190, 193, 203, 209, 219, 231, 257.
Dysenterie 45, 231.
Dyspepsie 110, 151, 152, 160, 166, 167.
Dyspnoe 17, 41, 166, 194.

E.

Echinococcus der Leber 195.
Eczem 112, 137, 148, 217.
Eiterungen 109, 116.
Emphysem 43.
Endocarditis s. Herz.
Endometritis chronica 81.
Entzündungen (s. auch die einzelnen Organe und Catarrh) 125, 126, 181, 185 ff.
    " in und am Auge 97, 125.
    " verschiedener Organe 195, 212, 268.
Epilepsie 57, 99, 139, 192.
Epileptischer Anfall 82, 148.
Epitheliom 110, 202.
Erbrechen 67, 110, 132.
    " Schwangerer 57, 67, 132.
Erectionen 162, 259.
Erosionen 187.
Erschöpfungszustände 253.
Erysipel 110, 197, 245.
Euthanasie 43.
Exsudatreste 131, 148, 243.

F.

avus 217.
Fettherz 210.
Fettleber 143, 148, 210, 211.
Fettleibigkeit, Fettsucht 143, 148, 210, 243.
Fibromyome 80.
Fieber 17, 83 ff., 92, 97, 99, 253.
Flatulenz 260, 261, 262.
Fremdkörper im Oesophagus 228.
Frostschaden 184.
Frühgeburt 212.
Furunculosis 148.
Fussschweiss 113, 151.

G.

Gallensteine 97, 143, 148, 214.
Gallensteinkolik 97, 197.
Gastralgie s. Cardialgie.
Gehirnanämie 82.
Gelenk- (s. auch Gicht, Rheumatismus) Entzündung 97, 131, 148.

Geschwüre (s. auch Ulcus u. s. w.) 49, 116, 186, 187.
Gicht 78, 97, 143, 144, 148, 153, 237.
Glaskörpertrübungen 245.
Glaukom 70, 93, 98, 245.
Gonorrhoe 238, 239, 326.

H.

Hämoptysis 63, 190.
Hämorrhagien s. Blutungen.
Hämorrhoiden 148, 212.
Harn-Incontinenz 80.
    " -Gries 237.
    " -Polyurie 80, 99.
    " -Säure, Ueberschuss 141, 143, 144, 237.
    " -Blase s. Blase.
Harn-Wege, Gonorrhoe u. Blennorrhoe derselben 237 ff.
Hautkrankheiten 49, 110, 111, 112, 137, 148, 153, 217.
Hemikranie 82, 99, 148, 256.
Herzfehler (s. auch Fettherz) 174, 179, 256.
Herzkrankheiten (s. auch Fettherz) 174, 179, 256.
Herzpalpitationen 179.
Herzschwäche 210, 245, 253.
Heufieber 93.
Hirnkrankheiten 131, 132.
Hundswuth s. Tollwuth.
Husten 17.
Hustenreiz 41, 50.
Hydrämie 243.
Hydrops 176, 209, 236, 243.
Hyperemesis 257.
Hypertrophie drüsiger Organe 131.
Hypochondrie 67.
Hysterie 40, 263.

I.

Icterus 151.
Indigestion 228.
Insomnie 41, 45, 48, 49, 57, 99.
Intermittens 92, 100, 137.
Iris, Einklemmung der, Prolaps der, Entspannung der, Verklebung der, 63, 70.
Iridocyclitis 245.
Iritis 63, 97, 245.

J.

Jactation 28.

K.

Kachexie 93, 164, 212.
Kardialgie s. Cardialgie.
Katarrh s. d. einzelnen Organe.
Kehlkopfsphthise, -Katarrh u. s. w. siehe Phthise u. s. w.

Keuchhusten 54, 63, 93, 99, 184, 245.
Kolik 40, 45.
Kopfschmerz 99, 256.
Krampf der Accomodation 63, 64.
    „ des Darmes 45, 231.
    „ -Wehen 231.
Krämpfe 43, 49, 55, 76, 192, 263.
Krätze s. Scabies.
Krebs 121, 163.
Kurzsichtigkeit 64.

L.

Lähmungen 74.
    „ der Augenmuskeln 132.
Laryngitis 184, 228, 240 ff., 268.
Leber, Hyperämie 148.
Leukämie 93.
Lues s. Syphilis.
Luftwege s. Bronchien-, Bronchial-,
Lungenemphysem 43.
Lungengangrän 110, 190, 197.
Lupus 116, 137.
Lymphome 137.

M.

Magen, -Geschwür, -Geschwülste, -Carcinom 163, 214.
Magenkatarrh 92, 110, 142, 148, 151, 152, 208, 214, 217, 219, 268.
Magenerweiterung 75.
Magensäure 143, 214, 215.
Magenschwäche 74, 93, 167.
Malaria 92, 100, 137.
Melancholie 43, 67, 259.
Meningitis 115, 126.
Menstruationsanomalien 245.
Metallintoxication, chronische 131, 217, 243.
Meteorismus 70, 75, 119, 197, 261.
Milzbrand 105, 109.
Milztumoren 93, 137, 148.
Morpiones 126, 128.
Mundaffectionen 121.
Muskellähmungen am Auge 131.
Muskelrheumatismus s. Rheumatismus.
Muttermäler 202.
Myelitis 165.
Myocarditis s. Herzkrankheiten.
Myopie 64.
Myosis 63.

N.

Nachgeburtsperiode, Blutungen u. s. w. 80.
Nephritis 184, 239.
Netzhautablösungen 245.
Neuralgien 40, 49, 54, 57, 71, 72, 78, 92, 97, 99, 131, 137, 192, 195.
Neurosen 57, 92, 99, 137, 139.
Nierenerkrankungen (s. auch Nephritis) 184, 209, 243.

O.

Obstipation s. Stuhlverstopfung.
Oedeme 199.
Ohnmacht 82, 199.
Oophoritis 139.
Osteomalacie 137, 138, 165.
Ozaena 121.

P.

Pannus 203.
Parasiten des Darmes 45, 209, 263 ff.
    „ der Haut 78, 126, 128.
Pericarditis s. Herzkrankheiten.
Peritonitis 45, 126, 212.
Perniones 184.
Phthisis 63, 110, 111, 121, 165, 184, 201.
Pityriasis 128, 217.
Pleuritis 195.
Pneumonie 78, 190, 242.
Podagra s. Gicht.
Polyurie 80, 99.
Psoriasis 110, 111, 112, 113, 137, 148, 217.
Ptyalismus 63.

R.

Rachenaffectionen 121, 185, 193.
Rhachitis 137, 138, 148, 165.
Rheumatismus (acuter, chronischer, Gelenk-, Muskel-) 71, 78, 97, 99, 131, 153, 195, 197, 199, 217, 243.
Rückenmarkskrankheiten 132.

S.

Scabies (s. a. Hautkrankheiten u. Parasiten d. H.) 198, 217.
Schanker s. Ulcus molle u. s. w.
Schilddrüse s. Struma.
Schlaflosigkeit 41, 45, 48, 57, 99.
Schmerzen 40, 56, 67, 99.
Schwäche 148, 253.
Schweisssecretion, verstärkte 63, 81, 150, 163, 184, 185.
Scrofulosis 116, 131, 132, 148, 165, 185.
Seborrhoe 110.
Seekrankheit 67, 132.
Sommersprossen 128.
Spinalirritation 115.
Stauungen, venöse, in den Unterleibsorganen 148.
Stomatitis 121, 126, 184, 185, 186.
Struma 116, 131.
    „ vasculäre 80.
Stuhlverstopfung 45, 63, 75, 208.
Sycosis 110, 217.
Synechien (der Iris) 63, 70.
Synkope 82.
Syphilis 125 ff., 131, 139, 153 ff., 212, 217, 243.

T.

Tabes dorsalis 139.
Tachykardie 179.
Tetanus 70.
Tobsucht 28.
Tollwuth 43, 76.
Trachom 203.
Trichinen 45, 209, 228.
Trigeminusneuralgie 49, 71.
Tripper s. Gonorrhoe.
Tuberculose (s. auch Phthise) 116, 121.
Typhus 54, 112, 127, 150, 151.

U.

Ueberempfindlichkeit 40.
Ueberfüllung der Luftwege mit Secreten 28, 41, 63, 240 ff.
Ulcus cruris 99.
„ molle 116.
Unterschenkelgeschwüre s. Ulcus cruris.
Urämie 179.
Urarthritis s. Gicht.
Urethralkatarrh (s. a. Gonorrhoe) 186.
Uterusblutungen 80, 261.
Uterus, Fibromyome 80.

V.

Verdauungsstörungen (s. auch Dyspepsie) 74, 75.
Vergiftungen, Therapie der Atropin u. s. w. siehe unter Atropin u. s. w. insbesondere Seite 28, 39, 184, 209, 228, 233.
Verstopfung s. Stuhlverstopfung.

W.

Warzen 202.
Wasserscheu s. Tollwuth.
Wassersucht siehe Hydrops.
Wechselfieber 92, 100, 137.
Wehenschwäche 80.
Wundkrankheiten 109.

Druckfehler und Verbesserungen.

Seite 49 Z. 17 v. u. lies: Paraldehyd $(C_2H_4O)_3$.
„ 58 Z. 14 v. o. ist an dem Sechserring noch N und eine Methylgruppe zu ergänzen, sowie die dort in der Seitenkette aufgeführte Gruppe statt mit CH_3 mit CH_2 zu bezeichnen.
„ 80 Z. 14 v. u. lies: Polyurie.
„ 126 Z. 7 v. u. ist die Parenthese zu streichen: H. ox. via humida paratum.
„ 161 Z. 5. v. o. lies: Folia Cardui benedicti.
„ 28. Z. 15. v. u. lies: Potio Choparti.

www.ingramcontent.com/pod-product-compliance
Lightning Source LLC
Chambersburg PA
CBHW020310240426
43673CB00039B/756